Reiseveranstaltung

Lehr- und Handbuch

von
Professor
Dr. Jörn W. Mundt

7., völlig überarbeitete und ergänzte Auflage

Oldenbourg Verlag München

Bibliografische Information der Deutschen Nationalbibliothek

Die Deutsche Nationalbibliothek verzeichnet diese Publikation in der Deutschen Nationalbibliografie; detaillierte bibliografische Daten sind im Internet über http://dnb.d-nb.de abrufbar.

© 2011 Oldenbourg Wissenschaftsverlag GmbH
Rosenheimer Straße 145, D-81671 München
Telefon: (089) 45051-0
oldenbourg-verlag.de

Das Werk einschließlich aller Abbildungen ist urheberrechtlich geschützt. Jede Verwertung außerhalb der Grenzen des Urheberrechtsgesetzes ist ohne Zustimmung des Verlages unzulässig und strafbar. Das gilt insbesondere für Vervielfältigungen, Übersetzungen, Mikroverfilmungen und die Einspeicherung und Bearbeitung in elektronischen Systemen.

Lektorat: Rainer Berger
Herstellung: Constanze Müller
Titelbild: iStockphoto
Einbandgestaltung: hauser lacour
Gesamtherstellung: Druckhaus „Thomas Müntzer" GmbH, Bad Langensalza

Dieses Papier ist alterungsbeständig nach DIN/ISO 9706.

ISBN 978-3-486-70450-1

Vorbemerkung

Die Nachfrage für Veranstalterreisen ist in den vergangenen Jahrzehnten deutlich stärker gewachsen als der gesamte Markt für Urlaubsreisen. Verantwortlich für diese Entwicklung war nicht nur die „Massenpauschalreise" à la „Neckermann macht's möglich" mit zwei Wochen Mallorca im lärmigen und touristenüberlaufenen El Arenal. Auch individuellere Formen der Veranstalterreise, die auf den ersten Blick gar nicht mehr dazuzugehören scheinen, wie das Buchen einer Ferienwohnung aus dem Katalog oder zwei Wochen Rundreise durch das geruhsame Irland auf eigene Faust, erst mit einem gemächlich dahin tuckernden Motorboot auf dem Shannon River und dann mit einem Leihwagen, entpuppen sich auf den zweiten Blick als Veranstalterreise. Nimmt man hinzu, daß die Kreuzfahrt auf einem luxuriösen Schiff wie der ‚Europa' ebenso eine Veranstalterreise ist wie ein großer Teil der oft unterschätzten Bustouristik, dann wird die Bandbreite von verschiedenen Reisen deutlich, die sich hinter dem oft abwertend genutzten Begriff „Pauschalreise" verbergen – ein Begriff, der im übrigen nur etwas mit dem Ausweisen des Preises auf der Rechnung zu tun hat (siehe Kapitel 1).

Einen nicht zu unterschätzenden Anteil am Erfolg der Pauschalreise hat auch das Reiserecht. Ende der 1970er Jahre eingeführt, hat es die Position der Reisenden gegenüber den Veranstaltern gestärkt und entscheidend zur Qualitätsverbesserung der angebotenen Reisen beigetragen. Die damit verbundene Sicherheit vor unzureichender Vertragserfüllung durch den Veranstalter und seine Leistungsträger haben viele Urlauber gerne zu den Angeboten der Veranstalter greifen lassen.

Veranstalterreisen werden nicht nur von den großen und bekannten Unternehmen wie TUI, Thomas Cook, den Unternehmen der Rewe-Gruppe usw. angeboten, nicht selten treten auch Reisemittler (Reisebüros) selbst als Veranstalter auf, indem sie regelmäßig oder gelegentlich auf eigenes Risiko Reisen ausschreiben oder auf Kundenwunsch Gruppenreisen arrangieren. Das gilt vor allem für viele Busunternehmen, auch wenn viele von ihnen die Reisen von sogenannten „Paketern" komplett übernehmen und nur unter dem eigenen Namen vermarkten (mehr darüber in den ersten beiden Kapiteln). Darüber hinaus gibt es eine Reihe von Organisationen, die quasi als Nebenprodukt ihrer Haupttätigkeit auch als Reiseveranstalter auftreten. So wenn zum Beispiel die Feuerwehr eines Ortes ihre Kollegen im Ausland besucht oder die „Deutsch-Chinesische Wu Shu Akademie" regelmäßig Reisen in das Reich der Mitte organisiert. Dabei geht es nicht nur um den Bereich der sogenannten „Schwarztouristik", von Veranstaltern also, die oft gar nicht wissen, daß sie einer sind und sich damit auch der daraus entstehenden rechtlichen Konsequenzen nicht bewußt sind, sondern auch um Unternehmen, die ihre Aktivitäten, wie im zweiten Fall, um den Bereich Reiseveranstaltung professionell ergänzen wollen.

Es gibt also auch neben den bekannten Reiseveranstaltern viele Leute, die sich mit der Veranstaltung von Reisen beschäftigen. Bislang gab es jedoch kein Handbuch, mit dem man sich umfassend einen Überblick über die verschiedenen Aspekte der Reiseveranstaltung, von der Konzeption über die Kalkulation, die rechtlichen und steuerlichen Aspekte bis hin zum Marketing, verschaffen konnte.

Vor dem gleichen Problem standen auch viele Studenten der Betriebswirtschaft, denen ein Lehrbuch fehlte, anhand dessen sie sich über die Besonderheiten dieses Arbeitsfeldes orientieren bzw. nachschlagen können, was teilweise in den Vorlesungen und Seminaren behandelt wird. Daß mit der ersten Auflage 1993 hier eine wesentliche Informationslücke geschlossen wurde, beweist die hier nunmehr vorliegende siebte, ergänzte und verbesserte, Auflage.

Ohne die jeweils spezifische Fachkompetenz der Autoren, die an diesem Buch in verschiedenen Auflagen mitgewirkt haben, wäre diese Lücke auf dem Buchmarkt nicht zu schließen gewesen. Sie kommen sowohl aus der Praxis als auch aus der Lehre. Dabei haben viele der Lehrenden auch praktische Erfahrungen durch frühere Tätigkeiten, Unternehmensberatung und gutachterliche Aktivitäten in der Branche, wie auch viele der Praktiker über Lehrerfahrungen an Fachhochschulen und ähnlichen Ausbildungseinrichtungen verfügen. Ohne diese gegenseitige Überschneidung von praktischer Tätigkeit und Lehre ist weder eine fundierte Ausbildung in diesem Bereich möglich, noch ließe sich auch ein Lehrbuch verfassen, das kompetent und verständlich Auskunft über das Geschäft der Reiseveranstaltung gibt.

Auf ein Glossar zur Erklärung von Fachausdrücken wurde bewußt verzichtet. Zum einen sind die meisten Fachausdrücke bereits im Text erläutert bzw. ergeben sich aus dem Sinnzusammenhang, zum anderen gibt es mittlerweile mit dem ebenfalls im Oldenbourg Verlag erschienenen „Lexikon Tourismus" ein umfassendes Nachschlagewerk, das weit ausführlicher, als es hier möglich gewesen wäre, die Fachtermini der Branche aufführt und erläutert.

Mein Dank geht daher an erster Stelle an die Autoren, die neben anderen, oftmals drängenderen Aufgaben trotzdem die Zeit und die Muße gefunden haben, ihre Beiträge zu verfassen. Ohne Diplom-Betriebswirtin Petra Meyer allerdings, die mich in der Idee für dieses Buch bestärkt hat und in allen Belangen seit mehr als zwei Jahrzehnten eine überaus kompetente Gesprächspartnerin und Kritikerin ist, wäre dieses Buch gar nicht entstanden. Ihr gilt mein besonderer Dank.

Jörn W. Mundt

Inhaltsübersicht

Vorbemerkung		V
Inhaltsverzeichnis		IX

Grundlagen

1. Kapitel	Reiseveranstalter – Geschichte, Konzepte und Entwicklung.		1
	Jörn W. Mundt		
2. Kapitel	Das Produkt Pauschalreisen – Konzept und Elemente.		63
	Wilhelm Pompl		
3. Kapitel	Die Flugpauschalreise.		115
	Wolfgang Hofmann		
4. Kapitel	Cash-Management bei Reiseveranstaltern.		165
	Torsten H. Kirstges		
5. Kapitel	Besonderheiten der Besteuerung von Reiseveranstaltern.		193
	Jörg Rummel		
6. Kapitel	Reisevertragsrecht für Veranstalter.		237
	Ernst Führich		
7. Kapitel	Der Reisebürovertrieb und seine Bedeutung für Reiseveranstalter in Deutschland.		299
	Stefan Schrödel		

Spezielle Reisearten

8. Kapitel	Studienreisen.		323
	Max A. Klingenstein & Jörn W. Mundt		
9. Kapitel	Cluburlaub.		355
	Klaus Gengenbach & Kurt Niclaus		
10. Kapitel	Kreuzfahrten.		373
	Jörn W. Mundt & Ewald Baumann		
11. Kapitel	Incentive-Reisen.		409
	Erich W. Eisenhut		

Marketing

12. Kapitel	Marktforschung.		427
	Jörn W. Mundt		
13. Kapitel	Das Marketing der Reiseveranstalter.		461
	Peter Roth & Manfred Schertler-Rock		
14. Kapitel	Revenue-Management für Reiseveranstalter.		531
	Andreas Hilz		

Literatur	567
Personenregister	583
Sachregister	587

Inhaltsverzeichnis

Vorbemerkung	V
Inhaltsübersicht	VII
Autoren	XX

Grundlagen

1 Reiseveranstalter – Geschichte, Konzepte und Entwicklung 1
Jörn W. Mundt

1.1 Mutterland Großbritannien	1
1.2 Die Anfänge der Veranstalterreisen in Westdeutschland	7
1.3 Gesellschaftliche Hintergründe	10
1.4 Die Entwicklung von Veranstalterreisen	14
1.5 Geschäftsmodelle	16
1.5.1 Klassische Reiseveranstalter	16
1.5.2 Vertikale Integration und horizontale Konzentration	18
1.5.2.1 Strategische Gründe für vertikale Integration	21
1.5.2.2 Ansätze vertikaler Integration	24
1.5.2.3 Möglichkeiten vertikaler Integration	26
1.5.2.4 Chancen und Risiken vertikaler Integration	28
1.5.2.5 Abgestufte vertikale Teilintegration	35
1.5.3 Händler oder Produzent?	36
1.5.4 Bausteinreisen und die flexible Bündelung von Reiseleistungen	41
1.5.5 Last Minute-Reisen	46
1.5.6 Paketer	49
1.6 Vertrieb	50
1.7 Reiseveranstalter auf dem deutschen Markt	55
1.7.1 Die zehn größten Veranstalter	55
1.7.2 Spezialveranstalter	59

2 Das Produkt Pauschalreise – Konzept und Elemente 63
Wilhelm Pompl

2.1 Produktanalyse	63
2.1.1 Die ‚klassische' Pauschalreise	63
2.1.2 Pauschalreise als *„dynamic packaging"*	66
2.1.3 Discounter-Pauschalreise	68
2.1.4 Produktelemente	70
2.1.5 Produkttypen	71
2.2 Produktgestaltung	72
2.2.1 Produktkonzept	72
2.2.2 Produktplazierung	74
2.2.3 Leistungsspezifizierung	76

	2.2.4 Programmentwicklung	77
	2.3 Ausgewählte Produktelemente	79
	2.3.1 Beförderung	79
	2.3.1.1 Flug	80
	2.3.1.2 Bus	85
	2.3.1.3 Bahn	92
	2.3.2 Beherbergungsbetriebe	95
	2.3.2.1 Unterkunftsarten	95
	2.3.2.2 Beschaffung	100
	2.3.3 Gästebetreuung	101
	2.3.3.1 Zielgebietsagentur	101
	2.3.3.2 Reiseleitung	102
	2.3.3.3 Animation	104
	2.3.4 Sonstige Produktelemente	106
	2.3.4.1 Versicherungen	106
	2.3.4.2 Mietfahrzeuge	107
	2.3.4.3 Service Cards	108
	2.4 Service Management	109
	2.4.1 Ziel: Das Null-Fehler-Ergebnis	109
	2.4.2 Beschaffungsmanagement	109
	2.4.3 Beschwerdemanagement	111
	2.4.4 Erweitertes Instrumentarium des Service-Managements	112
3	**Die Flugpauschalreise**	**115**
	Wolfgang Hofmann	
	3.1 Der Reisepreis	115
	3.2 Die Planung	116
	3.3 Planungsgrundlagen	119
	3.3.1 Bestandsaufnahme	119
	3.3.2 Prognose und Planung	120
	3.3.3 Umsetzung	125
	3.4 Der Flug	125
	3.4.1 Die Flugplanung	125
	3.4.2 Die Flugdarstellung	126
	3.4.3 Die Flugpreiskalkulation	129
	3.5 Das Hotel	130
	3.5.1 Die Bettenplanung	130
	3.5.1.1 Preisentwicklung	131
	3.5.1.2 Produktentwicklung	134
	3.5.1.3 Konkurrenzverhalten	134
	3.5.2 Katalogdarstellung	134
	3.5.3 Zielgebietsdarstellung	136
	3.5.4 Der Hoteleinkauf	137
	3.5.4.1 Der Hotelvertrag	137
	3.5.4.2 Vertragsformen	142

	3.6 Die Zielgebietsorganisation	147
	3.6.1 Aufgaben	147
	3.6.2 Kosten	148
	3.7 Die Kalkulation der Flugpauschalreise	149
	3.7.1 Erfassung der Marktchancen	149
	3.7.2 Kalkulatorische Vorgaben	151
	3.7.3 Aufbau der Kalkulation	153
	3.7.3.1 Die Einkaufssaison	153
	3.7.3.2 Die Verkaufssaison	153
	3.8 Kalkulationsbeispiel	158
	3.8.1 Grunddaten	158
	3.8.2 Berechnung der Preiselemente	159
	3.9 Zusammenfassung	162
	3.10 Reisebüroprovision	162
4	**Cash Management bei Reiseveranstaltern** *Torsten Kirstges*	**165**
	4.1 Zahlenspielereien: Cash-flow und Cash-Illusion	165
	4.2 Der kurzfristige Liquiditätsplan als Ausgangspunkt eines effizienten Cash-Managements	173
	4.3 Anlagealternativen für kurzfristige Finanzüberschüsse	177
	4.4 Absicherung des Devisenbedarfs	183
	4.5 Weitere Aufgaben des Cash Managements: Kapitalbeschaffung und *electronic banking*	187
5	**Besonderheiten der Besteuerung von Reiseveranstaltern** *Jörg Rummel*	**193**
	5.1 Vergleichsgrundlagen	193
	5.2 Normalfall	193
	5.2.1 Umsatzsteuer	193
	5.2.2 Vorsteuerabzug	195
	5.3 Reiseveranstalter	196
	5.3.1 Umsatzsteuer	196
	5.3.1.1 Inland/Ausland	197
	5.3.1.2 Auftreten in eigenem Namen	197
	5.3.1.3 Leistungen an Nichtunternehmer	197
	5.3.1.4 Inanspruchnahme von Reisevorleistungen	198
	5.3.2 Vorsteuerabzug der Reiseveranstalter	198
	5.3.3 Margenbesteuerung	201
	5.3.3.1 Allgemeine Erläuterungen	201
	5.3.3.2 Steuerbefreiungen	203
	5.3.3.3 Reverse-Charge-Verfahren	206
	5.3.4 Abgrenzung zu Eigenleistungen	207
	5.3.4.1 Allgemeine Erläuterungen	207

5.3.4.2 Umsatzsteuerliche Behandlung	208
5.3.4.3 Beförderung mit Bussen	208
5.3.5 Gemischte Reiseleistungen	208
5.3.5.1 Allgemeine Erläuterungen	208
5.3.5.2 Aufteilung des Reisepreises	209
5.3.5.3 Negative Marge	215
5.3.6 Abgrenzung zu Reisevermittlern	216
5.3.6.1 Allgemeine Erläuterungen	216
5.3.6.2 Definition „Reisevermittler"	216
5.3.6.3 Vorsteuer des Vermittlers	216
5.3.6.4 Steuerbefreiungen	217
5.3.7 Kettengeschäft („Paketreisen")	221
5.3.8 Problemfall: Pauschalreisen für das Unternehmen des Reisenden	224
5.3.8.1 Allgemeine Erläuterungen	224
5.3.8.2 Incentive-Reise	224
5.3.8.3 Allgemeine Verwendung der Reise	225
5.3.8.4 Anpassung	225
5.3.8.5 Melde- und Registrierungspflichten	226
5.3.8.6 Kaffeefahrten und Gewinnreisen	227
5.3.9 Gewerbesteuer	228
5.3.10 Einkommensteuer, Körperschaftsteuer	228
5.3.11 Buchführung, Gewinnermittlung	228
5.3.11.1 Allgemeine Erläuterungen	228
5.3.11.2 Aufzeichnungspflicht	229
5.4 Reisevermittler	231
5.4.1 Allgemeine Erläuterungen	231
5.4.2 Umsatzsteuer	232
5.4.3 Vorsteuerabzug	232
5.4.4 Gewerbesteuer	232
5.4.5 Einkommensteuer, Körperschaftsteuer	232
5.4.6 Buchführung, Gewinnermittlung	233
5.5 Abgrenzung zum Reiseveranstalter	233
5.5.1 Verträge	233
5.5.2 Problemfall: Verunglückte Vermittlung	234
5.5.3 Schlußbetrachtung	235

6 Reisevertragsrecht für Veranstalter — 237
Ernst Führich

Teil A: Verträge und Vertragspartner im Reiserecht — 237

6.1 Gegenstand des Reiserechts	237
6.1.1 Pauschalreiserecht (Reisevertragsrecht)	237
6.1.1.1 Begriff der Reiseveranstaltung	237
6.1.1.2 Rechtliches Risiko	238

6.1.1.3 Rechtsgrundlagen	239
6.1.2 Reisevermittlung	240
6.1.2.1 Reisevermittlungsvertrag	240
6.1.2.2 Agenturvertrag und selbständiges Reisebüro	241
6.1.3 Individualreiserecht	242
6.1.4 Reiseversicherungsrecht	243
6.2 Reisevertrag	244
6.2.1 Begriff des Reisevertrags	244
6.2.2 Vertragsabschluß	247
6.2.2.1 Angebot und Annahme	247
6.2.2.2 Anmelderhaftung	249
6.2.2.3 Einbeziehung und Kontrolle der Reisebedingungen	250
6.2.2.4 Vermittlerklausel	251
6.2.3 Vertragspflichten	251
6.2.3.1 Pflichten des Veranstalters	251
6.2.3.2 Informationspflichten	253
6.2.3.2.1 Allgemeines zur BGB-InfoV	253
6.2.3.2.2 Prospektangaben	254
6.2.3.2.3 Unterrichtung vor Vertragsschluß (§ 5 BGB-InfoV)	258
6.2.3.2.4 Reisebestätigung (§ 6 BGB-InfoV)	259
6.2.3.2.5 Unterrichtung kurz vor Reisebeginn (§ 8 BGB-InfoV)	260
6.2.3.3 Pflichten des Reisenden	260
6.2.4 Insolvenzschutz	261

Teil B: Rechtsfragen vor Reiseantritt — **264**

6.3 Leistungs- und Preisänderungen	264
6.3.1 Leistungsänderungen	264
6.3.1.1 Zumutbare Leistungsänderungen	264
6.3.1.2 Unzulässige Leistungsänderungen	265
6.3.1.3 Mitteilung über Mängel am Urlaubsort	265
6.3.2 Preiserhöhungen	266
6.4 Aufhebung des Reisevertrags	267
6.4.1 Stellung eines Ersatzreisenden	267
6.4.2 Rücktritt des Reisenden (Stornierung)	268
6.4.3 Kündigung wegen höherer Gewalt	271
6.4.4 Absage durch Veranstalter	273
6.4.4.1 Mindestteilnehmerzahl	273

Teil C: Rechtsfragen nach Reiseantritt — **274**

6.5 Reisemangel	274
6.5.1 Verschuldensunabhängige Haftung ab Vertragsschluß	274
6.5.2 Rechte des Reisenden	274

6.5.3 Reisemangel als Voraussetzung von Gewährleistungsansprüchen	275
6.5.3.1 Begriff des Reisemangels	275
6.5.3.2 Grenzen der Einstandspflicht beim Fehler: Bloße Unannehmlichkeit und allgemeines Lebensrisiko	278
6.5.3.3 Beispiele für Reisemängel	279
6.6 Anspruch auf Abhilfe	280
6.6.1 Herbeiführung der versprochenen Reiseleistung als Ziel	280
6.6.2 Voraussetzungen des Abhilfeanspruchs	280
6.6.3 Rechtsfolgen der Abhilfe	281
6.6.3.1 Folgen für Veranstalter	281
6.6.3.2 Folgen für den Reisenden	281
6.6.4 Recht auf Selbstabhilfe	281
6.6.4.1 Voraussetzungen berechtigter Selbstabhilfe	281
6.6.4.2 Ansprüche des Reisenden	282
6.7 Minderung des Reisepreises	282
6.7.1 Begriff der Minderung	282
6.7.2 Voraussetzungen der Minderung	283
6.7.3 Höhe der Minderung	283
6.7.3.1 Minderungskriterien	283
6.7.3.2 Berechnung	283
6.8 Kündigung wegen Reisemangels	284
6.8.1 Voraussetzungen des Kündigungsrechts	284
6.8.2 Rechtsfolgen der Kündigung	285
6.9 Schadensersatz	285
6.9.1 Anwendungsbereich der Schadensersatznormen	285
6.9.2 Schadensersatz wegen Nichterfüllung	286
6.9.2.1 Anspruchsvoraussetzungen	286
6.9.2.2 Schadensumfang	288
6.9.3 Entschädigung wegen nutzlos aufgewendeter Urlaubszeit	288
6.9.3.1 Haftungsvoraussetzungen	288
6.9.3.2 Entschädigungsumfang	289
6.10 Haftungsbeschränkungen für Schadensersatz	290
6.10.1 Anwendungsbereich der vertraglichen Haftungsbeschränkung	290
6.10.2 Vertragliche Haftungsbeschränkung	291
6.10.3 Internationale Haftungsbeschränkungen für Leistungsträger	292
Teil D: Rechtsfragen nach Reiseende	**293**
6.11 Reklamationsbearbeitung	293
6.11.1 Ansehen des Veranstalters	293

Inhaltsverzeichnis

6.11.2	Maßnahmen der Anspruchssicherung durch den Reisenden	293
6.11.2.1	Mängelanzeige während der Reise	293
6.11.2.2	Anmeldung von Ansprüchen	293
6.11.2.3	Entscheidung des Veranstalters	295
6.11.3	Verjährung von Reiseansprüchen	296
6.12	Prozessuale Fragen	296
6.12.1	Image des Veranstalters	296
6.12.2	Gerichtsprobleme	296
6.12.3	Darlegungs- und Beweisprobleme	297

7 Der Reisebürovertrieb und seine Bedeutung für Reiseveranstalter in Deutschland — 299
Stefan Schrödel

7.1	Vertriebswege von Reiseveranstaltern	299
7.2	Die Entwicklung des Reisebürovertriebes	303
7.3	Die Zukunft des Reisebürovertriebs	306
7.4	Die Zusammenarbeit zwischen Reiseveranstaltern und Reisemittlern	310
7.5	Steuerung durch den Reisebürovertrieb	312
7.6	Die zukünftige Zusammenarbeit zwischen Reiseveranstalter und Reisebüro	318

Spezielle Reisearten

8 Studienreisen — 323
Max A. Klingenstein & Jörn W. Mundt

8.1	Die Entwicklung der Studienreise	323
8.1.1	Vom „Trümmertourismus" zur modernen Studienreise	324
8.1.2	Der Begriff Studienreise	326
8.2	Formen der Studienreise	327
8.2.1	Die geführte Studienreise	327
8.2.2	Die Einzelreise	328
8.2.3	Die Fachstudienreise	328
8.3	Variationen von Veranstalter-Studienreisen	328
8.3.1	Die klassische Rundreise/Kreuzfahrt	328
8.3.2	Aufenthalts-, Städte- und Museumsreisen	329
8.3.3	Aktivreisen	329
8.3.4	Thematische Reisen	330
8.4	Die klassischen und die neuen Zielgebiete	330
8.4.1	Europa und der Mittelmeerraum	330
8.4.2	Überseeische Länder und die Länder der Dritten Welt	331
8.5	Zielgruppen	331
8.6	Der Markt	336
8.7	Die Konzeption von Studienreisen	336

	8.8 Der Studienreiseleiter	339
	8.8.1 Die Ausbildung	341
	8.8.2 Der soziale Status	342
	8.9 Die Anbieter	344
	8.9.1 Passagier- und Umsatzzahlen	344
	8.9.2 Organisation und Struktur der Studienreiseveranstalter	345
	8.10 Kalkulation und Gewinnchancen	346
	8.11 Der Vertrieb von Studienreisen	348
	8.11.1 Drei verschiedene Vertriebsformen	349
	8.11.2 Weitere Vertriebsmöglichkeiten	351
	8.12 Werbemittel und Werbemöglichkeiten	351
	8.13 Public Relations	352
	8.14 Die Zukunft der Studienreise	353
9	**Cluburlaub**	**355**
	Klaus Gengenbach & Kurt Niclaus	
	9.1 Die Entstehung des Cluburlaubs	355
	9.2 Die Cluburlaubsidee	355
	9.3 Charakteristische Merkmale des Cluburlaubs	356
	9.3.1 Das Clubdorf	357
	9.3.2 Animation	359
	9.3.3 Das Sportangebot	361
	9.3.4 Die Kinderbetreuung	362
	9.3.5 Die Restauration	362
	9.4 Der Cluburlauber	363
	9.5 Die Cluburlaubsanbieter in Deutschland	365
	9.5.1 Club Méditerranée	368
	9.5.2 Robinson	369
	9.5.3 Aldiana	370
	9.5.4 Magic Life	371
	9.6 Schlußbemerkung	372
10	**Kreuzfahrten**	**373**
	Jörn W. Mundt & Ewald J. Baumann	
	10.1 Geschichte	373
	10.2 Die Fahrgebiete	378
	10.3 Arten von Kreuzfahrten	381
	10.4 Zielgruppen	383
	10.5 Schiffsklassifizierung	387
	10.6 Kreuzfahrtveranstalter	389
	10.7 Das Produkt Kreuzfahrt	390
	10.8 Schiffscharter	395
	10.9 Routenplanung	397
	10.10 Kalkulation	399

	10.11 Last Minute Angebote	403
	10.12 Reiseleitung	405

11 Incentive-Reisen — 409
Erich W. Eisenhut

11.1 Grundregeln und Kriterien für Incentives	409
11.2 Bewertungssysteme für Incentive-Aktionen	416
11.3 Aktionsziele	417
11.4 Incentives in Kürze	421
11.5 Beispiel: Incentive-Aktion mit einer Reise nach Kairo	422
11.5.1 Etat	422
11.5.2 Der Ablauf der Incentive-Reise nach Kairo der Firma „XYZ"	423
11.5.3 Kalkulation für die Incentive-Reise nach Kairo	423
11.5.4 Szenario für die Incentive-Reise nach Kairo für die Top-Verkäufer der Firma „XYZ"	424

Marketing

12 Marktforschung — 427
Jörn W. Mundt

12.1 Was ist Marktforschung?	427
12.2 Warum Marktforschung bei Reiseveranstaltern?	428
12.3 Welche Informationen braucht ein Reiseveranstalter?	429
12.4 Amtliche Statistiken und Zählungen	434
12.5 Umfragen auf der Nachfrageseite	436
12.6 Umfragen auf der Angebotsseite	443
12.7 Marktsegmentierung	444
12.8 Umfeldanalyse	447
12.8.1 Zielländer	447
12.8.2 Quellmarkt	449
12.8.3 Einkommensentwicklung und Reisetätigkeit	451
12.8.3.1 Substitutionsmärkte	451
12.8.3.2 Strukturveränderungen des Einkommens	452
12.8.3.3 Marktprognosen	453
12.9 Marktforschungsobjekt Reisekatalog	455
12.10 Organisation von Marktforschung	458

13 Das Marketing der Reiseveranstalter — 461
Peter Roth & Manfred Schertler-Rock

13.1 Dienstleistungsverständnis der Touristik	462
13.2 Strategische Rahmenbedingungen	464
13.3 Die Marketingkonzeption	466
13.3.1 Der Entscheidungsprozeß als Managementprozeß	466

	13.3.1.1 Situationsanalyse	467
	13.3.1.2 Die Festlegung der strategischen Marketingziele	471
	13.3.1.3 Die Marketingstrategie	471
	13.3.1.3.1 Der Begriff Marketingstrategie	471
	13.3.1.3.2 Zur Abgrenzung von Strategie und Taktik	472
	13.3.1.3.3 Zu den Beziehungen zwischen Marketingzielen, Marketingstrategien und Marketing-Mix	472
	13.3.1.3.4 Die Dimension „Zeit" im Rahmen der Marketingstrategie	473
	13.3.1.3.5 Ausprägung und Wahl von Marketingstrategien	473
	13.3.2 Der Marketing-Mix	485
	13.3.2.1 Die Marketinginstrumente	485
	13.3.2.2 Der Marketing-Submix	485
	13.3.2.3 Leistungspolitik	488
	13.3.2.3.1 Die zunehmende Bedeutung der Dienstleistungsqualität	491
	13.3.2.3.2 online-Produktionsprozesse und -systeme	493
	13.3.2.3.3 Die Marke als Ausdruck der Leistungspolitik	495
	13.3.2.3.4 Preis- und Konditionenpolitik	499
	13.3.2.4 Kommunikationspolitik	501
	13.3.2.4.1 Mitarbeiterkommunikation	504
	13.3.2.4.2 Mediawerbung	505
	13.3.2.4.3 Verkaufsförderung	510
	13.3.2.4.4 Direktmarketing	512
	13.3.2.4.5 Öffentlichkeitsarbeit (*public relations*)	513
	13.3.2.4.6 Sponsoring	514
	13.3.2.4.7 Instrumente des *online*-Marketing	515
	13.3.2.5 Distributionspolitik	522
	14.3.2.5.1 Distributionssysteme der großen Reiseveranstalter	524
	13.3.2.5.2 Direktmarketing als Distributionsinstrument	524
	13.4 Vom Marketing zum CR-Marketing	527

14 Revenue Management für Reiseveranstalter   531
Andreas Hilz

	14.1 Was ist Revenue Management?	531
	14.1.1 Entwicklung	531
	14.1.2 Begriff	532
	14.1.3 Ziele	532
	14.1.4 Grundlagen	534
	14.2 Revenue Management für Reiseveranstalter	538
	14.2.1 Eignung des Revenue Management für Reise-	538

veranstalter
14.2.2 Besonderheiten des Revenue Management für Reiseveranstalter ... 541
14.2.3 Das gegenwärtige „Revenue Management" vieler Reiseveranstalter ... 543
14.3 Revenue Management-Modell ... 545
  14.3.1 Informationsbasis ... 546
  14.3.2 Prognose ... 547
  14.3.3 Optimierung ... 549
14.4 Praktische Anwendungsbeispiele von Optimierungsmaßnahmen für einen Flugreiseveranstalter ... 550
  14.4.1 Optimierung bei hoher Nachfrage ... 550
  14.4.2 Optimierung bei geringer Nachfrage ... 556
14.5 Implementierung des Revenue Management-Systems im Unternehmen ... 562
14.6 Zukunft ... 564

Literaturverzeichnis ... 567

Personenregister ... 583

Sachregister ... 587

Autoren

Ewald J. Baumann
Diplom-Betriebswirt (FH); Kompass 3000, Bad Zwischenahn (früher Transocean Tours, Bremen)

Erich W. Eisenhut
Unternehmensberater für Mitarbeitermotivation, Incentives und Veranstaltungsorganisation, Beuerberg

Prof. Dr. jur. Ernst Führich
Fachhochschule Kempten

Klaus Gengenbach
Diplom-Betriebswirt, MBA, Direktor Marketing und Vertrieb, Robinson Club GmbH, Hannover

Andreas Hilz
Diplom-Betriebswirt (BA); MBA (INSEAD Singapore) , Booz & Company (Aust) Pty Ltd., Sydney (Australien); (früher Kapazitätssteuerung und Revenue Management Spanien, Thomas Cook AG, Oberursel)

Wolfgang Hofmann
Lauftreff-Reisen, Düsseldorf (früher u.a. Vertriebsdirektor bei FTI und in verantwortlichen Positionen bei TUI und LTU-Touristik)

Prof. Dr. Torsten H. Kirstges
Fachhochschule Wilhelmshaven

Max A. Klingenstein
Max A. Klingenstein Kultur auf Reisen GmbH, München

Prof. Dr. Jörn W. Mundt
Duale Hochschule Baden-Württemberg (DHBW) Ravensburg

Kurt Niclaus
The Travelists Tourismus Consulting, Düsseldorf (früher Geschäftsführer, von Paneuropa Reisen und von Club Med Deutschland und Robinson)

Prof. (em.) Dr. Wilhelm Pompl
Fachhochschule Heilbronn

Prof. (em.) Peter Roth
Fachhochschule München

Jörg Rummel
Rechtsanwalt und Steuerberater bei der Haas, Bacher, Scheuer Wirtschaftsprüfungsgesellschaft GmbH, München

Prof. Dr. Manfred Schertler-Rock
Duale Hochschule Baden-Württemberg (DHBW) Ravensburg

Stefan Schrödel
Diplom-Betriebswirt (BA), B.A. (Hons), Geschäftsführer der Alltours Reisecenter GmbH, Duisburg

1

Reiseveranstalter – Geschichte, Konzepte und Entwicklung

Jörn W. Mundt

1.1 Mutterland Großbritannien

ALS DER ENGLISCHE TEMPERENZLER und Laienprediger Thomas Cook am 5. Juli 1841 seine erste Gruppenreise für 570 Personen mit der Eisenbahn von der Industriestadt Leicester für die Teilnahme an einer Kundgebung in das 11 Meilen entfernte Loughborough organisierte, ahnte sicherlich niemand, am wenigsten er selbst, welche Entwicklung er damit angestoßen hatte. In der heutigen Terminologie würden wir auch eher von einem organisierten Ausflug sprechen als von der ‚Mutter aller Veranstalterreisen', weil die Reise nur die Fahrt und Verpflegung umfaßte und man am Abend des gleichen Tages wieder zurück in Leicester war. Allerdings enthielt dieses Arrangement bereits zwei wesentliche Elemente einer Veranstalterreise: Zum einen handelte Thomas Cook mit der Bahngesellschaft eine erhebliche Preisreduktion aus, zum anderen kombinierte er den Transport mit einer weiteren, im Preis inbegriffenen Leistung. In den kommenden Jahren organisierte er eine Reihe solcher Reisen, so daß daraus die Grundlage für sein eigenes Unternehmen erwuchs (vgl. Brendon 1991). Nach einigen Anfangsschwierigkeiten entwickelte sich daraus letztlich der Konzern, der heute noch seinen Namen trägt. Schon 1920 bot das Unternehmen die ersten Flüge nach Paris an und in den 1930er Jahren wurden Urlaubsreisen mit dem Flugboot ans Mittelmeer und nach Madeira veranstaltet. 1939, kurz vor dem Ausbruch des Zweiten Weltkriegs, wurde sogar eine 30-tägige Weltreise für 475 £ (was sich damals nur wenige Reiche leisten konnten) mit dem Flugboot angeboten (Yale 1995, S. 37).

Der meist für diese von Veranstaltern organisierten Urlaubsaufenthalte verwendete Begriff ‚Pauschalreise' entstand aber erst nach dem Zweiten Weltkrieg, als nicht nur der Tourismus insgesamt stark wuchs, sondern vor allem auch das Flugzeug als Beförderungsmittel neue Reiseziele erschloß und damit an Bedeutung gewann. Zu dieser Zeit gab es aber zunächst nur Linienfluggesellschaften, die in der *International Air Transport Association* (IATA) organisiert waren, die 1945 in Havanna von 57 internationalen Fluggesellschaften aus 31 Ländern gegründet worden war. Die IATA war aber nicht bloße Interessenvereinigung, sondern vor allem ein Preis- und Konditionenkartell, in dem die Flugpläne und die Serviceleistungen aller Mitglieder so aufeinander abgestimmt und die dazugehörigen Flugpreise festgelegt wurden, daß praktisch keine Konkurrenz zwischen den Fluggesellschaften bestand. Dies war nicht zuletzt auch dadurch möglich, daß es sich bei praktisch allen europäischen Fluggesellschaften um staatliche Unternehmen handelte (woher auch der heute noch übliche Begriff des *flag carriers* stammt).

Im Vordergrund stand zu dieser Zeit zunächst der Auf- und Ausbau eines weltweiten, zuverlässigen und sicheren Linienverkehrs, der in erster Linie auf Geschäftsreisende zugeschnitten war und den Unternehmen dauerhaften Zugang zu ihren Auslandsmärkten sichern sollte. Grundlage für die Preiskalkulation der Flugscheine war dementsprechend nicht die volle Auslastung der Flugzeuge, sondern eine Kombination aus Bereitstellungskosten (Kosten für die Möglichkeit, auch kurzfristig noch einen Flug anbieten zu können) und Beanspruchungskosten (Kosten der tatsächlichen Beförderung), weil Geschäftsleute in der Regel nicht langfristig buchen können und für oft notwendige kurzfristige Änderungen flexible Angebote brauchen. Hinzu kam, wie bei einem Preiskartell nicht anders zu erwarten, eine Monopolrente, d.h. ein zusätzliches, leistungsloses Einkommen, das über dem bei Preiskonkurrenz erzielbaren Marktpreis liegt. Beides zusammen führte zu so hohen Flugpreisen, daß mit den in der IATA organisierten Fluggesellschaften Flugreisen zu bezahlbaren Preisen, von einigen Ausnahmen abgesehen, kaum organisierbar waren. Bei Ferienflugreisen kommt es jedoch nur auf den Beanspruchungsnutzen an, denn Urlaubsreisende sind ja gerade eben nicht flexibel und müssen ihren Urlaub zum Beispiel mit ihrem Arbeitgeber bzw. anderen Mitarbeitern im Betrieb abstimmen. Der Linienverkehr unterliegt zudem noch den in die jeweiligen nationalen Luftverkehrsgesetze übernommenen Regelungen der *International Civil Aviation Organisation* (ICAO), die u.a. vorschreiben, daß die im Flugplan aufgeführten Flüge unabhängig von der Zahl der gebuchten Passagiere durchzuführen sind. Mit der Einführung von Charterflügen, für die solche Regelungen nicht gelten, konnte man diese Nachteile des Linienflugverkehrs umgehen. Daher war es

Thomas Cook (1808–1892)

möglich, hier mit erheblich höheren Sitzladefaktoren kalkulieren als im normalen Linienverkehr und gleichzeitig die Flugkosten pro Sitz auch noch dadurch zu senken, daß man eine dichtere Bestuhlung, als sie im Linienverkehr üblich war, in die Flugzeuge einbaute. Allerdings hatten die Regierungen aus den oben genannten Gründen ein großes Interesse daran, die Existenz ihrer Linienfluggesellschaften nicht zu gefährden. Daher wurden eine Reihe von Restriktionen für den Zugang zu Charterflügen erlassen. Die wichtigsten davon waren die Bindung an ein komplettes Reisearrangement mit Unterkunft und Verpflegung und der Ausweis eines nur **pauschalen Rechnungsbetrages** für die gesamte Reise, so daß die Kosten für die einzelnen Reisebestandteile, vor allem des Fluges, nicht ersichtlich sind. Damit wollte man direkte Preisvergleiche zwischen Charter- und Linienflügen unmöglich machen. Der Begriff ‚Pauschalreise' war also zunächst auf die von Veranstaltern organisierten Charterflugreisen beschränkt, wurde dann aber schnell auch auf Veranstalterreisen mit anderen Verkehrsmitteln ausgedehnt und schließlich Ausgangspunkt für eigene gesetzliche Regelungen (siehe Kapitel 6).

Entstanden ist die moderne Pauschalreise nicht in Deutschland – hier galt das alliierte Flugverbot bis 1955 –, sondern ebenfalls in Großbritannien. Zwei Faktoren spielten hierbei eine Rolle: Die geographische Lage der britischen Inseln und die Deviseneinschränkungen. Für jede Auslandsreise mußten entweder Schiff oder Flugzeug genutzt werden. Waren Flüge zunächst noch sehr teuer, gab es nach dem Ende der Berliner Luftbrücke 1948 viele, vor allem militärische Transportmaschinen, für die es keine Nutzung mehr gab und die deswegen zu sehr geringen Preisen erworben werden konnten. Auch wenn es schon vorher vereinzelte Charterflüge gegeben hatte, war der von Vladimir Raitz, eigentlich Journalist bei der Nachrichtenagentur Reuter und einer der Mitbegründer von Horizon Holidays, organisierte Flug nach Korsika 1950 der Beginn der Flugpauschalreise, wie wir sie heute kennen (Brendon 1991, S. 283; Calder 2003, S. 57). „Indem ein ganzes Flugzeug gechartert wurde, in dem jeder Sitz besetzt wurde anstatt sich zu verpflichten, einen Block Sitze auf einem Linienflug zu übernehmen, konnten die Stückkosten des Fluganteils stark gesenkt werden, mithin auch der Gesamtpreis für die Reise" (Holloway 1998, S. 32; Übers. J.W.M.). Die wirtschaftlichen Schwierigkeiten Großbritanniens nach dem Zweiten Weltkrieg führten gleichzeitig dazu, daß Privatpersonen nach dem 1947 erlassenen *Exchange Control Act* nur eine sehr eingeschränkte Menge Geldes mitnehmen durften – zunächst waren es 100 £, zwischen 1966 und 1970 wurde die Summe auf nur 50 £ pro Person verringert (Yale 1995, S. 43). Durch die Buchung einer Veranstalterreise konnte man diese Einschränkung weitgehend umgehen, denn jetzt konnte man auf die bereits bezahlte Reise jeweils diesen Betrag mitnehmen.

Erst 1979 wurden die Devisenbeschränkungen in Großbritannien wieder aufgehoben, so daß ab 1980 kein Limit mehr galt.

Vor diesem Hintergrund ist es wenig verwunderlich, daß sich vor allem der Markt für Flugpauschalreisen in Großbritannien sehr positiv entwickelte. 1965 wurden etwa eine Millionen Flugreisen zu Zielen in Westeuropa gebucht. Veranstalterreisen mit dem Bus als Reiseverkehrsmittel hatten 1970 nur noch einen Marktanteil von 9 Prozent (Yale 1995, S. 40 f.). 1987 wurden fast 14 Millionen Veranstalterreisen verkauft, d.h., jeder vierte der damals 55 Millionen Briten, Greise und Babies eingeschlossen, machte in diesem Jahr eine Pauschalreise. Entsprechend boomten auch Reiseveranstalter, Charterfluggesellschaften und Reisebüros. 1972 formte der aus Kanada stammende Roy Thomson alias Baron Thomson of Fleet, dessen Unternehmen vor allem im internationalen Zeitungsgeschäft tätig waren, durch den Kauf einer Reihe von Reiseveranstaltern (Universal Skytours, Riviera Holidays, Gay[1] Tours und Luxitours) sowie der Charterfluggesellschaft Britannia Airways und formte sie zur Thomson Travel Group, die zugleich die kleine Reisebürokette Lunn Poly erwarb (*op. cit.*, S. 25). Damit entstand ein vertikal integrierter Reisekonzern, in dem bis auf Hotels alle Wertschöpfungsstufen einer Flugpauschalreise vertreten waren. Auch Horizon Travel folgte diesem Modell und wurde nach mehreren Besitzerwechseln schließlich 1988 mit seinen Reisebüros und seiner eigenen Charterfluggesellschaft Orion Air von Thomson übernommen und in den Konzern integriert (*op. cit.*, S. 44 f.). Dies war eine der vielen Übernahmen, welche die Veranstalterbranche in den 1980er Jahren in Großbritannien prägte.

Die Entwicklung des Reiseveranstaltergeschäftes in Großbritannien hatte aber auch ihre Schattenseiten. Schon Thomas Cook mußte nach einigen Jahren im Geschäft 1846 die Erfahrung einer Insolvenz machen, aus der sein Unternehmen jedoch mit neuen Aufträgen erfolgreich wiederauferstand (Brendon 1991, S. 40). Endgültig war dagegen 1974 der Zusammenbruch des damals größten britischen Reiseveranstalters Clarkson's Holidays, als der Mischkonzern Court Line (u.a. Tankerreederei, Fluggesellschaft), das nach Preiskämpfen mit Thomson (der Nummer zwei auf dem damaligen britischen Markt) angeschlagene Unternehmen gekauft hatte, aufgrund der Ölkrise 1973 im Jahr darauf in Konkurs ging. Neben vielen kleineren Reiseveranstaltern, die infolge des Golfkrieges 1991, an dem Großbritannien mit eigenen Truppen beteiligt war, wegen der aus der Angst vor Terroranschlägen dramatisch eingebrochenen Nachfrage nach Flugreisen vom Markt verschwanden, ging auch der damals zweitgrößte Reisekonzern, International Leisure Group (ILG), Pleite. Im Jahr darauf wurde Dan Air London (Dan =

---

[1] Damals hatte das Adjektiv noch nicht die heutige Zusatzbedeutung ‚homosexuell', sondern hieß einfach nur ‚fröhlich'.

Abkürzung für Daniel & Newton) als unabhängige Charterfluggesellschaft u.a. Opfer der vertikalen Integration der großen Flugreiseveranstalter. Durch die sinkende Nachfrage gab es keine Aufträge von den Reiseveranstaltern mehr für sie, da diese naheliegenderweise erst einmal die Flugzeugsitze der unternehmenseigenen Charterfluggesellschaften füllten. Der vorangegangene Versuch von ILG durch ein Zusammengehen mit Dan Air das Unternehmen zu retten, blieb erfolglos.

Anders als in anderen europäischen Ländern gab es in Großbritannien aber bereits seit 1965, nach dem Konkurs zweier Reiseveranstalter in diesem Jahr und im Jahr zuvor, eine Kundengeldabsicherung, den die *Association of British Travel Agents* (ABTA) organisierte (vgl. hier und im folgenden Yale 1995, S. 236 f.). Sie schuf einen gemeinsamen Fonds, in den alle Mitgliedsagenturen einzahlten. Nachdem sich die Hoffnungen der ABTA auf eine gesetzliche Regelung nicht erfüllten, wurde von ihr der ‚Operation Stabiliser' eingeführt, nach dem nur noch diejenigen Kunden geschützt waren, welche die Reise eines ABTA-Reiseveranstalters bei einer Mitgliedsagentur der ABTA gebuchten hatten. Um den Schutz zu verbessern wurde 1970 von der Tour Operators Study Group (TOSG) ein ergänzender Fonds gegründet, in den die Mitglieder fünf Prozent ihres Jahresumsatzes einzahlten. Der Zusammenbruch von Clarkson's Holidays 1974 hatte jedoch gezeigt, daß der Fonds nicht ausreiche. Mit dem Air Travel Reserve Act wurden alle Flugreiseveranstalter gezwungen, zwischen 1975 und 1977 zwei Prozent ihres Umsatzes zu zahlen, um den Fonds wieder aufzufüllen. Mit der Novellierung des Luftverkehrsgesetzes mußten Flugreiseveranstalter bereits seit 1972 eine Konzession, die Air Travel Organisers' Licence (ATOL), bei der britischen Luftfahrtbehörde beantragen. Wie Fluggesellschaften dürfen sie erst nach Prüfung der Bücher und unter kontinuierlicher Überwachung durch die Behörde ihrer Tätigkeit nachgehen. Damit soll sichergestellt werden, daß nur wirtschaftlich gesunde Unternehmen Flugpauschalreisen verkaufen dürfen.

Als 1982 Freddy Lakers Unternehmen – die Fluggesellschaft Skytrain mit Billigflügen in die USA und der Reiseveranstalter Skytrain Holidays – in Konkurs gingen, konnten die 52.000 Forderungen von Kunden, die mit dem Veranstalter gebucht hatten, alle befriedigt werden. Lediglich die Kunden der Linienfluggesellschaft gingen – wie es auch noch der heutigen, unbefriedigenden Rechtslage entspricht – leer aus (Yale 1995, S. 42). Seitdem 1993 die Reiserechtsrichtlinie der Europäischen Gemeinschaft von Juni 1990 in britisches Recht umgesetzt wurde, gelten hier auch die europaweit gleichen Insolvenzschutzregeln (siehe Kapitel 6).

Der nationale Konzentrationsprozeß im britischen Pauschalreisemarkt in den 1980er Jahren bekam im 1992 eine europäische Dimension, als die Westdeutsche Landesbank (WestLB) und ihre damalige Beteiligung LTU die britische Veranstalter- und Reisebürogruppe Thomas Cook mit ihren Fluggesellschaften erwarben. 1995 wurde Thomas Cook eine hundertprozentige Tochter der WestLB, die auch mit 30 Prozent am größten deutschen Reiseveranstalter TUI beteiligt war. 1999 erwarb die WestLB-Beteiligung Preussag die Mehrheit an Thomas Cook. Nachdem die TUI von der Preussag erworben worden war und im Jahr darauf Thomson Travel kaufte, mußte aus wettbewerbsrechtlichen Gründen Thomas Cook wieder veräußert werden. 2001 wurde Thomas Cook daher an den deutschen Konkurrenten C&N Touristic, ein Gemeinschaftsunternehmen der Neckermann-Mutter Karstadt-Quelle mit der Deutschen Lufthansa verkauft, das Ende 2001 in die heutige Thomas Cook AG umfirmierte. Durch die Übernahme von MyTravel (vorher Airtours plc.) konnte Thomas Cook in Großbritannien 2007 den Abstand zum Marktführer TUI Travel deutlich verringern. Mit der Insolvenz der zu Arcandor umfirmierten Karstadt-Quelle Handelsgruppe 2009 wurden ihre Anteile an der London Stock Exchange (LSE) veräußert, so daß es sich bei der Thomas Cook plc. wieder um ein britisches Unternehmen handelt. 2010 wurde Öger Tours, ein auf Türkeireisen spezialisierter Reiseveranstalter aus Hamburg, von seinem Gründer und Besitzer, Vural Öger, übernommen.

Die TUI selbst, 1968 als Holding für verschiedene Veranstalter (Touropa, Scharnow, Hummel, Dr. Tigges) unter dem Namen ‚Touristik Union International' in Hannover gegründet, wurde nach verschiedenen Änderungen in der Gesellschafterstruktur – insbesondere ging es darum, Reisebüros als Anteilseigner auszuschließen, um der Veranstaltergruppe freie Hand im Vertrieb geben zu können – wurde schließlich Ende der 1990er Jahre vom Mischkonzern Preussag AG (1923 gegründet als Preußische Bergwerks- und Hütten-Aktiengesellschaft) übernommen, an dem die WestLB den größten Anteil hielt. Gleichzeitig erwarb die WestLB mit dem Logistik- und Tourismuskonzern Hapag-Lloyd den zweiten großen Anteilseigner, der wie sie 30 Prozent an der TUI hielt. In einem Zwischenschritt hieß das Unternehmen daher für kurze Zeit Hapag Touristik Union (HTU), bevor 2002 die gesamte Preussag AG auf TUI AG umfirmierte und von einem auf die Herstellung und Vertrieb industrieller Güter fokussierten Mischkonzern zu einem Dienstleistungskonzern mit dem Schwerpunkt Reiseveranstaltung umgebaut wurde. Durch das Aufgeben von Geschäftsfeldern und den Verkauf von früheren Konzernunternehmen wie zum Beispiel der Stahlproduktion (Salzgitter AG) und der Schienenlogistik (VTG) wurde teilweise der Kauf des britischen Marktführers Thomson Travel finanziert. 2007 kam es auf dem britischen Markt zur Fusion von TUI und dem drittgrößten Reiseveranstalter First Choice Holidays plc. (gegründet 1973 als Owners Abroad) zur an der Londoner Börse kotierten TUI Travel plc. mit Sitz Crawley/West Sussex. Größter Aktionär ist mit 53,1 Prozent der Anteile die deutsche TUI AG (notiert an der Frankfurter Börse), bei der nur noch die Hotels, die Kreuzfahrtschiffe und Anteile an der Hapag-Lloyd Containerschiffahrt liegen. Aufgrund massiver finanzieller Probleme mußte die WestLB 2004 ihre Anteile an der TUI veräußern. Der größte Teil ging an die spanische Familie Riu (deren RIU Hotelgesellschaft wiederum ein Gemeinschaftsunternehmen mit der TUI AG ist), den spanischen Unternehmer und Politiker Abel Matutes Juan (u.a. EU-Kommissar und spanischer Außenminister) und an eine spanische Sparkasse. Mittlerweile sind die größten Aktionäre jedoch ein russischer und ein norwegischer Investor (mit jeweils ca. 15 Prozent).

Man hatte zwar schon lange erwartet, daß es zu Unternehmensübernahmen zwischen britischen und deutschen Reiseveranstaltern kommen würde, lange Zeit schien es jedoch genauso wahrscheinlich, daß britische Veranstalter in den deutschen Markt expandierten. Allerdings gab es bis Ende der 1990er Jahre eine enge Beteiligungsverflechtung deutscher Reiseveranstalter untereinander, zum Teil indirekt über Banken.

So war zum **Beispiel** die WestLB sowohl größter Anteilseigner der Düsseldorfer LTU-Gruppe mit ihren Reiseveranstaltern als auch (zusammen mit Hapag-Lloyd) der TUI. Gleichzeitig war die Deutsche Bank sowohl an der NUR-Touristic Muttergesellschaft Karstadt wie auch an Hapag-Lloyd (an der auch die Lufthansa Anteile hielt) beteiligt.

Dies war die Reisemarkt-Variante der viel kritisierten ‚Deutschland AG' bzw. des ‚*Rhenish capitalism*', die es ausländischen Interessenten in manchen Bereichen nahezu unmöglich machten, durch den Kauf von einheimischen Unternehmen einen Zugang zum deutschen Markt zu bekommen. Da diese Verflechtung bis in den Reisebürovertrieb reichte, wäre es sehr riskant gewesen, den Markteintritt mit einer Neugründung zu versuchen. Lediglich dem börsennotierten Großveranstalter Airtours (seit 2002 MyTravel), damals die Nummer zwei auf dem britischen Markt, gelang 1998 der Schritt in den deutschen Markt mit einer knapp 36-prozentigen Beteiligung an FTI, die zwei Jahre später zur vollständigen Übernahme führte. Allerdings ließ sich das britische Modell eines vertikal teilintegrierten Reiseveranstalters nicht erfolgreich auf den deutschen Markt übertragen: Die neu gegründete Chartertochter flyFTI flog nur hohe Verluste ein und 2003 verkaufte die MyTravel Group FTI an eine Investorengruppe um Dietmar Gunz, der das Unternehmen 1980 unter den Namen Frosch Touristik gegründet hatte.

1.2 Die Anfänge der Veranstalterreisen in Westdeutschland

Die Anfänge des Pauschaltourismus nach dem Zweiten Weltkrieg sahen in Deutschland zunächst ganz anders aus als in Großbritannien. In der Folge des verlorenen Krieges versagten die Siegermächte den Deutschen für zehn Jahre die Lufthoheit, so daß bis zur Neugründung der Lufthansa 1955 nur ausländische Fluggesellschaften den langsam wieder entstehenden Reisemarkt bedienen durften. Für den Urlaubsreiseverkehr spielte dies zunächst auch kaum eine Rolle. Nicht nur, daß Auslandsreisen von Westdeutschland aus weit weniger Aufwand erfordern als von den britischen Inseln, auch die wirtschaftliche Situation ließ zunächst kaum nennenswerte Urlaubs- oder gar Flugreisen zu.

Die ersten Veranstalterreisen im Nachkriegsdeutschland waren deshalb auch keine Auslands- sondern Inlandsreisen und das Verkehrsmittel war nicht – wie in Großbritannien – das Flugzeug, sondern die Eisenbahn. Die Vorläuferorganisation der 1951 gegründeten **Touropa** veranstaltete zwar bereits im Winter 1948/49 Sonderzugreisen von Hamburg über Dortmund nach dem damals noch weitgehend unbekannten Ruhpolding im Chiemgau, aber die Zahl der Teilnehmer war noch sehr beschränkt. Mit der Zeit jedoch wurden die Touropa-Bahnreisen zu einer festen Größe im noch kleinen Reisemarkt der 1950er Jahre.

Bereits am Ende des Jahres, an dem Deutschland die Lufthoheit wieder erhielt, wurden mit dem **Lufttransport-Unternehmen (LTU)** und dem **Deutschen Flugdienst (DFD)** die ersten Charterfluggesellschaften gegründet. Am DFD waren neben der gerade wieder erstandenen Lufthansa noch Reedereien und die Bundesbahn beteiligt. Nach einigen Turbulenzen fiel die Fluggesellschaft 1959 fast ganz an die **Lufthansa** und firmiert seit 1961, nach der Übernahme der 1957 vom Oetker-Konzern gegründeten „Luftreederei" unter deren Namen **Condor**. Allerdings konnten sich Flugreisen damals nur ganz wenige gut betuchte Urlauber leisten und deshalb spielten sie zunächst auch kaum eine Rolle auf dem sich erst entwickelnden westdeutschen Reisemarkt. Aber schon damals war Mallorca das Flugreiseziel Nummer eins, obwohl auch Teneriffa, Ägypten und Israel angeflogen wurden. Von den insgesamt 1.800 Fluggästen der Touropa im Jahr 1956 flogen allein 1.600 auf die Hauptinsel der Balearen.

Die Devisenbeschränkungen in Deutschland fielen bereits 1958 mit der Einführung der vollen Konvertierbarkeit der Deutschen Mark in andere Währungen, so daß – wiederum anders als in Großbritannien – von daher kein Grund bestand, auf die Angebote der Reiseveranstalter zurückzugreifen, um ins Ausland fahren zu können. Anders sah es mit den Preisen aus. Die in den 1950er Jahren von den Veranstaltern angebotenen Bahnreisen in Sonderzügen auch ins benachbarte Ausland (zum Beispiel nach Italien) machten solche Reisen für weite Kreise der Bevölkerung erst erschwinglich. Normale Bahnfahrkarten hätten sich die meisten damals gar nicht leisten können.

Die Flugpauschalreise hat den Reisehorizont der Deutschen erheblich erweitert: Mit ihr rückten Destinationen im Ausland in den Möglichkeitsbereich der westdeutschen Urlauber, die vorher aus verkehrstechni-

Reiseveranstalter – Geschichte, Konzepte und Entwicklung

DeHavilland DH-104 der 1955 in Frankfurt gegründeten Lufttransport Union

schen, preislichen und organisatorischen Gründen kaum ins Kalkül gezogen werden konnten. In erster Linie galt dies für das Reiseziel Spanien, das weitestgehend erst über die Flugpauschalreisen der Reiseveranstalter touristisch erschlossen werden konnte. Zwar gab und gibt es nach wie vor auch einen gewissen Teil selbstorganisierter Urlaubsreisen in dieses Land, die meisten der für die Urlauber interessanten Landesteile liegen aber außerhalb erträglicher Entfernungen für Autofahrer. Lediglich die nördlichen Teile der Mittelmeerküste (Costa Brava) eignen sich noch einigermaßen für solche Individualreisenden. Kaum erreichbar sind für sie jedoch die Balearen und die Kanaren, die ohne das Flugzeug nur sehr eingeschränkt oder aufgrund des damit verbundenen Reisezeitaufwandes für übliche Urlaubsreisen gar nicht erreichbar wären.

Auch Griechenland, die Türkei und die außereuropäischen Mittelmeerländer lägen ohne die Flugpauschalreise nicht in Reichweite deutscher Urlauber. Für diese Reiseziele gibt es für die Kontinentaleuropäer also kaum einen geographischen Vorteil der Erreichbarkeit gegenüber den Briten.

So hat also in Großbritannien wie in Deutschland neben dem wirtschaftlichen Aufschwung vor allem die Pauschalreise, die vielen Schichten der Bevölkerung überhaupt erst eine Urlaubsreise ermöglichte, wesentlich zur Entwicklung des Reisens beigetragen.

1.3 Gesellschaftliche Hintergründe

Ohne die Möglichkeit, den Arbeitsplatz regelmäßig für eine Zeit zu verlassen, ohne daß damit Einkommenseinbußen oder gar sein Verlust verbunden wären, gäbe es auch keine Reisen, die nur zum Vergnügen des Reisenden durchgeführt werden. Denn erst die politische Durchsetzung des gesetzlich und tarifvertraglich festgelegten Anspruchs auf bezahlten Urlaub schaffte den notwendigen Rahmen für die sich entwickelnde Urlaubsreisetätigkeit.

Zwar existierten bereits im deutschen Kaiserreich einige zaghafte Ansätze für eine Urlaubsregelung, zunächst jedoch nur für Beamte, die dann in den Jahren der Weimarer Republik entschieden ausgebaut wurden. Aber erst nach dem zweiten Weltkrieg gab es mit der Entfaltung des Sozialstaatsgedankens im Westen Deutschlands einen qualitativen Sprung.

Bei Ausbruch des ersten Weltkriegs 1914 hatten in Deutschland erst 10 Prozent der Arbeiter in Gewerbe und Industrie einen Urlaubsanspruch, nach der Niederlage und dem Zerfall des Kaiserreiches konnten 1920 aber bereits 85 Prozent auf ihren tarifvertraglich festgelegten Urlaub verweisen. Neun Jahre später galt er für 97,8 Prozent und damit praktisch für alle (Knebel 1960, S. 37). Die Zahl der Urlaubstage machte sich gegenüber heute allerdings nur sehr bescheiden aus: 1922 hatten 54 Prozent der tarifvertraglich erfaßten Arbeitnehmer lediglich einen Anspruch von maximal drei Tagen und nur acht Prozent von mehr als sechs Tagen (a.a.O.). Urlaubsreisen waren unter diesen Bedingungen für die meisten Beschäftigten allenfalls ein schöner Traum.

Diesen Traum zu verwirklichen war vordergründig das Ziel der 1933 von den Nationalsozialisten nach dem Vorbild der italienischen Faschisten gegründeten Organisation „Kraft durch Freude" (KdF) mit ihrem „Amt für Reisen, Wandern und Urlaub". Die von ihm veranstalteten Gruppenreisen für wenig Geld dienten allerdings vor allem der Legitimation und Festigung der menschenverachtenden nationalsozialistischen Herrschaft, hatten also hauptsächlich propagandistischen Stellenwert, denn hintergründig ging es darum, daß „der schaffende Mensch merkt und spürt, daß sich in dem nationalsozialistischen Reich die Führung um den Einzelnen kümmert, sich um ihn müht, für ihn sorgt, ihn stolz heraushebt". So beschrieb Claus Selzner, Hauptamtsleiter der „Deutschen Arbeitsfront", 1936 die „soziale Aufgabe" dieser Reisen. Eingebettet in den totalitären Staat mit seinem allumfassenden Herrschaftsanspruch wurde „nicht nur die Arbeit, auch die Freizeit ... soziale Pflicht" (Fink 1970, S. 30) und das Reisen in der Gruppe, die ein repräsentatives Abbild der „Volksgemeinschaft" sein sollte, zu einer Art nationalen Aufgabe.

Der Traum vom freien Reisen für (fast) alle konnte deshalb erst unter den sozialen und politischen Rahmenbedingungen der Bundesrepublik verwirklicht werden. Das Mindesturlaubsgesetz und die darüber hinaus tarifvertraglich festgelegten Urlaubsregelungen hatten dazu geführt, daß 1990 über 70 Prozent der westdeutschen Arbeitnehmer über sechs Wochen Urlaub bzw. 30 freie Arbeitstage im Jahr verfügen konnten. Vor dem Hintergrund der strukturellen Arbeitsmarktkrise ist die Zahl 2003 allerdings auf durchschnittlich nur noch 28 Tage gefallen (vgl. u. a. Mundt 2006, S. 39 ff.) und viele Arbeitnehmer und Auszubildende haben nur den gesetzlichen Anspruch auf 20 Arbeits- bzw. 24 Werktage Urlaub pro Jahr.

Zwar gab es auch in der sich nach dem zweiten Weltkrieg neben der westdeutschen Bundesrepublik unter der Patronage der Sowjetunion entwickelnden Deutschen Demokratischen Republik (DDR, die nur dem Namen nach demokratisch war) offizielle Urlaubsregelungen, aber keine Entscheidungsfreiheit der Bürger über Reisen und Reiseziele. Darüber hinaus war die DDR-Währung – anders als die westdeutsche DM – auch nicht frei in alle Währungen konvertierbar. Neben dem eigenen Land konnten deshalb offiziell nur die sogenannten „Ostblockländer" bereist werden. Zudem war die Organisation von Reisen auch eine Aufgabe des Betriebes, der mit der Vergabe von Urlaubsplätzen in betriebseigenen Urlaubsanlagen Arbeitsleistung, gesellschaftliche und politische Anpassung belohnte.

Erst mit dem Ende des Regimes der Sozialistischen Einheitspartei (SED) im November 1989 brach dieses auf Anpassung und Unterordnung ausgerichtete System zusammen und mit ihm verschwanden auch die Reiserestriktionen. Die Währungsunion Mitte 1990 und der folgende Beitritt zur Bundesrepublik verschaffte den früheren DDR-Bürgern dann auch die Währung, mit der sie ungehindert die vordem verbotenen Reisen antreten konnten.

Die großzügigen Urlaubsregelungen für die Beschäftigten in der Bundesrepublik Deutschland, die noch von einer deutlichen Verringerung der Wochenarbeitszeit begleitet wurden, waren nur möglich vor dem Hintergrund einer sehr guten wirtschaftlichen Entwicklung, an der die Arbeitnehmer mit deutlichen Einkommenssteigerungen teilhatten. Zwar spielt die Einkommensentwicklung eine weit wichtigere Rolle für die touristische Nachfrage als die Entwicklung der Preise für touristische Leistungen, wie Crouch (1991) in einer Metaanalyse und Zusammenfassung von 44 in den drei Jahrzehnten zwischen 1960 und 1990 zu diesem Thema erschienenen Arbeiten gezeigt hat, aber sie allein reicht nicht aus, die Höhe der Nettoreiseintensität beziehungsweise die Zahl der gemachten Reisen zu erklären. Dazu kommt als ein weiterer wichtiger Faktor die Dauer, mit der diese Einkommen zur Verfügung stehen. Erst wenn man sich der konstanten Einkommensüberschüsse über mehrere Jahre hinweg vergewissert und die sonstigen Bedürfnisse zum Beispiel im Wohnumfeld befriedigt hatte, „traute" man sich offensichtlich, die Überschüsse verstärkt für Reisen auszugeben (Scheuch 1983, S. 546). Damit wurde in Westdeutschland eine Entwicklung nachvollzogen, die in ähnlicher Weise zuvor bereits in Skandinavien, in den Niederlanden, in Großbritannien und in der Schweiz stattgefunden hatte.

In Großbritannien wurde bereits 1965 eine Nettoreiseintensität von 55 Prozent erreicht, d.h., mehr als die Hälfte der britischen Bevölkerung im Alter von 16 Jahren und darüber hatte in diesem Jahr mindestens eine Urlaubsreise von 5 Tagen Dauer und mehr unternommen (Rigby 1989). In Westdeutschland lag die Nettoreiseintensität zu diesem Zeitpunkt nach den Untersuchungen des DIVO-Instituts erst bei 40 Prozent. Seit Mitte der 1970er Jahre schwankt die Nettoreiseintensität der Briten um die 60 Prozent, in Westdeutschland wurde dieser Wert fünf Jahre später mit 57,7 Prozent fast erreicht. Durch die Rezession 1981/82 gab es dann jedoch wieder leichte Rückgänge. Erst 1987 konnte die Reiseanalyse des Studienkreises für Tourismus mit 64,6 Prozent das Überspringen dieser Marke feststellen und dann bis 1994 jedes Jahr weitere Steigerungen bis auf 78,6 Prozent verbuchen. Seitdem ist sie etwas gesunken und hat sich auf einen Wert um die 75 Prozent eingependelt.

Abbildung 1.1: Die Entwicklung der Nettoreiseintensität* in der Bundesrepublik Deutschland 1954–2009

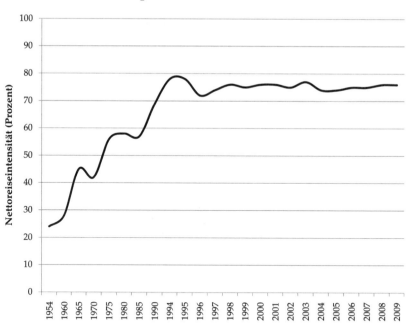

* längere Urlaubsreisen von mindestens fünf Tagen Dauer von 1954–1985: westliche Bundesländer; ab 1990 inklusive der neuen Bundesländer. Grundgesamtheit teilweise ab 18 bzw. ab 16 Jahre, ab 1970 immer ab 14 Jahre.

Quellen: 1954–1960 DIVO; 1970–1990 Studienkreis für Tourismus e.V., Starnberg (Dundler & Keipinger 1992); ab 1994: Forschungsgemeinschaft Urlaub + Reisen e.V. (F.U.R), Kiel

War die Nettoreiseintensität bis in die 1980er Jahre hinein stark abhängig von der gesamtwirtschaftlichen Entwicklung, läßt sich seit Beginn der 1990er Jahre ein solcher Zusammenhang nicht mehr herstellen. Abbildung 1.1 zeigt deutlich die ‚Dellen' welche die jeweiligen Rezessionen in der zweiten Hälfte der 1960er und zu Beginn der 1980er Jahren auf dem Reisemarkt hinterlassen haben. Der Einbruch bei der Nettoreiseintensität fiel jedoch in den 1980er Jahren bereits deutlich geringer aus als zwei Jahrzehnte zuvor. Die Rezession Anfang der 1990er Jahre dagegen hatte überhaupt keinen negativen Einfluß auf die Reisebereitschaft mehr. Im Gegenteil: Trotz einer negativen wirtschaftlichen Entwicklung mit schrumpfenden Realeinkommen der Arbeitnehmer, die 1994 zum ersten Mal in der Geschichte der Bundesrepublik zu einem nominalen Umsatzverlust im Einzelhandel führte, war die Nettoreiseintensität kontinuierlich weiter angestiegen. Damit hatte sich die Urlaubsreise für weite Kreise der Bevölkerung als soziale Selbstverständlichkeit etabliert, auf die man auch in wirtschaftlich unsicheren Zeiten nicht mehr verzichten möchte.

Geblieben ist jedoch die Abhängigkeit der Nettoreiseintensität von der Höhe der individuellen Einkommen. In der obersten Einkommensgruppe ist sie deutlich höher wie in den Gruppen mit den geringsten Einkommen (Abbildung 1.2).

Abbildung 1.2: Die Einkommensabhängigkeit der Nettoreiseintensität 2009

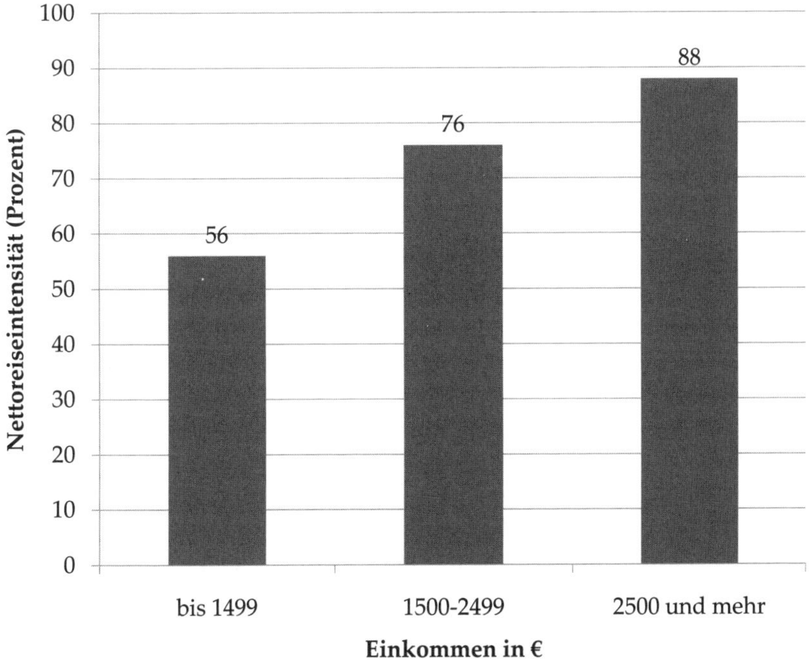

Einkommen in €	Nettoreiseintensität (Prozent)
bis 1499	56
1500-2499	76
2500 und mehr	88

Quelle: Reiseanalyse 2010 der Forschungsgruppe Urlaub + Reisen (F.U.R), Kiel

1.4 Die Entwicklung von Veranstalterreisen

In den letzten Jahrzehnten ist der Anteil der Pauschalreisen an den Urlaubsreisen mit einer Dauer von mindestens fünf Tagen in Westdeutschland nahezu kontinuierlich angestiegen. Der deutlichste Anstieg war in den Jahren zwischen 1982 und 1988 zu verzeichnen. In diesem Zeitraum hat sich der Marktanteil von Pauschalreisen mit einer Steigerungsrate von 225 Prozent mehr als verdoppelt. In der Zeit also, in der die Zahl der Reisen insgesamt stagnierte, konnte die Pauschalreise kontinuierlich dazugewinnen. Sie hat sich damit schon in den 1980er Jahren ganz anders entwickelt als der Gesamtmarkt.

Pauschalreisen sind zum größten Teil Auslandsreisen und damit schon wegen der höheren Beförderungskosten im Durchschnitt teurer als selbst organisierte Reisen. Aufgrund der im vorangegangenen Abschnitt dargestellten Entwicklung liegt die Vermutung nahe, daß vor allem Angestellte und Beamte und Personen mit Vermögenseinkünften (Dividenden, Mieten, Zinsen usw.), die bei den Einkommen weitaus besser abgeschnitten haben als Lohnempfänger, das Wachstum bei der Nachfrage nach Pauschalreisen ausgelöst haben.

Für diese insgesamt positive Entwicklung können neben den bereits genannten für Deutschland auch noch weitere wichtige Gründe angeführt werden:

(1) Einführung des neuen **Reiserechts** Ende 1979 und seine Ergänzung durch das von der Europäischen Gemeinschaft 1990 vorgeschriebene Insolvenzrecht, das Ende 1994 mit Verspätung auch in Deutschland in Kraft gesetzt wurde;
(2) weiterer **Trend zu Auslandsreisen**;
(3) **Trend zu Fernreisen**;
(4) **Angebotsdifferenzierung** bei den Veranstaltern.

(1) Mit der Einführung des **Reiserechtsparagraphen** in das Bürgerliche Gesetzbuch Ende 1979 (siehe Kapitel 6) wurde die Position der Kunden gegenüber den Reiseveranstaltern entscheidend gestärkt. Trägt der Reisende bei selbstorganisierten Reisen das gesamte Risiko für Transport, Unterkunft und Verpflegung selbst und muß sich bei auftretenden Mängeln mit den jeweiligen Leistungsträgern auseinandersetzen, hat er als Kunde eines Reiseveranstalters nur diesen als Adressaten, der für alle Bestandteile der Reise, unabhängig davon, wer sie produziert hat, verantwortlich ist. Welcher Vorteil damit vor allem für Auslandsreisen verbunden ist, bei denen man sich sonst mit anderen Rechtsordnungen zeitraubend und meist ohne große Chancen von zu Hause aus auseinandersetzen müßte, liegt auf der Hand.

Zudem kann man davon ausgehen, daß die Veranstalter bei der gegebenen Rechtslage darum besorgt sein müssen, daß die von ihnen veranstalteten Reisen das halten, was ihre Kataloge versprechen. Damit steigt auch die Sicherheit für den Kunden, daß er eine faire Gegenleistung für sein Geld bekommt. In den 1980er Jahren wurde den Reisenden dieser Vorteil durch das gerichtliche Umsetzen dieser Regelungen in konkretes Recht und entsprechende Berichte in den Medien darüber immer bewußter. Damit erwies sich der von den Reiseveranstaltern zunächst nicht geliebte Konsumentenschutz als die beste Marketingmaßnahme für ihre Angebote. Das Gleiche gilt für die Umsetzung der Reiserechtsrichtlinie der Europäischen Gemeinschaften (EG) vom Juni 1990, die allerdings mit einiger Verspätung erst 1994 in deutsches Recht übernommen und im November des gleichen Jahres gültig wurde. Sie betrifft insbesondere die Absicherung von Kundengeldern vor immer wieder vorkommenden Insolvenzen von Reiseveranstaltern. Mit dieser Regelung sollen wegen des Bankrotts des Veranstalters an ihren Urlaubsorten gestrandete Urlauber und der Verlust von Kundengeldern wegen des Zusammenbruchs eines Veranstalters vor Reiseantritt der Vergangenheit angehören. Damit wurde praktisch die letzte größere Lücke im Pauschalreiserecht geschlossen (vgl. ausführlich dazu Kapitel 6).

Auch in der formal nicht der EU angehörenden **Schweiz** wurde die Richtlinie in nationales Recht umgesetzt. Es ist interessant zu sehen, daß die reiserechtlichen Regelungen dort auf eine ganz andere Konsumentenkultur treffen als in Deutschland und es hier kaum zu gerichtlichen Auseinandersetzungen zwischen Kunden und Reiseveranstaltern kommt. Zu einem nicht geringen Teil ist dies aber auch auf den 1990 als neutrale Beschwerdestelle eingerichteten ‚Ombudsman der Schweizer Reisebranche' zurückzuführen, bei dem Kundenbeschwerden kostenfrei bearbeitet und außergerichtliche Lösungen gefunden werden (www.ombudsman-touristik.ch).

(2) In den 1980er Jahren und in der ersten Hälfte der 1990er Jahre setzte sich der **Trend zu Auslandsreisen** weiter fort, der seit den 1950er Jahren zu beobachten ist. Dieser Trend wurde sicherlich auch durch das neue Reiserecht unterstützt, das neben den schon vorher bestehenden Preis- und Organisationsvorteilen der Pauschalreise zusätzliche Sicherheit verspricht. Darüber hinaus spielen hier auch Preise eine nicht zu unterschätzende Rolle. Auslandsreisen sind aufgrund von Währungsparitäten, die allerdings für viele europäische Ferienziele nach der Einführung des Euro keine Rolle mehr spielen, und besonders wegen der günstigen Flugpreise und der niedrigeren Lohn- und Preisniveaus in vielen Ländern oft billiger als ein ähnlicher Urlaubsaufenthalt in Deutschland.

(3) Das gilt vor allem für **Reisen in das außereuropäische Ausland**, die seit den 1980er Jahren mit die stärksten Zuwachsraten zu verzeichnen hatten. Auch bei ihnen handelt es sich in erster Linie um Veranstalterreisen.

(4) Deshalb war die weitere **Angebotsdifferenzierung** nach Zielgebieten (zum Beispiel mehr außereuropäische Länder) und Urlaubsarten (zum Beispiel Ausweitung von Cluburlaubsangeboten, All Inclusive, Reisebausteine, Kombination verschiedener Reisearten) ein weiterer Grund für den Zuwachs der Pauschalreisen in einem ansonsten eher stagnierenden Reisemarkt. Zudem verkaufen Reiseveranstalter nicht nur Vollpauschalreisen, sondern zunehmend auch **Einzelleistungen** wie Transport oder Unterkunft. Auch im Geschäft mit der Vermittlung von Ferienwohnungen konnten die großen Reiseveranstalter in den letzten Jahren ihre Anteile ausweiten.

Die anfänglichen Befürchtungen der Reiseveranstalter, daß die Reisenden einen Veranstalter nur als *„pacesetter"* brauchen, also nur einmal mit einem Reiseveranstalter irgendwo hinfahren und sich dann beim nächsten Mal dort selbst eine Unterkunft suchen und den Transport organisieren, sind nicht eingetreten. Zumindest solange die Pauschalreise billiger ist als die Summe der individuell gebuchten Einzelleistungen, wird sie weiterhin eine gute Chance auf dem Reisemarkt haben. Darüber hinaus bietet sie den Kunden einen weiteren, nicht zu unterschätzenden Vorteil, indem sie ihm praktisch alle Organisationsprobleme abnimmt.

1.5 Geschäftsmodelle

Zunächst gab es keine Differenzierung zwischen Reiseveranstaltern und Reisebüros. Gesellschafts- bzw. Gruppenreisen wurden von Reisebüros ebenso organisiert wie sie Bahnfahrkarten verkauften, Schiffspassagen vermittelten oder Hotelbuchungen vornahmen. Erst mit dem Wachstum der Reisemärkte entwickelten sich auch Spezialisierungen.

Die Dominanz der Reisebüros zeigte sich **beispielhaft** zunächst auch in der Gesellschafterstruktur der TUI. In der TUI waren demnach die Veranstalteraktivitäten einer Reihe von Reisebüros zusammengefaßt. Diese Konzept beruhte auf einer klaren Arbeitsteilung: Der Veranstalter stellt quasi im Auftrag der Reisebüros die Reisen zur Befriedigung der wachsenden Nachfrage zusammen, welche diese dann auf dem Markt absetzen. Neudeutsch formuliert hatte der Veranstalter für den ‚Content' in den Reisebüros zu sorgen.

1.5.1 Klassische Reiseveranstalter

Parallel dazu entstanden aber auch eine ganze Reihe von reinen Veranstaltern, welche die Angebote der Leistungsträger (Hoteliers, Verkehrsunternehmen) zu abgestimmten Paketen bündelten und über Reisevermittler als ihre Handelsvertreter absetzten. Diesen Typus von Unternehmen bezeichnen wir als **klassischen Reiseveranstalter**. Er ist unter verschiedenen Aspekten der Prototyp dessen, was man heute als virtuelles Unternehmen bezeichnet (vgl. u.a. Wolter, Wolff & Freund 1998). Er selektiert und koordiniert die Angebote von Leistungsträgern und bündelt sie zu einem marktfähigen Angebot, das zu einem pauschalen Preis in Reisebüros buchbar ist. Hotels, Fluggesellschaften und Zielgebietsagenturen sind lediglich Vertragspartner für die Dauer einer Saison. Das angebotene Sortiment an Reisen kann man entsprechend auch als Projekt sehen, das nach dem Ende der jeweiligen Saison abgeschlossen ist. Insofern ist die Bezeichnung ‚virtueller Reiseveranstalter', wie sie gelegentlich für Unternehmen verwendet wird, die ausschließlich über das Internet vertreiben, irreführend.

Für jede Saison beschafft sich der klassische Reiseveranstalter also bei seinen Kooperationspartnern ein Inventar von Leistungen (Charterflüge bzw. Flugkontingente, Hotelkontingente, Transfers und Betreuungsleistungen im Zielgebiet), die er zu verhandelten Preisen und Konditionen vertraglich absichert und für die er, je nach Vertrag, das Auslastungsrisiko übernimmt (siehe Kapitel 3). Abgesetzt werden diese Reisen zu den vom Veranstalter kalkulierten Pauschalpreisen über den stationären Vertrieb. Mit unabhängigen Reisebüros (**Fremdvertrieb**) wird dafür entweder explizit ein vom Veranstalter vorgegebener Agenturvertrag geschlossen oder – was vor allem bei kleineren Veranstaltern die Regel ist – er kommt implizit durch das Akzeptieren einer Buchung zustande. Dann gelten automatisch die Regelungen der §§ 84 ff. des Handelsgesetzbuches (HGB). Für jedes vermittelte Reisearrangement erhält das Reisebüro eine Provision vom Veranstalter.

Typischerweise kommt der klassische Reiseveranstalter in der Regel nicht in direkten Kontakt zu seinen Kunden. Die Reise wird im selbständigen Reisebüro gebucht, der Transport in das Zielgebiet von dem vom Reiseveranstalter beauftragten Verkehrsunternehmen durchgeführt, der Transfer zum Hotel wie auch die Betreuung durch die kontraktierte Zielgebietsorganisation vorgenommen und am Zielort wohnen die Gäste in seinem Vertragshotel. Er kennt im Regelfall nicht einmal die Adressen seiner Kunden, weil das Inkasso durch die vermittelnden Reisebüros vorgenommen wird, die das Geld dann nach Abzug der vereinbarten bzw. branchenüblichen Provisionssatzes (§ 87 b [1] HGB) überweisen.

Mit dem Markteintritt des branchenfremden **Versandhandels** in den 1960er Jahren sollte deren Geschäftsmodell auf den Verkauf von Reisen ausgeweitet werden. Wer seine billige Unterwäsche, das günstige Radio oder die preiswerte Waschmaschine aus dem umfangreichen Neckermann-Katalog bezog, konnte genausogut auch seine Reisen daraus buchen anstatt ins Reisebüro zu gehen: Einfach aussuchen, die Bestellkarte ausfüllen und an den Veranstalter schicken. Die Reiseunterlagen werden nach Zahlung der Rechnung dann ebenso frei Haus geliefert wie die anderen Katalogwaren. Profitierte der Versandhandel von den geringeren Kosten durch den Verzicht auf teure

Kaufhäuser, so konnte ein ebenso agierender Reiseveranstalter die Kosten durch den Verkauf an den Reisebüros verringern und damit auch zu geringeren Preisen anbieten („Neckermann macht's möglich!"). So ganz ging diese Kalkulation jedoch nicht auf. So wie der Versandhandel sein Geschäftskonzept durch die Einrichtung eigener Kaufhäuser und Verkaufsstellen ergänzte, wurden auch die Reisen zunehmend in den Reiseecken dieser Häuser gebucht, die sich zu eigenen Reisebüros entwickelten und schließlich auch außerhalb der Dependancen eingerichtet wurden.

Trotzdem führte dies zu einem tiefgreifenden Wandel, denn damit bekamen Reiseveranstalter ihre bis heute **dominante Stellung** im Verhältnis zum Vertrieb. Schließlich blieben diese schnell zu Ketten anwachsenden Reisebüros jetzt den Geschäftsinteressen der Veranstalter untergeordnet.

Vor diesem Hintergrund wurden zum **Beispiel** die Reisebüros als Anteilseigner der TUI immer mehr zum Hemmschuh für die Unternehmensentwicklung, weil sie auf der ursprünglichen Arbeitsteilung beharrten und keinerlei Vertriebsaktivitäten des Veranstalters zulassen wollten. Es war ein langer Prozeß, bis es Anfang der 1990er Jahre nach einem langen Machtkampf zwischen verschiedenen Akteuren zu einem wohl austarierten Beteiligungskompromiß kam, nach dem die WestLB und Hapag-Lloyd jeweils 30 Prozent der Anteile hielten. Hapag-Lloyd hatte damit erreicht, daß die Charterflugtochter Hapag-Lloyd Flug weiterhin den größten Teil ihrer Flüge für die TUI abwickeln konnte. Bei der angepeilten Mehrheit der WestLB, die wiederum das Sagen bei der LTU hatte, wäre ein Zusammenschluß von TUI und LTU wohl wahrscheinlich gewesen – man hätte dann bloß ein „L" vor TUI oder ein I nach „LTU" anfügen müssen (die Logos waren sich damals sehr ähnlich, beide verwendeten serifenlose weiße Großbuchstaben auf rotem Untergrund). Wichtig war aber vor allem, daß Reisebüros seitdem im Gesellschafterkreis der TUI keine Rolle mehr spielten.

Da Veranstalterreisen nahezu ausschließlich über Reisebüros abgesetzt wurden, war es notwendig, über eine starke Stellung im Vertrieb zu verfügen. Dabei spielten neben eigenen Reisebüros Franchisesysteme eine entscheidende Rolle. Für sie sprechen die geringeren Kosten, das schnellere Wachstum – weil die Reisebüros ja bereits existieren – und die höhere Motivation des Managements, da die meist inhabergeführten Betriebe rechtlich und wirtschaftlich (weitgehend) selbständig bleiben. Wirtschaftlich gesehen sind Reisebüros aufgrund ihrer relativ geringen Gewinnmargen im Vergleich zu anderen Wertschöpfungsstufen der Pauschalreise aber eher uninteressant.

1.5.2 Vertikale Integration und horizontale Konzentration

Für Reiseveranstalter gibt es wie für andere Unternehmen grundsätzlich zwei Möglichkeiten des Wachstums: Steigerung von Umsätzen und Marktanteilen aus eigener Kraft (internes Wachstum) oder Zukauf von Unternehmen (externes Wachstum). Dabei kann der Zukauf zum einen darin bestehen, daß man Konkurrenten übernimmt, zum anderen kann er in der Übernahme von Leistungsträgern (Lieferanten) oder Reisebüros liegen. Im ersten Falle, der **horizontalen Konzentration**, bleibt man ein reiner Reiseveranstalter, im zweiten Falle, der **vertikalen Integration**, wandelt man sich durch die Übernahme von Leistungsträgern auch zum Produzenten von Hotelnächten bzw. von Passagierkilometern (vgl. Abbildung 1.3). Kauft man Reisebüros hinzu, erweitert man zwar sein Geschäftsfeld, bleibt aber dem handelsnahen Kern der eigenen Veranstalteraktivitäten sehr nahe.

Abbildung 1.3: Horizontale und vertikale Expansionsmöglichkeiten von Reiseveranstaltern

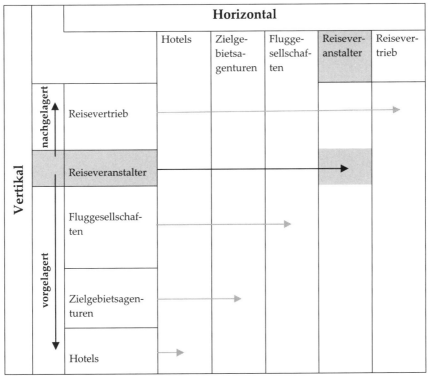

in Anlehnung an Mundt 2002, S. 132

Das Engagement der Reiseveranstalter im Vertrieb hat – wie wir gesehen haben – weniger ökonomische als strategische Gründe. Mit diesem Schritt wurde das Geschäftsmodell des klassischen Reiseveranstalters verlassen und man bewegte sich hin auf die **Integration von Wertschöpfungsstufen**. Durch die Beteiligung von Reiseveranstaltern an Hotels in den wichtigsten Zielgebieten wurde ein weiterer Schritt in diese Richtung gegangen. Dies hatte zum einen strategische Gründe, weil man bestimmte, attraktive Häuser in wichtigen Zielgebieten brauchte, um ein attraktives Sortiment anbieten zu können, zum anderen geschah dies auch aus wirtschaftlichen Erwägungen. Denn der größte Teil des

Umsatzes einer typischen Mittelmeerpauschalreise verbleibt beim Hotel, in dem gleichzeitig auch die höchste Umsatzrendite erzielt wird (Abbildung 1.4). Ferienhotels in typischen Warmwasserdestinationen haben in der Regel hohe Umsatzrenditen, weil die Lohnkosten hier niedrig sind, aber Marktpreise auf dem Niveau der Quelländer erzielt werden können.

Abbildung 1.4: Umsatzanteile und Renditen einer typischen Flugpauschalreise

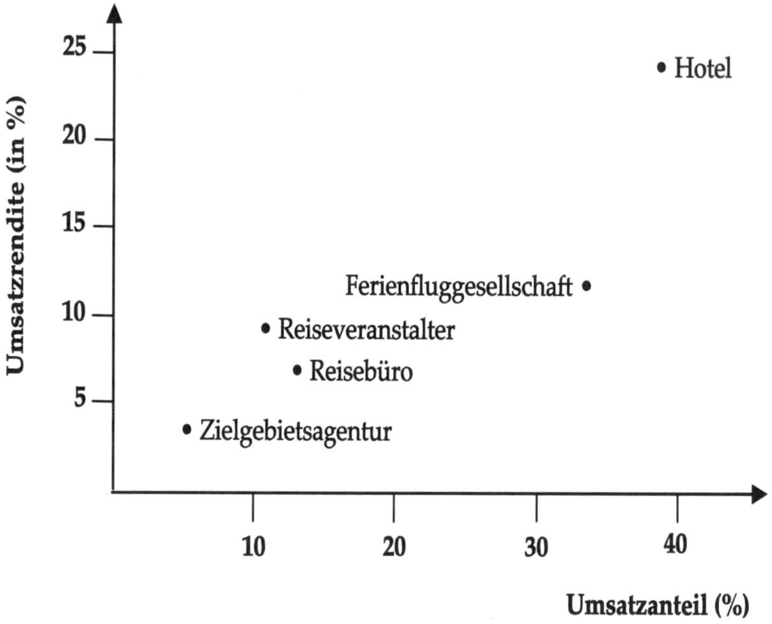

y-Achse: Umsatzrendite (in %), x-Achse: Umsatzanteil (%)

- Hotel: ca. 40 % Umsatzanteil, ca. 23 % Umsatzrendite
- Ferienfluggesellschaft: ca. 25 % Umsatzanteil, ca. 11 % Umsatzrendite
- Reiseveranstalter: ca. 20 % Umsatzanteil, ca. 9 % Umsatzrendite
- Reisebüro: ca. 22 % Umsatzanteil, ca. 7 % Umsatzrendite
- Zielgebietsagentur: ca. 12 % Umsatzanteil, ca. 3 % Umsatzrendite

in Anlehnung an Born 2004, S. 90

Um zu verdeutlichen, wie sich die Gewinnsituation durch die Transformation eines klassischen Reiseveranstalters in einen Produzenten durch die Summierung der Renditen auf den einzelnen Wertschöpfungsstufen verbessert, wird diese Graphik in eine Modellrechnung überführt. Um nicht den falschen Eindruck zu erwecken, die in der Abbildung 1.3 genannten Umsatzanteile und -renditen seien sozusagen gültiger Standard, wird dabei mit etwas anderen Zahlen gerechnet.

Daß zum **Beispiel** die Umsatzrendite der Hotels im Durchschnitt mit ca. 20 Prozent veranschlagt wird, dürfte dabei eine realistische Annahme sein. Der damalige Vorstandsvorsitzende der Thomas Cook AG, Stefan Pichler, gibt in einem Artikel an, daß „der Hotelbereich Renditen von sechs bis acht Prozent" abwirft, gleichzeitig wird die Reisebürorendite mit „rund einem Prozent" veranschlagt (Pichler & Kloubert 2004, S. 77). Beide Werte beziehen sich offensichtlich auf den Gesamtumsatz einer Pauschalreise. Setzt man die Renditen in Beziehung zu den jeweiligen Umsatzanteilen der Wertschöpfungsstufen ergeben sich in etwa die in der Modellrechnung (Tabelle 1.1) bzw. in Abbildung 1.4 aufgeführten Werte.

Tabelle 1.1: Modellrechnung für Renditen entlang der Wertschöpfungskette einer Flugpauschalreise

Wertschöpfungsstufe	Umsatzanteil in %	Umsatzrendite in %	Rendite pro 1.000 € in €
Zielgebietsagentur	4	5,00	2,00
Hotel	38	20,00	76,00
Flug	35	10,00	35,00
Reiseveranstalter (Marge)	11	9,00	9,90
Reisebüro (Provisionserlös)	12	9,00	10,80
Gesamtumsatz/-rendite:	**100**	**13,37**	**133,70**

An dieser Rechnung sieht man, daß der klassische Reiseveranstalter seinen Gewinn mehr als verzehnfachen kann, wenn er sich zum Produzenten über alle Wertschöpfungsstufen wandelt und auch den Reisebürovertrieb integriert.

Das erklärt, weshalb zu einem Zeitpunkt, zu dem die Konzentration auf Kernkompetenzen und die daraus folgende Auslagerung (*outsourcing*) aller nicht darunter subsumierten Prozesse zum Unternehmenscredo wurde, Reiseveranstalter ganz im Gegenteil ihr Engagement entlang der Wertschöpfungskette weiter ausbauten. Abgesehen davon, daß klassische Reiseveranstalter von vorneherein nur geringe Fix- und hohe variable Kosten haben – es gibt also praktisch nichts mehr, was ausgelagert werden könnte – existiert eine Reihe zusätzlicher Gründe, die für ein weiteres *in-sourcing* sprechen.

1.5.2.1 Strategische Gründe für vertikale Integration

Neben den betriebswirtschaftlichen und renditeorientierten Überlegungen gibt es daher auch noch eine Reihe von **strategischen Überlegungen** und von Argumenten aus der Marketingpraxis, welche für eine solche vertikale Integration sprechen. Dazu gehören:

(1) **Sicherung von Hotelbetten** in wichtigen Destinationen und in bevorzugten Lagen;

(2) **Verfügung über Flugkapazitäten** auch in saisonstarken Zeiten mit eventuellen Engpässen;

(3) **Präsenz im Vertrieb** und Chancen der Verkaufssteuerung über eigene Reisebüros;

(4) **Bestimmung der Dienstleistungsqualität** auf allen Stufen der Wertschöpfungskette und Möglichkeiten der Kontrolle und direkten Einflußnahme.

(5) **Zukunftssicherung des Unternehmens** vor dem Hintergrund der wachsenden Marktbedeutung von alternativen Vertriebssystemen (*online*, Fernsehen, Call Center usw.).

Im Folgenden werden diese einzelnen Punkte näher beleuchtet:

(1) Mit den eigenen Hotels können Reiseveranstalter ein Zielgebiet **kontinuierlich** mit einem genau definierten Angebot vermarkten. Es besteht nicht mehr die Gefahr, daß die Hotels nach Vertragsende den Veranstalter wechseln und die Konkurrenz zum Zuge kommt. Dies ist vor allem dann wichtig, wenn man eine Präferenzstrategie (siehe Kapitel 13) fährt und zum Beispiel nur Hotels direkt in der ersten Reihe am Strand anbieten möchte. Indem man diese Lagen in möglichst vielen gut nachgefragten Orten mit eigenen Hotelanlagen besetzt, kann man die Konkurrenz in schlechtere Lagen abdrängen und hat damit auch Chancen für die Durchsetzung höherer Preise. Positioniert man seine Hotelmarke(n) über entsprechende Qualität mit einem guten Image im Markt und belegt seine Hotels exklusiv mit eigenen Kunden, sind diejenigen, welche diese Hotels bevorzugen, auch automatisch Gäste des Reiseveranstalters. Damit entgeht man gleichzeitig auch dem leidigen Problem der überschnittenen Reiseangebote, welche den Kunden die Möglichkeit eines direkten Preisvergleichs mit Konkurrenzveranstaltern ermöglichen. Dadurch werden größere Spielräume in der Preispolitik eröffnet.

(2) Da es in der Hochsaison bei bestimmten Flugzielen immer wieder zu absehbaren Kapazitätsengpässen kommen kann, bietet die eigene Ferienfluggesellschaft den großen Vorteil der **prioritären Verfügbarkeit** von Flugsitzen für die konzerneigenen Reiseveranstalter.

(3) Die **Präsenz** in den Schaufenstern und auf den Regalflächen der Reisebüros ist ein wichtiger Erfolgsfaktor im Reisebürovertrieb von Veranstaltern. Man kann zwar auch den Fremdvertrieb mit entsprechenden Anreizen dazu motivieren, die eigenen Angebote bevorzugt zu präsentieren, aber das ist in der Regel auch mit höheren Vertriebskosten verbunden. Des weiteren wird ein **steuerbarer Vertrieb** zunehmend wichtiger für den Markterfolg von Reiseveranstaltern. Die vorgehaltenen Kapazitäten müssen aktiv verkauft werden. D.h., daß bei zu geringer Auslastung von Hotel- und Flugkapazitäten diese Angebote gezielt im Vertrieb forciert werden müssen, um die drohenden Verluste zu minimieren bzw. zu vermeiden. Dies geht nur, wenn der Reiseveranstalter den direkten Zugriff auf die Reisebüros hat. Deswegen spielen eigene bzw. im Franchise gebundene Reisebüros eine zentrale Rolle in den Vertriebskonzepten der großen Reisekonzerne. Auch für die Einführung von Systemen zur Ertragsoptimierung (*yield/revenue management*; vgl. ausführlich dazu Kapitel 14) ist diese Steuerbarkeit eine wichtige Voraussetzung.

(4) Beim klassischen Reiseveranstalter ist, wie wir gesehen haben, die Wahrscheinlichkeit sehr groß, daß seine Kunden nie in einen direkten Kontakt

mit ihm kommen. Das kann zu einer Reihe von Problemen führen, weil der Veranstalter zwar einerseits für alle zugesicherten Bestandteile der gebuchten Reise verantwortlich zeichnet, andererseits aber keine direkten Kontrollmöglichkeiten und keinen unmittelbaren Zugriff auf die mit der Erstellung beauftragten Leistungsträger hat. Bei einem vertikal integrierten Reisekonzern, der alle Glieder der Leistungskette in sich vereint, bestehen diese Probleme nicht mehr. Der Reiseveranstalter hat jetzt die Möglichkeit, den gesamten Prozeß einer Pauschalreise von der Buchung bis zur Rückkehr der Gäste nach seinen Vorstellungen zu gestalten. Gerade hierin liegen noch erhebliche **Marketingpotentiale**, die von den integrierten Reisekonzernen bislang kaum genutzt werden

(5) Reiseveranstalter werden aus der Sicht von Ferienhotels und von Fluggesellschaften durch die immer größer werdende Bedeutung des Internets für die Buchung touristischer Leistungen als Vertriebspartner ersetzbar.

Beispiel: Charterfluggesellschaften konnten ihre Kosten nicht zuletzt durch die Symbiose mit den Reiseveranstaltern niedrig halten. Weil die Reiseveranstalter den Vertrieb im Rahmen ihrer Pauschalreisen übernahmen, können sie sich mit schlanken Strukturen auf das operative Geschäft konzentrieren. Wie groß der Kostenvorteil allein dadurch ist, wird deutlich, wenn man weiß, daß bei den in der International Air Transport Association (IATA) organisierten Linienfluggesellschaften 1996 – zu einer Zeit also, in der die Reisebüroprovisionen bereits gesenkt worden waren – im Durchschnitt noch 18 Prozent aller Kosten auf den Vertrieb entfielen.

Die Billigfluggesellschaften haben in Europa (Ryanair, Easyjet) gleich zu Beginn auf alternative Vertriebswege wie Call Center und insbesondere das Internet gesetzt, über das mehr als 90 Prozent der Buchungen getätigt werden. Neben den Charterfluggesellschaften haben sie u.a. damit ein neues Modell für preisgünstiges Fliegen erfolgreich etabliert.

Brauchte man Reiseveranstalter zunächst also als kostengünstige Mittler zu den Kunden, kann man heute seine Angebote direkt über das Internet absetzen. Unter dieser Perspektive ist die Integration von Hotels und Fluggesellschaften mittlerweile auch Ausdruck einer **Defensivstrategie** von Reiseveranstaltern (Mundt 2002, S. 129). Hotels und Fluggesellschaften werden im Tourismus immer gebraucht, Reiseveranstalter und Reisebüros dagegen sind aus der Sicht dieser Leistungsträger nur ein Behelf, solange man nicht selbst in der Lage ist, die eigenen Angebote effizient zu vermarkten. Wenn man als Unternehmen also im Markt bleiben will, wird man sich mittel- und langfristig in diesen Kernbereichen engagieren müssen. Durch die Entwicklung der Billigfluggesellschaften, die auf ihren Internetseiten auch die direkte Buchung von Hotels in den Destinationen ermöglichen, wird deutlich, welchen Gefahren die traditionelle Flugpauschalreise und mit ihr die Reiseveranstalter ausgesetzt sind.

1.5.2.2 Ansätze vertikaler Integration

Lange Zeit blickte man von Deutschland aus vor allem auf den britischen Markt, auf dem – wie wir eingangs gesehen haben – vertikal integrierte Unternehmen seit Jahrzehnten den Markt dominierten. Das britische Modell der vertikalen Integration war aber eingeschränkt, denn es umfaßte lediglich Charterfluggesellschaften und Reisebüros. Dabei wurde übersehen, daß es in Deutschland schon in den 1950er Jahren Versuche von Reiseveranstaltern gab, ihre Geschäftstätigkeit durch die Gründung, den Erwerb von bzw. die Beteiligung an Fluggesellschaften zu erweitern.

Beispiele: So hatte der später in der TUI aufgegangene Veranstalter Dr. Tigges mit der Transavia 1957 eine eigene Fluggesellschaft gegründet, die jedoch nach nur einem Jahr bereits den Konkurs anmelden mußte (Schneider 2001, S. 163 f.). Auch die beiden Reiseveranstalter Scharnow und Touropa (die später ebenfalls in der TUI aufgingen) waren seit 1966 jeweils mit 25 Prozent an der Stuttgarter Südflug beteiligt (Wölfer 1995). Aber auf erheblichen Druck der Lufthansa, deren Chartertochter Condor nach wie vor den größten Anteil der Passagiere der beiden Veranstalter beförderte, wurden die Anteile an der Südflug zurückgegeben, die daraufhin in erhebliche finanzielle Schwierigkeiten geriet und 1968 komplett von der seit 1961 zur Lufthansa gehörenden und ursprünglich zum Oetker-Konzern gehörenden Condor übernommen wurde (Schneider 2001, S. 171 f.).

Dahinter stand die Vorstellung, daß Veranstalter, Charterfluggesellschaften und Reisebüros jeweils bei ihrem Leisten bleiben und nicht beginnen sollten, Kunden und Lieferanten durch die Expansion in andere Wertschöpfungsstufen im Quellmarkt zu teilweisen Konkurrenten zu machen. Spätere Versuche von Charterfluggesellschaften, in das Veranstaltergeschäft einzusteigen, wurden dann auch mit mehr oder weniger offenen Drohungen von Kontingentkündigungen seitens der Veranstalter gekontert und umgekehrt drohten die Fluggesellschaften mit der Kündigung von Charterverträgen, wenn Reiseveranstalter laut über die Anschaffung eigener Flugzeuge nachdachten.

Lediglich der (Charter-)Fluggesellschaft LTU war es frühzeitig gelungen, zur Absicherung ihres Kerngeschäftes Veranstalter dauerhaft zu integrieren. Hinzu kommt, daß die großen deutschen Reiseveranstalter, anders als zum Beispiel die britische Veranstaltergruppe Thomson, hinter der der gleichnamige in Kanada beheimatete multinationale Papier- und Zeitungskonzern Thomson stand (Ujma & Grabowski 2000), über keine ähnlich kapitalkräftigen Anteilseigner verfügten und Unternehmensakquisitionen in dieser Größenordnung aus den Erträgen ihres Kerngeschäftes gar nicht hätten finanzieren können.

Erst durch den Eintritt von Lufthansa und Preussag Ende der 1990er Jahre änderte sich dies. Die Lufthansa fusionierte ihre Chartertochter Condor nebst einigen mittlerweile erworbenen Veranstalter (Fischer Reisen, Kreutzer Touristik) in ein Gemeinschaftsunternehmen (zunächst C&N genannt) mit der Karstadt-Tochtergesellschaft NUR Touristic, das nach der Übernahme des britischen Reiseveranstalters Thomas Cook den Namen dieser Tochter übernahm. Mit dem Verkauf ihrer verbliebenen Anteile an der Condor an Thomas Cook ist sie jedoch nicht mehr beteiligt. Anteile Der Energie-, Stahl- und Handelskonzern Preussag, an dem die WestLB größter Anteilseigner war, hatte durch die Übernahme des Hapag-Lloyd Konzerns (Schiffe, Flugzeuge, Reisebüros) und die Übertragung der WestLB Anteile mit 60 Prozent die Mehrheit an der TUI. Die beiden übrigen Anteilseigner Deutschen Bahn und die Quelle verkauften im Anschluß ebenfalls ihre Anteile. Quelle war dazu schon aus wettbewerbsrechtlichen Gründen nach der zur gleichen Zeit erfolgten Fusion mit Karstadt gezwungen, weil Karstadt-Quelle sonst maßgeblich an beiden Marktführern im deutschen Veranstaltermarkt beteiligt gewesen wäre. Nachdem NUR Touristic 1991 bereits für einige Monate mit 30 Prozent (zusammen mit dem Nürnberger Flugdienst, der dann zusammen mit der Dortmunder RFG in Eurowings aufging, hielt man die Mehrheit) an Air Europa beteiligt war, hatte man jetzt endlich die seit längerem angezielte eigene Ferienfluggesellschaft. Air Europa war ein Gemeinschaftsunternehmen mit der britischen ILG (s.o.) und ihrer Tochter Air Europe, die 1991 zusammenbrach und nahezu alle ihre Beteiligungen mitriß. Mit der Übernahme von Hapag-Lloyd verfügte auch die TUI mit Hapag-Lloyd Flug (heute TUIfly) über eine eigene Fluggesellschaft.

Allerdings waren weder die TUI noch NUR Touristic zu diesem Zeitpunkt noch klassische Reiseveranstalter. Anders als die britischen Reiseveranstalter hatten sie nicht in Fluggesellschaften – das war ihnen weitgehend verwehrt, s.o. – sondern in Ferienhotels in den wichtigsten Destinationen (vor allem in Spanien) expandiert. Damit konnte man auch den Restriktionen des deutschen Marktes entgehen.

Auch britische Reiseveranstalter hatten bereits Anfang der 1970er Jahre versucht, ihre Geschäftstätigkeit um den Hotelbereich zu erweitern. Der damalige Marktführer Clarkson's Holidays hatte eine Reihe von Hotels erworben und versuchte sie vom Veranstalter aus mitzubetreiben. Das führte zu erheblichen Problemen und massiven Verlusten, denn Hotels verlangen ein ganz anderes Managementprofil als das von Reiseveranstaltern. Mit dem Konkurs der Muttergesellschaft Court Line 1974 (s.o.) war diese Episode beendet. Beim damaligen Zweiten Thomson gliederte man zur gleichen Zeit das Hotelgeschäft zwar in eine eigene Tochtergesellschaft aus, ließen dieses Unternehmen mit Hotels in Tunesien, Spanien und Malta aber nicht von ausgewiesenen Hotelmanagern führen (Yale 1995, S. 25). Nach deutlichen Verlusten wurden die Hotels abgestoßen und die Tochtergesellschaft aufgelöst.

Deutsche Reiseveranstalter verfolgten bei den Hotelbeteiligungen eine ganz andere Strategie. Das Risiko, eine eigene Hotelgesellschaft zu gründen schien ihnen, auch aufgrund fehlender Expertise in diesem Bereich, zu hoch. Daher beteiligte man sich lieber an bereits bestehenden Hotelgesellschaften in den Zielgebieten. 1972 kaufte die TUI Anteile an der spanischen Hotelkette Iberostar, 1977 folgte eine Minderheitsbeteiligung an den mallorquinischen Riu Hotels, die mit dazu beitrug, daß dieses Familienunternehmen expandieren konnte. Daraus entwickelte sich eine langjährige Zusammenarbeit, bei der das Management der Hotels immer bei Riu blieb, auch wenn es sich mittlerweile um ein Gemeinschaftsunternehmen handelt, an dem beide Partner, die Riu Familie und die TUI, jeweils zur Hälfte beteiligt sind.

Bei der Gründung der Robinson Clubs hatte man ein ähnliche Strategie verfolgt, als das Unternehmen 1971 als Gemeinschaftsunternehmen mit der Steigenberger Hotelgesellschaft gegründet wurde. Bei diesen langfristig angelegten Kooperationen ging es der TUI neben der Risikoverminderung auch um einen Wissenstransfer vom Hotel- und Clubgeschäft im das eigene Unternehmen. Anders als bei Riu trennte man sich 1989 von Steigenberger und übernahm deren Anteile von Robinson, seitdem eine hundertprozentige Tochter der TUI. Dieses auf Kooperationen aufbauende Vorgehen erwies damit als die bessere Strategie als der Versuch britischer Veranstalter, alles gleich in eigener Regie zu übernehmen. Mittlerweile verfügt die TUI über eine ganze Reihe von Hotelgesellschaften, die sie zum Teil, wie die französischen Palladien Hotels, durch die Übernahme von ausländischen Reiseveranstaltern wie die des integrierten französischen Marktführers Nouvelles Frontières erworben hat.

1.5.2.3 Möglichkeiten vertikaler Integration

Auch wenn in der Öffentlichkeit immer nur allgemein von vertikal integrierten Reiseveranstaltern die Rede ist, gibt es in Anlehnung an Porter (1980/1992[7]) ganz unterschiedliche Modelle der Integration. Auch wenn manche Autoren schon dann von einer vollständigen vertikalen Integration sprechen, wenn ein Reiseveranstalter auf jeder Wertschöpfungsstufe vertreten ist, zeigt Übersicht 1.1, daß es hier ganz unterschiedliche Grade der Integration gibt. Vor diesem Hintergrund wird deutlich, daß es praktisch keine vollständig integrierten Reiseveranstalter gibt. Denn dies würde bedeuten, daß alle Leistungen nur konzernintern für konzerneigene Reiseveranstalter hergestellt und ausschließlich über hauseigene Vertriebskanäle abgesetzt würden. Die geringe operative Flexibilität und das hohe Risiko der Umsetzung eines solchen Geschäftsmodells hat die Konzerne statt dessen dazu veranlaßt, die eigenen Kapazitäten auf jeder Wert-

Übersicht 1.1: Vor- und Nachteile verschiedener Integrationsmodelle der aus der Sicht von Reiseveranstaltern vorgelagerten Wertschöpfungsstufen

Integrationsgrad	Vorteile	Nachteile
vollständig nur Belieferung der konzerneigenen Veranstalter	• Sicherung von Kapazitäten • hohe Gesamtumsatzrendite • durchgängig konzipier- und kontrollierbares Produkt • Chance einer Alleinstellung auf dem Markt durch klare Produktdifferenzierung und Ausschluß von Konkurrenten • Schärfung des Markenprofils der Veranstalter	• hohe Fixkosten • hohes Auslastungsrisiko • negative Entwicklungen summieren sich über alle Wertschöpfungsstufen • keine interne Konkurrenz im Reisekonzern, dadurch Abkopplung von den Marktkräften auf der Beschaffungsseite mit der Gefahr zu hoher Kosten • Verringerung der Chancen für Innovationen aus den Tochterunternehmen selbst heraus
partiell a) nicht alleiniger Lieferant	• geringere Investitionskosten • Verringerung der Fixkosten • Minimierung des Unternehmensrisikos durch geringere Kapazitäten als die der konzerneigenen Veranstalter • Zumindest eingeschränkte Konkurrenz und dadurch Notwendigkeit zur Lieferung zu Marktpreisen	• nur teilweise Sicherung von Kapazitäten • geringere Gesamtumsatzrendite des Konzerns • Aufweichung der Markenprofile der konzerneigenen Veranstalter
b) Lieferbeziehungen auch zu konzernfremden Veranstaltern	• Verringerung des Auslastungsrisikos • Sicherung der Marktfähigkeit	• Konkurrenten werden Nutznießer möglicher Markenvorteile der Lieferanten • Abhängigkeit von Entscheidungen der Wettbewerber • Gefahr für eigene Reiseveranstalter bei Engpaßsituationen
c) weder alleiniger Lieferant noch Konzernveranstalter als alleinige Kunden	• Verringerung des Auslastungsrisikos durch die Kombination geringerer Kapazitäten bei gleichzeitiger Öffnung für Konkurrenten	• geringere Umsatzrendite des Konzern • Markenkonzepte der eigenen Reiseveranstalter sind praktisch nicht mehr möglich

Integrationsgrad	Vorteile	Nachteile
	• volles Aussetzen der Konkurrenz von Mitbewerbern für die eigenen Unternehmen • Notwendigkeit ständiger Anpassung an Marktbedingungen • Sicherung der Marktfähigkeit	• die Vorteile der Integration sind nur noch rein betriebswirtschaftlich • Abhängigkeit von Entscheidungen der Wettbewerber • Gefahr für eigene Reiseveranstalter
quasi Integration Exklusivverträge, Kreditgarantien, Minderheitsbeteiligungen (vgl. Porter 1980/1992[7], S. 400 f.)	• kaum Investitionskosten • geringere Fixkosten • verringertes Risiko • bei Minderheitsbeteiligungen ist Wissenstransfer möglich • Perspektive einer Übernahme bei Minderheitsbeteiligungen	• nur auf Zeit angelegt • keine Möglichkeit, Lieferanten in ein dauerhaftes Markenkonzept einzubinden • geringere Gesamtumsatzrenditen

Quelle: Mundt 2002, S. 134

schöpfungsstufe unterschiedlich groß zu dimensionieren. Dabei spielen die obenerwähnten unternehmensstrategischen Überlegungen ebenso eine Rolle, wie die Abwägung des Risikos gegen die Gewinnchancen. Letztlich führte das zur Variante c einer partiellen vertikalen Integration (Übersicht 1.1), in der man nicht nur konzerneigene Lieferanten für die hauseigenen Veranstalter hat und die Leistungsträger gleichzeitig auch für Konkurrenten produzieren.

1.5.2.4 Chancen und Risiken vertikaler Integration

Betrachtet man die Höhe der jeweils nötigen Investitionen, die Auslastungsrisiken und die Gewinnchancen auf jeder Wertschöpfungsstufe, dann kann man aus der Abwägung der verschiedenen Faktoren seine Präferenzen vor dem Hintergrund der eigenen Möglichkeiten und der jeweiligen Marktsituation formulieren.

Denn auch bei der vertikalen Integration gilt der generelle kaufmännische Grundsatz, daß höhere Gewinnerwartungen in der Regel auch mit höheren Risiken einhergehen. Betrachtet man die Risikostruktur entlang der Wertschöpfungskette wird deutlich, daß die höchsten Risiken im Hotelbereich, die geringsten beim Veranstalter selbst und im konzerneigenen Vertrieb liegen, wenn dieser nicht nur eigene Reisen, sondern – ganz im Sinne der Variante c von partieller vertikaler Integration (Übersicht 1.1) auch die von Konkurrenzveranstaltern vermittelt. Im Folgenden werden die einzelnen Wertschöpfungsstufen vor diesem Hintergrund genauer beleuchtet.

Übersicht 1.2 : Gewinn- und Risikostruktur eines integrierten Reisekonzerns

Wertschöpfungsstufe	Kapitalbedarf	Fixkosten	Gewinn	Risiko
Zielgebietsagentur	sehr gering	niedrig	mittel	niedrig
Hotel				
– eigenes Hotel	hoch	hoch	sehr hoch	hoch
– Pachtvertrag	gering	hoch	mittel	mittel
– Managementvertrag	sehr gering	sehr niedrig	niedrig	sehr niedrig
– Franchise	gering	niedrig	mittel	niedrig
Fluggesellschaft	sehr hoch	sehr hoch	hoch	mittel
Reiseveranstalter	sehr gering	niedrig	mittel	gering
Reisebüro				
– eigene Büros (Kette)	hoch	hoch	mittel	mittel
– Franchise	gering	niedrig	mittel	niedrig
– Beteiligung an einer Kooperation	(sehr) gering	sehr niedrig	gering	sehr niedrig

Eigene **Zielgebietsagenturen** haben nur einen sehr geringen Kapitalbedarf und lassen sich am ehesten einrichten. Entsprechend gering ist auch das finanzielle Risiko, das damit eingegangen wird. In Zielgebieten, für die ein entsprechendes Gästeaufkommen besteht (vgl. Abschnitte 2.3.3.1 und 3.6), lohnt es sich aus verschiedenen Gründen für einen Reiseveranstalter, diese Dienstleistungen in eigener Regie zu erbringen:

- der Reiseveranstalter tritt selbst in Kontakt mit seinen Gästen und läßt die Zielgebietsbetreuung nicht über Dritte abwickeln;
- die Dienstleistungsqualität der Gästebetreuung läßt sich direkt bestimmen und ihre Einhaltung überprüfen;
- die Präsenz im Zielgebiet führt zu kontinuierlichen und damit engeren Kontakten mit den örtlichen Leistungsträgern, die so auch besser kontrolliert werden können;
- es entstehen neue Marktchancen durch den Ausbau der Dienstleistungsangebote für die eigenen Gäste, indem man zum Beispiel Ausflüge in eigener Regie macht und/oder bei entsprechend großem Gästeaufkommen die Transfers mit eigenen Bussen abwickelt oder auch das lukrative Mietwagengeschäft (wie zum Beispiel die TUI in wichtigen Destinationen) in eigener Regie betreibt.

Diese ursprünglich aus einer Zielgebietsagentur entstandenen Zusatzgeschäfte sind allerdings wiederum mit eigenen Risiken, wie sie etwa im Betrieb eigener Fuhrparks mit den entsprechenden Investitionen liegen, verbunden und können zudem bei Erreichen eines bestimmten Volumens in eigene Unternehmen ausgegliedert werden.

Die **Investitionen im Hotelbereich** sind mit den größten Risiken verbunden. Bei ihnen handelt es sich im ursprünglichen Sinne des Wortes um Immobilien, d.h. um nicht bewegliche Objekte. Wenn ein Zielgebiet gegenüber anderen an Attraktivität verliert, verringert sich auch die Nachfrage nach den Beherbergungs- und Verpflegungsleistungen eines in dieser Destination stehenden Hotels. Darüber hinaus sind viele Destinationen mit einem Risiko **mangelnder politischer Stabilität** behaftet, das sehr schnell zu einem sehr starken Nachfrageeinbruch und damit auch zu einer mangelnden Auslastung der Hotels führen kann.

Beispiele: Mehrfach haben politisch und religiös motivierte Anschläge auf Touristen in den letzten Jahren die Nachfrage von Reisen nach **Ägypten** fast zum Erliegen gebracht. Die politischen Verhältnisse in der **Türkei** und der seit langem geführte Krieg gegen die kurdische Bevölkerung und damit verbundene Terroranschläge haben zu einer deutlichen Verringerung der Nachfrage nach Reisen in dieses kleinasiatische Land geführt. Der zweite Golfkrieg 1991 hatte ebenfalls den Effekt einer stark reduzierten Nachfrage nach praktisch allen Zielen im **östlichen Mittelmeer**. Die Sezessionskriege auf dem **Balkan** im früheren Jugoslawien 1991–1995 haben zeitweilig zum Erliegen des Tourismus an der Adria (insbesondere in Kroatien und in Montenegro) geführt. Der NATO-Krieg gegen **Serbien** hat 1999 wiederum den Tourismus an der östlichen Adriaküste sehr stark beeinträchtigt. Die katastrophalen Terroranschläge in **New York** und **Washington D.C.** am 11. September 2001 führten zu einem scharfen Einbruch im gesamten Reisemarkt der westlichen Welt. Der u.a. unzutreffend mit diesen Anschlägen von den USA begründete **Irak**-Krieg 2003 und die damit eröffnete Möglichkeit des Eindringens terroristischer Kräfte verursachten bürgerkriegsnahe Zustände in diesem Nachbarland der ohnedies politisch nicht sehr stabilen Türkei haben zu einer verminderten Nachfrage nach Reisen in diese Region geführt. Der neue **Libanon**-Krieg im Sommer 2006 führte praktisch zu einem Erliegen des Tourismus auch nach **Israel**. Politische Unruhen in **Thailand** führten 2009 (u.a. wurde der neue internationale Flughafen in Bangkok tagelang von Demonstranten besetzt) und 2010 (Kämpfe zwischen Sicherheitskräften und Demonstranten in Bangkok) zu erheblichen Einschränkungen des Reiseverkehrs.

Eng verknüpft mit der politischen ist auch die **wirtschaftliche Stabilität** in den Empfängerländern. In Ländern und Weltregionen, in denen die Währungen nicht sehr stabil sind, können Investitionen einem teilweise erheblichen Währungsrisiko ausgesetzt sein. Dadurch können Hotels und Ferienanlagen in sehr kurzer Zeit einen großen Teil ihres Wertes verlieren. Auch hohe Inflationsraten – häufig mit Währungsproblemen gekoppelt – können die Wirtschaftlichkeit von solchen Projekten gefährden.

Beispiel: Die Währungskrise in **Südostasien** Ende der 1990er Jahre, die teilweise praktisch über Nacht zu Währungsverlusten bis zu 80 Prozent führte.

Darüber hinaus haben auch **Natur- und Umweltkatastrophen** einen erheblichen Einfluß auf touristische Nachfrage und damit auf das Risiko von Hotelinvestitionen in Urlaubsgebieten.

Beispiele: Schwere Erdbeben in der **Türkei** haben 1999 in Istanbul und der umliegenden Region viele Menschen getötet und viele Gebäude zerstört oder beschädigt. Unkontrollierte Brandrodungen haben mehrfach in der zweiten Hälfte der 1990er Jahre und 2006 große Teile **Indonesiens** und andere Länder in der Region wie **Malaysia** für Wochen unter eine riesige Rauchwolke gesetzt, die nicht nur den Himmel verdunkelte, sondern auch den Aufenthalt im Freien wegen Husten- und Augenreizungen zum Teil unmöglich machte sowie durch ihre toxischen Bestandteile auch zu gesundheitlichen Schäden führte. Ausgedehnte Waldbrände führen auf **Korsika**, an Teilen der **Côte d'Azur** und in **Portugal** im Sommer immer wieder zu erheblichen Beeinträchtigungen. Auch Krankheitsepidemien wie die Lungenkrankheit SARS (*severe acute respiratory syndrome*) können, wie 2003 nach ihrem Ausbruch in **China** und ihrer Verbreitung in **Südostasien** und in **Kanada** geschehen, die Zahl der Reisen dramatisch verringern. Der Tsunami im **Indischen Ozean** Ende 2004 mit ca. 400.000 Toten, darunter auch viele Touristen, hat nicht nur Infrastruktur zerstört, sondern auch zu weniger Reisen in die vielen davon betroffenen Regionen geführt.

Allerdings zeigen alle diese Beispiele auch, daß ihre touristischen Auswirkungen zeitlich relativ begrenzt sind. Vor allem in Ägypten war immer wieder zu beobachten, wie schnell die offensichtlichen politischen Risiken vom Reisepublikum „vergessen" bzw. verdrängt wurden und wieder, allerdings dann von einer geringen Basis aus, sehr hohe Zuwachsraten zu verzeichnen waren.

Dabei gibt es bei einer **Hotelkette** eine Reihe von **Strategieoptionen**, die sich entweder durchgängig oder je nach der lokalen Situation in den Destinationen verfolgen lassen. Dort, wo die Investitionskosten und die beim Betrieb anfallenden Fixkosten entsprechend niedrig sind, lohnt sich in der Regel die die Errichtung eigener Hotels.

Bei **Pachtverträgen** ist das Risiko gegenüber Eigentümerbetrieben erheblich niedriger, nicht zuletzt auch deshalb, weil der Kapitalbedarf hier viel geringer ist, wenn man das Hotel von einem Investor oder einer Investorengruppe gegen eine festgelegte monatliche Vergütung übernimmt. Dadurch wird weniger Kapital gebunden und kann zum Beispiel für den schnelleren Ausbau einer Kette verwendet werden. **Managementverträge** mit Hoteleignern, die über einen längeren Zeitraum (zum Beispiel fünf bis zehn Jahre) abgeschlossen werden können, haben mehrere Vorteile: Das Hotel kann längerfristig in die Destinationsplanung des Reisekonzerns eingebunden werden, gleichzeitig sind Kosten und Risiko für ihn sehr gering, weil in der Regel das Personal weiterhin beim Eigentümer angestellt bleibt und damit seine Fixkosten sehr niedrig sind (Jaeschke & Fuchs 2008). Bei dieser Vertragsform sind Investitionskosten und Risiken gegenüber den Pachtverträgen noch einmal deutlich vermindert, so daß, rein von der Investitionsseite her gesehen, eine schnellere Expansion bei weiter vermindertem Risiko möglich ist. Werden bei den anderen Betreiberformen erhebliche operative Managementkapazitäten gebunden, bleibt das Management der Hotels bei **Fran-**

chiseverträgen in der Hand von Hoteleignern oder -pächtern, die auf eigene Rechnung und auf eigenes Risiko arbeiten. Die Hotelgesellschaft entwickelt lediglich Konzept und einheitliches Marktauftreten einer Hotelmarke, die damit nach außen wie eine geschlossene Hotelkette erscheint. Mit dieser Form einer Kooperation ist es einem Reisekonzern möglich, wiederum ohne großen Kapitalbedarf sehr schnell im Hotelbereich zu wachsen. Der zusätzliche Vorteil gegenüber den anderen Vertragsformen liegt darin, daß das Management auf die Aufgaben der Kooperation beschränkt bleibt und nicht für jedes einzelne Hotel entsprechende operative Personalkapazitäten aufgebaut werden müssen.

Konkret kann man sich je nach Standort und Situation für eine der Betreiberformen entscheiden, so daß man letztendlich nahezu das ganze Spektrum von Möglichkeiten im Hotelportfolio eines partiell vertikal integrierten Reiseveranstalters findet.

Ein **Beispiel** dafür ist die TUI, die in den von ihrem Konzernbereich TUI Hotels & Resorts geführten Hotelgesellschaften (TUI Geschäftsbericht 2009, S. 10) 243 Hotels und Clubanlagen mit 153.537 Betten in 30 Ländern anbietet. Mit 45 Prozent wurden die meisten dieser Anlagen im Rahmen von Management- oder Franchiseverträgen betrieben, 43 Prozent waren Eigentum der jeweiligen Hotelgesellschaft, 9 Prozent waren Pachtbetriebe und 3 Prozent wurden über Franchisevereinbarungen geführt (a.a.O.). Darüber hinaus gibt es bei den acht wichtigsten Hotelgesellschaften auch noch unterschiedliche Beteiligungsverhältnisse. Beispielsweise gehört Robinson vollständig dem Konzern, bei der mit Abstand größten Hotelgesellschaft Riu handelt es sich dagegen um zwei Gemeinschaftsunternehmen mit der mallorquinischen Hoteliersfamilie Riu (*op. cit.*, S. 210).

Je nach der wirtschaftlichen Potenz eines Reiseveranstalters und der Konkurrenzsituation vor Ort in den Destinationen können also unterschiedliche Expansionsstrategien im Hotelbereich verfolgt werden. Aber selbst dann, wenn ein Veranstalter die Investitionssummen für die Errichtung neuer oder den Kauf bereits bestehender Hotel- und/oder Ferienanlagen jederzeit problemlos aufbringen kann, ist eine solche Geldanlage nicht immer sinnvoll. Denn es gibt einige Länder, die entweder ausländische Besitzanteile an einheimischen Immobilien beschränken und/oder Devisenbeschränkungen eingeführt haben, die einen Rücktransfer von Gewinnen so stark einschränken, daß sich trotz der guten Ausgangslage auf der Kostenseite Investitionen in eigene Hotels hier nicht lohnen. Bei anderen sind die Währungsrisiken oder generell die wirtschaftliche und politische Stabilität gering, so daß hier zum Beispiel nur dann investiert wird, wenn ein entsprechender Risikozuschlag bei der Kapitalverzinsung realisiert werden kann, d.h., daß sich die Investitionen in ein Objekt schneller amortisieren und damit das Risiko zeitlich minimiert werden kann.

Bei den **Investitionen für eine Fluggesellschaft** handelt es sich in der Regel zwar um sehr hohe Summen, aber die damit verbundenen Risiken sind weitaus geringer als bei den Investitionen in Immobilien wie Hotels und Ferienanlagen. Denn Passagierflugzeuge sind im Gegenteil sehr mobil und lassen sich daher sehr flexibel einsetzen: Wenn etwa die Nachfrage für Urlaubsreisen im Mittelstreckenbereich in das Land A sinkt, können die Maschinen (zum Beispiel Boeing 737 NG verschiedener Versionen, Airbus A 319, 320, 321) statt dessen für Flüge in das im gleichen Reichweitenbereich liegende Land B eingesetzt werden. Auch lassen sich die hohen Investitionskosten in Fluggerät durch Leasingverträge verringern, so daß entsprechend auch der Kapitalbedarf sinkt. Zudem ist die Gefahr großer Verluste im Investitionsbereich auch dadurch vergleichsweise gering, daß die Flugzeuge bei einem eventuellen Scheitern der Fluggesellschaft auf dem Weltmarkt für Gebrauchtflugzeuge wieder veräußert werden können. Selbst renommierte große Linienfluggesellschaften haben auch gebraucht angeschaffte Flugzeuge in ihren Flotten. Anders als bei den Hotel- und Ferienanlageninvestitionen ist der Anteil unwiederbringlicher Kosten (*sunk costs*) an den Gesamtinvestitionen deutlich geringer, womit natürlich auch das Risiko sinkt.

Indes ist das Management einer Fluggesellschaft sehr komplex und entsprechend schwierig. Zudem erfordert sie im operativen Bereich spezielle, klar definierte und staatlich zertifizierte Qualifikationen, über die Piloten, technisches und in manchen Ländern auch das Kabinenpersonal verfügen müssen. Fluggesellschaften unterliegen nicht nur der technischen, sondern auch der wirtschaftlichen Kontrolle durch die nationalen Luftfahrtbehörden. Sie müs-

Boeing 737-800 der TUI Charterfluggesellschaft TUIfly

sen regelmäßig die finanziellen Mittel nachweisen, die für einen reibungslosen Betrieb erforderlich sind. Auch die Anschaffung von Flugzeugen, sei es durch Kauf oder durch Leasing, verlangt eine langfristige Planung, die aber erst dann sinnvoll geleistet werden kann, wenn geeignetes Personal zur Verfügung steht. Die sehr knappen *slots* (Zeitfenster für Start- und Landungen) auf den wichtigsten Flughäfen Europas, die nach den sog. „Großvaterrechten" (*grandfather rights*: wer einmal Rechte hat und nutzt, kann sie auch behalten) vergeben werden, macht es neuen Unternehmen manchmal sehr schwer, überhaupt Zugang zu vielen Flughäfen zu bekommen und wirtschaftlich vertretbare Flugzeugumläufe planen zu können (siehe Abschnitt 3.4.1). Vor diesem Hintergrund relativiert sich die oben gemachte Aussage über die Risiken der Investitionen in eine Fluggesellschaft etwas. Die Vorlaufzeit und die damit verbundenen Kosten für Personal und Infrastruktur für die Einrichtung einer Fluggesellschaft sind relativ hoch und bei einem Mißerfolg verloren.

Von besonderer **strategischer Bedeutung** für Reiseveranstalter ist der Vertrieb. Die wichtigste Vertriebsschiene ist dabei nach wie vor das **Reisebüro**. Die Reisebüros entscheiden über die Sortimente und die wichtige Katalogpräsentation und ihre Mitarbeiter bestimmen letztendlich in einem gewissen Maße, welcher Veranstalter aus dem unübersichtlichen Angebot an Pauschalreisen für einen Kunden gebucht wird (vgl. dazu ausführlich Kapitel 7). Reiseveranstalter, die nicht mehr nur mit wenig Kapitalaufwand als quasi virtuelles Unternehmen die Tätigkeiten anderer Unternehmen wie Hotels und Verkehrsbetriebe koordinieren, sondern selbst mit eigenen Leistungsträgern substantiell ins Risiko gehen, können mit einer eigenen Reisebürokette oder einem entsprechenden Franchisesystem nicht nur zusätzliches Geld auf dieser nachgelagerten Wertschöpfungsstufe verdienen, sondern vor allem auch eine gewisse Absicherung dieser Risiken im Vertrieb erreichen.

Mit den Investitionen in konzerneigene Leistungsträger läßt sich eine bessere **Abstimmung der einzelnen Reiseelemente** einer Pauschalreise aufeinander und eine Auslastung nach ihrer Wertigkeit (zum Beispiel den jeweils damit zu erzielenden Deckungsbeiträgen) erreichen, die zu einer erheblichen Verbesserung des Konzernergebnisses führen kann (siehe dazu ausführlich Kapitel 14 über das *revenue management* bei Reiseveranstaltern). Eine Voraussetzung für dieses ertragsorientierte Kontingentmanagement ist auch eine gewisse Steuerbarkeit des Vertriebs. Nur wenn es möglich ist, relativ kurzfristig bestimmte Angebote in den Verkaufsstellen zu forcieren, um eine Verbesserung der Auslastung unter Plan liegender Arrangements zu erreichen, kann das in den einzelnen Wertschöpfungsstufen liegende Ertragspotential auch tatsächlich optimal ausgeschöpft werden.

Auf der anderen Seite treffen Nachfrageschwankungen Reiseveranstalter mit Beteiligungen an Hotelgesellschaften und Zielgebietsagenturen weitaus stärker als andere. Geht die Nachfrage für ein bestimmtes Zielgebiet zurück, trifft dies nicht nur den Kernbereich des Reiseveranstalters, sondern auch seine dortigen Beteiligungen – der daraus resultierende Verlust an Umsatz zieht sich durch die gesamte Wertschöpfungskette (Kirstges 1992 b, S. 229). Geht insgesamt die Nachfrage eines vertikal integrierten Reiseveranstalters zurück, dann addieren sich umgekehrt zu den ansonsten kumulierten Renditen die Verluste auf jeder der Wertschöpfungsstufen.

1.5.2.5 Abgestufte vertikale Teilintegration

Vor dem Hintergrund der alternativen Möglichkeiten vertikaler Integration, der mit der Einbeziehung der einzelnen Wertschöpfungsstufen verbundenen Höhe der Investitionskosten und der jeweiligen Chancen und Risiken liegt es nahe, keine vollständige vertikale Integration zu betreiben, sondern ein Modell abgestufter vertikaler Teilintegration zu entwickeln und umzusetzen (Abbildung 1.5). In diesem Modell haben die immobilen Hotels in den Zielgebieten den kleinsten Anteil an der Gesamtkapazität des Veranstalters, gefolgt von denen der eigenen Ferienfluggesellschaft mit ihren ebenfalls kapitalintensiven, aber mobilen Flugzeugen. Der **Reisevertrieb** hat aus den oben genannten strategischen Gründen die größte Kapazität: Einmal, weil stationäre Reisebüros weiterhin noch den wichtigsten Absatzweg für Pauschalreisen darstellen, zum anderen, weil es zur Minimierung des Auslastungsrisikos notwendig ist, dort nicht nur die eigenen Reisen zu vermitteln, sondern auch die von Fremdveranstaltern.

Die konzerneigenen **Reiseveranstalter** setzen ihre Pakete nicht nur über die eigenen Reisebüros ab, sondern auch über Fremdbüros. Dies ist auch deshalb notwendig, weil man flächendeckend im Vertrieb präsent sein will und eine eigene engmaschige Präsenz über Kettenreisebüros oder Franchisesysteme deutlich mehr Kosten verursachte.

Die konzerneigene **Ferienfluggesellschaft** befördert den größten Teil der Kunden der konzerneigenen Reiseveranstalter, verkauft aber auch Flugkontingente an Mitbewerber im Veranstalterbereich. Dafür sind vor allem zwei Gründe maßgeblich: Zum einen lassen sich so Schwankungen der Nachfrage bei den Veranstaltern besser abfedern, zum anderen setzt man damit die eigene Fluggesellschaft auch der externen Konkurrenz durch Mitbewerber auf dem Flugmarkt aus, damit sie sich vor dem Hintergrund sicherer Konzernaufträge nicht vom Markt und seinen Entwicklungen abkoppelt (Übersicht 1.1). Würde man ausschließlich für die konzerneigenen Reiseveranstalter fliegen, könnte man bei größerer Nachfrage mit den in der Regel saisonfixen Kapazitäten kaum darauf reagieren, müßte also Kunden zurückweisen; bei geringerer Nachfrage würde die Auslastung der konzerneigenen Flugzeuge dagegen automatisch sinken und könnte schnell zu Verlusten führen.

Abbildung 1.5: Trichtermodell der abgestuften vertikalen Teilintegration bei Reiseveranstaltern

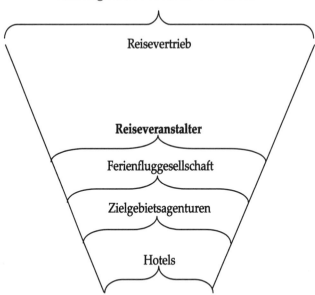

Eigene **Zielgebietsagenturen** lohnen sich nur dann, wenn für eine Destination auch die entsprechende Nachfrage in bezug auf Volumen und Saisondauer besteht. Da das Sortiment von Großveranstaltern sehr weit gefächert ist, gibt es immer auch Zielgebiete, für die das nicht zutrifft. Deshalb wird immer ein Teil der Gäste von Fremdagenturen betreut. Allerdings kann man, wenn einem der Service durch eigenes Personal wichtig ist, zum Beispiel einen Mitarbeiter für die Dauer der Saison in einer Vertragsagentur stationieren.

Gemessen an den anderen Wertschöpfungsstufen verfügen **Hotels** im Verfügungsbereich von vertikal integrierten Reisekonzernen über die geringsten Kapazitäten. Darin spiegelt sich zum einen die Risikostruktur entlang der Wertschöpfungskette, zum anderen die Höhe der dafür jeweils notwendigen Investitionen bzw. der Kapitalbindung und der dafür erforderlichen Managementkapazitäten. Allerdings handelt es sich bei den Hotels um den Kern eines möglichen Markenproduktes in der Reiseveranstaltung: In ihnen verbringen die Gäste den größten Teil der Zeit einer klassischen Flugpauschalreise, ihnen wird entsprechend auch die wichtigste Rolle in der Beurteilung der Qualität der Reisen zugewiesen.

1.5.3 Händler oder Produzent?

Bislang wurden vor allem die Umsatzrenditen der unterschiedlichen Produzenten, der Reiseveranstalter und des Vertriebs in der Wertschöpfungskette einer Pauschalreise angeschaut. Betrachtet man die Geschäftsmodelle unter dem

Blickwinkel des eingesetzten Kapitals, sieht die Situation völlig anders aus. Es liegt auf der Hand, daß die Integration vor- und nachgelagerter Wertschöpfungsstufen erhebliche Investitionen mit entsprechendem Kapitaleinsatz erfordert. Aus der Position eines klassischen Reiseveranstalters erscheint es sinnvoller, sich auf seine Kernkompetenzen als Händler zu konzentrieren, als neue Geschäftsfelder in das Unternehmen zu integrieren, die nicht nur viel Geld kosten, sondern auch ganz andere Kompetenzen des Managements und damit ein Umdenken im Unternehmen erfordern. Vor allem in den Fällen, in denen Reiseveranstalter zu großen Handelskonzernen gehören, wird die mit der partiellen vertikalen Integration verbundene Teil-Transformation des Geschäfts vom Händler zum Produzenten eher kritisch gesehen.

In Deutschland wurde das deutlich, als sich der Minderheitsgesellschafter Rewe 2001 nach dem Zusammenbruch der SAir-Group (Swissair), die mit 49,9 Prozent der größte Anteilseigner an der LTU gewesen war, trotz erheblichen Drucks erfolgreich dagegen wehrte, zur Rettung der Fluggesellschaft das Unternehmen ganz zu übernehmen bzw. eine Mehrheit daran zu erwerben.

Das ist ohne die etwas komplizierte **Vorgeschichte** nicht zu verstehen. Nachdem die WestLB 1998 über die Preussag und deren Erwerb von Hapag-Lloyd (dazu gehörte auch Hapag-Lloyd Flug) faktisch die Mehrheit an der TUI erworben hatte, wurde sie aus wettbewerbsrechtlichen Gründen vom Bundeskartellamt gezwungen, ihre Anteile in Höhe von ca. 34 Prozent an der Fluggesellschaft und den dazugehörigen Reiseveranstaltern zu veräußern. Auch Mitglieder der Duisburger Familie Conle, die zusammen zwar die Mehrheit hielten, aber ohne eigene unternehmerische Ambitionen waren, verkauften schließlich im Jahre 2000 ihre Anteile. Käufer waren zum einen die schweizerische SAir-Group (Swissair) und zum anderen die Handelsgruppe Rewe. Aufgrund der Nationalitätenklausel konnte die SAir nur 49,9 Prozent der Anteile erwerben. Die Rewe wollte lediglich die in der LTU-Touristik zusammengefaßten Reiseveranstaltern, konnte diese aber nur im Paket mit 40 Prozent der Anteile an der Fluggesellschaft kaufen. Die SAir wiederum war nicht an den Reiseveranstaltern interessiert (sie hatte einige Zeit zuvor bereits ihre Anteile am führenden Schweizer Reiseveranstalter Kuoni verkauft), wollte aber zur Sicherung der Auslastung der Flüge die Verbindung mit den Reiseveranstaltern über diese Beteiligung beibehalten.

Hätte die Rewe dem Druck der Öffentlichkeit und dem der damaligen Landesregierung Nordrhein-Westfalens nachgegeben, die den Verlust der Arbeitsplätze in der Landeshauptstadt Düsseldorf fürchtete, hätte sie in ein für sie völlig neues Geschäftsfeld expandiert. An einer solchen lateralen Diversifikation hatte das Unternehmen nicht das geringste Interesse. Groß geworden im Einzelhandel, hatte es seit Ende der 1980er Jahre mit dem Kauf von Reisebüros und Reiseveranstaltern erfolgreich in den Tourismus diversifiziert. Bei beiden Bereichen handelt es sich im Prinzip auch um Handelsunternehmen, so daß keine grundlegend neues Fachwissen für die Steuerung dieser neuen Unternehmensbereiche notwendig war. Mit der Übernahme der LTU hätte sich die Rewe-Gruppe jedoch einen ganz neuen Kompetenzbereich aufbauen müssen, denn die Produktion von Passagierkilometern verlangt nach völlig anderen, auch technischen, Kenntnissen, als sie im Konzern vorhanden waren. Stark erschwert worden wäre dieser Einstieg noch dadurch, daß es nicht nur um die operative Führung, sondern zusätzlich auch noch um die schwierige Sanierung eines Luftfahrtunternehmens gegangen wäre (Mundt 2002, S. 142). Es war daher nur folgerichtig, daß die Rewe sich statt dessen aus der Fluggesellschaft zurückziehen wollte und lange nach einem Investor suchte, der ihre Anteile an der Fluggesellschaft übernehmen sollte. Erst 2006 konnte er mit der Nürnberger Intro, der Muttergesellschaft der Münchener Billigfluggesellschaft dba, gefunden werden, die dann kurz darauf ihre gesamten Luftfahrtbeteiligungen an Air Berlin verkaufte.

Bleibt man auf der Ebene des klassischen Reiseveranstalters, ist der Kapitaleinsatz relativ gering und entsprechend hoch können die Kapitalrenditen ausfallen. Nachdem in den meisten Zielgebieten in der Regel genügend Betten angeboten werden und auf dem eher überbesetzten Flugmarkt ebenfalls genügend Flugsitze zur Verfügung stehen, besteht aus der Sicht dieses Ansatzes eigentlich kein Grund zur vertikalen Integration von Leistungsträgern. Konzentriert man sich statt dessen auf den Einkauf, die Flexibilisierung der Angebote und die Optimierung der Transaktionsprozesse, kann hier noch einiges an Kosten eingespart und damit die Rendite noch weiter verbessert werden.

Auf den ersten Blick kennzeichnet das auch den Ansatz der Thomas Cook AG nach der Sanierung des Unternehmens. Das primär aus der Zusammenführung der Reiseveranstalter des Karstadt-Handelskonzerns mit der Charterfluggesellschaft der Lufthansa entstandene Unternehmen hatte zunächst erhebliche Probleme durch die viel zu hohen Kosten der Condor. Das Personal der Fluggesellschaft wurde nach dem Lufthansa-Konzerntarifvertrag entlohnt, der vor allem für Piloten viel höhere Gehälter vorsah, als sie normalerweise von Charterfluggesellschaften gezahlt werden können. Dadurch kam es zeitweise zu der absurden Situation, daß die Reiseveranstalter des eigenen Unternehmens höhere Beförderungspreise entrichten mußten, als Konkurrenten außerhalb des Konzerns, die nur marktfähige Preise zu zahlen bereit waren. Das hat die Akzeptanz des Unternehmenskonzeptes vertikale Integration bei den Mitarbeitern und dem damaligen Kooperationspartner Karstadt nicht unbedingt gefördert, zumal die Fluggesellschaft trotzdem erhebliche Verluste machte. Nach der Sanierung und kompletten Übernahme der Fluggesellschaft in den Konzern und der Anpassung ihrer Kosten an die marktüblichen Sätze konnte die Wettbewerbsfähigkeit erhöht werden und Thomas Cook hat damit den Vorteil des direkten Zugriffs auf eigene Flugkapazitäten. Bei den Hotels gibt es eine differenziertere Sichtweise: Vor dem Hintergrund des in vielen Zielgebieten vorhandenen Überangebotes an Hotelbetten erscheint die Bindung von Kapital in eigene Häuser in diesen Destinationen wenig sinnvoll. Lediglich dort, wo die entsprechenden Kapazitäten nicht bzw. nicht in den gewünschten Qualitäten vorhanden sind, ist ein eigenes Engagement ebenso sinnvoll wie in den Orten, bei denen nur geringe Risiken hinsichtlich der Auslastung bestehen. Dazu gehört zum Beispiel Mallorca, nach wie vor die wichtigste Destination aller großen Reiseveranstalter.

Die partielle vertikale Integration von Leistungsträgern hat hier – neben dem Zugang zur hauseigenen Fluggesellschaft – vor allem die Funktion, über Hotelbeteiligungen die Marktposition des Unternehmens in den Zielgebieten und mit eigenen Reisebüros im Quellmarkt zu sichern. Abgesehen von der Fluggesellschaft unterscheiden sich die Unternehmensstrategien in diesem Punkt nicht von den großen Reiseveranstaltern, die gemeinhin als nichtintegriert gelten. Sowohl die Rewe Touristik als auch Alltours verfügen über eigene Hotels und sind auch im Reisebürovertrieb vertreten. Sie unterscheiden sich dabei lediglich hinsichtlich der Dimensionen, was nicht zuletzt auf die jeweiligen Unternehmensgeschichten zurückzuführen ist.

Dazu zwei **Beispiele**:

- Die **Rewe** ist erst 1988 durch die Übernahme der kleinen Reisebürokette Atlas Reisen in das Tourismusgeschäft eingetreten und hat sich mit deren Ausbau zunächst auf den Reisevertrieb beschränkt. Erst durch die Übernahme von ITS im Jahre 1995 erfolgte der Einstieg in das Veranstaltergeschäft. 2000 wurde das Deutsche Reisebüro (DER) von der Deutschen Bahn erworben. Dazu gehörten neben den Reisebüros auch die Reiseveranstalter Dertour und ADAC Reisen. Im gleichen Jahr wurden auch die Reiseveranstalter der LTU-Touristik erworben. Daraus erklärt sich, daß die Rewe-Touristik im Vertrieb mit 2.500 Reisebüros (davon fast 1.000 eigene Filialen und Büros von Franchisepartnern) besonders stark vertreten ist. 2002 ist die Gruppe mit der Gründung der ‚REWE Touristik – Hotels & Investments' aber auch in das Hotelgeschäft eingestiegen und verfügt mittlerweile über mehr als 60 Hotels (Calimera, LTI International, Prima Sol). (Alle Angaben Stand 2010)
- **Alltours** wurde 1974 als Reisebüro gegründet und mutierte noch im gleichen Jahr zum Reiseveranstalter – Reisebüros spielten praktisch keine Rolle. 1991 gab es erst vier eigene Reisebüros. Vor dem Hintergrund der Konzernbildung im Veranstalterbereich, der notwendigen Sortimentsbereinigung in den Reisebüros und der Ansätze zur Vertriebssteuerung ist auch der Ausbau des Reisevertriebs zur Sicherung der Marktstellung wichtig. Mittlerweile verfügt Alltours über mehr als 200 Vertriebsstellen (Reisecenter Alltours), darunter jeweils etwa zur Hälfte in eigenem Besitz und als Franchisebüros. Auch im Hotelbereich ist das Unternehmen aktiv. Auf Mallorca wurde 1997 die Tochtergesellschaft Allsun Turistika S.A. als Hotelgesellschaft für die Allsun Hotels gegründet. Bereits 1994 wurden die ersten fünf von jetzt 21 „Club Alltoura"-Anlagen auf den Markt gebracht. Im Jahre 2000 kam mit dem „Holiday Club" ein auf Familien ausgerichtetes Clubangebot dazu, das mittlerweile 22 Anlagen umfaßt. 2005 wurden „ActiSun"-Hotels mit den Schwerpunkten Sport, Fitneß und Gesundheit in das Programm aufgenommen, von denen es 2010 vier in

Griechenland und in der Türkei gab. Auf Mallorca, auch für Alltours die wichtigste Destination, wurde 1997 die Zielgebietsagentur Viajes Allsun S.A. zur Betreuung der Gäste gegründet.

Partielle vertikale Integration wird also von praktisch allen großen Reiseveranstaltern betrieben. Sie unterscheiden sich allerdings danach, ob sie nur **selektive vertikale Integration** betreiben, also nur einen Teil der Wertschöpfungskette von Pauschalreisen (wie zum Beispiel Reisebüros und Hotels) in ihr Unternehmen eingegliedert haben, oder ob sie mit eigenen Unternehmen auf allen Wertschöpfungsstufen vertreten sind.

Die TUI geht in ihrer Unternehmensstrategie davon aus, daß es letztlich auf den „Content", also die unverzichtbaren Kerne des Reisens, Transport und Unterkunft, ankommt. Das reine Händler- und Vermittlermodell ohne den Zugriff auf eigene Leistungsträger und ihre Kapazitäten stößt ihrer Ansicht nach auf Grenzen.

„Nur wer auf Dauer sämtliche Kettenglieder des Wertschöpfungsprozesses in der Touristik kontrolliert, wer die Qualität der Produkte bestimmt und neben dem Volumenprodukt über exklusive Produkte verfügt, wird auf Dauer erfolgreich sein und eine kapitalmarktgerechte Wertschaffung erreichen" (Frenzel 2006, S. 14).

Ansonsten macht man sich aus dieser Sicht zu sehr abhängig von Leistungsträgern und den jeweiligen Marktsituationen. Je größer der Anteil der von Leistungsträgern selbst auf den Markt für Endkunden gebrachten Angebote wird, desto weniger bleibt für einen Händler und Vermittler übrig. Die rasante Entwicklung der meist über das Internet und Call Center direkt abgesetzten Einzelplatzangebote bei den Charterfluggesellschaften und die Expansion der Billigfluggesellschaften in Ferienziele im Mittelmeerraum zeigt deutlich, wie schnell sich hier die Kundenpräferenzen und damit die Spielregeln des Marktes ändern können.

Auch dürfte es erheblich schwieriger sein, eine wirkliche Veranstaltermarke mit einem entsprechenden Qualitätsanspruch zu etablieren und langfristig zu erhalten, die zu Präferenzen und damit zu erweiterten Preisspielräumen führt. Als nur auf Handel und Vermittlung von Reiseleistungen beschränktes Unternehmen wäre kaum eine Marke, die diesen Namen verdient, zu etablieren und die starke Tendenz zum Verkauf nur über den Preis würde eher verstärkt. Ohne eigene Produkte, insbesondere Hotels, die ein klares Profil aufweisen und exklusiv über eigene Veranstalter verkauft werden, wäre der Aufbau einer Marke nur sehr eingeschränkt möglich.

1.5.4 Bausteinreisen und die flexible Bündelung von Reiseleistungen

Wenn man die Diskussionen und Veröffentlichungen inklusive Presseberichten über die neuen Möglichkeiten der flexiblen Bündelung von Reiseleistungen aus Baukastensystemen, neudeutsch *dynamic packaging* genannt, durch die Kunden verfolgt, bekommt man schnell den Eindruck, die ‚normale' Veranstalterreise, zumal die Flugpauschalreise, sei durch eine Zusammenbindung einmal festgelegter und genau definierter Flug- und Hotelleistungen zu starren Reisepaketen charakterisiert, die den Kunden keine Wahl lasse. Nichts ist unzutreffender. Es gehört gerade zu den Charakteristika von Flugpauschalreisen der Veranstalter, daß es zu jedem Flug in ein Zielgebiet eine ganze Auswahl von Hotels unterschiedlicher Standorte und Kategorien gibt und daß zu jedem Hotel in einer Destination eine ganze Palette von Abflugorten und Abflugzeiten angeboten wird.

Beispiel: „Diese auf den ersten Blick recht simple Konstruktion hat aber ‚echten Tiefgang': Nur dieses eine Hotel wird nämlich in Deutschland von 25 Abflughäfen aus angeboten, die täglich, also siebenmal pro Woche genutzt werden können. Damit nicht genug hat das Hotel vier verschiedene Zimmerarten ... Es gibt zwei Verpflegungsarten, Halb- oder Vollpension und fünf verschiedene Verkaufssaisonzeiten (siehe dazu auch Abschnitt 3.7.3 im vorliegenden Buch; JWM) ... Schließlich hat der Gast die Wahl unter verschiedenen Aufenthaltsdauern vor Ort, also eine, zwei oder drei Wochen. Nur dieses eine Hotel hat daher in (der) Summe 21.000 Preise und stellt sich bei näherem Hinsehen als ein recht komplexes Gebilde ... dar (Böttcher 2004, S. 130).

Jeder dieser Preise steht jeweils für eine bestimmte Reisevariante. Wenn man analog zu diesem Beispiel von jedem einzelnen Abflugort ausgeht und die entsprechende Rechnung für die von dort angebotenen verschiedenen Hotels einer Destination aufmacht, kommt man zu ähnlichen Ergebnissen. Geht man nur von einem Abflugtermin an diesem Ort aus, sind die einzelnen Hotels und ihre unterschiedlichen Angebote die Bausteine, die mit diesem Flug kombiniert werden können.

Eigentliche Bausteinangebote gehen jedoch weiter und werden traditionellerweise vor allem für Fernreiseziele angeboten. Aus den Datenbanken eines Reiseveranstalters kann man sich Flüge, Hotelaufenthalte, Ferienwohnungen, Mietwagen, Rundreisen usw. nach eigenen Wünschen zusammenstellen (lassen) und buchen. Für den Kunden sind damit vor allem zwei Vorteile verbunden: Zum einen kann er alle Einzelleistungen aus einer Quelle beziehen, muß also nicht – wenn er zum Beispiel über das Internet bucht – auf unterschiedliche Netzseiten gehen, zum anderen handelt es sich bei einer solchen individuell zusammengestellten Reise um eine Pauschalreise, für die der gleiche Verbraucherschutz nach § 651 a-m BGB gilt wie für jede Standardpauschalreise.

Internetreisebüros wie das ursprünglich von Microsoft gegründete Expedia und das von Fluggesellschaften ins Leben gerufene Opodo haben dieses Konzept aufgegriffen und bieten zusätzlich zur elektronischen Vermittlung der Pauschalreisen von Reiseveranstaltern auch die Möglichkeit der Kombination von einzelnen Reiseleistungen zu individuellen Reisepaketen. Dabei unterscheidet man zwischen *dynamic packaging*, bei dem das Portal durch die Verknüpfung von verschiedenen Reiseleistungen (meist Flug und Hotel) zum Reiseveranstalter wird (zum Beispiel gab es bis 2010 „Kombi Flug & Hotel" bei Opodo, für die das zutraf) und *dynamic bundling*, bei dem das Portal lediglich als Vermittler auftritt (zum Beispiel „Click & Mix" bei Expedia oder „flyloco" von L'Tur). Im letzten Falle kommt der Reiserechtsparagraph nicht zum Tragen, so daß zum Beispiel weder ein Insolvenzschutz beim Konkurs eines der Leistungsträger noch die weiteren Elemente des Verbraucherschutzes wie bei einer Pauschalreise gelten (vgl. ausführlich dazu Kapitel 6). Technisch gesehen greifen die Portale dabei jeweils auf verschiedene fremde Datenbanken zu (zum Beispiel die von Hotelketten oder -vermittlern, Fluggesellschaften, Mietwagenunternehmen usw.). Anders als beim normalen Reiseveranstalter gibt es kein eigenes Inventar an Kontingenten bei den jeweiligen Leistungsträgern. Insofern unterscheidet sich Expedias „Click & Mix"-Geschäftsmodell im Prinzip nicht von dem der Fluggesellschaften, von deren Internetseiten auch Hotels, Mietwagen usw. zur Kombination mit den Flügen (aber auch unabhängig davon) gebucht werden können.

Vor allem diese Angebote stellen zum Teil eine Bedrohung für die Pauschalreisen der Reiseveranstalter dar, weil hier oft gleichwertige Reisen zu günstigeren Preisen zusammengestellt werden können. Bis dato wurde das vor allem im Städtereisebereich deutlich, mit der erwähnten Ausweitung der Flugdestinationen der Billigfluggesellschaften auf typische Pauschalreiseziele am Mittelmeer ist absehbar, daß Billigfluggesellschaften den Reiseveranstaltern auch hier Marktanteile abnehmen werden.

Eine mögliche Antwort von Reiseveranstaltern liegt in der partiellen Desintegration einerseits und der weiteren Flexibilisierung von Pauschalreisen nach dem Bausteinprinzip andererseits. Die günstigeren Preise der Kombination der Flüge einer Billigfluggesellschaft mit einem Hotel kommen auch dadurch zustande, daß hier der Transfer zwischen Flughafen und Hotel nicht einbegriffen ist und keine Reiseleitung zur Verfügung steht. Auf die Zielgebietsbetreuung wollen Veranstalter in der Regel aber nicht verzichten, auch wenn sie reiserechtlich nicht unbedingt dazu verpflichtet sind – nach § 8 (1), Punkt 3, der Verordnung über die Informations- und Nachweispflichten nach bürgerlichem Recht vom 2. Januar 2002 (BGB-InfoV; zuletzt geändert am 29. Juli 2009) reicht auch eine Notrufnummer. Geht es aber zum Beispiel

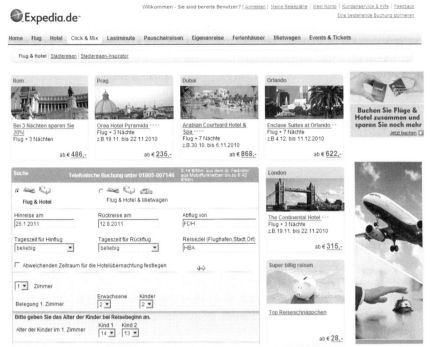

Das ‚Click & Mix' Angebot von Expedia

um die Möglichkeit der Abhilfe bei Reisemängeln vor Ort gemäß § 651 c BGB, wird dies ohne eigene örtliche Mitarbeiter oder Beauftragte, welche die monierten Mängel in Augenschein nehmen können, kaum oder nur sehr schwer möglich sein. Dadurch können Konflikte mit unzufriedenen Kunden, die sich zudem noch alleingelassen fühlen, eskalieren und dem Ruf des Unternehmens schaden. Den Transfer kann man jedoch aus dem Paket herausnehmen und es damit verbilligen (wenn auch für den Gast nicht immer billiger machen, denn er muß den Transfer dann ja selbst organisieren). Durch die Herausnahme des Transfers können die Angebote auch zeitflexibler gestaltet werden, denn der kostengünstige Transport zwischen Flughafen und Hotel ist in der Regel nur dann möglich, wenn viele Passagiere gleichzeitig ankommen und, ohne lange warten zu müssen, mit Bussen durch geschickte Routenplanung ohne große Zeitverzögerung in ihre jeweiligen Urlaubsquartiere gebracht werden können.

Der größte Nachteil der traditionellen Pauschalreise liegt jedoch in den weitgehend starren Preisen, die auch bedingt sind durch die langen Vorlaufzeiten, die für den Einkauf, die Kalkulation und die Katalogherstellung benötigt werden, aber auch in der langen Gültigkeitsdauer der Kataloge (vgl. Kapitel 3). Farbige Kataloge mit den Angebotsbeschreibungen und eingelegte graue Preisteile werden zwar in der Regel getrennt, so daß man gegebenenfalls neue Preisteile drucken und an die Reisebüros verteilen kann – aber, abgesehen von den damit verbundenen Kosten, macht man sich dadurch im Vertrieb nicht sehr beliebt, denn der Austausch der Preisteile kostet Zeit und wird nicht vergütet. Druckt man alles neu, macht man es den Reisebüros zwar etwas einfacher, aber dadurch steigen natürlich die Kosten. Die Alternative, einen Katalog ohne Preise herauszugeben, die man für die Abfrage durch das Reisebüro dann flexibel im Reservierungssystem hinterlegt, ist jedoch rechtlich ausgeschlossen: „Stellt der Reiseveranstalter über die von ihm veranstalteten Reisen einen Prospekt zur Verfügung, so muß dieser deutlich lesbare, klare und genaue Angaben enthalten über den Reisepreis, die Höhe einer zu leistenden Anzahlung und die Fälligkeit des Restbetrages" (§ 4 [1] BGB-InfoV). Allerdings ist es dem Reiseveranstalter mittlerweile möglich, „vor Vertragsabschluß eine Änderung (zu) erklären, soweit er dies in dem Prospekt vorbehalten hat" (§ 4 [2] BGB-InfoV). Zulässig ist dies mit genauen Angaben zur Neuberechnung bis zum 21. Tag vor Reisebeginn, wenn dadurch eine nach der Veröffentlichung des Katalogs eingetretene Erhöhung der Beförderungskosten oder Abgaben (wie Hafen- oder Flughafengebühren) oder Änderungen von Wechselkursen ausgeglichen wird (§ 651 a BGB i. d. Fassung v. 2. Januar 2002, zuletzt geändert am 28. September 2009).

Wer nur über das Internet vertreibt, kann dagegen seine Preise jederzeit der Nachfrage- und Konkurrenzsituation anpassen und damit seine Erträge optimieren. Dies ist der Vorteil, den Internetportale wie Expedia und Opodo sowie die Internetauftritte der Fluggesellschaften Kunden wie Leistungsträgern bieten: Leistungsträger können ihre Preise laufend anpassen, Kunden finden preislich sehr interessante Angebote, wenn Überkapazitäten auf den Markt gebracht werden. Vor allem Billigfluggesellschaften, die eine aggressive Preiswerbung betreiben und über 90 Prozent der angebotenen Passagen über das Internet absetzen, können viele Menschen dazu bewegen, auch ihre längeren Urlaubsreisen bei ihnen zu buchen. Wer ohnedies einen Leihwagen für die Dauer seines Urlaubsaufenthaltes haben möchte, kann ihn, wie das Hotel, gleich auf der Internetseite der Fluggesellschaft mitbuchen und braucht dann auch keinen Transfer, weil er das Auto gleich am Flughafen abholen und dorthin vor seinem Abflug auch wieder zurückbringen kann.

Wenn Reiseveranstalter als Antwort auf dieses *dynamic bundling* also auch *dynamic packaging* betreiben, dann liegt ihr Vorteil weniger in einer Anpassung an den Trend der Nachfrager zu größerer Individualisierung (dieser wurde, wie wir gesehen haben, weitgehend auch schon vorher Rechnung getragen), als in der Flexibilisierung der eigenen Preis- und Absatzpolitik. Dabei kann man in Anlehnung an Roos (2006, S. 25) drei Arten von *dynamic packaging* unterscheiden:

1. Der Reiseveranstalter kauft entsprechend dem klassischen Geschäftsmodell die Leistungen vorher ein und macht sie in allen möglichen Kombinationen online verfügbar. Dadurch können die geforderten Preise je nach Buchungs- und Konkurrenzsituation im Sinne eines Yield Managements (vgl. Kapitel 14) weitgehend feststehender Inventare ertragsoptimal vermarktet werden.

2. Der Reiseveranstalter greift ebenso wie die Internetportale auf externe Datenbanken zurück, ist für den Kunden jedoch nicht bloß der Vermittler der vakanzüberprüften Leistungen, sondern bietet sie als ein Paket zu einem selbst kalkulierten Pauschalpreis an. Der Kunde hat hierbei vor allem den Vorteil der vollen reiserechtlichen Absicherung.

3. Der Reiseveranstalter kombiniert diese beiden Alternativen miteinander. D.h., daß er zusätzlich zu seinen eigenen, vertraglich fixen Kontingenten bei der Kombination der Leistungen auch auf externe Datenbanken zugreifen kann.

Die eigenen Inventare sind vor allem dann sinnvoll, wenn es sich dabei um attraktive Exklusivangebote handelt, über die kein anderer Reiseveranstalter oder Reisevermittler verfügen kann. Gleichzeitig gilt der kaufmännische Grundsatz, daß demjenigen, der ein höheres Risiko trägt, auch höhere Gewinnchancen einzuräumen sind. Mit anderen Worten: Die erst mit der Buchung zustande gekommenen Einkäufe sind in der Regel teurer als die vorher eingekauften Leistungen. Mit vorgebuchten Sortimenten kann man entweder seine Marge erhöhen und/oder zu einem günstigeren Preis anbieten.

Im zweiten Fall wird kein eigenes Inventar von im Voraus eingekauften Leistungen angelegt, sondern der Einkauf bei den Leistungsträgern erfolgt erst im Moment der Buchung. Anders als bei den Internetportalen sind jedoch Leistungen nicht einzeln buchbar, sondern immer nur in Kombination mit anderen, zum Beispiel Flug und Hotel. Allerdings setzt man sich mit einem solchen Modell stärker der Konkurrenz aus, die ja den mehr oder weniger gleichen Zugriff auf die Datenbanken der Leistungsträger hat. Denn in diesem Fall sind die Risiken anders verteilt: Übernimmt der Reiseveranstalter in seiner klassischen Form, je nach Vertrag, zumindest einen Teil des Auslastungsrisikos von Flugzeugen und Hotels, bleibt hier das Risiko einzig und allein bei den Leistungsträgern. Entsprechend müssen sie darauf bedacht sein, daß ihre Angebote in möglichst vielen Kanälen (verschiedene Reiseveranstalter, Reiseportale, Reservierungssysteme usw.) buchbar sind.

Im dritten Falle, in dem man einigermaßen fixe Kontingente mit dem Zugriff auf externe Datenbanken ergänzt, weitet man seine Kapazitäten so stark aus, daß man auch dann noch Angebote machen kann, wenn die eigenen Kontingente bereits ausgeschöpft sind. Reiseveranstalter vereinbaren schon lange mit den Leistungsträgern nicht nur fixe Kontingente, sondern auch die Möglichkeit, auf Anfrage weitere Kapazitäten dazuzubuchen. Mit der direkten Verknüpfung der entsprechenden internetbasierten Reservierungssysteme und Datenbanken lassen sich diese Prozesse nicht nur in Echtzeit abwickeln, sie können auch direkt vom Konsumenten vorgenommen werden. Über die Kapazitätserweiterung hinaus dienen die vorgebuchten Kapazitäten eines *dynamic packaging* betreibenden Reiseveranstalters der Sicherung eines Grundstocks von Angeboten.

Auch wenn durch die Charakteristika des *online*-Geschäftes die Einführung flexibler, tagesaktueller Preise möglich ist und die bisherigen relativ starren Optimierungsinstrumente ‚Last Minute-' und Frühbucherrabatt entsprechend ergänzt werden können, ist nicht davon auszugehen, daß damit die Kurzfristangebote vom Markt verschwinden werden. Auch das mit großem Aufwand betriebene *yield management* der Luftverkehrsgesellschaften hat ja nicht dazu geführt, daß die Marktbedeutung der Ticketgroßhändler (*consolidators*), die vor allem im Langstreckensegment große Kontingente von den Linienfluggesellschaften vermarkten, gegen Null geht. Aufgrund der der weitgehend fixen Kapazitäten von Hotels und Fluggesellschaften und den saisonal, ereignis-, konkurrenz- und wetterbezogen schwankenden Nachfragen ist kaum davon auszugehen, daß hier eine perfekte Passung möglich sein wird. Darüber hinaus kommt das Geschäft mit Kurzfristangeboten nicht nur flexiblen Kunden zugute, sondern ist auch wirtschaftlich sehr attraktiv für Reiseveranstalter und Leistungsträger. Deshalb haben sich auch Reiseveranstalter als Spezialisten für die Restplatzvermarktung sehr erfolgreich auf dem Markt etabliert.

1.5.5 Last Minute-Reisen

Die preisgesteuerte Restplatzvermarktung spielt eine wichtige Rolle im Ertragsmanagement und im Marketing von Reiseveranstaltern. Sie ist einerseits bereits Bestandteil des Geschäftsmodells eines klassischen Reiseveranstalters, andererseits gibt es Reiseveranstalter wie L'Tur und Bucher Reisen, die sich in Kooperation mit anderen Reiseveranstaltern mit einem eigenen Konzept auf dieses Marktsegment spezialisiert haben.

Zunächst geht es hier darum. zu verstehen, welche betriebswirtschaftliche Bedeutung solchen Kurzfristangeboten von Reiseveranstaltern generell zukommt. Bewegt man sich zum Beispiel mit den Buchungen für eine Reise zu einem Zeitpunkt kurz (zum Beispiel zwei Wochen) vor dem Abflugtermin noch unterhalb der Gewinnschwelle (*break even*), und kann man die Reise zum Normalpreis erfahrungsgemäß nicht mehr absetzen, führt zum Beispiel ein um 50 Prozent verbilligtes Angebot zu einer größeren Auslastung der bereitgestellten Transport- und Unterbringungskapazitäten. Der Verlust wird damit um die dadurch erzielte Umsatzdifferenz (UD in Abbildung 1.6) minus des durch die höhere Kapazitätsauslastung steigenden Anteils der variablen Kosten an den Gesamtkosten verringert. Hat man den *break-even-point* bereits überschritten, tragen Kurzfristangebote erheblich zum Gewinn bei, weil alle Fixkosten bereits gedeckt sind und der Gewinn für jede verkaufte Reise über dem *break-even* gleich dem Umsatz minus der variablen Kosten (also dem Deckungsbeitrag) ist (siehe dazu auch das Kalkulationsbeispiel in Kapitel 10).

Betrachtet man die gesamte Ertragssituation eines Reiseunternehmens über ein Geschäftsjahr, kann auch die Verlustminimierung durch Last Minute-Verkäufe darüber bestimmen, ob Gewinne oder Verluste gemacht werden. Eine Restplatzvermarktung muß also in jedem Falle betrieben werden, um zu einem optimalen Betriebsergebnis zu gelangen.

Auch wenn betriebswirtschaftlich praktisch kein Weg an den Kurzfristangeboten vorbeiführt, wird doch immer wieder – häufig auch sehr emotional – darüber diskutiert. Reisebüros beschweren sich, weil bei gleichem Beratungs- und manchmal größerem Buchungsaufwand durch den niedrigeren Reisepreis geringere Provisionen in ihre Kassen kommen. Reiseveranstalter beklagen den Preisverfall und die ihrer Ansicht nach durch diese Angebote verstärkte Tendenz zur Spätbuchung, die neben der Planungssicherheit auch die Zinserträge der Unternehmen verringern (siehe dazu ausführlich Kapitel 4). Beide zusammen registrieren bei manchen Kunden Veränderungen der **Preiswahrnehmung**. Viele Gäste orientierten sich an den Preisen für Kurzfristangebote und hielten deshalb die Normalpreise für überhöht. Dies führe oft zu erheblichen Problemen im Kontakt mit Kunden.

Dem können jedoch verschiedene Punkte entgegengehalten werden:

- Der Markt für Last Minute-Angebote ist begrenzt, weil nur ein kleiner Teil der Reisenden solche Angebote überhaupt in Anspruch nehmen kann. Gebucht werden solche Angebote vor allem von jüngeren Ledigen, die vielfach noch in der Ausbildung sind und eher außerhalb der Saison, also zwischen Oktober und Mai, verreisen können (Krämer 1995). Wer weniger flexibel sein kann, weil er familiär gebunden ist, sich an den Ferienzeiten seiner Kinder oder der Urlaubsplanung im Betrieb orientieren muß, wird nach wie vor langfristig buchen. Das Risiko, keine Reise mehr zu bekommen, wäre sonst viel zu hoch.
- Die Produktdifferenzen zwischen Normalreisen und Last Minute-Angeboten können deutlicher gemacht werden. Für Vollzahler kann die Buchungssicherheit herausgestellt und auf Restriktionen für Restplatzbucher verwiesen werden (zum Beispiel keine feste Hotelbuchung, es kann nur eine bestimmte Kategorie gebucht werden). Darüber hinaus kann man mit Rabatten für Frühbucher die Buchungsbereitschaft und damit auch die Planungssicherheit für den Veranstalter erhöhen.

Abbildung 1.6: Der Beitrag von Last Minute-Angeboten zu Umsatz und Ertrag

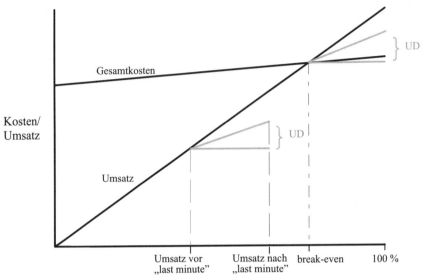

- Reisebüros können spezielle Last Minute-Schalter einrichten, wie das zum Beispiel auf vielen Flughäfen geschieht. Hier gibt es keine Beratung, sondern man kann sich lediglich aus den zur Verfügung gestellten Unterlagen informieren und buchen. In den Orten sollten Last Minute- und normale Reisebüros voneinander getrennt sein. Spartanische und kostengünstige Einrichtung und minimale Personalbesetzung sorgen für ein ähnliches Spar-Ambiente wie dies erfolgreich die (im übrigen teuer plazierten) billig gemachten Anzeigen von Ryanair in der Tagespresse vermitteln.

Um direkte Preisvergleiche zwischen einer normalen und einer Last Minute-Reise unmöglich zu machen, können die eigenen Kontingente an einen der erwähnten Spezialisten abgegeben werden, der die Produktelemente verschiedener Reiseveranstalter neu miteinander kombiniert und vermarktet.

Beispiel: Die Restplätze auf den Flügen von Reiseveranstalter A werden mit den Hotelangeboten der Reiseveranstalter B und C kombiniert, die ursprünglich mit anderen Abflugorten und Fluggesellschaften angeboten worden waren. Dadurch gibt es keine direkte Vergleichbarkeit mehr zwischen den ursprünglich angebotenen Reisen und den Kurzfristangeboten. Vor allem für Reiseveranstalter, die, wie die TUI, eine Präferenzstrategie fahren (siehe Kapitel 13), ist es damit möglich, nicht selbst mit großen Kontingenten als Restplatzvermarkter auf dem Markt zu erscheinen und damit sein Preisniveau zu halten.

Damit verzichten die großen Reiseveranstalter aber nicht auf dieses lukrative Geschäft: Die TUI Travel plc. ist mit mittlerweile 70 Prozent der größte Anteilseigner des vom Aufsichtsratsvorsitzenden Karl-Heinz Kögel (30 Prozent

Beteiligung) gegründeten Unternehmens. Es lag nahe, sich nicht nur auf die Vermarktung von Restplätzen der Veranstalter zu beschränken, sondern durch das direkte Geschäft mit Leistungsträgern auszuweiten.

Beispiel: L'Tur arbeitet seit 1995 auch direkt mit Hotels zusammen. Mittlerweile können die ca. 10.000 beteiligten Hotels direkt per Internet ihre freien und zu Sonderpreisen abzusetzenden Kontingente in das System einpflegen. Diese werden dann mit den passenden Flügen von ca. 130 Fluggesellschaften kombiniert, die per Datenleitung mit dem Unternehmen verbunden sind. Wenn der Preis stimmt, d.h., wenn er unterhalb von Katalogpreisen und Sonderangeboten liegt – dies wird mit einem computergestützten Abgleich überprüft – wird die Reise frühestens vier Wochen vor dem Abreisetermin zur Buchung freigegeben.

Vertrieben werden diese Kurzfristangebote stationär in ca. 170 L'Tur Franchisebüros, über das Internet, Call Center und Reisefernsehen. Damit unterscheiden sich die Vertriebswege dieses Unternehmens nur insofern von denen ‚normaler' Reiseveranstalter, als es hier keinen Vertrieb über unabhängige Reisebüros, gibt.

1.5.6 Paketer

Eine besondere Form von Reisearrangements stellen die Paketveranstalter (auch ‚Paketer' genannt) für ihre Kunden zusammen (siehe auch Abschnitt 2.3.2.2). Genaugenommen handelt es sich bei ihnen aber nicht um Reiseveranstalter, sondern um Vermittler von Unterkünften, die praktisch eine Großhändlerfunktion übernehmen – im Englischen heißen sie daher auch *group travel wholesaler* (Großhändler für Gruppenreisen). Sie treten gegenüber den Reisenden auch nicht als Veranstalter auf, sondern vermitteln im wesentlichen Unterkünfte an Busreiseunternehmen, die diese dann mit ihrer Beförderungsleistung kombinieren und in der Regel über eigene Reisekataloge als Pauschalarrangements an ihre Kunden verkaufen. Reiseveranstalter sind also die Busunternehmen. Die meisten dieser Busunternehmen sind kleine und mittlere Betriebe, die meist weder über das Personal noch auch die Zeit und Expertise für den Hoteleinkauf verfügen, um komplett eigene Reisen veranstalten zu können. Zudem verfügten sie aufgrund ihrer Größe auch nicht über die Einkaufsmacht, um günstige Preise und Konditionen bei den Hoteliers durchsetzen zu können, die ihre Angebote erst marktfähig machen. Da Paketer die voraussichtliche Nachfrage einer ganzen Reihe von Busreiseunternehmen bündeln und in Preisverhandlungen einbringen können, erhalten sie entsprechende Rabatte, die ihre ‚halbfertigen' Reisearrangements erst interessant für die Busreiseunternehmen machen. Von den notwendigen Katalogbeschreibungen und Photos bis hin zu fertigen Katalogen mit der Auswahl der Reisen für ihre Kunden mit eventuellen Ausflügen, Besichtigungen usw. in den Destinationen können Paketer Busunternehmen und kleinere Gruppenreiseveranstalter bei ihren Veranstalteraktivitäten unterstützen.

1.6 Vertrieb

Dieser stationäre Fremdvertrieb ist nicht nur für die klassischen Reiseveranstalter der Normalfall, auch vertikal teilintegrierte Reisekonzerne wie die TUI oder Thomas Cook setzen den größten Teil ihrer Reiseangebote darüber ab (siehe Übersicht 1.3). Der Veranstalter ist der ‚Produzent', das Reisebüro der Verkäufer der Reisen. Dabei haben die Reisebüros nur einen Handelsvertreterstatus gegenüber den Reiseveranstaltern. Das heißt, sie vermitteln Geschäfte für die Reiseveranstalter und schließen sie in deren Namen ab. Damit bestimmen auch die als ‚Handelsherren' auftretenden Reiseveranstalter den Endverkaufspreis der Reisen und zahlen den Reisebüros für jede vermittelte Reise eine Provision, die derzeit in der Regel zwischen acht und 12 Prozent des vom Kunden zu zahlenden Reisepreises liegt.

Die deutschen Reisebüros sind in der Regel für eine ganze Reihe von verschiedenen Veranstaltern tätig. Vor allem die großen Veranstalter verlangen **Agenturverträge** von den Reisebüros, in denen ein Mindestumsatz festgelegt wird, den ein Reisebüro im Jahr mit den Reisen des jeweiligen Veranstalters erreichen muß, will es die Handelsvertretung für ihn nicht verlieren. Damit hat jeder Veranstalter nur einen geringen Einfluß auf die Verkaufsstellen für seine Reisen. Indirekt wird daher versucht, einmal über eine **umsatzabhängige Provisionsgestaltung** die Bindung eines Reisebüros an einen Veranstalter zu erhöhen: Je höher der Umsatz mit dem Reiseveranstalter innerhalb eines Jahres ist, desto größer wird der Provisionssatz (Staffelprovision). Zum anderen sollen Prämien und Provisionsabschläge für eine Steigerung des Verkaufes der Reisen eines Veranstalters im Reisebüro sorgen: Umsatzzuwachs gegenüber dem Vorjahr wird mit einem **Bonus** vergütet, bei überdurchschnittlichem Umsatzrückgang ist demgegenüber ein **Malus** fällig.

Direkten Einfluß auf den Verkauf der eigenen Reisen kann man nur nehmen, wenn die Reisebüros im direkten Einflußbereich des Veranstalters liegen, sie also in das Unternehmen integriert sind. Diese Integration eines Teils des Vertriebs kann auf verschiedenen Wegen erfolgen: Über Filialen, Franchisesysteme und über Gemeinschaftsunternehmen mit Reisebürokooperationen. Der Normalfall wäre die Einrichtung einer **Reisebürokette** mit eigenen Filialen, die entweder neu eröffnet oder gekauft werden. Dies ist jedoch mit erheblichen Investitions- und mit laufenden, umsatzunabhängigen Kosten (Fixkosten) für Personal und Mieten verbunden. Dem Nachteil von größeren Investitionen im Vertrieb stehen wesentliche Vorteile für den Veranstalter gegenüber. So hat er einen direkten Durchgriff auf den Verkauf, den er steuern und rationeller gestalten kann. Bei den eigenen Büros kann er über die Sortimente und damit auch über den Ausschluß unliebsamer Konkurrenten entscheiden. Durch die Integration des Vertriebs bleibt ein größerer Teil des Umsatzes innerhalb des Unternehmens und kann die Gewinnsituation verbessern.

Übersicht 1.3: Vertriebswege von Reiseveranstaltern

Eigenvertrieb		Fremdvertrieb			Mischformen
Direktvertrieb	stationärer Vertrieb	stationär	online	TV	
– Online – Call Center – eigener TV-Sender – schriftliche Buchungsannahme	– eigene Reisebürokette – eigene Kaufhausreisebüros	– Reisebüros – Nebenerwerbsreisebüros	– Internetreisebüros – Reisebüros mit eigener Internetseite	– unabhängiger TV-Sender – Bildschirmtext (jeweils in Verbindung mit Call Center)	– eigene Franchisesysteme mit selbständigen Franchisenehmern – Gemeinschaftsunternehmen mit Kooperationen selbständiger Reisebüros

Um die Kosten für die Vertriebsstellen zu minimieren, ist ein veranstaltergesteuertes **Reisebürofranchise** eine sinnvolle Alternative. Hierbei entfällt nicht nur ein Teil der Investitionskosten, auch die Fixkosten werden zu variablen Kosten, denn entlohnt wird es, wie jedes andere Reisebüro auch, nur für die vermittelten Umsätze. Kosten entstehen hier nur für die Entwicklung und das Management eines Franchisesystems (die man sich über Franchiseentgelte wieder zurückholen kann). Das unternehmerische Risiko bleibt bei den Reisebürounternehmern. Dennoch kann über den Franchisevertrag das Sortiment ebenso wie in Filialen bestimmt werden. Allerdings ist es hier in einem geringeren Maße möglich, den Reisebüroverkauf in Richtung auf bestimmte Veranstalter und Angebote zu steuern, wie in Kettenreisebüros. In Kapitel 7 wird ausführlich auf diese vieldiskutierte Vertriebssteuerung eingegangen.

Nachdem es, von wenigen Ausnahmen abgesehen, keine Einzelreisebüros mehr gibt, weil sie den neben den Franchisesystemen entstandenen **Reisebürokooperationen** beigetreten sind (vgl. u.a. Mundt 2006, S. 389 ff.) um ihre Ertragssituation zu verbessern, lag es nahe, daß sich auch Reiseveranstalter an solchen Kooperationen beteiligen. So haben sowohl TUI als auch Thomas Cook mit der RTK, der mit über 2.600 Vertriebsstellen größten deutschen Reisebürokooperation, Gemeinschaftsunternehmen gegründet, die unter dem Namen TUI Travel Star (Gründungsjahr 1999) und Neckermann Reisen Team bzw. Partner (2003 aus der Thomas Cook Tochtergesellschaft Alpha-Reisebüropartner hervorgegangen) am Markt tätig sind. In Tabelle 1.2 werden sie – nicht ganz korrekt – dem Eigenvertrieb der Veranstaltergruppen zugerechnet. Auch die Rewe als zweitgrößter Veranstalterkonzern auf dem deutschen Reisemarkt hat mit der 2001 gegründeten Reisebüro Service Gesellschaft (RSG), zu der die Reisebürokooperationen Deutscher Reisering,

Tour Contact und Protours als Mitgesellschafter gehören, eine wichtige Beteiligung in diesem Bereich des stationären Reisebürovertriebs.

Tabelle 1.2: Der Reisebürovertrieb der großen Reiseveranstalter (nach Teilnehmerzahlen geordnet)

Veranstalter	Fremdvertriebsstellen	Eigenvertriebsstellen	Umsatzanteil (in %)		
			Fremd	Eigen	online*
a) Die sechs größten deutschen Veranstalter					
TUI Deutschland	9.600	1.535	k.A.	k.A.	k.A.
Rewe Touristik	10.600	2.540	67,0	33,0	7,0
Thomas Cook	10.102	1.197	k.A.	k.A.	k.A.
Alltours	8.300	210	90,0	10,0	17,0
FTI	9.637	73	91,2	8,8	k.A.
Schauinsland	10.900	2	98,7	1,3	–
b) Spezialisten					
Studiosus	6.735	1	87,0	13,0	3,5
MSC Kreuzfahrten	6.000	–	100,0	–	k.A.
Interchalet	6.972	–	69,0	31,0	44,0
Ameropa	7.400	–	94,0	6,0	12,0
Olimar	8.280	1	90,0	10,0	12,0
Wikinger Reisen	2.726	–	40,6	59,4	25,6**
Alpetour	424	–	91,8	8,2	9,0
RUF Jugendreisen	2.876	–	56,0	44,0	52,0

* kann sowohl Eigen- wie auch Fremdvertrieb sein; ** Internetquote des Direktvertriebs
Quelle: Dokumentation Deutsche Veranstalter 2009, Beilage zur FVW-International Nr. 26 v. 18. Dezember 2009 (eigene Zusammenstellung)

Eher zurückhaltend agieren die meisten Reiseveranstalter im nicht-stationären Vertrieb, zu dem insbesondere das Internet, aber auch Call-Center und Verkaufsfernsehsender gehören. Aber auch postalisch oder per Fax kann man bei einigen Veranstaltern Reisen buchen. Die neudeutsch sogenannten *non traditional outlets* (NTO), zu denen in erster Linie die Internetreisebüros zählen, erhalten deutlich weniger Provision als der stationäre Reisebürovertrieb. Zudem gibt es auch, anders als im stationären Vertrieb, keinen Bonus als Anreiz zur Umsatzsteigerung. Dies gilt auch für diejenigen stationären Reisebüros, die über eigene Internetseiten verfügen, über die man auch buchen kann. Hierbei wird unterschieden zwischen passiven und aktiven Online-Buchungen. **Passive Online-Buchungen** sind solche, bei denen der Kunde von den Internetseiten eines Reiseveranstalters auf die Seiten des Vertriebspartners gelenkt wird, bei **aktiven Online-Buchungen** geht der Kunde direkt auf die Internetseiten des Vermittlers. Logischerweise werden passive Buchungen noch einmal geringer vergütet und die Umsätze werden auch nicht auf die Staffelprovision angerechnet.

Hinter dieser Schlechterstellung vor allem von Internetreisebüros steht vor allem die Befürchtung von Reiseveranstaltern, daß die gängige Praxis der Online-Reisebüros, nach der die Angebote in aufsteigender Preisreihenfolge gelistet werden, zu einer für sie nachteiligen Markttransparenz führt. Nicht ganz zu unrecht sehen sie darin ein Primat des Preises gegenüber der Qualität, weil man am Bildschirm dazu neigt, sich lediglich an den Preisen zu orientieren und die Unterschiede zwischen den einzelnen Angeboten nicht mehr aufzunehmen. Vor diesem Hintergrund haben die meisten Reiseveranstalter eher ein Interesse daran, daß von den eigenen Netzseiten gebucht wird. Allerdings hat man auch hier den Eindruck, daß die großen Veranstalter derzeit nicht wirklich an einem funktionierenden Internetvertrieb interessiert sind. In der Regel kann man die Angebote nur über anzugebende Reisetermine einsehen, eine Übersicht über die Inventare in den jeweiligen Destinationen bekommt man nicht.

Weshalb es zum **Beispiel** oft keine Karten der Destination gibt, über die man mit Anklicken der Orte Informationen über ihn und die dort angebotenen Hotels bekommt, ist nicht nachvollziehbar. Die gedruckten Kataloge sind in diesem Punkt in der Regel besser, weil man sich mit ihnen einen guten Überblick verschaffen kann. Gerade das Internet böte die Möglichkeit, über ganz verschiedene Wege – wie es ja auch den unterschiedlichen Interessen der Reisenden entspricht – an die buchungsrelevanten Informationen zu kommen. Das wird aber nur zum Teil genutzt, indem man etwa bestimmte Vorlieben und gesuchte Urlaubsaktivitäten angeben kann, nach denen die Angebote selektiert werden.

So liegt denn die Vermutung nahe, daß Reiseveranstalter im Spagat zwischen stationärem und dem Internetvertrieb derzeit noch den Reisebüros den Vorzug geben. Auch dafür gibt es handfeste Gründe: Zum einen waren 2010 nur 72 Prozent der Deutschen online, zum anderen ziehen viele, vor allem ältere, Kunden die persönliche Buchung im Reisebüro vor. Nicht zuletzt liegt es auch im Interesse der Veranstalter, die viel in den stationären Vertrieb investiert haben, die Reisebüros nicht auszutrocknen und sich damit auch selbst zu schaden. Schaden würden sie sich auch im Fremdvertrieb, denn diejenigen Veranstalter, die den Internetvertrieb zu sehr forcieren, laufen hier Gefahr, Umsätze zu verlieren. Auch sind die Erwartungen der Kunden vertriebskanalspezifisch: Wer im Internet buchen will, erwartet hier besonders preisgünstige und billige Angebote. Dazu haben nicht zuletzt die Billigfluggesellschaften beigetragen, die ihre Flüge nahezu ausschließlich über das Internet vertreiben. Reisebürokunden dagegen sind in diesem Punkt weniger festgelegt und begeben sich in eine Gesprächssituation mit einem Verkäufer, der damit die Chance hat, sie auch unter anderen Aspekten von einem Angebot zu überzeugen. Auch das spricht aus der Sicht von Reiseveranstaltern für den stationären Vertrieb, wenngleich dies auf der anderen Seite durch seine vergleichsweise hohen Kosten relativiert wird.

Tabelle 1.3: Online-Reisebüros in Deutschland

Unternehmen	Umsatz 2009 (in Mio. €)	Portale (www.)
Deutsche Bahn (DB)**	1.185,0	bahn.de, start.de
Expedia*	605,0	expedia.de
Unister*	460,0	ab-in-den-urlaub.de, fluege.de…
Schmetterling	420,2	schmetterling24.de, buche24.de…
Opodo*	410,0	opodo.de
Holidaycheck*	280,0	holidaycheck.de
TUI Deutschland*	245,0	tui-reisecenter.de, tuifly.com…
RTK	242,3	merson.de, rt-reisen.de…
Travelocity Europe*	210,0	travelchannel.de, reiseland.de
Comvel	200,0	weg.de, ferien.de
E-Bookers Deutschland*	110,0	e-bookers.de
OFT	100,1	otto-reisen.de, reiseland.de…
L'Tur	100,0	ltur.de, flyloco.de, lturfly.com…

* Schätzungen der FVW; alle anderen: Unternehmensangaben; ** nur etwa 35 Mio. € davon entfielen nicht auf Bahntickets

Quelle: Dokumentation Ketten und Kooperationen 2009, Beilage zur FVW-International, H. 14 v. 11. Juni 2010, S. 16; eigene Berechnungen

Insgesamt wird der Umsatz der in der ‚Dokumentation Ketten und Kooperationen 2009' erfaßten 36 Internetportale (mit HRS fehlt allerdings zum Beispiel ein großes internationales Hotelvermittlungsportal) auf gut 5,2 Mrd. €, die aller auf dem deutschen Markt auf 8 Mrd. € im Jahr 2009 geschätzt (Beilage zur FVW-International, H. 14 v. 11. Juni 2010, S. 4; vgl. auch Tabelle 1.3). Gemessen am Gesamtumsatz der deutschen Reisebüros, der von der Rewe Marktforschung für das gleiche Jahr auf 19,3 Mrd. € hochgerechnet wird (a.a.O.), ist das ein Anteil von mehr als 40 Prozent – mit steigender Tendenz

Immer mehr Kunden besorgen sich ihre Flugscheine auch nicht mehr im Reisebüro, sondern buchen sie über das Internet. Durch die Einführung von papierlosen elektronischen bei den IATA Fluggesellschaften, kann einem das Reisebüro auch nicht mehr mitgeben als den Ausdruck, den man sich auch zu Hause oder im Büro von der Buchung und ihrem Kode (*file code*) machen kann. Der Markt der Billigfluggesellschaften schließlich geht schon jetzt praktisch völlig an den Reisebüros vorbei. Vor diesem Hintergrund werden auch die Reiseveranstalter mittel- und langfristig verstärkt den Online-Vertrieb nutzen (müssen), um nicht den Anschluß an das sich ändernde Buchungsverhalten zu verlieren.

1.7 Reiseveranstalter auf dem deutschen Markt

1.7.1 Die zehn größten Veranstalter

Die zehn größten deutschen Reiseveranstalter haben im Tourismusjahr 2008/2009 fast 28 Millionen Reiseteilnehmer verbuchen können und dabei mehr als 14 Milliarden € umgesetzt. Betrachtet man die Zahlen der einzelnen Veranstalter, dann zeigen sich nicht nur erhebliche Differenzen in ihrer Größe nach Teilnehmern, sondern auch nach den erreichten Umsatzzahlen (Tabelle 1.4).

Der Umsatz pro Teilnehmer von 795 €, den die zehn Veranstalter im Durchschnitt (Aggregatmittelwert) erzielten, wird von einigen Veranstaltern deutlich über-, von anderen ebenso deutlich unterschritten. Bevor auf die Gründe dafür näher eingegangen wird, muß aber noch klargestellt werden, daß die Umsätze pro Teilnehmer nicht mit dem durchschnittlichen Reisepreis verwechselt werden dürfen, da viele Reiseveranstalter zum Beispiel durch Beteiligungen an anderen Unternehmen weitere Einnahmen erzielen.

Wenn man über Pauschalreisen redet, ist damit meist die zweiwöchige Flugreise mit einem Veranstalter nach Spanien, Griechenland oder in die Türkei gemeint. Entgegen dieser landläufigen Meinung sind die Angebote der Reiseveranstalter jedoch weitaus vielfältiger und decken ganz unterschiedliche Marktbedürfnisse ab. Die teuren Kreuzfahrten und Studienreisen zählen ebenso zu den Veranstalterreisen wie der kurze Bungalowparkurlaub oder die Wochenend- und die kurze Städtereise.

Tabelle 1.4: **Die zehn größten deutschen Reiseveranstalter(gruppen) im Tourismusjahr 2008/2009 nach Umsätzen und Teilnehmern**

Unternehmen	Umsatz (in Mio. €)	Teilnehmer	Umsatz in € pro Teilnehmer
TUI Deutschland	4.238,4	10.922.581	388
Rewe Touristik	2.875,3	6.039.400	476
Thomas Cook Deutschland	2.600,0	4.800.000	542
Alltours	1.220,0	1.520.000	803
FTI	936,7	1.530.000	612
AIDA Cruises[1]	722,1	414.000	1.744
Öger Gruppe[2]	695,7	1.319.322	527
Schauinsland Reisen	397,0	591.000	672
Phoenix[1]	276,5	165.304	1.673
GTI Travel	276,0	541.134	510
Σ	14.237,70	27.842.741	795[3]

[1] Kreuzfahrten; [2] 2010 von Thomas Cook übernommen; [3] arithmetisches Mittel der aggregierten Werte

Quelle: Dokumentation Deutsche Veranstalter 2005. Beilage zur FVW Nr. 26 v. 18. Dezember 2009; eigene Berechnungen

Einige Reiseunternehmen wie die beiden Duisburg-Ruhrorter Unternehmen Alltours und Schauinsland, haben sich ausschließlich auf Flugreisen oder – zum Beispiel AIDA Cruises und Phoenix – auf Kreuzfahrten spezialisiert, andere – wie die TUI oder Thomas Cook mit ihren vielen Veranstaltermarken – bieten das gesamte Spektrum an unterschiedlichen Pauschalreisen. Dadurch ergeben sich natürlich auch ganz unterschiedliche durchschnittliche Umsätze pro Teilnehmer.

Auch wenn die Fachzeitschrift FVW seit Jahren in ihrer ansonsten verdienstvollen jährlichen Beilage über Deutsche Veranstalter unverdrossen **Marktanteile** der einzelnen Unternehmen veröffentlicht, die dann in der Presse wie in manchen Fachbüchern unbesehen und unkritisch nachgedruckt werden – es gibt keine der Öffentlichkeit zugänglichen verläßlichen Informationen darüber. Die Daten der FVW über das Geschäftsjahr 2008/2009 zum Beispiel beruhen auf den Informationen von ganzen 62 Reiseveranstaltern bzw. Veranstaltergruppen. Deren Umsätze werden aufaddiert als Größe für den Gesamtmarkt genommen (worauf unter der Tabelle in einer Anmerkung auch hingewiesen wird). Auch wenn es keine offiziellen Angaben über die Zahl der Reiseveranstalter in Deutschland gibt – Schätzungen gehen davon aus, daß es ca. 1.600 bis 1.700 davon gibt, zu denen noch einmal ca. 1.000 Busreiseveranstalter (siehe auch Abschnitt 1.5.6) hinzugezählt werden müssen (Kirstges 2010, S. 122 f.) – muß man davon ausgehen, daß so berechnete Marktanteile nicht zutreffen. Die der in der FVW-Marktdokumentation aufgeführten Veranstalter werden aufgrund der zu klein definierten Größe des Gesamtmarktes deutlich überschätzt. Marktanteile lassen sich mit Angebotsdaten alleine nicht berechnen. Eine genaue Bestimmung ist nur möglich mit der Kombination von Nachfrage- und Angebotsdaten. Nur über bevölkerungsrepräsentative Nachfrageuntersuchungen, die sowohl den Markt für kürzere (zwei bis vier Tage Dauer) als auch den für längere Urlaubsreisen (ab fünf Tagen Dauer) erfassen und die Reiseorganisationsform einigermaßen präzise abfragen, läßt sich die Größe des Gesamtmarktes bestimmen. Mit Untersuchungen wie dem Deutschen Reisemonitor, die das Mengengerüst des deutschen Reisemarktes empirisch hinreichend exakt abbilden, gibt es die Zahlen zwar, aber sie stehen nur den Beziehern der Untersuchung zur Verfügung und werden nicht veröffentlicht.

Insgesamt ist die Reiseveranstalterbranche stark mittelständisch geprägt. Die meisten Reiseveranstalter hatten im Jahr 2000 maximal sieben Mitarbeiter (dies war auch der Median, das arithmetische Mittel lag bei knapp 32 Mitarbeitern), nur 14 zwischen 201 und 500 Mitarbeiter und ganze vier mehr als tausend Beschäftigte (Kirstges 2002, S. 50).

Das einzige in Deutschland börsennotierte Unternehmen ist die **TUI Aktiengesellschaft**. Sie ist nicht nur auf dem Reisemarkt tätig, sondern mit der

Minderheitsbeteiligung Hapag-Lloyd immer noch stark in der Containerschiffahrt engagiert. Die TUI AG ist aber nur noch der größte Anteilseigner der TUI Travel plc. in Großbritannien und das deutsche Veranstaltergeschäft ist nur eine Tochter des britischen Unternehmens. Das trifft auch zu für die **Thomas Cook AG** in Oberursel, die nur noch eine 100-prozentige Tochter der Thomas Cook Group plc. in Großbritannien ist.

Die 1927 aus dem **Re**visionsverband der **We**stkauf-Genossenschaften entstandene Kölner Handelsgruppe **Rewe**, ist eine genossenschaftlich organisierte Unternehmensgruppe, die mit ihren Supermärkten vor allem im Lebensmitteleinzelhandel, darüber hinaus aber auch im Groß- und Fachhandel tätig ist. Sie hat seit Ende der 1980er Jahre stark in die Touristik diversifiziert. Im Herbst 2000 erwarb sie 40 Prozent an der LTU. Nach dem Bankrott des Mitgesellschafters Swissair im Jahre 2001 übernahm sie die in der LTU Touristik zusammengefaßten Reiseveranstalter komplett. Die Anteile an der Fluggesellschaft wurden 2006 verkauft. Zur Rewe Touristik gehören heute die Reiseveranstalter ITS, Dertour, ADAC-Reisen, Jahn Reisen, Tjæreborg, Meier's Weltreisen und die Reisebüroketten bzw. -franchisesysteme DER, Derpart und Atlas Reisen.

Alltours wurde 1974 von Willi Verhuven im niederrheinischen Kleve zunächst als Reisebüro gegründet, der das mittlerweile in Duisburg-Ruhrort ansässige Unternehmen als Inhaber weiterhin führt. Mit den Reisecenter Alltours besitzt das Unternehmen auch eigene und Franchise-Reisebüros (siehe Tabelle 1.3), zudem gibt es einige Hotelbeteiligungen und eine Zielgebietsagentur in der wichtigsten Destination Mallorca.

Gegründet 1983 von Dietmar Gunz in München unter dem Namen Frosch Touristik, entwickelte sich **FTI** (Frosch Touristik International) in den 1990er Jahren rasant und wurde einer der größten Reiseveranstalter auf dem deutschen Markt. 1998 erwarb der börsennotierte britische Reisekonzern Airtours – zunächst umfirmiert in MyTravel und dann in Thomas Cook aufgegangen – zunächst knapp 36 Prozent der Anteile an FTI und übernahm das Unternehmen zwei Jahre später ganz. Zu Beteiligungen an Sprachschulen (LAL Sprachreisen ist eines der Unternehmen der Gruppe), Hotels und Zielgebietsagenturen kam dann nach britischem Modell mit flyFTI noch eine eigene Fluggesellschaft dazu, die aber nach herben Verlusten schnell wieder aufgegeben werden mußte. Die zu schnelle Expansion der Briten auf dem deutschen Markt und Managementprobleme im Mutterkonzern – aus dem sich die größte Kreuzfahrtreederei der Welt, Carnival Cruises, nach einem kurzen Gastspiel als Anteilseigner wieder zurückzog – führen zu erheblichen Verlusten und 2003 wird das Unternehmen wieder an eine Investorengruppe um Dietmar Gunz, der das Unternehmen drei Jahre zuvor verlassen hatte, verkauft. Durch erhebliche Kapazitätsreduktionen und Abstoßen der Hotelbeteiligungen wurde der Reiseveranstalter, zu dem auch die in der Tochtergesellschaft TVG zusammengefaßten Reisebüroketten und -franchisesysteme Flugbörse, Fünf vor Flug, FTI Ferienwelt und Allkauf gehören, wieder saniert.

Der erste Spezialist unter den zehn umsatzgrößten deutschen Reiseveranstaltern ist **AIDA Cruises** in Rostock. Dabei handelt es sich zudem noch um einen Spezialisten unter den Spezialisten, denn der Kreuzfahrtveranstalter hat nur eine besondere Art von Seereisen in seinem Programm: Passagen auf Clubschiffen (siehe auch Kapitel 10). Diese Idee wurde 1996 mit der Indienststellung der ersten „Aida" (heute „Aida Cara") durch die Deutsche Seereiserei (DSR) und deren Eigentümer Horst Rahe und Nikolaus Schües verwirklicht. Allerdings brauchte es einige Zeit, bis sich diese Produktinnovation auf dem Markt durchsetzen konnte. 1997 beteiligte sich die britische P&O Lines mit 51 Prozent an der neugegründeten AIDA Cruises. 1999 wurden dann die ersten beiden Neubauten für weitere Clubschiffe in Auftrag gegeben. 2003 wurde das gesamte Kreuzfahrtengeschäft der P&O von der us-amerikanischen Carnival Cruise Line erworben (Hamburger Abendblatt v. 4. März 2006). Die DSR verkaufte ihre Anteile und übernahm die mit ihrer Tochtergesellschaft Arkona entwickelte A-rosa, die heute luxuriöse Flußkreuzfahrtschiffe betreibt.

Die erste AIDA, heute AIDA cara, im Hafen von Palma de Mallorca

Schauinsland Reisen wurde 1918 in Hamborn-Marxloh (heute Stadtteil von Duisburg) als Spedition gegründet. 1932 kam die Personenbeförderung mit Bussen dazu, die ab 1954 zu einzigen Aktivität wurde. Mit der Eröffnung eines Reisebüros 1959 erschien auch der erste Ferienkatalog und 1961 beförderte die LTU die ersten Flugpauschalreisenden von Düsseldorf auf die Balearen.

Die 1974 in Bonn gegründeten **Phoenix-Reisen** ist ein weiteres inhabergeführtes Unternehmen unter den ersten zehn der umsatzstärksten deutschen Reiseveranstalter. Es hat sich auf Kreuzfahrten spezialisiert und bietet sowohl Hochsee- als auch Flußkreuzfahrten mit eigenen gecharterten Schiffen und eigener Reiseleitung an.

Der Türkei-Spezialist **GTI Travel**, 1994 in Düsseldorf gegründet, gehört zur türkischen Kayi Gruppe, zu der auch Reiseveranstalter in den Niederlanden, in Rußland und Polen gehören. In der Türkei betreibt das Unternehmen die Fluggesellschaft Sky Airlines (seit 2010 auch mit einem deutschen Ableger), eine Zielgebietsagentur, ein Hotel (Adam & Eve) und ein Bauunternehmen.

1.7.2 Spezialveranstalter

Neben den großen Veranstaltern haben sich auf dem deutschen Markt eine Reihe von kleineren und größeren Spezialveranstaltern etabliert, die sich auf ganz bestimmte Marktsegmente der Pauschalreise konzentrieren. Dazu gehören u.a.:

- Studienreisen
- Sprachreisen
- See- und Flußkreuzfahrten
- Cluburlaub
- Jugendreisen
- Busreisen
- Sportreisen
- Ferienwohnungen
- Gesundheitsreisen
- Städtereisen
- Bungalowparkurlaub
- Incentivereisen

Das heißt nicht, daß die Großveranstalter diese Märkte unberücksichtigt ließen. So hat unter anderem die TUI ein eigenes Angebot für Studien- und Sprachreisen, Thomas Cook bietet auch Kreuzfahrten an, Ameropa ist stark in Städtereisen und DER veranstaltet auch Incentivereisen. Dennoch gibt es Veranstalter, die sich nur auf ein oder zwei der oben aufgeführten Pauschalreisearten spezialisiert haben.

Tabelle 1.5: Teilnehmerzahlen und Umsätze von Spezialreiseveranstaltern im Tourismusjahr 2008/2009

Veranstalter	Teilnehmer	Umsatz (in Mio. €)	Umsatz pro Teilnehmer (€)
Studienreiseveranstalter			
Studiosus	94.300	217,9	2.311
Ikarus Tours	14.175	43,1	3.041
Jugendreisen			
Alpetour (Klassenfahrten)	248.790	52,9	213
RUF-Jugendreisen	68.518	38,9	568
Ferienhäuser, -wohnungen			
Interchalet	823.376	123,3	150
Interhome	112.058	23,4	209
Gruppenreisen			
Kiwi Tours (Fernreisen)	3.174	10,1	3.182
Busreisen			
Eberhardt	56.200	37,2	662
Rainbow Tours	143.000	35,2	246

Quelle: Dokumentation Deutsche Veranstalter 2009. Beilage zur FVW Nr. 26 v. 18. Dezember 2009; eigene Berechnungen

Die Unterschiede in den durchschnittlichen Umsätzen pro Teilnehmer erklären sich aus den jeweils angebotenen Reisearten. Ikarus Tours hat sich zum Beispiel auf Fernstudienreisen spezialisiert und Kiwi Tours veranstaltet Gruppenreisen vor allem nach Neuseeland (daher der Name), Australien und weitere Fernreiseziele in aller Welt (Tabelle 1.5). Bei den Ferienhausanbietern – die in Deutschland ebenfalls zu den Reiseveranstaltern zählen, weil zum Beispiel durch ihren Katalog „der Anschein begründet wird, ... vertraglich vorgesehene Reiseleistungen in eigener Verantwortung" zu erbringen (§ 651 a [2] BGB) – fallen Transport- und Verpflegungsleistungen weg, entsprechend gering ist hier auch der Umsatz pro Person. Kreuzfahrten wiederum erzielen höhere Umsätze pro Buchung, weil es sich hier meist um All Inclusive Angebote handelt, bei denen nur bestimmte bzw. außerhalb der Bordrestaurants eingenommene Getränke noch extra bezahlt werden müssen. Die Schiffe von Aida-Cruises verkehren meist im Wochentakt und es können zum Teil auch noch kürzere Reisen gebucht werden (vgl. Kapitel 10).

Ebenfalls durch das Verkehrsmittel definiert sind Busreisen. Allerdings gibt es hier einige Überschneidungen vor allem mit den Jugendreisen, die ebenfalls oft den Bus für ihre Reisen nutzen Das Sortiment der Jugendreiseveranstalter beschränkt sich aber nicht – wie etwa Rainbow Tours, die sich an die gleiche Zielgruppe wenden – auf dieses Reiseverkehrsmittel, sondern haben zudem u.a. auch Flugreisen in ihrem Programm.

Anders als die übrigen Reiseveranstalter zeichnet sich die Busbranche durch eine andere Unternehmensstruktur und andere Zielgruppen aus. Meist sind es kleine Betriebe, die ihre Reisen nur regional oder sogar nur lokal anbieten. Dies ist auch bedingt durch die Lizensierungsregeln mit eingeschränkten Zusteigeverboten außerhalb der Unternehmensstandorte. Zwar haben die großen Veranstalter in den 1980er Jahren versucht, auch auf diesem Markt Fuß zu fassen, blieben dabei aber, wie zum Beispiel die TUI, im Vergleich zu ihren anderen Reiseaktivitäten weitgehend erfolglos (Gauf & Hughes 1998). Dafür waren mehrere Gründe ausschlaggebend. Kleine Busunternehmen sind meist in einer Vielzahl von Bereichen tätig: Sie fahren Linienbusdienste im öffentlichen Personennahverkehr (ÖPNV), Schulbusse, stehen Vereinen und Firmen vor Ort für Ausflugsfahrten zur Verfügung und bieten zudem noch Ferienreisen an. Da es sich meist um Familienbetriebe handelt, in denen nicht nur ein Familienmitglied tätig ist, können die Unternehmen oft zu Preisen fahren („Selbstausbeutung"), die für ein großes Unternehmen unterhalb des als mindestens notwendig erachteten Gewinns liegen. Darüber hinaus haben sich aufgrund des lokalen und regionalen Charakters des Geschäftes und der nicht auf die Reiseveranstaltung beschränkten Aktivitäten oft auch auf persönlichen Beziehungen basierende Kundenloyalitäten zu den örtlichen Unternehmen entwickelt, die von außen und mit nur einem Angebot nur schwer zu durchbrechen sind. Dadurch, daß die kleinen Busreiseunternehmen ihre Reisen nicht selbst organisieren, sondern das Arrangement von **Paketveranstaltern** beziehen (*outsourcing*), dem sie nur noch die eigene Transportleistung hinzufügen, sparen sie nicht nur eigene Managementkapazitäten, sondern kommen auch in den Genuß der Einkaufsvorteile dieser Zulieferer, die den Bedarf vieler kleiner Busreiseunternehmen bündeln und größere Kontingente reservieren können. Gleichwohl kann das Busunternehmen seinen eigenen Katalog mit diesen Angeboten herausbringen und erscheint seinen Kunden gegenüber als „richtiger" Reiseveranstalter. Vor diesem Hintergrund wären Preiskämpfe der großen Veranstalter zum Erringen von Marktanteilen wenig sinnvoll gewesen. Nicht zuletzt bedienten sich die großen Veranstalter auch dieser kleinen Unternehmen, die teilweise für sie und auf eigene Rechnung fuhren. Damit konnten die großen Unternehmen natürlich bei den Kunden auch kein eigenes Profil im Markt gewinnen.

2

Das Produkt Pauschalreise – Konzept und Elemente

Wilhelm Pompl

DAS PRODUKT DES REISEVERANSTALTERS, DIE PAUSCHALREISE, BESTEHT AUS mehreren, sich ergänzenden Dienstleistungen meist fremder Unternehmen (Leistungsträger), die zusammen mit der Organisationsleistung des Reiseveranstalters und der Verteilungsleistung der Vertriebsorgane dem Käufer das „Problem" der Organisation und Abwicklung seiner Urlaubsreise weitgehend abnehmen. Da aus Urlaubersicht diese Leistungen aber nur instrumentalen Charakter für das eigentliche Ziel, nämlich einen erlebnisreichen und/ oder erholsamen Urlaub, aufweisen, besteht die Aufgabe des Reiseveranstalters nicht nur in der verantwortlichen Vermittlung der angebotenen Produktelemente, sondern ebensosehr in der Konzeption von Produkten, welche die Realisierung der mannigfaltigen, vielschichtigen und individuell unterschiedlichen Urlaubswünsche ermöglichen. Das kundenorientierte Erkennen und Umsetzen der Urlaubsmotivationen erfordert ein zielgruppenspezifisches Produktkonzept, um dem Kunden eine zwar vorgefertigte, aber dennoch weitgehend maßgeschneiderte Problemlösung anbieten zu können. Dabei zeigt sich der Trend, die standardisierte Pauschalreise durch eine hohe Zahl von Produktvariationen zu individualisieren. Als neue Entwicklung im Rahmen des E-Commerce bietet *dynamic packaging* die Möglichkeit einer weitgehenden Personalisierung des Produkts, da hier der Kunde nicht wie bei der klassischen Pauschalreise aus einem vorgefertigten Angebot auswählt, sondern der Veranstalter die Reise gemäß dem geäußerten Kundenwunsch organisiert.

2.1 Produktanalyse

2.1.1 Die ‚klassische' Pauschalreise

Bis zur Nutzung des E-Commerce in der Touristik wurde die Pauschalreise durch den Veranstalter vorgefertigt und über einen ein- oder zweimal pro Jahr erscheinenden Katalog vermarktet. Aus produktplanerischer Sicht ist diese „klassische" Pauschalreise durch folgende sechs Kriterien zu charakterisieren:

(1) Dienstleistungen
(2) Leistungsbündel
(3) Vorgefertigtes Programm

(4) Pauschalpreis
(5) Risikoübernahme durch den Reiseveranstalter
(6) Problemlösungskompetenz

(1) **Dienstleistung**: Die Tätigkeit eines Reiseveranstalters besteht in der Planung, Organisation und Abwicklung von Reisen unter Inanspruchnahme fremder Leistungen: Er stellt dem Kunden sein Management-*know how* in Sachen Reisen als Dienstleistung zur Verfügung. Auch die vermittelten Leistungen sind fast ausschließlich Dienstleistungen, obwohl zu ihrer Erstellung immer auch Sachgüter notwendig sind (wie zum Beispiel das Flugzeug für den Transport oder das Hotelgebäude für die Übernachtung). Alle persönlichen Dienstleistungselemente einer Pauschalreise sind immaterielle Produkte, sie werden im gleichen Augenblick produziert und konsumiert. Wegen der damit verbundenen fehlenden Lagerfähigkeit können sie nicht auf Vorrat produziert werden, der Produzent kann lediglich seine Betriebsbereitschaft aufrechterhalten oder nicht. Der Erwerb eines solchen Produktes stellt für den Kunden ein besonderes Risiko dar, da er eben wegen der weitgehenden Immaterialität zum Zeitpunkt der Buchung die Reise weder auf ihre Qualität noch auf ihre Vollständigkeit hin überprüfen kann; auch ein Umtausch ist ausgeschlossen. Da der Kunde lediglich ein Leistungsversprechen erwirbt, sucht er nach Indikatoren für die Leistungsfähigkeit des Veranstalters. Die physische Erscheinung des Reisebüros und dessen Mitarbeiter oder die Abbildungen der materiellen Hilfsgüter der Leistungserstellung (Hotels, Flugzeuge) im Katalog werden dazu ebenso herangezogen wie die Erfahrungen von Bekannten; letzteres erklärt die Wichtigkeit der Mundpropaganda bei der Buchung von Pauschalreisen (vgl. Pompl 1997, S. 35 ff.).

(2) **Leistungsbündel**: Die Pauschalreise ist ein Paket komplementärer Leistungen, die ungeachtet der juristischen Regelungen aus produktgestalterischer Sicht weit über die „im Preis enthaltenen Leistungen" hinausgehen. Dieses Produkt umfaßt neben den rein touristischen Leistungen auch den Katalog, die Beratung bei der Buchung, die Miturlauber und die landschaftlichen und kulturellen Attraktionen, d.h. die touristischen Einrichtungen und Bewohner des Zielgebiets, auf die der einzelne Reiseveranstalter zwar keinen Einfluß hat, die aber doch einen starken Einfluß auf die Urlaubszufriedenheit ausüben.

(3) **Pauschalpreis:** Pauschalreisen werden zu einem Gesamtpreis angeboten. Für den Kunden sind die Preise der darin enthaltenen Einzelleistungen nicht ersichtlich. Das deutsche Wettbewerbsrecht schreibt einen Endpreis in heimischer Währung vor, der alle zur Durchführung der Reise notwendigen Leistungen enthalten muß.

(4) **Vorfertigung:** Die „klassische" Pauschalreise ist im Sinne einer Konfektionsware vom Veranstalter teilweise vorgefertigt: Die Erstellung des Angebots erfolgt vor der Nachfrage des Kunden, der auf der Grundlage eines vom Veranstalter festgelegten und katalogmäßig angebotenen Programms bucht (Ausnahme: kundenspezifische Reisen nach besonderer Bestellung). Da bei der Programmerstellung die Einzelkunden noch nicht bekannt sind, erfolgt die Produktgestaltung auf der Basis angenommener Kundenbedürfnisse und fiktiver Teilnehmerzahlen. Diese Unsicherheiten können durch Marktforschung reduziert werden (vgl. Kapitel 12). Die „Endfertigung" der einzelnen Leistungen erfolgt gleichzeitig mit der Inspruchnahme durch den Reisenden.

Vorgefertigte Reisen aus dem Katalog – hier die moderne Variante für den iPad
(einer der erstmals für die Saison 2010/11 so angebotenen sechs Kataloge von Dertour)

(5) **Risikoübernahme:** Bei der Pauschalreise übernimmt der Reiseveranstalter folgende Risiken (siehe dazu ausführlich Kapitel 3 in diesem Teil): Er haftet nicht nur für **Mängel**, die durch schlechte eigene Organisation entstehen, sondern auch für solche aus der Tätigkeit fremder Leistungsträger oder aus „Landesüblichkeit" (d.h. von deutschen Standards abweichende landesübliche Tatbestände wie etwa Temperatur der Speisen); er trägt das finanzielle **Risiko der Auslastung** fixer Kapazitäten; er übernimmt ein **Investitionsrisiko**, da unvorhersehbare politische Ereignisse, Streiks oder Naturkatastrophen seine vor Verkauf aufgewendeten Leistungen (Planung, Werbung, Beschaffung) unverwertbar machen können; er trägt insofern ein **Kostenänderungsrisiko**, als er praktisch an die einmal veröffentlichten Reisepreise

gebunden ist. So kann der Reiseveranstalter den Preis einer gebuchten Reise nach §§ 309, 651 a (4) BGB beispielsweise nur dann bis zu 21 Tage vor dem Abreisetermin um maximal fünf Prozent erhöhen, wenn die Buchung mehr als vier Monate vor Reiseantritt erfolgte und er damit Erhöhungen von Beförderungsentgelten, Abgaben oder Kosten durch Wechselkursänderungen weitergibt, dies bereits im Reisevertrag vorgesehen ist und er dies mit genauen Angaben zur Berechnung des neuen Preises versieht (siehe Kapitel 6). Das bedeutet, daß unvorhergesehene Kostenänderungen durch Preiserhöhung bei den Leistungsträgern (zum Beispiel Treibstoffkostenzuschläge) oder Veränderungen im Außenwert der Inlandswährung nur teilweise auf die Kunden überwälzt werden können.

(6) **Problemlösungskompetenz:** Der Kunde entscheidet sich nur dann für eine Pauschalreise, wenn er sich von ihr gegenüber der selbst organisierten Reise Vorteile verspricht: ein preisgünstigeres Arrangement, eine bequemere und/oder qualitativ bessere Lösung der Aufgabe, seine Urlaubswünsche zu realisieren.

2.1.2 Pauschalreise als *„dynamic packaging"*

Die Kommunikationswege der modernen Informationstechnologie, insbesondere die des Internets, führten zur Entwicklung eines neuen **Geschäftsmodells**, der Produktion von Pauschalreisen durch *dynamic packaging*. Dieses Produkt ist gekennzeichnet durch (siehe auch Kapitel 13):

(1) Erstellung auf Kundenwunsch: Der Kunde gibt seine Wunschdaten (Zielort, Beförderungsmittel, Reisetermine, Hotelart, etc.) an, ohne auf ein katalogmäßiges Angebot zurückzugreifen. Die Reise ist nicht vorgefertigt.

(2) *Online* und interaktiv: Die Kommunikation erfolgt über das Internet, der Kunde kann die vorgeschlagenen Reisevarianten ändern und erhält daraufhin entsprechende neue Produktvariationen angeboten.

(3) Echtzeit: Der Kunde erhält zum Zeitpunkt der Buchungsanfrage die vakanzgeprüften und damit zur Verfügung stehenden Produktelemente mitgeteilt, ebenso erfolgen die Preisberechnung, Buchung und Rechnungsstellung *„just-in-time"*.

(4) Buchung bei Leistungsträgern: Der Reiseveranstalter greift nicht auf eigene Kontingente zurück, sondern generiert die vom Kunden gewünschten Produktelemente aus den von den Leistungsträgern zur Verfügung gestellten Datenbanken.

(5) Preis: Der Kunde erhält einen tagesaktuellen Gesamtpreis, der sich aus der Addition der von den Leistungsträgern zum Anfragezeitpunkt verlangten Preise und dem Zuschlag des Veranstalters entsteht. Damit ist

Pauschalreisen: Konzept und Elemente

der Reisepreis variabel, da sowohl Leistungsträger als auch Veranstalter auf die aktuelle Nachfragesituation reagieren.

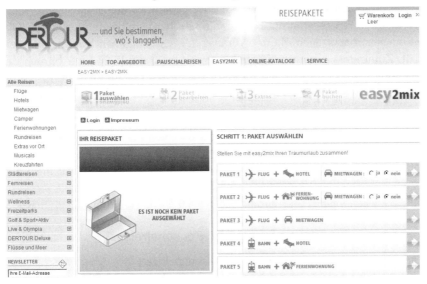

Dynamic packaging auf der Webseite von Dertour

Vorteile: Der Kunde kann durch *dynamic packaging* auf eine große Zahl von Produktvariationen zurückgreifen, da zum Beispiel die Zahl der hier angebotenen Hotels und Fluggesellschaften wesentlich höher ist als bei Kataloganboten. Er kann zudem den Umfang des Pakets (enthaltene Produktelemente), die Reisetermine und die Aufenthaltsdauer selbst bestimmen. Damit wird eine „personalisierte" Pauschalreise möglich.

Aus Sicht des Veranstalters bietet dieses Geschäftsmodell die Vorteile des geringeren finanziellen Risikos: Das Auslastungsrisiko entfällt, da er keine eigenen Kontingente vorhalten muß. Er kann den Kunden zudem eine große Zahl von Reisevariationen anbieten und ist von der Aufgabe der Produktgestaltung entlastet, da der Kunde das Paket selbst zusammenstellt. Daneben profitiert er von den Vorteilen des Direktvertriebs (keine Agenturprovision, direkter Kundenkontakt) und des E-Commerce (Wegfall der Katalogproduktion, permanente Erreichbarkeit). Da der Kunde den gesamten Reisepreis schon zum Zeitpunkt der Buchung (per Kreditkarte oder Bankeinzug) bezahlt, erzielt der Veranstalter einen Liquiditätsvorteil.

Mögliche **Nachteile** liegen darin, daß *dynamic packaging* nicht für alle Produkte geeignet ist (zum Beispiel nicht für Rundreisen) und es keine Angebote für Kunden, die eine Pauschalreise wegen der Kontakte zu Mitreisenden (Reisegruppe) buchen, gibt. Es können auch nur internetaffine Kundengruppen angesprochen werden. Zudem entstehen zunächst hohe Anlaufinvestitionen für die Entwicklung und Implementierung des Systems und die Erzielung eines ausreichenden Bekanntheitsgrades. Ein weiteres Problem kann durch die ungesicherte Verfügbarkeit der Produktelemente entstehen, wenn Kunden nur eine bestimmte Fluggesellschaft oder ein bestimmtes Hotel (Objektbucher) nachfragen, da der Veranstalter keine eigenen Kontingente vorhält. Zumindest gegenwärtig sind auch Nutzerfreundlichkeit (Abbruch der Buchung durch den Kunden infolge hoher Prozeßkomplexität) und Zuverlässigkeit vieler Systeme noch entwicklungsbedürftig.

Die Realität der touristischen Praxis weicht allerdings häufig von diesem idealtypischen Modell ab. Wenn etwa Veranstalter von klassischen Pauschalreisen zusätzlich *dynamic packaging*-Produkte anbieten, dann greifen sie auch auf eigene Flug- und Hotelkapazitäten zurück. Zudem sind zum Teil die Übergänge zwischen den Produktionsmodellen Reisevorfertigung, *dynamic pre-packaging*, *dynamic bundling* und *dynamic packaging* fließend (Weithöner 2007, S. 56).

2.1.3 Discounter-Pauschalreise

Die seit Jahrzehnten unternommenen mannigfaltigen Versuche, Pauschalreisen über branchenfremde Vertriebsstellen wie Banken, Tankstellen, Lotto/ Toto-Annahmestellen oder Buchclubs zu vertreiben, waren lange Zeit wenig erfolgreich. Dies änderte sich erst, als ab 2007 die großen Handelsketten und insbesondere Discounter wie Aldi oder Lidl im Zuge der Ausweitung ihrer Angebotspaletten Pauschalreisen in ihr Sortiment aufnahmen. Diese Discounter-Reisen sind vom Produkt her mit klassischen Pauschalreisen gleichzusetzen, werden aber im Rahmen eines besonderen Geschäftsmodells erstellt, das sich am Typus virtuelles Unternehmen (flexible Kooperation von Unternehmen mit unterschiedlichen Kernkompetenzen, hohe Bedeutung der IT-Technologie) orientiert:

- Der Discounter tritt werbemäßig als „Reiseveranstalter" (Lidl-Reisen, Aldi-Reisen, vgl. Abb.) auf, um den Bekanntheitsgrad und das Image seiner Marke zu nutzen, weist aber bei jedem Angebot darauf hin, daß er nicht der Reiseveranstalter ist und nennt auch den tatsächlichen Veranstalter.
- Die Tätigkeit des Discounters liegt in der Sortimentsgestaltung und in der Kommunikationspolitik. Er legt die Kataloge/Flyer in Abgreifboxen in den Filialen aus und bewirbt die Angebote auf seiner Website.
- Tatsächliche Reiseveranstalter sind kooperierende Reiseveranstalter, die die Reisen konzipieren, produzieren und auch den Verkauf abwickeln. Zu den Zulieferern gehören etablierte Reiseveranstalter (Berge&Meer, Mediplus), für dieses Geschäftsmodell neugegründete Unternehmen (Reisefalke) und Leistungsträger (Lindner Hotels). Buchungswege sind die Call Center der Reiseveranstalter und die Webseiten der Discounter.
- Vom Produktkonzept her orientieren sich die Reisen im wesentlichen am Typ „Aktionsware".
    - Periodische Aktualisierung des Angebots: Die Kataloge/Flyer erscheinen ein- bis zweimal pro Monat neu.

Pauschalreisen: Konzept und Elemente

- Begrenzte Angebotsdauer: Die Reisen können nur während der Gültigkeitsdauer des Kataloges gebucht werden, also meist in einem Zeitraum von zwei bis vier Wochen.
- Teilweise begrenzte Durchführungsdauer: Anders als bei den klassischen Reiseveranstaltern werden die Reisen häufig nicht über eine gesamte Saison durchgeführt, sondern nur während meist eher kurzen Zeiträumen, zum Beispiel Türkische Riviera, Angebot buchbar vom 1. – 31.07.2010, Durchführung vom 25.07 – 16.09.2010.
- Die Sortimentspolitik der Discounter orientiert sich nicht an einer längerfristigen inhaltlichen Ausrichtung, die Markenprofilierung setzt auf Preisgünstigkeit und Preiswürdigkeit. Aufnahmevoraussetzungen für einzelne Produkte sind Massentauglichkeit, hohe Eckpreisverfügbarkeit und verläßliche Qualität.
- Der Eindruck der Preisgünstigkeit wird durch gebrochene Preise (599.–), Werbung mit Eckpreisen (ab 299.–) und visuelle Stimuli (hervorgehobene Preise auf rot unterlegten Etiketten) erweckt. Die besondere Preisgünstigkeit ergibt sich aus der Abnahme von Überkapazitäten bei den Leistungsträgern (insbesondere außerhalb der Hochsaison) und dem Einkauf großer Kontingente.
- Der Eindruck der Preiswürdigkeit wird durch Qualitätshinweise (Bewertung der Hotels durch Holidaycheck), im Preis inbegriffene Produktelemente (Rail&Fly) und reisenahe Zugaben (Gutschein für Photoentwicklung, Pannenhilfe bei Autoreisen) gestützt.

Webseite von Lidl-Reisen mit Veranstalterpartnern

Das Geschäftsmodell Discounter-Reisen befindet sich gegenwärtig in einem Anfangsstadium, so daß noch keine detaillierten strategischen Konzepte etabliert sind.

Zudem hat der offensichtliche Erfolg der Discounter zu einer Revitalisierung der branchenfremden Vertriebswege geführt. Supermärkte (Edeka, Rewe), Baumärkte, Metzgereien, Bäckereien bieten in eigenen Katalogen, Beilagen zu den wöchentlichen Aktionsflyern oder Kundenzeitschriften Reisen an und arbeiten mit den zuliefernden Reiseveranstaltern der Discounter zusammen.

2.1.4 Produktelemente

Norman (1987, S. 39) schlägt für die Analyse von Dienstleistungen vor, zwischen der **Kernleistung** und den **Zusatzleistungen** zu unterscheiden. So ist beispielsweise bei einer Flugbeförderung der Transport des Fluggastes die Kernleistung; die Schnelligkeit der Abfertigung, das entgegenkommende Verhalten des Personals oder der Sitzkomfort sind Zusatzleistungen. Die Qualität des Fluges besteht also aus der Kern- und den Zusatzleistungen.

Überträgt man diese Betrachtungsweise auf die Pauschalreise, dann besteht die Kernleistung aus den im Reisepreis enthaltenen Leistungen, beispielsweise also in der Beförderung, der Unterkunft und der Reiseleitung. Nebenleistungen in diesem Sinne sind der Katalog, die Verkaufsberatung oder die zuvorkommende Höflichkeit des Busfahrers. Legt man diesen umfassenden Produktbegriff zugrunde, der alle Kontakte des Kunden mit dem Reiseveranstalter und seinen Leistungsträgern, mit der Verkaufsagentur und dem Zielgebiet einschließt, dann kann man folgende Gruppen von Elementen unterscheiden, die zusammen das Produkt Pauschalreise aus Kundensicht ausmachen (vgl. Abbildung 2.1):

Abbildung 2.1: Produktelemente der Pauschalreise

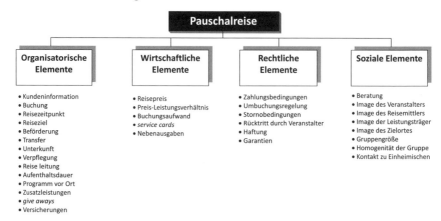

- **Formale Elemente**: Die im Reisepreis inbegriffenen Leistungen technisch-organisatorischer Art wie Beförderung, Beherbergung, Reiseleitung etc. als Kernleistung.
- **Wirtschaftliche Elemente**: Reisepreis, Preis-Leistungsverhältnis, Buchungsaufwand und Preise für Nebenausgaben.
- **Rechtliche Elemente**: An- und Abmeldebedingungen, Haftung und Gewährleistung, Zahlungsbedingungen sowie korrekte Angebotsbeschreibung und Preisdarstellung.
- **Soziale Elemente**: Die meisten Produktelemente der Pauschalreise sind persönliche Dienstleistungen von Menschen an Menschen. Daraus ergibt sich einmal, daß die Pauschalreise ein heterogenes Produkt in dem Sinne ist, daß nicht jede Produktionseinheit die gleiche Qualität aufweist. Unterschiedliches Personal ist unterschiedlich qualifiziert und motiviert, selbst die Leistungen ein und derselben Person ist von deren „Tagesform" abhängig. Daher muß bei der Produkterstellung auf ein gleichmäßig hohes Niveau der Gestaltung des Serviceablaufes geachtet werden. Darüber hinaus haben interaktive Dienstleistungen das Problem, daß der Kunde am Produktionsprozeß beteiligt ist und damit dessen Ergebnis mitbestimmt. Ein Kunde, der seine Urlaubswünsche nur sehr diffus äußert, kann im Reisebüro auch nur unzureichend beraten werden. Ein lustloser und kontaktscheuer Gast ist nur schwer zur Beteiligung an geselligen Aktivitäten zu animieren. Die soziale Situation Urlaub ist weiterhin dadurch gekennzeichnet, daß der Reisende im Verlauf seines Urlaubs mit anderen Menschen in Kontakt kommt und diese Beziehungen zu den Mitreisenden und Einheimischen seine Urlaubszufriedenheit beeinflussen. Auch das ist bei der Produktgestaltung (etwa durch Gewährleistung der Homogenität der Gästestruktur) zu berücksichtigen.

Damit ist für die Produktqualität der Pauschalreise einmal entscheidend, wie viele dieser formalen Elemente enthalten sind (ein Paket, das eine Reisegepäckversicherung einschließt, ist qualitativ besser als eines ohne solchen Versicherungsschutz), und welche Qualität die einzelnen Leistungen haben (Übernachtung im Luxushotel oder in einer Pension). Eine wichtige Rolle für das wahrgenommene Qualitätsniveau spielt aber auch der Prozeß der Dienstleistungserstellung (*service performance*). Dazu zählen die richtige Kombination der geeigneten Elemente, um dem Produkt die gewünschte Problemlösungskompetenz zu geben, das Verhalten des Dienstleistungspersonals, das diese Elemente erstellt, sowie die Eigenschaften der materiellen Hilfsgüter, die zur Dienstleistungsproduktion benötigt werden (vgl. Pompl, 1992, S. 34 ff.). Erst die Gesamtheit dieser Elemente bestimmt die Qualität einer Pauschalreise und bildet zusammen mit dem geforderten Entgelt ein Preis-Leistungsverhältnis, das die Grundlage der Kaufentscheidung und der Produktzufriedenheit ausmacht.

2.1.5 Produkttypen

Pauschalreisen können je nach Marktsegmentierungskriterium in unterschiedliche Kategorien eingeteilt werden: Nach der Aufenthaltsdauer (Kurz-,

Urlaubs-, Langzeitaufenthalte), der soziodemographischen Zielgruppe (Jugend-, Seniorenreisen), dem dominierendem Urlaubsinhalt (Erholungs-, Studien-, Abenteuerreisen) oder den Verkehrsträgern (Bus-, Bahn-, Schiffs-, Flugreisen). Nach dem formalen Kriterium **Leistungsumfang** sind folgende Produkttypen zu unterscheiden:

- **Teilpauschalreise:** Das Angebot besteht nur aus einer Leistung (Beförderung oder Unterkunft), die von einem Reiseveranstalter katalogmäßig angeboten wird.
- **Standardreise:** *(inclusive tour,* IT): Sie enthält bei Aufenthaltsreisen mindestens Transport und Übernachtung, kann aber auch zusätzliche formale Elemente – bei Rundreisen etwa Eintrittsgebühren, Verpflegung und Reiseleitung – umfassen.
- **Alles-inklusiv-Reise** *(All Inclusive tour, AIT):* Im Reisepreis eingeschlossen sind die meisten/alle Leistungen, die der Kunde während des Aufenthalts in Anspruch nehmen kann, also Vollpension und Nebenmahlzeiten, alle Sport- und Freizeitangebote des Hotels, Getränke und zum Teil auch Rauchwaren.
- **Individuelle Pauschalreise:** Der Kunde hat die Möglichkeit, sich seine Reise aus katalogmäßig angebotenen Einzelelementen nach dem Baukastenprinzip selbst zusammenzustellen und als Paket beim Veranstalter zu buchen.
- **Personalisierte Reise:** Der Kunde läßt sich die von ihm selbst ausgewählten Einzelleistungen durch einen Reisemittler reservieren oder bucht sie im Rahmen des *dynamic packaging* bei einem Online-Veranstalter.

Tatsächlich kommen in der Praxis der Reiseveranstalter auch Pauschalreiseformen vor, die zwischen diesen „reinen" Typen liegen. Dennoch ist die grundlegende Festlegung des Produkttyps eine wichtige Entscheidung im Rahmen der Produktpolitik.

2.2 Produktgestaltung

2.2.1 Produktkonzept

Das Produktkonzept (auch als Produktphilosophie oder Managementidee bezeichnet) legt fest, nach welchen Leitkriterien eine Pauschalreise geplant und durchgeführt wird. Dadurch wird nicht nur die Produktgestaltung, sondern der Einsatz aller Instrumente des Marketing-Mix bestimmt. Hierbei ist zwischen dem inhaltlichen und dem organisatorischen Aspekt zu unterscheiden.

Inhaltlich liegt das Grundproblem eines Produktkonzepts darin, herauszufinden, was der Kunde denn eigentlich wirklich kauft, wenn er ein bestimmtes Produkt erwirbt. Levitt (1986, S. 76 f.) argumentiert: *„People buy products in order to solve problems. Products are problem-solving tools, complex clusters of value satisfaction"*. Mit Produkten werden also Probleme gelöst und Wünsche befriedigt. Um es zunächst am Beispiel eines Gebrauchsgutes zu erklären: Kein Käufer erwirbt einen Bohrer, um dieses Werkzeug zu besitzen; er kauft es, um ein Problem zu lösen, um nämlich auf einfache Art und Weise kleine runde Löcher in eine Wand machen zu können. Denn im Grunde braucht er die Löcher und nicht den Bohrer.

Ein solches Produktverständnis führt in der Touristik zu der Kernfrage der Produktplanung: „Wozu kaufen die Leute eigentlich Reisedienstleistungen?" Und die Antwort heißt sicherlich nicht, „um damit von A nach B zu kommen und dort in einem Hotel wohnen zu können", sondern, mit einem früheren NUR-Slogan auf den kleinsten Nenner gebracht, „um die schönsten Wochen des Jahres zu erleben". Die Beförderung und die Beherbergung sind dazu nur die notwendigen Voraussetzungen, denn eigentlich werden positive Zustände durch einen Wechsel des Lebensumfeldes gesucht, ein Ambiente, das wegen der Landschaft, des Klimas, der Serviceleistungen oder der Freizeitmöglichkeiten ein zeitweise angenehmeres Dasein als zu Hause verspricht.

Das Problem, auch wenn es sich um ein so angenehmes wie den Urlaub handelt, heißt für den Kunden also: „Wie kann ich möglichst kostengünstig eine bestimmte Reise machen und meine Urlaubszeit optimal genießen?" Da die inhaltlichen Vorstellungen, die sich bei den Einzelnen mit diesen schönsten Wochen des Jahres verbinden, in einer pluralistischen Gesellschaft natürlich höchst individuell sind, setzt eine zielgruppenorientierte Produktgestaltung die Ermittlung der Urlaubsmotive der Zielgruppe voraus, um von dort aus das Produkt als Problemlösungsidee entwickeln zu können

Ein **Beispiel** einer solchen problemlösungsorientierten Produktphilosophie sind Jugendreisen. Ein wichtiger Urlaubswunsch vieler Jugendlicher ist, die Ferien mit Gleichaltrigen zu verbringen, weil damit die Realisierung der eigentlichen Urlaubswünsche wie Spaß, Geselligkeit, Kontakt zum anderen Geschlecht oder Vorwegnahme von Erwachsenenverhalten leichter und besser gelingt. Der Kernvorteil von Jugendpauschalreisen liegt also in den „richtigen Miturlaubern", in einer Reiseleitung, die Aktion und Stimmung organisiert und in einer Umgebung, die dies ermöglicht. Dagegen liegt der Kernvorteil von Discount-Reisen in der Preisgünstigkeit – erreicht durch Beschränkung auf die notwendigsten Produktelemente, niedrige Qualität und Massenproduktion – und in der einfachen Buchbarkeit.

Unter organisatorischen Gesichtspunkten bestimmt das Produktkonzept den Umfang der im Paket enthaltenen Leistungen. Die möglichen strategischen Alternativen werden als Externalisierung bzw. Internalisierung bezeichnet (vgl. Corsten 1990, S. 177 ff.). Externalisierung bedeutet eine Verlagerung der Problemlösung auf den Kunden: die Pauschalreise enthält keine Produktelemente, die der Kunde selbst erstellen will und kann.

Beispiel: Bei einer Städtereise nach New York bietet der Veranstalter lediglich den Flug und die Hotelübernachtung an, alle anderen Leistungen wie Verpflegung, Transfers, Stadtrundfahrt und Besuch einer Broadwayshow organisiert der Reisende selbst.

Internalisierung bedeutet eine Problemlösung von A bis Z durch den Reiseveranstalter im Rahmen einer Dienstleistungskette, die sich von der Reservierung der Sitzplätze im Flugzeug schon bei der Buchung über den Abholservice von der Wohnung des Kunden über den Transfer und einen *all-inclusive-*Hotelaufenthalt einschließlich Reiseleitung, reserviertem Mietwagen und Ausflugspaket bis zur Rückbeförderung zur Wohnung des Kunden unter Einschluß umfassender Reiseversicherungen erstreckt. Um das für die anvisierten Zielgruppen richtige Produktkonzept zu entwickeln, ist der Reiseveranstalter hierbei auf aussagekräftige Marktforschungsdaten (vgl. Kapitel 12) angewiesen, wenn er sich nicht auf die risikoreiche Strategie „Versuch und Irrtum" einlassen will.

2.2.2 Produktplazierung

Produktplazierung bedeutet, den Platz eines Produktes am Markt festzulegen. Da einerseits bei den meisten Kunden bei der Kaufentscheidung das Preis-Leistungsverhältnis das wichtigste Entscheidungskriterium darstellt, und andererseits die Qualität Kostenwirkung und damit Konsequenzen für den Preis hat, bilden Preis und Qualität die Koordinaten des Feldes, in dem das Produkt zu plazieren ist. Weil das Angebot eines Pauschalreiseveranstalters nicht aus einem einzigen Produkt, sondern aus einer ganzen Palette von Reisen besteht, ist es angebrachter, von der Strategie der Plazierung eines Programms, einer Produktlinie oder einer Marke auszugehen.

Im Modell der Abbildung 2.2 ergeben sich zunächst einmal neun Matrixfelder, die vom Premium- bis zum Discountprodukt reichen. Die Diagonale stellt dabei jene Linie dar, die ein aus Kundensicht faires oder ausgewogenes Preis-Leistungsverhältnis wiedergibt. Im Rahmen der Produktplazierung hat der Reiseveranstalter nun zu entscheiden:

(1) ob er eher den Preis oder eher die Qualität als Wettbewerbsparameter einsetzen, d.h., welche Matrixfelder er besetzen will, und

(2) inwieweit er ein besonderes Preis-Leistungsverhältnis anstrebt.

Ein aus Kundensicht besonders negatives Preis-Leistungsverhältnis (in Abbildung 2.2 links der Diagonalen) kann sich nur ein Unternehmen leisten, das auf Wiederholungsbucher verzichten will und glaubt, trotz eines schlechten Images in der Öffentlichkeit sein Unternehmensziel zu erreichen. Allerdings wird mit einer solchen Strategie kein größerer Reiseveranstalter langfristig überleben können. Dafür sorgen nicht nur das verbraucherfreundliche Pauschalreiserecht (siehe Kapitel 6) und die hohe Publizität von Urteilen gegen Reiseveranstalter, sondern auch die Reisebüros, die solche Angebote nicht auf Dauer in ihrem Sortiment führen werden.

Ein besonders günstiges Preis-Leistungsverhältnis (in Abbildung 2.2 rechts der Diagonalen) hat die Wirtschaftlichkeit zu beachten. Bei den meisten Elementen des formalen Produkts führt eine höhere Qualität auch zu höheren Kosten; aus Rentabilitätsgründen ist eine solche Plazierung daher nur temporär als taktische Maßnahme zu empfehlen. Nämlich dann, wenn durch Preissenkungen fixe Kapazitäten verkauft werden sollen, die durch den normalen Vertrieb nicht mehr abgesetzt werden können. *Last minute*-Reisen oder sogenannte Joker-, Vertrauens- oder Roulette-Reisen (der Kunde bucht nur eine bestimmte Hotelkategorie im Zielgebiet und erfährt das Hotel bei Ankunft) sind solche Plazierungsmöglichkeiten.

Ähnlich plaziert sind Produkte mit *loss leader*-Funktion, deren Preise nicht vollkostendeckend sind, die aber eine wichtige Indikatorfunktion für die Preiswürdigkeit des gesamten Programms einnehmen. Ein besonders günstiges Preis-Leistungsverhältnis kann aber auch durch eine Produktgestaltung erzielt werden, die durch hohe Zielgruppenorientierung die Qualität der Reise steigert. Der hier erreichte „Mehrwert" besteht in einem höheren Kundennutzen durch Nebenleistungen, etwa der oben am Beispiel der Jugendreisen beschriebenen homogenen Teilnehmergruppe und des darauf abgestimmten Programms vor Ort.

Grundsätzlich können solche mehrwertschaffenden Strategien an Preisvorteilen, qualitativen Produktverbesserungen, ideologischen Vorteilen („umwelt- und sozialverträglich") oder prestigegeladenen Markenimages ansetzen (Pompl, 1992, S. 47 f.).

Abbildung 2.2: Strategien der Produktplazierung

PRODUKTQUALITÄT		Hoch	Mittel	Niedrig
	Hoch	Premium Produkt-Strategie	Penetrations-Strategie	Superschnäppchen-Strategie
	Mittel	Absahn-Strategie	Mittellagen-Strategie	Sparschlager-Strategie
	Niedrig	«Schlag zu und verschwinde-»-Strategie	Ramsch-Waren-Strategie	Discount-Strategie
		Hoch	Mittel	Niedrig
			PREIS	

Diese Plazierung, die sich inhaltlich aus dem Produktkonzept ableitet, bestimmt die Vorgaben für den Einkauf der Leistungsträger, also die operative Umsetzung. Damit werden zugleich aber auch die materiellen Inhalte für die Produktpositionierung im Rahmen der Kommunikationspolitik festgelegt, bei dem das Produkt so fest und so klar im psychologischen Wahrnehmungsraum der Verbraucher zu verankern ist, es bei Kaufentscheidungen mit in die Auswahl einbezogen wird und hoffentlich sogar die *unique preference proposition*, also die einzigartige Kaufalternative, darstellt (vgl. dazu Murdock, Render & Russel 1990, S. 38 f.; Tocquer & Zins 1987, S. 173).

2.2.3 Leistungsspezifizierung

Eine weitere Dimension der Produktgestaltung betrifft die Leistungsspezifizierung, also das Ausmaß, in dem der Kunde bei der Buchung einer Pauschalreise seine individuellen Reisevorstellungen realisieren kann. Produzentenseitig können hier idealtypisch die Strategien Standardisierung, Individualisierung und Personalisierung unterschieden werden.

Standardisierung: *Für jeden Kunden das gleiche Produkt.* Das bedeutet im Extremfalle, daß nur eine einzige Version angeboten wird, zum Beispiel bei einer Rundreise, bei der Reisetermin, Abreiseort, Reisedauer, Reiseverlauf, Unterkunft, Verpflegung und Ausflüge starr vorgegeben sind; der Kunde hat keine Möglichkeiten, irgend ein Produktelement zu verändern.

Individualisierung: *Für jeden Kunden eine individuelle Kombination, aber aus dem Veranstalterkatalog.* Diese Strategie zielt darauf ab, dem Kunden für eine bestimmte Reise eine Auswahl aus mehreren Varianten jedes Produktelementes zu ermöglichen, also seinen individuellen Wünschen möglichst nahe zu kommen. Produktionsbezogen setzt das in den meisten Fällen eine Mindestzahl von Nachfragern für jede Variation eines Produktelements oder ein entsprechendes Angebot der Leistungsträger voraus. Aufgrund der Anforderung einer kritischen Menge ist die Individualisierung insbesondere bei Reisen zu Massenzielen zu erreichen.

Das **Beispiel** einer Flugreise in eine Destination wie Mallorca oder Antalya zeigt, daß der Urlauber schon bei einer Standardreise hier aus einer Vielzahl von Produktvariationen auswählen kann, nämlich

- Zahl der Urlaubsorte und Hotels;
- mehrere Abflugorte in Deutschland;
- Abflüge an verschiedenen Wochentagen;
- variable Aufenthaltsdauer;
- Auswahl an inbegriffener Verpflegung;
- zusätzliche Optionen wie etwa Sitzplatzreservierung, Vorabend-Check in oder Limousinentransfer.

Eine weitergehende Individualisierung ermöglicht das Baukastenprinzip, bei dem die einzelnen Produktelemente im Katalog nicht als vorgefertigtes Paket sondern zur individuellen Kombination durch den Kunden angeboten werden. Er kann also zum Beispiel bei einer Rundreise durch die USA die angebotenen **Bausteine** wie Flug mit unterschiedlichen Fluggesellschaften, Hotels, Mietwagen oder vorgefertigte Rundreise weitgehend beliebig kombinieren und mitunter sogar die Größe der Reisegruppe selbst bestimmen („Gruppenreise ohne Gruppe"), wenn er nur mit den mit ihm zusammen buchenden Reisenden (zum Beispiel Familie oder Freundeskreis) unterwegs sein will.

Bei der Distribution zeigt sich die Individualisierung durch Wahlmöglichkeiten des *multi channel*-Vertriebs. Der Kunde kann entscheiden, ob er im Reisebüro, beim Call Center des Veranstalters oder im Internet über die Website des Veranstalters oder eines Online-Reisebüros buchen möchte. Kommunikationspolitisch kann im Rahmen des *Customer Relationship Managements* eine individuelle Kundenansprache erfolgen.

Die Individualisierung ist insofern eine der hervorragenden Entwicklungen des Pauschalreisetourismus, als die Reise von der Stange zwar immer noch ein vorgefertigtes Angebot darstellt, aber gerade die massenhafte Erstellung der Pauschalreise durch die große Zahl von Wahlmöglichkeiten eine Annäherung an seine individuelle Idealvorstellung erlaubt.

Personalisierung: *Für jeden Kunden ein eigenes Produkt.* Dies bedeutet eine Produktgestaltung auf der Basis der geäußerten Kundenwünsche. Im Gegensatz zur Individualisierung wird dem Kunden hier nicht eine vorgefertigte und katalogmäßig angebotene Auswahl an Reisen oder Reisebausteinen präsentiert. Die Produktion erfolgt erst, nachdem der Kunde dem Reiseveranstalter seine persönliche Reisevorstellung mitgeteilt hat. In der traditionellen Form geschieht das bei der Organisation einer Reise durch das Reisebüro, in der modernen Form durch *dynamic packaging*.

2.2.4 Programmentwicklung

Permanent sich verändernde Bedingungen auf den Absatzmärkten (Nachfrageverlagerungen, Konkurrenz) wie auf den Beschaffungsmärkten (neue Produkte, gefährdete Zielgebiete) erfordern eine fortlaufende Anpassung des Leistungsprogramms der Unternehmen. Auf dem Pauschalreisemarkt bilden die im Halbjahres- oder Jahresrhythmus neu erscheinenden Kataloge quasi institutionalisierte Anlässe zur Bewertung und Änderung der Veranstalterprogramme. Eine solche Programmanalyse bezieht sich dabei sowohl auf Einzelprodukte wie auch auf die Zusammensetzung des Programms (Programm-Mix oder Programmstruktur) und umfaßt alle Beiträge zur Erreichung der produktpolitischen Ziele. Unter dem Aspekt **Programmstruktur** sind weiterhin

(1) Lebensalter der Einzelprodukte,
(2) Deckungsbeitragsstruktur,

(3) Risikoausgewogenheit und
(4) kritische Programmbereiche von Bedeutung.

(1) **Altersstruktur**: Jedes Angebot durchläuft bezüglich der mengenmäßigen Nachfrage bestimmte Lebenszyklen mit Auswirkungen auf Umsätze und Deckungsbeiträge. Unter diesem Aspekt wird die Lebenserwartung der einzelnen Produkte prognostiziert, um festzustellen, wann neue Produkte aufgenommen werden müssen, um zumindest den bisherigen Leistungsumfang aufrechterhalten zu können.

(2) **Deckungsbeitragsstruktur**: Als Wirtschaftlichkeitsindikatoren bieten Deckungsbeiträge den Vorteil, ein Produktionsprogramm als Ganzes zu betrachten und mit Hilfe der Portfolio-Analyse seine wirtschaftliche Ausgewogenheit zu überprüfen. „Das Ziel einer portfoliogeleiteten Programmpolitik besteht nun darin, fortwährend eine Mischung von Produkten zu realisieren, bei der es genügend viele erfolgreiche Produkte gibt, um andere, die gewissermaßen im Kommen sind, zu alimentieren" (Nieschlag, Dichtl & Hörschgen 1988, S. 175).

(3) **Risikoausgewogenheit**: Risiken, bestimmte Produkte auch in Zukunft herstellen und absetzen zu können, ergeben sich besonders bei Spezialveranstaltern mit nur wenigen Produkttypen. Bestimmte Reisearten können entweder aus der Mode kommen (zum Beispiel Flugpauschalreisen zu italienischen Badezielen) oder infolge politischer Instabilität im Zielgebiet zeitweise kaum mehr nachgefragt werden. Die Aufnahme zusätzlicher Zielgebiete oder Reisearten kann einen Risikoausgleich schaffen.

(4) **Kritische Programmbereiche:** Hier handelt es sich um Reisen mit überdurchschnittlich hohen Reklamationsquoten. Liegt der Grund dafür im eigenen Unternehmen – nachlässige Mitarbeiter, mangelnde Qualitätsorientierung beim Einkauf der Leistungsträger –, dann kann die Produktlinie durch interne Maßnahmen vielleicht gerettet werden. Sind aber chronische Qualitätsmängel bei den Fremdleistungen die Ursache, ist eine Entscheidung über die Weiterführung dieses Programmteils notwendig.

Zur Umsetzung der Ergebnisse der Programmstrukturanalyse stehen dem Unternehmen die **produktpolitischen Instrumente** Produktdifferenzierung, Produktvariation, Produktinnovation und Produktelimination zu Verfügung.

Produktdifferenzierung bedeutet, ein bestehendes Produkt in mehreren Variationen anzubieten; etwa durch Aufnahme zusätzlicher Abflughäfen, neuer Hotels oder mehrerer Verpflegungskategorien.

Bei der **Produktvariation** wird ein bisheriges Produkt verbessert, die frühere Variante wird nicht mehr angeboten. Gegenstand der Produktvariation können einzelne Produktelemente (zum Beispiel nur noch Hotels mit Bad/WC), im Reisepreis eingeschlossene Zusatzleistungen (Versicherungen, Taxitransfer) oder symbolische Eigenschaften wie ein zielgruppengerechteres Image (zum Beispiel „das andere Mallorca") sein.

Der Begriff **Produktinnovation** wird unterschiedlich verwendet. Er bezeichnet entweder

- neue Produkte im Angebotsprogramm eines Reiseveranstalters (unternehmensinterne Innovationen), die schon auf dem Markt sind, also *me too,*-Produkte, oder
- neue Produkte auf dem Markt eines Unternehmens (partielle Innovationen), die aber schon auf anderen Märkten zu finden sind, oder
- gänzlich neue Produkte (echte Innovationen), die bisher noch von keinem Veranstalter angeboten wurden.

Zur Programmentwicklung zählt auch die **Produktelimination**, also das Ausmustern von Reisen, die nach Einschätzung des Managements die für sie geplanten Produktziele nicht mehr erreichen werden. Gründe dafür können quantitative Kriterien wie rückläufige Teilnehmerzahlen oder unzureichende Deckungsbeiträge, qualitative Mängel des Produkts oder Änderungen in der Unternehmenspolitik (keine Erlebnisreisen zu bedrohten Volksstämmen oder in ökologisch gefährdete Regionen) sein. Dabei sind jeweils aber auch die Nebenfolgen einer Produktelimination – Auswirkung auf Image und Auslastung der Transportkapazität, Vorhandensein von Substitutionsalternativen – ebenso in Betracht zu ziehen wie eine Analyse der Gründe für die Erfolgsschwäche eines Produktes; häufig liegen sie nicht im Produkt selbst, sondern in der Vernachlässigung anderer Marketinginstrumente (Werbung, Plazierung im Katalog, unzureichende Preisdifferenzierung).

2.3 Ausgewählte Produktelemente

2.3.1 Beförderung

Die Entwicklung der Beförderungsmittel in den Urlaub wurde im Wesentlichen durch zwei Faktoren bestimmt: der Automobilisierung der Haushalte und der Entwicklung des Flugzeugs zum Massenverkehrsmittel. Im Jahre 1956, als die Reisewelle ihren Anfang nahm, dominierte die Bahn (Anteil 56 Prozent), der Bus hatte einen bisher nie wieder erreichten Marktanteil von 17 Prozent lediglich 18 Prozent der Reisenden waren mit dem Pkw unterwegs und das Flugzeug hatte als Urlaubsverkehrsmittel nahezu keine Bedeutung.

Seit Mitte der 1980er Jahre scheinen die Anteile der Verkehrsmittel trotz temporärer Schwankungen wegen des zunächst anderen Reiseverhaltens der ostdeutschen Bevölkerung innerhalb einer relativ stabilen Bandbreite zu pendeln. Lediglich das Flugzeug weist einen Wachstumstrend zu Lasten des Pkws auf. Dem früher exklusiven Verkehrsmittel einer Minderheit wurden seit Mitte der 1960er Jahre durch die mit dem Einstieg von branchenfremden

Unternehmen verbundene Organisation von Charterflugketten neue Nachfragemärkte erschlossen, in die zunehmend auch die Linienfluggesellschaften mit Sondertarifen und die *low cost carrier* mit dem Angebot von touristischen Destinationen eindringen. Im Jahr 2009 wurden knapp 36 Prozent der Urlaubsreisen mit dem Flugzeug unternommen.

Abbildung 2.3: Reiseverkehrsmittel der Urlaubsreisen 1956–2009

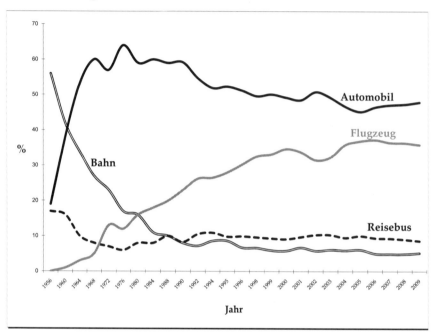

Quellen: 1956–1968: DIVO; 1970–1990 Reiseanalyse des Studienkreises für Tourismus, Starnberg; ab 1992 der Forschungsgemeinschaft Urlaub + Reisen (F.U.R), Kiel; West- und Ostdeutschland; bis 1992 für die Haupturlaubsreise, dann für alle Urlaubsreisen.

2.3.1.1 Flug

Verkehrsarten

Pauschalreisen können mit Flügen sowohl des Linien- als auch des Bedarfsflugverkehrs durchgeführt werden. **Linienflüge** sind (nach § 21, Abs. 1 Luftverkehrsgesetz) durch folgende Merkmale gekennzeichnet:

- **Öffentlichkeit:** jedermann kann zu jedem Beförderungszweck daran teilnehmen
- **Regelmäßigkeit:** periodische Durchführung der Flüge über einen längeren Zeitraum auf der Basis eines vorher veröffentlichten Flugplans
- **Linienverbindung:** Betreiben des Flugverkehrs auf vom Bundesminister für Verkehr genehmigten Linien
- **Betriebspflicht:** der Flugbetrieb ist während der Dauer der Genehmigung gemäß Flugplan aufrechtzuerhalten

- **Beförderungspflicht:** Grundsätzliche Pflicht der Fluggesellschaft, jeden Passagier, soweit er Sicherheit und Ordnung nicht gefährdet, zu den festgelegten Beförderungsbedingungen und Tarifen zu befördern
- **Tarifpflicht:** Zwang zu bindenden und über längere Zeit gültigen Preisen, die vom Bundesminister für Verkehr zu genehmigen sind.

Bei Flügen innerhalb des Europäischen Wirtschaftsraums (EWR) wird seit 1993 nicht mehr zwischen den Verkehrsarten Linien- und Bedarfsflugverkehr unterschieden. Operativ unterscheiden sich die beiden Geschäftsmodelle aber erheblich (Pompl 2007, S. 103–121).

Pauschalreisen mit Linienflügen

IT-Reisen, oder *inclusive tours* sind Pauschalreisen mit Linienflügen. Der Reiseveranstalter kann im Prinzip jeden Tarif zur Gestaltung seiner Reisen verwenden, allerdings gibt es bestimmte Sondertarife mit reduziertem Flugpreis, die für Pauschalreisen geschaffen wurden. Dazu zählen die IT-, *incentive-*, *special event-*, Gruppen- und Rundreisetarife. Zudem werden als Folge der Liberalisierung der Luftverkehrsmärkte (zum Beispiel Wegfall der Genehmigungspflicht für Tarife innerhalb der EU) und des daraus resultierenden verstärkten Wettbewerbs zunehmend *carrier fares* unterhalb der IATA-Tarife, die eine Fluggesellschaft allein für ihre Flüge festlegt, sowie Marktpreise (Nettotarife ohne Festlegung des Endverkaufspreises) angeboten. Die Marktpreise werden nicht über die CRS sondern über Marktpreislisten veröffentlicht und können daher bestimmten Vertriebskanälen oder Vertriebspartnern exklusiv zugänglich gemacht werden (vgl. Lufthansa 1997, S. 10 f.). Bei der Abnahme größerer Kontingente ist eine freie Aushandlung der Flugpreise üblich.

Gegenüber dem Normaltarif für Vollzahler sind die Sondertarife für Urlaubsreisende (Minderzahler) mit einschränkenden Anwendungsbedingungen versehen. Mit Restriktionen wie Mindest- oder Höchstaufenthaltsdauer, Vorausbuchungsfrist, Änderungs- und Stornierungsgebühren soll verhindert werden, daß die Geschäftsreisenden statt der Normaltarife die für sie günstigeren, für die Fluggesellschaften jedoch ertragsschwächeren Sondertarife nutzen (vgl. dazu Pompl 2007, S. 225 ff.).

Mit den seit Ende der 1990er Jahre auch in Europa stark wachsenden *low cost-carrier*n stehen den Reiseveranstaltern Fluggesellschaften zur Auswahl, deren Geschäftsmodell in einer konsequenten Externalisierung besteht, die zu Preisen unterhalb von denen der Ferienfluggesellschaften führt. Das Streckennetz dieser neuen Anbieter konnte zunächst nur für Städtereisen genutzt werden, wird aber zunehmend auch auf touristische Zielgebiete wie Mallorca und andere wichtige Zielgebiete ausgeweitet. Im Gegenzug versuchen insbesondere die deutschen Ferienfluggesellschaften, ihr Geschäftsmodell dem *Low Cost*-**System** anzugleichen, ohne im Servicebereich Abstriche beim bisherigen Produkt zu machen (vgl. Schuckert & Möller 2004, S. 469 ff).

Bedarfsflugverkehr

Als **Bedarfsflugverkehr** (auch Charter- oder Gelegenheitsverkehr genannt) zählen alle Flüge, die eines der oben genannten Linienflugkriterien nicht erfüllen. Im letzten Jahrzehnt kam es allerdings zu einer weitgehenden Annäherung der beiden Verkehrsarten. Der Charterverkehr wird auf vielen Strecken mit der gleichen Regelmäßigkeit durchgeführt wie der Linienverkehr, bei dem es wiederum faktisch zu einer weitgehenden Aufhebung der Tarife durch die Einführung von Nettoflugpreisen (ohne Provision für die Agenturen, die statt dessen ein Buchungsentgelt verlangen) kam. Zunehmend führen auch Bedarfsfluggesellschaften Linienverkehr durch.

Pauschalflugreise-Bestimmungen

Die folgenden Pauschalflugreisen-Bestimmungen gelten für Reisen zwischen Mitgliedstaaten der EU und des EWR und Drittstaaten (zum Beispiel zwischen Deutschland und Tunesien).

- Pauschalflugreisen im Charterverkehr dürfen in Deutschland nur von Reiseveranstaltern, die ihr Gewerbe nach § 14 der Gewerbeordnung angemeldet haben, durchgeführt werden (in Großbritannien dagegen ist eine Lizenz – *Air Travel Organisers' Licence* [ATOL] der Luftfahrtbehörde dafür erforderlich.) Daher müssen auch Reisemittlerunternehmen (Reisebüros), die auf der Basis der Einzelplatzbuchung Flugpauschalreisen durchführen, dies den zuständigen Landesbehörden mitteilen. Die Fluggesellschaften dürfen also solche Flüge nicht direkt an den Endverbraucher verkaufen.

- Die Flugpauschalreise muß als Rundreise nach einem oder mehreren Orten ganz oder teilweise durch Beförderung in der Luft durchgeführt werden; es ist also möglich, einen Teil der Reise auch mit einem anderen Beförderungsmittel zurückzulegen, beispielsweise um am letzten Termin einer Charterkette die Rückreise statt mit dem Flugzeug, das den Hinflug leer bestreiten müßte, mit der Bahn durchzuführen.

- Die Reise muß zu einem Gesamtpreis für das ganze Paket ausgeschrieben werden; die Nennung des reinen Flugpreises ist nicht erlaubt.

- Das Pauschalreisearrangement muß neben dem Flug zumindest eine Unterkunft für die gesamte Reisedauer enthalten, die vor Antritt der Reise beim Veranstalter gebucht und eindeutig bestimmbar sein muß. Diese Unterkunft muß die Gewährung der Übernachtung in gewerblich betriebenen Räumen (Hotels, Pensionen, Ferienwohnungen), auf gewerblich betriebenen Campingplätzen (der Veranstalter muß dabei nicht auch das Zelt stellen), in Wohnmobilen oder auf Schiffen beinhalten. Ausnahmen davon bedürfen der Erlaubnis des Bundesministers für Verkehr.

- Der Reiseveranstalter hat über die Übernachtung einen Leistungsgutschein (**Voucher**) in zweifacher Ausfertigung auszustellen. Bloße Unterkunftsbestätigungen

Pauschalreisen: Konzept und Elemente

sowie Mietverträge mit fremden Unternehmen oder Personen (zum Beispiel über die Anmietung eines Ferienhauses) werden nicht als Leistungsgutschein anerkannt.

- Jede Werbung für Flugpauschalreisen muß den Hinweis „Flug mit Pauschalreisearrangement" enthalten.
- Vorsätzliche oder fahrlässige Zuwiderhandlung gegen diese Auflagen können gemäß § 58 Abs. 1 Nr. 11 und Abs. 2 des Luftverkehrsgesetzes mit Geldbußen geahndet werden.

Zweck dieser Bestimmungen und Einschränkungen ist der Schutz des Linienflugverkehrs. Durch den Zwang zum Pauschalarrangement soll verhindert werden, daß Geschäftsreisende oder Besitzer von Ferienwohnungen bei ihren Flügen vom Linienverkehr zum Charterverkehr wechseln (siehe auch die einleitenden Bemerkungen in Kapitel 1 zum Begriff Pauschalreise). Neben den hier für das Abflugsland Deutschland dargestellten Pauschalflugreiserichtlinien bestehen in vielen Zielländern ähnliche Bestimmungen, die ebenfalls einzuhalten sind.

Charterflug-Modus

Der Begriff Charterflug-Modus bezeichnet ein Geschäftsmodell (unabhängig von der verkehrsrechtlichen Einstufung), dessen operative Abwicklung gekennzeichnet ist durch

- den Voll- oder Teilcharter durch Reiseveranstalter;
- den Vertrieb von Restplätzen im Einzelplatzverkauf;
- ein durch einen Punkt-zu-Punkt-Verkehr statt an einer Netzbildung orientiertem Streckennetz;
- meist nur eine einheitliche Beförderungsklasse;
- nicht tarifgebundene Flugpreise mit starker saisonaler Preisdifferenzierung durch den Reiseveranstalter.

Der Chartermodus führt im Vergleich zum traditionellen Linienverkehr (Netzfluggesellschaften in Abhebung von Billigfluggesellschaften, die auch dem Linienverkehr zuzurechnen sind) zu niedrigeren Kosten pro geflogenem Passagierkilometer durch

- eine höhere Auslastung von ca. 85 Prozent (Netzfluggesellschaften ca. 65–75 Prozent), da nur Strecken mit Mindestaufkommen beflogen werden, die fehlende Netzbildung unrentable Zubringerflüge nicht erfordert und einzelne Flüge konsolidiert, d.h. zusammengelegt werden können:
- bei Einsatz der gleichen Maschine durch engere Bestuhlung mehr Passagiere und damit mehr Fixkostenträger befördert werden;
- geringere Gemeinkosten im Vertrieb (kein weltweites Reservierungssystem, Reiseveranstalter als Kunden, Ticketausstellung und Inkasso durch Reiseveranstalter) entstehen;

- durch den Vertrieb im Rahmen von Pauschalreisen der Großteil der Werbung durch die Reiseveranstalter erfolgt;
- durch *outsourcing* von Wartungs- und Stationskosten Kosteneinsparungen möglich sind.

Allerdings ist eine zunehmende Angleichung des Charterflugverkehrs an den Linienverkehr zu beobachten. Der früher teilweise bestehende qualitative Unterschied hinsichtlich Pünktlichkeit, Sicherheit und Komfort wurde weitgehend ausgeglichen, die zunehmende Bedeutung des Einzelplatzverkaufs über Reisebüros (bis zu 25 Prozent der Kapazität) erfordert den Aufbau eines eigenen Reservierungssystems, und im Fernreisebereich werden Zubringerverbindungen zu den zentralen Abflughäfen angeboten.

Qualitätskriterien für Urlaubsflugreisen

Die qualitativen Kriterien für Flüge im Rahmen von Urlaubsreisen unterscheiden sich von denen für berufliche Reisen. Die Anforderungen hinsichtlich Sitzverfügbarkeit, Anschlußorientierung und Häufigkeit der Flüge sind bei den Urlaubsreisenden geringer, dafür aber reagiert die Nachfrage preiselastischer.

Bei der **Auswahl eines Charterfluges** können folgende Kriterien Berücksichtigung finden:

- **Sicherheit:** Trotz des gegebenen allgemein hohen Sicherheitsstandards der Fluggesellschaften hat die Sicherheit weiterhin eine dominante Bedeutung. Die Europäische Kommission veröffentlicht eine mehrmals jährlich aktualisierte „Gemeinschaftliche Liste" der Fluggesellschaften, die in der EU ein Start- und Landeverbot haben (http://ec.europa.eu/transport/air-ban/list_de.htm.). Zwar handelt es sich hierbei meist um Fluggesellschaften aus außereuropäischen Ländern, die Bedeutung der Liste kommt aber im Fernreiseverkehr zum Tragen.
- **Abreise- und Zielflughafen:** Es werden wohnort- und unterkunftsnahe Flughäfen gewählt, um Anreise- und Transferzeiten gering zu halten.
- **Streckenführung:** Die Kunden bevorzugen *non stop*-Flüge gegenüber Umsteigeverbindungen.
- **Flugtag:** Bei vielen Reisenden sind Flüge am Wochenende beliebter als während der Woche, so daß für Wochenendtermine ein Zuschlag auf den Grundpreis marktgängig ist.
- **Abflugzeit:** Besonders bei Kurz- und Städtereisen wichtig, bei denen die Aufenthaltsdauer am Zielort nicht durch ungünstige Reisezeiten verkürzt werden soll.
- **Image:** Das Image einer Fluggesellschaft kann entweder durch das damit verbundene Prestige den Wert der Urlaubsreise steigern oder durch die vermuteten Nachteile (schlechter Service, unsicher) den Verkauf negativ beeinflussen.
- **Komfort:** Ferienfluggesellschaften unterscheiden sich hinsichtlich der Beförderungsqualität während des Fluges. Die wesentlichen Kriterien sind hier: Möglichkeit der Sitzplatzreservierung schon bei der Buchung, Bequemlichkeit des Sitzes (Breite, Beinfreiheit, Verstellbarkeit der Rückenlehne), Qualität der im Preis

Pauschalreisen: Konzept und Elemente

Boeing 757-300 der Thomas Cook-Fluggesellschaft Condor

eingeschlossenen Speisen und Getränke, Unterhaltungsangebot (Zeitungen und Zeitschriften, Videofilme), *duty free*-Angebote, *give-aways* (Toilettenartikel, Reisetaschen, Kugelschreiber etc.).

- **Pünktlichkeit:** Nicht nur Qualitätsfaktor, sondern auch Kostenverursacher, da dadurch die Produktivität von Flugzeugen und Besatzungen mitbestimmt wird, und zudem Kunden unnütz vertane Urlaubszeit einklagen können (siehe Abschnitt 3.9.3).
- **Vielfliegerprogramme:** In Anlehnung an die *Frequent Flyer*-Programme der Linienfluggesellschaften bieten auch Ferienfluggesellschaften die Möglichkeit, bei jedem Flug Punkte zu sammeln und gegen einen „Freiflug" einzutauschen (zum Beispiel *Topbonus* von Air Berlin oder *Boomerang Club* von Germanwings

War es auf Charterflügen zunächst die Regel, nur eine einzige Beförderungsklasse anzubieten, so bieten einige Gesellschaften (**Condor, Air Berlin**) auch eine zusätzliche, bessere Beförderungsklasse. Als „*Comfort Class*" oder ähnlich bezeichnet sie folgende Annehmlichkeiten: Breitere Sitze in größerem Abstand, kein Mittelsitz, Menüauswahl, Kosmetik-*kits* und Saunatücher, mehr Freigepäck, Benutzung von Flughafenlounges (besondere Warteräume), separater *check-in* und Sitzplatzreservierung schon bei der Buchung.

2.3.1.2 Bus

Bus als Reiseverkehrsmittel

Die Bedeutung des Busses als Verkehrsmittel der Urlaubs- und Freizeittouristik wird mit einem Anteil von ca. 9 Prozent bei den Urlaubsreisen 2009 (vier und mehr Übernachtungen; Reiseanalyse 2010) nur unzureichend dargestellt. Zu diesen ca. 5,6 Mio. Reisen kommen noch ca. 2 Mio. Reisen mit ein bis drei Übernachtungen und ca. 22 Mio. Tagesfahrten hinzu. Darüber hinaus ist der Bus in den Zielgebieten das bei Transfers, Rundfahrten und Ausflügen meistgenutzte Verkehrsmittel

Der Bus weist einige spezielle Eigenschaften auf, die ihn für bestimmte Zielgruppen und Reisearten als besonders geeignetes Verkehrsmittel erscheinen lassen (**Vorteile**):

- **Mobilität:** Mit dem Bus kann nahezu jedes Reiseziel direkt angefahren werden, so daß kein Wechsel des Verkehrsmittels notwendig wird, ebenso entfallen lange Anmarschwege zu Besichtigungsorten.
- **Flexibilität:** Da der Bus weder zeitlich noch streckenmäßig an einen festen Fahrplan gebunden ist, können auf Kundenwunsch Abfahrtszeiten und Fahrtrouten während der Reise geändert, Pausen, Photostopps oder Besichtigungen eingelegt werden.
- **Bequemlichkeit:** Das Gepäck wird ohne Mithilfe des Reisenden direkt ins Hotel befördert, mit dem Reiseleiter oder zumindest dem Busfahrer ist immer eine Hilfs- oder Begleitperson dabei. Je nach Qualität des eingesetzten Fahrzeugs (Klimaanlage, Bordküche, WC, Hochdecker, Sitzkomfort) sind die modernen Busse hinsichtlich des Komforts durchaus mit anderen Verkehrsmitteln vergleichbar.
- **Gruppenvorteil:** Die Beförderung in einer kleinen Gruppe erleichtert die Kontakt- und Kommunikationsmöglichkeiten zwischen den Reisenden; für geschlossene Gruppen wird in der Regel ein separater Bus eingesetzt.
- **Umweltverträglichkeit:** Gegenüber dem P und dem Flugzeug weist der Bus einen geringeren Energieverbrauch und weniger Schadstoffemissionen auf.
- **Preisgünstigkeit:** Der Bus ist das preisgünstigste Reiseverkehrsmittel, bei Vollkostenrechnung auch gegenüber dem privaten Pkw.

Allerdings hat der Bus, besonders bei Kunden ohne Busreiseerfahrung, ein negatives Image und gilt dort als ein wenig prestigeträchtiges Verkehrsmittel. Obwohl dieses Image nicht mehr mit der Realität moderner Busbeförderung in Einklang steht, hält es potentielle Kunden von der Buchung einer Busreise ab. **Negative Aspekte** des Busimages liegen in der Bewertung als

- ein Nahverkehrsmittel und daher für längere Strecken ungeeignet
- unbequem, da geringe Bewegungsfreiheit und „Gruppenzwang"
- ein unsicheres, weil unfallträchtiges Verkehrsmittel
- ein Verkehrsmittel für Unterprivilegierte („Rentnerjet").

Da diese Images zum Teil nur sehr bedingt etwas mit der Realität der Busbeförderung zu tun haben, erfordert eine Imageverbesserung von den Busreiseveranstaltern nicht nur eine konsequent qualitätsorientierte Produktgestaltung, sondern auch eine flankierende Unterstützung durch Werbe- und PR-Maßnahmen.

Der Bus wird als Beförderungsmittel für folgende Pauschalreiseprodukte genutzt:

- **Kurzreisen:** Zwei- bis Vier-Tagereisen mit festem Aufenthaltsort oder als Rundreise;
- **Städtereisen:** mehrtägige Reisen in touristisch interessante Großstädte;
- **Rundreisen:** Reisen mit mehr als drei Übernachtungen an verschiedenen Orten;
- **Studienreisen:** themenbezogene Rundreisen mit umfangreichem Besichtigungsprogramm sowie fach- und ortskundiger Reiseleitung;
- **Ferienzielreisen:** Reisen an einen Urlaubsort, die länger als vier Tage dauern und bei denen der Erholungscharakter dominiert;
- **Sonderfahrten:** Reisen zu besonderen sportlichen, unterhaltenden oder kulturellen Ereignissen, beispielsweise Fußballweltmeisterschaften oder Opernfestspiele; das Besuchsarrangement wird vom Reiseveranstalter organisiert.

Buspauschalreisen werden als **Gelegenheitsverkehr** durchgeführt; nur in Ausnahmefällen kann ein Linienverkehrsdienst zur Beförderung genutzt werden, zum Beispiel der Eurolines Germany-Deutsche Touring.

Eine Busreise kann auch als **Pendelverkehr**, zum Beispiel von Mai bis Oktober jeden Samstag von Frankfurt aus an die Costa Brava (Spanien), durchgeführt werden. Ein Pendelverkehr ist also ein Verkehrsdienst mit mehreren Hin- und Rückfahrten von einem Ausgangspunkt zu einem bestimmten Zielort mit Reisenden, die zuvor durch die Buchung beim Reiseveranstalter in Gruppen zusammengefaßt wurden. Wird die Reise nicht vom Busunternehmer selbst, sondern von einem anderen Unternehmen veranstaltet, dann handelt es sich um **Mietomnibusverkehr** (vgl. § 49 Personenbeförderungsgesetz [PBefG]).

Ferienzielreise innerdeutsch

Nach § 48 PBefG sind Ferienzielreisen im Inland durch folgende Merkmale gekennzeichnet:

- **Plan des Unternehmers:** Der Reiseveranstalter legt durch die Ausschreibung Reisetermin, Reisezweck, Abfahrts- und Zielort sowie den Preis im Voraus fest.
- **Erholungsaufenthalt:** Die Reisenden müssen mindestens einige Tage am Zielort bleiben; Ausflugs- und Besichtigungsprogramme stehen dem nicht im Wege, solange die dafür aufgewendete Zeit erheblich geringer ist als der für Erholungszwecke zu Verfügung stehende Zeitraum.
- **Arrangementveranstaltung:** Die Reise ist als Arrangement, das mindestens Fahrt und Übernachtung enthält, und zu einem Gesamtpreis anzubieten. Die bloße Beförderung von Reisenden ist nicht zulässig.
- **Gruppenreise:** Alle Teilnehmer müssen zum selben Zielort gebracht und zum Ausgangspunkt der Reise zurückbefördert werden. Dabei muß die Reisegruppe bei der Rückreise nicht mit der der Hinreise identisch sein, d.h., daß unterschiedliche Aufenthaltsdauern am Zielort möglich sind.

- **Reiseziel:** Die Anforderung „gleiches Reiseziel" bedeutet nicht „gleicher Bestimmungsort", sondern lediglich ein in sich geschlossenes Fremdenverkehrsgebiet (zum Beispiel die Bodenseeregion).

Für Ferienzielreisen gilt das **Unterwegsbedienungsverbot** nach § 48 Abs. 3 PBefG. Nach Beginn der Fahrt dürfen Reisende nur noch aufgenommen werden, wenn der Zustiegspunkt in einem benachbarten Ort oder im ländlichen Raum liegt und nicht mehr als 30 km vom Abfahrtspunkt entfernt ist; in diesen Fällen ist auch eine Fahrpreisstaffelung zulässig. Ausnahmegenehmigungen vom Unterwegsbedienungsverbot werden erteilt, wenn dadurch die öffentlichen Verkehrsinteressen nicht beeinträchtigt werden.

Genehmigungsrechtliche Voraussetzungen

Die Durchführung von Pauschalreisen mit dem Bus ist in mehrfacher Hinsicht genehmigungspflichtig (vgl. Gunkel & Brocks 2003, S. 13–22). Zunächst braucht der Reiseveranstalter, also das den Gelegenheitsverkehr im eigenen Namen, in eigener Verantwortung und auf eigene Rechnung durchführende Unternehmen, eine Genehmigung für den Gelegenheitsverkehr. Der Unternehmer kann dabei entweder eigene Fahrzeuge oder, im Rahmen des Mietomnibusverkehrs, fremde Busse einsetzen. Genehmigungsstelle ist entweder das Regierungspräsidium oder die Landesverkehrsbehörde, in deren Bezirk das Unternehmen seinen Sitz oder eine Niederlassung hat. Die Genehmigung wird auf die Dauer von höchstens vier Jahren erteilt. Der Entscheidung geht ein Anhörungsverfahren voraus, an dem die Gemeindebehörde, die Industrie- und Handelskammer, die Verkehrsverbände und die zuständigen Fachverbände beteiligt sind.

Genehmigungsvoraussetzungen für den Busunternehmer sind a) der Nachweis der Betriebssicherheit (korrekte Betriebsführung und einwandfreie Fahrzeughaltung), b) Leistungsfähigkeit (Kapitalverfügbarkeit zur Einrichtung und Fortführung des Betriebs), c) Zuverlässigkeit (wird grundsätzlich angenommen und ist nur dann nicht gegeben, wenn durch das Gesamtverhalten des Antragstellers die Allgemeinheit gefährdet oder geschädigt wird) sowie d) für die Durchführung von Ferienzielreisen zudem noch die fachliche Eignung (Fachkundeprüfung oder hinreichende Erfahrung). Mietet ein Reiseveranstalter fremde Busse an, dann muß auch der Busunternehmer die Genehmigung zur Durchführung von Gelegenheitsverkehr besitzen. Weiterhin muß das zur Beförderung benutzte Fahrzeug für den Gelegenheitsverkehr zugelassen sein.

Bei **Pauschalreisen ins Ausland** sind die dortigen Vorschriften zu berücksichtigen. Zur Vereinfachung der Verkehrsabwicklung wurde in den letzten Jahrzehnten eine Vielzahl bilateraler und multilateraler Abkommen geschlossen. Für das Gebiet der EU wurde vom Ministerrat 1992 die Verordnung zur Einführung gemeinsamer Regeln für den grenzüberschreitenden Personenverkehr (EWG Nr. 684/92) verabschiedet, die zu einer weitgehenden Liberalisierung

Pauschalreisen: Konzept und Elemente

Gruppenreise im Bus

dieses Verkehrsmarktes führte. Für die Touristik sind hier die Verkehrskategorien Pendelverkehr, Gelegenheitsverkehr und örtliche Ausflüge von Bedeutung.

Beim **Pendelverkehr** werden „vorab gebildete Gruppen von Fahrgästen bei mehreren Hin- und Rückfahrten von demselben Ausgangsgebiet zu demselben Zielgebiet befördert". Der Begriff Gebiet ist in diesem Zusammenhang definiert als der Umkreis von 50 km um den Punkt des Reiseantritts oder des Reiseendpunkts. Neben dem eigentlichen Abfahrtsort können drei weitere Haltestellen, die auch in anderen Mitgliederstaaten liegen können, als Zusteigeorte dienen; zudem dürfen im Zielland an drei weiteren Orten außerhalb des Endzielortes Reisende abgesetzt werden. Der Pendelverkehr ist für Reisen innerhalb des EWR nicht mehr genehmigungspflichtig, zudem dürfen 20 Prozent der Fahrgäste ohne Unterkunft im Zielgebiet befördert werden.

Auch der **Gelegenheitsverkehr** mit vorab gebildeten Fahrgastgruppen (Rundfahrten, Pauschalaufenthalte, Leereinfahrten zur Abholung von Reisegruppen) ist genehmigungsfrei. Für beide Verkehrskategorien gilt, daß jedes in einem EU-Land ansässige Unternehmen in jedem anderen EU-Mitgliedsstaat solche Reisen anbieten darf, wenn es die dort für inländische Unternehmen geltenden Bedingungen erfüllt. So kann beispielsweise ein in Frankreich ansässiges Unternehmen in Deutschland von Freiburg aus Pauschalreisen an die Ostsee durchführen.

Die Durchführung **örtlicher Ausflüge** unterliegt ebenfalls einer Regelung: „Im Rahmen des grenzüberschreitenden Pendelverkehrs mit Unterbringung sowie des grenzüberschreitenden Gelegenheitsverkehrs ist ein Verkehrsunternehmer zu örtlichen Ausflügen in einem anderen Mitgliedstaat als dem, in dem er niedergelassen ist, zugelassen." Ein deutscher Busunternehmer darf also zum Beispiel von Lloret de Mar aus Ausflüge für seine Kunden durchführen.

Hinsichtlich des Verkehrs mit Drittstaaten (Nichtmitglieder der EU) wurde durch das Interbus-Übereinkommen (in Kraft ab 2003) mit ost- und südosteuropäischen Staaten und das Abkommen mit der Schweiz (in Kraft ab 2002) eine harmonisierte Liberalisierung des grenzüberschreitenden Gelegenheitsverkehrs und des damit verbundenen Transitverkehrs erreicht: Für Unternehmen mit Sitz in der EU gelten die EU-Bestimmungen; damit ist der für die Touristik wichtige Gelegenheitsverkehr genehmigungsfrei. Für Reisen in sonstige Länder (zum Beispiel Rußland oder Marokko) gelten die in den bilateralen Verkehrsabkommen festgelegten Bestimmungen.

Qualitätskriterien

Die Qualität der bei Pauschalreisen angebotenen Busbeförderung orientiert sich sowohl am angestrebten Preisniveau wie auch an der geplanten Reiseart.

Zunächst gilt es, den Bus bedarfsgerecht auszuwählen. Dabei ist hier der hohe Stellenwert des Fahrzeuges zu berücksichtigen, da besonders bei Rund- und Studienreisen die Gäste eine längere Zeit an den Bus gebunden sind. Daher hat der Qualitätsstandard des eingesetzten Busses um so höher zu sein, je länger die damit zurückgelegte Strecke ist. Um die Reisedauer zu verkürzen, sollten nur Busse mit der Zulassung 100 km/h eingesetzt werden. Die Größe des Fahrzeugs richtet sich nicht nur nach der beabsichtigten Teilnehmerzahl, es kann aus Qualitätsgründen durchaus sinnvoll sein, einige freibleibende Plätze einzuplanen, um die Bewegungsfreiheit der Gäste zu vergrößern. Bei an Landschaftserlebnissen orientierten Reisen (zum Beispiel Panoramafahrten) soll die technische Auslegung des Busses – Hochdecker, beschlagfreie Scheiben, große Frontscheiben – möglichst freie Aussicht gewähren. Eine Klimaanlage steigert bei Reisen in den Süden den Komfort.

Zur Bewertung der Qualität von Bussen kann auf das Klassifikationssystem der **Gütegemeinschaft Buskomfort e.V. (GBK)** zurückgegriffen werden. Das von ihr [nach einer Prüfung des Busses durch den Technischen Überwachungsverein (TÜV) oder den Deutschen Kraftfahrzeug-Überwachungsverein (DEKRA)] verliehene **Gütezeichen Buskomfort RAL** ist ein von neutraler Stelle vergebenes und warenzeichenrechtlich geschütztes Prädikat, das mit einer Zuordnung zu fünf Qualitätsklassen verbunden ist. Diese Qualitätsklassen werden durch die entsprechende Zahl von ein bis fünf Sternen gekennzeichnet und durch Symbole für Sonderausstattung ergänzt. Die Einstufung erfolgt anhand von bis zu 30 Bewertungsmerkmalen und erfaßt die Qualitätskriterien allgemeiner Pflegezustand des Busses, Sitzkomfort (Sitzabstand, Höhe und Verstellbarkeit der Rückenlehne, Sitzbezug, Fußstützen) sowie Innenausstattung (Heizung/Klimaanlage, Frischluftzufuhr, Raumtemperaturregelung). Sonderausstattungen wie Bordküche, Garderobe, Telephon oder WC werden auf dem Gütezeichen durch zusätzliche Symbole berücksichtigt.

Mit diesem Gütezeichen („Sterne, auf die Sie sich verlassen können") werden dem Kunden auf der Basis quasi amtlich kontrollierter Normen leichtverständliche Qualitätshinweise gegeben. Für den Anbieter wird das Verkaufsgespräch ebenso erleichtert wie die Darstellung des Preis-Leistungsverhältnisses im Katalog. Die Werbung mit diesem Gütezeichen hat allerdings zur Folge, daß die Reise dann auch mit einem Bus der ausgeschriebenen Qualitätsklasse durchgeführt werden muß. Dadurch verringert sich die Dispositionsfreiheit über den zur Verfügung stehenden Fahrzeugpark.

Die Bewirtung der Reisegäste mit kalten und warmen Getränken sowie mit Speisen ist ein nicht unwesentlicher Aspekt des Reisekomforts. Nach § 14 der Gewerbeordnung muß der Unternehmer diese Tätigkeit anmelden, wenn sie bisher für ihn nicht gewerbeüblich war. Darüber hinaus unterliegt sie dem Gaststättenrecht, da der Bus damit zu einer rollenden Schank- und Speisewirtschaft wird. Die Ausgabe von alkoholischen Getränken (auch von Bier) und im Bus zubereiteten Speisen (also etwa heißer Würstchen) ist erlaubnispflichtig. Zwar besteht ein Rechtsanspruch auf die Erlaubnis, sie setzt allerdings lebensmittelrechtliche Kenntnisse des Unternehmers – in der Regel durch Unterrichtung durch die IHK – sowie „geeignete Betriebsräume", hier das Vorhandensein einer Toilette, voraus. Des Weiteren müssen die gesetzlichen Sperrzeiten beachtet werden. Die erzielten Umsätze unterliegen im Inland der Umsatzsteuer, bei Fahrten ins Ausland sind die dortigen Zoll- und Steuerbestimmungen zu beachten.

Mietvertrag

Bei der Anmietung hat die Gestaltung des Beförderungvertrags Auswirkungen auf die Haftung des Busunternehmers für den Fall nicht oder nur mangelhaft erbrachter Leistungen. Wird ein **Mietvertrag** geschlossen, dann bedeutet das, daß der Busunternehmer lediglich sein Fahrzeug für eine bestimmte Zeit zur Verfügung stellt. Fällt daher beispielsweise das Fahrzeug während der Reise wegen eines Motorschadens aus, dann hat der Unternehmer für ein Ersatzfahrzeug oder eine Ersatzbeförderung zu sorgen, haftet aber nicht für dem Reiseveranstalter anderweitig entstandene Kosten, etwa für eine notwendig gewordene Zusatzübernachtung. Wird dagegen ein **Werkvertrag** abgeschlossen, dann wird die darin vereinbarte Leistung geschuldet; die Haftung des Busunternehmers erweitert sich.

Im Rahmen der Preisverhandlung legt der Busunternehmer bei der **Kalkulation** seines Angebots folgende Kosten zugrunde:

- den **Tagessatz des Busses**, der die beschäftigungsunabhängigen Kosten auf der Basis der Einsatztage pro Jahr (ca. 200 bis 230) deckt. Diese Fixkosten umfassen Abschreibungen, Steuern und Versicherungen, Garage, Kapitaldienste sowie Fahrerlohn und Sozialaufwand.
- die **kilometerabhängigen Verbrauchskosten** für Kraft- und Schmierstoffe, Reifen, Wartung und Reparaturen sowie allgemeine Verwaltungskosten.
- die **tourenspezifischen Kosten**, wie Aufwendungen für einen zweiten Fahrer, Spesen für Übernachtungen, Maut- und Schwerverkehrsabgaben, Fähr- und Parkgebühren.
- die **Verzinsung des eingesetzten Eigenkapitals** einschließlich eines Risikozuschlages für das unternehmerische Wagnis sowie den Unternehmerlohn.

Bei der Vertragsverhandlung mit dem Reiseveranstalter hat der Busunternehmer zu entscheiden, ob er sein Angebot starr auf der Basis der Vollkostendeckung kalkuliert, oder ob es für ihn sinnvoll ist, durch ein nur teilkostendeckendes Angebot dennoch seinen Gesamtertrag zu steigern. Kommt nämlich der Vertrag mit dem Reiseveranstalter nicht zustande und der Bus bleibt während der vorgesehenen Zeit unbeschäftigt in der Garage stehen, dann wird kein Beitrag zu den Fixkosten erzielt; ein nicht die Vollkosten deckender Abschluß oberhalb der variablen Kilometer- und Tourenkosten hätte zumindest einen Deckungsbeitrag für die in jedem Falle entstehenden kilometerunabhängigen Fixkosten erbracht.

Setzt ein Unternehmer einen Bus ein, der ansonsten im Linienverkehr beschäftigt wird und damit den Großteil seiner Fixkosten deckt, kann dem Reiseveranstalter ebenfalls ein Preis unterhalb der Vollkostendeckung angeboten werden. Der Busunternehmer darf sich aber selbst unter den Bedingungen eines Verdrängungswettbewerbs, wie er gegenwärtig auf vielen Busmärkten der Bundesrepublik herrscht, nicht dazu verleiten lassen, Preise zu vereinbaren, mit denen auf das Rechnungsjahr bezogen eine Vollkostendeckung nicht erreichbar ist.

Aus Sicht des Reiseveranstalters ist es wichtig, in Betracht zu ziehen, daß das billigste Angebot nicht immer das für ihn Beste ist. Neben dem Preis spielen Qualitätsüberlegungen eine wichtige Rolle: Der schnelle Einsatz eines Ersatzbusses bei Pannen, die Einhaltung der Lenkzeiten durch den Fahrer oder der technische Zustand des Busses sind Faktoren, die auch ihren Preis haben.

2.3.1.3 Bahn

Bahnpauschalreisen können organisiert werden mit den Angeboten der

- **Deutschen Bahn AG (DB)**;
- **nichtbundeseigenen (NE-) Bahnen**;

- **Museumsbahnen** privater Träger, die auf eigenen oder gemieteten Strecken an bestimmten Verkehrstagen oder saisonal mit historischem Wagenmaterial Ausflugs- oder Liebhaberfahrten durchführen;
- **ausländischen Bahnen** im Rahmen des internationalen Verkehrs.

Wichtigster Vertragspartner der Reiseveranstalter ist allerdings die Deutsche Bahn, da die NE- und Museumsbahnen meist nur für Nostalgiefahrten interessant sind und die DB aufgrund des „Übereinkommens über den internationalen Eisenbahnverkehr **(COTIF/CIV)**" vom 9. Mai 1980 für die organisatorische und tarifliche Abwicklung des grenzüberschreitenden Verkehrs zuständig ist.

Produktpalette der Bahn

Die Bahnbeförderung von Pauschalreisenden kann in folgenden Zugarten erfolgen:

- **Regelzügen** unterschiedlicher Gattung (wie etwa InterCity Express, InterCity/EuroCity, Thalys oder RegionalExpress)
- **Sonderzügen** der DB
- **Autoreisezügen**
- **Sonderzügen** von Reiseveranstaltern.

Die Produktpalette der Bahnen umfaßt die Beförderung in unterschiedlichen Zügen sowie verschiedene Serviceleistungen. Für den Reiseveranstalter besteht keine Einflußnahme auf die Gestaltung des Produkts, er kann lediglich zwischen den unterschiedlichen Angeboten wählen. Die Personenbeförderung unterscheidet sich nach:

- der **Zuggattung**, welche die Reisedauer (Fahrtgeschwindigkeit, Zahl der Aufenthalte), den Komfort und die verfügbaren Serviceleistungen bestimmt;
- der **Wagenart**, also ob Sitz-, Schlaf- oder Liegewagen;
- der **Wagenausstattung**, die von der Beförderungsklasse und der Zuggattung abhängig ist, sowie
- der **Zahl der Personen**, mit der ein Abteil belegt ist.

Zu den Serviceleistungen, die der Reiseveranstalter in sein Paket einbauen oder den Kunden als Option anbieten kann, zählen Sitzplatzreservierungen, Sonderverpflegung, Haus-zu-Haus-Gepäckbeförderung, Mietwagenvermittlung („Rail and Road"), Bereitstellung von Pkw-Parkplätzen („Park and Rail") sowie der Fahrradverleih an Zielbahnhöfen.

Im internationalen Verkehr können über die DB bzw. über die Deutsches Reisebüro GmbH als Generalagentur touristisch interessante Züge wie der historische Venedig-Simplon-Orient-Express, die Transsibirische Eisenbahn, der Blue Train (Republik Südafrika), der „Palace on Wheels" (ehemaliger Maharadscha-Zug in Indien) oder der Glacier Express (Schweiz) gebucht werden.

Intercity Expreß (ICE)

Touristikrelevante Fahrpreise

Gruppenermäßigungen: Die DB gewährt Gruppen ab mindestens sechs Erwachsenen eine Ermäßigung von ca. 40 bis 70 Prozent, deren konkrete Höhe sich nach dem Reisetag, der Gruppengröße und der Tarifentfernung richtet. Ermäßigte Gruppenreisen sind bei der Benutzung von EC/IC-Zügen reservierungs-, ansonsten anmeldepflichtig.

Rail Inclusive Tours (RIT): Reiseveranstalter können mit der DB sog. RIT-Vereinbarungen über die Durchführung von Einzel- oder Gruppenpauschalreisen im Binnen- und im internationalen Verkehr abschließen. Voraussetzung dafür ist ein bestimmtes Mindestteilnehmeraufkommen für die Reise. Das Arrangement muß die Übernachtung und kann weitere Leistungen beinhalten und darf einen Mindestpreis nicht unterschreiten.

Sonstige Pauschalreisen in Regelzügen: Hierfür erhalten Reiseveranstalter eine Ermäßigung von ca. 30 Prozent auf den jeweils gültigen Preis, also auch auf Sonderpreise („Sparpreise"); bis zu drei Jugendliche im Alter bis zu 17 Jahren werden in Begleitung mindestens eines Erwachsenen kostenlos befördert.

„Rail and Fly"-Angebot: In Verbindung mit einer Flugreise kann der Reisende zu einem Pauschalpreis von allen deutschen Bahnhöfen zu den wichtigsten Flughäfen anreisen. Einige Reiseveranstalter nehmen die Kosten für diese An-/Abreisemöglichkeit bereits in den Gesamtpreis der Pauschalreise auf.

Sonderverkehr

Im Rahmen des **bestellten Sonderverkehrs** kann ein Reiseveranstalter zu einem Pauschalpreis einen Sonderwagen (Standard-, Liege-, Schlaf-, Konferenz-, Salonwagen) als Kurswagen an einen Regelzug anhängen lassen oder einen Sonderzug auf eigenes Auslastungsrisiko anmieten. Die DB selbst führt einen Bedarfs-Sonderzugverkehr im Eigenrisiko durch, die im Teilcharter an Reiseveranstalter (mehrere Charterer) und an Einzelkunden abgesetzt werden.

2.3.2 Beherbergungsbetriebe

2.3.2.1 Unterkunftsarten

Die Vielzahl unterschiedlichster Arten von Beherbergungsstätten, die von den Urlaubern als Übernachtungsmöglichkeiten genutzt werden, kann pragmatisch in folgende vier Bereiche eingeteilt werden:

(1) eigentliche Hotellerie
(2) Sonderformen der Hotellerie
(3) Parahotellerie
(4) private Unterkünfte (vgl. Abbildung 2.4)

(1) Zur **eigentlichen Hotellerie** zählen das Hotel, das Hotel garni, das Motel, die Pension und der Gasthof als traditionelle Beherbergungsbetriebe. Neuere, eigens für den Urlaubsaufenthalt entwickelte Hotelarten sind Unterkünfte in Ferienclubs, Feriendörfern und Ferienanlagen.

Ein **Hotel** ist, so der Deutsche Hotel- und Gaststättenverband (DEHOGA), ein Beherbergungsbetrieb mit Restauration für Hausgäste und Passanten, der sich durch einen angemessenen Standard und entsprechende Dienstleistungen auszeichnet. Hotels werden eingeteilt nach Aufenthaltszweck in Geschäfts-, Tagungs-, Ferien-, Sport-, Residenz- und Kurhotels, nach Standort in Berg-, See-, Strand-, Bahnhofs- oder Flughafenhotel, nach Leistungskriterien in Hotel garni, Aparthotel, All Suite-Hotel, Hotelresort und Sporthotel.

Ein **Hotel garni** ist ein Hotelbetrieb mit eingeschränkten Verpflegungsleistungen (meist nur Frühstück und Getränke).

Das **Motel** als Beherbergungsbetrieb ist von seiner Lage (bei Autobahnraststätten, an Ausfallstraßen) und seinem Service (Pkw-Parkplatz in Zimmernähe, schnelle Abfertigung) her auf die Bedürfnisse durchreisender Autofahrer zugeschnitten.

Eine **Pension** unterscheidet sich vom Hotel durch eingeschränkte Dienstleistungen; Speisen und Getränke werden nur an Hausgäste abgegeben.

Der **Gasthof** ist eine Schank- und Speisewirtschaft, die zusätzlich noch Übernachtungsmöglichkeiten anbietet.

Speziell für Urlaubsaufenthalte entwickelte Unterkunftsformen sind der **Ferienclub** (auch als Clubhotel bezeichnet) und Ferienanlagen. In Ferienclubs kann die Unterkunft in Hotels oder Bungalows erfolgen, neben umfangreichen Sportaktivitäten und Freizeitangeboten ist die Animation das wichtigste Unterscheidungskriterium gegenüber anderen Beherbergungsbetrieben; mitunter ist auch eine Clubmitgliedschaft vorgeschrieben (Kapitel 10). Durch die Konzentration von Unterkunftsbetrieben in Feriendörfern (Ferienwohnungen in einzelnen Häusern auf Selbstverpflegungsbasis) oder Ferienanlagen (größere Ferienwohnungskomplexe in unterschiedlichen Gebäuden, Restaurants, Geschäfte, Sporteinrichtungen, oft mit eigener Bank, Kirche und Post) entstanden autarke, meist neugegründete Urlaubsorte.

Abbildung 2.4: Unterkunftsarten

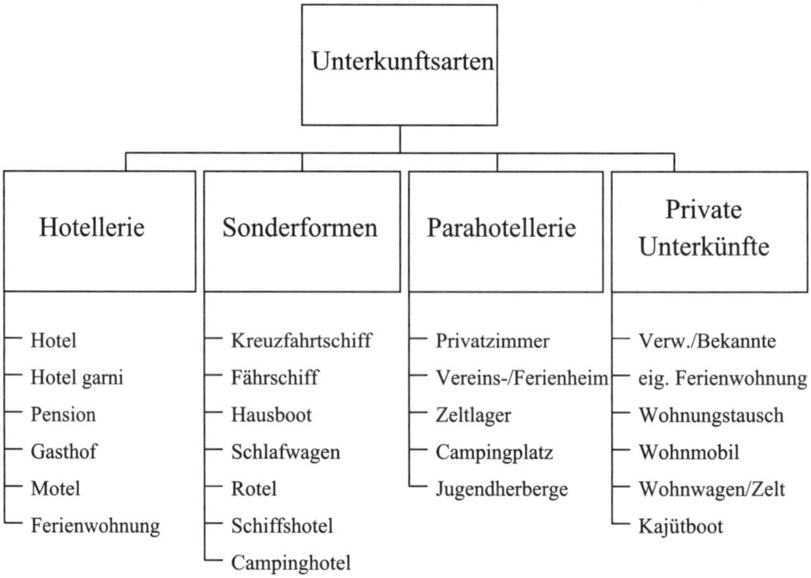

Hotellerie	Sonderformen	Parahotellerie	Private Unterkünfte
Hotel	Kreuzfahrtschiff	Privatzimmer	Verw./Bekannte
Hotel garni	Fährschiff	Vereins-/Ferienheim	eig. Ferienwohnung
Pension	Hausboot	Zeltlager	Wohnungstausch
Gasthof	Schlafwagen	Campingplatz	Wohnmobil
Motel	Rotel	Jugendherberge	Wohnwagen/Zelt
Ferienwohnung	Schiffshotel		Kajütboot
	Campinghotel		

(2) Zu den **Sonderformen** der Hotellerie zählen Transportmittel mit Übernachtungsmöglichkeit: Kreuz- und Fährschiffe, Hausboote, Schlafwagen in Zügen, „Rotels" (Busse mit Schlafkojen) und Camping-Hotels, d.h. Unterkünfte in fest installierten Hauszelten oder Wohnwagen.

(3) Der Ausdruck **Parahotellerie** beschreibt Unterkunftsbetriebe, die neben (*para*) der eigentlichen Hotellerie bestehen. Sie werden meist nebenerwerblich (Privatzimmer, Urlaub auf dem Bauernhof), von Unternehmen, Vereinen und Verbänden als nicht-gewerbliche Aktivitäten (Ferienheim, Vereinshütte) oder als gemeinnützige Einrichtungen (Jugendherbergen, Erholungsheime) betrieben.

Als Unterkunftsart wichtig, wenngleich ohne kommerzielle Nutzung, ist die unentgeltliche Beherbergung bei Verwandten/Bekannten, in der eigenen Ferienwohnung, im eigenen Wohnmobil oder Kajütboot.

Qualität der Unterkunftsleistung

Die Qualität eines Produktes hat mehrere Dimensionen (Hansen & Leitherer 1984, S. 39 f.):

- **Funktionsqualität** als die gebrauchstechnische Geeignetheit, einen vom Nutzer intendierten Zweck zu erfüllen (Größe eines Hotelzimmers)
- **ökologische und sozialverträgliche Qualität**, welche die Auswirkungen von Konsum und Produktion auf Natur und Gesellschaft bewertet (Verschmutzung des Meeres durch Abwasser eines Hotels, Wasserknappheit für die Einheimischen wegen des hohen Verbrauchs der Touristenhotels)
- **ästhetische Qualität** als subjektive Wertschätzung von Design, Farbe, Baustil (Einrichtung eines Zimmers)
  - **soziale Qualität**, mit der durch den Besitz oder Konsum eines Produkts Prestige erworben werden kann (Übernachtung in einem Prominentenhotel).

Übersicht 2.1: Beispiel der Hotelklassifikation eines Reiseveranstalters

ITS-Orientierungssystem

Jedes Hotel, jede Pension, jede Ferienanlage ist anders und hat Besonderheiten. Um Ihnen bei der Suche nach der von Ihnen gewünschten Leistung ein wenig zu helfen, haben wir viele Anlagen eindeutig klassifiziert. Die von uns verwendeten Sonnensymbole wurden von unseren Reiseexperten nach einheitlichen Maßstäben, also nicht nach Landeskategorie, vergeben und kennzeichnen je nach Lage, Ausstattung, Nebeneinrichtungen und Atmosphäre die unterschiedliche Leistung:

Die ITS-Sonnen

☼	Sehr einfach	wichtig ist der niedrige Preis
☼☼	Einfach	zweckmäßige Ausstattung zu einem günstigen Preis
☼☼☼	Gute Mittelklasse	ansprechende Unterkunft und viel gefragt
☼☼☼☼	Ausgewählte Mittelklasse	für gehobene Ansprüche und mit verschiedenen Zusatzeinrichtungen
☼☼☼☼☼	Sehr komfortabel	mit Top-Ausstattung und vielen Zusatzeinrichtungen für hohe Ansprüche

Die ITS-Hinweise

Eine weitere Hilfe für Ihre Suche nach geeigneten Urlaubsangeboten bieten Ihnen unsere Hinweise, die innerhalb der Hausbeschreibungen besonders empfehlenswerte Anlagen kurz und prägnant beschreiben.

Quelle: ITS-Katalog (Sommer 2010)

Kriterien, anhand derer die Qualität einer Unterkunft gemessen wird, sind

- Lage und Außenanlagen
- Gebäudezustand
- Zimmerausstattung
- Service
- Restaurant und Bar
- Sport- und Freizeiteinrichtungen
- Einrichtungen für Kinder
- Barrierefreiheit, Behindertenfreundlichkeit

Übersicht 2.2: Die Kriterien der deutschen Hotelklassifikation

TOURIST * Unterkunft für einfache Ansprüche	STANDARD ** Unterkunft für mittlere Ansprüche
• Alle Zimmer mit Dusche/WC oder Bad, TV • Empfangsdienst • Erweitertes Frühstück, Restaurant • Telefax am Empfang • Depotmöglichkeit	• Frühstücksbüffet • Leselicht am Bett • Badetücher • Angebot von Hygieneartikel • Kartenzahlung möglich
KOMFORT * Unterkunft für gehobene Ansprüche	**FIRST CLASS **** Unterkunft für hohe Ansprüche
14 Stunden besetzte Rezeption, 24 Stunden erreichbar • Getränkeangebot auf jedem Zimmer • Zweisprachige Mitarbeiter • Telephon und Internetzugang • Gepäckservice	• Frühstücksbuffet mit Zimmerservice • Minibar oder 24 Stunden Zimmerservice • Bademantel, Hausschuhe • Kosmetikartikel im Bad • Sessel / Couch mit Beistelltisch • Hotellobby, A la carte-Restaurant, Hotelbar
LUXUS *** Unterkunft für höchste Ansprüche	**SUPERIOR**
• 24 Stunden besetzte Rezeption, mehrsprachige Mitarbeiter • Personalisierte Begrüßung mit Blumen oder Präsent im Zimmer • 24 Stunden Roomservice • Internet-PC und Safe auf dem Zimmer • Abendlicher Turndownservice	Für Spitzenbetriebe innerhalb der einzelnen Kategorien, die sich insbesondere auch dadurch auszeichnen, daß sie ein besonders hohes Maß an Dienstleistung bieten Betriebe die diesen Zusatz führen dürfen, erreichen bei der Gesamtpunktzahl die erforderlichen Punkte der nächsthöheren Kategorie, können dort aber nicht eingestuft werden, da sie deren Mindestkriterien nicht erreichen.

Quelle: www.hotelsterne.de/system, Kriterienkatalog 2010–2014

(Eine ausführliche Darstellung hierzu findet sich bei Schätzing 1996, der allein für die Zimmerqualität 42 Einzelkriterien auflistet).

Hotelklassifikationen stufen Hotels in Qualitätsklassen ein, die durch eine unterschiedliche Zahl von Symbolen (Sterne, Punkte, Buchstaben, aber auch Schmetterlinge, Palmen oder, bei Kreuzfahrtschiffen, Seepferdchen) quantitativ gekennzeichnet werden. Dies erleichtert für den Kunden die Markttransparenz ebenso wie die Einschätzung des Preis-Leistungsverhältnisses und für den Verkauf die Erklärung des Produkts bei der Kundenberatung; zudem bietet es eine Hilfe bei der Preisgestaltung durch den Reiseveranstalter.

Allerdings ist die Zahl der bestehenden Klassifikationssysteme sehr hoch. Internationale Organisationen, wie die **UNWTO (United Nations World Tourism Organization)** oder die **AIT (Alliance Internationale de Tourisme**; Verband nationaler Automobil- und Touringclubs), Tourismusstellen einzelner Länder (zum Beispiel Visit Britain), Verbände (zum Beispiel Deutscher Hotel- und Gaststättenverband DEHOGA, Deutscher Tourismusverband DTV, Deutsche Landwirtschafts-Gesellschaft DLG), private Organisationen wie etwa Hersteller von Automobilen (Mitsubishi), Zulieferern (Michelin, Varta) oder Automobilclubs und auch Reiseveranstalter haben solche Klassifikationssysteme entwickelt (ein Beispiel für die Hotelklassifikation durch einen Reiseveranstalter zeigt die Übersicht 2.1).

Seit 1996 besteht die Deutsche Hotelklassifizierung durch die Landesverbände des DEHOGA für konzessionierte Betriebe mit mehr als acht Betten. Sie erfolgt auf freiwilliger Basis und ist für jeweils zwei Jahre gültig. Dabei werden fünf Qualitätsklassen unterschieden (vgl. Übersicht 2.2). Bewertet werden 19 Muß-Kriterien, die mit zunehmender Anzahl der Sterne höhere Anforderungen stellen, sowie zusätzliche fakultative Kriterien aus den Bereichen Allgemeine Einrichtungen (zum Beispiel Nachtklub oder rollstuhlgerechte Zufahrt), Zusätzliche Dienstleistungen (zum Beispiel Diätküche oder Videogerät im Zimmer), Freizeit- und Fitneßeinrichtungen (zum Beispiel Hallenbad oder Kegelbahn) sowie Konferenz- und Bankettmöglichkeiten (zum Beispiel Computerzimmer oder Projektionswand). Es werden ausschließlich objektiv meßbare Kriterien verwendet, subjektive Eindrücke werden nicht berücksichtigt. Diese Hotelklassifizierung wird seit 2010 auf europäischer Ebene durch den Fachverband HOTREC (Hotels, Restaurants & Cafés in Europe; vgl. www.hotelstars.eu) von der Hotelstars Union durchgeführt. Seit 2005 besteht zudem eine DEHOGA-Klassifizierung für Gästehäuser, Gasthöfe und Pensionen.

Eine Klassifizierung für den Privatvermieterbereich (Ferienhäuser, Ferienwohnungen, Privatzimmer, Campingplätze) wurde durch den Deutschen Tourismusverband (DTV) entwickelt. Die Bewertung wird meist von den örtlichen Tourismusinstitutionen durchgeführt und sieht für Privatzimmer eine Einstufung in ein bis vier Sterne-Kategorien, für Ferienhäuser und -wohnungen in ein bis fünf Sterne-Kategorien vor.

Von zunehmender Bedeutung sind die Bewertungsportale in Internet (wie zum Beispiel www.Holidaycheck.de, www.tripadvisor.de oder www.hotelkritiken.de), über die sich die Reiseveranstalter ausführlich über die Hotelbewertungen durch die Kunden informieren können. Dabei geht es nach Jockwer (2010, S. 446) nicht um objektive Kriterienkataloge, sondern um Beliebtheit und Erwartungserfüllung: „Genau diese zutiefst subjektive Herangehensweise mit den Augen der einzelnen Konsumenten macht die Hotelbewertung zu einer so sinnvollen und gefragten Ergänzung der (nach wie vor berechtigten) Sternekategoriserung."

2.3.2.2 Beschaffung

Zur Reservierung der benötigten Unterkünfte, in der Praxis auch als **Hoteleinkauf** bezeichnet, stehen dem Reiseveranstalter eine Reihe alternativer Beschaffungswege zur Verfügung (vgl. Abbildung 2.5).

- Beim **Direktbezug** setzt sich der Reiseveranstalter zum Vertragsabschluß per Brief, Fax, Internet oder persönlichem Gespräch unmittelbar mit dem Hotelier in Verbindung.

- Beim Einschalten einer **Zielgebietsagentur** erstellt diese für das vom Veranstalter angeforderte Kontingent Vorschläge und bereitet den Vertragsabschluß vor.

- Mitunter ermöglichen Reiseveranstalter anderen Touristikunternehmen die **Einbuchung** in die Kontingente ihrer im Katalog veröffentlichten Hotels (beispielsweise für Gruppenreisen in der Nebensaison) oder erstellen gesonderte **Hotelkataloge** zur Organisation von Pauschalreisen durch Reisemittler. Noch weiter geht der Service der sogenannten **Paketveranstalter**, die als Großhändler Teilpauschalreisen an andere Unternehmen (in der Regel Busbetriebe) verkaufen; neben der Hotelvermittlung übernehmen sie auf Wunsch auch die Planung und Organisation von Reisen, die Erledigung von Visa- und Devisenangelegenheiten und die Reiseleitung, so daß dem eigentlichen Reiseveranstalter nur noch die Transportleistung und die Vermarktung zufällt (siehe auch Abschnitt 1.5.6).

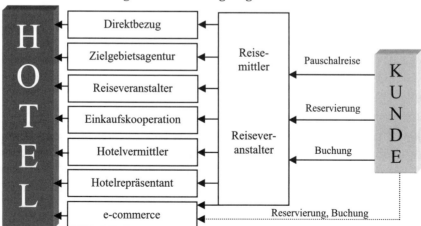

Abbildung 2.5: Beschaffungswege im Hoteleinkauf

- Die Beteiligung an **Einkaufskooperationen** hat das Ziel, durch Bündelung der Nachfrage bei den Hotels günstigere Konditionen – sogenannte *corporate rates* – zu erlangen.
- **Hotelvermittler** sind freie Händler, die zur Reservierung von Unterkünften eingeschaltet werden können. Sie sind entweder im Inland ansässig und reservieren weltweit Hotelkontingente oder sie vermitteln von den Zielgebieten aus die Buchung von Hotels der Region.
- **Hotelrepräsentanten** übernehmen für ausgewählte Hotels die Vertretungsaufgaben (Verkauf, Marktbearbeitung) in einer Verkaufsregion und sind damit besonders im Bereich der Luxushotellerie Ansprechpartner für Reiseveranstalter.

Zu *electronic commerce*, dem Vertrieb von touristischen Dienstleistungen über elektronische Medien (Weithöner 2007) zählen:

- Globale Distributionssysteme (GDS) wie Amadeus, Galileo oder Sabre;
- ❖ Central Reservation Offices (CRO) der Hotelkonzerne;
- ❖ CRS von Hotelvermittlungsunternehmen und Hotelrepräsentanten, die auch online erreicht werden können (ein öffentliches Beispiel ist HRS).

Die Entscheidung, welcher Beschaffungsweg vom Reiseveranstalter gewählt wird, ist abhängig von der Größe des benötigten Kontingents, der Dringlichkeit der Buchung, den Kommunikationskosten und der erzielbaren Provision.

2.3.3 Gästebetreuung

2.3.3.1 Zielgebietsagentur

Zielgebietsagenturen vertreten „vor Ort" die Interessen des Reiseveranstalters und erbringen bestimmte Teilleistungen des Pauschalreisepaketes. Zu ihren **Aufgaben** zählen:

- Organisation und Durchführung der **Gästetransfers** zwischen Flughafen, Bahnhof, Hafen und Hotel, von Ausflügen, Rundreisen und Landprogrammen bei Kreuzfahrten;
- **Gästebetreuung**, sofern keine veranstaltereigene Reiseleitung am Zielort vorhanden ist, Vermittlung von Mietwagen, Besorgung von Fahrkarten oder Flugscheinen;
- **Anlaufstelle** für Kommunikation zwischen Reiseveranstalter und Ortsreiseleitung, eventuell sogar eigener Counter für die Reiseleitung des Veranstalters;
- **Mithilfe** bei Vorbereitung und Durchführung des Hoteleinkaufs; Abwicklung der Reservierungen und des Zahlungsverkehrs mit den Hotels;
- **Information** über neue Entwicklungen im Zielgebiet (neue Hotels und Ausflugsziele, Sport- und Unterhaltungsangebote), Beratung in Rechts- und Steuerfragen, Beschaffung von Arbeitsgenehmigungen für Reiseleiter, von Photos für den Katalog etc.
- **Repräsentanz** gegenüber den offiziellen Tourismusbehörden und -organisationen.

Die Zielortagentur erhält neben den Kosten für die erbrachten Einzelleistungen (zum Beispiel Transfer) eine *handling fee*, die als Aufpreis in Prozent des Übernachtungspreises, als Fixum pro betreuten Gast oder als Festbetrag vereinbart werden kann. Der Reiseveranstalter und/oder sein Reiseleiter erhalten von der Agentur für die von ihnen an ihre Gäste vermittelten Leistungen (beispielsweise Ausflüge) eine Umsatzprovision.

2.3.3.2 Reiseleitung

Wenn ein Vorteil der Pauschalreise gegenüber der Individualreise darin besteht, daß dem Kunden organisatorische Entlastung und problemloser Reiseverlauf gewährleistet werden, dann wird die Reiseleitung ein unverzichtbares Element dieser Reiseart. Umfang und Inhalt der Reiseleitung hängen vom Produktkonzept ab: Während bei Badereisen nach Griechenland die Tätigkeit der Reiseleitung gegenüber dem Kunden sich meist in Transferbegleitung, Abhalten von Sprechstunden und Ausflugsvermittlung, also in Organisationshilfen, erschöpft, steht oder fällt dort bei einer Rundreise die Qualität entscheidend mit der Leistung der Reiseleitung, und bei Studienreisen ist eine wissenschaftliche Reiseleitung sogar gerichtlich einklagbar. Dementsprechend gibt es auch verschiedene **Arten von Reiseleitungen:**

- **Reisebegleitung:** Ihre Aufgabe besteht lediglich in der Betreuung während der Anreise mit Bus, Bahn oder – meist nur bei Fernreisen – Flugzeug.
- **Zielortreiseleitung:** Hier werden die Gäste von einem am Urlaubsort stationierten Reiseleiter oder einem Agenturmitarbeiter, der in den verschiedenen Hotels Sprechstunden abhält, betreut.
- **Rund- und Studienreiseleiter:** Sie begleiten die Gäste während der ganzen Reise und sind dabei auch für die Vermittlung von Landeskenntnissen, für das Freizeitprogramm und für Führungen zuständig.
- **Sonderformen der Reiseleitung** ergeben sich bei bestimmten Reisearten wie Kinder- und Jugendreisen, bei denen Aufgaben der Urlaubsgestaltung (und gegebenenfalls der Aufsichtspflicht) hinzukommen, oder bei Kreuzfahrten, bei denen die Bordreiseleitung (*cruise director*, Gästebetreuer, Begleiter bei Landausflügen) für die Planung und Durchführung des gesamten Programms verantwortlich ist (siehe hierzu ausführlich Abschnitt 11.2).

Zu den **wichtigsten Aufgabengebieten** der Reiseleitung zählen:

- **Organisation:** Begrüßung der Gäste, Feststellung der Vollzähligkeit, Transferbegleitung, Zimmerverteilung; Leistungskontrolle, und Überprüfung der Rechnungen der Leistungsträger; Zielgebietsberichte und Vorschläge zur Produktverbesserung.
- **Gästeinformation:** Reisetechnische Hinweise bezüglich Reiseablauf, Zoll-, Paß- und Devisenbestimmungen; Empfehlungen für den Umgang mit der einheimischen Bevölkerung, für das Verhalten in Kirchen und beim Photographieren, für Kleidung und Trinkgelder.

Pauschalreisen: Konzept und Elemente

- **Gästebetreuung:** Entgegennahme und möglichst unverzügliche Behebung von Reklamationen, Hilfe bei individuellen Problemen (Beispiel: Beschaffung eines Medikaments), Beratung für Einkäufe oder Urlaubsaktivitäten, Vermittlung von Ausflügen und Mietfahrzeugen.
- **Gruppenklima:** Je kleiner und geschlossener eine Reisegruppe, etwa bei Rundreisen, desto mehr kommen auf die Reiseleitung auch psychologische Aufgaben der Erkennung und Beeinflussung von gruppendynamischen Prozessen hinzu. Zu den in diesem Zusammenhang zu lösenden Aufgaben zählen: Herstellung von Kontakten zwischen den Reiseteilnehmern, Integration von Außenseitern und Querulanten, Lösung von Konflikten zwischen den Gruppenmitgliedern, Mithilfe bei der Entscheidungsfindung bei gemeinsamen Aktivitäten, Beeinflussung von Stimmung und Atmosphäre in der Reisegruppe.

Die Reiseleitung erbringt nicht nur diese für einen gelungenen Urlaub wichtigen Serviceleistungen, sie repräsentiert gleichzeitig auch den Reiseveranstalter gegenüber seinen Kunden. Häufig ist die Reiseleiterin/der Reiseleiter der einzige Mitarbeiter des Veranstalters, mit dem der Gast persönlichen Kontakt hat. Äußere Erscheinung und Verhalten der Reiselei-

Studienreiseleiter bei der Arbeit

ter bestimmen also das Image eines Veranstalters mit (vgl. ausführlich dazu Kapitel 8.8).

Ein Reiseveranstalter verfügt entweder über eigene Reiseleiter als Angestellte seines Unternehmens (Fest- oder Zeitverträge), oder er arbeitet mit frei- oder nebenberuflich tätigen Reiseleitern zusammen. Wenn sich wegen der geringen Gästezahl eine eigene Reiseleitung im Zielgebiet wirtschaftlich nicht trägt, können deren Aufgaben auch von den Mitarbeitern der Zielgebietsagentur übernommen werden (siehe auch Kapitel 3.6). Bei Stadtführungen, Besichtigungen und Ausflugsbegleitung wird in der Regel auf ortsansässige Fremdenführer (*local guides*) zurückgegriffen, sofern nicht, wie bei Studienreisen, der Reiseleiter eine besondere Kompetenz für die Thematik besitzt.

Da Reiseleiter in der Bundesrepublik Deutschland kein Ausbildungsberuf ist, übernehmen die Reiseveranstalter die Schulung der Reiseleiter selbst. Dabei wird meist eine mehrtägige oder mehrwöchige theoretische Ausbildung durch ein *„training-on-the-job"* im Zielgebiet ergänzt. In manchen Ländern ist die Tätigkeit ausländischer Reiseleiter von einer Arbeitserlaubnis abhängig oder nur eingeschränkt möglich (zum Beispiel Verbot von Führungen, für die einheimische *guides* beschäftigt werden müssen). Für den Bereich der EU hat der Europäische Gerichtshof 1991 entschieden, daß Reiseleiter aus Mitgliedsstaaten grundsätzlich in allen EU-Ländern eingesetzt werden dürfen und nur ganz spezielle Einrichtungen wie Museen oder Denkmäler ausschließlich durch national lizensierte Reiseführer erläutert werden dürfen (ausführlicher zu den europarechtlichen Regelungen für Reiseleiter siehe auch Kapitel 8.8).

2.3.3.3 Animation

Animation ist eine vom Hotel, Reiseveranstalter oder Fremdenverkehrsort angebotene Urlaubsdienstleistung, die zu mehr gemeinsamer geselliger, geistiger oder sportlicher Aktivität anregt. Finger & Gayler führen dazu aus:

„Animation ist ein aktiver Vorgang der Ermunterung, Ermutigung und freundlichen Aufforderung. Animation ist also mehr als Information, ... mehr als die Zur-Verfügung-Stellung von Infrastruktur ... Die Interaktion ist der Kern der Animation, die Partizipation, die aktive Teilnahme an der gemeinsamen Aktion ihre eigentliche Wesensart" (2003, S. 17).

Der Reiseveranstalter kann das Produktelement Animation in seinem Reisepaket entweder als Bestandteil der Hotelleistung als Fremdleistung einkaufen oder es durch eigene Mitarbeiter selbst erstellen. Letzteres ist besonders bei Kinder-, Jugend- und Seniorenreisen der Fall, und beim Cluburlaub ist die Animation durch ein eigenes Team das wichtigste Unterscheidungskriterium gegenüber einer normalen Aufenthaltsreise.

Ziele der Animation

Betriebswirtschaftliche Vorteile und Ziele von Animationsprogrammen sind...

- das **Angebot eines zielgruppenorientierten Produkts** mit hoher Problemlösungskompetenz für die Urlaubsgestaltung. Die aktive Anregung und Hilfestellung ermöglicht eine leichtere Realisierung der Urlaubswünsche, hebt mit diesem „Mehrwert" das Produkt von Pauschalreisen ohne Animation ab und bringt es so in eine *unique selling proposition* (USP).
- die **Bindung des Kunden an den Reiseveranstalter** nicht über den Preis, sondern über die durch die Animation geschaffene besondere Produktqualität. Die höhere Urlaubszufriedenheit führt zu einem höheren Anteil an Stammkunden und zu positiver Mundpropaganda der Teilnehmer in ihrem Bekanntenkreis.
- eine **Saisonverlängerung**, da die Attraktivität eines Aufenthalts nicht nur von der touristischen Infrastruktur des Urlaubsortes und vom Wetter abhängt, sondern vor allem von den im Club bzw. Hotel angebotenen Aktivitäten.
- die **Ertragssteigerung durch Nebenausgaben der Urlauber**, die in den Bars, Restaurants, Boutiquen und Sportzentren des Hotels getätigt werden, und an denen der Reiseveranstalter entweder direkt (wenn er diese Betriebsteile selbst betreibt) oder indirekt (durch Umsatzprovision) beteiligt wird.

Inhaltlich versucht die Animation, durch ein Eingehen auf die Bedürfnisse und Wünsche der Gäste die Urlaubsqualität zu erhöhen, indem sie sich nach Finger (1997, S. 324–327) an folgenden intendierten Wirkungen orientiert:

- Realisierung von Bedürfnissen;
- Steigerung der Eigenkreativität;
- Vermehrung von Kontakten;
- Intensivierung der Kommunikation;
- Abwechslungsreichere Urlaubsgestaltung;
- Intensives Urlaubserlebnis;
- Erhöhung von Spaß, Freude und Vergnügen;
- Chance der Weiterwirkung der gemachten Erfahrung im Alltag.

Animationsprogramme setzen Investitionen in Anlagen, Geräte und Personal voraus, die sich erst mittelfristig amortisieren. In einer groben Kalkulation kann man davon ausgehen, daß die **Kosten von Animationsprogrammen** je nach Angebot zwischen fünf Prozent und 15 Prozent der Kosten der Hotelleistung (Vollpension) liegen. Bei der Preisgestaltung verfolgen die Veranstalter unterschiedliche Konzepte hinsichtlich der im Pauschalpreis enthaltenen Animationsleistungen. Als extra zu bezahlende Optionen gelten meist relativ kostenintensive Sportarten, die nur von einem Teil der Gäste auch tatsächlich ausgeübt werden, beispielsweise Tennis, Reiten oder Wasserski.

Animationsbereiche

- **Sport und Bewegung** als Animationsprogramm ist weder als Trainingsprogramm zum Erlernen oder zur Vervollkommnung einer bestimmten Sportart noch als die Organisation von leistungsorientierten Wettbewerben oder Turnieren zu sehen, sondern als eher spielerische Freizeitbetätigung mit dem Ziel, Spaß durch Bewegung zu haben.
- **Geselligkeit und Unterhaltung** durch Spiele, Tanzveranstaltungen, *shows* unter Einbeziehung der Gäste;
- **kreative Hobbies**, die der Urlauber einmal gerne intensiver betreiben oder erstmals ausprobieren möchte;
- **Erlebnisse und kleine Abenteuer**, sei es ein Lagerfeuer am Strand, eine Nachtwanderung oder ein kulinarisch besonders interessantes Abendessen;
- **Information und Kultur**, die in direktem Zusammenhang zum Urlaubsort steht.

Ein Animationsangebot, das mehr ist als die Zurverfügungstellung von Informationen und Freizeitgeräten, setzt ein inhaltliches Konzept ebenso voraus wie ein Mitarbeiterteam, das nicht nur fachlich (zum Beispiel als Sport-, Musik-, oder Kinderanimateur) kompetent, sondern auch kontakt- und kommunikationsfähig, flexibel und belastbar ist.

2.3.4 Sonstige Produktelemente

2.3.4.1 Versicherungen

Reiseversicherungen, die ein Reiseveranstalter für seine Kunden abschließt und in das Pauschalpaket aufnimmt, stellen einerseits eine qualitative Verbesserung des Produkts dar, andererseits erhöhen sie den Reisepreis. Letzteres hat eine Reihe von Veranstaltern bewogen, die früher im Preis eingeschlossene Reiserücktrittskostenversicherung nicht mehr als integrierten Bestandteil ihrer Reisen anzubieten. Statt dessen sind die Reisemittler aufgrund ihrer Beratungspflicht gehalten, den Kunden bei der Buchung über die Versicherungsmöglichkeiten zu informieren.

Folgende Versicherungen können einzeln oder im Paket Bestandteil des Reiseangebots sein:

- **Reise-Rücktrittskosten-Versicherung bzw. Reiseabbruchversicherung**, die im Falle des Todes oder der schweren Erkrankung des Reiseteilnehmers, seiner Begleitperson oder eines nahen Verwandten die bei der Stornierung einer Reise / beim Abbruch einer bereits begonnenen Reise anfallenden Kosten übernimmt.
- **Reisegepäckversicherung** für den Verlust oder die Beschädigung des während einer Reise mitgeführten persönlichen Reisebedarfs des Kunden und seiner mitreisenden Familienangehörigen.
- **Reiseunfallversicherung** für körperliche Schäden, die unfallbedingt während der Reise eintreten.

- **Reisehaftpflichtversicherung** gegenüber Schadensansprüchen an den Kunden von Dritten wegen von diesem verursachten Personen- oder Sachschäden.
- **Reisekrankenversicherung**, um die von den gesetzlichen Krankenversicherungen nicht übernommenen Kosten für medizinisch notwendige und ärztlich angeordnete Rücktransporte aus dem Ausland sowie gegebenenfalls Heilbehandlungs- und Krankenhauskosten, die im Ausland höher sind als die von den Krankenversicherungen erstatteten inländischen Gebührensätze, abzudecken.

Neben den oben aufgeführten Versicherungen gegen mögliche Schadensfälle des Reisenden kann ein **Touristikunternehmen** auch seine **eigenen Risiken** durch Versicherungen beschränken.

Für den Reiseveranstalter besteht die Pflicht zur **Insolvenzabsicherung**. Er hat nach § 651 k sicherzustellen, daß im Falle seiner Zahlungsunfähigkeit oder seines Konkurses vor Reiseantritt dem Reisenden der gezahlte Reisepreis zurückerstattet wird; tritt einer dieser Fälle nach Reiseantritt ein, dann ist die Erstattung eventuell nicht erbrachter Leistungen (zum Beispiel Hotelübernachtungen) oder notwendiger Aufwendungen für die Rückreise sicherzustellen. Von der Insolvenzsicherungspflicht ausgenommen sind Unternehmen, die nur gelegentlich und außerhalb ihrer gewerblichen Tätigkeit Reisen veranstalten, Reiseveranstaltungen durch juristische Personen des öffentlichen Rechts (zum Beispiel Volkshochschulen) sowie die Veranstaltung von Reisen, die nicht länger als 24 Stunden dauern, keine Übernachtung enthalten und nicht mehr als 75 € kosten. Die Insolvenzsicherung kann entweder durch eine Versicherung bei einem Versicherungsunternehmen oder durch ein Zahlungsversprechen durch ein Kreditinstitut (Bankbürgschaft) erfolgen.

Für weitere Risiken bestehen folgende Versicherungen:

- Haftpflichtversicherung gegen Personen- und Sachschäden für Reiseveranstalter;
- Haftpflichtversicherung gegen Vermögensschäden für Reiseveranstalter;
- Haftpflichtversicherung gegen Vermögensschäden für Reisemittler;
- Haftpflichtversicherung gegen Vermögensschäden durch den Verlust von Flugdokumenten;
- Kautionsversicherung für IATA-Agenturen;
- Vertrauensschadenversicherung für Reisemittler bezüglich Weiterleitung eingenommener Kundengelder;
- Kautionsversicherung von Kundenzahlungen gegen Insolvenzen von Reiseveranstaltern.

2.3.4.2 Mietfahrzeuge

Mietfahrzeuge (Personenwagen, Kleinbusse, Wohnmobile, Motorräder) als Teil der Pauschalreise für Selbstfahrer stellen in bestimmten Zielgebieten eine Alternative zu Gruppenrundreisen dar. Der Kunde bucht zusammen mit dem Flug ein Fahrzeug und nimmt es am Zielort in Empfang. Dazu schließt der Reiseveranstalter Kooperationsverträge mit örtlichen Unternehmen oder Niederlassungen internationaler Ketten und handelt wirtschaftlich gesehen als deren Verkaufsagentur. Rechtlich gesehen wird der Mietwagen zum Element der Pauschalreise, d. h., der Reiseveranstalter haftet für Leistungsmängel. Ansonsten werden Mietfahrzeuge durch Zielgebietsagenturen oder die Reiseleitung vermittelt.

2.3.4.3 Service Cards

Service cards werden als Kundenkarten oder Kreditkarten eingesetzt. Unternehmensspezifische Kundenkarten, die unentgeltlich ausgegeben werden, haben nur für Käufe beim ausstellenden Unternehmen Gültigkeit (Beispiel: die Aldiana-Gästeclub-Karte während des Aufenthalts in diesem Ferienclub). Kundenkarten ermöglichen dem Gast ein bequemes Begleichen seiner Rechnungen, da er nicht ständig Bargeld mit sich herumtragen muß. Für das Unternehmen gleichen sich die Liquiditätsnachteile eines späteren Inkassos bei Abreise mit der rationelleren Abrechnung in etwa aus.

Service cards als **Kreditkarten** mit allgemeiner Akzeptanz werden von Reiseveranstaltern in Kooperation mit einer etablierten Kreditkartenorganisation *(co-branding)* herausgegeben und mit besonderen Zusatzleistungen ausgestattet (zum Beispiel die TUI Card Classic und TUI Card Gold in Zusammenarbeit mit VISA). Die Kreditkarte, auf der auch Name und Logo des Reiseveranstalters aufgedruckt sind, kann gegen eine Gebühr erworben werden. Die Kreditkartenorganisation erhebt bei der Abrechnung mit den Akzeptanzstellen (Reisebüros, Fluggesellschaften, Hotels oder sonstigen Geschäften) ein Disagio in Höhe von 1,5 Prozent bis 3 Prozent, das heißt, sie überweist dem Unternehmen einen um diese Provision niedrigeren Betrag (vgl. dazu auch das Kalkulationsbeispiel in Kapitel 10.10).

Infolge der traditionell niedrigen Nettoumsatzrendite der Reisebüros (0,7 – 1,5 Prozent) sind diese nicht in der Lage, dieses Disagio zu übernehmen. Ein Reiseveranstalter, der die Bezahlung seiner Reisen auch mittels *service card* ermöglichen will, muß daher selbst dieses Disagio übernehmen. Grundsätzliches Ziel der Einführung von Kreditkarten im *co-branding*-Verfahren ist nicht eine Ertragssteigerung durch den Vertrieb der Karte, sondern die Verstärkung der Kundenbindung an das Unternehmen.

Der Reiseveranstalter bietet dem Kunden mit dieser *service card* nicht nur die Vorteile einer normalen Kreditkarte – bequeme Zahlungsweise, Vermeidung von Diebstahl oder Verlieren von Bargeld, Einräumung eines Zahlungsziels durch monatliche Abrechnung –, sondern zusätzliche Vorteile durch Nebenleistungen wie eingeschlossene Versicherungen, freie Sitzplatzreservierung im Flugzeug, Rabatte bei der Buchung eines Mietwagens oder höheres Freigepäck. Ein weiterer Vorteil für den Veranstalter liegt im Inkasso durch die Kreditkartenorganisation: Das Risiko der Zahlungsunfähigkeit des Kunden trägt das Kreditkartenunternehmen.

2.4 Servicemanagement

2.4.1 Ziel: Das Null-Fehler-Ergebnis

In der traditionellen Behandlung des Marketing-Mix spielen Planung, Ablauf und Kontrolle der Leistungserstellung keine Rolle; sie werden der betriebswirtschaftlichen Funktion „Produktion" zugeordnet. Die simple Übertragung der für Sachgüter entwickelten Marketinginstrumente auf den Dienstleistungsbereich führt jedoch zu zwei gravierenden Defiziten. Zum einen wird die Tatsache vernachlässigt, daß fehlerhafte Dienstleistungen nicht umgetauscht werden können, der Kunde in solchen Fällen also ein mangelhaftes Produkt erhält und behält. Zum anderen bedeutet diese Sichtweise einen Verzicht auf Einflußnahme auf die Produktqualität durch das Marketing.

Während es bei der Güterproduktion möglich ist, fehlerhafte Produkte bei der Fertigungskontrolle auszusondern, werden bei Pauschalreisen alle Produkteinheiten vermarktet, weil Mängel wegen der Zeitgleichheit von Produktion und Konsum erst dann entstehen, wenn der Kunde eine Leistung nutzt. Daher stellt das Erreichen eines Null-Fehler-Ergebnisses das erste Ziel des Reiseveranstaltermanagements dar. Denn **Leistungsmängel** haben dreifache Kosten zur Folge. Zunächst die für die **Erstellung des unbefriedigenden Produkts**, dann die der **Mängelbehebung** und schließlich jene, die durch die **Abwanderung** der enttäuschten Kunden entstehen. Daraus folgt, daß die Qualitätskomponente nicht nur bei der Plazierung von Premium-Produkten, sondern in der Form des Qualitätsmanagements bei allen Produkten eine Rolle spielt. Dieses umfassende Management der Dienstleistungsqualität, auch als **Servicemanagement** bezeichnet, bezieht sich aufgrund der spezifischen Produktionsweise des Reiseveranstalters auf zwei Kernbereiche: die Beschaffung von Fremdleistungen und den operativen Bereich der Leistungserstellung durch den Veranstalter. Dabei ist eben nicht nur das Produkt marktbezogen zu planen, sondern – und hier liegt der Unterschied zu Sachgütern – auch der Prozeß und das Umfeld der Produktion nach Marketinggesichtspunkten zu gestalten.

2.4.2 Beschaffungsmanagement

Bei der Erstellung der Reisevorleistungen ist, ähnlich wie bei anderen Unternehmensaktivitäten (zum Beispiel Katalogerstellung oder Vertrieb) zwischen Eigenerstellung durch vertikale Integration (vgl. Abschnitt 1.5.2) und Fremdbezug zu entscheiden. Der Beschaffung der einzelnen Produktelemente kommt insofern eine besondere Bedeutung zu, als...

- die Gesamtqualität der Reise stark dadurch beeinträchtigt wird, wenn auch nur eine einzige Leistung mangelhaft ist. Eine schlechte Qualität des Essens kann kaum durch einen besonders angenehmen Flug kompensiert werden, da dieser vom Kunden als Selbstverständlichkeit betrachtet wird.
- ca. 80 Prozent des Wertes (gemessen am Verkaufspreis) einer Pauschalreise aus Vorleistungen anderer Unternehmen bestehen, insbesondere dann, wenn der Veranstalter überhaupt nicht oder nur teilweise als Leistungsträger tätig ist. Die im Einkauf erzielten Preise und Konditionen (Zahlungs-, Stornierungsbedingungen) beeinflussen also in starkem Maße die Kosten und damit die Konkurrenzfähigkeit eines Unternehmens.
- diese Leistungen ohne „Bearbeitung" durch den Veranstalter direkt vom ursprünglichen Produzenten an den Kunden „geliefert" werden. Der Reiseveranstalter hat insofern nur **beschränkte Möglichkeiten der Qualitätskontrolle**; er kann lediglich auf die Beurteilung früher erbrachter Leistungen, die Qualifikation des Personals und den Zustand der zur Dienstleistungserstellung notwendigen Sachgüter als „sekundäre" oder „indikative" Qualitätskriterien zurückgreifen. Die **sorgfältige Auswahl der Leistungsträger** ist daher ein Grunderfordernis: Die Qualität beginnt beim Einkauf (vgl. Pompl 1997, S. 119–130).

Ein **passives Beschaffungswesen**, das sich damit begnügt, bloß am Markt vorhandene Leistungen quasi per Bestellung zu ordern, läuft Gefahr, bei der Produktgestaltung von den Zulieferern abhängig zu werden und allenfalls Standardware herzustellen. Ein solches Vorgehen ist nur bei starker Preisorientierung und *me-too*-Produkten unproblematisch. Zielt aber die Produktpolitik eines Reiseveranstalters auf *unique preference propositions*, also auf einzigartige, nur von ihm angebotene Produkte, dann gilt es, den Beschaffungsmarkt so zu beeinflussen, daß die von der Absatzseite her geplanten Produktelemente in der gewünschten Spezifikation und Qualität dauerhaft und zuverlässig von den Leistungsträgern erbracht werden.

Zur **Beeinflussung der Beschaffungsmärkte** kann eine **Einkaufspolitik** entwickelt werden, deren Ziele Sicherheit des Leistungsbezugs, Kostenoptimierung und Qualitätskonstanz sind, und deren Instrumente im Sinne eines Beschaffungsmarketings (vgl. Abbildung 2.6) einzusetzen sind. So ist hier etwa im Rahmen der Entgeltpolitik zu entscheiden, ob möglichst niedrige Preise ausgehandelt werden sollen, oder ob nur eine Tendenz zu Niedrigpreisen verfolgt wird, um auch qualitativen Aspekten Rechnung zu tragen. Wird nämlich ein Leistungsträger, beispielsweise ein Hotelier, aufgrund der Marktsituation zu Preisen gezwungen, die seine Rendite oder gar sein Unternehmen gefährden, dann wird er eventuell mit einer Verschlechterung der Leistung (Einsparungen im Service und beim Essen) oder mit einer Erhöhung der Preise für vom Gast direkt zu bezahlende Nebenleistungen (Getränke, Telephon, Wäscherei) reagieren; das ist sicherlich nicht im Interesse der Kunden und damit auch nicht in dem des Reiseveranstalters.

Abbildung 2.6: Instrumente des Beschaffungsmanagements

```
                    Instrumente
                   des Beschaffungs-
                      marketings
   ┌──────────────┬──────────────┬──────────────┐
Programmpolitik  Entgeltpolitik  Konditionen-   Kommunikations-
                                   politik         politik

 Qualität         Preise        Abnahmegarantien  Verhandlungs-
                                                  führung
 Menge            Rabatte       Zahlungsabwicklung Beschaffungs-
                                                  förderung
 Bezugsquellen    Zusatzleistungen Stornofristen  Werbung
 Beschaffungszeitpunkt           Konkurrenzausschluß Public Relation
```

Ein anderes Instrument des Beschaffungsmarketings ist die Mengenpolitik: Je größer die bei einem Leistungsträger eingekaufte Menge ist, desto stärker ist die Verhandlungsposition des Reiseveranstalters, und zwar nicht nur in preislicher, sondern auch in qualitätsmäßiger Hinsicht. Belegt ein Reiseveranstalter einen größeren Prozentsatz der Betten eines Hotels, dann kann er mit dem Hotelier Sonderleistungen für seine Gäste vereinbaren – ein besonderes Frühstück, im Preis inbegriffene Benutzung der Liegestühle, Videofilme und Speisekarte in deutscher Sprache. Solche Sonderleistungen sind für den Hotelier in der Regel wenig kostenträchtig, da er diese Leistungen meist ohnedies erbringen muß; lediglich die Ausführung wird sich an der Personengruppe orientieren, die das Hotel majorisiert. Eine solche Beeinflussung des Leistungsträgers im Sinne der eigenen Produktpolitik kann auch durch langfristige Verträge, Vorauszahlungen, Abwicklung des Zahlungsverkehrs oder Abnahmegarantien im Rahmen der Konditionenpolitik erfolgen. Selbst die Idee der *human relations* kann hier eingesetzt werden, und zwar durch eine Ausdehnung der Mitarbeiterpflege auf die Leistungsträger.

Schließlich gehört auch eine **permanente Leistungskontrolle** (etwa durch wöchentliche Reiseleiterberichte, Nutzung der Bewertungsportale, Produkttests durch Experten, Kundenbefragungen und Auswertung der Reklamationen durch den Einkauf) zu den Instrumenten des Beschaffungsmarketings.

2.4.3 Beschwerdemanagement

Selbst wenn sich ein Reiseveranstalter ein Null-Fehler-Ergebnis zum Ziel setzt, sind insbesondere wegen der bei Dienstleistungen unumgänglichen

Gleichzeitigkeit von Erstellung und Inanspruchnahme (Unmöglichkeit einer Qualitätskontrolle vor Lieferung an den Kunden) mängelbehaftete Produkte nicht gänzlich zu vermeiden. Die daraus resultierenden Kundenreklamationen können entweder durch eine passiv-reaktive Beschwerdebehandlung mit dem Ziel eines möglichst niedrigen Aufwands oder durch ein aktives Beschwerdemanagement beantwortet werden. Das aktive Beschwerdemanagement mißt der Wiederherstellung der Kundenzufriedenheit eine strategische Bedeutung zu, um langfristig sowohl die Beschwerdekosten zu senken als auch die Kundenbindung zu erhöhen: Es dient der Vermeidung von Kundenabwanderung, der Reduzierung negativer Mundwerbung und der Produktverbesserung. Wesentliche Elemente sind die...

- **Beschwerdestimulierung,** damit sich möglichst alle unzufriedenen Kunden beschweren. Dies wird zunächst die Zahl der Beschwerden erhöhen. Aber es erhöht nicht die Zahl der unzufriedenen Kunden, sondern die Chancen auf Wiederherstellung der Kundenzufriedenheit und auf zukünftige Vermeidung von Produktmängeln.

- **Beschwerdeannahme** in einer sachlichen und höflichen Form, die dem Kunden zeigt, daß man sein Problem ernst nimmt.

- **Beschwerdebearbeitung** durch schnelle, individuelle und kundenfreundliche Entscheidungen. Optimal ist eine Beschwerdebearbeitung direkt im Zielgebiet, da hier der Kunde noch während des Urlaubs zufriedengestellt wird und der Bearbeitungsaufwand des Unternehmens sinkt. Die Orientierung an der Kundenzufriedenheit bedeutet aber nicht, jeden objektiv unberechtigten Anspruch zu akzeptieren.

- **Beschwerdeauswertung** und Einleitung von Verbesserungsmaßnahmen beim Produkt selbst sowie bei der Produkterstellung im eigenen Unternehmen und bei den Leistungsträgern.

2.4.4 Erweitertes Instrumentarium des Service-Managements

Persönliche Dienstleistungen unterscheiden sich von Sachleistungen durch die Tatsache, daß der Kunde a) beim Kauf nur ein Leistungsversprechen erwirbt, b) den Produktionsprozeß miterlebt und c) dabei in Kontakt mit anderen Personen kommt. Da diese Tatsachen bei den klassischen Marketinginstrumenten zunächst nahezu vollständig unberücksichtigt blieben, mußte im Rahmen des Service-Managements das Instrumentarium erweitert werden. Die Berücksichtigung der besonderen Eigenschaften von Dienstleistungen veranlaßte Bitner & Booms (1983; siehe dazu auch Cowell 1989, S. 69–74, Pompl 1996, S. 61 ff.), den traditionellen Marketinginstrumenten (in der englischsprachigen Literatur auch als die vier „Ps" bezeichnet: *product, price, place and promotion*) drei weitere „Ps" hinzuzufügen, nämlich *participants, physical evidence* und *process* (vgl. Abbildung 2.7).

Pauschalreisen: Konzept und Elemente

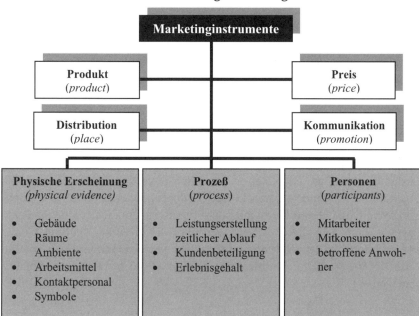

Abbildung 2.7: Das erweiterte Instrumentarium des Dienstleistungsmarketings

- *„Process"* stellt darauf ab, daß der Reisende große Teile der Leistungserstellung miterlebt. Daher ist auch der Produktionsprozeß (zum Beispiel die Beförderung im Bus), insbesondere der zeitliche Ablauf (zum Beispiel keine Warteschlangen am Flughafen), urlaubsadäquat zu gestalten. Durch die Beteiligung der Kunden an der Leistungserstellung können sowohl Kosteneinsparungen (zum Beispiel durch Selbstbedienung am Buffet) als auch Qualitätssteigerungen (zum Beispiel durch Animation) erreicht werden. Manche Dienstleistungen können als persönliche Kundenerlebnisse ausgestaltet werden: Das feierliche Dekantieren einer Flasche Wein, die kunstfertige zelebrierte Zubereitung der Crêpes Suzette am Gästetisch oder der *show grill* sind Beispiele aus der Erlebnisgastronomie.

- *„Participants"* bezieht sich auf die teilnehmenden Personen, die in Erstellung und Konsum der Dienstleistung eingebunden sind. Das sind die Mitarbeiter mit Kundenkontakt (insbesondere deren Dienstleistungsbereitschaft und Fachkenntnisse), die anderen Mitreisenden (nette Leute oder ständige Nörgler) und die Bewohner des Urlaubsgebietes („Land und Leute kennenlernen" ist ein wichtiges Urlaubsmotiv).

- *„Physical evidence"* meint die Bedeutung des physischen Erscheinungsbildes der bei der Erstellung der Dienstleistung zum Einsatz kommenden Sachgüter (zum Beispiel Architektur der Gebäude, Dekoration der Räume, Ambiente des Ortes, Arbeitsmittel) und Personen (zum Beispiel Kleidung des Kellners); symbolische Wirkung besitzen Lizenzurkunden (zum Beispiel IATA-Lizenz), Mitgliedschaften (zum Beispiel DRV) und Auszeichnungen (zum Beispiel DIN ISO 9000-Zertifikat), aber auch die Ordnung auf dem Schreibtisch des Reiseberaters oder die Gestaltung der Schaufenster. Als optische Surrogate der Leistungsqualität liefern diese Erscheinungsbilder schon im Vorfeld Signale für die zu erwartenden Leistungsstandards.

Servicemanagement setzt im operativen Bereich auf die Prämisse, daß bei Dienstleistungen definierte Qualitätsnormen weniger durch Kontrolle und Korrektur, sondern durch das präventive Prinzip des *„do it right the first time"* erreicht werden. Das Ziel des Null-Fehler-Ergebnisses bezieht sich dabei nicht nur auf das formale Produkt, sondern auch auf den Produktionsprozeß, die beteiligten Personen und die physische Erscheinung der zur Leistungserstellung benötigten Sachgüter und Mitarbeiter. Ein mängelfreies Produkt alleine bringt heute keine Wettbewerbsvorteile mehr, da es zu einer Standardanforderung an jeden Reiseveranstalter geworden ist. Insofern ist die Qualitätskontrolle nur ein Aspekt des Qualitätsmanagements im Unternehmen. Wird Qualität darüber hinaus als strategische Option des Managements gewählt, dann geht dieser Ansatz weit über die Produktgestaltung hinaus und erfordert die Anwendung von Qualitätsmanagement-Systemen wie die Zertifizierung nach der Normenreihe DIN-ISO 9000 ff. oder Total Quality Management.

3
Die Flugpauschalreise

Wolfgang Hofmann

Dieses Kapitel behandelt die betriebswirtschaftlichen Grundlagen und Zusammenhänge der Flugpauschalreise. Es werden grundlegende Begriffe und Berechnungsformeln erläutert. Die Zahlen, Durchschnittswerte und Begriffe orientieren sich an gebräuchlichen Werten und können im Einzelfall abweichend sein. Aber die grundsätzliche Bedeutung der Darstellung gilt für alle Produzenten einer Flugpauschalreise.

Es werden auch die aktuellen Trends berücksichtigt. Vor allen Dingen durch den immer größeren Anteil des Reiseverkaufs über das Internet, haben sich viele der traditionellen Formen der Reiseproduktion und des Reisevertriebes verändert.

Branchenfremde (zum Beispiel Handelsunternehmen wie Versandhäuser aber auch Softwareunternehmen; siehe im ersten Kapitel die Abschnitte 1.5.1 und 1.5.4) sind in den Tourismus mit unterschiedlichem Erfolg eingestiegen, haben aber auch die herkömmlichen Anbieter zur Änderung und Weiterentwicklung ihres Geschäftsmodelles gezwungen.

3.1 Der Reisepreis

Der durchschnittliche Reisepreis (**Schnittreisepreis**) beträgt 710–820 €. Damit wird die Gesamtheit der verkauften Reisen eines Veranstalters im sogenannten Warmwasserbereich mit dem üblichen Schwerpunkt Mittelmeer berücksichtigt. Bei Veranstaltern, die sich auf Spezialprodukte wie zum Beispiel Fern- oder Studienreisen spezialisieren, liegt der Schnittpreis höher, bei 1.200–1.800 € oder sogar noch darüber. Die Zusammensetzung des Schnittpreises geht aus Übersicht 3.1 hervor.

Hieraus ist zu erkennen, daß die größten Kostenblöcke den Bereichen Flug und Hotel zuzuordnen sind. Je nach Zielgebiet (zum Beispiel nah oder fern), der damit verknüpften Höhe des Flugpreises und der Dauer des Aufenthaltes im Zielgebiet (zum Beispiel eine oder zwei Wochen) machen entweder das Hotel oder der Flug den größten Kostenblock aus.

Nach weiterer Berücksichtigung des Zielgebietsaufwandes (Zielgebietsagentur, Reiseleitung, Transfer zwischen Flughafen und Hotel) und der Reisebüroprovision verbleiben 8–11 Prozent als Deckungsbeitrag II bei dem Reiseveranstalter, aus denen er seine Betriebskosten abdecken und den Rohertrag erwirtschaften muß.

Übersicht 3.1: Die Zusammensetzung des Schnittreisepreises

Schnittreisepreis 100 %			
Reisebüroprovision	10–12 %		
Deckungsbeitrag I oder Nettoumsatz			90–88 %
Touristische Kosten (TK) Flug Hotel Zielgebietskosten – Zielgebietsagentur – Reiseleitung – Transfer **Summe TK**	30–35 % 35–40 % 4–6 %	79–81 %	
Deckungsbeitrag II			8–11 %

Betriebskosten (BK)
– Personal
– Miete
– Kommunikation
  (Telephon, Porto)
– Marketing, Werbung, Kataloge
– EDV, Netzwerke,
  Buchungsmaschinen
– Anlagevermögen
– Büromaterial
Etc.
Summe BK
		8–9 %	

Deckungsbeitrag III (Rohertrag)			1–2 %

3.2 Die Planung

Das touristische Jahr wird üblicherweise als der Zeitraum vom 1. November bis zum 31. Oktober definiert. Es gliedert sich in eine Winter- und eine Sommerperiode:

- Winter: 1. November – 30. April
- Sommer: 1. Mai – 31. Oktober

Der Schnitt Winter/Sommer wird zum Teil auch auf das Osterfest gelegt, da insbesondere reine Sommerziele aufgrund der Nachfrage zu den Osterferien beginnen.

Die Flugpauschalreise

Es wird zudem unterschieden zwischen...

- ganzjährigen Zielen und
- saisonalen Zielen.

Die Einteilung ergibt sich aus den klimatischen Verhältnissen und der damit verbundenen Verkäuflichkeit. Ganzjahresziele sind zum Beispiel die Kanarischen Inseln, Marokko, Tunesien, Ägypten und die meisten Fernziele. Saisonziele sind zum Beispiel Griechenland, Ischia, Ibiza, Menorca.

Der Planungszyklus gliedert sich demnach in die Sommer- und Winterplanung, wobei die Sommerperiode ca. ¾ des Gesamtaufkommens produziert. Unter Berücksichtigung der Schritte:

- Planung
- Einkauf
- Katalogerstellung, -versand
- Kalkulation, Aufbau touristischer Stammdaten, Kontingentsverwaltung
- Buchungsfreigabe
- Buchungsabwicklung
- Zahlungsabwicklung

ergeben sich bei einem Reiseveranstalter die in Abbildung 3.1 dargestellten Zeitabläufe. Die schematische Darstellung verdeutlicht einige Grundsätze des touristischen Ablaufes und zeigt die Komplexität der touristischen Planung, Produktion und Abwicklung:

- Die Übergänge sind in der Regel fließend, d.h., der Einkauf in einigen Gebieten beginnt schon, während noch an der Feinplanung gearbeitet wird.
- Abläufe überschneiden sich, d.h., der Sommereinkauf beginnt, während noch am Winterkatalog gearbeitet wird. Da Einkauf und Katalogproduktion oft, insbesondere bei kleinen und mittleren Veranstaltern, in Personalunion gemacht werden, führt dies zu erheblicher Spitzenbelastung.

Der Termin, nach dem sich alles richtet, ist die **Buchungsfreigabe**. Je früher diese erfolgen kann, desto mehr langfristiges Buchungsgeschäft kann mitgenommen werden. Während kleinere Veranstalter oft einen späten Termin wählen, um Produktionsengpässe zu vermeiden, suchen Großveranstalter in der Regel frühere Termine, um möglichst viel Buchungsvolumen aufzunehmen. Bestes Beispiel ist **ITS**, die den Winter bereits Mitte Juli und den Sommer Mitte Oktober freigeben.

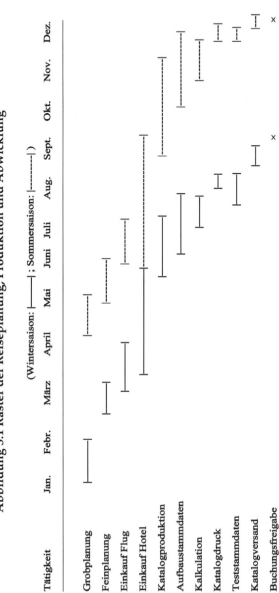

Abbildung 3.1 Raster der Reiseplanung, Produktion und Abwicklung

3.3 Planungsgrundlagen

Die Planung gliedert sich in die Phasen

- Bestandsaufnahme
- Prognose
- Umsetzung

3.3.1 Bestandsaufnahme

Zu Beginn der Grobplanung steht die Analyse der Buchungsentwicklung der laufenden Saison. Wichtig ist dabei nicht nur der Vergleich zur Vorjahressaison, sondern auch zum Plan für die laufende Saison.

Beispiel: Planung für den Sommer 2011. Erste Sitzung Grobplanung, Anfang/Mitte April Teilnehmer: Geschäftsleitung, Leiter Einkauf, Vertrieb, Marketing, Finanzen, Touristische Dienste (Reiseleitung).

a) Ist-Analyse im Vergleich zum Vorjahr:

Ziel	Teilnehmer		Änderung
	Vorjahr per 25. April 2009	laufendes Jahr per 25. April 2010	%
Mallorca	19.335	20.618	+ 6,6
Gran Canaria	6.876	7.325	+ 6,5
Kreta	6.954	8.643	+ 24,3
Antalya	6.412	4.265	– 34,3
Faro	2.468	1.876	– 24,5

b) Ist-Analyse zum Plan des laufenden Jahres

Ziel	Hochrechnung[1]	Plan	Änderung
	Endstand Sommer 2010	Plan Sommer 2010	%
Mallorca	34.363	36.000	– 4,5
Gran Canaria	12.208	11.500	+ 6,1
Kreta	14.405	12.000	+ 20,0
Antalya	7.108	11.800	– 39,8
Faro	3.127	4.500	– 30,5

[1] unter der Annahme, daß per 25. April 60 Prozent des Endstandes erreicht sind

Diese Analyse mit allem Vorbehalt einer sehr frühen Hochrechnung zeigt einen überaus starken Trend für Kreta, Gran Canaria liegt leicht über Plan, Mallorca ist besser als im Vorjahr, jedoch unter Plan, Faro ist sowohl schlechter als im Vorjahr als auch unter Plan.

Wichtig ist es, die **Gründe** für die unterschiedliche Buchungsentwicklung zu analysieren. Dazu gehört die Analyse des Gesamtmarktes für die einzelnen Destinationen:

Beispiele: Der Gesamtmarkt für Mallorca stagnierte. Mit + 6,6 Prozent hat dieser Veranstalter offensichtlich sogar Marktanteile gewonnen. Antalya dagegen erlebt einen Buchungseinbruch von minus 34,3 Prozent.

Es muß nach den besonderen Gründen für die Entwicklung gefragt werden: Durch die Krankheiten, zum Beispiel 2009 vermutete Schweinegrippe in Mexiko oder 2010 die politisch motivierten Ausschreitungen in Bangkok sind viele Kunden, ob zu Recht oder zu Unrecht sei dahingestellt, verunsichert. Wir leben in einem Zeitalter, in der die Medienberichterstattung die öffentliche Meinung prägt. Nicht nur die reale Bedrohung beeinflußt das Touristikgeschäft, sondern die medial dargestellte und wahrgenommene Bedrohung.

Womit ist das starke Abfallen von Faro begründet? Hier gibt es prinzipiell drei Möglichkeiten, die sich zudem noch überschneiden können:

1. Faro entwickelt sich insgesamt negativ, weil das Produkt wegen des Preis-Leistungsverhältnisses vom deutschen Markt nicht angenommen wird.

2. Faro entwickelt sich insgesamt positiv, es ist dem Veranstalter nur nicht gelungen, ein attraktives Produkt auf den Markt zu bringen. Entweder bietet er die falschen Hotels an oder er hat zu teuer kalkuliert.

3. Ein wichtiger Konkurrent hat das Faro Programm erheblich ausgeweitet und damit den Markt überproportional abgeschöpft.

Die Beispiele zeigen, daß es immer wichtig ist, die eigene Entwicklung in Relation zu dem Marktgeschehen zu beurteilen.

3.3.2 Prognose und Planung

Basierend auf der **Ist-Analyse** beginnt die Prognosephase. Dabei werden möglichst viele Daten einer möglichen Entwicklung aus allen Bereichen zusammengetragen, die das Reiseverhalten beeinflussen. Dabei geht es um die Beantwortung der folgenden Fragen.

Monetäre Nachfrageentwicklung – Wie entwickelt sich das für Urlaubsreisen verfügbare Einkommen? Werden Einkommen mindernde Faktoren erwartet wie Steuererhöhungen und/oder Preissteigerungen, die höher als die Einkommensentwicklung liegen? Gibt es Nachholbedarf bei anderen hochwertigen Konsumgütern, zum Beispiel Auto oder Wohnung?

In den letzten Jahren haben sich **die folgenden Trends** gezeigt:

1. Die Flugpauschalreise steht auf der privaten Werteskala sehr weit oben und wurde 1999 zum ersten Mal in der Bedarfsskala des Endverbrauchers auf die erste Stelle gesetzt.

Urlauberflug

2. Aufgrund steigender Einnahmen der Privathaushalte aus Kapitalerträgen (Sparguthaben, Erbschaften) reagiert der Markt nicht mehr so empfindlich auf die Entwicklung des realen Arbeitslohnes wie noch Anfang der 1980er Jahre.

3. Unsichere Arbeitsplätze, steigende Steuerlast, sinkende Renten sind jedoch starke Kaufhemmnisse.

4. Die EU bringt immer wieder das Thema der Besteuerung von Flugreisen (durch eine Kerosinsteuer) auf den Plan, womit eine deutliche Kostensteigerung verbunden wäre. Im Jahr 2010 soll nach Beschlüssen der Bundesregierung für Buchungen mit Abflugterminen ab dem 1. Januar 2011 eine Flugsteuer eingeführt werden. Wie sich diese auf das Nachfrageverhalten ab 2011 auswirken wird, bleibt abzuwarten: Weichen Kunden auf alternative Beförderung aus, fliegen sie verstärkt von benachbarten Flughäfen im Ausland?

Angebotsentwicklung: Gibt es neue Produkte im Zielgebiet?

Beispiel: Der Aufschwung in Ägypten begann mit der Erschließung der Küstenregion bei Hurghada.

Wie wird die Leistungsfähigkeit des Zieles beurteilt? Kann etwa eine überdurchschnittlich hohe Reklamationsquote durch Verbesserungen im Ziel abgebaut werden? Gibt es durch Verbesserung der Infrastruktur die Möglichkeit, anspruchsvollere Gäste anzusprechen? Wie entwickeln sich Sportangebote? Erschließt zum Beispiel der Bau von Golfplätzen eine völlig neue Kundschaft für einige Zielländer? An Griechenland zum Beispiel ist der Golfboom nahezu spurlos vorübergegangen, während die Türkei und Tunesien den Markt kräftig abschöpfen.

Entstehen im Zielgebiet neue Flughäfen, die bisher abgelegene Regionen bequem erreichbar machen?

Preisentwicklung: Gibt es schon Anzeichen für die Entwicklung der Hoteleinkaufspreise für das nächste Jahr? Da Hotelverträge in der Regel in der jeweiligen Währung des Zielgebietes abgeschlossen werden, ist diese Frage automatisch an die Entwicklung des Wechselkurses gegenüber dem € geknüpft.

Beispiele: Hotelpreise in tunesischem Dinar steigen um 10–15 Prozent, die Währung ist gegenüber dem € jedoch stabil. Damit muß die Preissteigerung an den Kunden weitergegeben werden. Damit haben wir in diesem Zielgebiet mit dem Risikofaktor ‚höhere Preise' zu rechnen.

Hotelpreise in US$, zum Beispiel in der Karibik, steigen um 12–15 Prozent, es wird jedoch erwartet, daß der US$ gegenüber dem € um 20 Prozent fällt. Damit könnte die Karibik billiger als im Vorjahr angeboten werden, normalerweise ein belebender Faktor.

Im Jahr 2010 ist jedoch der EURO gegenüber dem USD von 1,40 auf 1,26 gefallen, was Reisen in den USD Raum deutlich verteuert hat.

Die Einführung des Euro (€) und die damit fixierte Einheitswährung unter den Teilnehmerländern hat diese Mechanik grundlegend verändert. Preissteigerungen im Zielland, zum Beispiel in Spanien, können nicht mehr über den Wechselkurs aufgefangen werden, sondern müssen an den Kunden weitergegeben werden.

Um so wichtiger ist es für die Zielgebiete der Eurozone, den Kunden durch Qualität und Innovation zu überzeugen, da der Kampf um den Kunden über den Preis alleine nicht mehr gewonnen werden kann.

Beispiel:Die Hotelpreise in Mallorca steigen um 6 Prozent. Der Anteil der Hotelunterkunft am Reisepreis 33 beträgt Prozent. Die Pauschalreisepreise steigen damit um 2 Prozent.

Zielgebiete außerhalb der Eurozone können weiterhin ihre Preissteigerungen durch den Wechselkurs kompensieren. Als Faustregel gilt jedoch: Ein starker Euro führt zu stärkerer Nachfrage nach Zielen außerhalb der Währungsunion, wie zum Beispiel in die Türkei, nach Tunesien und Marokko. Ein schwacher Euro dagegen führt zu einer stärkeren Nachfrage innerhalb der Länder der Währungsunion.

Zu dem Zeitpunkt der ersten Grobplanung sind jedoch die Entwicklung der Hotelpreise und Währungskurse nur schwer zu beurteilen, weil sich viele

Hotels erst später in der Saison festlegen und die Kurse des €, besonders gegenüber dem US$ stärkeren Schwankungen unterworfen sind.

Angebots- und Preisentwicklung stehen in engem Zusammenhang miteinander. Ein stagnierendes Angebot führt bei steigender Nachfrage in der Regel zu einem **Verkäufermarkt**, d. h., der Verkäufer (Hotelier) kann höhere Preise durchsetzen. Umgekehrt führt ein schneller als die Nachfrage ausgebautes Angebot zu einem **Käufermark**t, d. h., der Einkäufer des Veranstalters kann unter einer Vielzahl von Angeboten auswählen und günstige Preise aushandeln. Bestes Beispiel dafür sind die Türkei und Ägypten. Anfang der 1980er Jahre gab es für den deutschen Markt kaum verwertbare touristische Betten. Als Mitte der 1980er Jahre die Nachfrage einsetzte, konnten die wenigen vorhandenen Hotels den Preis diktieren und die Veranstalter auswählen. Erst als durch einen Bauboom in den 1990er Jahren genügend Betten vorhanden waren und weiter produziert wurden, haben sich die Preise stabilisiert oder sind teilweise sogar rückläufig.

Politische Situation: Der Tourismus ist wie kaum ein anderer Wirtschaftszweig von einer stabilen und friedlichen politischen Lage abhängig.

Als extreme **Beispiele** seien der zweite Golfkrieg im Januar/Februar 1991, der Krieg im früheren Jugoslawien, der Anschlag auf das World Trade Center in New York und das Pentagon in Washington D.C. am 11. September 2001 oder der dritte Irak-Krieg ab 2003 genannt.

Politische Spannungen oder kriegerische Auseinandersetzungen beeinflussen die Nachfrage erheblich und können bis zu ihrem völligen Stillstand führen. Zum einen wird der Veranstalter aus dem Verantwortungsbewußtsein für seine Gäste Krisenregionen meiden, zum anderen wird der Reisende diese Regionen wegen des Sicherheitsrisikos nicht buchen. In den nächsten Jahren wird die Auflösung und **Veränderung der politischen Systeme** den Tourismus weiterhin maßgeblich in positiver wie in negativer Hinsicht beeinflussen:

- **Positiv:** Durch die neugewonnene Reisefreiheit der früheren Ostblockländer entstanden neue, sich weiterentwickelnde Nachfragemärkte und durch die Öffnung der Grenzen auch neue Zielmärkte.
- **Negativ:** Durch die mit diesen Veränderungen verbundene politische Neuordnung kam es zu neuen, andauernden Konflikten mit militärischen Auseinandersetzungen.

Soziale Situation: Der Tourismus erschließt immer neue Ziele, oft auch solche mit einer erheblich schwächeren sozialen Situation als die Entsendeländer. Im Ziel trifft der wohlhabende Tourist auf den Einwohner, für den alleine der Wert der mitgeführten Kleidung und Photoausrüstung des Reisenden manchmal das eigene Jahreseinkommen des Bereisten übersteigt.

Die damit verbundenen sozialen Spannungen können ein Sicherheitsrisiko darstellen und damit die Nachfrage beeinflussen.

Umweltsituation: Wie alle Käufer eines Produktes erwartet auch der Tourist eine einwandfreie Qualität der gekauften Ware. Im Tourismus sind die wesentlichen Bestandteile der „Ware" unmittelbar umweltabhängig: Luft, Wasser, Strand, Sonnenschein, Lebensmittel.

Ziele mit höherer Umweltbelastung werden in Zukunft immer weniger eine Marktchance haben, auch wenn die Umweltsituation bis auf einige extreme Beispiele zur Zeit bei der Kaufentscheidung noch eine untergeordnete Rolle spielt.

Käuferverhalten: Gibt es erkennbare Änderungen im Käuferverhalten, zum Beispiel mehr oder weniger Sport, kulturelles Interesse, Cluburlaub, mehr individuelle Variationsmöglichkeiten zum Beispiel Inselhüpfen, jüngere Käuferschichten mit hohen Ansprüchen, mehr oder weniger Animation, Komfortanspruch an die Zimmerausstattung, landestypische Verpflegung, mehr Alleinreisende, öfter mal ein kürzerer Urlaub oder weniger, aber dafür länger verreisen?

Welche Änderungen im Reiseverhalten sind mit dem steigenden Altersdurchschnitt der Gesellschaft verbunden? Die Generation 55+ wird bald die größte Zielgruppe nicht nur für touristische Produkte darstellen. Aber es gibt wenige, auf diese Zielgruppe zugeschnittene Angebote. Eines der Kernprobleme liegt daran, daß sich diese Zielgruppe nicht über die Definition „Senioren" ansprechen lassen will. Letzten Endes ist diese Zielgruppe genauso heterogen, wie die Zielgruppe 30–50 Jahre mit allen ihren unterschiedlichen Interessen, Vorlieben, Abneigungen, Hobbies etc.

Neue Medien: Welchen Einfluß auf die Kaufentscheidung hat die Verfügbarkeit von Flügen, Hotels und nahezu allen touristischen Dienstleistungen im Internet auf den Verkauf meiner Produkte?

Wo verliere ich Kunden an die Selbstorganisation der Reise über das Internet, wie kann ich mein Produkt im Internet kundenattraktiv darstellen, welche meiner Produktsegment eignen sich besonders gut für das Internet?

Die neuen Medien haben einen maßgeblichen Einfluß auf die Produktion und Vertrieb von touristischen Produkten. Die Entwicklung steht erst am Anfang, in den kommenden Jahren werden noch erhebliche Änderungen anstehen.

Aus den **Prognosen** wird eine erste **Grobplanung** entwickelt. Sie wird pro Zielgebiet eine Zielsetzung sowie die erwartete Gesamtteilnehmerentwicklung festlegen.

Beispiel Kalabrien. Hochrechnung für Sommer 2010: 14.405 Teilnehmer. Preisentwicklung positiv, da die Hotelpreise stabil bleiben. Neue Hotels in attraktivem Baustil entstehen. Im laufenden Jahr war es früh ausgebucht, daher konnte die Nachfrage nicht voll befriedigt werden. Planungsvorgabe für Sommer 2011: 17.000 Teilnehmer = + 18 Prozent.

3.3.3 Umsetzung

Nach der Planung aufgrund der Prognose beginnt die Umsetzung. Die Umsetzung wird in der Praxis durch den Einkauf durchgeführt, der sich bei den Veranstaltern in den **Flugeinkauf** und den **Zielgebietseinkauf** gliedert, bei kleineren und mittleren Firmen häufig in Personalunion.

Flug- und Hoteleinkäufer werden in Kontakten mit den Leistungsträgern...

- Fluggesellschaften,
- Hotels und
- Zielgebietsagenturen...

die entsprechende Mengenverfügbarkeit an Fluggerät und Hotelbetten zu marktgerechten Preisen verhandeln. Darüber mehr in den nächsten Abschnitten.

3.4 Der Flug

3.4.1 Flugplanung

Grundlagen für die Flugplanung sind...

- Saisonlänge
- Planteilnehmer
- Flugtage
- Flugauslastung

Beispiel: Die Saison für Kalabrien beginnt mit den Osterferien und endet Anfang Oktober. 2011 würde die Saison in Bayern am 23. April beginnen und am 6. Oktober enden. Das entspricht einer Saisonlänge von 27 Wochen. Die Planung für dieses Beispiel beruht auf 17.000 Planteilnehmern.

Die Saisonlänge ist identisch mit der Flugkettenlänge. Am 23. April ist der erste Hinflug, am 8. Oktober der letzte Rückflug. Diese Daten werden bezeichnet als tatsächliche, technische oder effektive **Kettenlänge**.

Der Durchschnitt der Flugpauschalreisenden bleibt ca. zwei Wochen im Zielgebiet, dieses wird bezeichnet als die durchschnittliche Aufenthaltsdauer. Daraus ergibt sich, daß am Kettenende die zwei letzten Hinflüge nicht mehr verkauft werden können, da die Rückflüge bereits ausgebucht sind.

Beispiel verkäufliche Kapazität/Leerflüge:

Plätze hin	100	100	100	leer	leer
Plätze rück	100	100	100	100	100
Datum:	10.09.	17.09.	24.09.	01.10.	08.10.

Berechnungsgrundlage: Durchschnittliche Aufenthaltsdauer zwei Wochen; Unverkäufliche Hinflüge = **Leerflüge**. Die Flüge am 01.10. und am 8.10. werden auch als **Abholer** bezeichnet, da sie in der Regel leer in das Zielgebiet fliegen, um zum Saisonende die Gäste abzuholen.

Daraus ergibt sich:

Technische Kettenlänge 23.04. – 08.10.2011	25 Umläufe/Termine
minus Leerflüge	zwei Wochen
= **kommerzielle** oder **verkäufliche Kettenlänge**	23 Umläufe/Termine

Folglich müssen die 17.000 Planteilnehmer mit 23 Umläufen/Terminen erwirtschaftet werden, d.h. 17.000 : 23 = 739 Teilnehmer pro Umlauf bzw. Termin, der sogenannte **Wochenbedarf**.

Im Charterverkehr wird mit einer durchschnittlichen **Flugauslastung (Sitzladefaktor)** von 90 bis 95 Prozent für die ganze Kette kalkuliert. Im Gegensatz zum Linienverkehr, der eine **Gewinnschwelle** (*break even*) bei 75–80 Prozent hat, resultieren aus der höheren Flugauslastung einerseits günstigere Flugpreise, andererseits begründet die hohe kalkulatorische Flugauslastung den wesentlichen Risikofaktor für Flugpauschalreisen.

Der **Flugbedarf** errechnet sich demnach nach der Formel:

Wochenbedarf : Auslastung

Bei unserem **Beispiel** beträgt die geplante Auslastung 92 Prozent:

739 : 0,92 = 804 Flugplätze pro Umlauf/Termin

Die **Gesamtformel** im Zusammenhang des Beispiels:

Planteilnehmer	17.000
: kommerzielle Kettenlänge (in Umläufen)	23
: Flugauslastung (in Prozent)	92
= Wochenbedarf (in Sitzplätzen) an allen 25 technischen Terminen	804

3.4.2 Die Flugdarstellung

Jetzt gilt es, den Wochenbedarf von 804 Flugplätzen einzukaufen, die sogenannte **Flugdarstellung**. In Gesprächen mit den Fluggesellschaften wird zuerst die **Verfügbarkeit** passenden Fluggerätes festgestellt.

Eine Wochenspitze von 804 Plätzen muß auf mehrere Flüge (**Umläufe**) verteilt werden, da noch kein so großes Flugzeug existiert. Es gibt die Möglichkeit, mehrere Umläufe an einem Tag durchzuführen, sofern die Fluggesellschaft die entsprechende Verfügbarkeit hat, oder auf mehrere Wochentage (**Flugtage**) zu verteilen.

Stationierung: Jede Fluggesellschaft muß sich entscheiden, an welchen deutschen Abflughäfen Fluggeräte stationiert werden. Neben dem eigentlichen Heimatflughafen, zum Beispiel bei **TUIfly** – Hannover, bei **Condor** – Frankfurt am Main, **Air Berlin** – Berlin, werden Fluggeräte an Abflughäfen stationiert, von denen aus sich die Fluggesellschaften eine gleichmäßige Beschäftigung über die gesamte Saison versprechen.

Positionierung: Besteht keine Verfügbarkeit ab dem gewünschten Abflughafen, kann mit der Fluggesellschaft über eine Positionierung verhandelt werden.

Beispiele:

- Der Bedarf ist in München, die Stationierung der Fluggesellschaft in Hannover. In München besteht keine Verfügbarkeit mehr. Mit der Fluggesellschaft wird verhandelt, eine Maschine von Hannover nach München zu positionieren. Da Kosten für den Positionierungsflug Hannover – München (*ferry flight*) entstehen, lohnt sich eine Positionierung nur, wenn mehrere Umläufe ab München kommerziell geflogen werden können.
- Positionierung von Hannover nach München am Dienstagabend. Je zwei kommerzielle Umläufe am Mittwoch, Donnerstag, Freitag und Samstag. Rückpositionierung nach Hannover am Samstagabend. Damit können die Kosten für den leeren Positionierungsflug auf acht Umläufe verteilt werden und ermöglichen damit einen wettbewerbsfähigen Flugpreis.
- Durch die immer stärkere Vermischung von Linien- und Ferienflug werden diese Positionierungsflüge (*ferry flights*) auch im Flugplan als innerdeutsche Verbindungen angeboten.

Doppelumlauf: Mit Umlauf wird je ein Hin- und Rückflug bezeichnet, zum Beispiel Düsseldorf – Kreta – Düsseldorf. Die Fluggesellschaften und Veranstalter sind bemüht, die üblicherweise zur Verfügung stehende tägliche Einsatzzeit von 06:00 bis 23:00 Uhr optimal auszunutzen. Danach besteht – anders als beispielsweise bei den Flugplätze in Großbritannien, die meist uneingeschränkt angeflogen werden können – auf fast allen deutschen Flughäfen ein Nachtflugverbot (*curfew*).

In der Regel werden zwei Umläufe hintereinandergelegt, die aufgrund der Flugentfernung unter Berücksichtigung der Bodenzeiten (*turn around time*) in die maximale Tagesflugzeit passen.

Beispiel: Düsseldorf – Gran Canaria – Düsseldorf – Saloniki – Düsseldorf

Airbus A 320-214 kurz vor dem Aufsetzen auf einer der beiden Landebahnen des Flughafens von Palma des Mallorca

Es ist aber auch möglich, zweimal dasselbe Ziel anzufliegen.

Beispiel: Düsseldorf – Kreta – Düsseldorf – Kreta – Düsseldorf.

Mittelstück (*W-pattern*): Ein Veranstalter in München will zusätzlich Flüge ab Dresden nach Mallorca anbieten. In Dresden ist aber kein passendes Fluggerät stationiert. Dresden kann im Mittelstück eingebunden werden.

Beispiel: Bisheriger Umlauf: München – Mallorca – München. Einbindung Dresden im Mittelstück

Hinflug	München – Mallorca
Mittelstück ⇨	Mallorca – Dresden
	Dresden – Mallorca
Rückflug	Mallorca – München

Ausländische Fluggesellschaften: Zusätzlich zu den deutschen Fluggesellschaften gibt es eine Vielzahl ausländischer Fluggesellschaften, die aus ihren Heimatmärkten nach Deutschland fliegen. Allerdings können außerhalb der EU zur Zeit nur Flüge zwischen dem jeweiligen Heimatland der Fluggesellschaft und Deutschland durchgeführt werden, d. h., die Verkehrsrechte werden nur auf gegenseitiger, bilateraler Ebene erteilt. Innerhalb der EU dagegen können alle in einem Mitgliedstaat beheimateten Fluggesellschaften alle Strecken, unabhängig von irgendwelchen nationalen Grenzen, bedienen.

Die Flugpauschalreise

Zurück zu dem Flugbedarf von 804 Wochenplätzen. Die Flugdarstellung ist folgendermaßen möglich:

Beispiel:

Freitag 1 × Airbus A 321-200 mit 210 Plätzen im Doppelumlauf	420 Plätze
Samstag 1 × Boeing 737-300	146 Plätze
Samstag 1 × Boeing 757-300 mit 265 Plätzen	238 Plätze
Insgesamt:	**804 Plätze**

Der A 321-200 und die B 737-300 werden jeweils als **Vollcharter** unter Vertrag genommen, d.h., die gesamte Kapazität wird von einem Veranstalter (Charterer) kontraktiert. Von dem Planbedarf von 804 Plätzen sind damit 566 Plätze abgedeckt, dem Restbedarf von 238 Plätzen steht ein Angebot von 265 Plätzen in der B 757-300 gegenüber. Hier gibt es zwei Möglichkeiten:

1. **Teilcharter oder Splitcharter:** In der Praxis bietet die Fluggesellschaft die Kapazität mehreren Veranstaltern als Teilcharterer an. Neben unserem Bedarf von 254 Plätzen können die restlichen 27 Plätze an einen anderen Teilcharterer verkauft werden. Die Verträge, Abwicklung und Zahlung laufen direkt zwischen der Fluggesellschaft und den Teilcharterern.

2. **Subcharter:** In diesem Fall nimmt der Veranstalter als Hauptcharterer die gesamte B 757-300 unter Vertrag und verhandelt mit anderen Veranstaltern um Unterchartervertäge für die überzähligen 27 Plätze. Der Hauptcharterer hat gegenüber der Fluggesellschaft als Großabnehmer eine gute Position, um eventuell Mengenrabatte zu erzielen, haftet jedoch auch für die Zahlungen der Untercharterer.

In der Regel vereinbaren in beiden Fällen die Veranstalter untereinander, daß Änderungen an der kontraktierten Kapazität oder dem Flugumlauf (**Disposition**) nur im gegenseitigen Einverständnis stattfinden können.

Üblicherweise wird im Charterverkehr wöchentlich an dem gleichen Tag geflogen – **Verkehrstag** oder **Flugtag**. Die touristische Woche beginnt Montag und endet Sonntag, die Verkehrstage werden entsprechend von 1 (Montag) bis 7 (Sonntag) numerisch bezeichnet.

Je größer das Zielgebiet ist, je mehr die Fluggesellschaft ihre Verbindungen auch im Einzelplatzverkauf direkt an den Endkunden anbietet, desto mehr werden Verbindungen an mehreren Wochentagen angeboten. Bis hin zu täglichen Verbindungen, ja sogar mehreren Verbindungen täglich, wie zum Beispiel nach Mallorca.

3.4.3 Die Flugpreiskalkulation

Ausgangspunkt der Kalkulation ist der Vertragspreis. In der Regel wird der Preis von der Fluggesellschaft pro Platz quotiert, der sogenannte **Einkaufspreis**.

Beispiele:

Strecke MUC – SUF – MUC (MUC = München; SUF = Lamezia Terme/Kalabrien)

Flugzeug:	Boeing 737-300 mit 146 Plätzen
Verkehrstag	6 (Samstag)
Erster Flug hin:	23. 04. 2011
letzter Flug zurück:	08. 10. 2011
Technische Kettenlänge:	25 Umläufe
Preis pro Platz:	197 €
durchschnittliche Reisedauer:	zwei Wochen
geplante Auslastung:	92 Prozent

Erster Schritt: Berechnung des Leerfluganteils. 25 Termine × 146 Plätze = 3.650 Plätze × 197 € = 719.050 €

Die 719.050 € sind also das Gesamtvolumen des Vertrages, das auf die 23 kommerziellen (verkäuflichen)Termine umgelegt werden muß:

719.050 € : 23 Termine : 146 Plätze = 214,13 €

Die 214,14 €, aufgerundet auf 215.– € sind der sogenannte **Leerflugpreis**, d.h., der Selbstkostenpreis für den Veranstalter.

Man kann den Leerflugpreis auch mit einer vereinfachten Formel ausrechnen:

2 Leerflüge : 23 verkäufliche Termine = 8,7   8,7 % = Leerflugfaktor

Einkaufspreis:	197 €
plus Leerflugfaktor 8,7 %	= 214,14 € (aufgerundet 215 €)

Zweiter Schritt: Berechnung des Auslastungsfaktors. Der Leerflugpreis von 215 € wäre kostendeckend bei einer Auslastung von 100 Prozent und muß jetzt mit der geplanten Auslastung von 92 Prozent zum **Kalkulationsflugpreis** umgerechnet werden:

215 € Leerflugpreis : 92 Prozent geplante Auslastung = 233,67 € Kalkulationsflugpreis.

Zusammengefaßt in eine **Gesamtformel**:

Einkaufspreis	196,85 €
+ Leerfluganteil	8,7 %
: Auslastung	92 Prozent
= Kalkulationsflugpreis	233,67 € aufgerundet 234 €

3.5 Das Hotel

Während der Flug einen der wesentlichen wirtschaftlichen Risikofaktoren des Veranstalters darstellt, wird sein Produktimage gegenüber den Kunden in erster Linie von dem Hotelangebot geprägt.

3.5.1 Bettenplanung

Grundlage für den Einkauf der neuen Saison bildet die Bettenplanung. Zu beachten ist, daß die Grundeinheit das Bett ist und nicht das Zimmer, da die

Die Flugpauschalreise

Flugpauschalreise von der Einheit ausgeht: 1 Gast (Teilnehmer, Passagier/Pax) = 1 Flugsitz = 1 Bett. Darauf basieren in der Regel alle Planzahlen und statistischen Werte. Wir setzten das mit dem Flug angefangene Beispiel fort.

Beispiel:

Ziel:	Catania
Saison:	23. April bis 08. Oktober 2011
Planteilnehmer:	17.000
Flugplätze pro Woche:	804
Durchschnittliche Aufenthaltsdauer:	zwei Wochen

Der **Bettenbedarf** errechnet sich nach der **Formel**: Flugplätze pro Woche (sogenannte **Wochenspitze**) × durchschnittliche Aufenthaltsdauer.

Zuzüglich **Sicherheitsfaktor (SF)**, je nach Zielgebiet von ca. 10 Prozent.
Grund:

Es kann sein, daß sich nicht alle Hotels wie geplant verkaufen, dadurch kann es zu Engpässen kommen. Oder Hotels werden während der Saison geschlossen wegen Renovierung. Oder Hotels sind wegen mangelhafter Auslastungssteuerung überbucht.

804 × 2 = 1.608 Betten + 10 % SF = 1.769 Betten Einkaufsvorgabe

In der Regel wird zur Vorbereitung des Hoteleinkaufes ein sogenannter **Bettenplan** erstellt. Der Bettenplan zeigt den Ist-Zustand der Vorjahressaison als Grundlage für die Planung der neuen Saison. Folgende Kriterien sind dabei zu berücksichtigen:

Hotel	Kategorie	Zimmer	Betten	Auslastung im Sommer 2010 %	Deckungsbeitrag im Sommer 2010 €
FTI Siva	****	20 DZ	40	75	67,49
		5 EZ	5	91	67,49
Club Porto Caleo	***	15 DZ	30	60	37,84
		30 Familienzimmer	90	88	43,97

Nach Erstellung des Ist-Zustandes werden für die Planung der Sommersaison 2011 folgende Überlegungen angestellt:

3.5.1.1 Preisentwicklung

Als erstes ist zu prüfen, welche Informationen jetzt schon über beabsichtigte Preiserhöhungen der Hoteliers vorliegen. Während der Hotelier versuchen wird, einen höheren Preis durchzusetzen, um eine mögliche Steigerung seiner Gestehungskosten, zum Beispiel Zinsen, Löhne, Strom, Wasser etc. abzufangen oder um seine Gewinnspanne zu verbessern, ist es im Interesse des Veranstalters, möglichst preisgünstig einzukaufen, um ein preislich attraktives Produkt auf den Markt zu bringen. Wie vorher beschrieben, wirken hier die Marktkräfte von Angebot und Nachfrage.

Falls bisher gut verkäufliche Hotels versuchen, eine überdurchschnittliche Preissteigerung durchzusetzen, kann der Veranstalter durchaus auf alternative und preisgünstigere Objekte ausweichen.

Dabei ist zu beachten, daß der Preis alleine nicht die ausschlaggebende Rolle spielt, sondern das **Preis-/Leistungsverhältnis**. Ein Hotel mit besserer Verpflegung, größerem Sport- und Unterhaltungsangebot oder komfortableren Zimmern wird in der Regel einen höheren Preis durchsetzen können als der Konkurrent, der an diesen Leistungen spart.

Wer von den beiden Parteien, Hotelier und Reiseveranstalter, bei der Bildung des Vertragspreises durchsetzen kann, hängt von der Stärke der Verhandlungsposition ab.

Die Stärke wird bestimmt durch die folgenden Faktoren:

Stärke des Hotels	Stärke des Reiseveranstalters (RVA)
Verkäufermarkt, d.h. wenig oder stagnierendes Angebot, steigende Nachfrage	Käufermarkt: Angebot wächst schneller als die Nachfrage.
Starkes Eigenprofil des Hotels	Starke Vertriebskraft des RVA
Erschließung neuer Quellmärkte, zum Beispiel Rußland, Emirate, China, einheimischer Markt	Internationale Integration, dadurch Vertrieb über verschiedene Quellmärkte
Vertrieb über viele RVA aus verschiedenen Ländern Eigenvertrieb, zum Beispiel über Internet	Bevorzugte Vertriebssteuerung zugunsten des Hotels, gute Auslastung der vertraglichen Kontingente.
Gute Qualität, hohe Kundenzufriedenheit	Großzügige Darstellung im Reisekatalog
Laufende Anpassung an Kundenbedürfnisse, regelmäßige Renovierung	Pünktliche und zuverlässige Zahlung
	Starker Vertrieb über eigene Reisebüros

Die Flugpauschalreise

Ferienhotelanlage in Portugal

Neben dem absoluten Preis spielt auch der **relative Preis** eine Rolle, nämlich der Einkaufspreis etwaiger Konkurrenten. Falls es der Konkurrenz gelingt, günstiger einzukaufen und damit preisaggressiver auf den Markt zu kommen, bleiben vier Möglichkeiten:

1. Die Zusammenarbeit mit dem Hotel einstellen, da die Konkurrenz Preisvorteile hat.
2. Die Zusammenarbeit fortsetzen, da das Hotel aufgrund der starken Nachfrage unverzichtbar ist.
3. Zu einem höheren Preis verkaufen, da aufgrund hoher Nachfrage dieser Preis durchsetzbar ist. Diese Vorgehensweise kann aber gefährlich sein, da der Kunde während seines Urlaubs feststellen kann, daß andere Gäste preiswerter gebucht haben. Dadurch wird er angeregt, im nächsten Jahr von vornherein den Katalog des Konkurrenzveranstalters zu buchen.
4. Zu einem konkurrenzfähigen Preis verkaufen. Das geht allerdings zu Lasten der eigenen Gewinnspanne.

Im deutschen Markt sind zwei extreme „Preisphilosophien" zu beobachten: Während Thomas Cook den Preis als oberste Maxime für die Produktverkäuflichkeit erklärt, versucht die TUI, durch eine emotional betonte Werbekampagne Imagefaktoren als Grundlage für die Kaufentscheidung in den Vordergrund zu stellen (vgl. Kapitel 14).

3.5.1.2 Produktentwicklung

Gibt es neue Hotels, zusätzliche Leistungen, zum Beispiel Sportanlagen, verbesserte Verpflegung, renovierte Zimmer? Können Reklamationsgründe der Vorsaison bereinigt werden? Hat sich die Infrastruktur der Umgebung verbessert, zum Beispiel durch eine neue Strandpromenade, Aufschüttung des Strandes, mehr Restaurants, Geschäfte oder Unterhaltungsmöglichkeiten? Gibt es familienfreundliche oder seniorengerechte Angebote?

3.5.1.3 Konkurrenzverhalten

Ziel eines Veranstalters ist es, ein unverwechselbares, einzigartiges Produkt zu erstellen. Ein Großteil des Angebotes der deutschen Veranstalter ist jedoch mit einem oder oft mehreren Konkurrenten **überschnitten**, das heißt, es findet sich auch in deren Katalogen. Dadurch kommt es in der Regel zu Preiskämpfen, die den Kunden guttun, allerdings die Rendite des Veranstalters schmälern. Daher wird der Veranstalter Häuser bevorzugen, die weniger oder gar nicht überschnitten sind. Der Einstieg eines Hauptkonkurrenten in ein bisher gut verkäufliches Haus kann Reaktionen bis zur Beendigung der bisherigen Zusammenarbeit hervorrufen.

3.5.2 Katalogdarstellung

Aufgrund der Planzahlen für die Zielgebiete wird der Veranstalter eine Katalogplanung vornehmen und die Seitenanzahl pro Ziel festlegen. Der Katalog ist einer der größten Kostenfaktoren im Werbungsblock und muß daher neben der Gestaltung nach Marketing- und Imagegesichtspunkten auch die Produktivität pro Seite berücksichtigen.

Durch eine bestimmte Seitenzahl pro Zielgebiet ergibt sich eine Begrenzung der Anzahl der Hotels, die eingekauft und dargestellt werden können. Je nach wirtschaftlicher Bedeutung für den Veranstalter wird pro Hotel festgelegt, wieviel Platz es erhält, das kann von einer $^1/_6$ Seite bis zu einer doppelseitigen Darstellung für ein sehr wichtiges Hotel gehen. Da die meisten Kataloge im Rollenoffsetdruck erstellt werden, wird der Gesamtkatalog in sogenannte „Bogen" eingeteilt. Die Druckmaschinen drucken 16 oder 32 Seiten gleichzeitig auf einen „Bogen". Daher ist es am wirtschaftlichsten, den Gesamtkatalogumfang auf ein Mehrfaches von 16 oder 32 aufzubauen, da kleinere Stückelungen Zusatzkosten verursachen.

Beispiel:

Geplant sind: 160 Seiten

Das sind: 32 Seiten × 5 Bogen.

Die Einteilung der 160 Seiten ist wie folgt:

Titel: 1 Seite

Innentitel: 2 Seiten

Die Flugpauschalreise

Die Seiten 2 und 3 (Innentitel) werden in der Regel für Inhaltsverzeichnis, Einstimmung, Erläuterung, Produktphilosophie benutzt. Bei manchen Veranstaltern hat der Innentitel 6–8 Seiten, um besondere Produktbestandteile, zum Beispiel Sportangebot, Kinderfreundlichkeit etc. hervorzuheben.

Mallorca:	45 Seiten
Kreta:	8 Seiten
Antalya:	42 Seiten
Monastir:	31 Seiten
Kalabirien	30 Seiten
Rücktitel	1 Seite

Jetzt empfiehlt es sich, in diesen Seitenplan schon einmal die Hotels einzutragen. Erfahrungsgemäß übernimmt ein Veranstalter ca. 80 Prozent seines Vorjahresangebotes, 20 Prozent kommen neu hinzu oder werden ausgetauscht. Das sind Durchschnittswerte, die im einzelnen stark variieren können.

Üblicherweise wird für den Seitenplan eine optische, schematische Darstellung gewählt, der sogenannte „**Seitenspiegel**" (Abbildung 3.2). Für den Verkauf wäre eine großzügige Darstellung zwar besser, doch wirtschaftliche Gründe zwingen zu einer möglichst rationellen Darstellung. In der Regel werden die meisten Hotels in der Größenordnung halb-, drittel- oder viertelseitig dargestellt.

Bei dem aufgeführten Beispiel des Seitenspiegels können für Kreta 17 Hotels dargestellt werden. Wenn der Einkäufer zwei zusätzliche Häuser einkaufen will, hätte das folgende Konsequenzen:

- Der Seitenplan müßte enger zusammengeschoben werden. Beispielsweise könnte die Seite 8 anstatt zwei halbseitigen Häusern vier viertelseitige Häuser aufnehmen.
- Das Zielgebiet Kreta erhält zwei zusätzliche Seiten, da die beiden Hotels so wichtig sind, daß sie ganzseitig dargestellt werden sollen. Dann müßte...
    - ❖ ein anderes Ziel zwei Seiten abgeben oder...
    - ❖ der Katalogumfang müßte erweitert werden. Aufgrund der Bogeneinteilung ist es nicht möglich, von 160 auf 162 Seiten zu erweitern. Selbst 4 zusätzliche Seiten sind drucktechnisch unwirtschaftlich, erst ab 8 Seiten, die im sogenannten zweifachen „Nutzen", das heißt 2 × 8 gedruckt werden, ist ein günstiger Preis zu erzielen.

Es ist sinnvoll, die Grobplanung des Kataloges schon vor Beginn des Einkaufes zu machen, damit sich der Einkäufer im Zielgebiet über die mögliche Anzahl der Hotels von vornherein im klaren ist.

Abbildung 3.2: Der Seitenspiegel eines Reisekataloges

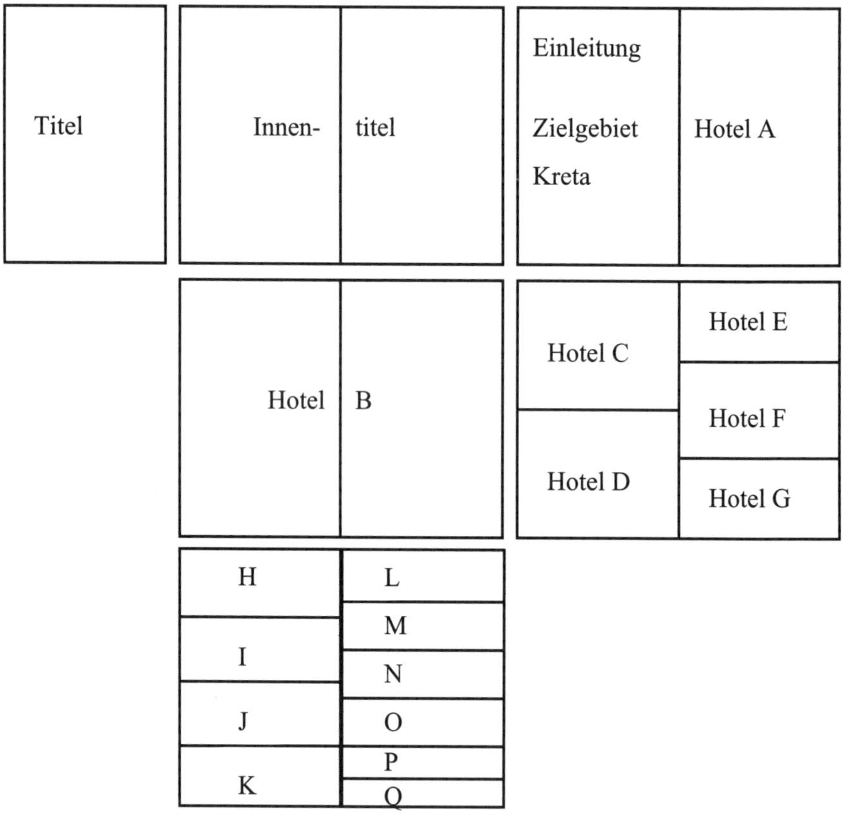

Titel	Innen-	titel	Einleitung / Zielgebiet Kreta	Hotel A
	Hotel	B	Hotel C / Hotel D	Hotel E / Hotel F / Hotel G
H	L			
I	M / N			
J	O			
K	P / Q			

3.5.3 Zielgebietsdarstellung

Neben dem Flug und dem Hotel gehören der Transfer vom Flughafen zum Hotel und die Betreuung durch den Reiseleiter zu dem Paket der Flugpauschalreise. Daher ist die geographische Lage der Hotels ein wichtiger Faktor.

Bleiben wir bei dem Beispiel Kreta: Das traditionelle Hotelangebot liegt an der Nordküste. An der Südküste bei Irapetra wird dem Veranstalter ein Hotel angeboten.

Folgende Überlegungen sind zu berücksichtigen:

- Die Transferzeit zum Süden beträgt zwei bis drei Stunden. Bei nur einem Hotel ist mit einem relativ geringen Aufkommen zu rechnen. Dadurch werden oft Minibusse oder sogar Taxen eingesetzt mit einem entsprechend hohen Transferpreis.
- Die Reiseleiterzentrale ist in Heraklion im Norden. Zweimal wöchentlich werden die Hotels besucht. Der Reiseleiter für Irapetra ist mit An- und Abreise den ganzen Tag für ein einziges Hotel unterwegs. Einen Reiseleiter in Irapetra zu statio-

Die Flugpauschalreise

nieren würde sich nur lohnen, wenn das Hotel so attraktiv ist, daß ein sehr großes Kontingent unter Vertrag genommen und verkauft werden kann.
- Den Gästen soll während ihres Aufenthaltes auch ein Ausflugsprogramm angeboten werden. Für dieses eine Hotel muß ein separater Bus mit langen An- und Abfahrtswegen eingesetzt werden.

Faustregel: Je geographisch kompakter ein Zielgebiet ist, desto günstiger sind die Kosten für Transfer, Reiseleitung und Ausflüge.

3.5.4 Der Hoteleinkauf

Ausgestattet mit all diesen Planungsvorgaben beginnt der eigentliche Einkauf. Ziel ist es, ein preisgünstiges, der Nachfrageprognose und dem Veranstalterprofil entsprechendes Produkt einzukaufen. Wenden wir uns den möglichen Hotelvertragsformen zu:

3.5.4.1 Der Hotelvertrag

Im Warengeschäft gilt in der Regel: Die Ware wird besehen, ein Preis ausgehandelt, ein Kaufvertrag geschlossen, der Kaufpreise bezahlt und die Ware geht in den rechtlichen und physischen Besitz des Käufers über.

Anders ist es im Hoteleinkauf. Der Hotelvertrag ist ein Vertrag über:

- Zeitraum (von – bis)
- Leistung (Ausstattung, Verpflegung, Zusatzangebote wie Animation und Sporteinrichtungen)
- Volumen: Anzahl und Art der Zimmer
- Zeitpunkt, wann das Zimmervolumen in das Risiko des Veranstalters übergeht (Melde- oder Verfallsfrist)
- Zahlung: Anzahlung, Restzahlung

Diese Grundlagen gelten für alle Hotelverträge, seien es Einzelverträge für einen bestimmten Termin, eine Gruppe oder ein Kettenvertrag für eine Saison.

Der Vertrag ist die Grundlage für die rechtliche Beziehung zwischen Hotelier und Veranstalter und sollte daher alle wesentlichen Punkte des Leistungsumfanges, des Preises und der Zahlungsabwicklung beinhalten. Im einzelnen sind dies:

- **Zeitraum oder Saison**: Der Veranstalter benötigt die Zimmer vom ersten Ankunftstag bis zur letzten Abreise. Beispiel Kalabrien: 23. April bis 8. Oktober 2011. Gerade zum Saisonbeginn oder -ende haben jedoch nicht alle Hotels geöffnet, deshalb ist es wichtig, die genaue Vertragsdauer zu definieren.
- **Zimmerart, -anzahl (Kontingent) und Verpflegung**: Viele Hotels haben Zimmer, die sich hinsichtlich Ausstattung, Belegungsmöglichkeit und Lage unterscheiden.

Es gibt die Möglichkeit der sehr groben Einteilung nur nach der Belegung, zum Beispiel Doppel- und Einzelzimmer, und die Gäste erhalten je nach

Verfügbarkeit Zimmer unterschiedlicher Ausstattung (*run of the house*). Der Nachteil ist, daß Gäste für das gleiche Geld unterschiedliche Zimmer bekommen. Gebräuchlicher ist deshalb die Differenzierung der **Zimmerausstattung** nach wesentlichen Kriterien mit entsprechender Preisabstufung.

Gebräuchliche **Kriterien** sind:

1. **Differenzierung nach Belegung**

- Einzelzimmer
- Doppelzimmer
- Doppel als Einzel, größer und teurer als ein normales Einzelzimmer
- Doppel mit Zustellbett, für eine dritte Person geeignet, aber oft etwas eng. Wichtig ist auch festzulegen, ob das dritte Bett für einen Erwachsenen oder nur ein Kind, in der Regel bis 11 Jahre, geeignet ist.
- Dreibettzimmer sind für drei Erwachsene mit entsprechender Raum- und Bettengröße gebaut.
- Mehrbettzimmer. Besonders Familien suchen zusammenhängende Zimmer, um Kontakt zu den Kindern zu halten. Entweder wird ein Mehrbettzimmer bereitgestellt durch zwei normale Doppel mit Verbindungstür. Die haben den Vorteil, daß auch zwei Bäder vorhanden sind. Oder zum Beispiel Einraumvierbettzimmer, preiswerter aber unbequem. Oder Mehrraumzimmer, zum Beispiel ein Wohnraum, in dem die Couch als Doppelbett benutzt werden kann und ein separates Schlafzimmer (in der Regel preiswerter als zwei Doppel mit Verbindungstür, da nur ein Bad vorhanden ist.)

2. **Differenzierung nach Ausstattung**

- Telephon
- Fernseher/Radio
- Klimaanlage
- Doppelbett (auch *grand lit* genannt), zusammenstehende Betten oder durchgehende Liegefläche
- Twinbetten, zwei separat stehende Einzelbetten
- Minibar
- Bad mit Dusche oder Wanne
- separate Toilette
- Balkon, sehr wichtig, da von großer Bedeutung für den Kunden. Allerdings ist hier Achtung geboten, da Zimmer im Erdgeschoß oft keinen Balkon haben.
- Terrasse
- renoviert oder alte Ausstattung
- Sitzgruppe

3. **Differenzierung nach Lage**

- Meerblick
- seitlicher Meerblick
- Garten- oder Poolseite

Die Flugpauschalreise 139

Meerblick

- Straßen-, Parkplatz- oder Hotelauffahrtsseite
- Bergblick
- oberes, unteres Stockwerk

Am begehrtesten und meistens auch am teuersten sind in der Regel Zimmer mit Balkon und Meerblick. Aber Vorsicht bei der Darstellung im Katalog: Die Bezeichnung „Blick", bedeutet auch einen ungehinderten Blick auf das Meer. In unteren Etagen ist dieser Blick oft durch Gartenbewuchs oder Palmen beeinträchtigt, daher empfiehlt sich ein entsprechender Kataloghinweis oder die Einstufung als „Meerseite" anstatt „Meerblick", um Reklamationen zu vermeiden.

Im Idealfall hat das Hotel nur zwei oder drei klar abgegrenzte Zimmerkategorien, die eindeutig zugeordnet und ausgeschrieben werden können.

Beispiel: Alle Zimmer mit Bad (Wanne), WC, Telephon, Klimaanlage, Radio, Balkon. Die Zimmer liegen zur Gartenseite des Hotels, ein Teil der Doppelzimmer hat Meerblick. Einzelzimmer sind Doppelzimmer zur Gartenseite für Alleinbenutzung.

Das ergibt drei Zimmerkategorien:

1. Doppel/Gartenseite
2. Doppel/Meerblick
3. Einzel/Gartenseite

Im ungünstigeren Fall gibt es einen Teil der Bäder nur mit Dusche, ein Teil hat keinen Balkon und einige Zimmer liegen zur Hoteleinfahrt.

Entweder wird pro Ausstattung ein Kontingent festgelegt und die verschiedenen Zimmertypen preislich differenziert, oder es wird zu größeren Gruppen zusammengefaßt.

Beispiel: Alle Doppelzimmer sind ausgestattet mit Wannenbad **oder** Dusche, WC, Telephon, Klimaanlage, Radio, Telephon. Kategorie „Superior" mit Balkon, Kategorie „Standard" ohne Balkon. Die Superiorzimmer haben alle Meerblick, die Standardzimmer liegen meistens zur Gartenseite, einige zur Hotelauffahrt.

Ebenso wichtig ist die genaue Definition der angebotenen **Verpflegungsleistung**, da die Verpflegung aus Kundensicht nicht nur der Ernährung dient, sondern auch wesentlicher Bestandteil des Urlaubserlebnisses ist. Es muß daher vertraglich genau festgelegt werden, welche Verpflegungsleistungen im einzelnen vom Hotel zu erbringen sind:

Frühstück: Vom kontinentalen oder europäischen Frühstück mit recht einfacher Auswahl über das amerikanische Frühstück mit Eiern und Aufschnitt, bis hin zum üppigen Frühstücksbuffet sind zahlreiche Varianten möglich. Auch landestypische Varianten sind zu beobachten. So kann ein mediterranes Frühstücksbuffet überwiegend aus Tomaten, Oliven, Schafskäse und Marmelade bestehen. Gut für den, der es mag, aber es ist besser, darauf im Katalog hinzuweisen. Von steigendem Interesse ist gesundheitsbewußte Ernährung wie zum Beispiel Vollwertkost. Auch weckt der Begriff „Buffet" gewisse Erwartungen an die Vielzahl der angebotenen Zutaten und Speisen. Es reicht nicht, Toast, Butter und Marmelade einfach auf einen langen Tisch zur Selbstbedienung zu stellen und dieses Arrangement „Buffet" zu nennen.

Mittag- und/oder Abendessen. Hier gibt es wiederum verschiedene Möglichkeiten bei der Vertragsabfassung. Zu beachten sind:

- Selbstbedienung oder Service am Tisch,
- Anzahl der Gänge, Angebot nur jeweils einer Speise pro Gang (*Table d'hôte*) oder mehrere Hauptgänge (Menuwahl) oder freie Auswahl nach der Speisekarte (*à la carte*).
- Sonderarrangements, zum Beispiel einmal wöchentlich Grillabend am Pool, oder einmal wöchentlich Galabuffet mit landestypischen Spezialitäten.
- *All-inclusive*, d.h., alle Mahlzeiten, Getränke, Sport usw. sind eingeschlossen. Da es hier eine Vielzahl von Varianten gibt, ist eine präzise Katalogangabe äußerst notwendig, um Reklamationen und spätere Auseinandersetzungen mit Gästen zu vermeiden. Besonders wichtig ist zum Beispiel die Definition alkoholischer Getränke. Meistens sind nur inländische Alkoholika eingeschlossen. Oder Getränke in der Disco bis 23:00 Uhr inklusive, danach gegen Gebühr.

Einrichtungen, Zusatzleistungen. Wichtig sind zum Beispiel *swimming pool*, Sporteinrichtungen, Restaurants, Geschäfte, Nichtraucherzonen, Animation, Unterhaltungsangebot wie Disco, Folkloreshow, Kinderbetreuung, behinder-

Die Flugpauschalreise

tengerechte Zimmer, *pool bar*. Für Gruppen können darüber hinaus zum Beispiel Konferenzräume interessant sein.

Als Faustregel gilt, daß es sinnvoll ist, die Leistungen des Hotels so detailliert wie möglich zu beschreiben, um Verkaufsargumente bei der Kaufentscheidung des Kunden zu liefern. Aber diese Leistungen müssen **vertraglich abgesichert** sein, da bei fehlender vertraglicher Absicherung kein Rückgriff auf den Hotelier möglich ist, wenn es zu Reklamation von Kunden kommt. Zu beachten ist auch, daß manche Zusatzleistungen zu Saisonbeginn nur eingeschränkt zur Verfügung stehen.

Preise: Die Preise werden in der Regel in Landeswährung pro Person, pro Bett, pro Nacht für eine bestimmte Zimmerart angegeben.

Beispiel:

DZ, Du/WC, Frühstück: 12,50 TND p. P.
EZ, Du/WC, Frühstück: 16,00 TND p. P. (TND=Tunesische Dinar).

Der Preis wird in der Regel gemäß Nachfragesituation des Hotels in einen Vor-, Zwischen- und Hauptsaisonpreis unterteilt, d. h., nachfrageschwächere Monate erhalten einen günstigeren Preis als die nachfragestarke Hochsaison, zum Beispiel die Ferienzeit. Der Basispreis ist in der Regel der Preis pro Person im Doppelzimmer bei der niedrigsten Verpflegungsleistung. Zusätzlich zu dem Zimmerpreis sind alle möglichen **Preiselemente** festzulegen.

Beispiel:
- Zuschlag für Halb- oder Vollpension
- Zustellbetten
- Einzelzimmer
- Kinderermäßigung
- Sonderpreise zur Belebung der Nachfrage, zum Beispiel „3 = 2 Wochen" (drei Wochen Aufenthalt und nur zwei Wochen zahlen).
- Benutzung von Liegestühlen, Sporteinrichtungen, eines Zimmersafes
- Galadinner, Weihnachten/Silvester
- *no-show*-Gebühren bei Nichterscheinen gebuchter Gäste.
- Zahlungsart

In der Regel wird das Hotel eine Rechnung erstellen aufgrund der angereisten Gäste, der Veranstalter zahlt gegen diese Rechnung.

Meldefrist (Verfallsfrist - *release-period*): Es muß festgelegt werden, bis wann das Zimmerkontingent dem Veranstalter zur Verfügung steht.

Beispiel: Der Veranstalter hat im Hotel 20 Zimmer unter Vertrag. Er fliegt jeden Sonntag nach Kos. Die Verfallsfrist beträgt 14 Tage. Jeweils 14 Tage vor Ankunft der Gäste muß das Hotel die Liste der verkauften Zimmer mit Gästenamen erhalten, die bis dahin nicht verkauften Zimmer fallen an das Hotel zurück und sind nur noch auf Anfrage buchbar.

1. Ankunft 23.04./ Meldung bis 09.04.
2. Ankunft 30.04./ Meldung bis 16.04.
3. Ankunft 07.05./ Meldung bis 23.04.

Allgemeine Vertragsbedingungen: Aufgrund des strengen deutschen Reiserechtes ist ein wichtiger Bestandteil die Haftung des Hoteliers für die ordnungsgemäße Erbringung der Leistungen, sowie der Gerichtsstand.

3.5.4.2 Vertragsformen

Die gebräuchlichste Vertragsform ist der **Kontingent- oder Allotmentvertrag**. Seine Merkmale sind:

- Festlegung des Kontingentes und der Preise
- Meldung der gebuchten Gäste gemäß Verfallsfrist
- Zahlung gegen Rechnung

Hier liegt das Auslastungsrisiko beim Hotelier, die Zahlung gegen Rechnung verschafft dem Veranstalter zusätzliche Liquidität, da er das Geld vom Kunden bereits vor Reiseantritt kassiert hat (siehe auch das folgende Kapitel über Cash Management). Es gilt der kaufmännische Grundsatz, daß die Risikoverteilung auch die Einflußmöglichkeiten bestimmt. Bei einem Allotmentvertrag hat der Veranstalter nur eine begrenzte Möglichkeit, eigene Wünsche durchzusetzen, zum Beispiel welche Konkurrenten noch Kontingente im Hotel erhalten. Auch ist es schwieriger, die Preisvorstellung des Hoteliers herunterzuhandeln.

Um im Rahmen des Kontingentvertrages Einfluß zu gewinnen, sind zwei Basisfaktoren wichtig:

1. **Auslastung des Kontingentes**: Je höher die Vorjahresauslastung, besonders in der Vor- und Nachsaison, desto besser ist die Verhandlungsposition des Veranstalters.
2. **Zahlungsweise**: Je schneller die Rechnungen bezahlt werden, desto zugänglicher ist der Hotelier.

Vorauszahlung oder Darlehen. Hocherfreut ist der Hotelier, wenn der Veranstalter eine Vorauszahlung anbietet. Damit kann der Hotelier die einnahmeschwache Vorsaison überbrücken, während der bereits hohe Personal- und Betriebskosten sowie oft notwendige Renovierungsmaßnahmen anfallen. Insbesondere ist eine Vorauszahlung für Hoteliers in Ländern mit einer Hochzinspolitik interessant.

Die Kosten des Veranstalters für eine Vorauszahlung entstehen durch Zinsaufwendungen und eventuelle Währungsverluste, wenn während der Laufzeit des Vertrages der Kurs der Fremdwährung fällt. Im **Vertrag über die Vorauszahlung** sind festzulegen:

Die Flugpauschalreise 143

- Zahlungszeitpunkt, zum Beispiel 15. Januar 2011 für die Sommersaison 2011.
- Höhe und Währung der Vorauszahlung, in der Regel abhängig von der Anzahl der Zimmer, sowie der Vertragswährung.
- Eventuelle Verzinsung.
- Rückzahlung: Ab welchen Termin, zum Beispiel ab 15. Juli 2011.
- In welcher Form, zum Beispiel Abzug von 50 Prozent der laufenden Hotelrechnungen.

Die Verrechnung mit den Hotelrechnungen ist die übliche Form, eine Rückzahlung in bar erfolgt in der Regel nicht. Daher muß der Buchungsstand für das Hotel überwacht werden, um festzustellen, ob genügend Buchungen vorliegen, um die Vorauszahlung zu tilgen. Falls nicht genügend Buchungen vorliegen, gibt es drei Möglichkeiten:

1. Bereits früher mit dem Rechnungsabzug, zum Beispiel 15. Mai 2011, zu beginnen, oder..
2. den prozentualen Rechnungsabzug zu erhöhen, zum Beispiel von 50 auf bis zu 100 Prozent, oder..
3. die Vorauszahlung als Darlehen bis zum Folgejahr zu verlängern.

Oft bietet der Hotelier auch an, für eine Vorauszahlung den Hotelvertragspreis zu reduzieren. Diese Reduktion muß vom Einkäufer gegen die Zinskosten der Vorauszahlung kalkuliert werden, um eine Entscheidungsgrundlage zu haben.

Beispiel: ein Hotelier in Puerto Plata (Dominikanische Republik) bietet einen günstigeren Hotelpreis, wenn er eine Vorauszahlung bekommt.

- Vertragskapazität: 100 Betten pro Woche
- Angenommene durchschnittliche Auslastung der Betten: 60 Prozent.
- Saison: 4. April. bis 31. Oktober 2011. Ermäßigung pro Bett und Nacht: US$ 1,50
- Vorauszahlung: 200.000 US$. Zahlungszeitpunkt ist der 1. November 2011, mittlerer Rückzahlungstermin: 1. August 2011
- Kurs per 1.November 2010: 1,28 € für 1 US$
- Kalkulationskurs Sommer 2011: 1,35 € für 1 US$
- Sollzinsen: 6 Prozent pro Jahr

1. **Kalkulatorische Ersparnis** durch reduzierten Hotelpreis: 4. April – 31. Oktober: 210 Tage × 100 Betten × 60 % Auslastung = 12.600 verkaufte Bettennächte × 1,50 US$ Einsparung p. Bett / Nacht = 18.900 US$. Einsparung : 1,35 = 14.000 € Ersparnis total

2. **Kalkulatorische Kosten** der Vorauszahlung für die Laufzeit vom 1. November 2010 bis zum 1. August 2011 (mittlerer Rückzahlungstermin = **m R**). Zur Vereinfachung empfiehlt es sich, für die Kalkulation vor Ort den **m R** anzuwenden, da für eine genaue Zinsenberechnung gemäß Tilgungstabelle Zeit und Unterlagen fehlen. Mit **m R** wird der Mittelpunkt zwischen Beginn und Ende der Tilgung bezeichnet. Bei **m R** 1. August 2011 würde die Tilgung am 1. Mai 2011 beginnen

und am 31. Oktober 2011 enden. Der Zinssatz liegt bei 6 Prozent pro Jahr. Das ergibt folgende Rechnung:

Kurs: 01.11.2010 1,28 € für 1 US$
200.000 US$: 1,28 = 156.250 € (Effektivpreis Darlehen in €)
156.250 × 6 %: 12 Monate × 9 Monate Laufzeit = 7.032 € Zinsaufwand

Durch die angenommene Aufwertung des € gegenüber dem US$ kann der Sommer 2011 mit einem Kurs von 1,35 € für 1 US$ kalkuliert werden. D.h., die frühe Vorauszahlung im November 2010 muß zu einem teureren Kurs gekauft werden. Der dadurch entstehende Währungsverlust wird wie folgt berechnet.

200.000 US$: 1,35 Kalkulationskurs = 148.148 € Kalkulationspreis Darlehen
156.250 € Effektivpreis minus 148.148 € Kalkupreis = 8.102 € Verlust

3. **Vergleichsrechnung**

Ersparnis durch niedrigeren Hotelpreis:	14.000 €
Kosten Zinsaufwand:	− 7.032 €
Währungsverlust	− 8.102 €
DifferenzVerlust	− 1.134 €

4. **Risiko**: Wenn die Hotelbelegung unter 60 Prozent liegt, reduziert sich die Ersparnis über den günstigeren Hotelpreis. Demgegenüber kann bei höherer Hotelauslastung die Ersparnis höher sein.

5. **Fazit**: Unter der Berücksichtigung, daß mit der Vorauszahlung ein Zusatznutzen wie größerer Einfluß auf den Hotelier verbunden sein kann, entscheidet sich der Einkäufer für die Vorauszahlung und den günstigeren Hotelpreis. Der Währungsverlust muß allerdings mit in die Kalkulation übernommen werden.

Bei dem Allotmentvertrag liegt das Auslastungsrisiko der Betten allein beim Hotel. Wenn eine starke Nachfragesituation herrscht und der Hotelier in einer günstigen Verhandlungsposition ist, kann er versuchen, vom Veranstalter eine Belegungsgarantie zu verlangen. Daraus entsteht der sogenannte **Garantievertrag**.

Eine **Belegungsgarantie** kann nach folgenden Kriterien vereinbart werden:

Ziel des Hoteliers ist es, eine möglichst hohe Garantie über die gesamte Laufzeit des Vertrages, zum Beispiel 80 Prozent vom 4. April bis 31.Oktober zu erhalten.

Ziel des Veranstalters ist eine Reduzierung des Garantierisikos durch

- niedrigeren Prozentsatz, zum Beispiel 70 Prozent oder
- Verkürzung der Garantieperiode, zum Beispiel vom 1.Mai bis zum 15. Oktober.

Dem Hotelier kommt es in der Regel aber gerade auf den Saisonbeginn an, da sich der April, ausgenommen die Osterfeiertage, schwerer verkauft als die Hochsaison.

Da der Veranstalter bei einem Garantievertrag ein größeres Risiko eingeht, wird er versuchen, einen reduzierten Hotelpreis zu erhalten.

Bei der Garantie wird zwischen zwei Formen unterschieden:

1. der **kumulativen Garantie** und
2. der **täglichen Garantie**.

Abbildung 3.3: Graphische Darstellung des Garantievertrages

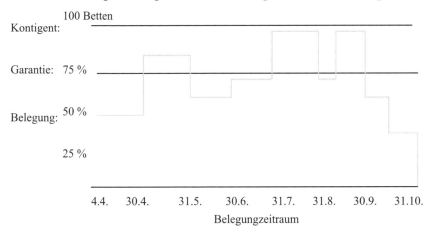

Die kumulative Garantie ist freundlicher für den Veranstalter, da eine überdurchschnittliche Belegung an einigen Terminen andere Termine mit schwächerer Belegung ausgleicht. Die tägliche Garantie ist risikoreicher für den Veranstalter, da jeder Termin, an dem die Belegung unter dem vereinbarten Garantielimit ist, durch den Veranstalter bezahlt werden muß.

Beispiel: Laufzeit des Garantievertrages 4.4. – 31.10.2011 = 210 Tage; Garantie: 75 Prozent; Kontingent: 100 Betten

Bei der **kumulativen Garantie** gleichen die Perioden im Mai, August und September, die über der Garantiebelegung sind, die schwächeren Termine im April, Juni, Anfang September und Oktober zum Teil aus.

Bei einer **täglichen Garantie** muß für jeden Termin in der schlechter als 75 Prozent ausgelasteten Periode die Differenz zwischen Belegung und Garantie bezahlt werden. Wenn der Veranstalter mit einem Garantievertrag mehr Risiko übernimmt, wird er dieses Risiko bei der Kalkulation berücksichtigen und versuchen, von dem Hotelier einen günstigeren Einkaufspreis zu erzielen als ohne Garantie.

Beispiel: Der Preis ohne Garantie beträgt 45 € pro Person und Nacht für Halbpension. Der Hotelier verlangt eine kumulative Garantie von 80 Prozent über die gesamte Saison. Der Veranstalter ist vorsichtig und rechnet nur mit einer durchschnittlichen Auslastung von 65 Prozent. Der Einkäufer errechnet den Preis, den er erzielen will, nach folgender Formel:

45 € : 80 % Garantie × 65 % Planauslastung = 36,60 € Vertragspreis.

Umgekehrt muß der Einkäufer den angebotenen Vertragspreis des Hoteliers für seine Kalkulation wie folgt bewerten:

40 € Vertragspreis × 80 % Garantie : 65 % Planauslastung = 49,23 € Kalkulationspreis.

Mit dem gesamten Auslastungsrisiko behaftet ist der Veranstalter, wenn der Hotelier eine sogenannte **Festanmietung** verlangt. Festanmietung bedeutet, daß ein bestimmtes Kontingent für einen bestimmten Zeitraum zu einem bestimmten Preis dem Veranstalter voll und ganz zur Verfügung steht. Diese Vertragsform ist in der Regel allerdings nur bei Apartmenthäusern und nicht bei Hotels üblich.

Begründung: Bei einer Festanmietung steuert allein der Veranstalter die Auslastung. Minderbelegungen gehen auf sein Konto und müssen in der Kalkulation berücksichtigt werden. Dem Besitzer des Apartmenthauses ist die Belegung relativ gleichgültig, da er sein Geld bereits erhalten hat. Anders der Hotelier. Während bei einem Apartmenthaus die Einnahmen in erster Linie aus der Vermietung kommen, ergeben sich die Einnahmen des Hoteliers zu einem großen Teil, bis zu 50 Prozent, aus dem sogenannten F&B (*food & beverage*)-Bereich. Mit F&B wird der Restaurant- und Barumsatz bezeichnet, den ein Apartmenthaus in der Regel kaum hat. Der Hotelier wird daher immer versuchen, seine Betten optimal auszulasten, weil jeder Gast zusätzlichen F&B-Umsatz beschert.

Das geht sogar soweit, daß der Hotelier versuchen wird, den Anteil der vertraglichen Einzelzimmer in der Hochsaison zu reduzieren. Während er in der Vor- und Nachsaison vielleicht zuläßt, daß ein Teil der Doppelzimmer auch als Einzelzimmer verkauft werden, wird er diese Zimmer in der Hochsaison nur mit zwei Personen belegen.

Typische Merkmale eines Festanmietungsvertrages sind auch **feste Zahlungstermine**, da die Rechnungsstellung des Hoteliers gemäß den einzelnen Gästen entfällt.

Beispiel: 20 Apartments für je zwei Personen vom 4. April bis zum 31. Oktober 2011. Preis: 42 € pro. Apartment und Nacht Die Festanmietung kostet dann: 42 € × 20 Apartments. × 210 Nächte = 176.400 €. Als Zahlungsweise werden vier Raten zu je 44.100 € vereinbart, zahlbar jeweils am 1. März, 1. Mai, 1. Juli und am 1. September. Der Kalkulationspreis beträgt: 42 € : 2 Pers. = 21 € pro Person

21 € : 70 % angenommene Auslastung = 30 € Kalkulationspreis.

Während die Festanmietung für den Veranstalter das hohe **Risiko** der Auslastung mit sich bringt, bietet sie aber auch **Chancen**:

- Bei höherer Auslastung als 70 Prozent hat der Veranstalter zusätzliche Verdienstmöglichkeiten;
- Wenn er eine höhere Auslastung bereits in die Kalkulation einfließen läßt, kann er günstiger anbieten und preiswerter als die Konkurrenz sein.

Beispiel: 21 € : 75 Prozent angenommene Auslastung = 28 € Kalkulationspreis.
- Es entfällt die bei Hotelverträgen übliche Verfallsfrist, das vereinbarte Kontingent steht dem Veranstalter bis zur letzten Minute zur Verfügung.

3.6 Die Zielgebietsorganisation
3.6.1 Aufgaben

Die Organisation und Durchführung der zielgebietsrelevanten Funktionen wird von der sogenannten **Zielgebietsagentur** und der **Reiseleitung** wahrgenommen.

Zu den **Zielgebietsaufgaben** gehören:

- Beobachtung des Einkaufsmarktes
- Vorbereitung von Hotelverträgen
- Hotelbeschreibungen, Katalogkorrekturen, Bilderbeschaffung
- Abschluß von Hotelverträgen
- Meldung der Buchungen an das Hotel
- Bearbeitung von kurzfristigen Hotelanfragen
- Beschaffung von kurzfristig verfügbaren Hotelbetten
- Organisation und Durchführung der Transfers vom Flughafen zum Hotel
- Unterstützung beim Einchecken der Gäste im Hotel und am Flughafen
- Sprechstunden für die Gäste
- Verkauf und Durchführung von Ausflügen
- Organisation und Durchführung von Rundreisen
- Beschaffung der Arbeitserlaubnis für Reiseleiter
- Kontakt zu Behörden
- Notfallhilfe
- Leistungskontrolle der Hotels, Busse etc.
- Abwicklung der Zahlung der Hotelrechnung
- Reklamationsbearbeitung
- Immer mehr Veranstalter folgen dem Beispiel der TUI und lassen Reklamationen der Kunden bereits im Zielgebiet durch den Reiseleiter regulieren
- Entwicklung von neuen Programmideen

Während kleine Veranstalter die gesamte Zielgebietsorganisation oft an die Agentur geben, einschließlich Abschluß der Hotelverträge, Abwicklung der Zahlung und Stellung der Reiseleiter, gibt es bei größeren Veranstaltern jede Mischform der Aufgaben bis hin zu direktem Abschluß der Hotelverträge, Zahlung an das Hotel und eigenen Reiseleitern. Die Strukturen können auch bei einem Veranstalter von Zielgebiet zu Zielgebiet unterschiedlich sein.

Faustregel: Je kleiner das Volumen des Veranstalters für das Ziel, desto umfangreicher werden die Dienste der Agentur in Anspruch genommen. Da die

Agentur in der Regel mehrere Veranstalter vertritt, kann sie ihrerseits durch Bündelung des Volumens günstigere Hoteleinkaufspreis erzielen, für eine bessere Hotelauslastung sorgen, oder die Reiseleiterkosten senken, in dem der agentureigene Reiseleiter mehrere Veranstalter betreut.

Durch diese Sammelbetreuung verwischt allerdings die eigene Identität des Veranstalters, da der Kunde im Zielgebiet mit den Kunden anderer Veranstalter in Kontakt kommt. Daher ist zu beachten, daß ein Sammelreiseleiter Kunden des gleichen Sprachraumes betreut, aber nicht gerade Kunden direkt miteinander konkurrierender Veranstalter.

Die Preisberechnung der Agentur und der Reiseleitung wird je nach Umfang des Gästevolumens und der Aufgaben vorgenommen.

3.6.2 Kosten

Die Agentur berechnet ihre Kosten in der Regel volumenabhängig. Eine der gebräuchlichsten Berechnungsarten ist ein Prozentsatz als Aufpreis zum Hotelvertragspreis. Dieser Aufpreis liegt im Bereich von zwei bis fünf Prozent.

Wenn die Agentur auch die Reiseleitung stellt, wird in der Regel eine separate Gebühr berechnet, entweder

- **Kopfgeld**, d. h. pro betreutem Gast zwischen 2,50 € und 12,50 €, oder...
- **Aufgeld**, d. h. ein Prozentsatz auf den Hoteleinkaufspreis, oder...
- **Fixum** oder Honorar, d. h. zum Beispiel 750.– € pro Monat.

Zu klären ist bei Festlegung der Gebühren, auch *handling fee* genannt, der Umfang der eingeschlossenen Leistungen. Zum Beispiel, ob auch Kosten für Telephon, Telex/Telefax/E-Mail, Reiseleiterauto und Büromiete eingeschlossen sind oder ob sie separat berechnet werden. Ebenso ist zu klären, wer die Kosten des Geldverkehres oder für behördliche Genehmigungen, zum Beispiel Arbeitserlaubnis für Reiseleiter trägt.

Wenn der Veranstalter einen eigenen Reiseleiter in das Zielgebiet entsenden will, muß er folgende Kosten berücksichtigen:

Beispiel:

Gehalt:	1.250 € pro Monat
Sozialabgaben (ca. 40 Prozent):	500 € pro Monat
Miete:	500 € pro Monat
Pkw, Benzin, Versicherung:	750 € pro Monat
Büro, Kommunikation:	700 € pro Monat
sonstige Nebenkosten:	150 € pro Monat
Insgesamt:	3.850 € pro Monat
x 7 Monate Saison:	26.950 € pro Saison

Aus Wettbewerbsgründen will der Veranstalter maximal 10 € pro Gast in die Kalkulation der Reisepreise nehmen. Er benötigt also mindestens

26.950 € Kosten : 10 €= 2.695 Planteilnehmer

für das Zielgebiet. Bei weniger Gästen steigt der Betreuungsaufwand pro Gast und belastet die Kalkulation. Bei nur 2.300 Teilnehmern ergibt sich:

26.950 € : 2.300 Planteilnehmer = 11,72 € Kalkulationsfaktor

Demgegenüber steht vielleicht das Angebot der Zielgebietsagentur, die Betreuung der Gäste durch einen Sammelreiseleiter für 3,50 € pro Teilnehmer durchführen zu lassen.

Die Entscheidung für einen eigenen oder einen Agenturreiseleiter hängt auch von dem Vertrauensverhältnis zwischen Veranstalter und Agentur ab und dem Zutrauen, das der Veranstalter in die Betreuungsqualität der Agenturreiseleitung hat.

Auch größere Veranstalter gehen immer stärker zu Mischformen über. In Großgebieten wird in jedem Fall ein eigener Chefreiseleiter eingesetzt, vielleicht noch ein oder mehrere eigene Schwerpunktreiseleiter, die weiteren Mitarbeiter werden vor Ort aus einheimischen Fachkräften ausgesucht.

3.7 Die Kalkulation der Flugpauschalreise

Nachdem, wie in den vorherigen Kapiteln beschrieben, der Hotel- und Flugeinkauf abgeschlossen ist, wird die Kalkulation aufgebaut. Dazu sind einige unternehmerische Entscheidungen notwendig. Zuerst muß die neue Saison von den Marktchancen her bewertet werden.

3.7.1 Erfassung der Marktchancen

Die **Marktchancen**, d.h., der Absatz des Produktes wird neben der Qualität und Leistung von folgenden Faktoren bestimmt:

1. Der **Nachfrageentwicklung**, dem sicherlich wichtigsten Faktor. Solange die Nachfrage nach dem Produkt Reise allgemein stabil oder steigend ist, werden die Anbieter vernünftige Renditen erwirtschaften können. Sobald die Nachfrage rückläufig ist, beginnen Umverteilungskämpfe auf der Anbieterseite zu Lasten der Erträge. Theoretisch ist die Urlaubsreise eines der am leichtesten zu ersetzenden Produkte (Substitutionsfähigkeit) durch den berühmten Urlaub auf „Balkonien", d.h. zu Hause. In der Praxis hat die Urlaubsreise jedoch eine hohen Stellenwert im Bereich der privaten Ausgaben. Offensichtlich ist der Wunsch nach einem Tapetenwechsel, nach neuen Erlebnissen, fremden Kulturen und Sonne, Strand und Meer so stark, daß auf die Urlaubsreise ungern verzichtet wird. Die Urlaubsreise, die im privaten Haushalt mit anderen Konsumartikeln, die aus dem frei verfügbaren Einkommen bestritten werden, konkurriert, hat jedoch einen großen Vorteil aus Anbietersicht: Jedes Jahr muß sich der Kunde neu für eine Urlaubsform entscheiden. Sobald die Urlaubsreise **beendet** ist, ist sie auch **verbraucht**. Und durch den Arbeits- und Freizeit-

rhythmus unserer Gesellschaft stellt sich die Frage nach der Urlaubsreise jedes Jahr mindestens ein Mal. Im Gegensatz dazu kann sich der Verbraucher bei **Gebrauchsgütern**, wie Wohnungseinrichtungen, Auto, Audio, TV und Kleidung bei Geldknappheit für eine längere Nutzungsdauer entscheiden. Wer braucht schon jedes Jahr eine neue Stereoanlage? Und wenn der Privat-Pkw anstatt vier plötzlich fünf Jahre gefahren wird, sinkt der jährliche Pkw-Absatz für den Ersatzbedarf um 20 Prozent.

2. Dem **Konsumklima**. Der Absatzmarkt Reise hängt auch von Faktoren wie Arbeitsplatzsicherheit, Steigerung des Realeinkommens, Entwicklung der Steuern und Sozialabgaben ab, d.h. vom allgemeinen Konsumklima. Die Vorzeichen für die neue Saison zu bewerten und eine Prognose für das eigene Unternehmen zu treffen, ist eine wichtige Grundlage für die eigene Preispolitik.

3. Der **Angebotsentwicklung** des Gesamtmarktes. Wie schon Adam Smith, der Begründer der modernen Volkswirtschaft, vor über 200 Jahren gesehen hat, bestimmt nicht nur das Nachfragevolumen, sondern auch das Angebotsvolumen den Markt. Solange sich das Wachstum des Angebotes am Marktwachstum orientiert, kann der Anbieter von einer stabilen Preis- und Ertragsentwicklung ausgehen. Eine wachsende Nachfrage zieht immer mehr Anbieter an. Dadurch kann trotz stabiler Nachfrage das Angebot schneller wachsen, was auf Preise und Erträge drückt. Zur Bestimmung der Preisstrategie muß daher noch die Gesamtentwicklung des Angebotes beurteilt werden, und zwar unter zwei Gesichtspunkten:
   - dem Angebotsvolumen der bisherigen Marktteilnehmer und
   - dem Markteintritt neuer Anbieter.

4. Der **Marktanteilsentwicklung**. Jedes Unternehmen muß für sich entscheiden, ob es neben der Mitnahme des normalen Marktwachstums zusätzliche Marktanteile gewinnen will. Zusätzlich Marktanteile zu erobern, bedeutet in der Regel
   - mehr Kapazitäten aufzulegen
   - mehr Geld in Endverbraucherwerbung und Handelsmarketing zu investieren und
   - preisaggressiver aufzutreten.

Das heißt die Erhöhung des Marktanteils wird oft über den Preis und die Erträge gehen.

5. Der **Konkurrenzsituation**. Die Flugpauschalreise ist ein stark vergleichbares Konsumgut, damit auch einer hohen Preisempfindlichkeit ausgesetzt. Im Bereich der Warmwasser-Pauschalreise hat es eigentlich nur die **TUI** geschafft, sich über langjähriges Qualitätsmarketing preislich etwas nach oben

abzusetzen. Der Restmarkt hat sich weitgehend unterhalb des TUI Preisniveaus angesiedelt. Der zweitgrößte Anbieter, **Thomas Cook**, hat den Preis als das bestimmende Kriterium für den Markterfolg auf seine Fahnen geschrieben. Der Veranstalter muß also genau beurteilen, wer seine direkten Konkurrenten sind und welche Preisstrategie diese fahren.

Beispiel: Tjæreborg hat die starke Preisagressivität des Mitbewerbers Alltours zu spüren bekommen: Zwei Veranstalter, die sich klassisch im preisaggressiven Segment bewegen, und daher direkt miteinander konkurrieren. Extra für dieses Preissegment hat die TUI die Marke „1-2-Fly" aufgelegt. Thomas Cook positioniert „Bucher Reisen" deutlich preisaggressiver und auch FTI hat eine eigene Produktlinie in diesem Segment.

Die Prognose über das Mitbewerberverhalten ist natürlich sehr schwierig. Rechnet Veranstalter A mit einem sehr aggressiven Verhalten des Veranstalters B, wird er ebenfalls unter Verlust von Deckungsbeiträgen aggressiv kalkulieren. Eine Überreaktion kostet demnach unnötig viel Geld.

3.7.2 Kalkulatorische Vorgaben

Je nach Unternehmensziel werden die kalkulatorischen Vorgaben durch die Geschäftsleitung festgelegt. An folgenden Parametern ist eine verstärkte Preisaggressivität festzumachen:

- **Kalkulationskurs der Währung**: Da die Fremdleistungen Transfer, Unterkunft und Zielgebietsagentur überwiegend in Fremdwährung einkauft werden, muß für diese wesentlichen Kostenfaktoren der Kalkulationskurs festgelegt werden. Als Kalkulationskurs wird der Kurs eingesetzt, zu dem die Fremdleistungen im Durchschnitt der Saison bezahlt werden können.

Es gibt zwei Möglichkeiten der Festlegung:

1. **Devisentermingeschäft**. Das Volumen in Fremdwährung wird aufgrund der Preise und Planteilnehmer hochgerechnet. Daraus ergibt sich ein monatlicher Devisenbedarf.

    Beispiel: Sommersaison vom 1. April bis zum 28. Oktober 2011

2011	Bedarf an US$
April	1 Mio.
Mai	3 Mio.
Juni	4 Mio.
Juli	5 Mio.
August	6 Mio.
September	6 Mio.
Oktober	6 Mio.
November	5 Mio.

    Zu berücksichtigen ist, daß die Hotelrechnung aus dem Zielgebiet in der Regel nach Abreise des Kunden gestellt wird und bis zur Zahlung durch den Veranstalter auch noch zwei bis drei Wochen vergehen. Die Zahlungen erfolgen also gegenüber den monatlichen Teilnehmerankünften vier bis sechs Wochen später. Am 25. September 2010 liegt der Kurs bei 1 US$ = 0,8087 €. Bei einem **Devisentermingeschäft** mit der Bank wird diese auf zukünftige Termine Abschläge geben, die zu festen kalkulierbaren Kursen führen. Das könnte zum Beispiel so aussehen:

April 2011	1US$ =	0,800 €
Mai		0,795 €
Juni		0,790 €
Juli		0,785 €
August		0,780 €
September		0,775 €
Oktober		0,770 €
November		0,765 €

Da der mittlere Zahlungszeitpunkt im August 2011 liegt, kann der US$ mit 0,780 € kalkuliert werden.

2. **Tageskurse**. Alternativ zu dem Devisentermingeschäft kann sich der Veranstalter entschließen, auf einen stärkeren Verfall der US$ zu spekulieren. Wenn die Prognosen der Banken und der Kontakt mit den US-amerikanischen Geschäftspartnern auf einen stärkeren Verfall des US$ schließen lassen, kann der Veranstalter sich entscheiden, den US$ gar nicht oder nur teilweise durch Termingeschäfte abzusichern. Daraus kann sich folgende Devisenkursplanung ergeben:

Beispiel: Devisenkurs geschätzt

April 2011	1 US$	0,79 €
Mai		0,78 €
Juni		0,77 €
Juli		0,76 €
August		0,75 €
September		0,74 €
Oktober		0,73 €
November		0,72 €

Bei einer preisaggressiven Strategie kann der Kurs von 0,75 € angesetzt werden. Die Chance sind sehr konkurrenzfähige Preise, das Risiko liegt darin, daß der US$ stabiler ist als erwartet und Devisenverluste entstehen. Gegenüber dem Kurs von 0,78 € bedeutet der Kurs von 0,75 € einen ca. 27,30 € niedrigeren durchschnittlichen Hotelpreis pro Reise.

- **Kalkulation der Flugauslastung**. In Abschnitt 3.4.2 wird die Flugkalkulation beschrieben. Auch hier besteht die Möglichkeit einer vorsichtigen oder preisaggressiven Strategie. Konventionell wird mit 89 Prozent Auslastung kalkuliert. Bei einem Auslastungsfaktor von 92 Prozent kann der Kostenfaktor Kalkulationsflugpreis durchschnittlich 7,70 € bis 10,20 € gesenkt werden. Das Risiko liegt in Auslastungsverlusten, falls der Absatz nicht der Kalkulation entspricht, die Chance in einem günstigeren Verkaufspreis und damit besseren Verkaufschancen gegenüber der Konkurrenz.

- **Senkung der Hoteleinkaufspreise**. Auch hier gilt wie bei Devisen und Flugauslastung: Günstigere Preise gleich höheres Risiko. Durch Leistung von Vorauszahlungen, Darlehen oder garantierter Auslastung der vertraglichen Kapazitäten können die Hoteleinkaufspreise gesenkt werden. Das Risiko liegt darin, daß einmal das Zielgebiet als solches sich nicht gut verkauft oder das eigene Produkt einen unterdurchschnittlichen Absatz hat.

Zum **Beispiel** verkaufte sich das Zielgebiet Türkei 2006 ca. 20 Prozent schlechter als im Vorjahr. Veranstalter, die in der Türkei Hotelrisiken eingegangen sind, liefen das Risiko schwerer Verluste.

3.7.3 Aufbau der Kalkulation

Nachdem die unternehmerischen Grundsatzentscheidungen getroffen sind, gehen die Fachabteilungen an den Aufbau der Kalkulation.

3.7.3.1 Die Einkaufssaison

Wir haben gelernt, daß sich die touristischen Kosten im wesentlichen aus dem Flugpreis und dem Hotelpreis zusammensetzen (vgl. Abbildung 1.1). Der in Abschnitt 3.4.3 beschriebene Kalkulationsflugpreis zieht sich linear durch die gesamte Saison. Im Gegensatz dazu stuft sich der Hotelpreis nach den mit dem Hotelier vertraglich vereinbarten Saisonzeiten. Der Hotelier wird die Saisonzeiten nach der Auslastung des Zielgebietes staffeln. Diese Auslastung wird bestimmt von der Gesamtheit der Nachfrage aller Quellmärkte, die das Zielgebiet und das Hotel beliefern.

Die Saison der Einkaufspreise gestaltet sich aus Sicht des Hoteliers also nach seinen Marktchancen. Der Reiseveranstalter muß jedoch seine Verkaufspreise nach den Marktchancen seines Quellmarktes kalkulieren. D.h., er wird versuchen, die Einkaufspreise nach seinem Quellmarkt zu gestalten.

Ein klassischer Verlauf der Einkaufssaison wäre:

Vor-/Nachsaison: April bis Mai, Oktober

Zwischensaison: Juni, Mitte bis Ende September

Hochsaison: Juli bis Mitte September

3.7.3.2 Die Verkaufssaison

Demgegenüber steht das Bedürfnis des Veranstalters, die Verkaufspreise der Nachfrage auf seinem Heimatmarkt anzupassen. Diese Nachfrage wird geprägt von der Ferienordnung des Quellmarktes, den klimatischen Verhältnissen im Zielgebiet, Gewohnheiten der Verbraucher und den Urlaubsregelungen von Großbetrieben.

Diese Nachfrageschwankungen prägen die sogenannte Saisonzeitenregelung der Verkaufspreise. Zum Zwecke der Feinsteuerung setzen die Veranstalter fünf, manchmal sechs Saisonzeiten ein. Die Verkaufssaisonstrategie muß also die Veränderungen der Einkaufspreise mit den Schwankungen des Nachfrageverlaufes in Einklang bringen. Am Beispiel des Ferienkalenders 2010 von Nordrhein-Westfalen können die Verkaufspreise wie in Abbildung 3.4 gestaffelt werden.

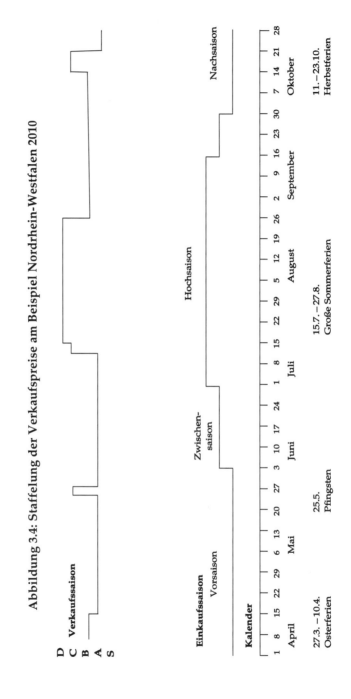

Abbildung 3.4: Staffelung der Verkaufspreise am Beispiel Nordrhein-Westfalen 2010

Die Flugpauschalreise

Die Ferien und Feiertage führen zu folgendem **Nachfrageverlauf**:

bis 27. März	Vor Ostern, sehr niedrige Nachfrage
27. März bis 10. April	Osterferien: höhere Nachfrage
3./4.. April	Noch Osterferien, aber Rückflug für Zweiwochenurlauber außerhalb der Ferien, daher niedrigere Saisonzeit;
10. April bis 13. Mai	Vorsaison;
14. bis 23. Mai	Zwischensaison mit verstärkter Nachfrage durch Pfingsten;
24. Mai bis 13. Juli	Zwischensaison;
14. Juli bis 1. August	Die ersten Ferientermine mit erfahrungsgemäß stärkster Nachfrage der Hochsaison;
1. August bis 20. August	Hochsaison; Sommerferien
21. August bis 7. Oktober	Zwischensaison: Hohe Nachfrage durch schönes Wetter im Zielgebiet, viele Clubreise, von Kegeln über Radeln bis Tennis
8. bis 15. Oktober	Zwischensaison wegen Herbstferien
16. – 28. Oktober	Nachsaison, aber aufgrund der besseren klimatischen Verhältnisse im Zielgebiet können höhere Preise als in der Vorsaison im April genommen werden.

Es gibt viele Möglichkeiten, die Kalkulation aufzubauen, die wichtigsten davon werden im folgenden näher erläutert.

- Die **Vergleichsmethode**. Hier werden die Vorjahreswerte zugrunde gelegt. Die neuen Vertragswerte werden eingegeben. Somit werden Änderungen der Einkaufswerte positiver oder negativer Art direkt an den Verkaufspreis weitergegeben.

- Die **lineare Methode**. Die zu der Reise gehörenden Einkaufswerte wie zum Beispiel Flug, Transfer, Unterkunft und Verpflegung werden addiert und um einen einheitlichen Faktor, zum Beispiel 25 Prozent erhöht. Dieser Faktor enthält Reisebüroprovision, sowie den Deckungsbeitrag 1 (DB 2; siehe Abbildung 1.1). Diese Methode wird vorwiegend bei Veranstaltern angewendet, die im Liniengeschäft tätig sind, also kein terminliches Flugauslastungsrisiko haben.

    Hier wird der Verkaufspreis auch nach dem sogenannten „aufenthaltsbezogenen" System gerechnet. Das heißt, wenn der Kunde in der Verkaufssaisonzeit A den Urlaub antritt, nach einer Woche die Saisonzeit B beginnt, zahlt der Kunde für die erste Woche den Reisepreis A, für die zweite Woche den Reisepreis B.

    Beispiel: Hotel LTI La Chiripa (Teneriffa)

Reisezeit A	Grundpreis inkl. Flug (GA)	766 €
6. – 13. Mai	Verlängerungswoche (VA)	280 €
Reisezeit B	Grundpreis inkl. Flug	792 €
20. Mai – 3. Juni	Verlängerungswoche	306 €

Gebucht wird vom 13. bis 27. Mai:
Grundpreis erste Woche Saison A 766 €
Verlängerungswoche Saison B 306 €
Reisepreis pro Person: 1.072 €

- Die **gewichtete Methode**. Reiseveranstalter, die im Charterflugbereich tätig sind, bauen die Kalkulation so auf, daß sie die Flugauslastung optimieren. Als Grundsatz werden die Verkaufspreise „abflugbezogen" gerechnet, d.h., die Saisonzeit des Abflugtermins bestimmt den Verkaufspreis für die gesamte Reisedauer des Kunden. Für das gleiche Beispiel würde sich die Reise nach der „abflugbezogenen" Methode wie folgt rechnen:

Beispiel: Hotel LTI La Chiripa (Teneriffa) mit Jahn Reisen, Flug mit LTU
Verkaufspreis Grundpreis 1. Woche Saison A 766 €
Verlängerungspreis Saison A 280 €
Reisepreis pro Person 1.046 €

Darüber hinaus spielen weitere Faktoren bei der Gewichtung der Reisepreise eine Rolle:

1. Die **Konkurrenzsituation**. Jedes Hotel wird auf seine individuelle Konkurrenzsituation hin betrachtet. Merke: Je mehr Konkurrenzveranstalter das gleiche Hotel anbieten, desto niedriger wird der zu erzielende Reisepreis und damit der Deckungsbeitrag sein. Hier spricht man üblicherweise von „**überschnittenen**" **Hotels**. Es ist daher das Ziel eines jeden Veranstalters, soviel wie möglich „nicht überschnittene" Hotels im Programm zu haben. Da der Hotelier zur Risikominimierung und besseren Auslastung jedoch in der Regel eher mehrere Veranstalter in seinem Hotel haben möchte, muß der Veranstalter dem Hotelier zusätzliche Anreize bieten, um die gewünschte Exklusivität gegenüber der Konkurrenz zu erhalten. Diese Anreize können sein:

- Vorauszahlungen
- Darlehen
- Belegungsgarantien
- Beteiligung an dem Hotel
- Managementvertrag mit dem Hotel
- Kauf und Betrieb eigener Hotels

Besonders die **TUI** hatte schon frühzeitig erkannt, daß es für die Individualität des Produktes und die Unabhängigkeit der Kalkulation wichtig ist, eigene Hotelmarken zu entwickeln. Aus diesen Grundgedanken heraus sind die Marken **Robinson**, **Iberotel** und **RIU Hotels** entstanden. Allerdings ist auch bei exklusiven Hotelangeboten zu beachten, daß es den Faktor der „**indirekten**" **Überschneidung** gibt. Das bedeutet, daß vergleichbare oder ähnliche Hotelangebote der Konkurrenz es nicht zulassen, in den eigenen Hotels den Preis beliebig nach oben zu setzen.

Wichtig ist es zu wissen, daß die Preiskategorie des Hotels nichts über den zu erzielenden DB 1 des Veranstalters aussagt. Aus Konkurrenzgründen kann ein teures Hotel durchaus einen niedrigen DB 1 haben und ein exklusives Mittelklassehotel richtig Geld bringen.

2. Die **Gewichtung des Deckungsbeitrages** (DB). Zur Erinnerung sei darauf hingewiesen, daß der Deckungsbeitrag 2 die beiden Faktoren Betriebskosten und Rohertrag abdeckt (siehe Übersicht 1.1) Der Deckungsbeitrag wird pro Teilnehmer gerechnet. Die durchschnittliche Reisedauer eines Teilnehmers in der Flugpauschalreise beträgt etwa zwei Wochen.

   Der Deckungsbeitrag kann vollständig in den sogenannten „Grundpreis" oder in das **Grundangebot (GA)** kalkuliert werden. Der Grundpreis ist der Reisepreis ab Deutschland inklusive Flug, Transfer, Hotel, Verpflegung, Reiseleitung und sonstiger Fixkosten. Damit wäre die Verlängerungswoche (**Verlängerungsangebot VA**) nur noch mit dem Einkaufspreis und der Reisebüroprovision belastet. Bei dieser Methode ist der Einwochenpreis relativ hoch und der Preis der Verlängerungswoche niedrig. Dieser Veranstalter wird eher Kunden mit einer Aufenthaltsdauer von zwei bis drei Wochen an sich ziehen.

   Gebräuchlicher ist die Methode, den DB auf den Grundpreis und die Verlängerungswoche zu verteilen, die sogenannte „**Kippung**". Bei dieser Methode kann der DB je nach Hotel und Zielgebiet dazu beitragen, die Ein-, Zwei- oder Dreiwochenangebote billiger oder teurer zu machen, je nachdem, ob der Veranstalter eher Kurzreisende oder Langreisende „erobern" will.

3. Die **Gewichtung der Abflughäfen**. Jeder Veranstalter bietet in der Regel sein Produkt von mehreren Abflughäfen aus an. Die Hotelpalette wird einmal mit dem Basisabflughafen kalkuliert und in der Preistabelle dargestellt. Über dieser Preistabelle steht die sogenannte „Flugleiste".

   Die **Flugleiste** zeigt
   - Jeden Abflughafen
   - Die Zu- oder Abschläge pro Abflughafen
   - Die Saisonzeiten pro Abflughafen, angepaßt an die regionale Ferienstruktur

   Beispiel Flugleiste: Abflughafen Zu- bzw. Abschlag:

Düsseldorf (DUS)	–
München (MUC)	– 15 €
Berlin (TXL, SXF)	– 5 €
Hamburg (HAM)	+ 20 €

   Linear betrachtet, könnte für München, Berlin und Hamburg die Differenz des Kalkulationsflugpreises gegenüber Düsseldorf zuzüglich Reisebüroprovision ausgewiesen werden. Aber je nach Interessenlage können die Zu- und Abschläge der Konkurrenzsituation angepaßt werden.

   Beispiel: Der Veranstalter Jahn Reisen will neu in Berlin einsteigen. Die Flugpreisdifferenz gegenüber dem Basisflughafen DUS beträgt + 25 €. Geplant sind 5.000 Teilnehmer in der ersten Saison.

Differenz Kalkulationsflugpreis	25 €
Verkaufszuschlag inkl. Reisebüroprovision 11,5 %	28 €
Gewichteter Flughafenabschlag im Verkauf	– 5 €
Differenz	33 €

Deckungsbeitragsverlust ohne Reisebüroprovision 29,21 €
Multipliziert mit 5.000 Planteilnehmern 146.040 €

Diese Markterschließungsmaßnahme kostet den Veranstalter 146.040 €, die von anderen Abflughäfen durch Preiserhöhungen wieder erwirtschaftet werden müssen.

Beispiel:Die Planteilnehmer ab den anderen Flughäfen belaufen sich auf 100.000 Teilnehmer (TN).

146.040 € : 100.000 TN = 1,50 €(gerundet)

Die Preise ab den anderen Abflughäfen müssen um je 1,530 € zuzüglich Reisebüroprovision erhöht werden.

3.8 Kalkulationsbeispiel

Am **Beispiel** des Zielgebietes Monastir bauen wir eine Kalkulation auf. Wir benutzen dazu die in Abbildung 3.3 dargestellte Saisonzeitenleiste.

3.8.1 Grunddaten

Saisonlänge: 1.4.2011 – 28.10.2011

Termine:	30 Wochen
Durchschnittliche Reisedauer:	zwei Wochen
Leerflüge:	zwei
Verkäufliche Termine:	28
Planauslastung nach Leerflug:	92 %
Flugeinkaufspreis MUC – MIR – MUC	148,27 €
Transfer Flughafen MIR – Hotel – Flughafen MIR	Tunesische Dinar (TND) 25
Reiseleiterkosten pro Teilnehmer (TN):	7,67 €
handling fee (HF) Zielgebietsagentur:	3 % vom Hoteleinkaufspreis
Hoteleinkaufspreis pro Person im Doppelzimmer, Basis Halbpension	
FTI Siva Hotel	TND 35 Vorsaison
1.4. – 3. 6. 2011	
30.9. – 28. 10. 2011	
1.7. – 16.9.2011	TND 50 Hochsaison
3.6. – 1.7.2011	TND 40 Zwischensaison
16.9. – 30.9.2011	
Geplanter Deckungsbeitrag 1 (DB 1) pro TN	48,57 €

Kalkulationskurs: der TND liegt zum Zeitpunkt der Kalkulation im August 2010 bei 1 TND = 0,82 €. Der Dinar kann durch Devisentermingeschäfte nicht abgesichert werden, da die Banken den TND nicht handeln. Dennoch geht der Veranstalter von einer weiteren Stärkung des € gegenüber dem TND aus und legt den Kalkulationskurs mit 0,77 € fest.

3.8.2 Berechnung der Preiselemente

1. Berechnung des **Kalkulationsflugpreises**:

Kalkulationsbasis	Berechnung/Ergebnis
Einkauf 148 €	148 €
zwei Leerflüge, 28 verkäufliche Termine, 2 : 28 = 7,2 %	+ 7,2 %
Leerflugpreis	159 €
Auslastung 92 Prozent	159 : 0,92
Kalkulationsflugpreis	= 173 €

2. Berechnung des **Hotelkalkulationspreises**:

Saison	Formel	Kalkulationspreis
Vorsaison (VS)	TND 35 × Kurs 0,77 € = 26,95 € + 3 % HF	27,76 €
Zwischen- (ZS)	TND 40 × Kurs 0,77 € = 30,80 € + 3 % HF	31,72 €
Hoch- (HS)	TND 50 × Kurs 0,77 € = 38,50 € + 3 % HF	39,66 €

3. **Kalkulation des Grundangebotes**:

	VS	ZS	HS
Kalkulationsflugpreis	173,00 €	173,00 €	173,00 €
+ Reiseleitung	7,67 €	7,67 €	7,67 €
+ Transfer	19,25 €	19,25 €	19,25 €
+ 7 Übernachtungen FTI Siva	194,32 €	222,04 €	277,55 €
Zwischensumme touristische Kosten (TK)	**394,24 €**	**421,96 €**	**477,54 €**

4. **Kalkulation der Verlängerungswoche**:

	VS	ZS	HS
7 Übernachtungen inkl. HF	194,32 €	222,04 €	277,62 €
TK Zweiwochenreise	588,74 €	644,18 €	755,16 €

5. **Gewichtung der Saisonzeiten**: Die für das Zielgebiet MIR wie unter dem Punkt „Die Verkaufssaison" festgelegten Saisonzeiten stimmen nicht mit den zum Verkaufspreis (VKP) hochgerechneten Einkaufssaisonzeiten überein. 3.1 zeigt den Verlauf der Einkaufspreise mit der Zielgebietssaison: Aus dieser Tabelle ist zu erkennen, daß den Terminen der Verkaufssaisonzeit jeweils unterschiedliche Einkaufskosten gegenüber stehen. Das ist das typische Merkmal der abflugbezogenen Kalkulation der Flugpauschalreise bei Charterveranstaltern. Daher muß für jede Verkaufssaison erst einmal der durchschnittliche Einkaufspreis ermittelt werden. Bei unserem Beispiel ergibt dies die in Tabelle 3.2 dargestellte Preiskalkulation.

Die EDV-gestützten Kalkulationsprogramme stellen heute also dem Verkaufspreis für jeden Reisetermin die genauen Einkaufskosten gegenüber und ermitteln so den DB1 pro Reisetermin, verdichtet auf den DB1 pro Saisonzeit, verdichtet auf den DB1 pro Hotel für die gesamte Saison. Jede Veränderung des Reisepreises in der Phase der Feinabstimmung der Reisepreise zieht eine Veränderung des DB2 nach sich.

Tabelle 3.1: Einkaufspreise für Saisonzeiten (in €)

Saisontermine		Einkaufs-saison (EK)	TK nach Einkaufs-saison GA[1]	VA[2]	Verkaufssaison (VK) S	A	B	C	D
April	1	VS	394	194			B		
	8	VS				A			
	15	VS			S				
	22	VS			S				
	29	VS				A			
Mai	6	VS				A			
	13	VS				A			
	20	VS				A			
	27	VS				A			
Juni	3	ZS	422	222				C	
	10	ZS					B		
	17	ZS					B		
	24	ZS					B		
Juli	1	HS	478	278				C	
	8	HS						C	
	15	HS							D
	22	HS							D
	29	HS							D
August	5	HS						C	
	12	HS						C	
	19	HS						C	
	26	HS						C	
September	2	HS						C	
	9	HS						C	
	16	ZS	422	222			B		
	23	ZS					B		
	30	VS	394	194			B		
Oktober	7	VS					B		
	14	VS				A			
	21	VS				A			
	28	VS			Saisonende				

[1] Grundpreis inklusive Flug
[2] Verlängerungswoche

Die Flugpauschalreise

Tabelle 3.2: Ermittlung der durchschnittlichen Einkaufspreise (in €)

VK Saison	Anzahl EK-Saison	TK Kosten		Ø TK		Ø DB2		Netto VKP		Brutto VKP[1]	
		GA	VA	GA	VA	GA	VA	GA	VA	GA	VA
S	2 × VS	394	194	394	194	5	5	399	199	451	225
A	8 × VS	394	194	394	194	30	18	472	212	534	240
B	3 × VS	394	194								
	5 × ZS	422	222	412	212	30	18	424	230	479	260
C	8 × HS	478	278								
	1 × ZS	422	222	472	272	30	18	502	290	567	328
D	3 × HS	478	278	478	278	56	30	534	308	603	348

[1] inkl. 11,5 Prozent Reisebüroprovision

Merke: Jede Preisänderung, insbesondere jede Preissenkung, muß bei einem anderen Hotel mit einer entsprechenden Gegenreaktion aufgefangen werden.

Die Gesamtheit der DB2 pro Hotel ergibt den DB2 pro Zielgebiet.

Beispiel Monastir (MIR):

Hotel	DB2 für Zweiwochenreise	Planteilnehmer	DB2 pro Hotel
FTI Siva	49 €	3.000 €	147.000 €
Palm Garden	20 €	2.000 €	40.000 €
Marhaba	43 €	2.500 €	107.500 €
Summe	39 €	7.500 €	292.500 €

Die Addition der einzelnen DB1 pro Hotel ergibt also 292.500 € bei 7.500 Planteilnehmern = DB2 für das Zielgebiet MIR = 39 € pro TN.

Als nächstes werden die Zielgebiete mit Planteilnehmern (Plan-TN) und DB2 pro Zielgebiet aufgelistet, um zu überprüfen, ob die Gesamtkalkulation genügend DB2 erwirtschaftet, um die Betriebskosten des Veranstalters zu decken und noch einen DB 3 oder Rohertrag 1 (ROH1) auszuweisen.

Beispiel:

Zielgebiet (ZG)	DB2 pro Teilnehmer (€)	Planteilnehmer	DB2 pro ZG €
Monastir (MIR)	39	7.500	292.500
Mallorca (PMI)	62	63.200	3.918.400
Heraklion (HER)	73	40.300	2.941.900
Antalya (AYT)	51	52.600	2.682.600
Summe	60	163.600	9.835.400

Das bedeutet, der Veranstalter plant 163.600 Teilnehmer mit einem durchschnittlichen Deckungsbeitrag von 60 € und einem kalkulierten Gesamtertrag von 9.835.400 €.

Aus diesem Gesamtertrag müssen die Betriebskosten, wie EDV, Personal, Mieten, Kataloge, Werbung, Kommunikation, sowie Rückstellungen für Kulanzen und Reklamationen abgedeckt werden. Außerdem sollte ein Gewinn für die Gesellschafter übrigbleiben.

Die Kunst der Kalkulation liegt einerseits in der Abdeckung der touristischen sowie der Betriebskosten, der Unternehmensrisiken und der Währungsentwicklung, andererseits in der Erstellung eines konkurrenzfähigen Verkaufspreisniveaus.

3.9 Zusammenfassung

Alle aufgeführten Leistungen sind Bestandteile der Flugpauschalreise in vielen Variationsmöglichkeiten. Es liegt am Veranstalter, die jeweils richtige Zusammensetzung der Teilleistungen zu finden, um ein attraktives, unverwechselbares, gut verkäufliches und vor allem gewinnbringendes Produkt zu erstellen.

3.10 Reisebüroprovision

Immer noch sind für viele Reiseveranstalter die Reisebüros der wichtigste Absatzkanal. Die Entlohnung der Reisebüros erfolgt in der Regel über ein Provisionssystem, das die Umsatzgröße und die Leistungsfähigkeit des Reisebüros belohnen, Verkaufsanreize für das Veranstalterprodukt und damit eine Vertriebsbindung und -steuerung erzielen soll.

Wie hoch die Provision ist, wird in der jährlichen Provisionsregelung festgelegt.

1. Die Provision ist das Entgelt für den Reisebüro als Handelsvertreter für den Vertrieb und die Buchungsabwicklung der Angebote des Reiseveranstalters.
2. Einer der großen deutschen Reiseveranstalter wie die TUI, Thomas Cook oder die REWE Gruppe verkauft über ein Netz von 9.000–11.000 Reisebüros.
3. Die meisten dieser Reisebüros verkaufen, anders als ein üblicher Handelsvertreter, eine Vielzahl von Veranstalterprodukten.
4. Die Provisionsregelung aus Sicht des Reiseveranstalters soll die folgenden Funktionen erfüllen:
    a. Entgelt für die Tätigkeiten des Reisebüros: Kundenberatung, Ausstellung und Ausgabe der Reisekataloge des Veranstalters, Abschluß des Reisevertrages zwischen Reiseveranstalter und Kunden, Inkasso des Reisepreises (Kundeninkasso im Gegensatz zum Direktinkasso des Reiseveranstalters, wenn der Kunde direkt an den Reiseveranstalter zahlt), Prüfung und Aushändigung der Reiseunterlagen (sofern der Reiseveranstalter die Reiseunterlagen nicht direkt an den Kunden schickt).
    b. Sicherung des Veranstalterumsatzes bei der Vertragsagentur, da diese eine Vielzahl von Reiseveranstaltern verkauft.
    c. Anreiz zur Steigerung des Veranstalterumsatzes, zum Teil zu Lasten anderer Veranstalter (Gewinnung von Marktanteilen)
    d. Verhinderung von Umsatzverlusten bei der Vertragsagentur
    e. Verstärkter Abverkauf von besonderen Produkten des Reiseveranstalters, zum Beispiel eigene Hotels.

f. Belohnung für Reisebüros, die sich enger an den Reiseveranstalter binden, zum Beispiel über Kooperations- oder Franchisesysteme.
5. Umsetzung der Provisionsregelung aus Sicht des Reiseveranstalters am Beispiel der TUI 2010:
   a. Basisprovision, belohnt die Umsatzgröße:
      i. Für Kleinagenturen unter 250 TEUR 6–9 %
      ii. Für Agenturen ab 250 TEUR bis >1.500 TEUR 10–11,4 %
   b. Steigerungsprovision: bei Steigerung gegenüber dem Vorjahr 5– >25 % 0,1–0,4 %
   c. Malusprovision: Bei Rückgang gegenüber dem Vorjahr 5– >20 % –0,3–2,7 %
   d. Produktincentive für bestimmte Reisearten bis 0,5 %
   e. TUI eXtra plus: Wenn im Vorjahr ein Produktincentive erreicht wurde, wird im Folgejahr die Basisprovision erhöht um bis zu 0,5 %
   f. TUI Partnermodell: für TUI Partnerreisebüros erhöhte Provisionsstufen 0,4–1,4 %
   g. TUI TravelStar Reisebüros: On Top Incentive bis 0,3 %

Kommen wir wieder zurück auf die eingangs zu diesem Kapitel aufgeführte Übersicht 3.1 über die Zusammensetzung des Reisepreises, dann sehen wir, daß ein Reiseveranstalter zwar 10–12 Prozent Reisebüroprovision ausschüttet, aber selber nur einen DB 3 von 1–2 Prozent erwirtschaftet. Da ist es selbstverständlich, daß die Reiseveranstalter immer wieder versuchen, durch Änderungen des Provisionssystems oder Anpassung an neue Vertriebsformen die durchschnittliche Provision zu reduzieren.

Beispiel 1: Viele Reiseveranstalter zahlen Internetagenturen, die zum Teil erhebliche Umsätze bündeln ohne die Kosten eines stationären Vertriebes zu haben, eine reduzierte oder nach oben gedeckelte Provision.

Beispiel 2: Die Sprünge der Umsatzgruppen werden vergrößert, es ist also schwieriger, in die nächsthöhere Provisionsstaffel zu kommen.

Beispiel 3: Die nächsthöhere Provisionsstaffel wird nur auf den Mehrumsatz gezahlt, nicht auf den Gesamtumsatz.

3.1 Steigerung des Umsatzes eines Modellreisebüros von EUR 250.000 auf EUR 300.000.
3.1.1 Staffel auf Gesamtumsatz: Basis 11 % ab EUR 200.000, 11,3 % ab EUR 250.000, 11,5 % ab EUR 275.000.
Erzielte Provision des Reisebüros: 11.5 % auf EUR 300.000 = 34.500
3.1.2 Staffel auf übersteigenden Umsatz: Basis 11 % ab EUR 200.000, 11,3 % ab EUR 250.00, 11,5 % ab EUR 275.000.
Erzielte Provision des Reisebüros:
11 % von EUR 250.000 = EUR 27.500
11,3 % von EUR 25.000 = EUR 2.825
11.5 % von EUR 25.000 = EUR 2.875
SUMME   EUR 33.200
Schnittprovision   11,07 %
Ersparnis zu 3.1.1   – EUR 1.300
                      – 0,23 % (bei angenommenen schon sehr positivem DB 3 von 2 Prozent wäre das eine Verbesserung des DB 3 des Reiseveranstalters um rund 10 Prozent.)

4

Cash-Management bei Reiseveranstaltern

Torsten Kirstges

4.1 Zahlenspielereien: Cash-flow und Cash-Illusion

REISEVERANSTALTER UND REISEMITTLER KÖNNEN wie kein anderes Dienstleistungsunternehmen mit dem Geld anderer, nämlich dem ihrer Kunden, jonglieren. Es ist keinesfalls ungewöhnlich, daß das Fremdkapital von Touristikunternehmen, vor allem in Form von erhaltenen Kundenanzahlungen, deren Eigenkapital um ein Vielfaches übersteigt.

Erhaltene Kundenzahlungen müssen bis zum Zeitpunkt der Realisierung des Umsatzes in der Finanzbuchhaltung als Verbindlichkeiten gegenüber den Kunden erfaßt werden. Hinsichtlich des richtigen **Zeitpunktes der Umsatzrealisierung** gibt es in Literatur und Praxis unterschiedliche Auffassungen. Den Grundsätzen einer ordnungsgemäßen, d.h. auch vorsichtigen Buchführung entsprechend, scheint der **Tag des Reiseendes** der geeignete Realisierungszeitpunkt zu sein, zu dem aus den erhaltenen Anzahlungen (bzw. den an Leistungsträger geleisteten Anzahlungen) Umsätze (bzw. Aufwendungen für Vorleistungen) werden. Gleichwohl fordert die **IAS**-Systematik (*International Accounting Standards*), das Datum des Reisebeginns als Realisationszeitpunkt zu wählen.

Auf dem Bankkonto häufen sich die Millionen, der extrem positive **Cash-flow** täuscht ein gesundes Unternehmen vor, auch größere Investitionen lassen sich scheinbar „aus der Portokasse" tätigen – bis irgendwann der Cash-Zufluß einen Rückschlag erlebt und das Unternehmen wegen Zahlungsunfähigkeit oder gar Überschuldung Konkurs anmelden muß. Erschwerend kommt hinzu, daß aufgrund der starken Saisonalität des touristischen Geschäfts hohe **Schwankungen in der Liquidität** auftreten können. Um Gefahren rechtzeitig zu vermeiden, aber auch, um Chancen im Bereich der Liquidität wahrzunehmen, bedarf es eines **Cash-Managements** bei Reiseveranstaltern.

Mit „**Cash**" bezeichnet man in der Betriebswirtschaftslehre die liquiden Mittel, die verfügbaren Finanzmittel einer Unternehmung. Der **Cash-flow** ist eine der wichtigsten Kennzahlen, die zur Analyse der Liquidität von Unternehmen herangezogen werden. Unter Cash-flow versteht man die Veränderung des Cash, also der finanzwirtschaftlichen Überschuß (oder Differenzbetrag), also die **Dif-**

ferenz zwischen **Einzahlungen und Auszahlungen** in einer Periode, also zum Beispiel einem Jahr. Hat man die Werte der Ein- und Auszahlungen einer Unternehmung zur Verfügung, so kann man den Cash-flow unmittelbar und exakt daraus errechnen (sog. direkte Ermittlungsmethode):

Cash-flow = Einzahlungen minus Auszahlungen

Oft werden für diese Kennzahl nicht jede Art von Ein- und Auszahlungen berücksichtigt, sondern nur solche, die aus Erträgen bzw. Aufwendungen resultieren:

Cash-flow = einzahlungswirksamer Ertrag minus auszahlungswirksamer Aufwand

Gelegentlich wird dieser dann noch aufgeteilt in den

- **operativen** Cash-flow (Zahlungsüberschuß aus der laufenden Geschäftstätigkeit),
- **Investitions**-Cash-flow (Zahlungsüberschuß aus der Investitionstätigkeit),
- **Finanzierungs**-Cash-flow (Zahlungsüberschuß aus der Finanzierungstätigkeit).

Da gerade externe Analysten in den seltensten Fällen diese Einblicke haben, behelfen sie sich gerne mit der Berechnung des Cash-flow aus den Daten des Jahresabschlusses, in dem der dort ausgewiesene Jahresüberschuß um alle GuV-Positionen korrigiert wird, die nicht zahlungswirksam waren. Derart definiert errechnet sich der Cash-flow also wie folgt:

Bilanzgewinn/Jahresüberschuß
+ Aufwendungen, die keine Auszahlung bewirken, z.B.: Nettozuweisungen zu den offenen Rücklagen / Abschreibungsgegenwerte auf Sach- und Finanzanlagen / Erhöhung von Pensionsrückstellungen / Steuern vom Einkommen und Ertrag
− Erträge, die keine Einzahlung bewirken, z.B.: Abnahme der Pensionsrückstellungen / Zuschreibungen auf Vermögensgegenwerte
= Cash-flow

Diese sog. **indirekte Methode** der Cash-flow-Ermittlung liefert natürlich nur einen Näherungswert. Zudem ist gemäß dieser Formel die Höhe des Cashflows manipulierbar über die Bemessung zum Beispiel der Abschreibungen.

Es gibt zahlreiche weitere Definitionen des Cash-flow, auf die an dieser Stelle jedoch nicht eingegangen werden soll (vgl. ausführlich: Preißner 2003, S. 191–195; Fischer 2000, S. 192–199). Wie auch immer im Detail definiert: Diese Kennzahl liefert Informationen darüber, **inwieweit sich eine Unternehmung von innen**

heraus finanzieren kann, inwieweit sie also liquide ist. Und dieser Wert ist bei Reiseveranstaltern angesichts der Zeitdifferenz zwischen Kundenanzahlungen und Auszahlungen an die Leistungsträger in der Regel erfreulich positiv.

Es gibt eine Reihe weiterer Kennzahlen, die die Liquidität einer Unternehmung zu kennzeichnen versuchen, so zum **Beispiel**:

- Liquidität 1. Grades (= **Barliquidität,** *quick ratio*)
    - o Berechnung: Zahlungsmittel : kurzfristiger Verbindlichkeiten x 100
    - o Hintergrund: Kann die Unternehmung ihre kurzfristig fälligen Verbindlichkeiten aus den vorhandenen liquiden Mitteln begleichen?

$$\text{Liquidität 1. Grades} = \frac{\text{Zahlungsmittel}}{\text{kurzfristige Verbindlichkeiten}} \times 100$$

- Liquidität 2. Grades (= *acid test*)
    - o (Zahlungsmittel + kurzfristige Forderungen) : kurzfristige Verbindlichkeiten x 100
    - o Hintergrund: Kann die Unternehmung ihre kurzfristig fälligen Verbindlichkeiten begleichen, wenn sie über die vorhandenen (und evtl. nicht ausreichenden) liquiden Mittel hinaus auch die zu erwartenden Zahlungseingänge erhält?

$$\text{Liquidität 2. Grades} = \frac{\text{Zahlungsmittel} + \text{kurzfristige Forderungen}}{\text{kurzfristige Verbindlichkeiten}} \times 100$$

- Liquidität 3. Grades (= *current ratio*)
    - o (Zahlungsmittel + kurzfristige Forderungen + Vorräte) : kurzfristige Verbindlichkeiten x 100
    - o Hintergrund: Falls liquide Mittel und zu erwartende Zahlungseingänge aus kurzfristigen Forderungen nicht ausreichen sollten, um die kurzfristig fälligen Verbindlichkeiten zu begleichen, verfügt die Unternehmung dann über kurzfristig liquidierbares Umlaufvermögen?
    - o Wissenswert:
        - Die sog. **Goldene Bilanzregel** erfordert hier einen Wert von mindestens 100 Prozent.
        - Reiseveranstalter und Reisemittler sind, so wie die meisten Dienstleistungsunternehmen, hier im Vergleich zur Liquidität 2. Grades kaum besser gestellt, da sie in der Regel naturgemäß **kaum veräußerbare Vorräte** haben (Selbst die teuer gedruckten Kataloge sind nach kurzer Zeit nur noch Altpapier …).

$$\text{Liquidität 3. Grades} = \frac{\text{Zahlungsmittel} + \text{kurzfristige Forderungen} + \text{Vorräte}}{\text{kurzfristige Verbindlichkeiten}} \times 100$$

- **Working Capital (= Nettoumlaufvermögen, arbeitendes Umlaufvermögen)**
    - Umlaufvermögen – kurzfristige Verbindlichkeiten/Fremdkapital
    - Hintergrund: Ist eine Maßgröße für die Generierung eines positiven Cash-flows. Bei einem positiven Wert wird von einem **finanziellen Gleichgewicht** gesprochen, bei einem negativen droht **Illiquidität**.
    - Wissenswert: Da die hohen **Kundenanzahlungen** an einen Reiseveranstalter einerseits im **Umlaufvermögen** (zum Beispiel Bank), andererseits als „erhaltene Kundenanzahlungen" in den **kurzfristigen Verbindlichkeiten** stehen, kann diese Kennzahl „objektiver" sein als der Cash-flow, der von der zeitlichen Spanne zwischen Kundengeld-Einzahlungen und leistungsträgerbezogenen Auszahlungen profitiert (zum Beispiel bei Abrechnungsperiode = Kalenderjahr: erhaltene Kundenzahlungen im Dezember für Reisen über Sylvester; Bezahlung der Leistungsträger erst im Januar).

Das folgende **Beispiel** (Abbildung 4.1) zeigt die typische **Liquiditätssituation** eines real existierenden mittelständischen Reiseveranstalters im Verlauf von einem Jahr. Die Werte wurden durch Aggregation der Bestände an liquiden Mitteln auf

- drei Bankkonten,
- zwei Festgeldkonten,
- einem Sparbuch,
- vier Kassen
- sowie dem buchhalterischen Wechselkonto für den Geldtransit zwischen Finanzkonten

ermittelt.

Die Schwankungen der Werte sind real; um die Anonymität zu wahren, wurden lediglich der Firmenname abgeändert sowie die Absolutwerte auf den Bezugszeitpunkt „Januar = 100 Prozent" relativiert. Deutlich ist erkennbar, wie stark die Liquidität eines Reiseveranstalters im Zeitverlauf schwankt. Während der Veranstalter Ende Mai über 40 Geldeinheiten (GE) Cash verfügt, beträgt die Liquidität Ende Dezember des Jahres mehr als 150 GE, also fast viermal so viel.

Ein zweites Beispiel läßt mögliche **Ursachen** dieser Schwankungen erkennen. Da Reiseveranstalter die Kundengelder in der Regel vor Reisebeginn vereinnahmen, die Mehrzahl seiner Leistungsträger jedoch erst nach Reiseende bezahlen müssen, ergibt sich ein besonders hoher Cash-Überschuß in den Monaten Juni bis August (Tabelle 4.1).

Cash-Management bei Reiseveranstaltern

Diese beiden einfachen Beispiele zeigen, wie stark die Liquidität eines Reiseveranstalters im Zeitverlauf schwanken kann. Mittels eines weiteren Falls läßt sich leicht zeigen, wie schnell ein Touristikunternehmen dabei der Gefahr einer **Cash-Illusion** erliegen kann.

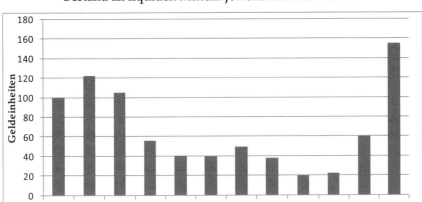

Abbildung 4.1: Cash Entwicklung bei Top-Tours GmbH – Bestand an liquiden Mitteln jeweils am Monatsende

Tabelle 4.1: Entwicklung des Cash-flows am Beispiel eines mittelständischen Reiseveranstalters (in €)

Monat	Einzahlungen aus verkauften Reisen	Auszahlungen an Leistungsträger für verkaufte Reisen	Cash-flow aus Reiseleistungen pro Periode	Cash-flow aus Reiseleistungen kumuliert
Januar	358.000	80.100	277.900	277.900
Februar	203.500	76.500	127.000	404.900
März	258.000	311.400	– 53.400	351.500
April	183.000	177.000	6.000	357.500
Mai	230.000	224.000	6.000	363.500
Juni	650.000	159.000	491.000	854.500
Juli	932.000	200.000	732.000	1.586.500
August	565.000	450.000	115.000	1.701.500
September	140.000	910.000	– 770.000	931.500
Oktober	108.000	330.000	– 222.000	709.500
November	89.000	122.000	– 33.000	676.500
Dezember	85.000	94.000	– 9.000	667.500
Summe:	3.801.500	3.134.000	667.500	

Die Rechnung geht von neun Buchungen aus, an denen das Unternehmen insgesamt nichts verdient; der Deckungsbeitrag[1] einer jeden verkauften Reise beträgt also Null. Die Kundenanzahlungen fließen jeweils einige Zeit, bevor die Leistungsträger vom Unternehmen bezahlt werden müssen (die Zeitpunkte t_1 bis t_9 könnten zum Beispiel Wochen darstellen). Dadurch ergibt sich bis in die siebte Periode hinein ein ansehnlicher Cash-flow, der aufgrund der starken Zunahme sogar den Eindruck eines großen Unternehmenswachstums vermittelt. Erst in den letzten beiden Perioden zeigt sich das gesamte Ausmaß der Cash-Illusion, da plötzlich der Buchungseingang beendet ist.

Zusätzliche, kontinuierlich eingehende Buchungen vorausgesetzt, ließe sich das Cash-Wachstum weiter fortspielen – das tatsächliche, insbesondere durch die Fixkosten verursachte „Loch" würde jedoch immer größer. Dieses Phänomen, daß die Expansion sich so lange selbst trägt, bis die Wachstumsraten zurückgehen, erinnert an die bekannten Kettenbriefe und Schneeballsysteme. Durch eine Multiplikation dieser Beispielzahlen mit 1.000 oder 10.000 ergibt sich bereits die realistische Größenordnung eines mittelständischen Reiseveranstalters.

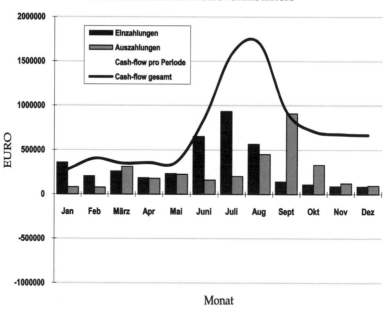

Abbildung 4.2: Entwicklung des Cash-flows am Beispiel eines mittelständischen Reiseveranstalters

---

[1] Als **Deckungsbeitrag** bezeichnet man den Überschuß der Umsatzerlöse über die (direkt zurechenbaren) Einzelkosten, hier also über die Aufwendungen für Reisevorleistungen der Leistungsträger. Dieser Überschuß dient der Deckung der Gemeinkosten des Unternehmens. Manche Autoren definieren den Deckungsbeitrag auch als Überschuß der Umsätze über die variablen Kosten (zur Deckung der Fixkosten); dieser Ansatz erscheint jedoch weniger fruchtbar.

Zwar ist kaum davon auszugehen, daß Touristikunternehmen über längere Zeiträume hinweg Buchungen ohne jeglichen Deckungsbeitrag realisieren. Durchaus denkbar und in der Realität oft genug zu beobachten ist jedoch, daß ein starkes Unternehmenswachstum, definiert als Zunahme der Buchungs-, Passagier- und Umsatzzahlen, zu so hohen Fixkosten führt, daß die zu **geringen Gewinnmargen** zu deren Deckung nicht ausreichen. Der Effekt der hohen Kundenanzahlungen bewirkt, daß dieses Wachstum zunächst problemlos zu finanzieren ist. Fatal wirken sich in einer solchen Situation plötzliche Umsatzeinbrüche aus. Je nach Reiseart kann davon ausgegangen werden, daß der **Deckungsbeitrag** aus den Touristikgeschäften für die meisten Reiseveranstalter – auch für Großveranstalter – **bei 17 bis 23 Prozent** des Umsatzes liegt. Aus diesem Deckungsbeitrag ist die normalerweise im Reiseendpreis einkalkulierte Reisebüroprovision von in der Regel um die 10 Prozent nicht mehr zu zahlen, d.h., der Gesamtdeckungsbeitrag für Reiseveranstalter und Reisebüros beträgt bei einer „normalen" Pauschalreise etwa 25–30 Prozent. Von einer Million Umsatz verbleiben also durchschnittlich etwa 200.000 € zur Deckung des unternehmerischen Aufwands. Insgesamt

Tabelle 4.2: Positiver Cash-flow trotz negativem Geschäftsergebnis

Reise	Zeitpunkt									Summe
	t_1	t_2	t_3	t_4	t_5	t_6	t_7	t_8	t_9	
A	100			400	– 500					0
B		200			800		– 1000			0
C		150	– 200	900					– 850	0
D			200			800		– 1000		0
E			100		400	– 500				0
F	200							800	– 1000	0
G		250					500	– 750		0
H		200					600		– 800	0
I			300			900		– 1200		0
Cash flow der Periode aus Buchungen	300	550	650	1300	700	1200	900	– 2950	– 2650	0
Kumulierter Cash aus Buchungen	300	850	1500	2800	3500	4700	5600	2650	0	0
Auszahlungen für Fixkosten	500	500	500	500	500	500	500	500	500	4500
Kumulierter Gesamtcash	– 200	– 150	0	800	1000	1700	2100	– 1350	– 4500	– 4500

kann von einer **Umsatzrendite** (GuV-Ergebnis bezogen auf Gesamtumsatz) von ein **bis drei Prozent** bei einem gesunden Unternehmen ausgegangen werden; börsennotierte Unternehmen wie TUI oder Thomas Cook streben Umsatzrenditen bis fünf Prozent an (was sie jedoch nur selten erreichen).

Beispiele: Im Geschäftsjahr 1992/93 hatte NUR Touristic beispielsweise eine Netto-Umsatzrendite von 1,9 Prozent, die TUI KG von 1,1 Prozent. Zehn Jahre später (2003) erzielte der gesamte **TUI**-Konzern (AG) eine Rendite von **1,3 Prozent** (246 Mio. € Gewinn vor Steuern bei 19,2 Mrd. € Umsatz). Der Reiseveranstalter **Alltours** erzielte im Geschäftsjahr 2003/04 eine Umsatzrendite von **1,9 Prozent** (mit 24 Mio. € Gewinn vor Steuern). Es ist durchaus nicht ungewöhnlich, daß weniger gesunde Unternehmen in Krisenzeiten auf eine Umsatzrendite von nur wenig über Null kommen. Damit ist die Umsatzrendite im Vergleich zu anderen Dienstleistungsbranchen extrem niedrig.

Aus einer Million Umsatz resultiert also ein Gewinn von ca. 10.000–30.000 €. Der Großteil des Deckungsbeitrages (im Beispiel 200.000.– €) wird von den Personalaufwendungen verzehrt; sie können je nach Unternehmen auf 20–30 Prozent des Deckungsbeitrages, damit also auf ca. fünf Prozent des Umsatzes, geschätzt werden. Die **hohe Liquidität muß daher keinesfalls mit einem hohen Jahresüberschuß einhergehen**. Nur wer langfristig vorausplant, was er wann zu bezahlen hat, ist vor bösen Überraschungen gefeit und kann die benötigte Liquidität zu optimalen Konditionen beschaffen.

Dieser Gefahr steht natürlich andererseits die große Chance gegenüber, die verwalteten Gelder der Kunden zu guten Konditionen am Kapitalmarkt an-

Abbildung 4.3: Positiver Cash-flow trotz negativem Geschäftsergebnis

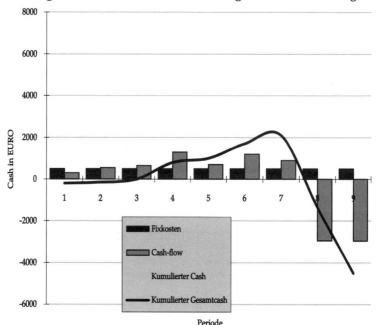

zulegen, um Zinserträge zu erwirtschaften. Nur wer den Überblick über seine freien Mittel behält, schafft sich die Möglichkeit, Finanzmittel zinsoptimal anzulegen. **Ziel** des Cash-Managements ist es daher, den Liquiditäts- bzw. Anlagebedarf rechtzeitig zu erkennen und gleichzeitig die optimalen Lösungen im Sinne von Geldbeschaffungs- oder Geldanlagestrategien zu finden (vgl. auch Hofmann 1992, S. 172).

4.2 Der kurzfristige Liquiditätsplan als Ausgangspunkt eines effizienten Cash-Managements

Um der Gefahr der Cash-Illusion zu begegnen und gleichzeitig die Chancen des hohen Cash-flows zu nutzen, bedarf es eines effizienten Cash-Managements. Als wesentliches Instrument hierzu dient der **kurzfristige Finanzplan**, aus dem sich die Liquiditätserfordernisse ebenso wie die zur Anlage am Kapitalmarkt verfügbaren Mittel ersehen lassen. Als zweckmäßig erweist sich für Reiseveranstalter und Reisemittler der in Tabelle 4.3 beschriebene Aufbau. Ausgangspunkt ist immer der zum Planungszeitpunkt aktuelle Cash-Bestand, der sich aus der Summe der auf den einzelnen Liquiditätskonten (Girokonten, Kassen, etc.) des Unternehmens vorhandenen finanziellen Mittel ergibt. Den Einzahlungen, die vornehmlich aus verbuchten Reiseleistungen, daneben jedoch auch aus sonstigen Liquiditätszugängen (zum Beispiel auch aufgrund fälliger Termingelder) resultieren, werden die Auszahlungen gegenüber gestellt. Diese ergeben sich zum einen ebenfalls aus den Reisebuchungen, zum anderen aus den davon unabhängigen und den Reisen nicht direkt zurechenbaren Gemeinkosten, die in der Regel bezogen auf die Zahl der Reisebuchungen fix sind. Die hier zu berücksichtigenden Posten können sich an den im Unternehmen anfallenden Kostenarten orientieren.

Die Cash-Analyse umfaßt jeweils mehrere Perioden. Je kleiner die einzelne Periode definiert wird, desto genauer, aber auch desto aufwendiger ist die Planung. So wird es gerade in mittelständischen Unternehmungen nicht möglich sein, täglich den Liquiditätsstatus aufzustellen. Hier genügt in der Regel eine wochenweise, dekaden-/10-tagesweise oder monatliche Planung. Der **Prognosezeitraum** sollte ausreichend lang gewählt werden (zum Beispiel drei Monate oder eine Saison), um auch die mittelfristige Liquiditätssituation abschätzen zu können. Dabei tritt jedoch das Problem auf, daß mit zunehmendem Planungshorizont Eintritt und Höhe der Zahlungsströme immer unsicherer werden. So ist heute noch nicht bekannt, wieviel Cash aus Reisebuchungen in einem Jahr eingehen wird, da die Mehrzahl dieser Reisen heute noch nicht eingebucht ist. Um Scheingenauigkeiten zu vermeiden, sollte die Periodeneinteilung mit zunehmendem Zeithorizont daher grober werden.

Tabelle 4.3: Aufbau eines Finanzplanes

	Zeit (zum Beispiel Wochen)					
Cash-Position	1	2	3	4	5	etc.
Aktueller Cash-Bestand	25000					
Einzahlungen						
aus Reiseleistungen	95000	63000	56000	82000	77000	
sonstige	6000	3000	4000	4000	6000	
Summe:	101000	66000	60000	86000	83000	
Auszahlungen						
an Leistungsträger für Reisevorleistungen	67000	50000	45000	70000	85000	
sonst. lfd. Auszahlungen (Kostenarten)						
Miete u. Nebenkosten	0	0	9500	0	780	
Löhne u. Nebenkosten	0	0	48600	2680	0	
Kommunikation	450	0	0	2600	0	
Werbung	0	0	0	4300	0	
... etc. ...						
einmalige Auszahlungen (für Investitionen)	0	0	0	0	0	
Summe:	67450	50000	103100	79580	85780	
Cash-flow der Periode	33550	16000	–43100	6420	–2780	
Kumulierter Cash-Bestand	58550	74550	31450	37870	35090	

Im Sinne einer **rollierenden Planung** sollte die Übersicht gemäß der kleinsten gewählten Periodisierung aktualisiert werden, bei tageweiser Übersicht also möglichst täglich, bei wochenweiser einmal pro Woche. Darüber hinaus ist es natürlich erforderlich, eine langfristige Kapitalbedarfsplanung für einen Zeitraum von bis zu fünf Jahren auf Basis aggregierter Werte aufzustellen, um das strukturelle Finanzgleichgewicht des Unternehmens zu garantieren und der Gefahr der langfristigen Cash-Illusion vorzubeugen.

Tabelle 4.4: Beispiel zum Aufbau der Zeitachse eines kurz- und mittelfristigen Liquiditätsplans

	Zeit (Planungszeitraum, gerechnet ab heute)															
	Tage						Wochen				Mon.			Quart.		
Cash-Position	1	2	3	4	5	6	2	3	4	5	2	3	4	2	3	4	etc.
Einzahlungen aus Reiseleistungen etc.																

Die **praktische Durchführung** einer solchen Planung sollte heute unbedingt EDV-gestützt erfolgen. Nur so ist eine effiziente Erstellung und rasche Aktualisierung der Übersichten möglich. Im einfachsten Fall genügt bereits ein modernes **Tabellenkalkulationsprogramm** (v.a. MS-Excel, aber auch zum Beispiel OpenOfficeCalc, Lotus, Multiplan, o.ä.), um ein **unternehmensindividuelles Finanzplanungsraster** zu erstellen. Wer über ein (größeres) Software-Budget verfügt, kann sich spezielle Finanzplanungsprogramme zulegen; die Preise schwanken hier zwischen wenigen Hundert Euro (zum Beispiel für Standardsoftware von Lexware) und vielen Tausend Euro (für zum Beispiel SAP-basierte Systeme). Für Touristikunternehmen besonders sinnvoll sind entsprechende **Zusatzmodule, die auf das vorhandene Buchungs- und Reservierungssystem des Reiseveranstalters oder Reisemittlers zurückgreifen**. Eines der zentralen praktischen Probleme besteht vielfach darin, die (neue) Finanzplanungssoftware mit den bereits installierten Reservierungs-, Buchhaltungs- und Kostenrechnungsprogrammen zu verbinden. Hier gilt es, entsprechende EDV-Schnittstellen zu schaffen. Manche Inhouse-CRS wie zum Beispiel **Jack**/**JackPlus** bzw. **DaVinci** von **Bewotec** bieten **Finanzplanungsmodule**, die unmittelbar auf die Daten des CRS bzw. der integrierten Finanzbuchhaltung zugreifen. Man erhält hier jedoch in der Regel keine Informationen über zum Beispiel künftige Auszahlungen für Verbindlichkeiten, die erst nach dem aktuellen Tagesdatum entstehen bzw. über solche, die nicht reisevorgangsbezogen sind (zum Beispiel Mieten, Gehälter, Steuerzahlungen, Darlehenszinszahlungen etc.).

Das für die Planung erforderliche Datenmaterial ergibt sich ...

- aus dem *inhouse*-**Reservierungssystem** des Unternehmens: Gute Reservierungssysteme, die der Verwaltung der eigenen Reisebuchungen dienen, sollten in der Lage sein, die für die einzelnen Reservierungen zu erwartenden Ein- und Auszahlungen aggregiert für einzelne Perioden zu ermitteln.
- aus **Erfahrungswerten** der Vergangenheit (zum Beispiel Telephonaufwendungen),
- aus festen **Verträgen** (zum Beispiel Mietverträge),
- aus geplanten/festgelegten **Budgets** (zum Beispiel Werbebudget),
- sowie zur Not auf Basis von qualifizierten **Schätzungen**.

Im Rahmen der Datenermittlung sollten unter Umständen geeignete **Prognoseverfahren** genutzt werden, um die künftigen Veränderungen besser berücksichtigen zu können (zum Beispiel Trendextrapolationen).

Die nachfolgende Abbildung 4.4 zeigt die **Struktur der monatlichen Liquiditätsplanung beim Reiseveranstalter ITS**. Als Besonderheit zeigt sich hier, daß neben ITS Deutschland noch diverse Schwesterunternehmen in die Finanzplanung einbezogen werden. Die Zahlenwerte wurden aus verständlichen Gründen unkenntlich gemacht.

Doch zurück zu unserem Beispiel: Hier zeigt sich für die ersten beiden Perioden ein Cash-Überschuß. Diese Beträge sollten – abzüglich einer „Liquiditätsreserve" für unvorhersehbare Ausgaben und/oder Planungsfehler – gewinnbringend am

Abbildung 4.4: Struktur des Finanzplans bei ITS

Monatliche Liquidität ITS Deutschland im Vergleich zum Vorjahr

			Monat … aktuelles Jahr	Monat … Vorjahr	Veränderung
Bestand	*Stand Liquidität Monatsbeginn*				
	Muttergesellschaft				0
	Schwesterunternehmen 1				0
	Schwesterunternehmen 2				0
	Schwesterunternehmen 3				0
	Bank				0
	Sonstiges (Währung, Auslandskonten,..)				0
	Gesamt				**0**
Veränderung	*Inflow*				
		Kundeneinzahlungen			0
		Zinsen / Dev.Geschäfte			0
		Sonstiges operativ			0
					0
	Outflow				
		Hotel-u. Zielgebietszahlungen			0
		Beförderung			0
		Provisionen			0
		Kulanzen/ Erstattungen			0
		Personalkosten			0
		Sach-/Werbekosten			0
		Zinsen/ Dev.geschäfte			0
		Investitionen			0
		Sonstiges operativ			0
		Versicherung			0
					0
	Cash flow operativ				**0**
	Inflow nicht operativ				
	Outflow nicht operativ				
	Cash Flow gesamt				**0**
	Cash Flow kumuliert				**0**
Bestand	*Stand Liquidität Monatsende*				
	Muttergesellschaft				0
	Schwesterunternehmen 1				0
	Schwesterunternehmen 2				0
	Schwesterunternehmen 3				0
	Bank				0
	Sonstiges (Währung, Auslandskonten,..)				0
	Gesamt operativ				0
	Gesamt				**0**

Kapitalmarkt angelegt werden. Für die dritte Periode wird hingegen ein Cash-Bedarf prognostiziert, für dessen Deckung rechtzeitig gesorgt werden muß. Denkbare **Anlagestrategien** ab der Periode 1 könnten daher sein:

- 58.550.– € für zwei Perioden (Wochen) anlegen, 16.000.– € ab der nächsten Periode für eine Periode anlegen; dann die verbleibenden 31.450.– € erneut anlegen. Diese Möglichkeit dürfte angesichts mangelnder Anlagemöglichkeiten (wochenweise) jedoch kaum zu realisieren sein.

- 31.450.– € für vier Perioden anlegen; die verbleibende Liquidität, die in Periode drei benötigt wird, bleibt vorerst, ohne Zinserträge zu erwirtschaften, auf dem Girokonto

Diverse weitere Dispositionsalternativen sind vorstellbar. In der Praxis stellt sich nun die Frage, welche Möglichkeiten der Anlage von kurzfristig überschüssigen Finanzmitteln sich bieten. Daneben steht natürlich die Frage, welche Finanzierungsquellen sich im Falle einer Unterdeckung bieten. Dies ist jedoch nicht Thema dieses Kapitels.

4.3 Anlagealternativen für kurzfristige Finanzüberschüsse

Beginnen wir auch hier mit einem einfachen Rechenbeispiel, um die Bedeutung der richtigen Kapitalanlage zu verdeutlichen: Der Cash-flow betrage am Ende von neun Perioden (Monaten) wieder Null, sei in den einzelnen Perioden zunächst jedoch durchaus positiv. Dieser Finanzüberschuß wird zu neun Prozent Jahreszinsen am Kapitalmarkt angelegt.

Es ergibt sich ein Zinsgewinn von 164,25 € (Zinseszinsen unberücksichtigt) aus Geld, das dem Touristikunternehmen kostenlos von seinen Kunden zur Verfügung gestellt wurde. Hätte das Unternehmen kein Cash-Management betrieben (Motto: Das Geld wird ja später sowieso wieder voll benötigt), so wäre es nach t_9 um 164,25 € ärmer (auch hier führt eine Multiplikation mit 1.000 oder 10.000 zu realistischen Größenordnungen).

Welche konkreten Anlagemöglichkeiten bestehen nun? Jede Form der Kapitalanlage hat ihre spezifischen Vor- und Nachteile. Dabei konkurrieren grundsätzlich drei Ziele miteinander:

- **Rentabilität** der Anlageform, in der Regel durch einen Zinssatz oder durch die Differenz zwischen Ankauf/Auszahlung und Verkauf/Einzahlung ausgedrückt;
- **Liquidität**, als Maß der zeitlichen Verfügbarkeit, in der Regel durch den Kapitalbindungszeitraum definiert;
- **Sicherheit** der Anlage, gemessen an der Wahrscheinlichkeit eines Verlusts des angelegten Geldes.

Diese drei Ziele, die jeder Anleger gerne erreicht sehen möchte, stehen im **Konflikt** zueinander. Es läßt sich keine Anlage finden, die alle drei Anforderungen optimal erfüllt. Höhere Renditen erhält in der Regel derjenige, der hinsichtlich der zeitlichen Verfügbarkeit oder der Sicherheit zu Risiken bereit ist. Dies macht die Wahl der richtigen Anlageform auch für Tourismusunternehmen so schwierig. Gewiß ist nur, daß das Ansammeln von Cash-Bergen auf dem Girokonto die schlechteste Alternative darstellt.

Tabelle 4.5: Beispiel: Zinsertrag trotz Gesamt-Cash-flow von Null

	Zeitpunkt									
	t_1	t_2	t_3	t_4	t_5	t_6	t_7	t_8	t_9	Σ
Veränderung der Anlage zu 9 % p. a.	+ 300	+ 550	+ 650	+ 1300	+ 700	+ 1200	+ 900	− 2950	− 2650	
Kumulierte Geldanlage	300	850	1500	2800	3500	4700	5600	2650	0	
Zinsen am Monatsende (9 % auf Gesamtanlage mal 1 : 12)	2,25	6,38	11,25	21,00	26,25	35,25	42,00	19,88	0,00	164,25

Abbildung 4.5: Das „magische Dreieck" der Geldanlage

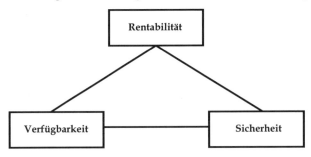

Oberstes Gebot beim Umgang mit verwalteten Kundengeldern muß die **Anlagesicherheit** sein. Aus erhaltenen Anzahlungen resultierende Cash-Überschüsse einer Periode sollten daher so angelegt werden, daß sich der prognostizierte Cash-Bedarf späterer Zeiträume (zum Beispiel aufgrund von Zahlungsverpflichtungen gegenüber den Leistungsträgern) auf jeden Fall befriedigen läßt. Insofern kommen also nur solche Anlageformen in Betracht, die sich durch eine hohe Sicherheit und eine plangemäße zeitliche Verfügbarkeit auszeichnen. Favorit unter den Anlagemöglichkeiten, die diese Anforderungen erfüllen, ist das **Festgeld (Termingeld(konto))**. Auf Termin (in der Regel 30, 60 oder 90 Tage) läßt sich eine feste Summe (in der Regel ab 5.000.− €) bei der Bank anlegen. Zum vereinbarten Fälligkeitstermin fließt der Anlagebetrag nebst Zinsen auf das Girokonto zurück, sofern das Festgeld nicht verlängert wird. Neben der kurzfristigen Disposition von Cash-Überschüssen auf Termingeldkonten, bietet es sich an, Überschüsse auf **Tagesgeldkonten** zu disponieren. Diese bieten eine tägliche Verfügbarkeit der Einlagen mit etwas geringerer Verzinsung im Vergleich zum Festgeld. Manche Geldinstitute nennen diese Alternativen auch „**Geldmarktkonten**", die ebenfalls kostenfrei geführt werden und eine ähnliche Verzinsung wie Termingelder aufweisen, bei denen das Geld allerdings ohne Kündigungsfristen täglich verfügbar ist. Eine Sonderform des Tagesgeldkontos stellt das **Währungsan-**

lagekonto dar. Dieses bietet ebenfalls eine tägliche Verfügung über das Geld, arbeitet jedoch in fremder Währung. Oftmals wird dieses besser verzinst (bis zu 15 Prozent), beinhaltet jedoch ein gewisses Risiko, da sich der Devisenumrechnungskurs sowohl positiv als auch negativ auswirken kann.

Bei der **Vereinbarung der Festgeldkonditionen** mit einer Bank sollte folgendes beachtet werden:

- Die **Zinsen variieren** zum Teil erheblich, und zwar nicht nur gemäß der Anlagedauer (30, 60 oder 90 Tage), sondern auch von Ort zu Ort (so lagen zum gleichen Zeitpunkt die Festgeldzinsen bei der Sparkasse in A. bei 1,75 Prozent, bei der Sparkasse in W. bei 2,15 Prozent) und von Kreditinstitut zu Kreditinstitut (zum Beispiel: Sparkasse: 1,75 Prozent; Commerzbank: 2 Prozent). Vergleiche und Verhandlungen lohnen also!

- Auch kann es sinnvoll sein, bei verschiedenen Banken Festgelder zu parken, um diese gegeneinander „ausspielen" zu können. Aber Achtung: Die Verhandlungsmacht aufgrund des großen Volumens (s.u.) könnte durch ein Splitting verlorengehen.

- Banken geben Zinssenkungen am Markt direkt an ihre Festgeldkunden weiter. **Zinssteigerungen** lassen diesen Automatismus hingegen vermissen. Ein einmal mit der Bank vereinbartes Zinsniveau sollte daher regelmäßig auf seine Aktualität, sprich: Marktadäquanz, hin überprüft werden, um ggfs. rechtzeitig Nachverhandlungen führen zu können.

- Je **mehr Geld** angelegt wird, desto **höhere Zinsen** lassen sich aushandeln. Bereits 50.000.– € erwirtschaften in der Regel bessere Renditen als 10.000.– € (zum Beispiel 3 Prozent zu 3,2 Prozent), und ab 100.000.– € oder 500.000.– € werden viele Banken nochmals hellhörig.

- Alleine in **Zeiten mit sehr niedrigem Zinsniveau** (so zum Beispiel 2009/2010) kann es sein, daß unabhängig von der Höhe des Anlagebetrags und der Laufzeit nur sehr niedrige Zinssätze (zum Beispiel 0,5% bis 1%) realisierbar sind.

- Ist der von der Bank geforderte Mindestbetrag (zum Beispiel mindestens 10.000.– €) angelegt, so kann dasselbe Festgeld auch um „krumme" Beträge (also zum Beispiel 3000.– €) zum jeweiligen Fälligkeitstermin erhöht oder reduziert werden. Auch lassen sich in der Regel **beliebige Laufzeiten** ab 30 Tagen (also zum Beispiel 35, 44, etc.) vereinbaren. Dadurch können bei einem heutigen hohen Cash-Überschuß die **Fälligkeitstermine gleichmäßig verteilt** werden, um die spätere Liquidität in zeitlicher Hinsicht zu erhöhen (Beispiel: 120.000.– € heute verfügbar; davon jeweils 40.000.– € auf 30, 40 und 50 Tage anlegen, so daß – nach Ablauf eines Monats – jeweils alle 10 Tage ein Festgeld zur Disposition steht). Bei den flexiblen Geldmarktkonten ist dies ohnehin möglich.

Finanzmittel, die auch **auf längere Sicht** als Cash zur Verfügung stehen, können hingegen in solche Anlagen investiert werden, die hinsichtlich ihrer späteren Liquidierung zeitlich oder – bei entsprechender Risikofreude des Verantwortlichen – grundsätzlich bezüglich der Rückzahlungshöhe als **weniger sicher** bekannt sind, dafür aber **höhere Renditen** versprechen. Auch hier bietet sich eine Reihe von Alternativen. Die Übersicht 4.1 soll, ohne Anspruch auf Vollständigkeit, als erste Orientierung dienen.

Bei der Rentabilität ist zu beachten, daß es sich hierbei um eine nominale Größe handelt, die Inflationsrate also unberücksichtigt bleibt. Touristikunternehmen, die erhaltene Kundengelder zu zwei Prozent auf ein Sparbuch legen und sich einer Inflationsrate von drei Prozent gegenübersehen, sparen sich aufgrund des negativen Realzinses ärmer! Darüber hinaus sollten auch etwaige zu zahlende Steuern auf Zinseinkünfte mit berücksichtigt werden.

Übersicht 4.1: Anlageformen für Finanzüberschüsse

Anlageform	Beurteilungskriterium		
	Rentabilität	Liquidität/Verfügbarkeit	Sicherheit
Kasse/Barmittel	Null	sofort verfügbar	gering (Gefahr von Diebstahl oder sonstigem Untergang)
Girokonto	gering (0 bis 1%)	sofort verfügbar	sehr hoch
Tagesgeldkonto	gut	sehr gut, Verfügung über Guthaben durch Überweisung auf das Girokonto der Hausbank	sehr hoch
Festgelder (Termineinlagen)	gut (Verhandlungsspielraum bei größeren Anlagebeträgen; zusätzlicher Zinseszinseffekt bei Verlängerung)	gut, je nach Anlagedauer kurzfristig verfügbar (i.d.R. 30, 60 oder 90 Tage Laufzeit; bei Geldmarktkonten ohne Frist); Stückelung: i.d.R. ab 5.000 €; keine Transaktionskosten	sehr hoch
Spareinlagen (Sparbuch)	gering (jedoch Möglichkeit zur Einlage von kleineren Beträgen als bei Termineinlagen)	eingeschränkt, Kündigungsfrist mind. 3 Monate; sofortige Liquidierbarkeit nur durch Zahlung von Vorschußzinsen möglich	sehr hoch
Sparbriefe (Sparobligationen)	relativ gut (keine Transaktionskosten)	sehr eingeschränkt: in der Regel mehrjährige Laufzeiten (überwiegend 4 bis 8 Jahre), oft jedoch Rücknahme durch Emittenten zu Kapitalmarktverhältnissen möglich bzw. bis zu 100%-Beleihungsmöglichkeit	relativ hoch

Cash-Management bei Reiseveranstaltern

Anlageform	Beurteilungskriterium		
	Rentabilität	Liquidität/Verfügbarkeit	Sicherheit
Bundesschatzbriefe	mittel bis gut	eingeschränkt: in der Regel mehrjährige Laufzeiten (Typ A: 6 Jahre, Typ B: 7 Jahre), nach Sperrfrist von einem Jahr Möglichkeit zur Rückgabe von jeweils bis zu 5.000 € innerhalb von 30 Zinstagen	sehr hoch
Finanzierungsschätze des Bundes	gut	keine Möglichkeit zu vorzeitigen Rückgabe: 1- oder 2-jährige Laufzeit (Typ 1 bzw. Typ2)	sehr hoch
festverzinsliche Wertpapiere	abhängig von der individuellen Anlage und der Laufzeit; neben Zinssatz Ausgabekurs zu berücksichtigen; i.d.R. gut	in der Regel eingeschränkt; abhängig von der individuellen Anlage und der Laufzeit, Zinsänderungsrisiko bei vorzeitiger Veräußerung, Transaktionskosten	abhängig von der individuellen Anlage; in der Regel hoch
"Floater" (Anleihen mit variablem Zinssatz)	gut (Koppelung der Floater-Zinsen an einen Durchschnittszinssatz, den sich die Banken wechselseitig für Festgeld geben)	gut (ca. 3 Tage), da Verkauf über die Börse jederzeit möglich (nahezu ohne Kursrisiko); niedrige Stückelung; Nachteil: Transaktionskosten für An- und Verkauf über die Börse (ca. 0,7%), daher im Vergleich zum Festgeld bei eher längerfristiger Anlageabsicht (ein Jahr) rentabel	sehr sicher, da i.d.R. von öffentlichen Kreditinstituten (zum Beispiel Staatsbank Berlin) emittiert
"Umkehr-Floater" (Anleihen mit variablem Zinssatz)	ungewiss; Rentabilität steht im umgekehrten Verhältnis zum "normalen" Zinsniveau	eingeschränkt, da i.d.R. längere Laufzeiten (5–10 Jahre); allerdings über Sekundärmarkt verkäuflich	relativ riskant: Umkehr-Floater stellen quasi eine Wette auf niedrige Geldmarkt-Zinssätze dar: Je niedriger der Geldmarktzins, desto höher ist die Rentabilität des Umkehr-Floaters

Anlageform	Beurteilungskriterium		
	Rentabilität	Liquidität/Verfügbarkeit	Sicherheit
Aktie	abhängig von der individuellen Anlage; nicht vorhersehbar aufgrund Kursschwankungen	eingeschränkt: jederzeitiger Verkauf zwar möglich, u.U. aber zum Zeitpunkt des Finanzbedarfs aufgrund einer Aktienbaisse nicht sinnvoll; hohe Transaktionskosten	riskant durch Kursschwankungen und unsichere Dividenden
Investment-Zertifikate (Anteilsscheine am Fonds einer Investmentgesellschaft)	abhängig von der individuellen Anlage; i.d.R. hoch trotz möglicher Kursschwankungen	eingeschränkt	abhängig von der individuellen Anlage, insbesondere der Zusammensetzung/ Mischung des Fonds aus Aktien, Renten oder Immobilien; i.d.R. riskant aufgrund möglicher Kursschwankungen
Geldmarktfonds auf €-Basis (geldmarktnahe Investmentfonds aus einer Mischung von Floatern, Termingeldern etc.)	gut (bei geschickt gewählter Anlagezeit sogar einkommensteuerfreie Kursgewinne)	gut; durch vergleichsweise hohe Rendite bei niedrigem Ausgabeaufschlag als Kurzzeitanlage interessant	abhängig von der individuellen Anlage; in der Regel hoch

Angesichts der Chancen auf ansehnliche Zinserträge aus den kostenlos zur Verfügung gestellten Kundenanzahlungen erscheint für Reisemittler die Abrechnungspraxis der Reiseveranstalter, die über **Direktinkasso** die Kundengelder selbst vereinnahmen und dem Reisebüro nachträglich die Provision erstatten, unter Liquiditätsaspekten besonders ärgerlich. Folgendes Beispiel verdeutlicht das Ausmaß des entgangenen Zinsgewinns für das Reisebüro. Ein mittelständisches Reisebüro hatte im Monat Oktober u.a. folgende Reisen bei einem Veranstalter, der Direktinkasso praktiziert:

Tabelle 4.6: Beispiel Vermittlerumsatz. Vermittlungsprovision, Reisebüroinkasso versus Direktinkasso

Reisedatum	Umsatz in €	Provision in €		
02.10.	1019			94,56
05.10.	617			57,26
09.10.	1298			120,45
13.10.	1298			120,45
16.10.	249			23,11
16.10.	747			69,33
23.10.	978			90,76
23.10.	1298			120,45
Summe:	7504	600,32	= 8% Provision	696,37
		114,06	= 19% MwSt. auf Provision	
		714,38	erhalten am 12.11.	

Am 12.11. erhielt das Reisebüro die ihm zustehende Provision (inkl. MwSt.) in Höhe von 714,38 € auf seinem Konto gutgeschrieben. Dies bedeutet eine „Verspätung" von teilweise mehr als einem Monat. Hätte das Reisebüro die Kundengelder selbst vereinnahmt und den fälligen Betrag an den Veranstalter überwiesen, wäre seine Liquidität insgesamt wesentlich besser und eine Anlage der freien Mittel ertragssteigernd möglich gewesen. Es läßt sich leicht ausrechnen, wie groß der **Zinsverlust für die Reisebüros** aus der Zusammenarbeit mit Direktinkasso-Veranstaltern ist: Pro Million Umsatz summiert er sich – je nach Zinssatz – schnell auf mehrere Tausend €.[2] Darüber hinaus sehen die Banken aufgrund des Direktinkassos **weniger Umsatz über die Geschäftskonten laufen**. Das Reisemittlergeschäft wirkt also „kleiner". In unserem Beispiel: Für eine Bank ist ein Reisebüro „größer", wenn es 7.504.– € anstatt nur 714,38 € umsetzt (auch wenn die Differenz ohnehin nur einen durchlaufenden Posten darstellt, was die Bank aber nicht ohne weiteres erkennen kann). Dies kann zur Folge haben, daß der Reisemittler eher Schwierigkeiten bekommt, Bankkredite zu erhalten.

4.4 Absicherung des Devisenbedarfs

Der Geschäftserfolg eines (auf ausländischen Zielmärkten engagierten) Reiseveranstalters hängt u.a. wesentlich davon ab, auf welcher Wechselkursbasis er seine Katalogpreise berechnet hat und wie sich demgegenüber der tatsäch-

---

[2] Dem muß natürlich eine eventuelle Ersparnis an Verwaltungsaufwand (zum Beispiel keine Kundenmahnungen) gegenüber gestellt werden. Doch müssen andererseits auch die von den Reiseveranstaltern zu erwartenden Zahlungen überprüft (und ggfs. gemahnt) werden.

liche Kurs zum Zahlungstermin verhält. Die Ursachen für **Kursänderungen** sind unterschiedlicher Natur: Die gesamtwirtschaftliche Entwicklung, Leitzinsänderungen der Nationalbanken oder Veränderungen der Arbeitslosenquoten können ebenso wie Gerüchte und Mutmaßungen an den Finanzmärkten den Devisenmarkt ins Wanken bringen.

Durch die **Einführung des Euro** als Zahlungsmittel innerhalb der Europäischen Union zum 1.1.2002 (als Buchgeld war der Euro bereits seit 1.1.1999 gültig) ist dieses Währungsrisiko im Vergleich zu den DM-Zeiten für viele, für Veranstalter wichtige Reiseziellländer, entfallen. Allerdings waren auch schon in den Jahren vor der Währungsunion die Kurse der heutigen €-Währungen sehr stabil (denn das war ja eine der Voraussetzungen für die Währungsunion!), so daß hier faktisch kaum eine Änderung/Verbesserung eingetreten ist. Für andere, ebenfalls wichtige Zielgebiete (zum Beispiel Türkei; USA) des deutschen Veranstaltertourismus, die nicht zum €-Raum gehören, gilt die Problematik der Währungsschwankungen nach wie vor. Gerade die nach der €-Einführung anhaltend aufgetretene Schwäche dieser neuen Währung gegenüber dem Dollar oder auch der €-Kursverfall im Zuge der Finanzkrise in wichtigen europäischen (Reiseziel-)Ländern, insbesondere Griechenland, im Frühjahr 2010, zeigen die Wichtigkeit der Absicherung des Devisenbedarfs.

Insbesondere für Reiseveranstalter, die Zielgebiete im außereuropäischen Ausland anbieten, ist daher ein **Management der Währungsrisiken** von Bedeutung. Wenn die Kundenpreise kalkuliert werden, ist der spätere Wechselkurs, zu dem die Leistungsträger im Ausland gezahlt werden müssen, noch nicht bekannt. Größere Schwankungen können schnell zu erheblichen Verlusten führen.

Das **Währungsrisiko** besteht in der Abweichung des Devisenkurses von seinem Erwartungswert, der der Kundenpreiskalkulation zugrunde gelegt wird. Durch ein Währungsmanagement kann man dieses Risiko reduzieren. Konkrete Lösungsmöglichkeiten werden hier in sog. **finanziellen Hedge-Instrumenten** gesehen, zu denen beispielsweise Gegenkredit- und Gegenanlagegeschäfte, Devisentermingeschäfte oder Devisenoptionen bzw. *-forwards* zählen (vgl. zum Beispiel Menichetti 1992, S. 166 f.).

Von Reiseveranstaltern wird vielfach das **Devisentermingeschäft** zur Kurssicherung genutzt. Dieses ist insbesondere dann sinnvoll, wenn der Veranstalter die künftig benötigten Devisen in Höhe und zeitlichem Anfall genau vorhersehen kann (zum Beispiel aufgrund der Zahlungsvereinbarungen mit ausländischen Leistungsträgern). Beim Devisentermingeschäft wird der Wechselkurs sofort mit der Bank vereinbart, der Kauf der Devisen erfolgt jedoch erst zu einem späteren Termin. Die Bank trägt somit das Risiko eines ungünstigeren Kassakurses zum (späteren) Zeitpunkt des Cash-Bedarfs. Inwieweit der (künftige) **Termin-** vom (heutigen bzw. künftigen) **Kassakurs** abweicht, hängt vor allem vom unterschiedlichen Zinsniveau der Währungen am internationalen Geldmarkt ab. Daher wird die Bank des Veranstalters die Zinsdifferenz, den sog. **Swap-Satz**, entsprechend der Laufzeit des Termingeschäfts auf den geltenden Tageskurs aufschlagen. Der heute zu vereinbarende Terminkurs, zu dem der Reiseveranstalter später von der Bank die benötigten Devisen erhalten wird, setzt sich dementsprechend aus Kassakurs plus Swap-Satz zusammen. (Nimmt die Bank einen Aufschlag, so spricht man von „**Report**". Ein Abschlag wird als „**Deport**" bezeichnet.)

Beispiel: Der Reiseveranstalter vereinbart am 4.10. mit seiner Bank folgendes Devisentermingeschäft (siehe Tabelle 4.7).

Tabelle 4.7: Beispiel eines Devisentermingeschäftes

1 US-Dollar kostet per 4.10.:	0,935 €	= Kassakurs zum 4.10.
Report für sechs Monate:	0,016 €	= Swap-Satz
Der Reiseveranstalter erhält am 5.4. des Folgejahres seine US-Dollar zu folgendem Kurs: 1 US-Dollar =	0,951 €	= Terminkurs

Mit diesem vereinbarten Kurs hat der Veranstalter eine **feste Kalkulationsbasis**, da er am vereinbarten Fälligkeitstag auf jeden Fall (nur) den vereinbarten Terminkurs zahlen muß. Steigt der Dollar, so hat er Glück gehabt. Sinkt der Dollar, so sind ihm zwar potentielle Wechselkursgewinne entgangen, doch dafür hatte er ja den Sicherheitsvorteil.

Beim **Devisenoptionsgeschäft** erwirbt der Kunde – gegen Zahlung einer bei Vertragsabschluß fälligen Prämie – das Recht zum Kauf oder Verkauf einer bestimmten Summe von Devisen zu einem vorab festgelegten Kurs (siehe auch Franck 1988). Somit hat er also – anders als beim Devisentermingeschäft – zum Optionstermin die Wahl, ob er den Devisentausch vornimmt oder nicht. Sollte der Kurs zum Optionstermin drastisch gesunken sein und somit die Option wertlos machen, so verzichtet der Veranstalter besser auf die Ausübung und kauft günstiger zum Tageskurs ein. Als Kostenfaktor bleibt ihm jedoch die bezahlte Prämie. Devisenoptionsgeschäfte sind aufgrund ihrer erhöhten Flexibilität für den Kunden in der Regel teurer als Devisentermingeschäfte. Sie sind insbesondere dann sinnvoll, wenn man starke Währungsschwankungen erwartet.

Aufgrund der möglichen Buchungsschwankungen im touristischen Geschäft empfiehlt es sich jedoch **nicht**, den **gesamten** voraussichtlichen **Devisenbedarf** auf diese Art **abzusichern**. Verkauft sich ein Reiseland schlechter als geplant, so bliebe man bei einer hundertprozentigen Absicherung auf den relativ teuer eingekauften Devisen sitzen. Einen gewissen Grad an Flexibilität sollte sich also jeder Reiseveranstalter erhalten.

Beispiele: Bei Studiosus werden in der Regel maximal 80 Prozent der voraussichtlich erforderlichen Devisen mit einem Termingeschäft abgesichert (vgl. o. V. 1994). Thomas Cook muß jährlich Fremdwährungsrisiken im Wert von ca. 1,5 Mrd. € (= 2004; 0,8 Mrd. € in 2000) absichern (für Hoteleinkauf, Hotel- und Flugzeugfinanzierungen, Kerosinbeschaffung), somit ca. ein Fünftel des Gesamtumsatzes. Die Hauptabsicherungswährungen bei Thomas Cook sind US-Dollar, britisches Pfund und tunesischer Dinar. Thomas Cook sichert sechs bis zwölf Monate vor dem Erscheinen der Kataloge bzw. bei Vertragsabschluß das Fremdwährungsrisiko ab. 60–80 Prozent der benötigten Geldmenge werden über Devisentermingeschäfte abgesichert, 40–20 Prozent über Devisenoptionsgeschäfte.

Devisentermingeschäfte und -optionsgeschäfte können nur Wechselkursänderungen im kurz- und mittelfristigen Bereich ausgleichen. Längerfristige Optionen könnten wegen zu großer Unsicherheit über die künftige Kursentwicklung in der Regel nicht angeboten bzw. nicht bezahlt werden. Bei entsprechend großem Geschäftsvolumen sind daher auch **strategische Hedge-Maßnahmen** zu prüfen (vgl. zu den folgend Überlegungen ausführlich Kirstges & Seidl 1989). Eine solche Strategie des langfristigen Währungsausgleichs verfolgt das Ziel einer dauerhaften Absicherung der Kalkulation und damit der Gewinnmargen in den Absatzmärkten. Dazu bedient sich diese Strategie der **Verflechtung von Touristenströmen** zwischen verschiedenen Ländermärkten in einem **ausgeglichenen Quellmarkt- und Reisezielportfolio**, um diese gezielt zur Kompensation von kursbedingten Nachfrageeinbrüchen auszunützen.

Am **Beispiel** der Pauschalreisemärkte USA und Europa soll dies verdeutlicht werden. Beide Regionen gehören zu den wichtigsten Entsende- und Zielgebieten der Welt. Sie sind durch bedeutende Touristenströme, deren Volumen jedoch stark vom jeweiligen Dollarkurs beeinflußt wird, miteinander verflochten (vgl. o. V. 1986). Grundsätzlich sind nun zwei Kompensationssituationen denkbar:

1. Aufgrund eines **fallenden Dollars** sinkt die Neigung der Amerikaner, nach Europa zu reisen, so daß der in den USA anbietende Reiseveranstalter seine europäischen Ziele schlechter oder gar nicht mehr verkaufen kann. Für Amerikaner wird die Wahl näher liegender Reiseziele attraktiver, so daß Reiseziel-Substitutionseffekte auftreten, Amerikaner also tendenziell mehr Inlandsziele (Binnentourismus) nachfragen bzw. eher in angrenzende Staaten (Kanada oder Mexiko) reisen. Selbst wenn diese Staaten als Absatzmärkte nicht in Betracht kommen, erweisen sie sich als Beschaffungsmärkte beim Währungsausgleich unter Umständen als unverzichtbar. Vor allem für amerikanische Veranstalter sind Reiseziele in angrenzenden Ländern als Domäne anzusehen, deren Nutzwert sich vor allem in Zeiten eines schwachen Dollars bestätigt. Darüber hinaus besteht die Möglichkeit, den kursbedingten Preisanstieg für europäische Destinationen zu dämpfen: Der niedrige Dollarkurs läßt die Touristenströme von Europa in die USA an-

schwellen. Mit den hierdurch erwirtschafteten europäischen Devisen könnte in den USA im Sinne eines simultanen kalkulatorischen Ausgleichs eine Politik der stabilen Preise unterstützt werden, um so die für amerikanische Touristen eingeplante Kapazität in europäischen Reisezielen auszulasten. Ein solcher kalkulatorischer Ausgleich bleibt aber, bei großen Geschäftsvolumen, für den gesamten amerikanischen Markt wirtschaftlich untragbar. Eine Lösung bietet sich daher durch die zusätzliche Bearbeitung solcher Entsendeländer an, die sich ebenfalls durch bedeutende Touristenströme in die USA auszeichnen, um so die Ausgleichsfunktion Europas zu unterstützen. Hier wäre zum Beispiel an Mexiko zu denken, das ein fast genauso großes Aufkommen in die USA hat wie ganz Westeuropa.

2. Infolge eines **steigenden Dollarkurses** dämpft sich die europäische Nachfrage nach amerikanischen Reisezielen. Analog dem ersten Fall kann sich hier ein ausgeglichenes strategisches Portfolio an Quellmärkten und Reisezielländern als nützlich erweisen. Nach Maßgabe der Bedeutung von kompensationsstrategischen Aktivitäten kann die Bearbeitung jeweils solcher Entsende-/Reiseziellland-Paare intensiviert werden, die sich durch ein starkes Wechselkursgefälle auszeichnen. So kann durch eine Mischkalkulation verhindert werden, daß bei steigendem Dollar das *outgoing*-Geschäft zum Erliegen kommt und kontrahierte oder gar erworbene Kapazität unausgelastet bleibt.

Derartige Strategien bedingen ein auf internationalen Absatzmärkten agierendes Tourismusunternehmen. Da Mittelständler hierzu in den seltensten Fällen in der Lage sein werden, beschränken sich diese strategischen Maßnahmen des Ausgleichs von Währungsrisiken auf die international tätigen Großunternehmen.

Beispiel: Die Lufthansa verbraucht ca. 5,5 Mrd. Liter Treibstoff für rund 2 Mrd. € pro Jahr; dies entspricht 11–15 Prozent der operativen Kosten, die zum großen Teil in US-Dollar beglichen werden müssen. Sie hat aber gleichzeitig den Vorteil, einen Teil ihrer Erlöse im Dollarraum zu erzielen.

4.5 Weitere Aufgaben des Cash Managements: Kapitalbeschaffung und *electronic banking*

Eine Reihe weiterer Aufgaben eines umfassenden Cash-Managements wäre auszuführen, um der großen Bedeutung dieses betrieblichen Funktionsbereichs Rechnung zu tragen. Auf eine ausführliche Behandlung soll an dieser Stelle jedoch verzichtet werden (vgl. hierzu Pausenberger & Glaum 1993).

So gilt es, analog zu den Anlagealternativen Kapitalbeschaffungsmöglichkeiten zu prüfen, zu bewerten und schließlich auszuwählen. Ziel hierbei ist die **Minimierung der Geldkosten**, also der für die Inanspruchnahme von Krediten zu zahlenden Zinsen. Die nachfolgende Abbildung 4.6 faßt die bekannten Wege der Kapitalbeschaffung zusammen:

Abbildung 4.6: Gängige Finanzierungsformen

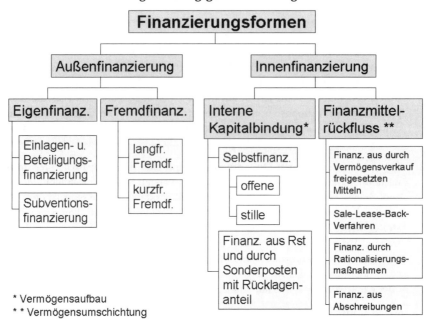

Last, but not least hat das Cash-Management die Aufgabe, die Chancen des *electronic banking* effizient zu nutzen. Hierbei geht es um die diversen Angebote der Kreditinstitute, online Kontenstände abzurufen, liquide Mittel auf Sammelkonten zu poolen, Überweisungen, Daueraufträge etc. selbst zu tätigen u.v.m., um so **aktuellere Informationen** als bei einem manuellen Banking zu haben und die **Kosten des Geldtransfers zu reduzieren** (vgl. Jobst 1993). So sollte ein gutes Cash-Management-System in der Lage sein, fällige Zahlungsverpflichtungen auf Basis der Daten aus dem Reservierungs- oder Finanzbuchhaltungssystem automatisch, d.h. in der richtigen Höhe und zum richtigen Zeitpunkt, zu erkennen. Die Zahlungsanweisungen werden dann – je nachdem, in welcher Form der Zahlungsempfänger, also zum Beispiel der touristische Leistungsträger, sein Geld erhalten möchte (Überweisung, Verrechnungsscheck, Bankscheck etc.) – automatisch erstellt und zum Beispiel via Datenträgeraustausch (DTA) bzw. per Datenfernübertragung (DFÜ) an die Hausbank übermittelt.

Beim **DTA-Verfahren** werden die Zahlungsaufträge (Überweisungen, Lastschriften etc.) physikalisch in Form von **Dateien auf einem Datenträger** (Diskette, ZIP-Disk, CD-Rom, USB-Stick) bei der Bank eingereicht und dort weiterverarbeitet. Der **Aufbau dieser Dateien** ist dabei durch den ‚Zentralen Kreditausschuß für inländische Transaktionen' bereits seit 1976 bankenübergreifend **standardisiert**. Die Legitimation des Zahlungsauftrages wird dabei durch einen **Datenträgerbegleitzettel** und die Unterschrift eines Kontobevollmächtigten gewährleistet.

Der physische Austausch der Datenträger wird nicht zuletzt aus Rationalisierungsgründen vermehrt durch den **Austausch von Daten via DFÜ** ersetzt, wobei das Dateiformat erhalten bleibt und somit auch *online* Inlandszahlungen standardisiert abgewickelt werden können; die Legitimation bei der Bank erfolgt durch eine sog. **elektronische Unterschrift** (PIN/TAN, Chipkarte, Schlüsseldiskette). Im einfachsten Fall wird bei diesem **Online-Banking** (auch **Home Banking** oder E-Banking genannt) ein direkter Zugriff auf den „Rechner" der Bank hergestellt. Dies kann mittels zweier Verfahren erfolgen:

1. browserbasiertes Internetbanking über die Website der Bank oder
2. unter Verwendung von Onlinebankingprogrammen (zum Beispiel SFirm32, StarMoney, etc.)

Für Auslandszahlungen innerhalb der Europäischen Union (EU) galt dieser Datenaustauschstandard jedoch über viele Jahre nicht. Dies erschwerte nicht nur die grenzüberschreitende Zahlungsabwicklung, sondern führte auch zu erheblich höheren Kosten. Gerade Auslandszahlungen waren so bis zur Einführung der **EU-Standardüberweisung (EU-Überweisung)** erheblich teurer als Inlandszahlungen. Die EU-Standardüberweisung wurde auf der rechtlichen Grundlage einer Verordnung der EU (2560/2001) – auch Preisverordnung genannt – für Auslandsüberweisungen im Jahre 2003 eingeführt. Diese besagt, daß eine **Überweisung innerhalb des Europäischen Wirtschaftsraumes** (EWR) bis zu einem Betrag von 50.000 € nicht teurer sein darf als eine inländische. Zur vereinfachten Abwicklung müssen dazu die Banken ihren Kunden die **International Banking Account Number (IBAN)** und den **Bank Identifier Code (BIC)** – auch **SWIFT-Code** genannt – zur Verfügung stellen, welche als Identifizierungsmerkmale im innereuropäischen Zahlungsverkehr gelten. Die **IBAN** ist eine internationale Kontonummer, welche in Deutschland 22 Stellen von insgesamt 30 möglichen belegt. Der **BIC** dient zur weltweit eindeutigen Identifikation einer jeden Bank (= Bankleitzahl) und weist 11 Stellen auf. Somit kann jede Transaktion im europäischen Wirtschaftsraum (EWR) vollautomatisch dem richtigen Empfänger zugewiesen werden.

Anfangs wurde damit gerechnet, daß dies zu einer Verteuerung der Inlandszahlungen führen könnte. Die Banken gaben ihre dadurch entstanden Kostennachteile jedoch nicht an die Kunden weiter, sondern unternahmen Bestrebungen, die Kosten zu senken. Deshalb wurde im Jahre 2002 der **European Payments Council (EPC)** gegründet, um einen einheitlichen Euro-Zahlungsverkehrsraum (**Single europ Area, SEPA**) zu schaffen. Ihm gehören unter anderem große Kreditinstitute sowie europäische und nationale Bankenverbände aus den 27

Mitgliedstaaten der EU sowie Norwegen, Island, Liechtenstein und der Schweiz an. Dazu wurden vom EPC einheitliche Standards und Regeln für das SEPA-Verfahren entwickelt. Das SEPA-Verfahren sieht dabei neben der **SEPA-Überweisung** (SEPA Credit Transfer) auch die **SEPA-Lastschrift** (SEPA Direct Debit) vor. Somit ist es nun auch möglich, grenzüberschreitend standardisiert Lastschriften abzuwickeln. Diese werden im SEPA-Datenformat (XML-Format) – an den ISO-Standard 2002 angelehnt – übertragen.

Die SEPA-Überweisung wird seit 2008 von den Kreditinstituten angeboten und wird genauso wie eine Inlandszahlung behandelt. Die SEPA-Lastschrift wird seit Ende 2009 von der Kreditwirtschaft angeboten und stellt die Entwicklung eines völlig neuen Verfahrens dar. Zur Implementierung war es daher notwendig, in der EU einen einheitlichen Rechtsrahmen zu schaffen bevor sie eingeführt werden konnte. Sie weicht dabei von dem in Deutschland gebräuchlichen Einzugsermächtigungsverfahren in einigen Punkten ab. Die Identifikation erfolgt wie bei der Überweisung per IBAN und BIC. Der Zahlungspflichtige ermächtigt den Gläubiger zum Einzug per Mandat, wobei die Belastung immer zum Fälligkeitstag erfolgt. Zur Verhinderung von ungerechtfertigten Kontobelastungen sieht das Verfahren umfangreiche Widerspruchsrechte vor. Weiterhin ist es notwendig, eine Gläubiger-Identifikationsnummer und Mandatsreferenz zu verwenden. Im Gegensatz zum Einzugsermächtigungsverfahren verfällt das Mandat bei der SEPA-Lastschrift bei Nichtnutzung nach 36 Monaten. Zusätzlich zu dieser Basisversion gibt es eine Variante, die besonders auf die Bedürfnisse von Geschäftskunden zugeschnitten ist, welche zum Beispiel durch kürzere Widerspruchsfristen gekennzeichnet ist.

Folgende **Vorteile des SEPA-Verfahrens** für ein international agierendes Tourismusunternehmen lassen sich somit feststellen:

- Abwicklung des gesamten Euro-Zahlungsverkehrs über *ein* Konto
- diverse Kostensenkungspotentiale für Unternehmen durch:
  - Konzentrationsmöglichkeit des Zahlungsverkehrs
  - Straffung von Bankverbindungen
  - Vereinfachung des Liquiditätsmanagements
- Zunahme von Zahlungsverkehrsdienstleistern (mehr Wettbewerb im Bankenwesen → Kostensenkungspotential)
- seit November 2009: Möglichkeit zur SEPA-Lastschrift (→ Lastschriftabrechnung internationaler Kunden)
- Möglichkeiten zur exakten Disposition und Liquiditätssteuerung (Information über den genauen Tag der Kontobelastung durch Angabe des Fälligkeitsdatums)
- Schrittweise Verkürzung der Überweisungslaufzeiten:
  - ab 2012: max. Abwicklungszeit *ein* Bankgeschäftstag bis zur Verfügung
  - davor: max. drei Bankgeschäftstage

- Möglichkeit von Zusatzleistungen (Additional Optional Services, AOS):
  o Verwaltungsmöglichkeit von SEPA-Lastschriftmandaten im Kundenauftrag
  o Vorankündigung bereits eingegangener Kontobelastungen
- Möglichkeit zur besseren Verzahnung von Zahlungsvorgängen und internem Rechnungswesen

Zur Umsetzung des SEPA-Verfahrens wurden als Identifizierungsmerkmal ebenfalls die IBAN sowie der BIC eingesetzt. Zur Zeit bestehen daher Überschneidungen zwischen EU-Standardüberweisung und einer SEPA-Überweisung, wobei erstere gesetzlich vorgeschrieben ist, aber langfristig durch das SEPA-Verfahren, welches ein freiwilliges Abkommen der Banken darstellt, abgelöst werden wird.

Ziel des IT-gestützten Cash-Managements von Reiseveranstaltern muß es sein, **Schnittstellen zwischen Inhouse-CRS und Online-Banking** so zu schaffen, daß sowohl das Einfordern/Abbuchen und Verbuchen von (meist kundenbezogenen) Einzahlungen (Informationsfluß vom Bankensystem an das Inhouse-CRS) als auch das Anweisen von (meist leistungsträgerbezogenen) Auszahlungen (Informationsfluß vom Inhouse-CRS an das Bankensystem) und das spätere Verbuchen der daraus resultierenden Zahlungsströme automatisiert und damit in höchstem Maße effizient erfolgen.

5
Besonderheiten der Besteuerung von Reiseveranstaltern

Jörg Rummel

5.1 Vergleichsgrundlagen

IN EINIGEN GANZ WICHTIGEN BEREICHEN ist die Besteuerung der Reiseveranstalter anders geregelt als die Besteuerung anderer Unternehmer. Nachfolgend werden die Unterschiede dargestellt und ausführlich besprochen. Um die Abweichungen aufzeigen zu können, ist es erforderlich, sich an der Besteuerung anderer Unternehmen zu orientieren, also in Grundzügen festzustellen, wie sie normal abgewickelt wird.

5.2 Normalfall

Wir erkennen dies, wenn wir den Getränkeeinzelhändler, Herrn A, im Zusammenhang mit seinen vor dem Urlaub anstehenden Aktivitäten beobachten. Herr A hat seinen Sommerurlaub genau geplant: Er will eine Woche auf einer Mittelmeerinsel verbringen und darüber hinaus eine einwöchige Rundreise zu kunsthistorischen Stätten in Italien buchen.

Nach abgeschlossener Planung begibt sich Herr A in das Reisebüro, um seine Reise zu buchen. Da er diese Dinge sehr viel schneller erledigen kann als geplant, nützt er die unvermutet freigewordene Zeit, um sich in einem großen Kaufhaus einen neuen Reisekoffer zu kaufen.

Für die steuerliche Beurteilung ist es durchaus wichtig, sich stets vor Augen zu halten, daß Herr A sowohl die Reise wie auch den Erwerb des Koffers als Privatmann tätigt und nicht in seiner Eigenschaft als Unternehmer. Wir werden weiter unten sehen, welche Unterschiede im Umsatzsteuer- und Ertragssteuerrecht gegeben sind. Wir beschäftigen uns nachfolgend auch mit Fragen zur Einkommensteuer und Gewerbesteuer, insbesondere aber zur Umsatzsteuer, da in diesem Steuerrecht die meisten Abweichungen für Reisebüros und Reiseveranstalter gegeben sind. Als Ausgangsbasis für unsere Betrachtungen dient uns das Kaufhaus, in dem Herr A seinen Reisekoffer gekauft hat.

5.2.1 Umsatzsteuer

Die Quittung, die er an der Kasse erhielt, weist einen Bruttobetrag von 400,00 € aus, den Herr A auch bezahlt hat. Der Kassenbeleg, der gleichzeitig die Funktion einer Rechnung hat, muß aufgrund der Vorgaben der Europäischen Union seit dem 1.1.2004 folgende Angaben enthalten:

- den Nettobetrag
- den anzuwendenden Steuersatz und den Steuerbetrag
- Menge und Art der gelieferten Ware
- das Lieferdatum
- die Steuernummer oder Umsatzsteuer-Identifikationsnummer des liefernden Unternehmens
- Name und Anschrift des liefernden Unternehmens
- eine laufende Rechnungsnummer
- das Ausstellungsdatum

Diese Angaben sind sowohl bei einer Rechnung für den Privatbereich als auch für den unternehmerischen Bereich erforderlich.

Exkurs: Sollte in besonderen, jedoch sehr seltenen Fällen der Kauf eines Reisekoffers aus unternehmerischen Gründen erfolgen, so muß der Rechnungsempfänger und Käufer des Koffers verlangen, daß zusätzlich Name und Anschrift des Käufers (Leistungsempfänger) gesondert ausgewiesen wird (§ 14 Abs. 4 Umsatzsteuergesetz – UStG).

In jedem Fall hat das Kaufhaus die gesondert ausgewiesene Umsatzsteuer an das Finanzamt abzuführen. Nach den preisrechtlichen Vorschriften müssen Unternehmer, die ihre Waren Endverbrauchern und nicht anderen Unternehmern anbieten, die Gesamtpreise angeben. Die im Gesamtpreis enthaltene Umsatzsteuer wird berechnet nach der Formel:

$$\frac{Umsatzsteuer \cdot 100}{Umsatzsteuer + 100}$$

Bei dem geltenden Umsatzsteuersatz von 19 % ergibt sich folgendes:

$$\frac{19 \cdot 100}{19 + 100} = 15,9664\,\%$$

Das heißt, daß das Kaufhaus von dem Betrag von 400,00 € 15,9664 % Umsatzsteuerr an das Finanzamt abführen muß und den Rest von 84,0336 % als Nettoumsatz behandeln kann.

In Zahlen drückt sich das in unserem **Beispiel** wie folgt aus:

Bruttoumsatz	400,00 €
darin enthaltene Umsatzsteuer 15,9664 %	63,86 €
Nettoumsatz	**336,14 €**

Besonderheiten der Besteuerung 195

Probe	336,14 €
plus Nettoumsatzsteuer 19 %	63,86 €
Bruttoumsatz	**400,00 €**

Die Umsatzsteuersätze von 19 % und von 7 % beziehen sich auf die Nettoumsätze.

Merksatz: Die auf die Bruttoumsätze anzuwendenden Prozentsätze sind:

- Bei einem Steuersatz von   7 % =   6,5421 %
- Bei einem Steuersatz von 19 % = 15,9664 %
- Bei einem Steuersatz von 16 % = 13,7931 %
  (bis 31.12.2006)

5.2.2 Vorsteuerabzug

Für unsere weitere Untersuchung ist wichtig, festzustellen, daß das Kaufhaus die ihm in Rechnung gestellten Vorsteuerbeträge von der jeweiligen Umsatzsteuerschuld abziehen kann.

Beispiel: Das Kaufhaus hat in einem Monat tausend Koffer zum Preis von 400,00 € verkauft. Der Bruttoumsatz beträgt also 400.000,00 €. Hierin sind 15,9664 Prozent Umsatzsteuer enthalten, das sind 63.865,60 €. Das Kaufhaus hatte die Koffer eingekauft zu einem Preis von 250,00 € plus 19 Prozent Umsatzsteuer in Höhe von 47,50 €, zusammen also 297,50 €.

Die dem Kaufhaus vom Hersteller in Rechnung gestellte Umsatzsteuer von 1.000 x 47,50 €, somit 47.500,00 €, stellt für das Kaufhaus Vorsteuer dar (§ 15 Abs. 1 Nr. 1 UStG).

Außerdem hatte das Kaufhaus weitere Vorsteuerbeträge aus Strom, Heizung, Kraftfahrzeugkosten und dergleichen in Höhe von angenommen 6.000,00 €. Das Kaufhaus kann die ihm von anderen Unternehmen in Rechnung gestellten Umsatzsteuerbeträge als Vorsteuer von seiner Umsatzsteuerschuld abziehen. Im Beispielsfall ergibt sich folgendes:

Umsatzsteuerschuld	63.865,60 €
abzüglich Vorsteuer für Einkauf der Koffer, sonstige Vorsteuern, abzüglich Vorsteuer für Einkauf der Koffer, sonstige Vorsteuern	./. 53.500,00 €
an das Finanzamt ist also nur der **Differenzbetrag** von abzuführen.	**10.365,60 €**

Merksatz: Der Unternehmer kann Vorsteuerbeträge für Lieferungen und Leistungen, die von einem anderen Unternehmen für sein Unternehmen ausgeführt worden sind, von seiner Umsatzsteuerschuld abziehen (vergleiche § 15 UStG).

Das Kaufhaus ist ein Gewerbebetrieb und muß auf seinen Gewerbeertrag (§§ 7 ff. Gewerbesteuergesetz – GewStG –) **Gewerbesteuer** bezahlen.

Sofern das Kaufhaus von einer Einzelperson oder einer Personenhandelsgesellschaft betrieben wird, unterliegen die Gewinne der **Einkommensteuer**. Wenn es sich bei dem Unternehmen um eine Kapitalgesellschaft (GmbH oder Aktiengesellschaft) handelt, wird der Gewinn der **Körperschaftsteuer** unterworfen. Das Kaufhaus hat als Kaufmann (§ 1 Handelsgesetzbuch – HGB) **Bücher zu führen** und Jahresabschlüsse zu erstellen (§§ 238 ff. HGB). Die Verpflichtung ergibt sich für das Steuerrecht zusätzlich aus §§ 140 ff. Abgabeordnung (AO). Die nach handelsrechtlichen Vorschriften ermittelten Ergebnisse (**Gewinnermittlung**) sind für das Steuerrecht maßgeblich (§ 5 Einkommensteuergesetz – EStG, mit einigen steuerrechtlichen Sondervorschriften).

5.3 Reiseveranstalter

Insbesondere im Bereich der Umsatzsteuer, aber auch bei der Organisation des Rechnungswesens bestehen für Reiseveranstalter erhebliche Unterschiede zu anderen Unternehmen.

5.3.1 Umsatzsteuer

Die Besteuerung der Reiseveranstalter ist in § 25 UStG geregelt. Dies beruht auf Artikel 306–310 der EU-Richtlinie 2006/112/EG über das gemeinsame Mehrwertsteuersystem (MwStSystRL), die vorsieht, daß Reiseveranstalter hinsichtlich aller Umsätze eine einheitliche Dienstleistung an den Reisenden erbringen. Diese Dienstleistung wird in dem Mitgliedstaat besteuert, in dem der Reiseveranstalter den Sitz oder eine feste Niederlassung hat, von wo aus er die Dienstleistung erbringt. Diese Sondervorschrift gilt für alle Unternehmer, die Reisen für private Endverbraucher veranstalten. Dies sind natürlich alle Anbieter von Gruppenreisen, Pauschalreisen o.ä.; aber auch ein Nicht-Reiseveranstalter kann unter die Bestimmung des § 25 UStG fallen, wenn er die dort normierten Voraussetzungen erfüllt.

Beispiel: Sollte das oben erwähnte Kaufhaus zum Beispiel einmalig oder laufend Reisen gegen Entgelt anbieten, werden diese Umsätze nicht nach den allgemeinen umsatzsteuerlichen Vorschriften, sondern nach den besonderen Bestimmungen des § 25 UStG behandelt.

§ 25 UStG ist immer anzuwenden, wenn **alle** der nachfolgenden vier Voraussetzungen erfüllt sind:

- das Unternehmen hat seinen Sitz im Inland (vgl. Abschnitt 5.3.1.1);
- das Unternehmen tritt gegenüber Reisenden in eigenem Namen auf (vgl. 5.3.1.2);
- die Leistungen sind nicht für das Unternehmen des Empfängers bestimmt (vgl. 5.3.1.3);
- das Unternehmen nimmt Reisevorleistungen in Anspruch (vgl. 5.3.1.4).

Hierzu ist im Einzelnen folgendes zu beachten:

5.3.1.1 Inland/Ausland

§ 25 UStG beruht zwar auf einer EU-Richtlinie, dennoch wurden die Begriffe Inland/Ausland keineswegs aufgegeben. Das deutsche Umsatzsteuerrecht in seiner Gesamtheit und damit auch die Spezialvorschrift des § 25 UStG gelten also nur für inländische Unternehmer. Inland im Sinne des Umsatzsteuergesetzes ist das Gebiet der Bundesrepublik Deutschland mit Ausnahme des Gebiets von Büsingen (deutsche Enklave auf Schweizer Gebiet), der Insel Helgoland, der Freihäfen, der Gewässer und Watten zwischen der Hoheitsgrenze und der jeweiligen Strandlinie sowie der deutschen Schiffe und der deutschen Luftfahrzeuge in Gebieten, die zu keinem Zollgebiet gehören.

Merksatz: § 25 UStG – ebenso wie das gesamte Umsatzsteuergesetz – ist nur anzuwenden für Lieferungen und sonstige Leistungen, die ein Unternehmer im Inland gegen Entgelt im Rahmen seines Unternehmens ausführt (§ 1 Abs. 1 Nr. 1 UStG).

Exkurs: Das Gemeinschaftsgebiet im umsatzsteuerlichen Sinn umfaßt das Inland und die Gebiete der übrigen Mitgliedstaaten der Europäischen Gemeinschaft. Drittlandsgebiet ist dagegen das Gebiet, das nicht Gemeinschaftsgebiet ist. Ausnahmen sind insofern zu beachten, als die Kanarischen Inseln beispielsweise politisch zwar zu Spanien gehören, umsatzsteuerlich aber als Drittland zu behandeln sind.

5.3.1.2 Auftreten in eigenem Namen

Der Reiseveranstalter muß die von ihm verkaufte Reise in eigenem Namen an den Reisenden verkaufen. Er haftet also im Rahmen der Bestimmungen der §§ 651 a ff. Bürgerliches Gesetzbuch (BGB). Im Gegensatz zu dem Auftreten in eigenem Namen ist die in der Reisebranche übliche Vermittlung, d.h. der Verkauf von Reisen im Namen und für Rechnung anderer (Reisebüros als Agenturen oder Vermittler), festzustellen.

Merksatz: § 25 UStG ist anwendbar für Reiseveranstalter, die in eigenem Namen gegenüber den Reisenden auftreten, nicht jedoch für Vermittler.

5.3.1.3 Leistungen an Nichtunternehmer

§ 25 UStG findet nur Anwendung, sofern die vom Reiseveranstalter erbrachten Leistungen nicht für das Unternehmen des Leistungsempfängers bestimmt sind. Man unterscheidet im Umsatzsteuerrecht der Reiseveranstalter, ob eine Leistung für das Unternehmen des Empfängers erbracht wird oder nicht.

Wenn also Herr A für seinen Getränkeeinzelhandel Getränke einkauft, erhält er Lieferungen, die er im Rahmen seines Unternehmens verwendet. Wenn

Herr A sich dagegen im Kaufhaus einen Reisekoffer kauft oder bei dem Reiseveranstalter eine Reise bucht, erhält er Leistungen, die er nicht für sein Unternehmen empfängt.

Merksatz: § 25 UStG ist nur anzuwenden für Reiseleistungen, die nicht für ein Unternehmen bestimmt sind.

5.3.1.4 Inanspruchnahme von Reisevorleistungen

Reisevorleistungen sind Lieferungen und Leistungen Dritter, die den Reisenden unmittelbar zugute kommen (§ 25 Abs. 1 Satz 5 UStG). Reisevorleistungen sind abzugrenzen gegenüber Eigenleistungen des Veranstalters. Wenn ein Reiseveranstalter seine Reisenden in einem eigenen Hotel unterbringt, erbringt er gegenüber den Reisenden Eigenleistungen. Wenn er diese in fremden Hotels unterbringt, nimmt er Reisevorleistungen in Anspruch. Wenn ein Reiseveranstalter fremde (selbständige) Reiseleiter mit der Betreuung seiner Gruppen betraut, nimmt er Reisevorleistungen in Anspruch. Setzt er eigene Mitarbeiter hierfür ein, handelt es sich um Eigenleistungen. Wenn ein Reiseveranstalter seine Reisenden mit eigenen Bussen befördert, erbringt er gegenüber den Reisenden Eigenleistungen. Sofern ein Reiseveranstalter, der selbst keine Fahrzeuge besitzt, ein Fahrzeug mit Fahrer von einem Busunternehmen zur Durchführung einer Reise anmietet, nimmt es eine Reisevorleistung in Anspruch (zur Abgrenzung vgl. Tz. 6–8 des Schreibens des Bundesministeriums der Finanzen vom 7.4.1998, BStBl. I 1998 S. 380 und Abschnitt 25.1 Abs. 8 und 10 UStAE).

Merksatz: Die Leistungen eines Reiseveranstalters werden nur dann und nur insoweit nach § 25 UStG besteuert, wie der Reiseveranstalter Reisevorleistungen in Anspruch nimmt.

Die für die Finanzämter verwaltungsintern bindenden Vorgaben durch die obersten Finanzbehörden zur Umsatzsteuer waren bisher in den Umsatzsteuer-Richtlinien (UStR) zusammengefaßt. Zum 1.11.2010 sind die UStR 2008 durch den sog. Umsatzsteuer-Anwendungserlaß (UStAE) ersetzt worden. Dieser Erlaß ist grundsätzlich auf alle Umsätze anzuwenden, die nach dem 31.10.2010 ausgeführt werden, und wird regelmäßig aktualisiert bzw. ergänzt.

5.3.2 Vorsteuerabzug der Reiseveranstalter

Reiseveranstalter sind regelmäßig inländische Unternehmer und fallen damit unter das Umsatzsteuergesetz. Grundsätzlich gelten für Reiseveranstalter auch die Bestimmungen der §§ 15 und 15 a UStG (Vorsteuerabzug).

Beispiel: Dem Reiseveranstalter werden für den Druck seiner Prospekte, für Anzeigen in Tageszeitungen, für Miete seiner Geschäftsräume, für Strom- und Energiekosten etc. Rechnungen erteilt, auf denen die Umsatzsteuer ordnungsgemäß ausgewiesen ist

(§ 14 UStG). Der Reiseveranstalter ist berechtigt, diese Vorsteuerbeträge von seiner Umsatzsteuerschuld abzuziehen, so daß er entsprechend weniger Umsatzsteuer bezahlen muß. Sollten in einzelnen Besteuerungszeiträumen die Vorsteuerbeträge höher sein als die Umsatzsteuerschuld, erhält der Reiseveranstalter den Differenzbetrag vom Finanzamt erstattet.

Exkurs: Vom Vorsteuerabzug ausgeschlossen ist gemäß § 15 Abs. 2 Nr. 1 UStG die Steuer für die sonstigen Leistungen, die der Reiseveranstalter (zum Teil) zur Ausführung steuerfreier Umsätze verwendet. In Verbindung mit margenbesteuerten Reiseleistungen, insbesondere im Hinblick auf Reisevorleistungen, die im Drittlandsgebiet bewirkt werden (§ 25 Abs. 2 UStG, vgl. Abschnitt 5.3.3.2), ist diese Einschränkung aber nicht anzuwenden (§ 15 Abs. 3 Nr. 1 Buchst. a UStG). Läßt sich der Reiseveranstalter beispielsweise von einem Steuerberater im Hinblick auf Reisen nach den Kanarischen Inseln (Drittlandsgebiet) beraten, kann die hierfür in Rechnung gestellte Umsatzsteuer in vollem Umfang abgezogen werden.

Die spezielle Ausnahme für Reiseveranstalter und damit die Verpflichtung zur Erstellung besonderer Berechnungen besteht aber darin, daß der Reiseveranstalter nicht berechtigt ist, die ihm für die Reisevorleistungen gesondert in Rechnung gestellten Steuerbeträge als Vorsteuer abzuziehen (§ 25 Abs. 4 UStG).

Beispiel: Ein Reiseveranstalter kauft bei einem inländischen Hotel Bettenkontingente ein. Er erhält von dem Hotel eine Rechnung über 10.000,00 € zuzüglich 19 Prozent Umsatzsteuer, zusammen 11.900,00 €. Wenn und soweit dieser Reiseveranstalter die eingekauften Kontingente zur Durchführung von Reisen verwendet und diese unter § 25 UStG fallen (vgl. Abschnitt 4.3.3), kann er die Vorsteuer von 1.900,– € nicht von seiner Umsatzsteuerschuld abziehen und vom Finanzamt erstattet bekommen. Vielmehr ist die in Rechnung gestellte Vorsteuer für Reisevorleistungen in die **Margenbesteuerung** (vgl. 4.3.3) einzubeziehen. Dies gilt auch, wenn das eingekaufte Kontingent nicht voll ausgeschöpft wird. Reisevorleistungen sind Lieferungen und sonstige Leistungen Dritter, die den Reisenden unmittelbar zugute kommen (§ 25 Abs. 1 Satz 5 UStG).

Merksatz: Sofern § 25 UStG anwendbar ist, können Unternehmer Vorsteuerbeträge, die ihnen im Zusammenhang mit Reisevorleistungen in Rechnung gestellt worden sind, nicht geltend machen.

Die Finanzverwaltung hat diese Besonderheit in Abschnitt 25.4 Abs. 1 bis 4 UStAE geregelt, der nachfolgend in der ab dem 1.11.2010 geltenden Fassung abgedruckt wird:

25.4. Vorsteuerabzug bei Reiseleistungen

(1) [1]Vom Vorsteuerabzug ausgeschlossen sind die Umsatzsteuerbeträge, die auf Reisevorleistungen entfallen, auf Leistungen Dritter also, die den Reisenden unmittelbar zugute kommen. [2]Umsatzsteuerbeträge, die dem Unternehmer für andere für sein Unternehmen ausgeführte Leistungen in Rechnung gestellt werden, sind dagegen unter den Voraussetzungen des § 15 UStG als

Vorsteuern abziehbar. ³Hierzu gehören z. B. Vorsteuerbeträge, die beim Erwerb von Einrichtungsgegenständen, Büromaschinen und Büromaterial anfallen. ⁴Der Vorsteuerabzug steht dem Unternehmer auch zu, wenn die empfangene Leistung zwar mit der Reise unmittelbar zusammenhängt, aber dem Reisenden lediglich mittelbar zugute kommt (vgl. hierzu Abschnitt 25.1 Abs. 9 Satz 3 Nr. 1 und 2).

(2) ¹Die Berechtigung zum Vorsteuerabzug entfällt nur insoweit, als der Unternehmer Reiseleistungen bewirkt, die nach § 25 UStG der Besteuerung unterliegen. ²Allerdings kommt es nicht darauf an, ob der Unternehmer für die steuerpflichtigen Reiseleistungen tatsächlich Umsatzsteuer zu entrichten hat. ³Nicht beansprucht werden kann der Vorsteuerabzug deshalb auch in den Fällen, in denen es für die Reiseleistung im Sinne des § 25 Abs. 1 Satz 1 UStG an einer Bemessungsgrundlage (§ 25 Abs. 3 UStG) fehlt. ⁴Eine Bemessungsgrundlage nach § 25 Abs. 3 UStG ergibt sich dann nicht, wenn die vom Unternehmer für Reisevorleistungen aufgewendeten Beträge genau so hoch sind wie der vom Leistungsempfänger für die Reiseleistung gezahlte Betrag oder wenn die Beträge für Reisevorleistungen den vom Leistungsempfänger gezahlten Betrag übersteigen (vgl. Abschnitt 25.3 Abs. 5 Nr. 1 und Abs. 6). ⁵Ausgeschlossen ist der Vorsteuerabzug folglich insbesondere auch bei „Incentive-Reisen" (vgl. Abschnitt 25.1 Abs. 2 Beispiel 3 und Abschnitt 25.3 Abs. 5), die der Unternehmer erwirbt und Arbeitnehmern entweder ohne Aufschlag weiterberechnet oder als unentgeltliche Wertabgabe überläßt.

(3) ¹Der Ausschluß des Vorsteuerabzugs nach § 25 Abs. 4 Satz 1 UStG gilt u.a. auch für im Ausland ansässige Reiseveranstalter sowie bei im Ausland befindlichen Betriebsstätten eines im Inland ansässigen Reiseveranstalters. ²Ein im Ausland ansässiger Reiseveranstalter, der im Inland Reisevorleistungen in Anspruch nimmt, kann deshalb die ihm für diese Reisevorleistungen in Rechnung gestellte Umsatzsteuer nicht als Vorsteuer abziehen. ³Ebenso wenig kann eine Vergütung dieser Umsatzsteuer in dem besonderen Verfahren nach § 18 Abs. 9 UStG, §§ 59 bis 61 UStDV begehrt werden. ⁴Der im Inland ansässige Reiseveranstalter, der im Ausland eine Betriebsstätte unterhält, ist auch insoweit nicht zum Vorsteuerabzug berechtigt, als dieser Betriebsstätte für die von ihr in Anspruch genommenen Reisevorleistungen Umsatzsteuer in Rechnung gestellt worden ist.

(4) ¹Der Vorsteuerabzug ist nach § 15 Abs. 3 Nr. 1 Buchstabe a UStG nicht ausgeschlossen, wenn die Reiseleistung gemäß § 25 Abs. 2 UStG steuerfrei ist. ²Das gleiche gilt nach § 15 Abs. 3 Nr. 2 Buchstabe a UStG für Reiseleistungen im Ausland und für unentgeltliche Reiseleistungen, die im Inland bzw. bei Zahlung eines Entgelts nach § 25 Abs. 2 UStG umsatzsteuerfrei wären. ³Durch diese Regelung wird sichergestellt, daß der Unternehmer den Vorsteuerabzug für alle empfangenen Leistungen beanspruchen kann, die wirtschaftlich den nach § 25

Abs. 2 UStG steuerfreien oder entsprechenden nicht steuerbaren Reiseleistungen ganz oder teilweise zuzurechnen sind, z.B. die Vermittlung einer Pauschalreise durch einen anderen Unternehmer oder die Lieferung von Reiseprospekten und Katalogen an den Unternehmer. [4]Für die in § 25 Abs. 2 Satz 1 UStG bezeichneten Reisevorleistungen entfällt der Vorsteuerabzug, denn diese Leistungen unterliegen im Inland nicht der Besteuerung.

5.3.3 Margenbesteuerung

5.3.3.1 Allgemeine Erläuterungen

Immer wenn ein Reiseveranstalter oder ein anderer Unternehmer ein Bündel von Leistungen Dritter zusammenfaßt und daraus eine Pauschalreise zusammenstellt, die er Reisenden für deren privaten Bedarf verkauft, ist § 25 UStG anzuwenden. Nach einem Urteil des Europäischen Gerichtshofes (EuGH) vom 12.11.1992 (Rs. C-163/91; EuGH 1992, 5723, 5746 = UR 1995 S. 302) ist § 25 UStG auch anzuwenden, wenn Reisenden Ferienwohnungen vermietet werden und der Reiseveranstalter darüber hinaus keine weiteren Leistungen erbringt. Im Urteilsfall sind die Reisenden mit ihren eigenen Fahrzeugen an den Ferienort und zurück gefahren (vgl. auch Tz. 6a des Schreibens des Bundesministeriums der Finanzen vom 7.4.1998, BStBl. I 1998 S. 381). Nach Ansicht des Bundesfinanzhofs (BFH) im Beschluß vom 10.12.2009 (Az. XI R 39/08, BStBl. II 2010 S. 321) ist es zweifelhaft, ob die zur Vermietung einer Ferienwohnung als einer typischen Reiseleistung ergangene Rechtsprechung gleichermaßen für den isolierten Verkauf von Opernkarten, d.h. ohne zusätzliche erbrachte (Reise-)Leistungen, durch ein Reisebüro gilt.

Die Spezialvorschrift des § 25 UStG gilt für Reisen in die ganze Welt. Sie gilt aber nur für Unternehmer, die ihren Sitz im Inland haben (vgl. oben Abschnitt 5.3.1.1). Aus den nachfolgenden Erläuterungen ergibt sich, daß als umsatzsteuerbar und umsatzsteuerpflichtig nur die Teile der Umsätze anzusehen sind, die auf Reisevorleistungen im Gebiet der **Europäischen Union** beruhen. Alle bei Durchführung der Reise erbrachten Leistungen gelten als einheitliche sonstige Leistung des Reiseveranstalters an den Leistungsempfänger, soweit der Reiseveranstalter gegenüber dem Leistungsempfänger in eigenem Namen auftritt und für die Durchführung der Reise Lieferungen und sonstige Leistungen Dritter (Reisevorleistungen) in Anspruch nimmt (Abschnitt 25.1 Abs. 6 Satz 1 UStAE).

Für die Entscheidung, welche der einzelnen Dienstleistungen maßgeblich für die Bestimmung des Ortes der Reisevorleistungen ist, gilt Folgendes:

- Wenn die Leistungen in eine Hauptleistung, die der Reisegesamtheit das Gepräge gibt, und Nebenleistungen differenziert werden können, ist der Leistungsort der Hauptleistung maßgebend.

- Steht die Reise als Gesamtheit im Vordergrund und treten die einzelnen Leistungen hinter dem Ganzen zurück, ist der Unternehmenssitz des Reiseveranstalters (§ 3 a Abs. 1 UStG) maßgeblich.

In der Praxis müssen Reiseveranstalter unterscheiden zwischen der Margenbesteuerung, der umsatzsteuerlichen Behandlung von Eigengeschäften (vgl. Abschnitt 5.3.4) und der umsatzsteuerlichen Behandlung von Vermittlungsgeschäften (vgl. Abschnitt 5.3.6).

Unter 5.2 wurde die Funktion der Umsatzbesteuerung und des Vorsteuerabzugs bei einem Unternehmer erläutert, der nicht unter § 25 UStG fällt. Bei der Margenbesteuerung werden nicht die kompletten Umsätze besteuert, sondern nur die Differenz zwischen der vereinbarten Vergütung für die Reiseleistung (Reisepreis) und den aufgewendeten Reisevorleistungen (=**Marge**). Im Gegenzug entfällt der Vorsteuerabzug für die Reisevorleistungen.

Beispiel:

Preis einer Pauschalreise:	6.000,00 €
Um diese Reise anbieten zu können, hat der Reiseveranstalter Reisevorleistungen in Höhe von:	4.500,00 €
in Anspruch genommen, so daß er eine Marge von:	1.500,00 €

erzielt hat.

Diese Marge (§ 25 Abs. 3 Satz 1 UStG) abzüglich der darin enthaltenen Umsatzsteuer (§ 25 Abs. 3 Satz 2 UStG) stellt die Bemessungsgrundlage für Zwecke der Umsatzsteuer dar.

Berechnung:

Bemessungsgrundlage:	1.500,00 €
darin enthaltene Umsatzsteuer 15,9664 % (vgl. Abschnitt 5.2.1):	239,50 €
Nettobetrag:	1.260,50 €

Bemessungsgrundlage gemäß § 25 Abs. 3 UStG.

Probe:

Nettobemessungsgrundlage:	1.260,50 €
zuzüglich 19 % Umsatzsteuer:	239,50 €
Bruttomarge:	1.500,00 €

Wenn wir dieses Zahlenbeispiel vergleichen mit dem Kaufhaus, das Koffer für brutto 400,00 € verkauft, die es für brutto 297,50 € eingekauft hat, können wir feststellen, daß das Kaufhaus eine Differenz zwischen Bruttoeinkaufspreis und Bruttoverkaufspreis in Höhe von 102,50 € je Reisekoffer erzielt hat. Wenn man den Ein- und Verkauf des Kaufhauses nach den vorstehend geschilderten Grundsätzen der Margenbesteuerung berechnet, wird man zu keinem anderen Ergebnis kommen.

Sämtliche vom Reiseveranstalter in Anspruch genommenen Reisevorleistungen werden durch das **Abzugsverbot** erfaßt, gleichgültig wo die Reisevorleistungen erbracht werden. § 25 UStG setzt im innerstaatlichen Recht Art. 310 der MwStSystRL um, wonach der Vorsteuerabzug oder die Rückerstattung von Steuern in jedem Mitgliedstaat für die Steuern ausgeschlossen wird, die dem „Reisebüro" (sprich: Reiseveranstalter) von anderen Steuerpflichtigen für Reisevorleistungen in Rechnung gestellt werden. Dies bedeutet, daß der Reiseveranstalter weder die inländische Umsatzsteuer noch die Umsatzsteuer aus einem anderen Mitgliedstaat als Vorsteuer geltend machen kann. Damit ist sichergestellt, daß der volle Wert der Reiseleistung besteuert wird. Auch im **Drittlandsgebiet** bewirkte Reisevorleistungen mit Steuerausweis nach dortigem Recht führen nicht zu einem Vorsteuerabzug im Inland. Kosten für eine im Gesamtpreis enthaltene Reiserücktrittskostenversicherung zählen ebenfalls zu den Reisevorleistungen, ebenso wie Kosten für nicht ausgenutzte Leistungen (bereitgestellte, aber nicht belegte Zimmer für Übernachtungen).

5.3.3.2 Steuerbefreiungen

Es werden jedoch nicht alle nach § 25 Abs. 3 UStG ermittelten Margen der deutschen Umsatzsteuer unterworfen. Die Reiseleistung als einheitliche sonstige Leistung im Sinne des § 25 Abs. 1 UStG ist steuerfrei, soweit die ihr zuzurechnenden Reisevorleistungen im Drittlandsgebiet bewirkt werden (§ 25 Abs. 2 Satz 1 UStG). Drittlandsgebiet ist das Gebiet, das nicht Gemeinschaftsgebiet ist (vgl. oben Abschnitt 5.3.1.1).

Beispiel: Ein Reisender erwirbt eine Reise mit 14-tägigem Hotelaufenthalt in den USA. Der Hotelaufenthalt ist eine Leistung eines Dritten, die dem Reisenden unmittelbar zugute kommt. Es handelt sich also um eine Reisevorleistung. Da diese Reisevorleistung aber außerhalb des Gebietes der EU, also im sog. Drittlandsgebiet bewirkt wird, ist die aufgrund dieser Reisevorleistung erzielte Marge von der Umsatzsteuer befreit (§ 25 Absatz 2 Satz 1 UStG).

Reiseleistungen für die der Reiseveranstalter Reisevorleistungen innerhalb des Gemeinschaftsgebiets in Anspruch nimmt, sind dagegen grundsätzlich steuerpflichtig. Der Ort der Reisevorleistung bestimmt sich nach den allgemeinen Grundsätzen. Bei Lieferungen ist dies der Ort der Verschaffung der Verfügungsmacht, bei sonstigen Leistungen ist dies der Ort der Leistungserbringung (zum Beispiel Übernachtung im Hotel), bei Beförderungsleistungen dort, wo die Beförderung bewirkt wird (Ausnahmen bei Flugreisen). Erläuternd hierzu führt Abschnitt 25.2 Abs. 1 und 2 UStAE aus:

(1) ¹Nach § 25 Abs. 2 UStG ist eine Reiseleistung steuerfrei, soweit die ihr zuzurechnenden Reisevorleistungen ausschließlich im Drittlandsgebiet bewirkt werden. ²Zu den Reisevorleistungen können insbesondere Unterkunft, Verpflegung und die Beförderung von Personen gehören.

Beispiel: ¹Ein Reiseveranstalter bietet eine Flugrundreise in den USA bzw. eine Schiffskreuzfahrt in der Karibik zu einem Pauschalpreis an. ²Hin- und Rückreise sind in dem Preis nicht enthalten.

³Die in der Beförderung der Reisenden bestehenden Reisevorleistungen werden im Drittlandsgebiet erbracht. ⁴Erfolgen auch alle übrigen Reisevorleistungen im Drittlandsgebiet, ist die Reiseleistung des Veranstalters insgesamt steuerfrei.

(2) ¹Die einheitliche sonstige Leistung ist insgesamt steuerpflichtig, wenn die in Absatz 1 bezeichneten Reisevorleistungen ausschließlich im Gemeinschaftsgebiet bewirkt werden. ²Zu den Reisevorleistungen gehören insbesondere die Unterkunft und die Verpflegung im Gemeinschaftsgebiet.

Beispiel: ¹*Ein deutscher Reiseveranstalter bietet im eigenen Namen Flugpauschalreisen von deutschen Flugorten nach Kreta an.* ²*Er hat die Reisen im Wege eines Kettengeschäftes von einem Reiseveranstalter mit Sitz in der Schweiz übernommen.* ³*Der schweizerische Reiseveranstalter hat die einzelnen Reisebestandteile von im Gemeinschaftsgebiet ansässigen Leistungsträgern (Fluggesellschaften, Hotels, Betreuungsunternehmen) erworben und zu einer einheitlichen Pauschalreise gebündelt.*

⁴Auf Kettengeschäfte der vorliegenden Art findet § 25 UStG auf der Vorstufe keine Anwendung, da die Reiseleistungen des Paketveranstalters für das Unternehmen des erwerbenden Reiseveranstalters bestimmt sind (Abschnitt 25.1 Abs. 2). ⁵Der Ort für diese Leistung richtet sich nicht nach § 25 Abs. 1 Satz 4 und § 3a Abs. 1 UStG, sondern nach den allgemeinen Vorschriften des Gesetzes. ⁶Daß der Sitz des Paketveranstalters im Drittland liegt, führt insoweit nicht zur Steuerfreiheit der Marge des inländischen Reiseveranstalters. ⁷Für die Steuerfreiheit kommt es darauf an, wo die einzelnen Reisevorleistungen ausgeführt werden. ⁸Da im Beispielsfall sämtliche Reisevorleistungen im Gemeinschaftsgebiet bewirkt werden, ist die Marge des deutschen Reiseveranstalters insgesamt steuerpflichtig.

Erfolgen Reiseleistungen nur teilweise im Drittlandsgebiet im übrigen aber im Gemeinschaftsgebiet ist nach Abschnitt 25.2 Abs. 3 UStAE eine Aufteilung vorzunehmen. Die umsatzsteuerfreie Drittlandsmarge ergibt sich grundsätzlich dadurch, indem der Reisepreis im Verhältnis der Drittlands-Reisevorleistungen zu den Gesamtkosten erfaßt wird.

(3) ¹Werden die Reisevorleistungen nur zum Teil im Drittlandsgebiet, im übrigen aber im Gemeinschaftsgebiet erbracht, so ist die Reiseleistung nur insoweit steuerfrei, als die Reisevorleistungen auf das Drittlandsgebiet entfallen. ²Dies gilt auch für Reisevorleistungen, die in der Beförderung von Personen mit Flugzeugen und Schiffen bestehen. ³Erstreckt sich somit eine Beförderung sowohl auf das Drittlandsgebiet als auch auf das Gemeinschaftsgebiet, so hat

Besonderheiten der Besteuerung 205

der Reiseveranstalter die gesamte Beförderungsleistung nach Maßgabe der zurückgelegten Strecken in einen auf das Drittlandsgebiet und in einen auf das Gemeinschaftsgebiet entfallenden Anteil aufzuteilen.

Beispiel: ¹Ein Reiseveranstalter bietet eine Flugreise in die USA ab München zu einem Pauschalpreis an.
²Die Reiseleistung des Veranstalters ist insoweit steuerpflichtig, als die Personenbeförderung im Flugzeug (Reisevorleistung) über Gemeinschaftsgebiet führt.

Vereinfachungsregelung:

Besteht die Reisevorleistung in der Beförderung von Personen im Luftverkehr oder mit Schiffen im Seeverkehr und erstreckt sich diese sowohl auf das Gemeinschaftsgebiet als auch auf das Drittlandsgebiet, so kann der Reiseveranstalter von der Vereinfachungsregelung nach Maßgabe des Abschnitts 25.2 Abs. 4 bis 6 UStAE Gebrauch machen.

Nach dieser Vereinfachungsregelung gilt die Beförderungsleistung

- insgesamt als im **Drittland** erbracht, wenn der Zielort im Drittlandsgebiet liegt;
- insgesamt als im **Gemeinschaftsgebiet** erbracht, wenn der Zielort im Gemeinschaftsgebiet liegt.

Diese Vereinfachungsregelung der Finanzverwaltung kann nach Ansicht des Finanzgerichtes Hamburg (rechtskräftiges Urteil vom 24.6.2008, Az. 6 K 91/06, DStRE 2008 S. 569) nicht auf Busreisen ausgedehnt werden.

(4) ¹Erstreckt sich eine Personenbeförderung im Luftverkehr (Reisevorleistung) sowohl auf das Drittlandsgebiet als auch auf das Gemeinschaftsgebiet, so kann der Reiseveranstalter abweichend von Absatz 3 aus Vereinfachungsgründen wie folgt verfahren:

²Liegt der Zielort der Personenbeförderung im Drittlandsgebiet, gilt die Beförderungsleistung (Reisevorleistung) insgesamt als im Drittlandsgebiet erbracht.

Beispiel 1: ¹Ein Reiseveranstalter bietet eine Flugreise von Düsseldorf nach den Kanarischen Inseln zu einem Pauschalpreis an.
²Da der Zielort der Reise im Drittlandsgebiet liegt, gilt die Beförderungsleistung insgesamt als im Drittlandsgebiet erbracht. Erfolgen auch alle übrigen Reisevorleistungen im Drittlandsgebiet, ist die Reiseleistung des Veranstalters insgesamt steuerfrei.

³Liegt der Zielort der Personenbeförderung im Gemeinschaftsgebiet, gilt die Beförderungsleistung (Reisevorleistung) insgesamt als im Gemeinschaftsgebiet erbracht.

Beispiel 2: ¹Ein Reiseveranstalter bietet eine Flugreise von Düsseldorf nach Athen zu einem Pauschalpreis an.

²Da der Zielort der Reise im Gemeinschaftsgebiet liegt, gilt die Beförderungsleistung insgesamt als im Gemeinschaftsgebiet erbracht. ³Erfolgen auch alle übrigen Reisevorleistungen im Gemeinschaftsgebiet, ist die Reiseleistung des Veranstalters insgesamt steuerpflichtig.

⁴Hin- und Rückflug sind bei der Anwendung der Vereinfachungsregelung als eine Reisevorleistung anzusehen. ⁵Der Zielort bestimmt sich nach dem Hinflug. ⁶Zwischenlandungen aus flugtechnischen Gründen berühren die Anwendung der Vereinfachungsregelung nicht.

(5) ¹Macht ein Reiseveranstalter von der Vereinfachungsregelung nach Absatz 4 Gebrauch, so muß er diese Regelung bei allen von ihm veranstalteten Reisen anwenden. ²Er kann jedoch jederzeit dazu übergehen, seine in einer Personenbeförderung bestehenden Reisevorleistungen insgesamt nach den Streckenanteilen (Absatz 3) aufzuteilen. ³Hat der Reiseveranstalter den steuerfreien Anteil seiner Reiseleistungen nach Absatz 3 ermittelt, kann er zum Verfahren nach Absatz 4 nur übergehen, wenn die Ermittlung nach Absatz 3 nachweisbar mit unzumutbaren Schwierigkeiten verbunden ist.

(6) Erstreckt sich eine Personenbeförderung bei Kreuzfahrten mit Schiffen im Seeverkehr sowohl auf das Drittlandsgebiet als auch auf das Gemeinschaftsgebiet, so kann der Reiseveranstalter abweichend von Absatz 3 von der Berücksichtigung des auf das Gemeinschaftsgebiet entfallenden Anteils der gesamten Beförderungsstrecke wegen Geringfügigkeit dieses Anteils absehen.

Beispiel: ¹Ein Reiseveranstalter bietet eine Kreuzfahrt im Mittelmeer an, die in Genua beginnt und endet.

²Die in der Beförderung der Reisenden bestehenden Reisevorleistungen sind als im Drittlandsgebiet erbracht anzusehen. ³Die Reiseleistung des Veranstalters ist steuerfrei.

5.3.3.3 Reverse-Charge-Verfahren

Beim sog. Reverse-Charge-Verfahren handelt es sich um eine Ausnahme von dem Grundsatz, daß der leistende Unternehmer die Umsatzsteuer auch schuldet und abführen muß. In den in § 13 b UStG abschließend definierten Fällen schuldet der Leistungsempfänger als Unternehmer (oder als juristische Person des öffentlichen Rechts) die Umsatzsteuer aus der in Deutschland steuerbaren und steuerpflichtigen bezogenen Leistung. Ist ein Unternehmer vorsteuerabzugsberechtigt, kann er die geschuldete Umsatzsteuer als Vorsteuer abziehen.

Mit den Gesetzesänderungen zum 1.1.2010 im Rahmen des sog. Mehrwertsteuer-Pakets („MwSt-Paket") 2010 gewinnt das Reverse-Charge-Verfahren innerhalb der EU zunehmend an Bedeutung. Ab dem 1.1.2010 werden die sonstigen Leistungen (Dienstleistungen) zwischen Unternehmern innerhalb der EU nach dem neuen Grundsatz des § 3 a Abs. 2 UStG dort besteuert, wo der Leistungsempfänger (Kunde) seinen Sitz bzw. seine Betriebsstätte hat. Dies führt jedoch nicht dazu, daß sich die Unternehmer in dem Mitgliedstaat umsatzsteuerlich registrieren lassen und die Umsatzsteuer dort auch abführen müssen, in dem der Kunde seinen Sitz oder seine Betriebsstätte hat. In diesen Fällen wird die Umsatzsteuer vielmehr vom Kunden geschuldet und abgeführt.

Die deutschen Unternehmer müssen in diesen Fällen deshalb sowohl im kreditorischen Bereich beim Bezug von sonstigen Leistungen aus anderen Mitgliedstaaten als auch im debitorischen Bereich bei der Erbringung sonstiger Leistungen an Unternehmer aus anderen EU-Staaten diese Regelungen kennen.

Exkurs: Auch einige Drittländer mit MwSt-System kennen ein Reverse Charge, das im Einzelfall noch Besonderheiten unterliegt. Da für diese Staaten jedoch die MwStSystRL keine Anwendung findet, sollte bei Erbringung von sonstigen Leistungen und auch Lieferungen in Drittländern durch europäische Unternehmer vorab die umsatzsteuerliche Behandlung und Steuerschuldnerschaft geprüft werden.

Nach § 13 b Abs. 3 UStG findet die Steuerschuldübernahme für folgende Leistungen eines im Ausland ansässigen Unternehmers keine Anwendung:

1. Personenbeförderungen, die der Beförderungseinzelbesteuerung unterlegen haben,

2. Personenbeförderungen, die mit einem Taxi durchgeführt worden sind,

3. Grenzüberschreitende Personenbeförderungen im Luftverkehr,

Im Ergebnis müssen die ausländischen Unternehmer in diesen Fällen bei Erbringung der Leistung im Inland ihren umsatzsteuerlichen Verpflichtungen selbst nachkommen. Eine Verlagerung der Steuerschuld auf den Leistungsempfänger findet nicht statt.

Dies birgt aber für ausländische Leistungsempfänger zum Teil auch Vorteile, weil diese sich als Leistungsempfänger eines ausländischen Unternehmers für Leistungen in Deutschland nicht zur Umsatzsteuer registrieren lassen müssen.

5.3.4 Abgrenzung zu Eigenleistungen

5.3.4.1 Allgemeine Erläuterung

Wenn ein Reiseveranstalter über Einrichtungen verfügt, die es ihm ermöglichen, den Reisenden die Leistungen zur Verfügung zu stellen, die beim Erwerb von Dritten als Reisevorleistungen zu bezeichnen wären, spricht man von Eigenleistungen. Insoweit gelten die allgemeinen umsatzsteuerlichen Bestimmungen und nicht § 25 UStG. Eine Eigenleistung gegenüber dem Reisenden bewirkt also ein Reiseveranstalter zum Beispiel, wenn er den Reisenden in einem eigenen Hotel unterbringt oder wenn er den Reisenden mit einem eigenen Bus befördert (vgl. aber Abschnitt 5.3.1.4).

5.3.4.2 Umsatzsteuerliche Behandlung

Für die Eigenleistungen gelten die allgemeinen Grundsätze. Das heißt insbesondere, daß Eigenleistungen nur dann umsatzsteuerbar sind, wenn sie im Inland (vgl. Abschnitt 5.3.1.1) erbracht werden. Wenn der Reiseveranstalter den Reisenden also in einem von ihm betriebenen Hotel im Inland unterbringt, handelt es sich um eine umsatzsteuerbare und umsatzsteuerpflichtige Leistung, auf welche die allgemeinen Grundsätze anzuwenden sind. Wird der Hotelaufenthalt dagegen in einem vom Reiseveranstalter betriebenen Hotel im Ausland erbracht, ist die sonstige Leistung nicht steuerbar.

Man muß unterscheiden:

- Ein Hotelaufenthalt in einem eigenen Hotel des Reiseveranstalters führt nur dann zur Umsatzsteuerpflicht, wenn das Hotel im Inland gelegen ist.

- Ein Hotelaufenthalt, der von einem Dritten bewirkt wird (Reisevorleistung im Sinn des § 25 Abs. 1 Satz 5 UStG), führt auch dann zu einer steuerpflichtigen Marge, wenn das Hotel im Bereich der EU gelegen ist.

5.3.4.3 Beförderung mit Bussen

Wenn ein Unternehmer über eigene Busse verfügt, erbringt er gegenüber den Reisenden Eigenleistungen. Daher gelten die Bestimmungen des § 25 UStG nicht. Die Beförderung mit den Bussen ist steuerbar und steuerpflichtig, soweit sie auf das Inland entfällt.

Man muß unterscheiden:

- Die grenzüberschreitende Beförderung mit Luftfahrzeugen oder Seeschiffen ist teilweise befreit (vgl. Abschnitt 5.3.3.2),

- dagegen nicht die grenzüberschreitende Beförderung mit allen anderen denkbaren Beförderungsmitteln (Busse, Eisenbahnen, Binnenschiffen etc.). Vielmehr findet hier eine Aufteilung in einen inländischen und ausländischen Streckenanteil statt, vgl. Abschnitt 16.2 Abs. 5 UStAE: „Der Beförderungseinzelbesteuerung unterliegt nur der inländische Streckenanteil. Inländische Streckenanteile, die nach den §§ 2 oder 5 UStDV als ausländische Beförderungsstrecken anzusehen sind, bleiben unberücksichtigt. Streckenanteile, die nach den §§ 3 oder 6 UStDV als inländische Beförderungsstrecken anzusehen sind, sind in die Besteuerung einzubeziehen."

5.3.5 Gemischte Reiseleistungen

5.3.5.1 Allgemeine Erläuterung

Gemischte Reiseleistungen liegen vor, wenn der Unternehmer sowohl Leistungen mit eigenen Mitteln erbringt (vgl. Abschnitt 5.3.4) als auch Reisevorleistungen in Anspruch nimmt (vgl. Abschnitt 5.3.3). In diesen Fällen ist die Margenbesteuerung nach § 25 UStG nur durchzuführen, soweit der Unter-

Besonderheiten der Besteuerung

nehmer (Reiseveranstalter) gegenüber dem Leistungsempfänger (Reisenden) in eigenem Namen auftritt und Reisevorleistungen in Anspruch nimmt. Für die im Rahmen einer solchen Reise erbrachten Eigenleistungen (vgl. Abschnitt 5.3.4) gelten die allgemeinen Vorschriften des Umsatzsteuergesetzes. Sofern dem Reisenden ein einheitlicher Reisepreis berechnet wird, ist dieser aufzuteilen (vgl. Abschnitt 25.1 Abs. 11 UStAE).

5.3.5.2 Aufteilung des Reisepreises

Die Aufteilung des Reisepreises in Anteile, die nach den allgemeinen Grundsätzen zu handhaben sind (Abschnitt 5.3.4) und die der Margenbesteuerung unterliegen (Abschnitt 5.3.3.1), sowie die weitere Aufteilung des der Margenbesteuerung unterliegenden Anteiles in steuerpflichtige und steuerfreie Anteile (vgl. Abschnitt 5.3.3.2), kann bei Pauschalreisen mit erheblichen Schwierigkeiten verbunden sein (vgl. hierzu Abschnitt 25.3 Abs. 4 Satz 1 UStAE).

Daher sieht § 25 Abs. 3 Satz 3 UStG vor, daß der Unternehmer die Bemessungsgrundlage nicht für jede einzelne Leistung (jede einzelne Reise) ermitteln muß, sondern entweder für Gruppen von Leistungen oder für die gesamten innerhalb des Besteuerungszeitraumes erbrachten Leistungen ermitteln kann. Eine Erläuterung für eine derartige Aufteilung von in einem Kalenderjahr erbrachten Reiseleistungen in Eigenleistungen und margenbesteuerte sowie bei den margenbesteuerten unterteilt in steuerpflichtige und steuerfreie Leistungen ergibt sich aus dem bei Abschnitt 25.3 Abs. 4 UStAE beurteilten Beispiel.

Abschnitt 25.3 UStAE in der ab dem 1.11.2010 geltenden Fassung wird nachfolgend abgedruckt.

25.3. Bemessungsgrundlage bei Reiseleistungen

(1) [1]Abweichend von § 10 UStG ist Bemessungsgrundlage lediglich die Differenz (Marge) zwischen dem Betrag, den der Leistungsempfänger entrichtet und den Aufwendungen für die Reisevorleistungen, jedoch abzüglich der Umsatzsteuer.

Beispiel 1:

[1]Ein Reiseveranstalter mit Sitz oder Betriebsstätte im Inland führt eine Bahnpauschalreise im Inland aus. [2]Der Preis beträgt 440,00 €. [3]Es nehmen 40 Personen teil. [4]Der Reiseveranstalter hat für Reisevorleistungen aufzuwenden:

1. an die Deutsche Bahn AG für die Fahrt (einschließlich Umsatzsteuer)	3.200,00 €
2. an Hotel für Unterkunft (einschließlich Umsatzsteuer)	12.000,00 €

Die Marge für die Leistung des Reiseveranstalters ermittelt sich wie folgt:

Reisepreis (Aufwendungen der Reiseteilnehmer)	17.600,00 €
./. Reisevorleistungen	
für Fahrt	3.200,00 €
für Unterkunft	12.000,00 €
	15.200,00 €
Marge	2.400,00 €
./. darin enthaltene Umsatzsteuer (19/119 = Steuersatz 19 %)	383,19 €
Bemessungsgrundlage	2.016,81 €

Zu den Aufwendungen für Reisevorleistungen gehören auch die Aufwendungen, die der Unternehmer aufgrund vertraglicher Vereinbarung für nicht ausgenützte Kapazitäten (vgl. Abschnitt 25.1 Abs. 10) zahlen muß.

Beispiel 2: Der Reiseunternehmer, der einem Hotel die Abnahme einer bestimmten Zahl von Zimmern oder auch aller Zimmer garantiert hat, muß das dafür vertraglich vereinbarte Entgelt auch dann in voller Höhe entrichten, wenn er die gebuchten Zimmer nicht alle oder nicht für den vereinbarten Abnahmezeitraum belegen kann.

[3]Werden im Abrechnungsverkehr zwischen Leistungsträgern und Reiseveranstaltern Reisevorleistungen ausgehend vom sogenannten Bruttowert (Verkaufspreis abzüglich Provisionen zuzüglich Umsatzsteuer auf den Provisionsbetrag) berechnet, handelt es sich bei den Provisionen regelmäßig um Entgelts- bzw. Reisevorleistungsminderungen und nicht um Vergütungen für besondere (Vermittlungs-)Leistungen. [4]Der Wert der Reisevorleistungen ist dann identisch mit dem Wert einer agenturmäßigen Nettoberechnung. [5]Die in den Abrechnungen des Leistungsträgers auf den Provisionsbetrag gesondert ausgewiesene Umsatzsteuer wird weder vom Leistungsträger noch vom Reiseveranstalter nach § 14c Abs. 2 UStG geschuldet. [6]Aufwendungen für Reisevorleistungen in fremder Währung sind nach § 16 Abs. 6 UStG in dem Zeitpunkt umzurechnen, in dem die Aufwendungen geleistet worden sind.

(2) [1]Treffen bei einer Reise Leistungen des Unternehmers mit eigenen Mitteln und Leistungen Dritter zusammen (vgl. Abschnitt 25.1 Abs. 11), sind für die Berechnung der Marge die eigenen Leistungen grundsätzlich im prozentualen Verhältnis zu den Fremdleistungen auszuscheiden. [2]Die eigenen Leistungen sind mit den dafür aufgewendeten Kosten (einschließlich Umsatzsteuer) anzusetzen.

Beispiel:

[1]Ein Reiseveranstalter mit Sitz oder Betriebsstätte im Inland führt eine Buspauschalreise im Inland aus. [2]Der Preis beträgt 600,00 €. [3]Es nehmen 50 Personen teil. [4]Dem Unternehmer entstehen folgende Aufwendungen:

Besonderheiten der Besteuerung

	€	%
1. Eigenleistungen		
a) Beförderung mit eigenem Bus	4.000,00	
b) Betreuung am Zielort durch angestellte Reiseleiter	1.000,00	
insgesamt	5.000,00	20
2. Reisevorleistungen Dritter		
Unterkunft und Verpflegung	20.000,00	80
	25.000,00	100

Die Marge errechnet sich wie folgt:

Reisepreis (Aufwendungen der Reiseteilnehmer)	30.000,00
./. 20 % für Eigenleistungen	6.000,00
	24.000,00
./. Reisevorleistungen	20.000,00
Marge	4.000,00
./. darin enthaltene Umsatzsteuer (19/119 = Steuersatz 19 %)	638,66
Marge = Bemessungsgrundlage	3.361,34

Der Unternehmer hat mit 19 % zu versteuern:
a) seine Eigenleistung

(6.000,00 € ./. darin enthaltene Umsatzsteuer in Höhe von 19/119 = Steuersatz 19 %)	5.042,02
b) die Reiseleistung	3.361,34
	8.403,36

[3]Die Eigenleistungen können auch in anderer Weise ermittelt werden, wenn dies zu einem sachgerechten Ergebnis führt.

So kann der auf die Eigenleistungen entfallende Anteil am Gesamtentgelt auch mit dem Marktpreis der Eigenleistungen, soweit dieser feststellbar ist, ermittelt werden. Im allgemeinen ist jedoch nach der im Beispiel dargestellten Kostenmethode vorzugehen. Dies bedeutet, daß die tatsächlichen für die von Dritten bezogenen Leistungen und die (gegebenenfalls geschätzten) Kosten für die Eigenleistungen zu ermitteln und von den Einnahmen abzuziehen sind.

(3) [1]Ist die einheitliche sonstige Leistung teils steuerfrei und teils steuerpflichtig (vgl. Abschnitt 25.2 Abs. 3), ist die Bemessungsgrundlage für die unter § 25 UStG fallenden Umsätze im Verhältnis der Reisevorleistungen im Sinne des § 25 Abs. 2 UStG zu den übrigen Reisevorleistungen aufzuteilen.

Beispiel:

[1]Ein Reiseveranstalter mit Sitz oder Betriebsstätte im Inland führt von einem inländischen Flughafen eine Flugpauschalreise nach Moskau aus. [2]Der Preis beträgt

1.100,00 €. ³Es nehmen 80 Personen teil. ⁴Der Veranstalter hat an Reisevorleistungen aufzuwenden:

1. Flugkosten	20.000,00	25
2. Kosten für Unterkunft und Verpflegung im Hotel (einschließlich Umsatzsteuer)	60.000,00	75
Insgesamt	80.000,00	100

⁵Sofern die Vereinfachungsregelung des Abschnitts 25.2 Abs. 4 nicht angewandt wird, errechnet sich die Marge wie folgt:

Reisepreis (Aufwendungen der Reiseteilnehmer)		88.000,00
./. Reisevorleistungen		80.000,00
Gesamtmarge		8.000,00
davon entfallen		
a) auf Unterkunft und Verpflegung im Drittlandsgebiet 75 % der Reisevorleistungen – steuerfrei nach § 25 Abs. 2 UstG		6.000,00
b) auf den Flug 25 % der Reisevorleistungen = 2.000,00 €. Da nur 60 % der Flugstrecke über Gemeinschaftsgebiet führt, beträgt der nach § 25 Abs. 2 UStG steuerfreie Anteil;	€	800,00
der steuerpflichtige Anteil	1.200,00	
./. darin enthaltene Umsatzsteuer (19/119 = Steuersatz 19 %)	191,60	
steuerpflichtig	1.008,40	
Steuerfrei		6.800,00

⁶Die Bemessungsgrundlage für die Flugpauschalreise beträgt danach für steuerfreie Umsätze 6.800,00 € und für steuerpflichtige Umsätze 1.008,40 €.

(4) ¹Die Errechnung der Marge für die einzelne Leistung (vgl. Beispiele in den Absätzen 1 bis 3) kann bei Pauschalreisen mit erheblichen Schwierigkeiten verbunden sein. ²Eine Zuordnung der Reisevorleistungen wird vielfach abrechnungstechnische Probleme aufwerfen. ³§ 25 Abs. 3 Satz 3 UStG sieht deshalb Erleichterungen vor. ⁴Der Unternehmer hat danach die Möglichkeit, die Marge für bestimmte Gruppen von Reiseleistungen zu ermitteln. ⁵Dies kann z.B. die Marge für eine in sich abgeschlossene Reise, z.B. Kreuzfahrt, oder für sämtliche Reisen während eines bestimmten Zeitraums (Saison) in einen Zielort oder ein Zielgebiet sein. ⁶Er kann aber auch die Marge für seine gesamten innerhalb eines Besteuerungszeitraums bewirkten Reiseleistungen, soweit sie unter die Sonderregelung des § 25 UStG fallen, in einer Summe ermitteln.

Beispiel:

¹Der Unternehmer hat im Kalenderjahr Reiseleistungen i. H. v. insgesamt 2.700.000,00 € bewirkt. ²An touristischen Direktaufwendungen sind ihm entstanden:

	€	%
Eigenleistungen: Beförderungen mit eigenen Bussen (davon 40 %. Strecke im Inland = steuerpflichtig)	500.000,00	20
Reisevorleistungen 1. Beförderung mit Luftfahrzeugen a) über Gemeinschaftsgebiet 200.000,00 € b) über Drittlandsgebiet 300.000,00 €	500.000,00	20
2. Unterkunft und Verpflegung in EU-Mitgliedstaaten	1.000.000,00	40
3. Unterkunft und Verpflegung in Drittländern	500.000,00 2.500.000,00	20 100

³Die Marge errechnet sich wie folgt:

Einnahmen aus Reiseleistungen	2.700.000,00
./. 20 % Eigenleistungen	540.000,00
	2.160.000,00
./. Reisevorleistungen	2.000.000,00
	160.000,00
davon entfallen auf Reisevorleistungen i. S. von § 25 Abs. 2 UStG (Nr. 1 b und Nr. 3) = 40 % der gesamten Reisevorleistungen – steuerfrei –	64.000,00
Reisevorleistungen (Nr. 1 a und Nr. 2) = 60 % der gesamten Reisevorleistungen – steuerpflichtig –	96.000,00
./. darin enthaltene Umsatzsteuer (19/119 = Steuersatz 19 %)	15.327,73
Bemessungsgrundlage für steuerpflichtige Reiseleistungen	80.672,27

⁴Der Unternehmer hat danach mit 19 % zu versteuern:

steuerpflichtige Reiseleistungen	80.672,27
seine Beförderungsleistung mit eigenen Bussen, soweit sie auf das Inland entfällt (40 % der Eigenleistungen i. H. v. 540.000,00 € = 216.000,00 €	
./. darin enthaltene Umsatzsteuer i. H. v. 19/119 = Steuersatz 19 %)	181.512,60
	262.185,27
⁵Nach § 25 Abs. 2 UStG sind steuerfrei	64.000,00
⁶Nicht steuerbar sind die auf das Ausland entfallenden Beförderungsleistungen (§ 3b Abs. 1 UStG)	324.000,00

Erläuterungen:

Der steuerfreie Anteil der Marge ermittelt sich:

Beförderungsleistungen mit Luftfahrzeugen über Drittgebiete		300.000,00 €
Unterkunft und Verpflegung in Drittländern		500.000,00 €
Reisevorleistungen § 25 Abs. 2 UStG		800.000,00 €
Marge x Reisevorleistungen § 25 Abs. 2 UStG ./. gesamte Reisevorleistungen		
160.000,00 € x 800.000,00 € ./. 2.000.000,00 € =		64.000,00 €

Nicht steuerbar sind:

Eigenleistungen im Ausland		300.000,00 €
Entgelt für Eigenleistungen	540.000,00 €	
Kosten Eigenleistungen	500.000,00 €	
	40.000,00 €	
davon 60 Prozent		24.000,00 €
		324.000,00 €

(5) Für den Unternehmer, der eine „Incentive-Reise" für sein Unternehmen erwirbt, gilt Folgendes:

1. ¹Wird die Reise einem Betriebsangehörigen als unentgeltliche Wertabgabe im Sinne des § 3 Abs. 9a Nr. 2 UStG (vgl. Abschnitt 25.1 Abs. 2 Beispiel 3) oder gegen Entgelt überlassen, so bewirkt der Unternehmer damit eine Rei-

Besonderheiten der Besteuerung

seleistung, die der Besteuerung nach § 25 UStG unterliegt. ²Im Falle einer unentgeltlichen Wertabgabe ergibt sich jedoch keine Marge, weil sich die Ausgaben nach § 10 Abs. 4 Satz 1 Nr. 3 UStG mit den Aufwendungen des Unternehmers für den Erwerb der Reise decken. ³Das Gleiche gilt, wenn eine Barzahlung des Arbeitnehmers für die Reise die Aufwendungen des Unternehmers für den Erwerb der Reise nicht übersteigt. ⁴Der Abzug der auf den Erwerb der Reise entfallenden Vorsteuer ist in diesen Fällen nach § 25 Abs. 4 UStG ausgeschlossen.

2. ¹Wird die Reise nicht gegen Entgelt oder nicht als unentgeltliche Wertabgabe an Betriebsangehörige weitergegeben, sondern im Unternehmen verwendet, zum Beispiel für Dienstreisen von Angestellten, als Kundengeschenk, als Prämie für Handelsvertreter usw., so bewirkt der Unternehmer keine Reiseleistung im Sinne des § 25 UStG.

(6) ¹Überläßt ein Reiseveranstalter an seine Arbeitnehmer im Rahmen des Dienstverhältnisses Reisen unentgeltlich (vgl. Abschnitt 25.1 Abs. 1), ergibt sich keine Marge, weil sich die Ausgaben nach § 10 Abs. 4 Satz 1 Nr. 3 UStG mit den Aufwendungen des Reiseveranstalters für die Reise decken. ²Das Gleiche gilt, wenn eine Zuzahlung des Arbeitnehmers für die Reise die Aufwendungen des Unternehmers nicht übersteigt. ³Ein Vorsteuerabzug für die Reisevorleistungen entfällt nach § 25 Abs. 4 UStG.

(7) ¹Durch die Erleichterungen bei der Ermittlung der Bemessungsgrundlage nach § 25 Abs. 3 UStG wird die Verpflichtung zur Abgabe von Umsatzsteuer-Voranmeldungen nicht berührt. ²Soweit in diesen Fällen die Höhe der Marge für die im Voranmeldungszeitraum bewirkten Umsätze noch nicht feststeht, bestehen keine Bedenken, daß der Unternehmer in der Umsatzsteuer-Voranmeldung als Bemessungsgrundlage geschätzte Beträge zugrunde gelegt, die anhand der Kalkulation oder nach Erfahrungssätzen der Vorjahre zu ermitteln sind. ³Das Gleiche gilt in den Fällen, in denen der Unternehmer zwar die Marge für jede einzelne Leistung ermittelt, ihm aber am Ende des Voranmeldungszeitraums die Höhe der Reisevorleistung für die in diesem Zeitraum bewirkten Leistungen noch nicht bekannt ist. ⁴Es muß dabei gewährleistet sein, daß sich nach endgültiger Feststellung der Bemessungsgrundlage nicht regelmäßig höhere Abschlußzahlungen ergeben.

Die Reiseveranstaltern obliegenden Aufzeichnungspflichten werden in Abschnitt 5.3.11 besprochen.

5.3.5.3 Negative Marge

Infolge Fehlkalkulationen oder mangelnder Nachfrage kann die Summe der Aufwendungen für Reisevorleistungen höher sein als die Erlöse für die Reiseleistungen. Es entsteht eine negative Marge. Negative Margen dürfen nicht mit positiven Margen aus anderen Reisen ausgeglichen werden und somit logischerweise auch nicht in einen anderen Besteuerungszeitraum vorgetragen werden. Auch von Umsätzen, die nicht der Margenbesteuerung unterliegen, dürfen sie nicht abgesetzt werden.

Etwaige negative Margen aus einzelnen Reisen können aber dann bei der Festsetzung der geschuldeten Umsatzsteuer berücksichtigt werden, wenn die maßgebliche Bemessungsgrundlage statt für jede einzelne Leistung entweder für (bestimmte) Gruppen von Reiseleistungen (Gruppenmarge) oder für die gesamten innerhalb des Besteuerungszeitraums erbrachten Reiseleistungen (Gesamtmargen) ermittelt wird. Dieser Ausgleich von negativen und positiven Margen ist jedoch beschränkt auf die nach § 25 UStG zu besteuernden Reiseleistungen. Eine etwaige negative Gesamtmarge bleibt unberücksichtigt.

5.3.6 Abgrenzung zu Reisevermittlern

5.3.6.1 Allgemeine Erläuterungen

Die meisten in der Bundesrepublik verkauften Reisen werden nicht unmittelbar beim Veranstalter gebucht, sondern bei Reisevermittlern (Reisebüros). Reisevermittler unterscheiden sich von Reiseveranstaltern dadurch, daß sie Reisen nicht zusammenstellen, sondern den Reisenden von anderen Unternehmen zusammengestellte Reisen verkaufen.

Die Reisevermittler sind für die einzelnen Veranstalter tätig und handeln in deren Namen und auf deren Rechnung. Rechtsbeziehungen werden hergestellt zwischen dem Reiseveranstalter und dem Reisenden. Das vermittelnde Reisebüro steht in keiner Rechtsbeziehung zu dem Reisenden, sondern als Vermittler in einer Rechtsbeziehung zu dem Veranstalter.

5.3.6.2 Definition „Reisevermittler"

Reisevermittler sind selbständige Unternehmer im Sinne des Umsatzsteuergesetzes. Ihr Umsatz besteht in der Provision, die sie von dem Reiseveranstalter erhalten. Die Vermittlungsleistungen sind **nicht** nach § 4 Nr. 5 UStG von der Umsatzsteuer befreit, sofern sie für einen im Inland ansässigen Reiseveranstalter erbracht werden. Der Reisevermittler erhält von dem Reiseveranstalter eine Provision aus dem Reisepreis zuzüglich gesetzlicher Umsatzsteuer. Der Reisevermittler hat die ihm mit seiner Provision gutgeschriebene Umsatzsteuer abzüglich der ihm durch den Betrieb seines Reisebüros entstehenden Vorsteuerbeträge an das Finanzamt abzuführen.

5.3.6.3 Vorsteuer des Vermittlers

Die Vermittlungsleistung des Reisebüros gilt für den Veranstalter nicht als Reisevorleistung. Daraus folgt, daß der Reiseveranstalter die dem Reisevermittler bezahlte Umsatzsteuer als Vorsteuer in vollem Umfang geltend machen kann. Wenn die als Vermittlungsleistung geplante Tätigkeit des Reisebüros in der Weise umgestaltet wird, daß daraus eine margenbesteuerte Reise wird, entfällt der Vorsteuerabzug (vgl. Abschnitt 25.1 Abs. 5 UstAE).

5.3.6.4 Steuerbefreiungen

Vermittlungsleistungen eines Reisebüros sind unter Berücksichtigung von Abschnitt 4.5.2 UStAE steuerfrei:

(1) [1]Die Steuerbefreiung nach § 4 Nr. 5 UStG erstreckt sich auch auf steuerbare Vermittlungsleistungen der Reisebüros. [2]Ausgenommen von der Befreiung sind jedoch die in § 4 Nr. 5 Satz 2 UStG bezeichneten Vermittlungsleistungen (vgl. hierzu Abs. 5). [3]Die Befreiung kommt insbesondere für Vermittlungsleistungen in Betracht, bei denen die Reisebüros als Vermittler für die sogenannten Leistungsträger, z. B. Beförderungsunternehmer, auftreten. [4]Zu Abgrenzungsfragen beim Zusammentreffen von Vermittlungsleistungen und Reiseleistungen vgl. Abschnitt 25.1 Abs. 5.

(2) Die Steuerbefreiung für Vermittlungsleistungen an einen Leistungsträger kommt in Betracht, wenn das Reisebüro die Vermittlungsprovision nicht vom Leistungsträger oder einer zentralen Vermittlungsstelle überwiesen erhält, sondern in der vertraglich zulässigen Höhe selbst berechnet und dem Leistungsträger nur den Preis abzüglich der Provision zahlt.

(3) [1]Die Vermittlung von Unterkünften, mit Ausnahme von Hotelzimmern, oder von sonstigen Beherbergungsleistungen wird dort ausgeführt, wo das maßgebliche Grundstück liegt (§ 3 a Abs. 3 Nr. 1 UStG). [2]Liegt das Grundstück nicht im Inland, so ist außer dem vermittelten Umsatz auch die Vermittlungsleistung nicht steuerbar. [3]§ 4 Nr. 5 Satz 1 Buchstabe c UStG kommt daher für diese Vermittlungsleistungen nicht in Betracht.

> Hinweis auf **Rechtsänderungen** (Rechtslage ab 1.1.2010):
>
> *Die vorstehende – mit Wirkung zum 1.11.2010 veröffentlichte – Fassung von Abschn. 4.5.2 Abs. 3 Satz 1 UStAE (vgl. Abschnitt 5.3.1.4) erläutert die bereits seit dem 1.1.2010 geltende Rechtslage nur unvollständig.*
>
> *Abweichend von der bisherigen Beurteilung hat das Bundesministerium der Finanzen mit Schreiben vom 14. 6. 2010 (BStBl. I 2010 S. 568) im Zusammenhang mit den Neuregelungen zum Ort der sonstigen Leistungen klargestellt, daß zwar die Vermittlung der Vermietung von Grundstücken im Zusammenhang mit einem Grundstück steht, nicht aber die Vermittlung einer kurzfristigen Vermietung von Zimmern in Hotel, Gaststätten oder Pensionen, von Fremdenzimmern, Fe-*

rienwohnungen, Ferienhäusern und vergleichbaren Einrichtungen. Daher ist wie folgt zu unterscheiden:

– Der Leistungsort einer Vermittlungsleistung (einschließlich der Vermittlung von Hotelzimmern etc.) bestimmt sich nur bei Leistungen an Nichtunternehmer (**B2C-Geschäft**) nach § 3 a Abs. 3 Nr. 4 UStG (n.F.) und damit nach dem Ort, an dem die Vermietungsleistung ausgeführt wird.

Die Vermietungsleistung selbst (einschließlich der Vermietung von Hotelzimmern etc.) steht im Zusammenhang mit dem jeweiligen Grundstück und wird daher an dessen Belegenheitsort ausgeführt. Im Ergebnis ergibt sich somit bei Vermittlungsleistungen gegenüber privaten Endverbrauchern keine Änderung gegenüber der bisherigen Rechtsauffassung.

– Bei Vermittlungsleistungen an einen Unternehmer oder an eine gleichgestellte juristische Person (**B2B-Geschäft**) richtet sich der Leistungsort dagegen grundsätzlich nach § 3 a Abs. 2 UStG in der ab dem 1.1.2010 geltenden Fassung (Sitz des Firmenkunden), bei der Vermittlung von Vermietungen von Grundstücken jedoch nach § 3 a Abs. 3 Nr. 1 UStG (Belegenheitsort des Grundstücks).

Die Finanzverwaltung wendet diese Grundsätze auf Umsätze an, die nach dem 30.6.2010 ausgeführt werden.

(4) [1]Die Vermittlung einer Reiseleistung im Sinne des § 25 UStG für einen im Inland ansässigen Reiseveranstalter ist steuerpflichtig, auch wenn sich die betreffende Reiseleistung aus einer oder mehreren in § 4 Nr. 5 Buchstabe b und c UStG bezeichneten Leistungen zusammensetzt. [2]Es liegt jedoch keine Vermittlung einer Reiseleistung im Sinne des § 25 Abs. 1 UStG, sondern eine Vermittlung von Einzelleistungen durch das Reisebüro vor, soweit der Reiseveranstalter die Reiseleistung mit eigenen Mitteln erbringt. [3]Das gilt auch, wenn die vermittelten Leistungen in einer Summe angeboten werden und die Reisebüros für die Vermittlung dieser Leistungen eine einheitliche Provision erhalten.

(5) [1]Die Ausnahmeregelung des § 4 Nr. 5 Satz 2 UStG betrifft alle Unternehmer, die Reiseleistungen für Reisende vermitteln. [2]Es kommt nicht darauf an, ob sich der Unternehmer als Reisebüro bezeichnet. [3]Maßgebend ist vielmehr, ob er die Tätigkeit eines Reisebüros ausübt. [4]Da die Reisebüros die Reiseleistungen in der Regel im Auftrag der Leistungsträger und nicht im Auftrag der Reisenden vermitteln, fällt im allgemeinen nur die Vermittlung solcher Tätigkeiten unter die Ausnahmeregelung, für die das Reisebüro dem Reisenden ein gesondertes Entgelt berechnet. [5]Das ist z.B. dann der Fall, wenn der Leis-

tungsträger die Zahlung einer Vergütung an das Reisebüro ausgeschlossen hat und das Reisebüro daher dem Reisenden von sich aus einen Zuschlag zu dem vom Leistungsträger für seine Leistung geforderten Entgelt berechnet. [6]Das Gleiche trifft auf die Fälle zu, in denen das Reisebüro dem Reisenden für eine besondere Leistung gesondert Kosten berechnet, wie zum Beispiel Telephon- oder Telexkosten, Visabeschaffungsgebühren oder besondere Bearbeitungsgebühren. [7]Für diese Leistungen scheidet die Steuerbefreiung auch dann aus, wenn sie im Zusammenhang mit nicht steuerbaren oder steuerfreien Vermittlungsleistungen an einen Leistungsträger bewirkt werden.

Beispiel: [1]Das Reisebüro vermittelt dem Reisenden einen grenzüberschreitenden Flug. [2]Gleichzeitig vermittelt es im Auftrag des Reisenden die Erteilung des Visums. [3]Die Steuerbefreiung des § 4 Nr. 5 UStG kann in diesem Fall nur für die Vermittlung des Fluges in Betracht kommen.

(6) [1]Haben Reisebüros beim Verkauf von Flugscheinen keinen Anspruch auf (Grund-)Provision oder sonstiges Entgelt gegenüber dem Luftverkehrsunternehmen (Nullprovisionsmodell), ist eine Vermittlungstätigkeit für das Luftverkehrsunternehmen nicht gegeben. [2]Werden Reisebüros beim Verkauf im Rahmen eines solchen Nullprovisionsmodells tätig, wird die Vermittlungsleistung gegenüber dem Reisenden erbracht. [3]Erheben Reisebüros von den Reisenden hierfür Gebühren (z. B. sog. Service-Fee), gilt für die Vermittlung von grenzüberschreitenden Personenbeförderungsleistungen im Luftverkehr in den Fällen des § 3a Abs. 3 Nr. 4 UStG Folgendes:

1. [1]Die Vermittlung grenzüberschreitender Beförderungen von Personen im Luftverkehr gegenüber einem Reisenden ist steuerpflichtig, soweit die vermittelte Leistung auf das Inland entfällt (§ 3b Abs. 1 Satz 1, § 4 Nr. 5 Satz 2 UStG). [2]Soweit die vermittelte Leistung nicht auf das Inland entfällt, ist deren Vermittlung nicht steuerbar. [3]Das Entgelt ist in einen steuerpflichtigen und einen nicht steuerbaren Teil aufzuteilen. [4]Die Umsatzsteuer ist aus der anteiligen Zahlung des Reisenden herauszurechnen. [5]Unter der Voraussetzung, daß der Unternehmer bei allen Vermittlungsleistungen einheitlich entsprechend verfährt, ist es nicht zu beanstanden, wenn der steuerpflichtige Teil wie folgt ermittelt wird:

   a) bei der Vermittlung von grenzüberschreitenden Beförderungen von Personen im Luftverkehr von bzw. zu Beförderungszielen im übrigen Gemeinschaftsgebiet (sog. EU-Flüge) mit 25 % des Entgelts für die Vermittlungsleistung,

   b) bei der Vermittlung von grenzüberschreitenden Beförderungen von Personen im Luftverkehr von bzw. zu Beförderungszielen außerhalb des übrigen Gemeinschaftsgebiets (sog. Drittlandsflüge) mit 5 % des Entgelts für die Vermittlungsleistung.

⁷Diese Pauschalregelung ist dann auch auf Fälle ohne Start und Ziel im Inland anzuwenden. ⁸Zwischen- oder Umsteigehalte gelten dabei nicht als Beförderungsziele. ⁹Dieser vereinfachte Aufteilungsmaßstab gilt nicht, soweit das vom Reisenden erhobene Entgelt auf andere Leistungen entfällt (z. B. auf die Vermittlung von Unterkunft oder Mietwagen).

2. ¹Erhält ein Reisebüro eine Zahlung von einem Luftverkehrsunternehmen, das die dem Reisenden vermittelte Personenbeförderungsleistung erbringt, ohne von diesem ausdrücklich zur Vermittlung beauftragt zu sein, ist diese Zahlung regelmäßig (z. B. im Rahmen eines sog. Nullprovisionsmodells) Entgelt von dritter Seite für die gegenüber dem Reisenden erbrachte Vermittlungsleistung. ²Nach den Umständen des Einzelfalls (z. B. auf der Grundlage eines gesonderten Dienstleistungsvertrags) kann ein Entgelt für eine gesonderte Leistung des Reisebüros an das Luftverkehrsunternehmen, die nicht in der steuerfreien Vermittlung einer Personenbeförderungsleistung besteht, oder in besonders gelagerten Ausnahmefällen ein nicht steuerbarer Zuschuß (vgl. Abschnitt 10.2 Abs. 7) gegeben sein; Nummer 1 bleibt auch in diesen Fällen unberührt.

3. Erhält ein Reisebüro, das grenzüberschreitende Personenbeförderungsleistungen im Luftverkehr im Auftrag des Luftverkehrsunternehmens vermittelt, von diesem für den Flugscheinverkauf ein Entgelt, und erhebt es daneben einen zusätzlichen Betrag vom Reisenden, erbringt es beim Flugscheinverkauf eine nach § 4 Nr. 5 Satz 1 Buchstabe b UStG steuerfreie Vermittlungsleistung an das Luftverkehrsunternehmen und gleichzeitig eine nach Maßgabe der Nummer 1 anteilig steuerpflichtige Vermittlungsleistung an den Reisenden.

(7) ¹Firmenkunden-Reisebüros erbringen mit ihren Leistungen an Firmenkunden hauptsächlich Vermittlungsleistungen und nicht eine einheitliche sonstige Leistung der Kundenbetreuung. ²Wesen des Vertrags zwischen Firmenkunden-Reisebüro und Firmenkunden ist die effiziente Vermittlung von Reiseleistungen unter Beachtung aller Vorgaben des Firmenkunden. ³Hierzu gehört insbesondere auch die Einhaltung der kundeninternen Reisekosten-Richtlinie und die erleichterte Reisebuchung mittels Online-Buchungsplattformen. ⁴Das Entgelt wird in erster Linie für die Vermittlung der Reiseleistung des Leistungsträgers und nicht für eine gesonderte Betreuungsleistung gezahlt.

(8) ¹Das Firmenkunden-Reisebüro wird nicht (nur) im Auftrag des jeweiligen Leistungsträgers tätig. ²Es tritt regelmäßig als Vermittler im Namen und für Rechnung des Firmenkunden auf. ³Die Vermittlungsleistung des Reisebüros ist gemäß *[Abschnitt 53]*Abs. 5 Satz 4 steuerpflichtig, wenn dem Kunden für die Vermittlung der Tätigkeit ein gesondertes Entgelt berech-

net wird. ⁴Das betrifft insbesondere Fälle, in denen das Reisebüro dem Kunden für eine besondere Leistung gesondert Kosten berechnet (z.B. besondere Bearbeitungsgebühren).

> *Hinweis: Unstimmigkeiten, die in der mit Wirkung zum 1.11.2010 veröffentlichten Fassung von Abschn. 4.5.2 Abs. 8 UStAE enthalten waren, wurden redaktionell bereits angepasst.*

(9) ¹Eine von einem Reisebüro an einen Reiseveranstalter erbrachte Leistung ist auch dann noch als Vermittlungsleistung anzusehen, wenn der Reisende von der Reise vertragsgemäß zurücktritt und das Reisebüro in diesem Fall vom Reiseveranstalter nur noch ein vermindertes Entgelt (sog. Stornoprovision) für die von ihm erbrachte Leistung erhält.

5.3.7 Kettengeschäft („Paketreisen")

Nach Abschnitt 25.1 Abs. 2 UStAE liegen Kettengeschäfte vor, wenn Reiseveranstalter als sogenannte „Paketveranstalter" auftreten und komplette Pauschalreisen oder Beförderungskapazitäten der Luftverkehrsgesellschaften einkaufen und Teile davon an andere Veranstalter weitergeben. Die dort aufgeführten Beispiele werden nachfolgend abgedruckt.

Beispiel 1 (Kettengeschäft): ¹Der Reiseunternehmer B kauft beim Reiseunternehmer A, der sein Unternehmen im Ausland betreibt, eine komplette Pauschalreise nach Italien ein. ²Sie schließt ein: Beförderung mit der Eisenbahn, Transfer, Unterkunft und Verpflegung am Zielort. ³Der Reiseunternehmer B bietet den Reisenden diese Pauschalreise seinerseits im Rahmen seines Reiseprogramms in eigenem Namen an.

⁴In diesem Fall unterliegt nur die Leistung des Reiseunternehmers B an den Reisenden der Besteuerung nach § 25 UStG. ⁵Die Umsätze auf der Vorstufe (Reiseunternehmer A an Reiseunternehmer B) unterliegen der Besteuerung nach den allgemeinen Vorschriften des Gesetzes. ⁶Daraus folgt:

a) Bei der Beförderung mit der Eisenbahn unterliegt nur die Beförderungsleistung auf dem Streckenanteil, der auf das Erhebungsgebiet entfällt, der Besteuerung (§ 3b Abs. 1 Satz 2 UStG).

b) Der Transfer ist als Beförderungsleistung im Ausland nicht steuerbar (§ 3b Abs. 1 Satz 1 UStG).

c) Bei der Unterbringung im Hotel handelt es sich um eine sonstige Leistung der in § 4 Nr. 12 UStG bezeichneten Art, die nach § 3 a Abs. 3 Nr. 1 Satz 2 Buchstabe a UStG nicht steuerbar ist. Die Verpflegungsleistungen sind nicht steuerbar, da der Ort dieser sonstigen Leistung im Ausland liegt (§ 3a Abs. 3 Nr. 3 Buchst. b UStG).

Anmerkung und Hinweis auf **Rechtsänderungen**:

Die ursprünglich gesetzlich geregelte Einordnung der Verpflegungsleistungen als sonstige Leistungen i. S. des Umsatzsteuerrechts ist entfallen. Die Sätze 4 und 5 in § 3 Abs. 9 UStG sind wieder aufgehoben worden. Nach der einschlägigen Rechtsprechung des Europäischen Gerichtshofs (EuGH) und des Bundesfinanzhofs (BFH) ist die Einordnung von Verpflegungs- bzw. Restaurationsleistungen als Lieferungen oder sonstige Leistungen nach den allgemeinen umsatzsteuerlichen Grundsätzen vorzunehmen. Entscheidend ist danach, ob die Elemente einer Lieferung oder einer sonstigen Leistung qualitativ überwiegen. Bei Verpflegungsleistungen im Hotel dürfte es sich regelmäßig um sonstige Leistungen handeln.

Auf der Grundlage von Änderungen der MwStSystRL durch das sog. „MwSt-Paket" sind mit Wirkung zum 1.1.2010 EU-weit die gesetzlichen Vorschriften zur Bestimmung des Leistungsorts bei sonstigen Leistungen neu geregelt worden. Handelt es sich bei der Abgabe von Speisen und Getränken um eine sonstige Leistung, ergibt sich folgendes:

<u>Rechtslage bis 31.12.2009:</u>

Für umsatzsteuerliche Zwecke gilt die Restaurationsleistung an dem Ort ausgeführt, von dem aus der leistende Unternehmer sein Unternehmen betreibt (Sitzort), unabhängig davon, wo die Abgabe der Speisen und Getränke erfolgt.

Befindet sich in **Beispiel 1** *der Sitz des Reiseunternehmers A nicht im Ausland, sondern im Inland, so wäre die gegenüber B erbrachte Restaurationsleistung hier sowohl steuerbar als auch steuerpflichtig. Der Bundesfinanzhof (BFH) hat zwar mit Urteil vom 15.1.2009 (Az. V R 9/06, BStBl. II 2010 S. 433) zur bisherigen Rechtslage entschieden, daß es sich bei der – üblichen – Verpflegung der Hotelgäste um eine Nebenleistung zur Übernachtung handelt. In diesem Fall wäre auch die Verpflegungsleistung nicht im Inland, sondern am Ort der Beherbergung steuerbar. Die Finanzverwaltung wendet dieses Urteil jedoch nicht über den entschiedenen Einzelfall hinaus an (BMF-Schreiben vom 4.5.2010, BStBl. I 2010 S. 490) und beurteilt Verpflegungsleistungen bis zum 31.12.2009 unverändert als selbständige Leistungen, die am Sitz des leistenden Unternehmers ausgeführt werden.*

<u>Rechtslage ab 1.1.2010:</u>

Nach der gesetzlichen Neuregelung befindet sich seit dem 1.1.2010 der Leistungsort bei der Abgabe von Speisen und Getränken grundsätzlich dort, wo diese Leistung tatsächlich be-

wirkt wird, d. h. unabhängig davon, von wo aus der leistende Unternehmer sein Unternehmen betreibt (vgl. Verfügung der OFD Hannover vom 15.10.2009, S 7100-441-StO 171).

Im **Beispiel 1** ist die Verpflegungsleistung damit im Inland nicht steuerbar.

Im Gegensatz zur bisherigen Rechtslage dürfte damit eine etwaige Doppelbesteuerung bei Restaurationsleistungen nicht mehr vorkommen.

Falls dem Leistungsempfänger ausländische Umsatzsteuer in Rechnung gestellt wird, kann unter bestimmten Voraussetzungen gegenüber den ausländischen Finanzbehörden ein Vorsteuervergütungsanspruch geltend gemacht werden.

Exkurs: Bei Restaurationsleistungen an Bord eines Schiffes, in einem Flugzeug oder in einer Eisenbahn während einer Beförderung innerhalb des Gemeinschaftsgebiets gilt der Abgangsort des Beförderungsmittels als Ort der sonstigen Leistung (§ 3 e Abs. 1 UStG in der ab 1.1.2010 geltenden Fassung). Beginnt die Beförderung in Deutschland und endet sie in einem anderen Mitgliedstaat, ist die Restaurationsleistung somit hier steuerbar.

Bewirtschaftet der Reiseveranstalter das Zielgebietshotel selbst, sind die Restaurationsleistungen Eigenleistungen, die nach den allgemeinen Vorschriften zu besteuern sind. Restaurationsleistungen stellen nach Auffassung der Finanzverwaltung keine Nebenleistungen zu Übernachtungsumsätzen dar (Verfügung der OFD Niedersachsen vom 27.5.2010, S 7117-38-St 171, vgl. oben Abschnitt 5.3.7). Leistungsort ist seit 2010 der Ort, an dem die Restaurationsleistung tatsächlich erbracht wird (§ 3 a Abs. 3 Nr. 3 b UStG).

Exkurs: Für die Bestimmung des Leistungsorts ist es ab 2010 praktisch nicht mehr relevant, ob die Restaurationsleistung eine Haupt- oder eine Nebenleistung zur Hotelübernachtung darstellt, da der Leistungsort in beiden Fällen identisch sein dürfte. Mit dem Nichtanwendungserlaß der Finanzverwaltung zum BFH-Urteil vom 15.1.2009 wird vielmehr gleichzeitig verhindert, dass der zum 1.1.2010 eingeführte ermäßigte Steuersatz (von 7 %) auf Hotelübernachtungen auch für Restaurationsleistungen Anwendung findet.

Verkauft der Reiseveranstalter die zu einer Pauschalreise gebündelten Reiseleistungen an einen Unternehmer für dessen Unternehmen (z. B. Kettengeschäfte, Incentivereisen), unterliegen diese Umsätze nicht der Margenbesteuerung, sondern den allgemeinen Vorschriften.

Beispiel 2 (Kettengeschäft): ¹Der Reiseunternehmer A kauft bei einer Luftverkehrsgesellschaft Beförderungskapazitäten über Beförderungsleistungen im grenzüberschreitenden Verkehr mit Luftfahrzeugen ein und gibt einen Teil dieser Beförderungskapazitäten an den Reiseunternehmer B weiter, der sie seinerseits den Reisenden im Rahmen seines Reiseprogramms in eigenem Namen anbietet.

²In diesem Fall unterliegt nur die Leistung des Reiseunternehmers B an den Reisenden der Besteuerung nach § 25 UStG. ³Die Umsätze auf den beiden Vorstufen (Luftverkehrsgesellschaft an Reiseunternehmer A und Reiseunternehmer A an Reiseunternehmer B) sind wie folgt zu behandeln: Für die Leistung der Luftverkehrsgesellschaft an den Reiseunternehmer A wird die Umsatzsteuer unter den Voraussetzungen des § 26 Abs. 3 UStG nicht erhoben. ⁴Die Umsatzsteuer für die Leistung des Reiseunternehmers A an den Reiseunternehmer B ist aus Gründen der Gleichbehandlung aller Reiseunternehmer ebenfalls nicht zu erheben, wenn der Reiseunternehmer A für die Leistung an den Reiseunternehmer B keine Rechnung mit gesondertem Ausweis der Steuer erteilt hat. ⁵Für den Reiseunternehmer B stellt das an den Reiseunternehmer A für den Einkauf der Beförderungskapazitäten entrichtete Entgelt die Aufwendung für eine Reisevorleistung dar.

Beispiel 3 (Incentive-Reisen): ¹Die Firma X kauft bei einem Reiseunternehmer eine Kreuzfahrt ab Hafen Genua. ²Der Reisepreis umfaßt auch die Anreise mit dem Bus und eine Hotelübernachtung in Genua. ³Die Reise dient als Belohnung für besondere Arbeitsleistungen eines Arbeitnehmers der Firma X.

⁴Der Ort der einzelnen Reiseleistungen richtet sich beim Reiseunternehmer nach den vorstehenden Nummern 2 bis 4. ⁵Die Leistung der Firma X unterliegt der Besteuerung nach § 25 UStG. ⁶Zur Bemessungsgrundlage siehe Abschnitt 25.3 Abs. 5.

5.3.8 Problemfall: Pauschalreisen für das Unternehmen des Reisenden

5.3.8.1 Allgemeine Erläuterungen

§ 25 UStG (Margenbesteuerung von Reiseleistungen) ist nur anwendbar, wenn die Reiseleistungen nicht für das Unternehmen des Leistungsempfängers bestimmt sind. Nach Abschnitt 25.1 Absatz 3 UStAE kann der Reiseveranstalter davon ausgehen, daß der Leistungsempfänger (der Reisende) die Reise nicht für sein Unternehmen erwirbt, wenn er nicht ausdrücklich etwas anderes erklärt. Erwirbt dagegen der Reisende die Reise für sein Unternehmen, so gelten die allgemeinen umsatzsteuerlichen Vorschriften.

5.3.8.2 Incentive-Reise

Wird die Reise einem Betriebsangehörigen als unentgeltliche Wertabgabe oder gegen Entgelt überlassen, so bewirkt der Unternehmer damit eine Reiseleistung, die der Besteuerung nach § 25 UStG unterliegt.

Beispiel: Unternehmer A erwirbt bei einem Reiseveranstalter zwei Reisen, nämlich eine Privatreise, die er selbst antritt, und eine Reise für einen leitenden Angestellten, die er diesem als Prämie zur Verfügung stellt.

Die erste Reise erwirbt der Unternehmer in seiner Eigenschaft als Privatmann. Der Reiseveranstalter hat diese Reise nach § 25 UStG entsprechend der vorstehenden Erläuterung zu behandeln.

Bei der zweiten Reise wird die Stellung des Reiseveranstalters im Sinne des § 25 UStG verlagert auf den Unternehmer. Zwischen dem Reiseveranstalter und dem Unternehmer liegt ein Kettengeschäft vor, für das die vorstehenden Grundsätze gelten. Sofern der Unternehmer die Reise als unentgeltliche Wertabgabe seinem leitenden Mitarbeiter ohne Aufzahlung überläßt, ergibt sich bei dem Unternehmer keine Bemessungsgrundlage (Marge). Er hat hinsichtlich der Aufwendungen für den Erwerb der Reise Betriebsausgaben. Die Besteuerung der unentgeltlichen Wertabgabe seines Arbeitnehmers richtet sich nach allgemeinen lohnsteuerlichen Grundsätzen. Wenn der Unternehmer eine Barzahlung des Arbeitnehmers erhält, liegt auch keine steuerpflichtige Marge vor, wenn diese die Aufwendungen des Unternehmers für den Erwerb der Reise nicht übersteigt. Übersteigt die Barzahlung die Aufwendungen des Unternehmers, liegt hinsichtlich des Differenzbetrages eine Marge vor, deren steuerpflichtiger und steuerfreier Anteil nach vorstehenden Grundsätzen zu ermitteln ist (Abschnitt 25.3 Abs. 5 Nr. 1 UStAE).

5.3.8.3 Allgemeine Verwendung der Reise

Wird eine sogenannte Pauschalreise nicht gegen Entgelt oder als unentgeltliche Wertabgabe weitergegeben, sondern im Unternehmen verwendet (zum Beispiel für Dienstreisen von Angestellten, als Kundengeschenk, als Prämie für Handelsvertreter usw.), so bewirkt der Unternehmer keine Reiseleistung im Sinne des § 25 UStG. Er kann in diesem Fall die auf den Erwerb der Reise entfallene Vorsteuer unter den Voraussetzungen des § 15 absetzen (Abschnitt 25.3 Abs. 5 Nr. 2 UStAE). Der Unternehmer muß also von dem Reiseveranstalter in einem solchen Fall verlangen, daß die nach den allgemeinen Grundsätzen zu ermittelnde Umsatzsteuer in der Rechnung des Reiseveranstalters ausgewiesen wird.

5.3.8.4 Anpassung

Für den Reiseveranstalter ergibt sich hieraus das Problem, daß er eine ursprünglich nach den Grundsätzen des § 25 UStG kalkulierte Reise nunmehr nach allgemeinen Grundsätzen abrechnen muß, weil die Grundvoraussetzung für die Anwendung der Margenbesteuerung (Erbringung einer Leistung für den nichtunternehmerischen Bereich) nicht mehr gegeben ist. Daraus folgt, daß der Reiseveranstalter diesen Teil seines Umsatzes nach allgemeinen Grundsätzen behandeln muß.

Bei einem Bündel von Leistungen ist jede Dienstleistung zwar grundsätzlich als eigene selbständige Leistung zu betrachten. Eine wirtschaftlich einheitliche Dienstleistung darf jedoch nicht künstlich aufgespalten werden. So liegen Nebenleistungen zu einer Hauptleistung vor, wenn sie für die Leistungsempfänger keinen eigenen Zweck, sondern Mittel darstellen, um die Hauptleistung die Leistenden unter optimalen Bedingungen in Anspruch zu nehmen.

Ab 2010 ist durch die EU-einheitliche Neuregelungen zum Ort der sonstigen Leistungen eine vom Reiseveranstalter für Firmenkunden angebotene Incentive-Reise (**B2B-Geschäft**) grundsätzlich an dem Ort steuerbar (und steuerpflichtig), von dem aus der Firmenkunde sein Unternehmen betreibt (§ 3 a Abs. 2 UStG).

Wird die Incentive-Reise von einem ausländischen Reiseveranstalter für ein Unternehmen mit Sitz in Deutschland durchgeführt, ist die Leistung ohne Umsatzsteuerausweis abzurechnen. Die Steuerschuldnerschaft geht dann auf den Leistungsempfänger über (sog. Reverse-Charge-Verfahren, vgl. oben Abschnitt 5.3.3.3), d.h., die Umsatzsteuer ist von dem deutschen Firmenkunden an dessen Finanzamt abzuführen. Sofern er jedoch zum Vorsteuerabzug berechtigt ist, kann im selben Anmeldungszeitraum für diesen Umsatzsteuer-Abführungsbetrag ein Vorsteuerabzug vorgenommen werden. Aufgrund der EU-einheitlichen Vorgaben der MwStSystRL (vgl. oben Abschnitt 5.3.7) kann davon ausgegangen werden, daß das Reverse-Charge-Verfahren auch in den anderen EU-Mitgliedstaaten gilt, wenn Reiseleistungen von einem deutschen Reiseveranstalter an Firmenkunden mit Sitz in einem anderen EU-Mitgliedstaaten erbracht werden.

5.3.8.5 Melde- und Registrierungspflichten

Durch das sog. „MwSt-Paket" haben sich zum 1.1.2010 neben den Neuregelungen zum Ort der sonstigen Leistungen (vgl. Abschnitt 5.3.7) auch Änderungen im Bereich des Meldewesens von sonstigen Leistungen ergeben.

Zur besseren Überwachung der Leistungsströme innerhalb der EU wurde das Instrument der Zusammenfassenden Meldung für innergemeinschaftliche Lieferungen um die Erfassung der sonstigen Leistungen, für die das Reverse-Charge-Verfahren Anwendung findet, erweitert.

Bei **B2C-Geschäften** kommt es grundsätzlich zur Margenbesteuerung. Der Reiseveranstalter ist hier hinsichtlich der Reisevorleistungen nicht zum Vorsteuerabzug berechtigt (vgl. Abschnitt 5.3.2). Das Reverse-Charge-Verfahren ist aber im **B2B-Bereich** beim Leistungseinkauf von den jeweiligen Leistungen zu beachten.

Von der Änderung der Ortsbestimmung nicht betroffen sind die Leistungen im Zusammenhang mit einem Grundstück (Belegenheitsort), sonstige Leistungen im Bereich der Kultur, Künste, Wissenschaft, Sport oder Unterhaltung (Tätigkeitsort; jedoch ab 2011 im B2B-Bereich Empfängerort), Einräumung von Eintrittsberechtigungen zu kulturellen, künstlerischen, unterhaltenden oder ähnlichen Veranstaltungen (Veranstaltungsort, ab 2011 gesondert geregelt) sowie die Personenbeförderungsleistungen (Streckenprinzip).

Die Erweiterung des Reverse-Charge-Verfahrens sowie die hiermit im Zusammenhang stehenden Erweiterungen des Meldewesens, gelten jedoch auch für diese sonstigen Leistungen. Im Hinblick auf die in Deutschland geltenden Regelungen ist zu beachten, daß beispielsweise ein im Ausland ansässiger Reiseveranstalter, der für eine Personenbeförderung nach oder durch Deutschland Busunternehmen einsetzt, die nicht in Deutschland ansässig sind, nun zur Abgabe der Umsatzeuer-(jahres-)Anmeldung und damit zur Registrierung in Deutschland verpflichtet ist. Mangels eines Vorsteuerabzugs im Rahmen der Margenbesteuerung kann diese oft übersehene Reverse-Charge-Umsatzsteuer zu einer definitiven Kostenbelastung beim Veranstalter führen.

Für die Reiseveranstalter und Bustouristiker ergeben sich aus den dargestellten Änderungen folgende Konsequenzen: Auch diese Unternehmen müssen als Dienstleister zukünftig neben der Umsatzsteuervoranmeldung regelmäßig Zusammenfassende Meldungen abgeben. Daneben werden insbesondere im Bereich der **B2B-Leistungen** die Rechnungsstellung und das Meldungswesen umfangreicher.

Zwar mußte der Bustouristiker bisher auch bei der Abrechnung von Personenbeförderungsleistungen den Umsatz entsprechend der Streckenabschnitte auf die Nationalstaaten aufteilen bzw. mußte bei Abrechnung von Reisepaketen durch Paketveranstalter im B2B-Geschäft der Umsatz auf die Personenbeförderungs- (Streckenprinzip), Beherbergungs- (Belegenheitsort) und weitere sonstige Leistungen (Unternehmenssitz) aufgeteilt werden. Jedoch tritt nun hinzu, daß der Busunternehmer bzw. der weiterfakturierende Paket-Reiseveranstalter im B2B-Geschäft die Umsatzsteuer-Identifikationsnummern des Leistungsempfängers aus den einzelnen Nationalstaaten benötigt, in denen der Ort der Leistung liegt, um diese, soweit die Voraussetzungen des Reverse-Charge-Verfahrens vorliegen, in der Rechnung und der Zusammenfassenden Meldung anzugeben.

5.3.8.6 Kaffeefahrten und Gewinnreisen

Bei den sogenannten **Kaffeefahrten** handelt es sich um Verkaufsveranstaltungen von Direktvertriebsunternehmen. Dabei werden Reiseleistungen (Beförderung, Verpflegung) meist von Busunternehmen erbracht und andere Umsätze (Verkauf von Waren) erzielt. Soweit der Busunternehmer als Veranstalter auftritt, erbringt er eine Reiseleistung mit Eigenleistung. Die Umsätze des Vertriebsunternehmers sind keine Reiseleistungen. Tritt das Vertriebsunternehmen als Veranstalter auf, erbringt dieses Reiseleistungen unter Inanspruchnahme von Reisevorleistungen (Busbeförderung). Die Reiseleistung und die Verkaufsveranstaltung stellen jedoch keine einheitliche Gesamtleistung dar. Es unterliegen somit lediglich die Reiseleistungen der Besteuerung nach § 25 UStG. Eine dabei entstehende negative Marge kann nicht mit den Verkaufsumsätzen verrechnet werden. Dargebotene Gästeunterhaltungen sind keine Reiseleistungen. Sie sind den Kosten des Vertriebs der Ware zuzuordnen, da sie dem Verkauf von Waren dienen.

Bei **Gewinnreisen**, die das Vertriebsunternehmen per Postwurfsendungen verteilt hat, erbringt das Vertriebsunternehmen ebenfalls Reiseleistungen mit Reisevorleistungen (Busbeförderung). Die Reiseleistungen sind nach § 25 UStG zu versteuern. Eine negative Marge kann ebenfalls nicht mit den Verkaufsumsätzen verrechnet werden.

5.3.9 Gewerbesteuer

Hinsichtlich der Gewerbesteuer ergeben sich für Reiseveranstalter und Reisevermittler keine Unterschiede zu anderen Unternehmern.

5.3.10 Einkommensteuer, Körperschaftsteuer

Hinsichtlich der Einkommensteuer/Körperschaftsteuer ergeben sich für Reiseveranstalter und Reisevermittler keine Unterschiede zu anderen Unternehmern.

5.3.11 Buchführung, Gewinnermittlung

5.3.11.1 Allgemeine Erläuterungen

Reiseveranstalter und insbesondere Reisevermittler verwalten fremde Geldbeträge in erheblichem Umfang. Hierauf ist bei der Organisation und Gestaltung der Buchführung und des Rechnungswesens zu achten. Für Reiseveranstalter ergeben sich darüber hinaus noch erhebliche zusätzliche Aufzeichnungspflichten zur Ermittlung der umsatzsteuerlichen Marge nach § 25 UStG. Außerdem sind Reiseveranstalter und Reisevermittler regelmäßig Kaufleute im Sinne des HGB, so daß sie unter den entsprechenden Voraussetzungen die handelsrechtlichen Buchführungs- und Bilanzierungsvorschriften beachten müssen. Insofern ergibt sich keine Abweichung gegenüber anderen Unternehmen. Es ist aber zu beachten, daß die zur Reisebranche gehörenden Unternehmen aufgrund der Vielfalt der Rechtsgeschäfte erheblich größere buchhalterische Vorkehrungen treffen müssen, um einen laufenden Überblick über ihre Vermögenslage zu erhalten bzw. diesen Überblick einem sachkundigen Dritten in angemessener Zeit zu ermöglichen (vgl. § 238 Abs. 1 Satz 2 HGB).

5.3.11.2 Aufzeichnungspflicht

Reiseveranstalter haben neben den kaufmännischen und allgemeinen steuerrechtlichen Aufzeichnungsverpflichtungen zusätzliche Aufzeichnungspflichten, die in Abschnitt 25.5 UStAE erläutert sind:

25.5. Aufzeichnungspflichten bei Reiseleistungen

(1) ¹Unternehmer, die nicht nur Reiseleistungen im Sinne des § 25 Abs. 1 Satz 1 UStG ausführen, müssen die Aufzeichnungen für diese Leistungen und für die übrigen Umsätze gegeneinander abgrenzen. ²Zu den übrigen Umsätzen zählen insbesondere auch die Reiseleistungen, auf die § 25 UStG nicht anzuwenden ist, z. B. Reiseleistungen, die für das Unternehmen des Leistungsempfängers bestimmt sind, und Reiseleistungen, die der Unternehmer mit eigenen Mitteln erbringt (vgl. Abschnitt 25.1 Abs. 2 und 8).

(2) ¹Die Aufzeichnungspflicht des Unternehmers erstreckt sich nicht nur auf die umsatzsteuerpflichtigen Reiseleistungen im Sinne des § 25 Abs. 1 Satz 1 UStG, sondern umfaßt auch die nach § 25 Abs. 2 UStG umsatzsteuerfreien Reiseleistungen. ²Führt der Unternehmer sowohl umsatzsteuerpflichtige als auch umsatzsteuerfreie Reiseleistungen aus, so muß aus seinen Aufzeichnungen nach § 25 Abs. 5 Nr. 4 UStG hervorgehen, welche Leistungen steuerpflichtig und welche steuerfrei sind. ³Dazu ist es erforderlich, daß entweder in den Aufzeichnungen die steuerpflichtigen und die steuerfreien Reiseleistungen voneinander abgegrenzt oder die steuerpflichtigen Reiseleistungen getrennt von den steuerfreien aufgezeichnet werden.

(3) ¹Im Einzelnen ist nach § 25 Abs. 5 UStG über die Reiseleistungen Folgendes aufzuzeichnen:

1. der Betrag, den der Leistungsempfänger für die Leistungen aufwendet,

2. die Beträge, die der Unternehmer für Reisevorleistungen aufwendet, und

3. die Bemessungsgrundlage nach § 25 Abs. 3 UStG.

²Der Unternehmer muß zwar die Bemessungsgrundlage nach § 25 Abs. 3 UStG errechnen. ³Die Berechnungen selbst braucht er aber nicht aufzuzeichnen und aufzubewahren.

Aufzeichnung der von den Leistungsempfängern für Reiseleistungen aufgewendeten Beträge (§ 25 Abs. 5 Nr. 1 UStG):

(4) ¹Aufgezeichnet werden müssen die für Reiseleistungen vereinbarten – berechneten – Preise einschließlich der Umsatzsteuer. ²Ändert sich der vereinbarte Preis nachträglich, so hat der Unternehmer auch den Betrag der jeweiligen Preisminderung oder Preiserhöhung aufzuzeichnen.

(5) ¹Der Unternehmer muß grundsätzlich den Preis für jede einzelne Reiseleistung aufzeichnen. ²Das gilt auch dann, wenn nach § 25 Abs. 3 Satz 3 UStG

die Bemessungsgrundlage statt für die einzelne Leistung für bestimmte Gruppen von Reiseleistungen oder für die in einem Besteuerungszeitraum erbrachten Reiseleistungen insgesamt ermittelt wird. ³Führt der Unternehmer an einen Leistungsempfänger mehrere Reiseleistungen im Sinne des § 25 Abs. 1 Satz 1 UStG aus, so braucht er nur den Gesamtpreis für diese Reiseleistungen aufzuzeichnen.

(6) ¹Soweit der Unternehmer gemischte Reiseleistungen (vgl. Abschnitt 25.1 Abs. 11) ausführt, bei denen er einen Teil der Leistungen mit eigenen Mitteln erbringt, muß aus den Aufzeichnungen hervorgehen, auf welchen Umsatz § 25 UStG anzuwenden ist und welcher Umsatz nach den allgemeinen Vorschriften des Umsatzsteuergesetzes zu versteuern ist. ²Dazu sind neben dem für die Reise berechneten Gesamtpreis der auf die Reiseleistung nach § 25 Absatz. 1 Satz 1 UStG entfallende Preisanteil und der anteilige Preis oder das Entgelt für die mit eigenen Mitteln des Unternehmens erbrachten Leistungen aufzuzeichnen. ³Ermittelt der Unternehmer nach § 25 Abs. 3 Satz 3 UStG die Bemessungsgrundlage für Gruppen von Reiseleistungen oder für die in einem Besteuerungszeitraum ausgeführten Reiseleistungen insgesamt, so können die Gesamtbeträge der Preisanteile für Reiseleistungen im Sinne des § 25 Abs. 1 Satz 1 UStG und der Preisanteile bzw. Entgelte, die auf die mit eigenen Mitteln erbrachten Leistungen entfallen, errechnet und aufgezeichnet werden.

Aufzeichnung der vom Unternehmer für Reisevorleistungen aufgewendeten Beträge (§ 25 Abs. 5 Nr. 2 UStG):

(7) ¹Grundsätzlich sind die für Reisevorleistungen vereinbarten – berechneten – Preise einschließlich der Umsatzsteuer aufzuzeichnen. ²Ändern sich die Preise für Reisevorleistungen nachträglich, so ist dies in den Aufzeichnungen festzuhalten.

(8) ¹Aufgezeichnet werden müssen auch die Preise für die in § 25 Abs. 2 Satz 1 UStG aufgeführten Reisevorleistungen, die zur Steuerbefreiung der betreffenden Reiseleistungen führen. ²Nimmt der Unternehmer neben Reisevorleistungen, die eine Steuerbefreiung der jeweiligen Reiseleistung nach sich ziehen, auch andere Reisevorleistungen in Anspruch, so sind die beiden Gruppen von Reisevorleistungen in den Aufzeichnungen deutlich voneinander abzugrenzen.

(9) ¹Aus den Aufzeichnungen des Unternehmers muß grundsätzlich hervorgehen, für welche Reiseleistung die einzelne Reisevorleistung in Anspruch genommen worden ist. ²Hat der Unternehmer die in Anspruch genommene Reisevorleistung für mehrere Reiseleistungen verwendet, so ist in den Aufzeichnungen außer dem Gesamtpreis anzugeben, welche Teilbeträge davon auf die einzelnen Reiseleistungen entfallen. ³Das Gleiche gilt, wenn der Unternehmer eine Rechnung erhält, in der ihm mehrere Reisevorleistungen berechnet werden.

(10) ¹Ermittelt der Unternehmer nach § 25 Abs. 3 Satz 3 UStG für bestimmte Gruppen von Reiseleistungen oder für die in einem Besteuerungszeitraum ausgeführten Reiseleistungen die Bemessungsgrundlage insgesamt, so entfällt die Verpflichtung, in den Aufzeichnungen die Reisevorleistungen ganz oder anteilig den einzelnen Reiseleistungen zuzuordnen. ²Aus den Aufzeichnungen des Unternehmers muß in diesen Fällen lediglich zu ersehen sein, daß die Reisevorleistungen für eine bestimmte Gruppe von Reiseleistungen oder die in einem Besteuerungszeitraum ausgeführten Reiseleistungen in Anspruch genommen worden sind.

Aufzeichnung der Bemessungsgrundlage für Reiseleistungen (§ 25 Abs. 5 Nr. 3 UStG):

(11) ¹Aufgezeichnet werden müssen sowohl die Bemessungsgrundlagen für umsatzsteuerpflichtige Reiseleistungen als auch die Bemessungsgrundlagen für umsatzsteuerfreie Reiseleistungen. ²Ist nach § 25 Abs. 2 UStG nur ein Teil einer Reiseleistung umsatzsteuerfrei, so muß aus den Aufzeichnungen des Unternehmers hervorgehen, wie hoch die Bemessungsgrundlage für diesen Teil der Reiseleistung ist und welcher Betrag als Bemessungsgrundlage auf den umsatzsteuerpflichtigen Teil der Reiseleistung entfällt.

(12) ¹Grundsätzlich ist die Bemessungsgrundlage für jede einzelne Reiseleistung oder für den jeweiligen Teil einer Reiseleistung aufzuzeichnen. ²Führt der Unternehmer an einen Leistungsempfänger mehrere Reiseleistungen aus, so braucht er nur den Gesamtbetrag der Bemessungsgrundlage für diese Reiseleistungen aufzuzeichnen. ³Unternehmer, die nach § 25 Abs. 3 Satz 3 UStG verfahren, haben lediglich die Gesamtbemessungsgrundlagen für die jeweiligen Gruppen von Reiseleistungen oder den Gesamtbetrag der Bemessungsgrundlagen für die innerhalb eines Besteuerungszeitraums ausgeführten Reiseleistungen aufzuzeichnen.

(13) ¹Ändert sich die Bemessungsgrundlage für eine Reiseleistung nachträglich, so muß in den Aufzeichnungen angegeben werden, um welchen Betrag sich die Bemessungsgrundlage verringert oder erhöht hat. ²Der Betrag der berichtigten Bemessungsgrundlage braucht nicht aufgezeichnet zu werden.

5.4 Reisevermittler

5.4.1 Allgemeine Erläuterungen

Reisevermittler sind Unternehmer und unterscheiden sich hierdurch grundsätzlich nicht von anderen Gewerbebetrieben.

Das nachfolgende, aus der täglichen Praxis entnommene Beispiel des Ablaufs einer Reisebuchung zeigt, daß die Vermittler unternehmenstypisch über sehr lange Zeiträume fremdes Geld verwalten.

Zunächst bucht ein Reisender bei seinem Reisebüro eine in näherer oder fernerer Zukunft liegende Reise. Der Reisende hinterlegt eine Anzahlung. Hierbei handelt es sich um Vermögen des Reiseveranstalters, da die Anzahlung zur Bezahlung des Reisepreises verwendet werden wird. Vor Antritt der Reise holt sich der Reisende in dem Reisebüro seine Unterlagen ab und bezahlt den Restbetrag. Das Reisebüro verwaltet nunmehr für den Veranstalter den gesamten Reisepreis solange, bis der Veranstalter die Abrechnung für diese Reise vorlegt. Üblicherweise wird bei dieser Abrechnung die dem Vermittler zustehende Provision zuzüglich Umsatzsteuer von dem Reisepreis abgezogen und von dem Vermittler nur der Differenzbetrag verlangt. Bei länger bestehenden Geschäftsbeziehungen hat es sich eingebürgert, daß der Veranstalter den Differenzbetrag von dem Bankkonto des Reisevermittlers abbucht.

Wenn es sich in der Praxis auch eingebürgert hat, daß Reisevermittler die ihnen anvertrauten Gelder auf ihrem eigenem Bankkonto und nicht auf Treuhandbankkonten verwalten, so wird man doch nach allgemeinen Grundsätzen fordern müssen, daß zumindest die Buchführung des Reisevermittlers Aufschluß gibt über die offenen Anzahlungen und Abrechnungen. Zur Einrichtung derartiger Konten vergleiche Hässel/Rummel (2008, B 59 ff.)

5.4.2 Umsatzsteuer

Reisevermittler erzielen Provisionsumsätze, die der Umsatzsteuerpflicht unterliegen. In den seltensten Fällen stellen Reisevermittler Rechnungen mit Mehrwertsteuerausweis aus. Sie erhalten vielmehr Gutschriften von den Veranstaltern, die als Rechnungen gelten (§ 14 Abs. 2 Satz 2 UStG; Abschnitt 14.3 UStAE); zur Steuerbefreiung von Reisevermittlern vgl. Nr. 5.3.6.5.

5.4.3 Vorsteuerabzug

Regelmäßig erbringen Reisevermittler keine Umsätze, die den Ausschluß des Vorsteuerabzuges nach sich ziehen (vgl. § 15 Abs. 2 UStG). Daher können Reisevermittler die ihnen in Rechnung gestellten und von ihnen bezahlten Vorsteuerbeträge nach § 15 Abs. 1 UStG von ihrer Umsatzsteuerschuld abziehen bzw. einen eventuellen Überschuß der Vorsteuer über die Umsatzsteuer erstattet bekommen.

5.4.4 Gewerbesteuer

Hinsichtlich der Gewerbesteuer ergeben sich für Reiseveranstalter und Reisevermittler keine Unterschiede zu anderen Unternehmern.

5.4.5 Einkommensteuer, Körperschaftsteuer

Hinsichtlich der Einkommensteuer/Körperschaftsteuer ergeben sich für Reiseveranstalter und Reisevermittler keine Unterschiede zu anderen Unternehmern.

5.4.6 Buchführung, Gewinnermittlung

Reisevermittler sind in der Regel Kaufleute und unterliegen daher den Bestimmungen der §§ 238 ff. HGB. Das besondere Augenmerk haben sie auf die vollständige, richtige, zeitgerechte und geordnete Verbuchung der ihnen anvertrauten Fremdgelder zu legen (vgl. §§ 246 ff., 253 Abs. 1 Satz 2 HGB). Reisevermittler mit zahlreichen Geschäftsvorfällen werden diese Anforderungen nur erfüllen können, wenn sie für ihre Geschäftspartner jeweils getrennte Agenturverrechnungskonten einrichten (vgl. Hässel/Rummel 2008, B 1 ff.).

5.5 Abgrenzung zum Reiseveranstalter

Die Abgrenzung zwischen Reisevermittler und Reiseveranstalter hat Auswirkungen sowohl für den Haftungsumfang bei Reisemängeln oder sogar Reiseausfall als auch für die Beachtung der Informationspflichten und der Insolvenzschutzvorschriften (Hässel/Rummel 2008, J 19). Aufgrund der MwStSystRL ergeben sich außerdem Besonderheiten bei der Besteuerung, insbesondere bei der Umsatzsteuer. Maßgebend ist das Auftreten des Reisebüros gegenüber dem Reisenden.

Hierbei wird hauptsächlich unterschieden, ob das Reisebüro in fremdem Namen (als Vermittler) oder in eigenem Namen für eigene Rechnung auftritt. In letzterem Fall wird weiterhin unterschieden, ob das Auftreten in eigenem Namen aufgrund eigener Kapazitäten (zum Beispiel eigenes Hotel) oder aufgrund zugekaufter Leistungen (sogenannte Reisevorleistungen) erfolgt.

Beispiele:

1. Ein Reisender bucht in einem Reisebüro eine Reise aufgrund des Prospektes eines Reiseveranstalters. Das Reisebüro übernimmt alle Angaben und auch die Preise aus dem Prospekt, ohne irgend etwas zu verändern, wegzulassen oder hinzuzufügen. Hier handelt es sich um eine eindeutige Vermittlung.

2. Ein Reisebüro verkauft an einen Kunden Übernachtungen in einem eigenen Hotel. Hier tritt das Reisebüro in eigenem Namen und für eigene Rechnung auf. Es handelt sich um keine Vermittlungstätigkeit.

3. Ein Reisebüro kauft in einem Hotel Zimmerkontingente. Außerdem erwirbt es Beförderungskapazitäten, um die Reisenden jeweils zu dem Hotel und zurück zu bringen. Dieses Reisebüro tritt gegenüber den Reisenden in eigenem Namen und auf eigene Rechnung auf. Anders als der Reisevermittler trägt das Reisebüro das Risiko, die erworbenen Kontingente an Reisende verkaufen zu können. Das Reisebüro haftet im übrigen gegenüber den Reisenden aus dem Reisevertrag (§ 651 a ff. BGB). Da das Reisebüro Reisevorleistungen in Anspruch nimmt (§ 25 Abs. 1 Satz 5 UStG), unterliegen diese Reisen der Margenbesteuerung.

5.5.1 Verträge

Das Steuerrecht und ganz besonders das Umsatzsteuerrecht folgen der zivilrechtlichen Gestaltung. Wer Reisevorleistungen einkauft oder Leistungen anderer Reiseveranstalter so vermischt, daß sich hieraus ein neues, von ihm selbst entwickeltes Angebot ergibt, ist nicht Reisevermittler.

Wenn gegenüber dem Reisenden die Haftung für den Reiseerfolg gegeben ist, kann man nicht von Vermittlungsgeschäften sprechen. Wer vermeiden möchte, daß er wie ein Eigenveranstalter behandelt wird, muß darauf achten, daß der Kunde (der Reisende) erkennt, daß das Reisebüro nicht eine Reise in eigenem Namen verkauft, sondern als Vermittler auftritt.

Ein Reisebüro übernimmt in der Regel typischerweise lediglich die Tätigkeit eines Vermittlers von Reiseleistungen. Nach Auffassung des Bundesgerichtshofs (BGH-Urteil vom 30.9.2010, Az. Xa ZR 130/08) ist auch ein Reisebüro, das einzelne Reiseleistungen verschiedener Leistungserbringer zu einer individuellen, auf die Wünsche des Kunden zugeschnittenen Reise zusammenstellt, nicht zwangsläufig als Reiseveranstalter anzusehen.

5.5.2 Problemfall: Verunglückte Vermittlung

Reisevermittler werden häufig zu Reiseveranstaltern, ohne es richtig zu merken. Dies kann in der Praxis immer dann geschehen, wenn ein Reisevermittler die Reisen mehrerer Veranstalter vermischt und damit eine neue Reise zusammenstellt.

Entscheidend für die Abgrenzung ist, wie ein objektiv urteilender Kunde die vom Reisebüro zu erbringende Leistung beurteilen würde. So ist (sogar) die Erklärung des Reisebüros, nur als Vermittler tätig werden zu wollen, unbeachtlich, wenn nach den sonstigen Umständen der Anschein begründet wird, daß das Reisebüro die Reiseleistungen in eigener Verantwortung erbringt (§ 651 a Abs. 2 BGB). In diesem Fall wird das Reisebüro selbst zu Reiseveranstalter und damit Vertragspartner des Kunden.

Beispiel 1: Ein Reisevermittler könnte an eine Reisegruppe eine umfangreiche Studienreise in die USA vermitteln. Entschließt er sich, als Vermittler aufzutreten, muß er für die ihm gutgeschriebene Provision Umsatzsteuer in voller Höhe bezahlen. Falls Reisemängel auftreten, ist der Veranstalter, dessen Reise vermittelt wurde, schadenersatzpflichtig.

Für einen Vermittler kann es unter Umständen durchaus interessant sein, die Vermittlerebene zu verlassen und als Veranstalter aufzutreten. Allerdings muß er sich dann darüber im Klaren sein, daß er für den Erfolg der Reise nach den allgemeinen Grundsätzen haftet und z. B. auf Schadensersatz (§ 651 f. BGB) in Anspruch genommen werden kann.

Will der Reisevermittler gegenüber den Reisenden in eigenem Namen und auf eigene Rechnung auftreten, müßte er von einem anderen Veranstalter die Reise im Rahmen eines sogenannten Kettengeschäftes (vgl. Abschnitt 5.3.7) erwerben oder Reisevorleistungen beziehen (zum Beispiel Hotelkontingente, Flugkontingente und dergleichen).

Tritt der Vermittler **im Beispiel 1** gegenüber der Reisegruppe im eigenen Namen und auf eigene Rechnung auf, ist die gesamte Reise nach den Grundsätzen des § 25 UStG (Margenbesteuerung) zu beurteilen. Da es sich um eine Reise in die USA (Nicht-EU-Land) und grenzüberschreitende Beförderungen handelt, würde dies aber keine nennenswerte Umsatzsteuerpflicht auslösen (vgl. Abschnitt 5.3.3.2).

Der Vermittler könnte also durch Umgestaltung seiner Tätigkeit die Umsatzsteuer auf die Provision vermeiden und dadurch unter Umständen erheblich günstiger abschneiden. Allerdings würde er in einem solchen Falle die Haftung für das Gelingen der Reise tragen und im Falle eines Mißlingens schadenersatzpflichtig sein (vgl. ausführlich dazu Abschnitt 3.9).

War das Vermittlungsgeschäft bisher nicht steuerbar, weil der bisherige vermeintliche Reiseveranstalter seinen Sitz im Ausland hat (Leistungsort am Sitz des Leistungsempfängers, § 3a Abs. 2 UStG), kommt es bei Wegfall der Vermittlerstellung zur Besteuerung der Marge (Provision) im Inland.

Beispiel 2: Ein vermeintlicher Reisevermittler A vermittelt Reisen innerhalb der EU an Endverbraucher für den Reiseveranstalter B in der Schweiz. Es wird festgestellt, daß keine Vermittlungsleistung vorliegt, sondern A als Reiseveranstalter am Markt auftritt.

Anstelle der bisherigen als nicht steuerbare Umsätze in Deutschland erklärten Provisionen hat A die Margenbesteuerung in Deutschland durchzuführen. Die vermeintliche Provision ist als Marge in Deutschland steuerbar und steuerpflichtig. Der Rohertrag des Unternehmers A vermindert sich also um 15,97 Prozent aufgrund der Nachbelastung mit Umsatzsteuer.

B muß A die Reiseleistungen in Rechnung stellen und dabei die Grundsätze des B2B-Geschäfts berücksichtigen.

Die Ausführungen zeigen, daß eine steuerliche Untersuchung der Vermittlungsverträge von Reiseveranstaltern und Vermittlern notwendig ist, um eine eventuelle nachträgliche Änderung der Besteuerungsform beim „Reiseveranstalter" (vom B2C- zum B2B-Geschäft) und beim „Vermittler" (vom Vermittlungsgeschäft zum B2C-Geschäft) zu vermeiden.

5.5.3 Schlußbetrachtung

Aufgrund der Übermacht einiger großer Reiseveranstalter wird die Mehrzahl der Reisebüros erhebliche Vorteile im Vermittlungsgeschäft sehen. So muß ein Reisevermittler entgegen dem Reiseveranstalter nicht für leer gebliebene Kontingente aufkommen.

Kleinere und mittlere Reisebüros werden als Veranstalter nur in Marktnischen erfolgreich sein können. Bevor sie sich hierzu entschließen, müssen sie sich dann im klaren darüber sein, daß die Organisation der Buchführung und des Rechnungswesens anzupassen ist, daß die Umsatzsteuerberechnung für margenbesteuerte Umsätze zusätzlichen Aufwand erfordert und daß ein im Reiserecht erfahrener Rechtsanwalt zur Bearbeitung eventueller Schadenersatzansprüche zur Verfügung stehen sollte. Unerläßlich ist es, einen im Steuerrecht der Reiseveranstalter erfahrenen Steuerberater an seiner Seite zu haben. Immer häufiger kommt es zu äußerst hohen, manchmal existenzgefährdenden Steuernachzahlungen. Und dies einfach deshalb, weil der Reisebüroinhaber (und manchmal auch sein Steuerberater) nicht aufgepaßt haben.

6

Reisevertragsrecht für Veranstalter

Ernst Führich

Teil A: Verträge und Vertragspartner im Reiserecht

6.1 Gegenstand des Reiserechts

DER REISEVERTRAG ZWISCHEN DEM REISENDEN als Kunden und dem Reiseveranstalter als Anbieter einer Pauschalreise ist ein aus dem Werkvertrag entwickelter gegenseitiger Vertrag des Bürgerlichen Gesetzbuches (BGB). Er ist darauf gerichtet, daß der Reiseveranstalter in eigener Verantwortung gegen Zahlung des Reisepreises einen bestimmten Erfolg, nämlich eine bestimmte Gestaltung der Reise herbeiführt (BGH, 19.7.2007, *Neue Juristische Wochenschrift* [*NJW*] NJW-RR 2007, 1501 – Fremdleistung; BGH, 29.6.1995, NJW 1995, 2629 – Yachtcharter). Für den Bereich der Europäischen Union (EU) hat der Rat der EG am 13.6.1990 eine **Richtlinie über Pauschalreisen** (90/314/EWG) erlassen (abgedruckt bei Führich, Reiserecht, 2010). Die gesetzlichen Grundlagen des deutschen Rechts sind durch das Umsetzungsgesetz vom 24. 4. 1994 (BGBl. I S. 1322) in den §§ 651 a–m BGB und in den §§ 4–11 BGB-InfoV normiert und können nach § 651 m BGB nicht durch den Reiseveranstalter zum Nachteil des Reisenden abgeändert werden (vgl. näher Führich NJW 2001, 3083; ders., NJW 2002, 1082; Führich 2011, Rn. 6, 7).

Dieser Beitrag stellt im Wesentlichen das **Reisevertragsrecht der Veranstalterreise** dar. **Gegenstände des umfassenden Begriffs Reiserecht** sind die Reiseveranstaltung oder Pauschalreise, die Reisevermittlung, die Individualreise und die Reiseversicherungen. Aus diesen Vorschriften ergeben sich Rechte und Pflichten für den Reisenden. Soweit eine Vertiefung der hier nicht behandelten Rechtsfragen der Individualreisen angestrebt wird, sei auf Führich (2006, 2010 und 2011) verwiesen.

6.1.1 Pauschalreiserecht (Reisevertragsrecht)

6.1.1.1 Begriff der Reiseveranstaltung

(1) Der **Reiseveranstalter** wählt mindestens zwei gleichwertige Reiseeinzelleistungen wie Flug-, Schiffs-, Bahnreise, Transfer ins Hotel Unterkunft, Verpflegung, Reiseleitung, Mietwagen aus, bündelt vor Vertragsschluß mit dem

Reisenden diese Reisekomponenten zu einem Pauschalangebot mit einem Gesamtpreis (§ 651a I BGB). Diese Gesamtheit zusammengefaßter Reiseleistungen erbringt er innerhalb eines bestimmten Zeitraums in eigener Verantwortung als Produzent seiner Pauschalreise, also seines eigenen Produkts. Hierzu bedient er sich zumindest teilweise verschiedener Leistungsträger wie Fluggesellschaften oder Hotels. Erforderlich ist dies aber nicht, da er auch selbst Eigentümer der Leistungsträger sein kann (BGH, 24. 11. 1999, NJW 2000, 1639 – Center Parcs).

(2) **Vermittelt ein Reisebüro oder ein Internet-Reiseportal** einzelne nicht bloß zeitlich aufeinander abgestimmte Teilleistungen auf Wunsch des Kunden und stellt der Reisevermittler klar und deutlich für den Kunden seine Vermittlerposition heraus, liegt nach herrschender Meinung in der Rechtsprechung kein Reisevertrag der Pauschalreise vor, sondern lediglich vom Reisebüro vermittelte Individualreisen (OLG Frankfurt/M RRa 2010, 194). Das Gleiche gilt, wenn der Kunde sich entschließt, bei einer Fluggesellschaft nur einen Flug zu buchen, seine Schlafgelegenheit direkt bei einem Hotel bestellt oder sich nur ein Mietauto reservieren läßt. Dann liegt weder wirtschaftlich noch rechtlich eine Pauschalreise vor, sondern sog. Individualreisen der Luftbeförderung mit der Airline, ein Beherbergungsvertrag mit dem Hotel oder ein Mitvertrag über ein Kfz. Wenn der Kunde jedoch mindestens **zwei wichtige Hauptreiseleistungen** bei einem **Reiseveranstalter** als organisatorisches Paket bucht, der wiederum Verträge mit Leistungsträgern (Hoteliers, Bus-, Bahn- bzw. Flugunternehmen) schließt, liegt der Reisevertrag einer Reiseveranstaltung vor. Zwischen dem Leistungsträger und dem Reisenden besteht dabei kein Vertragsverhältnis, sondern nur zwischen dem Reiseveranstalter und dem Kunden, der in § 651 a I BGB als „Reisender" und sein Vertrag mit dem Veranstalter als „Reisevertrag" bezeichnet wird.

Beispiel: Reisender bucht zwei Wochen Ibiza, Hotel Esplanade, Flug ab München, Vollpension, 999 € pro Person aus dem Angebot des Veranstalters RV-Tours.

6.1.1.2 Rechtliches Risiko

(1) Die rechtlichen Probleme der Reiseveranstaltung liegen zum einen in der **Marktstruktur** für Reiseleistungen und zum anderen in der **Eigenart** der Pauschalreise, für deren Gestaltung der Veranstalter haftet.

(2) Der Veranstaltermarkt tendiert in manchen Segmenten zum **Oligopol**, wobei das Marktverhalten großer Reiseveranstalter wesentliche Elemente eines Parallelverhaltens zeigt und damit der **Wettbewerb unzureichend** ist (Führich 2010, Rn. 2). Daher ist es Aufgabe des **Wettbewerbs-** und **Preisrechts** im Gesetz gegen unlauteren Wettbewerb (UWG) und in der Preisangabenverordnung (PAngV) regulierend im Sinne des Reisekunden und der Aufrechterhaltung des Wettbewerbs und der Preistransparenz einzugreifen.

(3) Die verkaufte Dienstleistung „Reise" kann als vorfabriziertes Produkt zudem **leicht qualitativ gemindert** sein. Diese **„Reisemängel"** lassen sich nicht im Voraus beseitigen, so daß das Risiko für den Veranstalter erheblich ist. Auch können Beanstandungen in fremden Ländern vom Kunden nur schwer durchgesetzt werden. Die §§ 651a bis m BGB garantieren daher dem Kunden eines Reiseveranstalters einen vertraglich nicht abänderbaren deutschen **Mindestschutz** und ersparen ihm Rechtsstreitigkeiten mit Leistungsträgern wie Hotels oder Fluggesellschaften, welche oftmals ihren Sitz im Ausland haben. Wird die Reise in Deutschland gebucht, gilt in der Regel das deutsche Recht.

6.1.1.3 Rechtsgrundlagen

Folgende Rechtsvorschriften hat der Reiseveranstalter bei den genannten betrieblichen Funktionsbereichen in seinem Unternehmen zu beachten:

(1) die **§§ 651a–m BGB** und **§§ 4–11 BGB-InfoV** als zwingenden Mindeststandard für die Reisedurchführung und Mängelgewährleistung (Art. 238 EGBGB),

(2) seine **Allgemeinen Geschäftsbedingungen** (AGB) als selbstgeschaffene, von ihm einseitig gestellte Vertragsbedingungen zur Schließung von Regelungslücken der §§ 651a–m BGB, wie zum Beispiel die unverbindliche Konditionenempfehlung der Allgemeinen Reisebedingungen (ARB) des DRV,

(3) die **AGB-Vorschriften der §§ 305–310 BGB** als eine nicht abänderbare Kontrolle seiner Allgemeinen Geschäftsbedingungen mit umfangreichen verbotenen Klauseln,

(4) das **Wettbewerbs-** und **Preisrecht** in UWG und der PAngV als Kontrolle seines Werbe- und Marktverhaltens, insbesondere des Prospekts und der Website,

(5) das **Internationale Privatrecht** (IPR) mit Art. 6 Rom I-VO (= Verordnung (EG) Nr. 563/2008 über das auf vertragliche Schuldverhältnisse anwendbare Recht seit 17.12.2009) dafür, daß auch bei einer grundsätzlich zulässigen Rechtswahl eines ausländischen Rechts, deutsches Recht als Mindeststandard gilt, wenn der Reisende im Bundesgebiet seinen **gewöhnlichen Aufenthalt** bei seiner Reisebuchung hat oder der Veranstalter seine Tätigkeit auf den **Aufenthaltsstaat des Reisenden ausgerichtet** hat. Das gilt insbesondere für ausländische Veranstalter, die ihre Produktwerbung im Inland zum Beispiel durch Prospekt, Anzeige oder Internetauftritt zielgerichtet auf inländische Buchungen ausgerichtet haben. Auf die Staatsangehörigkeit des Reisenden, das Zielgebiet oder den Firmensitz des Reiseveranstalters kommt es für die Anwendbarkeit des Landesrechts nicht an.

Beispiel: Es gilt deutsches Recht als Mindestrecht, wenn ein türkischer Staatsangehöriger R, der in Deutschland lebt, in Stuttgart im Reisebüro eine Pauschalreise des

Schweizer Veranstalters Kuoni nach Ibiza bucht, auch wenn in den AGB der Veranstalters steht: „Es gilt das Recht der Schweiz". Auch wenn das Schweizer Recht keine Entschädigung für nutzlos aufgewendete Urlaubszeit kennt, kann R eine solche unter den Voraussetzungen des § 651 f II BGB von Kuoni verlangen.

6.1.2 Reisevermittlung

Das Reisebüro oder Internet-Portal als typischer Reisevermittler hat zum einen Rechtsbeziehungen zum Veranstalter, aber auch Vertragsbeziehungen zum Reisenden.

6.1.2.1 Reisevermittlungsvertrag

(1) Reisevermittlung liegt vor bei **Vermittlung fremder Reiseleistungen**. So vermittelt das **Reisebüro** oder ein **Internet-Portal** lediglich den Reisevertrag zwischen dem Reiseveranstalter und dem Reisenden, schuldet aber nicht die Durchführung der fremden Reise des Veranstalters. Als typische Vermittlung wird nicht nur die Vermittlung der Pauschalreise, einer Unterkunft oder eines Pkw, sondern auch der Vermittlung von Fähr-, Schiffs- oder Flugkarten als Agent eines Verkehrsunternehmens angesehen. In Abgrenzung zur Reiseveranstaltung hat der Vermittler gegenüber dem Kunden **klar und eindeutig auf seine Vermittlerposition hinzuweisen** und den vermittelten Leistungsträger offen namentlich zu nennen (LG Berlin RRa 2005, 220). Zudem fehlt es bei einem Vermittler an der für die Reise im Sinne des § 651a I BGB notwendigen Koordinationsleistung eines Reiseveranstalters, welche mehr ist als ein nur zeitliches Abstimmen eines Fluges und eines Hotelaufenthalts (vgl. Führich, *dynamic packaging* und virtuelle Veranstalter, RRa 2006, 50; Führich 2010, Rn. 88c ff.).

(2) Neben Reisebüros und Reiseportalen sind noch Fremdenverkehrsbüros oder **Tourist-Informationen** der Gemeinden typische Vermittlungsstellen. Soweit sie Kataloge und Verzeichnisse herausgeben, müssen die Angaben stimmen und vollständig sein, ansonsten liegt eine irreführende Angabe nach §§ 3, 5 I Nr. 1 UWG vor.

(3) Der Reisevermittler **haftet** aufgrund eines Geschäftsbesorgungsvertrages (§§ 675, 631 BGB) mit dem Reisekunden nur für seine **eigene Vermittlungstätigkeit**, so daß er für schuldhaft unrichtig erteilte Informationen oder Fehler bei der Beratung einzustehen hat. Insoweit hat der Kunde dem Vermittler und seinem Personal eine Pflichtverletzung nachzuweisen, wenn Schadenersatz verlangt wird (§§ 280 I, 276, 278 BGB). Soweit tatsächlich eine fremde Reiseeinzelleistung – wie ein Flug oder ein Hotelaufenthalt – vermittelt wird, kann hierfür auch ein Service-Entgelt mit dem Kunden vereinbart werden. Ein Service-Entgelt ist dagegen nicht möglich bei der Vermittlung einer Pauschalreise eines Reiseveranstalters, da dies den Endpreis der Reise erhöhen würde, den einzig der Veranstalter festlegen kann (§ 86 I HGB).

(4) Gerichte haben in folgenden fahrlässig begangenen Fällen **Sorgfaltspflichtverstöße** bei der Vermittlung angenommen:

- fehlerhafte Auskünfte über Paß- und Visumvorschriften (OLG Düsseldorf NJW-RR 2005, 644), Abflug- und Flugabfertigungszeiten,
- Zusicherungen, welche über den Prospektinhalt des Veranstalters hinausgehen (OLG Frankfurt/M NJW-RR 2005, 1462),
- Nichtweiterleitung von Sonderwünschen an den Veranstalter,
- irrtümliche Preisberechnung und Buchungsfehler (AG Grevenbroich RRa 2004, 25),
- fehlerhafter Dreibuchstaben-Code mit Falschbuchung (LG Hamburg RRa 2002, 175),
- Beschaffung des Visums aufgrund eines besonderen Auftrags des Kunden (AG Würzburg RRa 2004, 187).

Reisende, die weitergehende Ansprüche geltend machen wollen, wie zum Beispiel wegen Mängel des Hotels oder der Ferienwohnung, müssen sich wegen dieser „Reisemängel" an den Reiseveranstalter halten.

6.1.2.2 Agenturvertrag und selbständiges Reisebüro

(1) In der Regel bietet der Veranstalter seine Reisen über eigene Buchungsstellen oder über eigene Agenturen an, wobei er mit den Agenturen **Handelsvertreterverträge** nach §§ 84 ff. des Handelsgesetzbuches (HGB) schließt (BGH, 25.4.2006, NJW 2006, 2321 – Reisepaßpflicht). Dadurch bindet der Veranstalter diese Reisebüros an sich und erspart die Errichtung eines eigenen kostenträchtigen Filialnetzes.

(2) Das freie Reisebüro ohne Handelsvertreterstatus ist keine Agentur des Veranstalters. Es ist nicht „ständig" damit betraut, das Reiseangebot eines Veranstalters anzubieten (§ 84 HGB), sondern vermittelt nur gelegentlich und ist damit neutraler **Handelsmakler** nach § 93 HGB. Hierzu gehören die Reisebüro-Kooperationen Als Handelsmakler hat das Reisebüro keinen gesetzlichen Provisionsanspruch nach dem HGB wie ein Handelsvertreter nach §§ 87 ff. HGB, kann aber mit dem Kunden ein Service-Entgelt vereinbaren.

(3) Gleichwohl werden Agentur wie freies Reisebüro als sog. **Erfüllungsgehilfen** des vermittelten Reiseveranstalters angesehen (§ 278 BGB; LG Frankfurt/M/M NJW-RR 1999, 931; vgl. auch Abschnitt 2.7 in Teil I). Das Reisebüro erfüllt die Vertragspflichten des Veranstalters für diesen ab der Auswahlentscheidung des Reisenden für einen bestimmten Veranstalter. Damit haftet auch der Veranstalter für Schlechtleistungen seines Vermittlers. Daneben hat aber auch der Vermittler selbst für seine eigenen Vermittlungsfehler gegenüber dem Reisenden einstehen (vgl. BGH, 25.4.2006, NJW 2006, 2321, streitig). Der geschädigte Reisende hat nach ganz herrschender Meinung damit **zwei Schuldner** und kann zwischen beiden bei der Durchsetzung seiner Rechte **wählen**. Dies ist in der Praxis dann wichtig, wenn der Veranstalter insolvent wird und der Kunde sich wegen eines Vermittlerfehlers an den Reisevermittler halten will.

Abbildung 6.1: Vertragsbeziehungen zwischen den Akteuren bei Veranstalterreisen

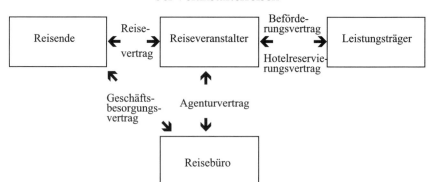

(4) Soweit das Reisebüro lediglich im Rahmen der Auswahl verschiedener Veranstalter beratend im Vorfeld einer konkreten Buchung tätig wird, ist es noch **nicht im Pflichtenkreis eines konkreten Veranstalters** tätig und damit nicht Erfüllungsgehilfe (BGH NJW 2006, 2321; AG Bad Homburg NJW-RR 2006, 1358). Erst nach der Auswahlentscheidung des Reisenden für eine konkrete Buchung einer Pauschalreise ist das Reisebüro im Pflichtenkreis des Veranstalters als dessen verlängerter Arm tätig, wenn es beispielsweise Informationspflichten des Veranstalters für diesen gegenüber dem Reisenden erfüllt.

6.1.3 Individualreiserecht

(1) Reist der Urlauber individuell und mietet er sich beispielsweise selbst in ein Hotel ein oder wird ihm die Unterkunft durch ein Reisebüro oder durch einen Internetvermittler vermittelt, oder ist er mit einem Linien- oder Charterflug (Nur-Flug) unterwegs, liegt rechtlich keine Reiseveranstaltung vor, sondern ein **Einzelvertrag** mit dem Hotel (Beherbergungsvertrag) oder mit der Fluggesellschaft (Luftbeförderungsvertrag als Werkvertrag). Übernachtet der Urlauber dann im Ausland, so findet bei Rechtsstreitigkeiten mit dem Hotelier in der Regel die Rechtsordnung des **Firmensitzes des Hotels** Anwendung (Art. 4 I lit. b Rom I-VO). Ausschließlicher Gerichtsstand ist bei Hotelstreitigkeiten ebenfalls am Ort der Beherbergung (Art. 22 Nr. 1 EuGVVO).

(2) Wichtige Verträge und ihre Rechtsgrundlagen sind der...

(1) **Luftbeförderungsvertrag** zwischen Fluggast und Luftfrachtführer
    - §§ 631 ff. BGB (abänderbarer Werkvertrag),
    - ABB-Flugpassage als Geschäftsbedingungen der Airline,
    - die EU-Fluggastrechte bei Nichtbeförderung, Annullierung und großer Verspätung durch die VO (EG) Nr. 261/2004
    - und Art. 17 ff. Montrealer Übereinkommen für Schadenersatz bei nationalen und internationalen Flügen.

(2) **Busbeförderungsvertrag** zwischen Gast und Busunternehmer
- §§ 631 ff. BGB als Werkvertrag,
- AGB, wenn diese vereinbart sind und das
- Straßenverkehrsgesetz und Personenbeförderungsgesetz,

(3) **Eisenbahnbeförderungsvertrag** zwischen Gast und Bahn
- §§ 631 ff. BGB als Werkvertrag,
- HaftpflichtG für Eisenbahnen bei Unfällen (national),
- Fahrgastrechte der EU-FahrgastrechteVO Nr. 1371/2007,
- Eisenbahnverkehrsordnung (EVO, national) und COTIF/CIV-Übereinkommen (international),

(4) **Schiffsbeförderungsvertrag** zwischen Gast und Beförderer
- §§ 631 ff. BGB als Werkvertrag,
- Anlage zu § 664 HGB (2. SeeRÄndG), VO (EG) Nr. 362/2009 ab 31.12.2012.

(5) **Beherbergungsvertrag** zwischen Gast und Hotelier
- §§ 535 ff. BGB als gemischter Mietvertrag
- §§ 701 ff. BGB als gesetzliche Haftung für eingebrachte Sachen des Gastes

(6) **Mietvertrag zwischen Gast und Privateigentümer eines Ferienhauses**
- §§ 535 ff. BGB

(7) **Bewirtungsvertrag** zwischen Gast und Speisewirt
- §§ 651, 433 ff. BGB.

6.1.4 Reiseversicherungsrecht

(1) In engem wirtschaftlichen, aber auch rechtlichen Zusammenhang mit Pauschal- und Individualreisen stehen die Reiseversicherungen, welche das Risiko von Vermögensnachteilen des Reisekunden ausgleichen wollen. Besondere Bedeutung haben insoweit die

- **Reise-Rücktrittskosten-Versicherung** (Besondere Versicherungsbedingungen für die Reiserücktrittskostenversicherung 2008 und VB-Reiseabbruch 2008),
- **Reisegepäckversicherung** (Besondere Versicherungsbedingungen für die Reisegepäckversicherung 2008),
- **Reisehaftpflichtversicherung** für Veranstalter.

(2) Diese Musterbedingungen des Gesamtverbandes der Deutschen Versicherungswirtschaft (GDV) werden von den jeweiligen Versicherungen in ihren Versicherungsbedingungen abgewandelt. Hierbei die zwingenden Vorschriften des Versicherungsvertragsgesetzes (VVG) zu beachten. Für die Reise-Rücktrittskosten-Versicherung und die Reisegepäckversicherung wird auf meine Kommentierung in Führich 2010 verwiesen.

6.2 Reisevertrag

Dieser Abschnitt beschäftigt sich mit dem Reisevertrag zwischen dem (Pauschal)-reisenden und dem Reiseveranstalter, also mit dem Vertragsabschluß und der notwendigen Einbeziehung der Allgemeinen Geschäftsbedingungen (AGB) in den Reisevertrag und der Frage, welche Pflichten der Reiseveranstalter und der Reisende haben.

6.2.1 Begriff des Reisevertrags

(1) Durch den Reisevertrag verspricht der Reiseveranstalter dem Reisenden gegen Zahlung des Reisepreises eine Gesamtheit, d. h., **mindestens zwei Hauptreiseleistungen** (§ 651a I BGB) verschmolzen zu einem **Paket**, für das der Veranstalter die eigene **Verantwortung** übernimmt. Wichtigstes Indiz für die Verschmelzung zu einem Leistungspaket ist der **Gesamtpreis**. Mindestens zwei **touristische Reiseleistungsarten** sollen dabei erbracht sein.

Beispiele:

- Transport und Unterkunft
- Unterkunft und Sonderleistungen (Ausflüge, Unterricht)
- Beförderung und Mietwagen
- Kreuzfahrt mit Verpflegung und Programm
- Konzertreise
- Sprachreise

(2) Auch wenn die Zusammenstellung einer Reise auf **Wunsch des Kunden** aus verschiedenen Einzelteilen (Flug und Hotel) im Wege des **Baukastens** erfolgt, liegt in der Regel ein Reisevertrag mit dem Anbieter als Reiseveranstalter vor. Der EuGH hat bereits im Jahre 2002 entschieden, daß es für die Annahme einer Pauschalreise genügt, wenn die Zusammenstellung durch einen Anbieter unmittelbar zeitlich vor Vertragsschluß erfolgt und der Anbieter den Gesamtpreis für alle Leistungen vereinnahmt und er dieses Produkt als eigene Leistung anbietet (EuGH, 30.4.2002, RRa 2002, 119). Damit kann ein Internet-Anbieter oder ein Reisebüro zum Reiseveranstalter werden, wenn er nicht ausreichend klar und deutlich darauf hinweist, daß er nur als Vermittler tätig wird. Bei Zweifeln im Hinblick auf seinen Auftritt gegenüber dem Kunden ist der Anbieter stets Reiseveranstalter und nicht Vermittler (BGH, 19.7.2007, NJW-RR 2007, 1501 – Fremdleistung).

Reiseveranstalter ist somit derjenige, der aus der **Sicht des Reisenden** diese Leistungen als **eigene Reise** anbietet. Maßgeblich ist also das Auftreten des Veranstalters in der Werbung, im Prospekt, auf der Website und bei der Ausgestaltung seiner Vertragsbedingungen in

- der Reiseausschreibung,
- der Reiseanmeldung,
- der Reisebestätigung,
- den Allgemeinen Reisebedingungen,
- der Übergabe eines Sicherungsscheins zum Nachweis einer Insolvenzabsicherung (§ 651 k BGB),
- und im außergerichtlichen Verhalten.

(3) Eine Häufigkeit oder Gewerbsmäßigkeit ist grundsätzlich nicht notwendig, so daß auch **gelegentliche Reiseveranstaltungen** oder **nichtgewerbliche Anbieter** ausreichen. Daher fallen auch Reisen von nichtgewerblich tätigen Organisationen wie Vereinen, Volkshochschulen, karitativen Einrichtungen unter das Reisevertragsrecht, wenn die **Teilnahme jedem Dritten möglich** ist (LG Hamburg RRa 2005, 208: Segelverein). Kriterien zur Feststellung der Eigenschaft eines Reiseveranstalters sind somit:

- die Werbung mit eigenen Prospekten oder auf der eigenen Website (BGH, 25.7.2006, NJW 2006, 3137 – Reiseabbruchversicherung),
- ein einheitlicher Preis hinsichtlich des Pakets,
- Name und Anschrift der Leistungsträger werden nicht offen gelegt,
- Die Verwendung von Begriffen wie „unsere Reise", „unsere Erfahrung", „unsere Reiseleitung",
- das Verlangen einer Mängelanzeige während der Reise an den sog. Vermittler (BGH, 9.7.1992, NJW 1992, 3158).

(4) **Keine Reisen** sind demgemäß

- Fahrten, Freizeiten und Ausflüge von Jugendgruppen, Vereinen, Betrieben und Kirchen, die Dritten nicht offen stehen und im Rahmen des Organisationszwecks durchgeführt werden (OLG Stuttgart NJW 1996, 1352).
- Geschäftsreisen, da insoweit keine touristischen Reiseleistungen vorliegen, wie dies die EG-Pauschalreise-Richtlinie in Art. 2 Nr. 1c fordert (EuGH, 11.2.1999, RRa 1999, 132 – Schüleraustausch).
- Kuren oder Operations-Reisen, da insoweit der Heilzweck im Vordergrund steht (LG Paderborn NJW-RR 2003, 346).
- Hotel oder Ferienwohnung, wenn ein Leistungsträger als Eigentümer oder Pächter selbst mit dem Kunden einen Vertrag schließt, da dann das Mietrecht zur Anwendung kommt.

(5) **Sonderformen** des Reisevertrags sind die katalogmäßige Vermarktung von

- **Ferienhaus** (eigene Anreise, ohne Verpflegung) aus dem Angebot von gewerblichen Veranstaltern (BGH, 17.1.1985, NJW 1985, 906 – Ferienhaus; OLG Köln NJW-RR 2005, 703 (Villa in Miami),
- **Hotelunterkunft aus dem Katalog** eines Reiseveranstalters (AG Bad Homburg NJW-RR 2005, 856),

Abbildung 6.2 Übersicht über die das Reiserecht konstituierenden Gesetze

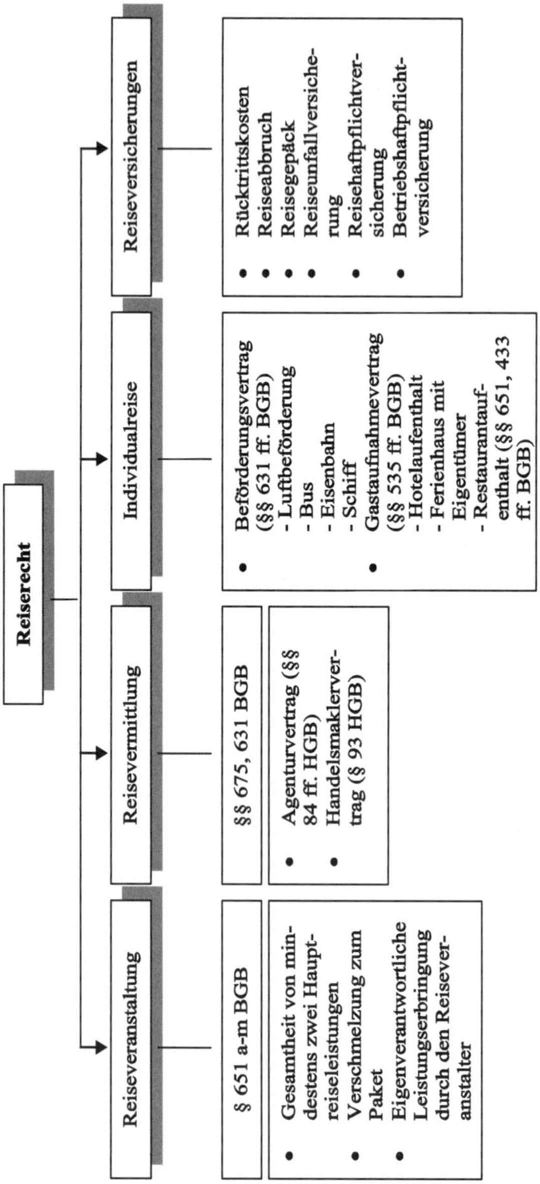

Reiserecht

- **Reiseveranstaltung**
  - § 651 a-m BGB
  - Gesamtheit von mindestens zwei Hauptreiseleistungen
  - Verschmelzung zum Paket
  - Eigenverantwortliche Leistungserbringung durch den Reiseveranstalter

- **Reisevermittlung**
  - §§ 675, 631 BGB
  - Agenturvertrag (§§ 84 ff. HGB)
  - Handelsmaklervertrag (§ 93 HGB)

- **Individualreise**
  - Beförderungsvertrag (§§ 631 ff. BGB)
    - Luftbeförderung
    - Bus
    - Eisenbahn
    - Schiff
  - Gastaufnahmevertrag (§§ 535 ff. BGB)
    - Hotelaufenthalt
    - Ferienhaus mit Eigentümer
    - Restaurantaufenthalt (§§ 651, 433 ff. BGB)

- **Reiseversicherungen**
  - Rücktrittskosten
  - Reiseabbruch
  - Reisegepäck
  - Reiseunfallversicherung
  - Reisehaftpflichtversicherung
  - Betriebshaftpflichtversicherung

- **Wohnmobil** aus dem Angebot eines Reiseveranstaltern (OLG Düsseldorf NJW-RR 1998, 50),
- **Bootscharter** mit Veranstaltern (OLG Celle RRa 2003, 12).

Der Bundesgerichtshof ist bei diesen Reiseeinzelleistungen der Auffassung, es dürfe für einen Ferienurlauber keinen Unterschied machen, ob er mit dem eigenen Pkw anreist oder ob er sich von einem Veranstalter in das Urlaubsgebiet transportieren **läßt**. In beiden Fällen müssen die Vorschriften der §§ 651 a–m BGB nicht direkt, aber doch **entsprechend (= analog)** angewandt werden. Insoweit geht die Rechtsprechung also über den Wortlaut des Gesetzes hinaus, um den Reisenden besser zu schützen.

(3) Soweit ein Urlauber sich direkt oder über eine Tourist-Information als Nachweisvermittler an einen privatem Hauseigentümer bzw. Vermieter wendet, gilt nur das **Mietrecht** (§§ 535 ff. BGB) und nicht das Reisevertragsrecht.

Beispiele:
- Urlauber antwortet auf Zeitungsannonce eines Privatvermieters
- Urlauber wird vom örtlichen Fremdenverkehrsbüro zu einem Privatvermieter vermittelt
- Vermittlung eines privaten Ferienhauseigentümers durch das Reisebüro

Charakteristisch für diese Fälle ist, daß der Urlauber stets mit dem einzelnen Privateigentümer bzw. Vermieter persönlich Kontakt hat. Soweit damit Mietrecht anwendbar ist, dürfen anders als im Reisevertragsrecht die gesetzlichen Vorschriften oftmals zu Lasten des Urlaubers durch den Mietvertrag abgeändert werden. Die strengen Wohnungsmietvorschriften kommen nicht zur Anwendung, da keine Wohnung zum ständigen Aufenthalt vorliegt. Auch gibt es bei schweren Mängeln des Objekts keinen Schadenersatz wegen nutzlos aufgewendeter Urlaubszeit nach § 651 f II BGB, da dieser spezielle immaterielle Schadenersatz nur bei Pauschalreisen gewährt wird.

6.2.2 Vertragsabschluß

6.2.2.1. Angebot und Annahme

(1) Der Reisevertrag kommt wie jeder Vertrag durch **Antrag und Annahme** zustande (§ 145 BGB). Ein Prospekt oder eine Website ist nur eine Aufforderung zur Abgabe eines Vertragsantrags durch den Kunden. Seine Buchung ist grundsätzlich **formfrei,** sie kann also mündlich, mit Telefax, online mit E-Mail, schriftlich oder telephonisch erfolgen. Wird die Reise mit Fax oder Internet gebucht, kann der Reisende grundsätzlich in drei Tagen eine Antwort vom Reiseveranstalter erwarten. Bei normaler, schriftlicher Buchung kann der Reisende von einer **Annahme binnen zwei Wochen** ausgehen (§ 147 II BGB, AG Frankfurt/M NJW-RR 1989, 47).

(2) Bei einer **Online-Buchung** ist die Website wie der Katalog eine Aufforderung an den Kunden seinerseits ein verbindliches Vertragsangebot durch das Ausfüllen der Buchungsmaske abzugeben (LG Düsseldorf RRa 2003, 172). E-Mail und Mausklick sind verbindliche Willenserklärungen. Wird dem Reisenden sofort online mitgeteilt, daß seine Buchung angenommen wurde, ist dies der Vertragsschluß, auch wenn die AGB noch eine spätere schriftliche Reisebestätigung vorsehen (LG Kiel RRa 1996, 2003).

(3) Die §§ 312 b–d BGB über **Fernabsatzverträge** finden auf Reiseverträge und auf Verträge über die Unterbringung und Beförderung **keine Anwendung**, da der Gesetzgeber insoweit für touristische Dienstleistungen das 14-tägige Widerrufsrecht ausgenommen hat.

(4) Unabhängig davon hat jeder Anbieter von technischen Leistungen im elektronischen Geschäftsverkehr des Internet besondere **Informationspflichten** über den Vorgang der Buchung, die Korrektur von Eingabefehlern, die Vertragsbestätigung und einbezogene AGB (§ 312e BGB). Verstößt der Veranstalter fahrlässig oder vorsätzlich dagegen, hat der betroffene Reisende ein **Rücktrittsrecht** bzw. ein Recht auf Vertragsanpassung (§§ 311 II, 280 BGB; Führich 2010, Rn 114).

(5) Nach § 5 BGB-InfoV und § 651 a III BGB muß dem Reisenden immer bei oder unverzüglich nach Vertragsschluß eine schriftliche **Reisebestätigung** ausgehändigt werden, die alle Informationen und Reisedaten enthält. Bestätigt der Veranstalter die Reise gegenüber dem Reisenden, kommt der Vertrag mit **Zugang der Reisebestätigung** zustande (§ 130 BGB).

(6) Manchmal **weicht die Reisebestätigung von der Anmeldung ab.** Dies ist dann eine Ablehnung verbunden mit einem neuen Antrag des Veranstalters (§ 150 II BGB), das der Reisende ausdrücklich oder schlüssig durch Bezahlung der Anzahlung annehmen kann.

Beispiel: Der Kunde bucht das Hotel Miramar, bestätigt wird das vergleichbare Hotel Paradiso.

Übersieht der Reisende eine wesentliche Abweichung von seiner irrtümlich erklärten Vertragsannahme, kann er seine Annahmeerklärung nach § 119 I BGB wegen **Inhaltsirrtums anfechten**, wenn er sich über die Abweichung geirrt hat. Druckt der **Computer** einen zu niedrigen, aber mit dem Katalog identischen Preis aus, liegt nur ein unbeachtlicher Motivirrtum vor (AG Frankfurt/M NJW-RR 1990, 116). Wird bei der Buchung versehentlich ein falscher Preis eingegeben, kann der Reiseveranstalter den Reisevertrag wegen seines Erklärungsirrtums anfechten (OLG München NJW 2003, 367; AG Bad Homburg NJW-RR 2002, 1282).

(7) Enthält die Anmeldung einen **Sonderwunsch**, so kommt der Reisevertrag mit diesem Inhalt zustande, auch wenn die Reisebestätigung insoweit schweigt (LG Frankfurt/M RRa 2009, 75).

(8) Bei **Last-minute-Reisen** liegt die Vertragsannahme in der Regel bereits mit der Einbuchung in das EDV-Reservierungssystem im Reisebüro vor (LG Hannover RRa 2001, 51). Die Reiseunterlagen gehen dem Kunden spätestens bei Antritt der Reise zu. Der Kunde ist spätestens zu diesem Zeitpunkt zu informieren über die Notwendigkeit der Mängelanzeige während der Reise und der Einhaltung der Fristen des Reisevertrags, die Ausschlußfrist und die Verjährungsfrist nach § 651 g BGB sowie über den Adressaten, dem gegenüber Ansprüche geltend zu machen sind (§ 6 V, II Nr. 7, 8 BGB-InfoV).

(9) Bei der Buchung von Reisen für mehrere Personen ist zwischen **Familienreisen** (Ehegatte, Kinder) und anderen **Gruppenreisen** zu unterscheiden.

Erfolgt der Vertragsschluß durch ein **Familienmitglied** für die Familie oder eine nichteheliche Lebensgemeinschaft, ist der Anmeldende alleiniger Vertragspartner und Schuldner des Reisepreises, da der Anmelder in eigenem Namen und nicht als Vertreter seiner Familie auftritt. Voraussetzung ist jedoch, daß dem Veranstalter bei der Buchung das besondere Näheverhältnis erkennbar ist wie bei einem Doppelzimmer (LG Düsseldorf RRa 2010, 22: unterschiedliche Familiennamen). Die Familienmitglieder haben alle Ansprüche wie der Anmelder, da dann der Reisevertrag ein Vertrag zugunsten Dritter, also der Familienmitglieder ist (§ 328 BGB; BGH, 15.6.1989, NJW 1989, 2750; LG Frankfurt/M RRa 2007, 25).

Bei anderen **Gruppenreisen** (mehrere Familien, Nichtverheiratete, Namensunterschiede, Reisegruppen) ist in der Regel davon auszugehen, daß der Anmelder als Stellvertreter der namensfremden Gruppenmitglieder auftritt (§ 164 BGB) und Reiseverträge zwischen dem Veranstalter und jedem Reiseteilnehmer vorliegen (BGH, 16.4.2002, NJW 2002, 2238 – Incentive-Reise). So bucht der Lehrer einer Klassenfahrt grundsätzlich als Stellvertreter seiner Schüler, so daß jeder Schüler Vertragspartner des Reiseveranstalters wird (OLG Frankfurt/M NJW 1986, 1941). Teilt der Buchende einer Kleingruppe allerdings die Anschriften der Mitreisenden nicht mit, kommt es nur zu einem Vertrag mit dem Anmeldenden, da er die Stellvertretung nicht nach § 164 II BGB offengelegt hat (AG Köln RRa 2004, 18).

6.2.2.2 Anmelderhaftung

Um Probleme bei der Zahlung des Reisepreises bei mehreren Reiseteilnehmern zu vermeiden, sollte der Veranstalter in seine **AGB** und sein **Anmeldeformular** eine Haftungserklärung des Anmelders für den Gesamtpreis aufnehmen. Diese Erklärung ist jedoch nur rechtswirksam, wenn sie in der

Reiseanmeldung nochmals **ausdrücklich** hervorgehoben und **gesondert unterschrieben** ist (§ 309 Nr. 11a BGB).

Beispiel: Emsig bucht für sich und weitere fünf Reiseteilnehmer eine Städtereise nach Wien mit Bus, Unterkunft, Verpflegung und Musicalkarten. E haftet auch für den Reisepreis der anderen Teilnehmer, wenn er eine ausdrückliche und gesonderte Haftungserklärung unterschreibt.

Da bei Gruppenreisen grundsätzlich alle Mitreisenden Vertragspartner mit ihren Einzelpreis sind, hat an sich nur jeder Einzelne für seinen Reisepreis oder für Stornokosten einstehen. Gibt der Anmelder die Haftungserklärung ab, haftet er für den Gesamtpreis und alle Vertragsverpflichtungen wie zum Beispiel Stornozahlungen aller anderen Reiseteilnehmer.

6.2.2.3 Einbeziehung und Kontrolle der Reisebedingungen

(1) Der Veranstalter kann sich auf seine die §§ 651 a ff. BGB ergänzenden Reisebedingungen (AGB) nur dann berufen, wenn er sie wirksam in den Reisevertrag einbezogen hat. Ist der Reisekunde **Verbraucher** (§§ 310 I, 13 BGB), müssen strikt die Anforderungen des § 305 II BGB erfüllt sein wie...

- ein deutlicher **Hinweis** auf die AGB im Prospekt, der Buchungswebsite, der Reiseanmeldung, mündlich oder auf der Reisebestätigung,
- die **Möglichkeit der zumutbaren Kenntnisnahme** durch den Reisenden durch Aushändigung, Abdruck im auszuhändigenden und damit zur Verfügung stehenden Katalog (Teilabdruck ist nunmehr nach § 6 III BGB-InfoV nicht mehr zulässig, ein Verweis auf den Abdruck im Katalog ist jedoch zulässig, wenn der Katalog nachweisbar ausgehändigt wird, § 6 IV BGB-InfoV, BGH, 12.6.2007, NJW 2007, 2549), Übersendung der AGB,
- das **Einverständnis** des Reisenden mit dem Inhalt, durch Unterschrift oder schlüssiges Handeln, welches in der weiteren Vertragsabwicklung, wie der Leistung der Anzahlung auf den Reisepreis, gesehen werden kann.

(2) Der Veranstalter sollte gerade bei **Telephonbuchungen** darauf achten, daß der Hinweis in der Reisebestätigung erfolgt und die Möglichkeit der Kenntnisnahme durch Übersenden der AGB erfolgt. Bei Telephonbuchungen darf der endgültige Abschluß des Reisevertrags somit erst wirksam mit Übersendung der AGB erfolgen. Im übrigen fordert § 6 III BGB-InfoV als **Informationspflicht** die vollständige Übermittlung der gesamten AGB im Rahmen des Vertragsschlusses. Die Erfüllung dieser Informationspflicht ist jedoch keine Wirksamkeitsvoraussetzung für die Geltung der AGB, welche sich alleine nach § 305 II BGB richtet.

(3) **Inhaltlich** dürfen in den AGB nicht die verboten Klauseln der §§ 309, 308, 307 BGB verwendet werden. Ist eine Klausel unwirksam gilt die gesetzliche Regelung (§ 306 BGB). Gerichte überprüfen die verwendeten AGB entweder in einem konkreten Prozeß zwischen dem Reisenden und seinem Veranstalter

(**Individualkontrolle**) oder durch die effektivere **Verbandsklage** der abmahnberechtigten Verbraucherverbände und Kammern, deren Urteil dann bundesweit zur Unwirksamkeit der verbotenen Klausel führt (§§ 1 ff. UKlaG).

6.2.2.4 Vermittlerklausel

(1) Eine Vermittlerklausel, wonach der Reiseveranstalter einzelne Reiseleistungen nur vermittelt, ist bei **Hauptleistungen** wie Flug oder Unterkunft **nicht zulässig**, da dann das Paket der Pauschalreise zerstört würde und so das zwingende Reisevertragsrecht unterlaufen würde (BGH, 30.9.2003, NJW 2004, 681 – Fremdleistungsklausel).

(2) Bei bloßen Nebenleistungen wie Zusatzprogrammen und Ausflügen ist eine vermittelte Fremdleistung grundsätzlich möglich, jedoch hat der Veranstalter dann deutlich auf seine Vermittlerrolle und namentlich auf den vermittelten Vertragspartner hinzuweisen. Entscheidend ist immer das **Auftreten** des Veranstalters gegenüber dem Reisenden wie es sich aus den Vertragsunterlagen wie Prospekt, Reisebedingungen oder Buchungsunterlagen ergibt (§ 651a II BGB). Bietet **aus der Sicht des Kunden** der Vertragspartner – auch ein Reisebüro – alle Reiseleistungen in eigener Verantwortung an, ist er Reiseveranstalter und niemals Vermittler, gleichgültig, wie er sich bezeichnet und gleichgültig, was insoweit in seinen AGB steht (BGH, 14.12.1999, NJW 2000, 1188 – Reitclub I; BGH, 19.6.2007, NJW-RR 2007, 1501 – Fremdleistung).

Beispiel: Der angebliche Vermittler...
- firmiert unter „Firma R-Tours Weltreisen"
- erweckt mit eigener Werbung Vertrauen in seine Zuverlässigkeit
- verwendet Formulierungen wie „getestete Häuser", „unsere Reiseleitung am Ort" oder „Vertragshotels"
- verschweigt Name und Adresse des hinter ihm stehenden Unternehmens
- bietet die Möglichkeit von Zusatzleistungen wie einen Reitclub durch Buchung vor Ort an (BGH, 14.12.1999, NJW 2000, 1188 – Reitclub I)
- nimmt alle Zahlungen entgegen (zum Beispiel auch Fremdenverkehrsbüros)
- fordert alle Mängelanzeigen und ihre Anmeldung an sich (OLG Düsseldorf NJW-RR 1989, 186).

6.2.3 Vertragspflichten

6.2.3.1 Pflichten des Veranstalters

(1) Der Reiseveranstalter ist aufgrund des Reisevertrages verpflichtet, die gebuchte Reise mit der Sorgfalt eines ordentlichen Kaufmanns mit dem vereinbarten Inhalt durchzuführen. Er haftet für das gesamte **Leistungsprogramm seines Produkts**, gleichgültig welche Leistungsträger konkret die Reiseteilleistungen erbringen (BGH, 14.12.1999, NJW 2000, 1188 – Reitclub I).

(2) Die Vertragspflichten des Veranstalters ergeben sich aus

- den §§ 651a–m BGB und der **BGB-InfoV**,

- den wirksam in den Reisevertrag einbezogenen **Allgemeinen Geschäftsbedingungen** (§§ 305, 310 BGB),

- der **Reisebestätigung** in Verbindung mit der bei der Buchung gültigen **Katalogbeschreibung** (§§ 4, 6 BGB-InfoV),

- den schriftlichen oder mündlichen **Zusatzvereinbarungen**,

- dem **Reisecharakter** (Erholungs-, Studien-, Abenteuer- oder „Fortunareisen", bei denen nur das Zielgebiet und die Hotelkategorie gebucht wird) und

- der **Landesüblichkeit**.

(3) Gerade **Nebenvereinbarungen** wie Sonderwünsche geben oft Anlaß zu Rechtsstreitigkeiten, wenn sie entgegen § 6 II Nr. 5 BGB-InfoV nicht in die Reiseanmeldung und Bestätigung schriftlich aufgenommen werden. Wichtig ist, daß das Reisebüro als Vertragsabschlußgehilfe des Veranstalters (§ 278 BGB) nicht befugt ist, über den Prospektinhalt hinaus, widersprechende Erklärungen abzugeben. Wenn daher die mündliche Zusage in Widerspruch zum Prospekt des Veranstalters steht, haftet der Reiseveranstalter nicht (OLG Düsseldorf RRa 2005, 206). Allerdings muß dann das Reisebüro damit rechnen, daß der Kunde dann von ihm wegen fachlich falscher Beratung Schadenersatz aus Verletzung des Vermittlervertrages nach §§ 675, 280 I BGB verlangt.

(4) Im Einzelnen verpflichtet sich der Veranstalter in einem Reisevertrag im Rahmen der Sorgfaltspflichten eines ordentlichen Kaufmanns zur...

- sorgfältigen **Reisevorbereitung** (Organisation, rechtzeitige Information),
- sorgfältigen Auswahl und Überwachung der **Leistungsträger**,
- Richtigkeit der **Leistungsbeschreibungen** und
- ordnungsgemäßen **Leistungserbringung**.

Hierbei haftet der Veranstalter dem Reisenden auch für ein Verschulden der mit der Leistungserbringung betrauten Personen so, als ob er selbst gehandelt hätte (Erfüllungsgehilfen gem. § 278 BGB, zum Beispiel Hotel, Beförderungsunternehmen, Transferbus, Reiseleitung, Hobby- und Sprachkurs).

(5) Inhaltlich hat der Reiseveranstalter folgende Pflichten:

- Er hat den Reisenden und sein Gepäck sicher und vereinbarungsgemäß zu **befördern.**

- Er ist verpflichtet, **Unterkunft und Verpflegung** entsprechend der Buchung zu stellen und vereinbarte **Zusatzleistungen** zu erbringen (Mietwagen, Ausflug, Kurse usw.), wobei eine eigene Verpflichtung vorliegen kann oder nur eine vermittelte Fremdleistung. Die Leistungsträger sind sorgfältig auf deren Eignung und Zuverlässigkeit auszuwählen sowie regelmäßig entsprechend den örtlichen

Vorschriften auf offensichtliche Sicherheitsmängel zu überwachen (OLG Düsseldorf RR 2008, 15: Schiffszertifikat und Stromschlag).

- Weiterhin ist er zur reibungslosen **Koordination** der Einzelleistungen verpflichtet (LG Mönchengladbach NJW-RR 1990, 317: Wechsel der Rangfolge von Rundreise und Badeaufenthalt).

- Über diese Reiseleistungen hinaus, hat der Veranstalter für die **Beseitigung aller Reisehindernisse** zu sorgen, wie ungefragt über die erforderlichen **Einreise- und Durchreisedokumente** zu unterrichten (BGH, 25.4.2006, RRa 2006, 170), Vorsorge bei zu erwartenden **Streiks** zu treffen (LG Hannover NJW-RR 1989, 820: Unterkunft bei Flughafenstreik; LG Frankfurt/M RRa 2008, 119: **Großbaustelle**), bestehende **Gefahren** mitzuteilen (BGH NJW 2002, 3700: Hurrikan; BGH NJW 1982, 1521: Überfallgefahr), Voraussetzungen für eine **behindertengerechte Unterkunft** bei einem erkennbaren Rollstuhlfahrer zu schaffen (AG Kleve RRa 2000, 156), den Reisepreis und die Rückkehr des Kunden bei **Zahlungsunfähigkeit** nach § 651 k BGB sicherzustellen, rechtzeitig versprochene **Reiseliteratur** zuzusenden (LG Hildesheim NJW-RR 1988, 1333).

- Auch hat der Reiseveranstalter **Obhuts- und Betreuungspflichten** wie die Wahrung der körperlichen Unversehrtheit und Gesundheit des Reisenden (BGH, 25.2.1988, NJW 1988, 1380: Balkonsturz; OLG Düsseldorf NJW-RR 1990, 825: Sicherstellung ärztlicher Betreuung im Hotel; LG Frankfurt/M NJW 1989, 2397: Fürsorgepflicht gegenüber Behinderten).

- Schließlich hat der Reisende Anspruch auf eine **örtliche Vertretung oder Reiseleitung** des Reiseveranstalters (§§ 6 II Nr. 7, 8 I Nr. 3 BGB-InfoV).

6.2.3.2 Informationspflichten

6.2.3.2.1 Allgemeines zur BGB-InfoV

(1) Die Verordnung über die Informations- und Nachweispflichten nach bürgerlichem Recht (BGB-InfoV) basiert auf der EG-Pauschalreiserichtlinie 90/314 und der **Ermächtigungsgrundlage** in § 651a III BGB, Art. 238 EGBGB. Diese ministerielle Verordnung regelt die Pflichtangaben des Veranstalters in **sechs Bereichen** zwischen Buchung und Reiseantritt für die

- Gestaltung des Prospekts (§ 4),
- vorvertragliche Informationspflichten vor der Buchung (§ 5),
- Gestaltung und den Inhalt des Reisevertrages einschließlich der Reisebestätigung (§ 6),
- Gastschulaufenthalte (§ 7),
- Informationspflichten vor Reisebeginn (§ 8) und das
- Muster für den Sicherungsschein (§ 9).

(2) Eine **Verweisung** auf frühere Informationen in einem vorhergehenden Stadium ist **möglich,** wenn sich Tatsachen zwischenzeitlich nicht geändert haben. Viele Pflichtangaben sind nur erforderlich, wenn sie für die **konkrete Reise von Bedeutung** sind. Für **nichtgewerbliche Gelegenheitsveranstalter**, die nur ein- bis zweimal im Jahr eine Reise veranstalten, gelten die Pflichten der BGB-InfoV nicht (§ 11 BGB-InfoV).

(3) Sanktionen zur Durchsetzung der Informationspflichten sind die **Gewährleistungsansprüche** des Reisenden gegen seinen Veranstalter gem. §§ 651 c–e BGB und **Schadenersatzansprüche** gem. § 651 f bei Verschulden des Veranstalters.

(4) Mit einem Verstoß gegen diese Informationspflichten handelt der Veranstalter zudem gegen eine zwingende Marktverhaltensregelung, so daß auch **wettbewerbsrechtliche Unterlassungs- und Schadenersatzansprüche** der nach § 8 III UWG berechtigten Mitbewerber, Verbände und Verbraucherschutzorganisationen bestehen (§§ 3, 4 Nr. 11 UWG).

6.2.3.2.2 Prospektangaben

(1) Nach § 4 BGB-InfoV muß ein vom Veranstalter herausgegebener Prospekt nicht nur genaue Angaben, sondern ausdrücklich bindende Angaben zum Reisepreis, der Höhe der Anzahlung, seiner Fälligkeit und des Restbetrages. enthalten. **Soweit für die Reise von Bedeutung, ist zu informieren über**

- Bestimmungsort,
- Transportmittel einschließlich der Identität der Fluggesellschaft (VO EG Nr. 2111/2005),
- Unterbringung, Mahlzeiten, Reiseroute,
- Paß-, Visumerfordernisse für Deutsche,
- gesundheitspolizeiliche Formalitäten für alle Reisenden,
- erforderliche Mindestteilnehmerzahl und Zeitpunkt des Zugangs der Absageerklärung.

Prospekt ist nicht nur ein Katalog des Reiseveranstalters, sondern auch Flyer, Bild- und Tonträger (§ 4 III BGB-InfoV), aber auch eine Website im Internet mit dem namentlich zu nennenden Inhaber der Domain (LG Nürnberg-Fürth RRa 2009, 105).

(2) Seit 16.1.2006 ist für die EU die VO (EG) Nr. 2111/2005 vom 14. 12. 2005 über die Erstellung einer gemeinschaftlichen Liste der Luftfahrtunternehmen, gegen die in der Gemeinschaft eine Betriebsuntersagung ergangen ist, sowie über die Unterrichtung von Fluggästen über die Identität des ausführenden Luftfahrtunternehmens in Kraft. In Art. 10 ff. werden Luftfahrtunternehmen und Reiseveranstalter und Verkäufer von Flugscheinen verpflichtet, bei der Buchung über die **Identität des ausführenden Luftfrachtführers** zu unterrichten. Die Informationspflicht ist ab 16. 7. 2006 in die AGB aufzunehmen und wird ab 16. 1. 2007 mit einem Bußgeld durch das Luftfahrtbundesamt (LBA) durchgesetzt.

(3) Der Prospekt des Reiseveranstalters ist im **Rahmen des Vertragsabschlusses** lediglich eine **Aufforderung** zur Abgabe des Vertragsangebots durch den Kunden. Zum anderen konkretisieren der Katalog (Prospekt) und

die übergebenen Reiseunterlagen (zum Beispiel über den Ablauf einer Studienreise) das **Leistungsprogramm und die Vertragspflichten** des Veranstalters, da hierin Inhalt und Charakter der angebotenen Reise beschrieben werden und damit der Leistungsgegenstand festgelegt wird.

(4) Alle Prospektangaben der Reiseausschreibung und des Reisepreises sind für den Veranstalter bindend, außer er hat einen konkreten Änderungsvorbehalt in seinen Prospekt oder in seine dort abgedruckten AGB aufgenommen und informiert den Kunden auf diese Weise klar über die Abänderbarkeit der Katalogangaben einschließlich des Reisepreises bei der Buchung (§ 4 I BGB-InfoV). Seit 1.11.2008 ist § 4 II BGB-InfoV neu gefaßt, so daß nunmehr ausdrücklich der Reisepreis „nach der Veröffentlichung des Prospekts und vor der konkreten Buchung" neu kalkuliert und einseitig angepaßt werden kann, wenn insbesondere eine Erhöhung der Beförderungskosten, der Abgaben oder für die Reise geltenden Wechselkurse vorliegt bzw. die Preise für einzelne Bestandteile der Reise sich erhöht haben, weil

Reisekatalog

zusätzliche Kontingente nachgekauft werden müssen. Mit dieser Gesetzesänderung soll der gedruckte Katalog hinsichtlich seines Reisepreises mit seiner langen Laufzeit gegenüber der tagesaktuellen Website wettbewerbsfähig gehalten werden (Führich, Preisanpassungen im Prospekt, RRa 2009, 162). Der Prospekt muß insoweit einen konkreten Änderungsvorbehalt haben und der Kunde muß eine Änderungserklärung erhalten

Beispiel: „Änderungen bleiben vorbehalten für Fluggesellschaften, Reiseroute und Preisangaben. Eine Preisanpassung vor Vertragsschluß ist gesetzlich im Rahmen des § 4 II BGB-InfoV zulässig".

(5) Schließlich hat der Katalog als Werbemittel eine wettbewerbsrechtliche Bedeutung. So muß der Katalog zum Schutz des Reisenden oftmals ausgelegt werden, wobei die Rechtsprechung den Grundsatz der **Prospektwahrheit und -klarheit** entwickelt hat. Das bedeutet im einzelnen, daß der Prospekt

- **richtig** (zutreffende Angaben),
- **vollständig** (alle wichtigen Umstände müssen genannt sein) und
- **klar** ist (§ 4 BGB-InfoV).

Der Reiseveranstalter hat seine Prospektbeschreibung dabei so zu gestalten, daß die für den Reisenden wichtigen Informationen dort abgedruckt sind, wo er sie **erwarten** darf. So gehört ein Hinweis auf Lärmbelästigungen in den Hauptteil des Katalogs und nicht in den getrennten Preis- und Informationsteil (LG Frankfurt/M NJW-RR 1987, 495).

Etwaige Nachteile, etwa der Unterkunft, müssen ausdrücklich und klar **ohne Schönfärberei** beschrieben werden (zum Beispiel Zimmerlage zur Straße). Mißverständliche Formulierungen, Verschleierungen im Katalog und bewußte Auslassungen gehen zu Lasten des Reiseveranstalters nach § 305 II BGB (Unklarheitenregel) und müssen unterbleiben. Für das Verständnis ist von einem durchschnittlichen, verständigen und nicht auslandserfahrenen Reisenden auszugehen (BGH, 14.12.1999, NJW 2000, 1188 – Reitclub I; OLG München NJW-RR 2002, 694: Lawinenunglück). Als unzulässige Verschleierungen wurden angesehen:

- „Hotel in zentraler Lage" für Verkehrslärm,
- „neueröffnetes Hotel" für unvollendete Gartenanlagen und Kinderkrankheiten im Betriebsablauf
- „Hotel in aufstrebender Umgebung" für Baulärm,
- „nahe der nicht sehr befahrenen Straße" für Verkehrslärm (LG Frankfurt/M NJW-RR 1988, 1330).

Auch verharmlosende Angaben über die Häufigkeit von Regen gehen zu Lasten des Reiseveranstalters (LG Frankfurt/M NJW-RR 1987, 566: Klima am Zielort).

Soweit **unvollständige Angaben** oder gar bewußte Weglassungen in der Katalogbeschreibung vorliegen, hier insbesondere bei den einzelnen Hotelbeschreibungen, geht diese Art der Kataloggestaltung ebenfalls zu Lasten des Veranstalters. Maßgeblich für die Frage der Offenbarungspflicht hinsichtlich negativer Eigenschaften des Leistungsprogramms ist der Einzelfall, wobei der Maßstab sich nach Treu und Glauben richtet. Hierbei ist zu fragen, ob der Reisende mit den auf der Reise vorgefundenen Verhältnissen nach der Prospektbeschreibung rechnen mußte und die negative Eigenschaft für den Kunden so erheblich ist, daß ein vernünftiger Reisender auf ihre Mitteilung Wert gelegt hätte. Entscheidend sind **Intensität**, **Häufigkeit** und **Ortsüblichkeit** der festgestellten Beeinträchtigung (LG Kiel NJW-RR 2000, 1162: Speisen in China). Andererseits können allgemeine Hinweise wie reges Nachtleben ausreichen, welche aber nicht jede Störung zu jeder Zeit und Dauer rechtfertigen.

Wird jedoch in einer verständlichen Sprache eine Leistungseinschränkung umschrieben und erfolgt der Hinweis nicht an versteckter Stelle, hat der Reisende keine Gewährleistungsansprüche.

Bei **Preisangaben** im Prospekt ist grundsätzlich der Endpreis einschließlich aller obligatorischer Leistungen zu nennen (§ 1 I PAngV). Daher müssen in den Pauschalpreis eine notwendig zu zahlende Flughafengebühr oder Sicherheitsgebühr (BGH NJW-RR 2001, 1693) integriert werden. Nach Art. 23 I der VO (EG) Nr. 1008/2008 ist unabhängig vom verwendeten Medium stets der vom Fluggast zu zahlende Endpreis einschließlich sämtlicher obligatorischen Preisbestandteile wie Steuern, Gebühren und Treibstoffzuschläge zu nennen. Entgelte für verbrauchsabhängige oder personenbezogene variable Zusatzleistungen, wie Endreinigung von Ferienwohnungen durch den Kunden, Kurtaxen, variable Gas-, Strom- oder Wasserabrechnungen dürfen gesondert ausgewiesen werden, weil diese Leistungen **nicht wie Pauschalen obligatorisch** sind (BGH NJW 1991, 2706). Ebenso kann **kein Serviceentgelt** durch den Vermittler einer Pauschalreise verlangt werden, da damit der Endpreis des Gesamtreisepreises unterlaufen würde.

Die Prospektwahrheit gilt insbesondere auch für die Darstellung durch **Photos** (Ausschnitte). Hierbei darf der Reisende davon ausgehen, daß ein Werbefoto tatsächlich **repräsentativ** für die Leistungsbeschreibung ist (AG Hannover RRa 2009, 80 (Möblierungsbeispiel). Ein Retuschieren ist unzulässig. Der Prospekt stellt meist für den Reisenden die einzige Informationsquelle dar und bildet die Grundlage für die Buchung. Deswegen vertraut der Reisende insbesondere bei Auslands- und Fernreisen der Sachkunde des Reiseveranstalters in seinen Prospektangaben und Fotos.

Andererseits ist zu beachten, daß bloße **reklamehafte Anpreisungen**, die keinen sachlichen Kern besitzen, für den Inhalt und Umfang der Pflichten des Reiseveranstalters ausscheiden (AG Stuttgart NJW-RR 1999, 489: prächtiger Badestand). Die hierbei verwendete schönfärberische Sprache oder Aufmacher-Photos dienen letztlich nur dem Marketing und bestehen aus inhaltsleeren Aussagen (wie zum Beispiel „Traumurlaub in ...").

Ferner scheiden aus der Einstandspflicht des Veranstalters alle diejenigen Umstände aus, die nichts mit dem Leistungsprogramm der Reise zu tun haben, sondern nur allgemein wie in einem **Reiseführer** den Ort und das Zielgebiet beschreiben, wie Angaben über Feste, Ausflugsmöglichkeiten oder Verkehrsverbindungen. Insoweit will sich der Veranstalter auch nicht rechtlich binden.

(6) Im Rahmen der Prospektwahrheit sind Verstöße gegen die Wahrheit und Klarheit für den Konkurrenten als Mitbewerber meistens Verstöße im Sinne **irreführender Werbung** im Sinne der §§ 3, 5 UWG. Sind bereits beim Er-

scheinen eines Pauschalreisekatalogs bestimmte Reisekontingente aufgrund Vorausbuchungen **ausgebucht**, so führt der Veranstalter das Publikum durch eine hinweislose Herausgabe seines Katalogs irre (OLG Düsseldorf NJW-RR 1986, 35). So sind bei der Werbung für eine **Verkaufsreise** mit einer Verkaufsveranstaltung strenge Anforderungen an die Art und Weise zu stellen, in der der Charakter als Verkaufsfahrt und die Einzelumstände der Reise verdeutlicht sein müssen. Danach ist ein eindeutiger, unmißverständlicher und insbesondere auch für den flüchtigen Betrachter unübersehbarer Hinweis darauf notwendig, daß es sich um eine Verkaufsreise handelt (BGH NJW-RR 1988, 225). Ebenso ist der bloße Hinweis auf eine kurze **Transferzeit** irreführend bei einem intensiv genutzten Militärflugplatz, der auch zivil verwendet wird (KG NJW-RR 1993, 557).

(7) Stimmt die Prospektangabe nicht mit den Verhältnissen am Urlaubsort überein, liegt für den Reisenden ein **Reisemangel** vor, der in der Regel die Gewährleistungsansprüche der Abhilfe, Preisminderung, Kündigung und Schadenersatz nach §§ 651 c–f BGB auslöst.

Übersicht 6.1: Katalogfloskeln und ihre Übersetzung

aufstrebend:	unterentwickelt, aber viele Baustellen
wöchentliche Folkloreabende:	sonst ist absolut nichts los
direkt am Meer:	Steilküste, Hafen, ohne Badestrand
familiäre Atmosphäre:	abgewohntes Haus ohne Komfort
unaufdringlicher Service:	Kellner läßt auf sich warten
lebhaft, fröhlich:	Touristenrummel
verkehrsgünstige Lage:	Verkehrsrummel rund um die Uhr
neu eröffnetes Hotel:	Gartenanlagen sind noch nicht fertig
in der Nähe des Flughafens:	Einflugschneise
kinderfreundliches Haus:	Gäste haben sich über Kinder beschwert
internationale Atmosphäre:	Alkoholisierte aus aller Welt
sauber und zweckmäßig:	ganz ohne Komfort
Strandpromenade:	Küstenstraße mit Durchgangsverkehr
beheizbarer Swimming-Pool:	Heizung wird nicht garantiert
im griechischen Stil:	Zimmer sind kahl und nüchtern
Idylle in ruhiger Lage:	j.w.d („janz weit draußen")
zur Meerseite hin:	ohne Meerblick, da Häuser dazwischen
naturbelassener Strand:	ungepflegt, oft im Abwasserbereich

Quelle: test, Zeitschrift der Stiftung Warentest, März 1988, S. 87

Eine so negative Auslegung muß nicht in jedem Fall zutreffen, doch die Wahrscheinlichkeit dafür ist sehr groß.

6.2.3.2.3 Unterrichtung vor Vertragsschluß (§ 5 BGB-InfoV)

Bei der Reiseanmeldung hat der Veranstalter, oder der Reisevermittler, der für ihn den Reisevertrag abschließt, nach § 5 BGB-InfoV zu unterrichten über

- **Paß-, Visumerfordernisse** für Deutsche einschließlich der Fristen und der Stellen zur Erlangung der Dokumente,
- **gesundheitspolizeiliche Formalitäten** für alle Reisenden und
- **Änderungen** im Hinblick auf den Prospekt.

Insoweit ist die Rechtslage nicht klar, ob die Unterrichtungspflicht über Paß und Visum nur gegenüber deutschen Staatsangehörigen (so der Wortlaut) oder auch gegenüber Angehörigen anderer EU-Staaten besteht wie dies die EG-Pauschalreise-Richtlinie in Art. 4 I lit. a fordert (so Führich 2010, Rn. 663a).

6.2.3.2.4 Reisebestätigung (§ 6 BGB-InfoV)

Der Reiseveranstalter hat bei oder unverzüglich nach Vertragsschluß eine schriftliche Reisebestätigung als Urkunde dem Reisenden auszuhändigen, die alle Informationen und Daten zur Reise enthält. (§ 651a III BGB, § 6 BGB-InfoV). Danach hat der Veranstalter folgende Pflichtangaben zu machen:

(1) **Reisepreis** mit Zahlungsmodalitäten,

(2) **zusätzlich stets**

- Name und postalische Anschrift des Reiseveranstalters,
- Obliegenheit wie Mängelanzeige, Kündigungsmöglichkeit, Fristsetzung mit Ausnahmen,
- Einmonatige Ausschlußfrist, Verjährungsfrist und namentliche Angabe der Stelle zur Anspruchsanmeldung,
- Reise-Rücktrittskosten-Versicherung oder Versicherung der Rückführungskosten einschließlich Name und Anschrift des Versicherers.

(3) **sofern nach Art und Reise von Bedeutung:**

- Transportmittel, Identität der Fluggesellschaft,
- Unterbringung, Mahlzeiten, Reiseroute, Mindestteilnehmerzahl, endgültiger Bestimmungsort oder die einzelnen Bestimmungsorte sowie die einzelnen Zeiträume und Termine,
- Tag, die voraussichtliche Zeit und Ort der Abreise und Rückkehr (hiergegen verstößt die Praxis oft!),
- die inbegriffenen Nebenleistungen wie Besuche und Ausflüge,
- Preisänderungsvorbehalte einschließlich deren Bestimmungsfaktoren (§ 651a IV) sowie nicht im Preis enthaltene Abgaben,
- vereinbarte Sonderwünsche.

Der Reisepreis und Zahlungsmodalitäten sind absolute Pflichtangaben in der Reisebestätigung. Die anderen Angaben können entfallen, wenn diese schon im Prospekt des Reiseveranstalters oder in den AGB enthalten sind und in der Reisebestätigung hierauf verwiesen wird.

6.2.3.2.5 Unterrichtung kurz vor Reisebeginn (§ 8 BGB-InfoV)

Rechtzeitig vor Reisebeginn müssen dem Reisenden mitgeteilt werden:

- Abfahrts- und Ankunftszeiten,
- Orte von Zwischenstationen und erreichbare Anschlußverbindungen,
- Platz bei der Beförderung,
- Name, Anschrift und Telephonnummer des örtlichen Vertreters des Veranstalters oder seiner Notfallstelle,
- bei Auslandsreisen Minderjähriger, wie eine bei Buchung angegebene Person erreicht wird.

Diese Angaben sind in diesem Stadium entbehrlich, wenn der Reisende schon vorher informiert worden ist und zwischenzeitlich keine Änderungen eingetreten sind.

6.2.3.3 Pflichten des Reisenden

(1) Der Reisende hat die Pflicht zur **Bezahlung des vereinbarten Reisepreises** (§ 651 a I 2 BGB). Der Preis ist grundsätzlich erst nach Reiseende fällig (§§ 646, 320 BGB), so daß der Reiseveranstalter nach dem Gesetz an sich vorleistungspflichtig ist. Das Gesetz läßt jedoch eine abweichende Fälligkeitsregelung zu.

(2) In der Praxis wird in der Regel durch AGB eine **Vorauskasse des Reisenden** vereinbart (vgl. Art. 2 ARB-DRV), so daß das Problem der Absicherung bei Insolvenz des Veranstalters entsteht. Nach § 651 k BGB ist eine Vorauskasse mit Anzahlung und Restzahlung nur zulässig, wenn der Reisende vor jeglicher Zahlung den Sicherungsschein als Dokument für die vorgeschriebene Insolvenzsicherung in Händen hält. Eine Anzahlung vor Zustandekommen des Reisevertrags verstößt auf jeden Fall gegen § 307 II Nr. 1 BGB (OLG Köln NJW-RR 2000, 1509). Auch ist es nicht zulässig, den Vertragsschluß von der Anzahlung abhängig zu machen (BGH NJW 1993, 263).

(3) Die **Höhe der Anzahlung** ist nicht in § 651 k BGB gesetzlich festgelegt, so daß nach der Rechtsprechung des BGH ein angemessener, verhältnismäßig geringer Betrag verlangt werden kann, der auch je nach Reiseart unterschiedlich sein kann. Für eine Flugpauschalreise ist maximal eine Anzahlung von **20 Prozent** möglich und kein Verstoß gegen das Zug-um-Zug-Prinzip von Leistung und Gegenleistung (BGH, 20.6.2006, NJW 2006, 3134; Führich 2010, Rn. 153).

(4) Als **Nebenpflichten** hat der Reisende das Erforderliche zur Vorbereitung und planmäßigen Durchführung der Reise zu tun wie

- Einhaltung der Paß-, Zoll-, Devisen- und Gesundheitsbestimmungen, Einreisebestimmungen (LG Hamburg RRa 2007, 227),

- keine erheblichen Störungen des Reiseablaufs wie Randalieren, da sonst ein außerordentliches Kündigungsrecht des Veranstalters nach § 314 BGB mit Schadensersatzpflicht nach §§ 280 I, 241 II BGB besteht,
- rechtzeitiges Erscheinen zum Reisetermin,
- ein Armband bei All-inclusive-Reisen zu tragen, wenn im Prospekt darauf hingewiesen wird (OLG Düsseldorf RRa 2001, 49).

6.2.4 Insolvenzschutz

(1) Einen effektiven Schutz des Reisenden für seine Vorauskasse des Reisepreises bietet bei der Insolvenz des Veranstalters die Insolvenzsicherung des § 651 k BGB (vgl. Führich, NJW 2001, 3082; Führich 2010, Rn 570 ff.). Danach hat der Reiseveranstalter (nicht ein Reisebüro als Vermittler!) sicherzustellen, daß im Falle seiner Zahlungsunfähigkeit oder der Eröffnung des Insolvenzverfahrens dem Reisenden der von ihm gezahlte Reisepreis – wegen nicht erbrachter Leistungen – und die notwendigen Aufwendungen für die Rückreise erstattet werden. Bei einer Insolvenz vor Reisebeginn bekommt der Pauschalurlauber damit seinen gezahlten Reisepreis zurück, bei einem Reiseabbruch nur den Betrag der nicht in Anspruch genommenen Leistungen und Ersatz der angemessenen Kosten der Rückreise. Hierzu zählen auch Doppelzahlungen des Kunden an einen Leistungsträger wie an das Hotel (EuGH, 14.5.1998, NJW 1998, 2201). Erstattet werden bei Gastschulreisen auch zugesagtes und an den Veranstalter vor geleistetes Taschengeld (OLG Köln NJW-RR 2003, 930). Eine Preisminderung für mangelhafte Reiseleistungen ist nicht abgesichert und kann nur vom Insolvenzverwalter im Rahmen des Insolvenzquote verlangt werden (BGH NJW-RR 2005, 782). Geschäftsbedingungen des Veranstalters und Versicherungsbedingungen eines Kundengeldabsicherers, die von der zwingenden Vorschrift des § 651 k BGB abweichen, sind nach §§ 651 l, 307 BGB unwirksam (BGH, 28.3.2001, NJW 2001, 1934). Abgesichert ist auch nur die Insolvenz des Reiseveranstalters, nicht aber der Fall, daß das Reisebüro als Vermittler oder ein Leistungsträger, wie zum Beispiel eine Fluggesellschaft, insolvent wird.

Beispiel: Der Fluggast bucht nur einen Flug bei einer inländischen oder ausländischen Fluggesellschaft. Obwohl der Fluggast in den meisten Fällen den Flugpreis vor Abflug bezahlt, besteht derzeit kein Insolvenzschutz für Fluggesellschaften. Dies ist verbraucherpolitisch bei den vielen Pleiten von Fluggesellschaften ein Skandal!

(2) **Sicherungsgeber** kann entweder eine **Versicherung** (Nr. 1) oder ein **Kreditinstitut** mit einem Zahlungsversprechen (Nr. 2) sein. Damit hat der Veranstalter eine Wahlmöglichkeit, welche Absicherung für sein Unternehmen angemessen ist. Im Vordergrund der touristischen Praxis steht als Sicherungsgeber die Versicherung mit verschiedenen Anbietern wie zum Beispiel der Deutsche Reisepreis-Sicherungsverein VVaG (DRS), TourVers (Aachener-Münchner); R + V oder die Zürich-Versicherung.

(3) Zur **Begrenzung des Risikos** des Sicherungsgebers durch eine Rückversicherung und zum Aufbau des notwendigen Deckungsbetrages kann der Sicherungsgeber seine Haftung für die von ihm in einem Jahr insgesamt zu erstattenden Beträge auf 110 Mio. € begrenzen (§ 651k II BGB). Gegen diese stufenweise Haftungsbegrenzung bestehen erhebliche europarechtliche **Bedenken**, da Art. 7 der EG-Pauschalreise-Richtlinie ohne Ausnahme **keine Höchstbeträge** zuläßt (EuGH, 15.6.1999, NJW 1999, 3181; Führich 2010, Rn. 584).

(4) In jedem Fall hat der Reiseveranstalter zur Erfüllung seiner Verpflichtung zur Insolvenzsicherung dem Reisenden einen **unmittelbaren Anspruch** gegen den Sicherungsgeber verschaffen und durch Übergabe einer von diesem Unternehmen ausgestellten **Sicherungsschein** nachweisen (§ 651 k III BGB). Ohne Sicherungsschein darf **keine Anzahlung** vom Reiseveranstalter bzw. vom dem vermittelnden Reisebüro gefordert oder angenommen werden (§ 651 k IV BGB).

(5) Da nur die Übergabe des Sicherungsscheins gefordert wird, ist die Schriftform des § 126 BGB nicht erforderlich. Damit ist ein **drucktechnisch deutlich hervorgehobener Abdruck** auf der Reisebestätigung oder eine Aushändigung eines Formblatts mit der Reisebestätigung oder mit den anderen Reisepapieren vor Reiseantritt zulässig (§ 9 III BGB-InfoV). Bloße Erklärungen des Veranstalters, beispielsweise in seinen AGB, reichen nicht aus. Wird der Sicherungsschein vor der Anzahlung ausgehändigt oder auf der Reisebestätigung aufgedruckt, kann der Veranstalter eine angemessene Anzahlung bis 20 Prozent bei Flugreisen und den **Restpreis** vier bis zwei Wochen vor Reiseantritt verlangen (Führich 2011, Rn 47). Der Restpreis darf allerdings erst fällig gestellt werden, wenn der Veranstalter die Reise nicht mehr wegen Nichterreichen einer Mindestteilnehmerzahl absagen kann (Führich 2010, Rn. 155; LG Hamburg NJW-RR 2008, 439).

(6) § 651 k V BGB trägt dem Herkunftsland im Rahmen der **EU-Dienstleistungsfreiheit** Rechnung. Danach muß ein Reiseveranstalter aus einem anderen EU- oder EWR-Staat, der dort abgesichert ist, sich nicht mehrfach sichern. Ein Nachweis über die ausländische Absicherung ist aber zu erbringen.

(7) Von der Insolvenzsicherungspflicht der Reiseveranstalter sind nachfolgende **Ausnahmen** gemäß § 651 k VI BGB zugelassen:

- Reiseveranstalter, die nur **gelegentlich** – also ein- oder zweimal im Jahr – und (!) **außerhalb ihrer gewerblichen Tätigkeit** Reisen veranstalten, beispielsweise als Geselligkeitsvereine, Pfarrer oder Lehrer, Reisen (Nr. 1). Keine Gelegentlichkeit ist anzunehmen, wenn ein Jahresprogramm mit drei und mehr Reisen aufgestellt wird. Bei diesen **privaten Gelegenheitsveranstaltern** besteht typischerweise ein geringes Insolvenzrisiko. Diese Ausnahme greift aber nicht bei gewerblichen Gelegenheitsveranstaltern ein wie einem Reisebüro mit Eigenveranstaltungen, Banken, Zeitungsverlagen oder Unternehmen, wenn sie zum Beispiel selbst Incentive-Reisen veranstalten.

- Ausgenommen sind Reisen, die nicht länger als 24 Stunden dauern, keine Übernachtung einschließen und nicht mehr als 75 Euro kosten (Nr. 2). Damit sind Tagesfahrten und Kaffeereisen zwar Pauschalreisen, aber bei der Sicherstellung privilegiert.

- Schließlich sind Reisen **juristischer Personen des öffentlichen Rechts** von der Insolvenzsicherungspflicht befreit (Nr. 3). Da insoweit kein Insolvenzrisiko besteht, können Reisen von staatlichen Schulen, Volkshochschulen, Hochschulen, Kirchen oder kommunalen Fremdenverkehrsämtern ohne Sicherungsschein angeboten werden, nicht jedoch dann, wenn diese Einrichtungen privatrechtlich als GmbH oder Verein betrieben werden (vgl. Führich 2010, Rn 597).

Diese privilegierten Reiseveranstalter werden jedoch von den anderen Vorschriften der §§ 651 a ff. BGB erfaßt!

(8) Wird die Insolvenzvorschrift des § 651 k BGB nicht eingehalten, drohen dem Reiseveranstalter, aber auch dem Reisebüro, welches für den Veranstalter den Reisepreis als Beteiligter i. S. des § 14 I 1 OWiG annimmt, ein **Bußgeld** nach der Vorschrift des § 147 b GewO.

(9) Zivilrechtlich kann der Reisende in diesen Fällen auch einen **Schadensersatzanspruch** aus Verletzung des Geschäftsbesorgungsvertrages (§ 675 BGB) gegen das vermittelnde Reisebüro geltend machen, der auf Rückzahlung des gezahlten Reisepreises oder auf seinen Ausfallschaden gerichtet ist, wenn der Veranstalter keine Absicherung hatte. Zudem liegt nach dem Wettbewerbsrecht ein Rechtsbruch gegenüber den Mitbewerbern i. S. der §§ 3, 4 Nr. 11 UWG vor, der zu einer **Abmahnung** oder einer **einstweiligen Verfügung** (§ 12 UWG) durch Mitbewerber, Verbraucherschutzverbände oder durch die Zentrale zur Bekämpfung des unlauteren Wettbewerbs (§ 8 III UWG) führen kann, wenn ein Veranstalter Pauschalreisen ohne Sicherungsschein anbietet. Dadurch hat er wegen der Kosten des Sicherungsscheins mit 5 bis 8 Euro pro 1000 Euro Reisepreis einen Wettbewerbsvorsprung vor rechtstreuen Mitbewerbern mit einer Absicherung (BGH, 24.11.1999, NJW 2000, 1639 – Center Parcs).

Teil B: Rechtsfragen vor Reiseantritt

6.3 Leistungs- und Preisänderungen

Nach der Buchung und vor Reiseantritt taucht oft das Problem auf, ob Änderungs- und Mängelankündigungen des Veranstalters zulässig sind, und ob der vereinbarte Reisepreis nachträglich geändert werden kann.

6.3.1 Leistungsänderungen

6.3.1.1 Zumutbare Leistungsänderungen

(1) Manchmal kann dem Reisenden nicht die versprochene Leistung angeboten werden: so ist beispielsweise das gebuchte Hotel noch nicht fertiggestellt. Wird dann dem Kunden ein mindestens gleichwertiges Ersatzhotel am **gleichen Ort, in vergleichbarer Lage und mit dem gleichen Standard** angeboten, ist dies keine erhebliche Änderung der Leistung und dem Reisenden grundsätzlich **zumutbar**. Der Reiseveranstalter darf jedoch eine solche Änderung vereinbarter Reiseleistungen nur vornehmen, wenn er sich diese Möglichkeit in seinen **AGB ausdrücklich vorbehalten** hat (vgl. Nr. 4 ARB, § 308 Nr. 4 BGB). Der Veranstalter kann eine Änderung damit nur vornehmen, wenn

- sie nach Vertragsschluß **notwendig** wird,
- vom Veranstalter **nicht wider Treu und Glauben herbeigeführt** wurde,
- die Änderung oder Abweichung **nicht erheblich** ist und
- der **Gesamtzuschnitt** der Reise **nicht beeinträchtigt** wird.

(2) Da der Reisende die Frage der Gleichwertigkeit vor Reiseantritt noch nicht beurteilen kann, muß allerdings der Veranstalter damit rechnen, daß der Reisende nach § 651 a V BGB von seinem kostenlosen gesetzlichen Rücktrittsrecht oder Recht auf eine gleichwertige Ersatzreise Gebrauch macht.

(3) Als **zulässige zumutbare Änderungen** sind angesehen worden:

- die Vertauschung der Reiseziele bei einer Rundreise (OLG Hamburg NJW-RR 1986, 1440),
- eine Nilreise flußabwärts statt flußaufwärts (LG Bonn NJW-RR 1994, 884),
- Filmdreharbeiten auf einem Kreuzfahrtschiff (LG Lübeck RRa 2000, 133),
- Ausfall eines Hafens (Alexandria) bei einer Kreuzfahrt (AG Erkelenz RRa 2004, 120).

(4) Der Reiseveranstalter hat eine **zulässige zumutbare Änderung** einer wesentlichen Reiseleistung unverzüglich nach Kenntnis des Änderungsgrundes dem Reisenden mitzuteilen (§ 651 a V 1 BGB). Der Reisende kann dann kostenfrei vom Vertrag **zurücktreten** (§ 651 a V 2 BGB) oder statt dessen, ebenso wie bei einer Absage der Reise durch den Reiseveranstalter, die Teilnahme

an einer mindestens gleichwertigen **Ersatzreise** verlangen, wenn der Veranstalter in der Lage ist, eine solche Reise ohne Aufpreis aus seinem Angebot anzubieten (§ 651 a V 3 BGB). Der Reisende hat sein Recht auf Rücktritt oder Ersatzreise unverzüglich nach der Änderungsmitteilung dem Veranstalter gegenüber geltend zu machen (§ 651 a IV 4 BGB).

6.3.1.2 Unzulässige Leistungsänderungen

(1) Anders verhält es sich, wenn die Leistungsänderung für den Kunden unzumutbar ist. Dann liegt ein **Reisemangel** vor, so daß der Reisende seine Gewährleistungsrechte aus §§ 651 c bis f BGB hat. Als **unzumutbar** wurden angesehen

- der Wechsel des Reiseziellandes oder der Hotelwechsel am Zielort, wenn das Ersatzhotel nicht die gleichen oder bessere Eigenschaften aufweist (BGH, 11.1.2005, NJW 2005, 1047: Malediven-Insel),
- Bahnreise statt Flug,
- erhebliche Änderung der Flugzeiten über 12 Stunden hinaus mit unzumutbarer Verkürzung der Nachtruhe,
- eine andere als die ohne Änderungsvorbehalt zugesagte Fluggesellschaft (LG Frankfurt/M NJW-RR 1998, 1590; LG Kleve NJW-RR 2002, 1058; AG Hamburg RRa 2004, 122).

(2) Ist die Leistungsänderung **unzumutbar**, kann der Reisende den Preis mindern, ohne daß es auf ein Verschulden des Veranstalters ankommt (§ 651 d BGB). Bei schweren Abweichungen ab 30 Prozent Gesamtbeeinträchtigung hat der Reisende auch das Recht zur Kündigung wegen erheblicher Reisemängel (§ 651 e BGB) einschließlich Schadenersatz wegen nutzlos aufgewendeter Urlaubszeit (§ 651 f II BGB), wenn bei Schadenersatz sich der Veranstalter nicht von seiner Verantwortung entlasten kann.

6.3.1.3 Mitteilung über Mängel am Urlaubsort

Aufgrund seiner **Informationspflicht** hat der Veranstalter den Kunden umfassend über den Urlaubsort und die Unterkunft informieren. Unvollständigkeiten gehen zu Lasten des Veranstalters. Diese Informationspflicht betrifft nicht nur den Katalog des Veranstalters nach § 4 BGB-InfoV, sondern gilt bis zum Reiseantritt. Soweit eine klare, deutliche und rechtzeitige Aufklärung über Mängel vorliegt, hat der Reisende keine Rechte. Teilt der Veranstalter jedoch erst kurz vor Reisebeginn beispielsweise mit:

- das Ferienhaus sei stark beschädigt worden,
- Baulärm drohe von einer Großbaustelle,
- der Strand sei durch Teer stark verschmutzt,
- der versprochene Swimmingpool oder das Hotel sei noch nicht fertiggestellt oder
- es sei mit einem Hotelstreik zu rechnen,

dann braucht der Reisende dies nicht hinzunehmen. Hier werden **Reisemängel** vom Veranstalter **zu spät angekündigt**. Wie bei einer zumutbaren Leistungsänderung kann der Kunde von der Reise kostenlos zurücktreten oder eine Ersatzreise verlangen (§ 651 a V BGB). Er kann aber auch unter **Vorbehalt** eventueller Ansprüche die Reise antreten und nach Rückkehr den Preis gegebenenfalls mindern (§ 651 d BGB) oder bei erheblichen angekündigten Mängeln (30 Prozent!) nach einer Fristsetzung am Urlaubsort den Vertrag wegen Reisemängeln **kündigen** (§ 651 e BGB).

6.3.2 Preiserhöhungen

(1) **Vor dem Abschluß** eines Reisevertrags können Preise des Reiseprospekts jederzeit unter Beachtung der gesetzlich in § 4 II BGB-InfoV genannten Erhöhungsgründe angepaßt werden, wenn insoweit **vor Vertragsschluß** ein konkreter **Änderungsvorbehalt** im Prospekt oder in den AGB gemacht wird. Die Reisepreise auf einer Website können stets der Nachfrage angepaßt werden.

(2) **Nach Vertragsschluß** ist eine Preiserhöhung **grundsätzlich unzulässig**, denn es gilt auch im Reiserecht der römische Grundsatz: *pacta sunt servanda*. Ausnahmsweise ist eine Preisänderung nach § 651 a IV BGB und den grundlegenden Entscheidungen des BGH vom 19.11.2002 (NJW 2003, 507 und 746) nur dann möglich, wenn

- in den AGB ein **Preisänderungsvorbehalt** vorgesehen ist,
- nur die Kostenfaktoren **Beförderungskosten**, **Abgaben** für bestimmte Leistungen, wie Hafen- oder Flughafengebühren oder **Wechselkursänderungen** betroffen sind (Führich, RRa 2003, 4),
- dies mit genauen **Angaben zur Berechnung des neuen Preises in den AGB** des Reisevertrag verbunden ist, so daß der Kunde eine ihn treffende Kostenmehrbelastung nachrechnen kann und erkennen kann, wie eine Kostenmehrbelastung sich auf den Reisepreis auswirkt;
- zwischen Vertragsschluß (in der Regel Zugang der Reisebestätigung) und Reiseantritt **mehr als vier Monate** liegen (§ 309 Nr. 1 BGB),

  Beispiel: Die Reisebestätigung geht am 23.5. zu. Am 16.6. teilt der Veranstalter die Erhöhung mit. Reisebeginn soll am 2.7. sein. Erhöhung ist unzulässig.

- der Reisende mindestens **21 Tage** vor dem Reisebeginn informiert wird (Schonfrist) und
- eine Änderung des Reisepreises **unverzüglich** nach Kenntnis des Änderungsgrundes dem Reisenden erklärt wird.

(3) Unzulässig sind daher Irrtumsvorbehalte, ein Berufen auf einen Kalkulationsirrtum (LG Frankfurt/M NJW-RR 1988, 1331), auf einen Irrtum bei der Gesamtpreisberechnung oder auf einen **Kerosinzuschlag**, wenn die Gründe für die Ölpreisverteuerung vor dem maßgeblichen Stichzeitpunkt des Ver-

tragsschlusses liegen und damit dem Reisenden bereits bei der Buchung als Steigerung des Prospektpreises mitgeteilt hätte werden können.

(4) Bei einer Erhöhung von **mehr als fünf Prozent** hat der Reisende ein kostenfreies Rücktrittsrecht unter Erstattung des gezahlten Reisepreises (§§ 651 a V 2, 346 BGB). Ein **kostenfreies Rücktrittsrecht** ist ebenfalls möglich, wenn der Veranstalter innerhalb der Vier-Monatsgrenze des § 309 Nr. 1 BGB den Preis erhöht, da dann eine Pflichtwidrigkeit des Veranstalters vorliegt (Führich 2010, Rn. 177).

(5) Der Reisende kann statt dessen, ebenso wie bei einer Absage der Reise durch den Reiseveranstalter, die Teilnahme an einer mindestens gleichwertigen Ersatzreise zum alten Preis verlangen, wenn der Veranstalter in der Lage ist, eine solche Reise ohne Mehrpreis aus seinem Angebot anzubieten. Die Buchung einer Ersatzreise bei einem anderen Veranstalter ist grundsätzlich nicht möglich. Der Reisende hat diese Rechte **unverzüglich** nach Erklärung durch den Reiseveranstalter diesem gegenüber geltend zu machen (§ 651a V 4 BGB).

6.4 Aufhebung des Reisevertrags

Da die Reise einige Zeit vor ihrem Beginn gebucht wird, stellt sich für den Reisenden wie den Veranstalter die Frage, unter welchen Voraussetzungen der Reisevertrag vorzeitig aufgehoben werden kann.

6.4.1 Stellung eines Ersatzreisenden

(1) Nach § 65 b I BGB kann der Reisende von seinem Reiseveranstalter verlangen, daß statt ihm oder einem anderen Reiseteilnehmer ein **Dritter** an der Reise teilnimmt, der dann in die Rechte und Pflichten aus dem bestehenden Reisevertrag eintritt. Damit vermeidet der Reisende eine kostspielige Stornierung der Reise nach § 65 i BGB. Diese Ersetzungsbefugnis ist nicht an die Voraussetzung einer Reiseverhinderung geknüpft.

(2) Das **Verlangen** des Reisenden gegenüber dem Veranstalter oder seinem vermittelnden Reisebüro kann **bis zum Reisebeginn** ausgeübt werden, gleichwohl muss es dem Veranstalter je nach Reise, Reisendem und gebuchter Reiseveranstaltung möglich sein, die organisatorischen und prüfenden Maßnahmen zu treffen. Daher ist der Veranstalter in einer Frist von ein bis zwei Tagen vor Reiseantritt zu informieren (LG Leipzig RRa 2008, 272).

(3) Der Veranstalter kann dem Vertragseintritt (Vertragsumschreibung) des Dritten **widersprechen**, wenn dieser den **besonderen Reiseerfordernissen** nicht genügt (Tropentauglichkeit, gesundheitliche Anforderungen, Alter) oder seiner Teilnahme **gesetzliche Vorschriften** oder **behördliche Anordnungen** entgegenstehen (Visum, Impfbestimmungen). Diese Widerspruchsgründe sind abschließend.

(4) Tritt der andere Reisende in den Vertrag ein, haftet er und der ursprüngliche Reisende als **Gesamtschuldner** für den Reisepreis und die durch den Eintritt entstehenden Mehrkosten (§ 651 b II BGB). Eine angemessene Pauschale von 30 Euro als Bearbeitungsentgelt in AGB ist möglich.

(5) Soweit der Reiseveranstalter seinen Pflichten (zum Beispiel Informationspflicht) aus dem Reisevertrag bereits gegenüber dem früheren Vertragspartner nachgekommen ist, hat der Ersatzreisende dies gegen sich gelten lassen.

(6) Widerspricht der Veranstalter der Teilnahme des Dritten zu Unrecht, muß der Veranstalter bei Nichtteilnahme von Reisenden und Dritten Schadenersatz aus Vertragsverletzung (§ 280 I BGB) leisten (AG Leipzig RRa 2008, 272).

6.4.2 Rücktritt des Reisenden (Stornierung)

(1) Vor Reisebeginn kann der Reisende **jederzeit** ohne Angabe von Gründen zurücktreten (§ 651 i BGB). Der Veranstalter kann dann zwar keinen Reisepreis, aber eine angemessene Entschädigung (Stornokosten) verlangen. Hinsichtlich der Stornierungsbedingungen kommt es auf die Gültigkeit der AGB-Klauseln des Veranstalters an.

(2) Der Rücktritt des Kunden kann **formlos**, also auch durch Fax erfolgen und wird mit dem **Zugang** bei der Buchungsstelle wirksam (§ 130 BGB). Als Adressat kommt der Veranstalter, aber auch das Reisebüro bei einer Reisevermittlung in Betracht. Soweit AGB den Zugang beim Veranstalter vorsehen, ist dies rechtsunwirksam, da dann eine Verzögerung auf den Kunden abgewälzt wird (AG Hamburg-Altona RRa 2001, 12).

(3) Dieses Rücktrittsrecht besteht **bis zum Reisebeginn** und wird auch dann angewendet, wenn der Reisende aus Gründen, die in seiner Privatsphäre liegen, die Reise nicht antritt wie *no show*, Krankheit oder Wegeverzögerung zur Abreise. Reisebeginn ist der Zeitpunkt, in dem der Reisende die Leistungen des Veranstalters erstmals teilweise in Anspruch nimmt wie der Beginn der Flugabfertigung (OLG Dresden RRa 2001, 254; LG München I RRa 2004, 274).

(4) Die **„angemessene"** Entschädigung kann der Veranstalter **konkret** berechnen und seinen Verlust detailliert dem Kunden in Rechnung stellen, wobei der Wert der ersparten Aufwendungen sowie die tatsächliche anderweitige Verwendung der Reise (zum Beispiel Weiterverkauf) zu berücksichtigen sind (§ 651 i II BGB).

(5) Wegen der Schwierigkeiten einer konkreten Nachweispflicht gestattet das Gesetz aber auch dem Veranstalter, in seinen AGB diese Entschädigung **pau-**

schal zu verlangen (§ 651 i III BGB). Diese übliche Praxis muß gestaffelte Pauschalen nach Reisearten vorsehen, je nachdem, wieviel Tage vor Reiseantritt der Rücktritt erklärt wird (BGH NJW-RR 1990, 114). Für Flugpauschalreisen sind folgende Stornopauschalen als angemessen angesehen worden:

bis 30 Tage vor Reiseantritt:	20 Prozent
Ab 29. bis 22. Tag vor Reiseantritt:	30 Prozent
Ab 21. bis 15. Tag vor Reiseantritt:	40 Prozent
Ab 14. bis 7. Tag vor Reiseantritt:	50 Prozent
Ab 6. Tag vor Reisebeginn:	55 Prozent
ab Nichtantritt	75 Prozent

Wesentlich höhere Pauschalen sind wegen des Mindeststandards des Reisevertragsrechts unwirksam (§ 651 m BGB) und es gilt dann der nach § 651 i II BGB konkrete Ausfallschaden, der vom Gericht geschätzt werden kann (OLG Nürnberg NJW 1999, 3128: 100 Prozent ist unwirksam).

(6) Nach § 309 Nr. 5 b BGB muß in der Vertragsklausel ausdrücklich darauf hingewiesen werden, daß der Reisende das Recht hat, im konkreten Einzelfall nachzuweisen, der Veranstalter habe einen **geringeren oder keinen Schaden** gehabt (OLG Karlsruhe NJW-RR 1998, 841). Dieser **Gegenbeweis** dürfte dem Kunden allerdings schwer fallen, außer er hat beispielsweise durch Bekannte kurz vor Reisebeginn fragen lassen, ob noch Plätze für seinen Termin frei sind. Falls die Reise ausgebucht ist, hat der Veranstalter Ersatz gefunden. Dann hat der Reisende nur ein Umbuchungsentgelt zu zahlen.

Beachte: Eine Mischmethode mit Stornopauschale und zusätzlicher Berechnung von Telephon- oder Telexgebühren (wo es das noch gibt) ist unzulässig (OLG München NJW-RR 1987, 493).

(7) Eine Stornoklausel muß zusätzlich den AGB-Kontrollvorschriften der §§ 308 Nr. 5, 7 BGB entsprechen, so daß folgende Klauseln als **unangemessene Benachteiligung** des Reisenden für unzulässig erklärt wurden:

- **Umbuchungen** innerhalb **21 Tagen** werden wie Stornierungen behandelt (LG Düsseldorf VuR 1990, 83),
- ab **30 Tage vor Reisebeginn** 80 Prozent des Reisepreises (BGH NJW 1990, 114),
- **Rücktritt** innerhalb von **40 Tagen vor Mietbeginn** eines Ferienhauses 50 Prozent des Mietpreises und außerhalb von 40 Tagen vor Mietbeginn 35 Prozent des Mietpreises (BGH NJW 1992, 3163),
- **Umbuchungen** innerhalb von **40 Tagen** vor Reisebeginn werden als Rücktritt verbunden mit einer Neuanmeldung gewertet (BGH NJW 1992, 3158),
- keine Differenzierung in der Stornoklausel nach **Reisearten** (LG Hamburg NJW 1998, 3281).

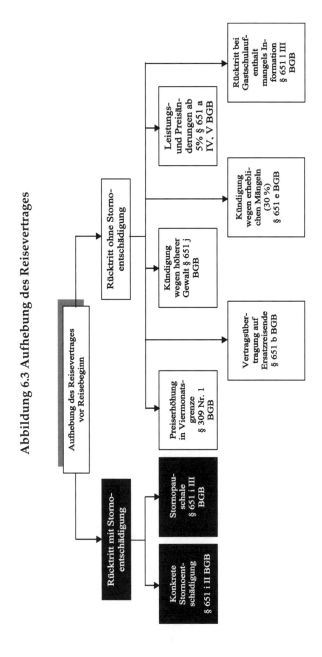

Abbildung 6.3 Aufhebung des Reisevertrages

(8) Der Reiseveranstalter muß nach § 6 II Nr. 9 BGB-InfoV einen Hinweis auf eine zusätzlich mögliche **Reise-Rücktrittskosten-Versicherung** in seine AGB aufnehmen, die dann im Rahmen ihrer Versicherungsbedingungen diese Entschädigung übernimmt. **Versicherte Risiken** sind je nach den Versicherungsbedingungen jedoch nur der Tod, schwerer Unfall oder eine unerwartete schwere Erkrankung, eine Impfunverträglichkeit, eine Schwangerschaft oder ein Schaden am Eigentum des Versicherten oder bei genannten Risikopersonen. Versicherungen können weitere Risiken wie Arbeitslosigkeit versichern. Die Versicherung übernimmt damit nicht die Stornoentschädigung, wenn der Reisende die Buchung rückgängig machen will, weil er es sich anders überlegt hat, er ein günstigeres Angebot gefunden hat oder weil seine Urlaubspläne durchkreuzt worden sind. **Risikopersonen** sind nahe Angehörige und solche, welche auf der Police eingetragen sind (näher Führich 2010, Rn 811 ff.).

6.4.3 Kündigung wegen höherer Gewalt

(1) Wird die Pauschalreise infolge bei Vertragsschluß – also nicht bei Reiseantritt – nicht voraussehbarer höherer Gewalt erheblich erschwert, gefährdet oder beeinträchtigt, können sowohl der Veranstalter als auch der Reisende den Vertrag vor und während der Reise alleine nach der Spezialvorschrift des § 651 j BGB kündigen. Als **höhere Gewalt** gilt hierbei...

- ein plötzliches, von außen kommendes Ereignis,
- das weder der Unternehmersphäre des Veranstalters noch der Privatsphäre des Reisenden zurechenbar ist und
- nicht durch äußerste zu erwartende Sorgfalt abgewendet werden kann.

Beispiele:
- Naturkatastrophen (BGH, 15.10.2002, NJW 2002, 3700: Hurrikan)
- Krieg und Bürgerkrieg (OLG Köln NJW-RR 1992, S. 1014: Golfkrieg; LG Leipzig NJW-RR 2005, 995: Kreuzfahrt im östlichen Mittelmeer während Irak-Krieg)
- Epidemien wie Cholera oder SARS (AG Augsburg RRa 2005, 84)
- Tschernobyl (BGH, 23.11.1989, NJW 1990, 572)
- Behördliche Anordnungen wie Badeverbote, Straßensperren wegen Lawinengefahr, plötzliche Visumpflicht (OLG Frankfurt/M RRa 2004, 258 mit Anm. Führich, RRa 2005, 50)
- **nicht**: Unwirtschaftlichkeit der Reise, da Risiko des Veranstalters
- **nicht**: Streiks bei Leistungsträgern, da im Risiko des Veranstalters
- **nicht**: Allgemeines Lebensrisiko des Reisenden wie Wetter, Schneelage, Meeresverschmutzung, politische Krisen, Bombenanschläge, allgemeine Überfallgefahr

(2) Durch die höhere Gewalt muß bei **objektiver Betrachtung im Zeitpunkt der Kündigung** die **Reiseleistung** erheblich erschwert oder gefährdet oder die **Sicherheit** des Reisenden gefährdet sein. Hierfür ist eine Reisewarnung des Auswärtigen Amtes ein wesentliches, aber kein alleiniges Indiz. Sobald das Auswärtige Amt für ein bestimmtes Gebiet eine generelle Reisewarnung

ausgesprochen hat („erhöhtes Sicherheitsrisiko") und es zum Krisengebiet erklärt wurde, ist in der Regel von höherer Gewalt auszugehen (LG Bonn RRa 2003, 214). Bei einem Hurrikan ist der BGH von einer Gefährdung ausgegangen, wenn die Eintrittswahrscheinlichkeit der Katastrophe bei 1:4 liegt (BGH, 15.10.2002, NJW 2002, 3700). Eine Gefährdung wurde auch wegen des Terroranschlags am 11. September 2001 für New-York-Reisende für Herbst- bzw. Winterreisen 2001 angenommen (LG Frankfurt/M NJW 2003, 2618).

(3) Der Veranstalter muß beachten, daß bei einer Kündigung wegen höherer Gewalt keine Stornogebühr verlangt werden darf, sondern der Veranstalter dann seinen Anspruch auf den Reisepreis verliert. Für **„abgewohnte" Reiseleistungen** bei einem Reiseabbruch kann der Veranstalter aber eine angemessene Entschädigung verlangen. Zudem hat der Reiseveranstalter bei Reiseabbruch die **Rückreise** zu organisieren, wobei deren **Mehrkosten** von den Parteien je zur Hälfte zu tragen sind. Sonstige Mehrkosten wie die Unterbringung über die Vertragsdauer hinaus hat der Reisende zu tragen (§ 651j II, e III 1, 2 BGB). An den Investitionskosten in die Reise oder an Stornokosten eines Hotels kann der Veranstalter den Reisenden bei einer Kündigung **vor Reisebeginn** nicht beteiligen. Das oftmals insoweit fälschlich zitierte Urteil des BGH in der Tschernobyl-Entscheidung (BGH, 23.11.1989, NJW 1990, 572) kann nach der Umsetzung der EG-Pauschalreise-Richtlinie nicht herangezogen werden, da die Richtlinie keine Kostenbelastung vor Reisebeginn zuläßt.

(4) Als Veranstalter muß man zudem bedenken, daß Beeinträchtigungen einer Reise, die auf höhere Gewalt zurückzuführen sind, als **Reisemangel** anzusehen sind, wofür der Veranstalter auf eine Preisminderung haftet. Auf ein Verschulden kommt es für die Preisminderung nicht an (LG Kleve RRa 2000, 99: Wirbelsturm; AG Duisburg NJW-RR 2005, 1430: Hurrikan schwemmt Hotelstrand weg mit 20 Prozent). Die Minderung nach § 651 d BGB hat nichts mit der Sonderkündigungsvorschrift des § 651 j BGB zu tun.

(5) Den Veranstalter trifft wegen seiner reisevertraglichen Fürsorgepflicht eine umfassende **Erkundigungs- und Informationspflicht** über Sicherheitsrisiken. Diese Pflicht besteht bis zum Reiseende, damit der Reisende entscheiden kann, ob er von seiner Kündigungsmöglichkeit Gebrauch macht. Bei unzureichender Information hat der Reisende einen selbständigen Schadenersatzanspruch nach § 651 f BGB, sofern sich der Veranstalter nicht wegen eines fehlenden Verschuldens entlasten kann (OLG Celle NJW 2005, 3647: Keine Reiseveranstalterhaftung wegen Terroranschlags auf Djerba).

(6) **Zusammengefaßt** kann also die Reise nach § 651 j BGB nur gekündigt werden bei Vorliegen

- eines Reisevertrags,
- höherer Gewalt,
- welche bei Vertragsabschluß nicht voraussehbar war, und

- dadurch die Reise erheblich erschwert, gefährdet oder beeinträchtigt wird und
- einer Kündigungserklärung des Reisenden oder des Veranstalters

6.4.4 Absage durch Veranstalter

6.4.4.1 Mindestteilnehmerzahl

(1) Nach § 4 I Nr. 7 BGB-InfoV hat der Reiseveranstalter in einem von ihm herausgegebenen Prospekt eine für die Durchführung der Reise erforderliche **konkrete Mindestteilnehmerzahl** anzugeben, sowie die Angabe, bis zu welchem **Zeitpunkt** vor dem vertraglich vereinbarten Reisebeginn dem Reisenden die Erklärung spätestens zugegangen sein muß, daß die Teilnehmerzahl nicht erreicht und die Reise nicht durchgeführt wird. Unter diesen Voraussetzungen kann der Reiseveranstalter zulässigerweise eine Reise bei Gruppenreisen absagen (§ 308 Nr. 3 BGB). Eine **Rücktrittsfrist** von zwei Wochen (vgl. Nr. 8 ARB-DRV) wird von den Gerichten nicht beanstandet. Der Veranstalter sollte beachten, daß vor dem letztmöglichen Absagezeitpunkt nicht die **Restzahlung** auf den Reisepreis verlangt werden darf (Führich 2010, Rn. 173).

(2) Andere Gründe als das Nichterreichen einer Mindestteilnehmerzahl bzw. Kündigung wegen höherer Gewalt sind nach Art. 4 IV der EG-Pauschalreise-Richtlinie nicht sachlich gerechtfertigt und daher unzulässig (zum Beispiel „Absage vorbehalten", „Überschreiten der wirtschaftlichen Opfergrenze").

(3) Bei einer Absage der Reise durch den Reiseveranstalter kann der Reisende die Teilnahme an einer **gleichwertigen Ersatzreise** ohne Mehrpreis aus dem Programm seines Reiseveranstalters verlangen (§ 651 a V 3 BGB). Eine Buchung bei einem anderen Veranstalter ist bei einer zulässigen Absage der Reise nicht möglich, weil der Veranstalter nur von seinem Recht

Vor allem bei Gruppenreisen wie Bus- und Studienreisen spielen Mindestteilnehmerzahlen eine wichtige Rolle

Gebrauch macht und nicht vertragsbrüchig wird. Erfolgt die Stornierung des Veranstalters jedoch **unberechtigt**, dann bricht er den Reisevertrag und muß **Schadenersatz wegen Nichterfüllung** (§ 651f BGB) leisten.

Teil C: Rechtsfragen nach Reiseantritt

6.5 Reisemangel

Bei den meisten reiserechtlichen Streitigkeiten geht es um die Frage, ob der Reisende, der von den Reiseleistungen der Pauschalreise enttäuscht ist, **Gewährleistungsrechte** – also Mängelrechte – gegen den Veranstalter hat. Ausgangspunkt ist nach § 651 c I BGB, daß der Reiseveranstalter verpflichtet ist, die Reise so zu erbringen, daß sie die **zugesicherten Eigenschaften** hat und nicht mit **Fehlern** behaftet ist, welche den Wert oder Nutzen der Reise mindert.

6.5.1 Verschuldensunabhängige Haftung ab Vertragsschluß

(1) Treten nach Vertragsabschluß bis zum Ende der Reise Störungen im vertraglich übernommenen Leistungsbereich des Veranstalters zu Lasten des Reisenden auf, dann haftet der Veranstalter seinem Vertragspartner nach §§ 651 c bis e BGB, ohne daß es auf ein Verschulden – also ein vorwerfbares Handeln in Form von Vorsatz oder Fahrlässigkeit – des Veranstalters oder seiner Leistungsträger als seinen Erfüllungsgehilfen (§ 278 BGB) ankommt.

(2) Die allgemeinen Regeln des BGB für Leistungsstörungen wie Unmöglichkeit, Verzug oder Verletzung von Schutz- und Nebenpflichten werden durch diese speziellen Gewährleistungsvorschriften verdrängt und nicht angewendet (BGH, 20.3.1986, NJW 1986, 1748; BGH, 11.1.2005, NJW 2005, 1047: Überbuchung des Hotels). Wenn also der Reiseantritt sich verspätet, die Reise unberechtigt „platzt", der Veranstalter oder sein Hotelier überbucht, das Gepäck durch die Fluggesellschaft fehlgeleitet wird, Baustellenlärm den Urlauber im Hotel nervt oder der Reisende wegen Sicherheitsmängel des Hotels sich verletzt, stets liegt ein **Reisemangel** vor, der zu vertraglichen Gewährleistungsansprüchen der Abhilfe, Selbstabhilfe, Minderung und Kündigung nach §§ 651 e bis e BGB führt.

(3) Kann sich der Veranstalter bezüglich eines bei einem Reisemangel dann grundsätzlich anzunehmenden Verschuldens nicht nach § 651 f I BGB entlasten, haftet er zusätzlich auf **Ersatz von Personen- und Sachschäden** des Reisenden und wegen **nutzlos aufgewendeter Urlaubszeit** nach § 651 f II BGB.

6.5.2 Rechte des Reisenden

(1) Wenn die Reise mangelhaft ist, dann hat der Reisende verschiedene Rechte. Der Reisevertrag unterscheidet zwischen

- Abhilfeanspruch (§ 651 c II, III BGB)
- Reisepreisminderung (§ 651 d BGB)

- Kündigung wegen erheblicher Reisemängel (651 e BGB)
- Schadenersatz für Begleit- und Folgeschäden (651 f I BGB)
- Schadenersatz für nutzlos aufgewendete Urlaubszeit (§ 651f II BGB)

(2) Neben diesen reisevertraglichen Ansprüchen kann der Kunde sich möglicherweise auf parallele oder weitergehende Schadensersatzansprüche aus der gesetzlichen **unerlaubter Handlung** berufen (§ 823 BGB). Dann hat der Reisende auch als Vertragspartner des Veranstalters wie jeder Verletzte eine Verletzung eigener **Verkehrssicherungspflichten des Reiseveranstalters für sicherheitsgefährdende Anlagen** nachzuweisen. Es hat also ein Verschulden des deutschen Managements bei der Kontrolle von Sicherheitsstandards insbesondere bei den Leistungsträgern vorzuliegen. Bloße Nachlässigkeiten bei dem Leistungsträger spielen bei der Deliktshaftung des Veranstalters keine Rolle, denn ein Hotel oder eine Fluggesellschaft werden nicht als sog. Verrichtungsgehilfen nach § 831 BGB angesehen, für die der Veranstalter unter dem Gesichtspunkt dieser speziellen Deliktshaftung geradestehen müßte. Das Vertragshotel oder ein örtlicher Subunternehmer für Tagesausflüge unterliegt nicht den direkten Weisungen des Veranstalters und sind damit nicht Verrichtungsgehilfen wie die Arbeitnehmer des Veranstalters (BGH, 25.2.1988, NJW 1988, 1380: Balkonsturz; BGH, 14.12.1999, NJW 2000, 1188: Reitclub).

Im Rahmen seiner regelmäßigen Kontrollpflichten ist der Veranstalter allerdings nicht verpflichtet, Sicherungsmaßnahmen umfassendster Art vorzunehmen, sondern kann sich durch **Stichproben** vom **örtlich geforderten Sicherheitszustand** seiner Leistungsträger informieren. Hierbei müssen nur offensichtliche Sicherheitsrisiken durch sachkundige Beauftragte erkannt werden (OLG Frankfurt/M/M NJW-RR 1994, 560: Boiler; OLG Düsseldorf NJW-RR 1990, 187: keine Kontrolle von einzelnen Mahlzeiten; LG München I RRa 1996, 78: Kreuzfahrtschiff Achille Lauro; BGH,14.12.1999, NJW 2000, 1188: Reitclub; BGH, 12.3.2002, NJW-RR 2002, 1056: Zuverlässige Skiführer; BGH NJW 2006, 3168: Wasserrutsche; Führich 2010, Rn. 425 ff.). Soweit bei Schiffen und Flugzeugen Zertifikate von Behörden vorliegen, sind diese auf Vorhandensein zu kontrollieren. Im übrigen kann sich der Veranstalter auf diese verlassen (LG Frankfurt/M RRa 2002, 210).

6.5.3 Reisemangel als Voraussetzung von Gewährleistungsansprüchen

6.5.3.1 Begriff des Reisemangels

Ein Reisemangel liegt immer dann vor, wenn das versprochene Leistungsprogramm des Veranstalters tatsächlich nicht eingehalten werden kann. Die **Ist-Beschaffenheit** weicht also von der **Soll-Beschaffenheit** zu Lasten des Reisenden ab. Die Beeinträchtigung muß den Verantwortungsbereich des Veranstalters mit seinen Reiseleistungen betreffen. Woher die Störung kommt, aus dem

Bereich des Leistungsträgers oder aus dem Umfeld des Urlaubsorts zum Beispiel Lärm, spielt keine Rolle. Hierbei unterscheidet § 651c I BGB den

- Fehler mit Nutzungsbeeinträchtigung oder
- das Fehlen zugesicherter Eigenschaften der Reise.

(1) Die Erwartung des Reisenden bei der Bestimmung eines **Fehlers** wird hierbei maßgeblich geprägt durch den Katalog, die Reisebestätigung, die Zusagen, den Reisecharakter und die Ortsüblichkeit. Ein Fehler erfordert also eine **qualitative oder quantitative Minderleistung**, wobei Art und Niveau der Reise entsprechend dem Prospekt der Maßstab ist. Hier ist im Einzelfall zu fragen, was bei der konkreten Erholungs-, Trekking-, Sprach-, Billig-, oder Eventreise gefordert werden kann. Fehler müssen jedoch immer zu einer gewissen Reisebeeinträchtigung über eine zumutbare Toleranz (Unannehmlichkeit) hinaus führen.

(2) **Freizeichnungen** für bestimmte Beeinträchtigungen durch entsprechende Prospekthinweise sind für die Annahme eines Fehlers nur wirksam, wenn sie aus der Sicht des Kunden inhaltlich eindeutig sind und an solchen Stellen im Katalog abgedruckt sind, an denen der Kunde eine entsprechende Information auch erwarten darf (LG Frankfurt/M/M NJW-RR 1988, 248). So kann der Hinweis auf Lärm oder eine Bautätigkeit bei einem aussagekräftigen Inhalt zur Leistungsfreiheit führen.

(3) **Zusicherungen** liegen dann vor, wenn der Veranstalter ein Reisemerkmal besonders hervorgehoben hat. Ob eine konkrete Beeinträchtigung vorliegt, spielt bei dieser Art des Reisemangels keine Rolle (OLG Düsseldorf RRa 2004, 65; Führich, Basiswissen Reiserecht, Rn 141). Wenn der Veranstalter sich freizeichnet und ausdrücklich keine Gewähr für das Vorhandensein der Leistung abgibt, kann keine Zusicherung angenommen werden. Als Zusicherung werden angesehen:

- sachliche, hervorgehobene Katalogangaben,
- Vermerke auf Reiseanmeldungen,
- Reisebestätigungen und bestätigte Sonderwünsche (§ 6 BGB-InfoV),
- mündliche und schriftliche Zusagen des Veranstalters, seiner Agenturen oder von selbständigen Reisebüros, wenn sie sich ergänzend im Rahmen des Prospekts halten und diesem nicht widersprechen,

Gegenstand einer Zusicherung können die Hotelkategorie (AG Essen NJW-RR 1991: 2-Sterne statt 3-Sterne), der Meerblick, die Strandentfernung, Hoteleinrichtungen, die Sportmöglichkeiten, die zugesagte Fluggesellschaft (AG Bielefeld NJW-RR 1998, 924), sachkundige Reiseleitung (LG Düsseldorf NJW-RR 1998, 562), die Lage einer Ferienwohnung (LG Frankfurt/M NJW 1983, 233) oder der Reisecharakter einer Packeiskreuzfahrt (OLG Hamburg RRa 2009, 17) sein.

Abbildung 6.4 Rechte bei Reisemängeln

Rechte bei Reisemängeln

Reisemangel § 651 c I BGB
- Fehlen einer zugesicherten Eigenschaft
- Fehler mit Nutzungsbeeinträchtigung (Ausnahme: Allgemeines Lebensrisiko und Unannehmlichkeiten)

Mängelanzeige während der Reise

Keine erfolgreiche Abhilfe durch Veranstalter § 651 c II BGB

Selbstabhilferecht § 651 c III BGB
- Reisemangel
- Anzeige und Abhilfeverlangen
- Erfolgloser Fristablauf

Preisminderung § 651 d BGB
- Reisemangel
- Anzeige
- Nicht unerhebliche Dauer des Mangels

Kündigung wegen Reisemängeln § 651 e BGB
- Reisemangel
- Erhebliche Beeinträchtigung oder Unzumutbarkeit der Reise
- Erfolgloser Fristablauf oder Entbehrlichkeit der Frist
- Kündigungserklärung

Schadensersatz für Folgeschäden § 651 f I BGB
- Reisemangel
- Mängelanzeige
- Verschulden des Veranstalters oder Erfüllungsgehilfen (Leistungsträger)
- Folgeschaden
- Kein Mitverschulden

Schadensersatz für vertane Urlaubszeit § 651
- Reisemangel
- Mängelanzeige
- Vereitelung oder erhebliche Beeinträchtigung der Reise
- Verschulden
- Nutzlose Urlaubstage

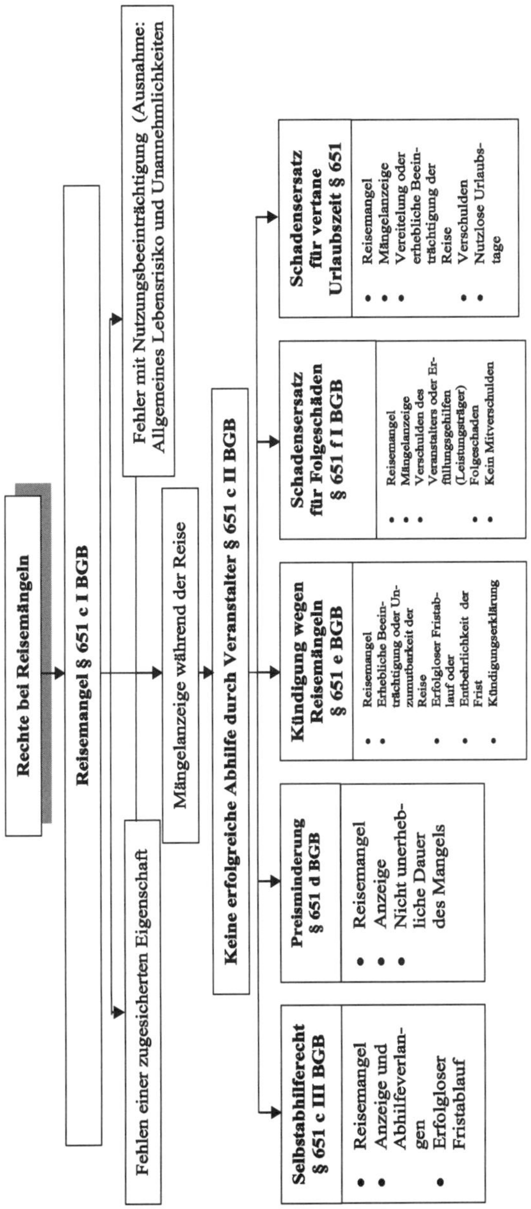

(4) Streitet der Veranstalter einen vom Reisenden behaupteten Reisemangel ab, hat der Reisende den Mangel zu beweisen. Falls der Reiseveranstalter durch seine Reiseleitung ein **Mängelprotokoll** ohne Vorbehalte erstellt hat, sind manche Gerichte der Auffassung, dies sei ein **Anerkenntnis** für die darin aufgeführten Mängel (LG Frankfurt/M/M NJW-RR 1989, 309; a.A. LG Hannover NJW-RR 1988, 1454; LG Kleve NJW-RR 1995, 316). Die Reiseleitung sollte daher entweder ein Mängelprotokoll mit dem Zusatz bei der Unterschrift „keine Mängelanerkenntnis" verwenden oder keine Unterschriften unter Mängellisten leisten, um nicht diese Anerkennungswirkung herbeizuführen.

Beispiel: R ärgert sich über einen erheblich verschmutzten Pool. Obwohl er die Reiseleitung mehrmals zur Abhilfe aufforderte, geschieht nichts. R stellt selbst eine Mängelliste auf und läßt diese von der Reiseleitung unterschreiben. Nach LG Frankfurt/M/Main wurden die Mängel und die Nichtabhilfe als richtig anerkannt.

Neben dem **Mängelprotokoll** gehören Photos, Speisekarten, Rechnungen, Bestätigungen von Leistungsträgern und genaue Anschriften von Zeugen (Urlauber, Reiseleitung) zu den wichtigsten Beweismitteln des Reisenden für aufgetretene Mängel.

6.5.3.2 Grenzen der Einstandspflicht beim Fehler: Bloße Unannehmlichkeit und allgemeines Lebensrisiko

Bloße Unannehmlichkeiten der Reise und Umstände des allgemeines Lebensrisikos des Reisenden lösen bei einem Fehler noch keine Ansprüche aus, wenn dadurch der Nutzen der Reise nicht gemindert ist.

(1) Als unwesentliche Beeinträchtigungen, die im Massentourismus hinzunehmen sind und den Nutzen der Reise nur unerheblich tangieren, haben die Gerichte angesehen

- **Toleranzen bei Beförderung und Unterkunft** wie die Nichtbenutzbarkeit eines Minigolfplatzes bei einer Erholungsreise, die Anwesenheit von Behinderten, geringer Ungezieferbefall im Süden (OLG Düsseldorf RRa 2001, 49: 2–3 Geckos im Hotelzimmer), LG Frankfurt/M RRa 2007, 69: 3 Kakerlaken auf Kuba, LG Kleve RRa 2001, 32 (Morgendliches Hähnekrähen), LG Duisburg RRa 2008, 118 (Verkehrslärm durch Straße vor Hotel), Plastikarmband bei All-inclusive-Reise (OLG Düsseldorf RRa 2001, 49), Wartezeit bis vier Stunden im Charterflugverkehr (AG Kleve RRa 1999, 180), Änderungen der Flugzeiten, solange der Anreise- oder Abreisetag nicht überschritten und die Nachtruhe nicht beeinträchtigt wird (AG Duisburg RRa 2005, 214) oder einmalige, kurze Leistungsbeeinträchtigungen.

- **besondere subjektive Empfindlichkeiten** des Kunden wie körperliche Beschwerden bei einer Studienreise (OLG Düsseldorf RRa 2002, 210: Safari), Bergwanderung (LG Frankfurt/M NJW 1991, 2573), fehlende Sektgläser in einer Berghütte (AG Offenburg NJW-RR 1996, 177), kein Sitzplatz neben Partner bei Musicalbesuch (AG Frankfurt/M NJW-RR 1999, 57), Einheimische am Strand (AG Aschaffenburg RRa 1997, 147); Mobiltelephone beim Essen (AG Potsdam RRa 2004, 143) Geschmacksfragen beim Essen (AG Duisburg RRa 2009, 146).

(2) Störungen aus der **privaten Sphäre des Reisenden** und aus dem vom Veranstalter **nicht geschuldeten Umfeld** des Reiseziels führen ebenfalls zu keiner Haftung. So hat der Reisende nach der umfangreichen Rechtsprechung folgende nicht reisespezifischen Beeinträchtigungen des allgemeinen Lebensrisikos oder des Umfelds im Zielgebiet ersatzlos hinzunehmen:

- **Privates persönliches Verletzungsrisiko** wie ein Tierbiß (OLG Celle NJW-RR 2003, 197: Esel), Unfälle auf der Skipiste, ohne daß Verkehrssicherungspflichten verletzt sind (OLG Celle RRa 2002, 16), Gefahren durch Gletscherspalten (BGH NJW-RR 2002, 1056), allgemeines Unfallrisiko im Straßenverkehr, Krankheiten des Reisenden im Hotel wie Durchfall (LG Düsseldorf RRa 2006, 113), ein Badeunfall im Meer (AG München NJW-RR 1999, 1146), sturmbedingte Verletzung auf einem Kreuzfahrtschiff (LG Bremen RRa 2004, 203), Wasserglätte im Bereich des Pools (OLG Frankfurt(M RRa 2003, 19), Thromboseschäden beim Langstreckenflug (OLF Frankfurt/M NJW 2003, 905).

- **Störungen** des Umfelds wie Lärm im Süden bis 24.00 Uhr (AG Kleve RRa 1999, 183), drei bis vier Kakerlaken im Bungalow in Tunesien, Insekten, die allgemeine Überfallgefahr (OLG München RRa 2004, 203), Überfallgefahr auf einen Transferbus in Brasilien (LG Frankfurt/M NJW-RR 2009, 402), die Gefahr des Hotel- oder Ferienhausdiebstahls (LG Duisburg RRa 2005,225), die allgemeine Wetterlage (LG Frankfurt/M NJW-RR 1987, 495: Nebel in Meeresbucht), der bloße Anblick behinderter Menschen im Hotel (AG Kleve RRa 1999, 190), Kinderlärm im Speisesaal (LG Kleve NJW-RR 1997, 1208), Läuten von Kirchen- oder Kuhglocken, Belästigungen am öffentlichen Strand, kurzer Lärm durch Verkehr oder Baustellen, Algen im Meer (LG Frankfurt/M NJW-RR 1990, 761; NJW-RR 1991, 695), schneearme Winter (LG Frankfurt/M NJW-RR 1991, 879), Bienenschwarm (AG Bad Homburg RRa 1999, 9) und vereinzelter Quallenbefall.

(3) Sobald dieses allgemeine Lebensrisiko zu einer **besonderen Gefahr** für den Reisenden oder einen besonderen Reisezweck (zum Beispiel Studienreise, Sportreise) wird, hat der Veranstalter **Informationspflichten**, so daß sich der Kunde auf die Situation einstellen kann (BGH 25.3.1982, NJW 1982, 1522). Verletzt der Veranstalter diese **organisatorischen Fürsorgepflichten**, liegt schon aus diesem Grund ein Reisemangel bei Skireisen (OLG München NJW-RR 2002, 694: Lawinengefahr), Waldbränden mit Smog (AG Hamburg RRa 2000, 187: Borneo) oder bei Gefahren durch einen Hurrikan (BGH, 15.10.2002, NJW 2002, 3700) vor.

6.5.3.3 Beispiele für Reisemängel

Die Vielfalt der Reisemängel hat zur Erstellung von Übersichten geführt. Eine gerichtsinterne und unverbindliche Mängelliste als Grundlage für die Reisepreisminderung ist die sog. „Frankfurter Tabelle" der 24. Zivilkammer („Reiserechtskammer") des Landgerichts Frankfurt/Main (NJW 1985, 113). Eine weitere Übersicht nach Fallgruppen entwickelte der Verfasser in seinem Handbuch „Reiserecht" mit der dortigen **Kemptener Reisemängeltabelle**, welche auch kostenfrei aus dem Internet heruntergeladen werden kann (www.fuehrich.de; vgl. auch Führich 2006, Stichwort: Reisemangel). Die Tabelle erfaßt die wichtigsten veröffentlichten Urteile seit 1995.

6.6 Anspruch auf Abhilfe

6.6.1 Herbeiführung der versprochenen Reiseleistung als Ziel

Entspricht die Reiseleistung, beispielsweise die Unterkunft im Hotel oder Ferienhaus, nicht den Zusicherungen des Veranstalters oder sind nicht unerhebliche Fehler mit Beeinträchtigungen des Nutzens erkennbar, kann der Reisende die Beseitigung des Reisemangels verlangen (Abhilfe nach § 651 c II BGB). Der Reisende kann also darauf bestehen, daß der Veranstalter als sein Vertragspartner auf seine Kosten den Reisevertrag wie versprochen erfüllt.

Beispiel: Der Reisende Hans Dampf buchte ein Ferienappartement bei Veranstalter Riva Reisen mit eigener Kochnische und Selbstverpflegung. Bei der Ankunft wird ihm als Ersatzunterkunft ein Doppelzimmer in einem Hotel ohne Kochnische angeboten. Hier liegt ein Reisemangel vor, da...

(1) die Hotelunterkunft nicht gleichwertig ist,

(2) der Gesamtzuschnitt der Reise mit Selbstverpflegung geändert wird und der Umzug Hans Dampfs nicht zumutbar ist (LG Frankfurt/M NJW RR 1990, 699).

Nur unter den umgekehrten Voraussetzungen muß ein Reisender ein Ersatzquartier als gleichwertig akzeptieren.

6.6.2 Voraussetzungen des Abhilfeanspruchs

(1) Verlangt der Reisende die **Beseitigung eines Reisemangels**, muß er zur Vermeidung von Rechtsnachteilen die Voraussetzungen nach § 651 c II BGB beachten:

- Vorliegen eines Reisemangels
- Mängelanzeige und Abhilfeverlangen
- Kein Recht zur Abhilfeverweigerung durch Veranstalter (zum Beispiel unverhältnismäßig hohe Kosten).

(2) Der **Abhilfeanspruch** muß damit gegenüber der örtlichen Reiseleitung oder einem Repräsentanten des Veranstalters geltend gemacht werden, also nicht gegenüber der Hotelrezeption. Etwas anderes gilt, wenn bestimmte Ansprechpartner wie in den Reiseunterlagen benannt sind (§ 6 I Nr. 7 BGB-InfoV). In jedem Fall muß die Reiseleitung zeitlich und örtlich für den Urlauber erreichbar sein (LG Frankfurt/M NJW-RR 1991, 631). Ein Anruf in Deutschland ist in der Regel nicht zumutbar (BGH, 15.6.1989, NJW 1989, 2750). Das Verlangen kann formlos sein, sollte aber aus Beweisgründen schriftlich erfolgen mit Bestätigung durch die Reiseleitung.

6.6.3 Rechtsfolgen der Abhilfe

6.6.3.1 Folgen für Veranstalter

(1) Der Veranstalter hat die geforderte Abhilfe sofort **auf eigene Kosten** vorzunehmen und darf dafür keinerlei Aufpreise verlangen, auch wenn zum Beispiel ein Hotel einer höheren Kategorie zur Verfügung gestellt wird. Der Veranstalter sollte beachten, daß eine sofortige Beseitigung gerügter Mängel die beste Grundlage für zufriedene Kunden darstellt und auf das Unternehmen keine weiteren Kosten zukommen können. Als **Abhilfemaßnahmen** kommen beispielsweise in Betracht:

- Reinigung noch verschmutzter Zimmer,
- Komplettierung der Möblierung,
- Gleichwertige, mängelfreie Ersatzunterkunft mit vorheriger Besichtigungsmöglichkeit.

(2) Die Abhilfemaßnahmen dürfen **nicht** von einem **Verzicht** auf bereits entstandene Ansprüche, zum Beispiel wegen zwei Tagen Aufenthalt in einem Ferienhaus ohne Strom, abhängig gemacht werden (OLG Düsseldorf NJW-RR 1992, 245). Auch für den Umzugstag selbst können zusätzliche Minderungsansprüche in Betracht kommen (AG Köln RRa 2008, 271: Umzug in anderes Hotel 50 Prozent Tagespreis).

6.6.3.2 Folgen für den Reisenden

Der Reisende kann bei vollständiger Abhilfe durch den Veranstalter wegen des ursprünglichen Reisemangels nunmehr keine weiteren Rechte mehr geltend machen. Auch wenn der Kunde ein zumutbares Abhilfeangebot des Veranstalters ausschlägt, verliert er seine Gewährleistungs- und Schadenersatzansprüche. Anders wäre der Fall zu beurteilen, wenn das Ersatzobjekt mangelhaft ist oder wenn das Ersatzhotel kurz vor Reiseende angeboten wird. Einmal ginge dem Kunden ein Urlaubstag verloren, zum anderen würden zwischenzeitlich geknüpfte Kontakte beeinträchtigt werden (OLG Frankfurt/M NJW-RR 1988, 633).

6.6.4 Recht auf Selbstabhilfe

Wird keine oder nur eine unzureichende Abhilfe geleistet, hat der Reisende das Recht – nicht aber die Pflicht – nach einer erfolglosen Fristsetzung zur Selbstabhilfe zu greifen und dann den Ersatz der hierbei entstandenen Kosten zu veranlagen (§ 651 c III BGB).

6.6.4.1 Voraussetzungen berechtigter Selbstabhilfe

(1) **Voraussetzungen** der berechtigten Selbstabhilfe sind:

- Reisemangel
- Mängelanzeige und Abhilfeverlangen

- Angemessene Fristsetzung
- Ablauf der Frist.

Im allgemeinen darf der Reisende **kurze Fristen** (Stundenfristen) setzen, da ihm wegen der zeitlichen Begrenzung der Reise eine spätere Abhilfe nichts mehr nützt. Der Veranstalter sollte beachten, daß der Kunde so schnell wie möglich die mängelfreie Reiseleistung erhalten soll und daß die Frist um so kürzer sein darf, je schwerer der Mangel ist. Nach § 6 II Nr. 7, IV BGB-InfoV hat der Veranstalter auf die Notwendigkeit der Setzung einer Abhilfefrist entweder in seinen AGB oder im Prospekt hinzuweisen.

(2) Eine **Fristsetzung** ist ausnahmsweise **nicht** notwendig, wenn der Veranstalter die Abhilfe verweigert (zum Beispiel Bestreiten der Mängel oder Vertrösten) oder wenn dem speziellen Interesse des Reisenden nur die sofortige Abhilfe entspricht.

Beispiele:

- Gebrechliche oder Kleinkinder warten in der Hitze auf die Bezugsfertigkeit der Familienwohnung
- Ankunft nachts im Hotel ohne Zimmerzuweisung

Auch wenn die Abhilfe tatsächlich unmöglich ist, braucht keine Frist gesetzt zu werden.

6.6.4.2 Ansprüche des Reisenden

Gerade der Umzug in eine andere fehlerfreie Unterkunft ist ein häufig vorkommender Fall der Selbstabhilfe. Alle erforderlichen, also angemessenen, Auslagen des Kunden, die mit der Selbstabhilfe verbunden sind, kann dieser nach § 651 c III BGB ersetzt verlangen. Hierzu gehören beispielsweise angemessene Hotel-, Taxi- oder Telephonkosten, Umzugskosten oder der Ankauf notwendiger Einrichtungsgegenstände, wenn die Kosten nicht unverhältnismäßig sind (KG Berlin NJW-RR 1993, 1209).

6.7 Minderung des Reisepreises

6.7.1 Begriff der Minderung

Reisepreisminderung bedeutet, daß der Reisende am Vertrag trotz vorliegender Mängel festhält – also weder zur Selbstabhilfe noch zur Kündigung greift – dafür aber den Reisepreis nach Reiseende kürzt. Da der Kunde den Reisepreis in der Regel schon vorausbezahlt hat, verlangt er damit eine teilweise Erstattung (§§ 651 d, 638 III, IV BGB). Die Minderung kann dabei neben sonstigen Gewährleistungsrechten geltend gemacht werden, also beispielsweise neben Schadenersatz nach § 651 f BGB.

6.7.2 Voraussetzungen der Minderung

(1) Voraussetzung für die Minderung ist:

- ein Reisemangel,
- dessen unverzügliche, nicht schuldhaft unterlassene Anzeige und
- eine gewisse Dauer des Mangels.

(2) Durch die notwendige **Mängelanzeige** (§ 651 d II BGB) hat der Kunde dem Veranstalter die Chance zu geben, den Mangel zu beseitigen. Unerheblich ist, ob die Beeinträchtigung durch den Reisemangel verschuldet ist oder nicht. Ein Preisnachlaß kommt allerdings bei bloßen Unannehmlichkeiten nicht in Betracht.

(3) Bei einer Gruppenreise oder einer Familie reicht in der Regel die Anzeige einer Person. Die Mängelanzeige ist **entbehrlich**, wenn der Veranstalter den Mangel kennt wie zum Beispiel bei einer bewußten Überbuchung des Hotels, einem Mängelhinweis vor Reiseantritt, wenn eine Abhilfe objektiv nicht möglich ist oder bei fehlender oder nicht erreichbarer Reiseleitung (aA LG Duisburg RRa 2008, 171 und LG Frankfurt/M RRa 2008, 72: Anzeige stets notwendig).

(4) Ein **Verschulden** nach § 651 d II BGB ist zu verneinen bei Krankheit, Unfall, fehlender Reiseleistung oder fehlender Belehrung über die Notwendigkeit der Anzeige nach § 6 II Nr. 7 BGB-InfoV).

6.7.3 Höhe der Minderung

6.7.3.1 Minderungskriterien

Die Höhe der Minderung richtet sich nach der **Art**, **Dauer**, **Intensität** des Mangels und dem **Grad der Beeinträchtigung** der Reise. Die Höhe erfolgt durch einen geschätzten Abschlag vom Tagesreisepreis (§ 638 III 2 BGB). Bezugsgröße ist in der Regel der Gesamtpreis der Reise und nicht der Teilpreis der mangelhaften Reiseleistung, den der Kunde in der Regel nicht kennt. Einen außergerichtlichen Anhaltspunkt gibt die früher von Gerichten verwendete **Frankfurter Tabelle** (LG Frankfurt/M, NJW 1985, 113 und NJW 1994, 1639). Eine Übersicht wichtiger Urteile seit 1995 findet sich auch in der **Kemptener Reisemängeltabelle** bei Führich 2010, Anhang, und www.fuehrich.de.

6.7.3.2 Berechnung

Eine Kürzung des Preises kommt nur für den Zeitraum in Frage, in dem sich der Reisemangel tatsächlich negativ auswirkt. Man ermittelt daher einen geschätzten prozentualen Abschlag von dem zeitlich betroffenen Gesamtpreis.

Beispiel: Der Pool war nur während einer Urlaubswoche unbenutzbar. Die Minderungsquote beträgt nach der Frankfurter Tabelle 20 Prozent. Wenn eine zweiwöchige Reise nun 1600 € kostete, ergibt dies einen Tagespreis von: 1600 € : 14 Tage = 114,28 €. Für 7 Tage beträgt der Reisepreis damit 114,28 x 7 = 799,96 €. Hiervon 20 Prozent sind 159,98 €. Dem Kunden sind also 159,98 €, damit gerundet 160 € zu erstatten.

6.8 Kündigung wegen Reisemangels
6.8.1 Voraussetzungen des Kündigungsrechts

(1) Wird die Reise infolge eines Mangels erheblich beeinträchtigt, kann der Reisende den Vertrag **vor und während** der Reise kündigen (§ 651e I BGB). Voraussetzung ist, daß...

- ein **Reisemangel** vorliegt,
- der zu einer **erheblichen Beeinträchtigung** der Reise führt oder
- die Reise dem Reisenden aus **wichtigem, dem Veranstalter erkennbaren Grund nicht zuzumuten** ist,
- der Kunde erfolglos Abhilfe in angemessener **Frist** verlangt und
- die Kündigung **erklärt** wird.

(2) Nicht jeder Reisemangel berechtigt also zur Kündigung. Es müssen als Kündigungsgründe entweder vorliegen: eine objektiv erhebliche Beeinträchtigung der Reise oder die Reise muß aus subjektiv persönlichen Gründen gerade für diesen Reisenden unzumutbar sein.

(3) Ein Teil der Gerichte stellt hinsichtlich der Erheblichkeit der Beeinträchtigung richtigerweise auf den **Einzelfall** ab (OLG Düsseldorf NJW-RR 1998, 51; OLG Frankfurt/M NJW-RR 2005, 132; OLG Celle RRa 2004, 158), während die meisten Instanzgerichte sich an einem **Schwellenwert von fiktiven 30 Prozent der Minderung** orientieren (LG Frankfurt/M *RRa* 2010, 27: mindestens 35 Prozent; LG Duisburg RRa 2008, 119: 25 Prozent; LG Hannover NJW-RR 1998, 194: 50 Prozent). Richtigerweise ist bei der Kündigung nach § 651 e und bei dem Verlangen nach einer Entschädigung wegen nutzlos aufgewendeter Urlaubszeit nach § 651 f II BGB als Richtwert auf eine fiktive Minderungsquote von 30 Prozent anzustellen, wobei stets von einer bewertenden Betrachtung des Einzelfalls anhand der Art und des Umfangs der Mängel, des Reisecharakters, des Reisezwecks und des Zielgebiets auszugehen ist. Der in beiden Vorschriften zu findende Begriff der „Erheblichkeit" sollte gleich bewertet werden.

(4) Die erforderliche **Mängelanzeige** und **Fristsetzung** setzt voraus, daß die Reiseleitung auch in absehbarer Zeit ansprechbar ist (LG Frankfurt/M NJW 1996, 888). Die Frist ist zudem entbehrlich, wenn Abhilfe unmöglich ist, sie verweigert wird oder wenn die Kündigung durch ein besonderes Interesse des Reisenden gerechtfertigt wird (§ 651 e II 2 BGB).

6.8.2 Rechtsfolgen der Kündigung

(1) Durch die wirksame Kündigung verliert der Veranstalter nach § 651 e III, IV BGB den **Anspruch auf den Reisepreis**. Der Kunde hat dann allerdings auch auszuziehen.

(2) Der Veranstalter kann für die bisher erbrachten Reiseleistungen nur dann vom Reisenden eine **Entschädigung** einbehalten, wenn die am Urlaubsort erbrachten Leistungen für den Urlauber überhaupt noch einen Wert hatten.

Beispiel: Der Kunde Rudi Ratlos hat für drei Wochen ein Ferienhaus mit Flug nach Mallorca bei dem Veranstalter Chaos-Tours (RV) gebucht. Wegen Baulärms in der zweiten Woche kündigt Rudi. RV muß zwar den Reisepreis zurückzahlen, hat aber Anspruch auf eine Entschädigung, soweit mangelfreie Reiseleistungen erbracht wurden wie der Flug und zwei Wochen Ferienhausaufenthalt. Wenn auch diese Leistungen teilweise mangelhaft gewesen wären, führt dies zu einem prozentualen Abzug von der Entschädigung.

(3) Sind die erbrachten Reiseleistungen, wie zum Beispiel der Flug, für den Kunden wertlos, weil sich **sofort nach seiner Ankunft** erhebliche, nicht abänderbare Mängel ergeben (zum Beispiel Baulärm, unzumutbare Unterkunft) und er fliegt sofort wieder zurück, hat der Veranstalter keinen Entschädigungsanspruch. Dies gilt auch, wenn der Reisende mit ungeeigneten Ersatzangeboten hingehalten wird.

(4) Wenn der Veranstalter nach dem Vertrag auch für die **Rückbeförderung** verantwortlich ist, hat er nach einer Kündigung auch die Pflicht, die Abreise und den Rückflug zu organisieren. Die Rückbeförderung hat unverzüglich, gegebenenfalls mit einem Linienflug zu erfolgen (LG Frankfurt/M NJW 1985, 143). Alle angemessenen **Mehrkosten** gehen zu Lasten des Veranstalters (§ 651 e IV BGB).

(5) Liegt dagegen ein Fall der **Kündigung wegen höherer Gewalt** nach § 651j BGB vor (zum Beispiel Hurrikan oder ein Tsunami verwüstet das Hotel) haben die Mehrkosten der Rückbeförderung der Veranstalter und der Kunde nach der **vorrangigen Vorschrift § 651 j II BGB** je zur Hälfte zu tragen. Weitere Mehrkosten wie die der Unterbringung nach einer Kündigung hat der Reisende allein bezahlen. „Abgewohnte" Reiseleistungen sind in jedem Falle vom Reisenden zu entschädigen.

6.9 Schadenersatz

6.9.1 Anwendungsbereich der Schadensersatznormen

Erleidet der Reisende durch einen Reisemangel zusätzlich einen Folgeschaden (zum Beispiel Gepäckverlust oder Körperverletzung), dann haftet ihm der Veranstalter, wenn ihn oder seine Leistungsträger ein Verschulden trifft, zusätzlich auf Schadenersatz.

(1) Der **vertragliche** Schadenersatzanspruch gegen den Veranstalter ist in § 651 f I und II BGB geregelt, während der **gesetzliche** Schadensersatzanspruch aus dem Gesichtspunkt der „unerlaubten Handlung" in § 823 I BGB normiert ist. Der Reisende kann sich unter den dort genannten Voraussetzungen also auf zwei **parallele Anspruchsgrundlagen** berufen, wobei im Ergebnis der Anspruch nach § 651f BGB und derjenige nach § 823 BGB zu keinen weitergehenden Zahlungen führt, da nach der Schuldrechtsreform des Jahres 2002 auch Schmerzensgeld (§ 253 II BGB) bei einem vertraglichen Schadenersatzanspruch verlangt werden kann.

(2) Für die Praxis ist es wichtig zu beachten, daß der Reisende neben der Minderung oder Kündigung nur dann einen Folgeschaden ersetzt verlangen kann, wenn der Veranstalter und/oder sein verantwortlicher Leistungsträger den **Reisemangel zu vertreten** haben (§§ 276, 278 BGB). Dieser Anspruch schließt bei einer erheblichen Beeinträchtigung der Reise eine **angemessene Entschädigung** in Geld für nutzlos aufgewendete Urlaubstage mit ein (§ 651 f II BGB).

Beispiel: Der Tennis- und FKK-Freund R buchte bei RV eine Urlaubsreise für 21 Tage in einem FKK-Club auf Korsika für 2100 €. Am vierten Tag stürzte er auf dem zum Club gehörenden Tennisplatz so, daß er sich eine schwere Bänderzerrung zuzog. Schuld war ein Loch von 1,5 cm Tiefe und 4 cm Durchmesser, in das er getreten war. Das LG Hannover (NJW-RR 1986, 1055) erklärte den Veranstalter für den Zustand des Tennisplatzes verantwortlich und gewährte R gegen RV einmal einen Minderungsanspruch vom vierten Tag an um 100 Prozent, das heißt, R bekam von 2100 € einen Betrag von 1700 € (17 mal 100€) zurück. Außerdem mußte RV für die Arzt- und Behandlungskosten aufkommen, einschließlich der Ansprüche wegen entgangener Urlaubstage, die er im Bett verbrachte. Da R allerdings für den Unfall wegen Unachtsamkeit mitschuldig war, wurden seine Schadensersatzansprüche um 50 Prozent gem. § 254 BGB gekürzt.

6.9.2 Schadenersatz wegen Nichterfüllung

6.9.2.1 Anspruchsvoraussetzungen

Vertraglichen Schadenersatz nach § 651 f I BGB kann der Reisende nur vom Veranstalter verlangen, wenn

- ein Reisemangel vorliegt,
- den Veranstalter insoweit ein Vertretenmüssen (Verschulden) trifft (§§ 276, 278, 254 BGB)
- eine Mängelanzeige analog § 651 d II BGB während der Reise gemacht wird und
- ein tatsächlicher materieller Folgeschaden nachgewiesen wird.

(1) Der Veranstalter hat einen Reisemangel dann zu vertreten, wenn er oder seine vertraglichen Erfüllungsgehilfen (zum Beispiel Fluggesellschaft, Hotel, Reiseleitung, Ausflugsorganisation, Reederei) vorsätzlich oder fahrlässig die Sorgfaltspflicht zur gewissenhaften Organisation, Vorbereitung und Durchführung der Reise verletzen.

(2) Eine enorme Praxisbedeutung hat die **Umkehr der Beweislast** hinsichtlich des Verschuldens, welche durch die EG-Pauschalreise-Richtlinie in das Gesetz in § 651 f I BGB („es sei denn") eingefügt worden ist. Hat nämlich der Reisende den Reisemangel nachgewiesen, wird unterstellt, daß ein Verschulden des Veranstalters bzw. einer seiner Erfüllungsgehilfen vorliegt (BGH, 9.11.2004, NJW 2005, 418 Reitunfall). Dem Veranstalter obliegt damit die **Beweislast für sein Nichtverschulden** wie

- nicht vom Veranstalter zu vertretene Umstände (§ 276 II BGB: auch ein noch so sorgfältig arbeitender Veranstalter hätte den Reisemangel nicht vermeiden können),
- Umstände aus der Privatsphäre des Reisenden wie Privatunfälle,
- Ereignisse der höheren Gewalt,
- Umstände, die auf einen nicht an der Reise beteiligten Dritten zurückzuführen sind wie aus dem Umfeld des Hotels.

Scheitert der Veranstalter mit diesem Entlastungsbeweis, bleibt es bei dem vermuteten Verschulden.

(3) Im Rahmen der **Organisation** haben die Gerichte ein Verschulden angenommen bei

- Überbuchung des Hotels (BGH NJW 2005, 1047: Malediven),
- mangelnder Verkehrssicherungspflicht, sei es über den Sicherheitszustand von Beförderungsmitteln oder der Unterbringung, weil der Veranstalter insoweit Fürsorgepflichten hat (BGH NJW-RR 2002, 1056: Gletschertour; BGH NJW 2000, 1188: Reitunfall).

Hinsichtlich der **Reisevorbereitung** ist ein Verschulden bejaht worden bei

- täuschenden Prospektangaben,
- unterlassenen Hinweisen über notwendige Impfzeugnisse und Einreisevorschriften (AG Hannover NJW-RR 1993, 381: Visum, vgl. zu Paß und Visum § 4 I Nr. 6, 5 Nr. 1 BGB-InfoV)
- fehlender Information über vorhersehbare Streiks im Zielgebiet (LG Frankfurt/M, NJW 1980, 1696), Hurrikan (BGH NJW 2002, 3700) oder der Gefährlichkeit einer Kanufahrt (LG Frankfurt/M NJW-RR 1992, 823), ungenügender Hinweis auf geänderte Abflugzeit (LG Kleve NJW-RR 1998, 563) .

Bei der **Reisedurchführung** liegt ein Verschulden des Veranstalters vor bei

- Fehlleitung des Gepäcks, unabhängig davon, wer konkret verantwortlich ist,
- Hotelstreik bzw. Streik der Charterfluggesellschaft (LG Frankfurt/M, NJW-RR 1987, 823),
- **jedoch nicht**: bei Hoteldiebstahl, da Diebstähle Vorfälle sind, in denen sich das allgemeine Lebensrisiko verwirklicht und nicht in Erfüllung des Reisevertrags erfolgen (BGH NJW 1965, 1709; OLG Düsseldorf NJW-RR 2003, 776: Hotel) bei einem Affenbiß auf dem Hotelgelände in Kenia (AG München NJW-RR 1996,

1399), bei Rutschgefahr am Pool ((OLG Frankfurt/M RRa 2001, 245), bei einer Fischvergiftung im Hotel bei allgemein üblicher Zubereitung (LG Düsseldorf NJW-RR 2001, 1063), Streiks Dritter wie Fluglotsen (OLG Düsseldorf NJW-RR 1992, 1330).

Beispiel: Ein Dieb entwendet dem Reisenden beim Stadtbummel in Palma eine Handtasche, keine Haftung des Veranstalters. Ebenso wenn ein Dieb aus dem Hotelzimmer oder dem Zimmersafe etwas entwendet, außer es liegt ein Organisationsverschulden des Hotels vor (OLG Düsseldorf NJW-RR 2003, 776).

6.9.2.2 Schadensumfang

(1) Der Veranstalter hat alle nachgewiesenen und ursächlichen Folgeschäden des Reisemangels zu ersetzen. Dazu gehören **Körperschäden** wie Heilbehandlungskosten, Schmerzensgeld (§ 253 II BGB), **Vermögensschäden** (zum Beispiel Rechnungen von Anwälten, Taxikosten, Telephon, Mehrpreis für eine andere Unterkunft), **Sachschäden** (zum Beispiel an Gepäck und Kleidung) und **Folgekosten**, die im Zusammenhang mit dem Reisemangel entstanden sind (zum Beispiel Fahrtkosten). Der zu ersetzende Vermögensschaden erfaßt auch Aufwendungen, die der Reisende zum Ausgleich der mangelhaften Reise für notwendig erachten durfte.

(2) Soweit den Reisenden ein **Mitverschulden** an der Schadensentstehung trifft, werden die geltend gemachten Entschädigungsbeträge prozentual entsprechend gekürzt (§ 254 BGB). So wurde Mitverschulden angenommen bei Ungeschicklichkeit bei einer bekannt unsicheren Treppe beim Ausrutschen (LG Frankfurt/M NJW-RR 1999, 711), Sprung eines Alkoholisierten in einen unbekannten Pool bei Nacht (OLG Celle RRa 2003, 109) oder bei Nichtanlegen eines Sicherheitsgurts bei einem Pkw-Ausflug (OLG Celle NJW-RR 2003, 197).

6.9.3 Entschädigung wegen nutzlos aufgewendeter Urlaubszeit

6.9.3.1 Haftungsvoraussetzungen

(1) Ein **Schadenersatz in Geld** kommt zusätzlich in Betracht, wenn die Reise durch einen Reisemangel vereitelt oder erheblich beeinträchtigt worden ist. Eine solche Entschädigung wegen nutzlos aufgewendeter Urlaubstage setzt voraus:

- einen Reisemangel,
- eine Vereitelung oder erhebliche Beeinträchtigung der Reise,
- nutzlos aufgewendete Urlaubstage,
- ein Vertretenmüssen des Veranstalters bzw. seiner Erfüllungsgehilfen und
- eine Mängelanzeige am Urlaubsort.

(2) Geldersatz für diesen immateriellen Frustrationsschaden kann also auf den Veranstalter zukommen, wenn die Reise **vereitelt** ist. Das ist dann der Fall, wenn die Reise überhaupt nicht stattgefunden hat und der Kunde zu Hause bleiben muß, wenn sie wegen einer berechtigten Kündigung bei Überbuchung des Hotels nicht angetreten (BGH, 11.1.2005, NJW 2005, 1047 – Malediven) oder abgebrochen wurde (OLG Düsseldorf, NJW-RR 1989, 1078).

(3) Eine **erhebliche Beeinträchtigung** des Urlaubstages durch einen Mangel wird grundsätzlich dann angenommen, wenn der Tagesreisepreis um ca. 30 Prozent gemindert werden kann (LG Duisburg RRa 2010, 53; LG Frankfurt/M. RRa 2010, 27 (35 %); OLG Köln NJW-RR 2008, 1588). Für die Beeinträchtigung wird auf den einzelnen Reisetag abgestellt. Im Hinblick auf das Leitner-Urteil des EuGH (12.3.2002, NJW 2002, 1255) in einem österreichischen Rechtsstreit darf die Erheblichkeitsgrenze nicht zu hoch angesetzt werden und sollte bei bewertender Betrachtung des Einzelfalls – wie bei § 651 e BGB – bei einer Minderungsquote von 30 Prozent angenommen werden (Führich 2010, Rn. 412).

Beispiel: Ist der Reisetag um 40 Prozent vertan, ist die Entschädigung nach diesem Prozentsatz zu gewähren, wobei als Untergrenze in der Regel 30 Prozent zu ziehen ist.

6.9.3.2 Entschädigungsumfang

Wie hoch eine „angemessene" Entschädigung in Geld ist und welches Berechnungsmodell verwendet werden soll, verschweigt das Gesetz in § 651 f II BGB. Durch die Grundsatzentscheidung des BGH vom 11.1.2005 (NJW 2005, 1047) ist von folgenden Vorgaben auszugehen:

(1) Einig sind sich die Gerichte darüber, daß dieser Ersatzanspruch einen **immateriellen Charakter** hat und daher grundsätzlich das Einkommen des Reisenden nicht als Bezugsgröße heranzuziehen ist. Daher haben auch Hausfrauen, Studenten oder Schüler diesen Anspruch.

(2) Bei einer durchgeführte Reise ist für **jeden Tag** (auch den An- und Abreisetag) eine Entschädigung entsprechend der Minderungsquote zu gewähren.

(3) Bei unverzüglichem **Abbruch** oder **nicht angetretener Reise** sind alle Reisetage vertan. Das gilt auch dann, wenn der Reisende seine **berufliche Tätigkeit** wieder vorzeitig aufnimmt oder seinen Urlaub zu Hause verbringt. Auch bei Buchung einer **Ersatzreise** ist der ursprünglich geplante Urlaub vertan und es besteht ebenfalls ein Entschädigungsanspruch. Dem Reisenden kann aber nach § 242 BGB entgegengehalten werden, er habe ein gleichwertiges Ersatzangebot des Veranstalters abgelehnt. Die **Mehrkosten** einer angemessenen Ersatzreise können zusätzlich als Vermögensschaden nach § 651 f I BGB verlangt werden.

(4) Übereinstimmend wird bei der **Höhe der Entschädigung** darauf abgestellt, daß die Entschädigung alle nur denkbaren Umstände erfassen soll, die

sich aus dem Maß der Reisebeeinträchtigung, der Schwere des Verschuldens und der Höhe des Reisepreises ergeben. Im Rahmen dieses weiten Spielraums wurden früher von manchen Gerichten **Tagessätze** aufgestellt (zum Beispiel 72 € pro vertaner Urlaubstag bei LG Frankfurt/Main NJW-RR 2003, 640). Die meisten Gerichte bevorzugen nach Abkehr des BGH von seiner früheren Rechtsprechung die reisepreisbezogene konkrete Berechnung, die auch zu der interessengerechtesten Lösung führt (OLG Düsseldorf NJW-RR 1994, 950; LG Kleve NJW-RR 2001, 990). Letztlich schafft das Abstellen auf den Reisepreis wieviel dem Reisenden seine Reise wert war und wieviel er mit dem Reisepreis und der Reisedauer investiert hat (Führich 2010, Rn 420). Die Entschädigung berechnet sich somit:

$$\frac{\text{Reisepreis} \times \text{vertane Tage} \times \text{Minderungsquote}}{\text{Reisedauer}}$$

Beispiel: Die zehntägige Maledivenreise, welche wegen Überbuchung abgesagt wurde, sollte 2000 € kosten. Also 2000 €/10 Tage = 200 € Reisepreis/Tag mal 10 voll vertane Tage = 2000 € Schadenersatz.

(5) Nach der Änderung der Rechtsprechung durch den BGH kann von dem errechneten Betrag **nicht** wie nach früheren Urteilen nochmals pauschal 50 Prozent abgezogen werden, wenn der Reisende zu Hause einen **Resterholungswert** genießen kann. Die ältere Rechtsprechung ist nunmehr überholt.

6.10 Haftungsbeschränkungen für Schadenersatz

Vertragliche Schadensersatzansprüche kann der Veranstalter in seinen AGB **außer bei Körperschäden** auf das **Dreifache des Reisepreises** beschränken (§ 651 h I BGB). Absatz 2 läßt es weiter zu, daß sich ein Veranstalter auch auf gesetzliche Haftungsbeschränkungen aus **internationalen Übereinkommen** berufen kann, die zugunsten seiner Leistungsträger gelten, so daß er nicht mehr zahlen muß, als er von einem verantwortlichen Leistungsträger im Rückgriff verlangen kann.

6.10.1 Anwendungsbereich der vertraglichen Haftungsbeschränkung

(1) Während die **Geldansprüche** des Reisenden aus Selbstabhilfe, Kündigung und Reisepreisminderung nicht in der Höhe beschränkt werden können, räumt § 651 h I BGB dem Veranstalter das Recht ein, die **Schadensersatzhaftung** aus § 651 f BGB auf den dreifachen Reisepreis zu beschränken, soweit **Nichtkörperschäden** zu ersetzen sind. Weitere Einschränkungen zum Nachteil des Kunden sind wegen des Mindeststandards in § 651 h I unwirksam (§ 651 m BGB).

Beispiel: Preisminderung, Ansprüche aus berechtigter Kündigung oder Selbstabhilfe können niemals auf einen dreifachen Reisepreis beschränkt werden.

(2) Die **Haftungsbegrenzung** aus § 651 h BGB gilt somit nur für vertragliche Schadenersatzansprüche aus § 651 f BGB. **Gesetzliche Ansprüche** des Kunden gegen den Veranstalter aus Verletzung von Verkehrssicherungspflichten nach § 823 I BGB kann der Reisende **unbegrenzt** in der Höhe geltend machen. AGB-Klauseln, die diese Haftung des Veranstalters gleichwohl beschränken und nicht klar zwischen vertraglichen und deliktischen Schadensersatzansprüchen trennen, sind unwirksam (BGH, 3.6.2004, RRa 2004, 215)

Beispiel (Balkonsturz-Fall): Der Reisende Rudi Ratlos stürzt in der Nacht vor dem Reiseende mit einem baufälligen Holzbalkon des spanischen Vertragshotels in die Tiefe und zieht sich erhebliche und bleibende Körperschäden zu. Zwar hatte der Ratlos auch einen vertraglichen Schadensersatzanspruch gegen seinen Veranstalter nach §§ 651 f I, 278 BGB, jedoch wäre dieser Anspruch in den AGB auf den dreifachen Reisepreis beschränkt gewesen, da vor der EU-Novelle auch Körperschäden vertraglich beschränkt werden konnten. Zudem hätte der Veranstalter nach § 651 f kein Schmerzensgeld zahlen müssen, da dieser Anspruch nach der damaligen Rechtslage nur unter den Voraussetzungen der deliktischen Haftung der §§ 823, 847 a.F. BGB bestand. Daher bejahte der BGH in diesem aufsehenerregenden Balkonsturz-Urteil die deliktische Haftung des Veranstalters, weil dieser verpflichtet ist, seine Leistungsträger sorgfältig auszuwählen und zu kontrollieren. Der Veranstalter muß daher seine Vertragshotels regelmäßig durch sachkundige und pflichtbewußte Beauftragte überprüfen lassen, ob der örtliche Sicherheitsstandard gewährt ist. Unterläßt er wie im Balkonsturz-Fall diese Kontrolle, macht er sich der Höhe nach unbegrenzt schadensersatzpflichtig aus § 823 I BGB; zu dem schuldete er ein angemessenes Schmerzensgeld nach § 847 BGB a.F.. Natürlich hatte R auch deliktische Ansprüche gegen den spanischen Hotelier; diese richten sich jedoch nach spanischem Recht, da insoweit bei unerlaubten Handlungen für die Geltung ausländischen Rechts grundsätzlich das Tatortprinzip gilt (Art. 4 Rom II-VO).

Nach der Schuldrechtsreform des Jahres 2002 kann jeder Personenschaden nicht mehr in der Höhe begrenzt entschädigt werden, gleichgültig ob er auf § 651 f oder § 823 I BGB gestützt wird.

6.10.2 Vertragliche Haftungsbeschränkung

(1) Eine **reisevertragliche Haftungsbeschränkung** auf den dreifachen Reisepreis setzt zuerst einmal eine rechtswirksame **AGB-Klausel** des Veranstalters voraus, die erst diese Möglichkeit eröffnet. Ohne eine wirksame Einbeziehung der AGB mit einem Verbraucher nach §§ 305 II, 310 I BGB gilt also die normale, unbeschränkte vertragliche Schadensersatzhaftung.

(2) Die **Haftungsbegrenzung bei Nichtkörperschäden** wie beim Gepäck setzt weiter voraus, daß der Veranstalter nur normal („leicht") fahrlässig gehandelt hat. Wenn er oder seine angestellten Mitarbeiter nachweisbar vorsätzlich oder grob fahrlässig gehandelt haben, bleibt es bei der unbeschränkten Haftung (§ 651 h I Nr. 1 BGB).

Beispiel: Überbucht der Veranstalter, übersieht er wichtige Informationen, versendet er nicht wichtige Unterlagen oder kennt bzw. muß der Veranstalter Reisemängel am Urlaubsort kennen (zum Beispiel Baustelle), liegt immer grobe Fahrlässigkeit vor, so daß keine Haftungsbegrenzung eingreift.

(3) Alternativ zu § 651 h I Nr. 1 BGB, gilt die Haftungsbegrenzung auf den dreifachen Reisepreis auch dann, wenn **ausschließlich Leistungsträgern** ein **Verschulden** (also auch Vorsatz!) vorzuwerfen ist (I 1 Nr. 2 BGB).

6.10.3 Internationale Haftungsbeschränkungen für Leistungsträger

Nach § 651 h II BGB soll der Veranstalter grundsätzlich gegenüber seinem Reisekunden bei Schadenersatz nicht schärfer haften als ein an sich alleine verantwortlicher Leistungsträger. Der Veranstalter soll also an den Reisenden nur soviel zahlen müssen, wie er im Rückgriff gesetzlich zwingend von seinen Leistungsträgern holen kann. Es werden jedoch nur solche gesetzliche Haftungsbegrenzungen anerkannt, die in **internationalen Übereinkommen** oder auf solchen beruhende gesetzliche inländische Vorschriften zurückgehen wie beispielsweise in...

- dem Montrealer Übereinkommen (Art. 17 ff. MÜ) für die **internationale Luftbeförderung** durch den Leistungsträger Fluggesellschaft (keine Haftungsgrenze bei Personenschäden, aber für Schäden über 113 000 Sonderziehungsrechten (= ca. 120 000 €) ist der Entlastungsbeweis des fehlenden Verschuldens möglich, bei Gepäckschäden ist der Höchstbetrag 1131 SZR (= ca. 1200 €),

- dem Übereinkommen für den **internationalen Eisenbahnverkehr** COTIF/CIV) für den internationalen Bahnverkehr (maximal 175 000 SZR für Personenschäden, 1200 SZR für aufgegebenes Gepäck),

- der Anlage zu § 664 HGB (2. SeeRÄndG) für **internationale Kreuzfahrten** für den Leistungsträger Reederei (Personenschäden maximal 163 683 €, Gepäckschäden maximal 8141 € und Kabinengepäck 2045 €). Die neue Athen-VO der EU Nr. 392/2009 mit höheren Haftungsgrenzen gilt erst ab 21.12.2012.

Soweit also diese nicht abänderbaren völkerrechtlichen Rechtsvorschriften für Leistungsträger gelten, sind diese Gesetze mit ihren Haftungsregelungen auch für den Reiseveranstalter vorrangig und bindend. Mit anderen Worten heißt dies, daß bei Personen- und Sachschäden des Pauschalreisenden vorrangig diese Spezialgesetze für die Schadenshöhe eingreifen.

Beispiel: Ein Pauschalreisender einer Kreuzfahrt kann sich bei einem Personenschaden durch einen Reisemangel nicht auf die nach § 651 h I BGB grundsätzlich unbegrenzte Haftung berufen, sondern er muß im Rahmen der vorrangigen (§ 651 h II BGB) Haftungsbeschränkung des Art. 5 Anl. zu § 664 HGB bei Tod oder Körperverletzung damit rechnen, daß der Reiseveranstalter bzw. seine Versicherung nur bis zu einem Betrag von 163 683 € entschädigt. Soviel kann der Veranstalter im Rückgriff nur von der verantwortlichen Reederei erhalten.

Teil D: Rechtsfragen nach Reiseende
6.11 Reklamationsbearbeitung
6.11.1 Ansehen des Veranstalters

Das Reisevertragsrecht hat viel dazu beigetragen, daß der Kunde ein wachsendes Anspruchsbewußtsein besitzt. Hierzu hat auch die Publizität dieses Rechtsgebiets in den Massenmedien beigetragen. Zu recht erwartet der Urlauber auch eine **adäquate Gegenleistung** für den gezahlten Reisepreis. Wenn in dieser Situation des Anspruchsdenkens der Touristen auch berechtigte Reisemängel von Veranstaltern mit standardisierten Antwortschreiben abgelehnt werden, fördert dieses Verhalten nicht den Ruf des Veranstalters. Durch eine schematisierte Reklamationsbearbeitung im Rahmen der Kundenbetreuung wird nicht nur der Reisende diesen Veranstalter in Zukunft meiden, sondern auch ein später angerufenes Gericht, welches heute sensibler auf Verbraucherschutz – das Reiserecht ist primär Verbraucherrecht – reagiert, wird ein solches Verhalten indirekt in seine Entscheidung einfließen lassen. Die durchschnittliche Reklamationsquote von zwei bis vier Prozent des Buchungsaufkommens bei einem Reiseveranstalter (Führich 2006, Stichwort: Prozeßhäufigkeit in Reisesachen) ist jedenfalls zu hoch und muß durch eine konsequente und zügige Reklamationsbearbeitung und Produktverbesserung gesenkt werden.

6.11.2 Maßnahmen der Anspruchssicherung durch den Reisenden
6.11.2.1 Mängelanzeige während der Reise

(1) Grundsätzlich hat der Reisende nach § 651 d II BGB die Pflicht, Reisemängel während der Reise anzuzeigen, um es dem Veranstalter zu ermöglichen, berechtigte Mängel abzustellen oder zu minimieren. Andererseits trifft den Veranstalter eine reisevertragliche Nebenpflicht zur **gemeinsamen Beweissicherung** angezeigter Mängel durch ein Mängelprotokoll (Führich 2010, Rn 294). Insoweit ist den Reiseleitungen zu raten, den Kunden nicht „abzuwimmeln", um möglichst Geld zu sparen, da eine berechtigte Mängelanzeige wesentlich gravierendere Kostenfolgen für den Veranstalter haben kann.

(2) Nicht während der Reise angezeigte Mängel haben also keine Rechtsfolgen nach der Reise und können von vornherein ohne Sachprüfung durch den Veranstalter abgelehnt werden.

6.11.2.2 Anmeldung von Ansprüchen

(1) Sämtliche vertraglichen Gewährleistungsansprüche nach §§ 651 c bis f BGB gegen den Veranstalter hat der Reisende nochmals **innerhalb eines Monats** nach dem vertraglich festgelegten Reiseende anzumelden, sonst

verliert er diese (§ 651 g I BGB). Deliktsansprüche unterliegen nicht der Anmeldefrist (BGH, 7.9.2004, NJW 2004, 3777).

(2) Die Mängelanzeige nach § 651 d II BGB während der Reise gegenüber der örtlichen Reiseleitung ersetzt diese nachträgliche Anmeldung grundsätzlich nicht. Kritisch muß daher die Rechtsprechung des BGH gesehen werden, der eine Mängelanzeige während der Reise genügen lassen will, wenn der Reisende schon „eindeutig und vorbehaltlos" Gewährleistungsansprüche bei dem Veranstalter direkt (also nicht bei der Reiseleitung!) angekündigt hat (BGH, 22.10.1987, NJW 1988, 488).

(3) Für die Anmeldung ist gesetzlich **keine Form** vorgeschrieben, so daß diese schriftlich, mit Fax oder E-Mail, durch einen Rechtsanwalt, aber auch sofort gerichtlich durch Klage oder Mahnbescheid erfolgen kann. Zur Wahrung der Frist ist der rechtzeitige Eingang bei dem Veranstalter erforderlich (§ 130 BGB), da die Anmeldung wie eine Willenserklärung behandelt wird.

Beispiel: Vertraglich festgelegtes Reiseende war am 10.8. Die Anmeldefrist endet am 10.9. zum Büroschluß, es sei denn, dieser Tag liegt an einem Wochenende oder fällt auf einen Feiertag. Dann endet die Frist mit Ablauf des nächsten Werktags (§ 193 BGB). Die Frist endet nicht um 24.00 Uhr, sondern zum Büroschluß beim Veranstalter, weil nur bis dahin die Möglichkeit der Kenntnisnahme durch einen Mitarbeiter besteht. Ein Fax von 23.29 Uhr geht damit erst am nächsten Tag, vielleicht verspätet zu (LG Hamburg RRa 1999, 141).

(4) Nach Ablauf der Monatsfrist kann der Kunde gem. § 651 g I 3 BGB Ansprüche nur geltend machen, wenn er **ohne Verschulden** die Frist versäumt hat (zum Beispiel schwere Krankheit, Büroversehen des Rechtsanwalts, fehlende Information des Veranstalters über diese Frist entsprechend § 6 II Nr. 8 BGB-InfoV).

(5) Die Anmeldung kann **nur gegenüber dem Veranstalter** erfolgen, wenn dies in den AGB deutlich auf die dort genannte Stelle beschränkt ist (AG Hamburg NJW-RR 2002, 1061). Wird eine solche Stelle nach § 6 II Nr. 8 BGB-InfoV nicht genannt, kann die Anmeldung auch bei dem Reisebüro vorgenommen werden, bei dem gebucht worden ist.

(6) **Anmeldeberechtigt** ist der Reisende, der den Reisevertrag abgeschlossen hat. Bei Familienreisen ist dies der Buchende, bei Gruppenreisen nur der Anmelder. Soweit dieser für andere Gruppenmitglieder Ansprüche anmelden will, ist eine Vollmacht vorzulegen oder die Ansprüche müssen vorher an den Anmelder abgetreten worden sein.

(7) **Inhaltlich** muß das Anmeldeschreiben die Reisemängel konkret benennen, so daß der Veranstalter erkennen kann, daß Rechtsansprüche geltend gemacht werden (BGH, 11.1.2005, NJW 2005, 1420). Die Anmeldung sollte daher enthalten:

- Reisedaten, Anspruchsteller, Teilnehmer,
- konkrete Aufstellung der Beanstandungen (Reisemängel)
- allgemeines Zahlungsverlangen, wobei eine Bezifferung nicht erforderlich ist,
- Nachweis der Mängelanzeige während der Reise,
- Photos, Mängelprotokoll, Bestätigungen und sonstige Beweismittel.

6.11.2.3 Entscheidung des Veranstalters

Nach Eingang der Anspruchsanmeldung sollte der Veranstalter folgendermaßen vorgehen:

(1) **Bestätigung** des Eingangs des Schreibens

(2) **Akte** anlegen

(3) **Abgabe an eine bestehende Haftpflichtversicherung** für Reiseveranstalter, welche die Prüfung, Befriedigung und Abwehr von Ansprüchen im Rahmen ihrer Versicherungsbedingungen übernimmt

(4) **Zwischenbescheid** über klare Fragen

(5) Sorgfältige **Ermittlung des Mängelsachverhalts** wie Teilnehmer, Reisedaten, Zeitpunkt der Mängelanzeige, Gesprächsteilnehmer, Leistungsträger, Adressen der Zeugen, Prüfung der Fristen, Abhilfemaßnahmen durch Reiseleitung und deren Erfolg, Ersatzangebote, Datum des Reiseabbruchs, Stellungnahme der betroffenen Leistungsträger

(6) Prüfung der einmonatigen **Anmeldefrist**

(7) **Zügige Abwicklung** der angemeldeten Ansprüche

(8) Rechtzeitige Einschaltung einer **Rechtsberatung** durch einen Anwalt

(9) Anbieten einer **Abfindung** (Reisegutschein) bei Zweifelsfragen ohne Anerkennung einer Rechtspflicht, wobei der Kunde dieses Vergleichsangebot ablehnen oder annehmen kann

(10) **Endgültige Entscheidung** mit Entschädigung in Geld oder durch Scheck (nach §§ 651 d II, 638 IV 1 BGB hat der Kunde einen Erstattungsanspruch in Geld) oder Ablehnung mit zweckmäßiger Angabe der Gründe

(11) **Regelmäßige Sachstandsmitteilung** alle drei Monate an den Anspruchsteller

(12) Prüfung von **Regreßmöglichkeiten** gegen verantwortliche Leistungsträger, wobei zur Klarstellung in die Leistungsträgerverträge ein Passus enthalten sein sollte: „Der Leistungsträger stellt den Reiseveranstalter von allen Ansprüchen frei, welche Reisende nach dem Reiserecht geltend machen und dem Bereich des Leistungsträger zuzurechnen sind".

6.11.3 Verjährung von Reiseansprüchen

(1) Lehnt der Veranstalter ganz oder teilweise die Ansprüche ab, so muß der Kunde nach der gesetzlichen Vorschrift des § 651 g II BGB binnen zwei Jahren den Rechtsweg zum Gericht beschreiten (Klage oder gerichtlicher Mahnbescheid), wenn er seine behaupteten Rechte nicht verlieren will (§§ 204 I, 214 BGB). Diese Frist kann durch AGB auf ein Jahr verkürzt werden (§ 651 m 2 BGB), wovon alle Veranstalter Gebrauch machen. In diese Jahresfrist wird nicht die Zeitspanne von der Anmeldung der Ansprüche beim Veranstalter bis zu deren Zurückweisung eingerechnet (§ 203 BGB). Beginn der Verjährungsfrist ist auch hier, wie bei der Anmeldefrist des § 651 g I BGB, der Tag des planmäßigen vertraglichen Reiseendes.

Beispiel: Der Kunde macht fristgerecht am 10.9. seine Ansprüche geltend wegen einer Reise, die planmäßig nach Vertrag am 30.8. endete. Der Veranstalter antwortet nicht und legt das Schreiben nur zu den Akten. Die Ansprüche des Kunden verjähren nicht, da bis zu dem Zeitpunkt, in dem der Veranstalter die Ansprüche zurückweist, der Ablauf der Verjährung gehemmt wird. Die Jahresfrist läuft also während dieser Zeit nicht ab. Ab einer Zurückweisung läuft sie weiter. Damit ist ausgeschlossen, daß der Veranstalter durch verzögerte Reklamationsbearbeitung eine Verjährung herbeiführt.

(2) **Vorrangige Sonderverjährungen von zwei Jahren** greifen nach § 651 h II BGB für die Verjährung ein bei internationalen Flugpauschalreisen für Schadenersatz bei Personen-, Gepäck- und Verspätungsschäden (Art. 35 MÜ) und bei internationalen Kreuzfahrten (Art. 13 Anlage zu § 664 HGB).

6.12 Prozessuale Fragen

6.12.1 Image des Veranstalters

Das Anspruchsbewußtsein der Reisenden, aber auch eine unzureichende, oftmals pauschalierende Reklamationsbearbeitung führte in den letzten Jahren zu einer steigenden Anzahl von Prozessen. Bei manchen Veranstaltern ist eine Zermürbungstaktik festzustellen, um Reisende auch von berechtigten Ansprüchen abzuhalten. Zudem vergeht kaum eine Woche, in der selbst Tageszeitungen nicht wieder ein neues Urteil zu Pauschalreisen in oft reißerischer Aufmachung publizieren und damit bei Reisekunden ein Anspruchsdenken wecken. Wenn in dieser Situation des Qualitätsdenkens und einer gewissen „Geld-zurück-Mentalität" auch berechtigte Ansprüche mit standardisierten Antwortschreiben abgelehnt werden, fördert dieses Verhalten weder den Ruf des Veranstalters noch die Kundenzufriedenheit.

6.12.2 Gerichtsprobleme

(1) Grundsätzlich ist für einen Prozeß zwischen dem Reisenden als Kläger und dem Veranstalter als Beklagten das für den **Sitz der Verwaltung des**

Veranstalters zuständige Amts- oder Landgericht zuständig (§ 17 ZPO). Bis zu einem Streitwert von einschließlich 5.000 € ist das Amtsgericht als 1. Instanz tätig; darüber ist nach dem Rechtsmittel der Berufung das Landgericht sachlich zuständig. Ist der Streitwert höher, ist erste Instanz das Landgericht mit Berufung zum Oberlandesgericht und Revision zum BGH oder Zulassung durch das OLG. Gegen Urteile kann der Unterlegene bei einem Verlust (Beschwer) von weniger als 600 € keine Berufung einlegen. Urteile des Amtsgerichts sind daher bis zu einem Streitwert von 600 € nicht mehr mit Berufung angreifbar und sofort rechtskräftig.

(2) Gerade im Reisevertragsrecht sind die **Streitwerte** meist nur so hoch, daß oft nur Amtsgerichte und als Berufungsgerichte Landgerichte urteilen. Wegen der Unabhängigkeit der Richter und des Einzelfalls jeder Entscheidung kann der Veranstalter nicht darauf vertrauen, daß ein Richter sich an ein anderes ähnliches Urteil seines Kollegen als „Richtschnur" hält. Das gilt selbst dann nicht, wenn ein Urteil des Bundesgerichtshofs vorliegt, das grundsätzlich nur eine Leitlinie ist, aber **keine Allgemeinverbindlichkeit** für andere Gerichte hat.

6.12.3 Darlegungs- und Beweisprobleme

(1) Viele Klagen von Reisenden bleiben erfolglos, weil sich die Mängelrügen nur auf bloße **Unannehmlichkeiten** oder sich auf Risiken beziehen, welche dem allgemeinen Lebensrisiko des Reisenden zurechnen sind. Der Urlauber beschreibt auch oft die behaupteten Mängel zu ungenau und legt sie nicht zeitlich fest. Reisemängel sind daher substantiiert vorzutragen und vom Reisenden möglichst mit objektiven Beweismitteln wie Urkunden und Belegen zu beweisen. Bei dem subjektiven Beweismittel einer Zeugenaussage ist oftmals von einer Befangenheit auszugehen, da diese als Reiseleiter dem Veranstalter nahe stehen oder als Angehörige dem Reisekunden.

(2) Zwar hat der Reisende die Beweislast für das Vorliegen der Mängel, jedoch haben die Gerichte durchaus dafür Verständnis, daß der Reisende im Urlaub Erholung sucht und nicht seine Freizeit der Vorbereitung eines Reiseprozesses widmen will. Jedoch ist es einem Kunden sicherlich zuzumuten, wenn er mit einfachen **Beweismitteln** wie neutralen Zeugenaussagen, Bestätigungen von Leistungsträgern oder durch Photos behauptete Mängel sichert.

(3) Letztlich sollte der Veranstalter auch beachten, daß der Kunde in einem Reiseprozeß auch einen höheren Betrag einklagen kann, als er ursprünglich in seinem Anmeldeschreiben gefordert hat (LG Frankfurt/M NJW-RR 1987, 1078). Insoweit besteht keine **Bindungswirkung**. Eine Bindung besteht nur hinsichtlich der angemeldeten Reisemängel. Ein Nachschieben von bisher nicht nach § 651 g I BGB angemeldeten Mängeln nach Fristablauf oder im Reiseprozeß ist nicht möglich (OLG Frankfurt/M RRa 2003, 255).

7
Der Reisebürovertrieb und seine Bedeutung für Reiseveranstalter in Deutschland

Stefan Schrödel

7.1 Vertriebswege von Reiseveranstaltern

ZUR BESCHÄFTIGUNG MIT REISEVERANSTALTUNG und Reiseveranstaltern gehört notwendig auch die genauere Betrachtung von Vertriebswegen und ihre Entwicklung. Seit Mitte der 1990er Jahre gab es hier entscheidende neue Strömungen, welche die gesamte touristische Landschaft geprägt haben und in Zukunft auch noch weiter beeinflussen werden.

Wichtigster Vertriebsweg für die großen Veranstalter ist und wird vorerst auch weiterhin das klassische Reisebüro bleiben. Es handelt sich hierbei meist um mittelständische, inhabergeführte Unternehmen, die entweder über Stadtlokale, Mietflächen in Einkaufszentren oder an Flughafenschaltern versuchen, das für den Kunden geeignetste Produkt zu finden und zu vermitteln. Rechtliche Grundlage hierfür ist bislang der **Handelsvertreterstatus** gemäß § 84 Handelsgesetzbuch (HGB). Hierdurch wird das Reisebüro zum Handelsvertreter seines Handelsherrn (dem jeweiligen Veranstalter) und verpflichtet sich u.a. zur Vermittlung seiner Produkte nach vorgegebenen Preisen (Preisbindung). Im Gegenzug erhält das Reisebüro dafür eine **Provision**, die sich in der Regel an der Höhe der vermittelten Umsätze orientiert. Allerdings ist der Status des Reisebüros als Handelsvertreter nicht nur juristisch mittlerweile stark umstritten. Im Linienflug- und mittlerweile auch im Charterbereich existiert der Handelsvertreterstaus nicht mehr. Aufgrund des (weitgehenden) Provisionswegfalls agieren sie hier vielmehr als Händler bzw. Makler (vgl. § 93 HGB).

Aus dieser Entwicklung lassen sich möglicherweise auch Parallelen zu künftigen Geschäftsmodellen zwischen den Reiseveranstaltern und den Reisebüros ableiten. Im Falle des Maklers handelt das Reisebüro dann jedoch im Auftrage des Kunden oder des Leistungsträgers, ohne jedoch aufgrund eines Vertragsverhältnisses ständig damit betraut zu sein. Die entsprechenden Vertragsinhalte wären dann mit dem Kunden auszuhandeln, wobei dieser auch (größtenteils) für die Vergütung des Reisebüros aufkommen würde. Im Falle des Händlerstatus würde das Reisebüro selbst zum Käufer. Es müßte selbst die Reiseleistungen einkaufen, um dann mittels einer selbst kalkulierten Marge diese gegenüber dem Endkunden zu vertreiben. Neben vielen ungelösten juristischen Problemen wird klar, daß in diesem Fall der Reiseveranstalter zum direkten Konkurrenten des Reisebüros werden würde. Es stellt sich aber auch die Frage, ob ein einzelnes Reisebüro oder selbst ein größerer Reisebüroverbund überhaupt in der Lage ist, das Risiko beim Einkauf von Reiseleistungen zu tragen und inwieweit die Haftung sichergestellt werden könnte.

Im Vergleich zu den 1980er Jahren sehen sich die Reisebüros heute einem verschärften Wettbewerb ausgesetzt, nicht zuletzt weil sie neue Konkurrenten bekommen haben, die den Reiseveranstaltern beim Vertrieb ihrer Produkte zur Seite stehen. In erster Linie eröffnet natürlich das **Internet** dem Reiseveranstalter viele neue Vertriebsmöglichkeiten. Durch die eigene Darstellung im *world wide web* und durch entsprechende *internet booking engines* (IBE, Internetbuchungsmaschine) wird es dem Endkunden ermöglicht, seine Pauschal- bzw. mittlerweile häufig sogar seine Bausteinreisen selbst online zu buchen. Gerade die großen und namhaften Reiseveranstalter verfügen hierbei über entsprechende Marketingbudgets, die es ermöglichen, den sowieso bereits vertrauten Markennamen des Unternehmens und damit verbunden die Internetadresse noch bekannter zu machen. Diese Art von Direktvertrieb und der damit erwirtschaftete Umsatz liegt bei den meisten großen Pauschalveranstaltern derzeit bei knapp unter 10 Prozent des Gesamtumsatzes; man kann jedoch davon ausgehen, daß diese Umsatzanteile in Zukunft weiter wachsen werden.

Die Möglichkeiten des Internet und heute verwendete Technologien ermöglichen den ursprünglichen Pauschalveranstaltern heute aber auch die Bündelung von Reiseleistungen abseits der herkömmlichen Katalogprodukte zu tagesaktuellen Preisen. Hierbei werden Hotelleistungen, die meist über unternehmensexterne Hoteldatenbanken generiert werden, mit gerade zur Verfügung stehenden Flugkapazitäten und Flugpreisen kombiniert. Durch viele Preisaktionen der Fluggesellschaften, zum Beispiel Sonderpreisaktionen bei Air Berlin oder Condor „Fliegenpreise", ergibt sich ein entsprechend neues Bausteinangebot, das preislich gesehen oftmals unter den eigentlichen Katalogpreisen der Veranstalter liegt. Diese Produkte benötigen in den Buchungssystemen neue, separate Veranstalterkodierungen, um sie vom traditionellen Katalogprodukt unterscheiden zu können. Dadurch, daß die meisten Veranstalter einfach ein „x" vor das ursprüngliche Veranstalterkürzel setzen, spricht man deshalb von den sogenannten X-Veranstaltern (zum Beispiel xnec, xfti, xgti). Von Seiten des Vertriebes wird diese Entwicklung jedoch nicht nur positiv beurteilt, da die Buchungen bei den meisten der X-Veranstalter niedriger verprovisioniert werden und die Anzahlungs- und Stornobedingungen anderen Regelungen unterliegen, was zu einer noch größeren Intransparenz des Marktes führt.

Eine weitere Art des Direktvertriebs der Reiseveranstalter ist der **TV-Vertrieb**, der Verkauf über Fernsehsender und Einkaufskanäle bzw. über eigene Direktabverkaufsmarken.

Als **Beispiel** kann hierfür der Veranstalter FTI angeführt werden. Über seine Direktverkaufsmarke Big X-Tra werden unter anderem Leserreisen an die Endkunden veräußert. Big X-Tra selbst hat wiederum mit Sonnenklar TV einen eigenen Einkaufskanal erworben. Mit diesem Kauf ist FTI respektive Big X-Tra im Prinzip zum Marktführer im deutschen Reise-TV Vertrieb geworden, da zusätzlich auch der Konkurrenzkanal Feriensupermarkt-TV betrieben wird. FTI öffnet diese Marke jedoch auch gegenüber dem Reisebürovertrieb durch das eigens hierfür gegründete Franchisekonzept „Sonnenklar TV Reisebüro".

An Bedeutung zugenommen hat auch der **Strukturvertrieb**. Es handelt sich hierbei um mobile Reiseverkäufer (‚Travelagenten') bzw. nebenberufliche Reiseverkäufer, die zusätzlich zum eigentlichen Kerngeschäft auch Reisen verkaufen. Erstaunlich hierbei ist, daß bei diesen Verkäufern oftmals jegliche Form der touristischen Ausbildung fehlt. Im Hintergrund arbeiten jedoch größere Organisationen, die über das entsprechende touristische Know-how verfügen und die Abwicklung der Reisebuchungen über Call-Center mit entsprechend qualifiziertem Personal sicherstellen. Dadurch, daß diese Art des Strukturvertriebs oftmals relativ geschickt mit dem Vertrieb über das Internet verknüpft wird, werden teilweise sehr hohe Umsätze getätigt, die diese Vertriebsorganisationen zu einem wichtigen Vertriebspartner der großen Reiseveranstalter machen. Aufgrund von mangelnder Seriosität und mangelndem kaufmännischen Verständnis hat der Strukturvertrieb in der Vergangenheit jedoch auch immer wieder öffentlich für negative Schlagzeilen gesorgt. Neben stark kritisierten „Schneeballsystemen", welche die Darstellung der einzelnen zu erwirtschaftenden Provisionserlöse innerhalb der Strukturvertriebsorganisationen sowieso relativ undurchsichtig gestaltet haben, bedeuten oftmals Liquiditätsprobleme das Aus dieser Vertriebsmodelle.

Ganz allgemein bleibt jedoch festzuhalten, daß auch jedes stationäre Reisebüro durch die bereits angesprochenen Entwicklungen im Bereich Technik profitiert. Das Medium Internet ist demnach nicht nur eine Gefahr, sondern vielmehr auch eine Chance für das Reisebüro in seiner Zusammenarbeit mit dem Reiseveranstalter. Arbeitsabläufe und Prozesse werden optimiert und über die Buchungsmöglichkeiten auf den eigenen Internetseiten eines Reisebüros lassen sich ganz neue Umsatzpotentiale erschließen.

Ebenfalls einher mit der Entwicklung des Internets gehen die reinen **Internetreisebüros** bzw. die großen **Internetportale**, wie zum Beispiel Expedia, holidaycheck, ab in den urlaub oder weg.de. Der Zusammenarbeit mit diesen Portalen liegt seitens der Reiseveranstalter jedoch kein normaler Agenturvertrag mehr zugrunde, sondern ein sogenannter NTO-Vertrag. Es handelt sich hierbei um einen speziellen Agenturvertrag für *non traditional outlets* (NTO), also Verkaufsstellen, die den Großteil ihrer Umsätze nicht über das direkte Kundenverkaufsgespräch in einem stationären Reisebüro, sondern via Internet Call-Center oder auch dem oben erwähnten Strukturvertrieb tätigen (siehe ausführlicher dazu Abschnitt 7.6). Die Umsätze, die mittlerweile über solche Portale gemacht werden, wachsen stetig und nehmen damit eine immer größere Bedeutung für die Reiseveranstalter ein. Gleichzeitig bleibt aber festzuhalten, daß sich auch der Markt der Onlineportale mittlerweile zu konsolidieren scheint. Im Buchungsjahr 2010 gibt es erstmals Äußerungen der verschiedensten großen Veranstalter, daß sich das Online Wachstum nunmehr auf einige wenige große Anbieter beschränkt, wohingegen kleinere Portale erstmalig auch Umsatzrückgänge zu verzeichnen haben, obwohl der touristische Markt an sich wächst.

Immer wenn über die verschiedenen Vertriebswege heutiger Reiseveranstalter und damit verbunden über das Reisebüro gesprochen wird, muß man auch auf die zunehmende Bedeutung von sog. **konkursresistenten Reisebüros** eingehen. Bei konkursresistenten Reisebüros handelt es sich um Nebenerwerbs- oder Hobbybetriebe, die durch sehr geringe Fixkosten und entsprechende Subventionen aus anderen Teilen des Familieneinkommens, Reisen aus Spaß und aus Freude verkaufen. Dadurch, daß von zu Hause aus gearbeitet wird, fallen keinerlei Personal- oder Mietkosten an, die beide zusammen den größten Fixkostenblock eines stationären Reisebüros ausmachen. Oft besteht auch eine Zusammenarbeit mit anderen Geschäften und Unternehmen. Dadurch, daß die Fixkosten dann durch das eigentliche Kerngeschäft (zum Beispiel Photogeschäft) gedeckt sind, reicht für die touristische Buchungsstelle eine reine Deckungsbeitragsrechnung. Für den Veranstalter treten diese Reiseverkaufsstellen jedoch prinzipiell gar nicht in Erscheinung, da meist mit einem stationären Reisebüro zusammengearbeitet wird, das die nötigen Agenturnummern für die Buchungen via Computerreservierungssystem zur Verfügung stellt. Die Beziehung des Verkäufers zum Endkunden spielt hierbei die ausschlaggebende Rolle, da persönliche Bekanntschaft und freundschaftlicher Service die Grundlage des Reiseverkaufs sind. Es ist deshalb nicht verwunderlich, daß ein Großteil der Kunden dieser konkursresistenten Reisebüros zumindest anfänglich immer aus dem eigenen Bekannten- und Verwandtenkreis des Reiseverkäufers kommt. Später werden vor allem über Mund-zu-Mund Propaganda neue Kunden gewonnen. Dies entspricht modernem Beziehungsmarketing (*relationship marketing*).

Eine derartige Zusammenarbeit mit einem „*home agent*" ist zwar aufgrund des Agenturvertrages für das klassische Reisebüro eigentlich verboten, sofern Provisionen weitergegeben werden. Dennoch beläuft sich die Zahl solch konkursresistenter Reisebüros derzeit nach Schätzungen auf knapp 3.500. Man muß davon ausgehen, daß dies von den Veranstaltern auch weiterhin geduldet wird, da man nicht auf den in diesen Verkaufsstellen gemachten Umsatz verzichten will.

7.2 Die Entwicklung des Reisebürovertriebes

Um die Bedeutung des Reisebüros für die Veranstalter verstehen zu können, ist es wichtig, sich auch mit der Entwicklung des Reisebüros sowie mit der Zukunft des Reisebürovertriebs auseinanderzusetzen. Erstaunlich hierbei ist, daß trotz jahrzehntelanger Vorhersagen einer „Bereinigung der Reisebürovertriebslandschaft" die Zahl der Reisebüros in Deutschland in der Vergangenheit fast durchweg gestiegen ist. Erst seit wenigen Jahren scheint sich der Reisebüromarkt langsam zu bereinigen. Nach Angaben der FVW-Dokumentation Ketten und Kooperationen nahm die Anzahl der Reisebüros von 11.046 im Jahre 2008 auf 10.717 im Jahre 2009 ab. Im Jahr 2005 waren dies noch 15.639 Vertriebsstellen. Außerdem ist bemerkenswert, daß die Zahl der unabhängigen Büros in dem Maße abgenommen hat, in dem die Zahl der Ketten- und Franchisebüros gestiegen ist.

Die 1990er Jahre waren die Blütezeit der Kooperationen. Anfangs als pure „Provisionssammelvereine" belächelt, entwickelten sich die Kooperationen immer mehr zu zentralen Dienstleistern für das Reisebüro. Durch die Bündelung der Umsätze der Mitgliederbüros wurde außerdem eine Vertriebsmacht aufgebaut, die kaum einer der großen Veranstalter vernachlässigen konnte oder wollte. Zusätzlich wurde es kleineren Veranstaltern durch die Zusammenarbeit mit einer Kooperation ermöglicht, auf ein flächendeckendes Vertriebssystem Zugriff zu erhalten. Durch die Beschränkung der Zusammenarbeit auf Einzelreisebüros wäre dies für kleinere Veranstalter nicht zu realisieren gewesen.

Einzelne Kooperationen erkannten schnell, daß ihre Verhandlungsstärke gegenüber den Veranstaltern natürlich sehr stark von der Größe des Umsatzes abhängt. Die erste „Megaallianz" der Kooperationen war geboren, der RTK-Verbund. Die einzelnen Kooperationen AER, RT-Reisen, Schmetterling Reisen und die TSS hatten sich zusammengeschlossen, um gemeinsam mit den Veranstaltern entsprechende Superprovisionen zu verhandeln und untereinander Leistungen auszutauschen. Dies war jedoch erst der Anfang. Mittlerweile gibt es drei große Megaallianzen in der touristischen Vertriebslandschaft: QTA, RSG und TMCV (vgl. Übersicht 7.1).

Für die großen Reiseveranstalter und die integrierten Reisekonzerne ist es wichtig, ebenfalls innerhalb dieser Kooperationsverbünde vertreten zu sein und sich entsprechend zu positionieren. Vor allem sollen hierdurch die Umsätze stärker zum eigenen Produkt gesteuert werden. Zudem sind auch die dadurch gewonnenen Marktinformationen ein entscheidender Vorteil, den man nicht übersehen sollte.

Abbildung 7.1: Die Entwicklung des Reisebüromarktes 1998–2004

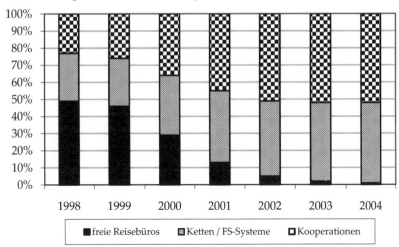

Quelle: Beilagen zur FVW International über Ketten und Kooperationen in Deutschland 1999–2005, eigene Berechnungen

Während sich die TMCV bislang von strategisch engeren Partnerschaften mit Veranstaltern zurückhält, besitzen innerhalb der RSG die Veranstalter des Rewe Konzerns die Oberhand. Die Rewe hat sich hierdurch neben den eigenen Ketten- und Franchisebüros einen zusätzlichen Anteil am Reisebürovertrieb gesichert. Analog dazu ist QTA mit TUI und Thomas Cook eine engere Beziehung eingegangen.

Übersicht 7.1: Die Reisebüro-Megaallianzen

	QTA (Quality Travel Alliance)	RSG (Reise Service Gesellschaft)	TMCV (Touristik Multi Channel Vertriebsgesellschaft)
Mitgliedskooperationen	Alpha (jetzt Neckermann), Best-RMG, RT-Reisen, Schmetterling Reisen, TUI Travel Star	RCE, Protours, Deutscher Reisering, Tour Contact,	TSS, AER
Zahl der Mitgliederbüros	> 6.966	> 1.352	> 2.829
Umsatz 2009	4,233 Mrd. €	1,069 Mrd. €	2,908 Mrd. €
Veranstalternähe	TUI und Thomas Cook	Rewe	unabhängig

Quelle: FVW Dokumentation Ketten und Kooperationen, Beilage zur FVW International Nr. 12 vom 11. Juni 2010

Die Best-RMG AG besitzt seit jeher eine sehr enge Partnerschaft mit der TUI. So genießen besonders starke TUI Agenturen den Status des TUI BEST Partners (BEST) bzw. des TUI Premium Partners (RMG). Damit verbunden sind entsprechende Provisionsverbesserungen und Anreize des Veranstalters. Zusätzlich wurde das System TUI Travel Star als eine Art Zwitter aus Kooperation und Franchisesystem mit in der QTA integriert. Offiziell zählt TUI Travel Star zum TUI Leisure-Vertriebssystem. Die TUI geht jedoch noch einen Schritt weiter. Seit 2001 ist die TUI auch an der Kooperation RT-Reisen mit 25,1 Prozent beteiligt. Sie erreicht damit die Sperrminorität, so daß die TUI auch innerhalb der Kooperation RT-Reisen eine entsprechende Vormachtstellung besitzt. Abgerundet wird das Ganze durch die Mitgliedschaft der Alpha Kooperation bzw. der Neckermann-Partner Büros innerhalb der QTA. Interessant dabei ist auch, daß RT-Reisen wiederum zu 50 Prozent Anteile an alpha/Neckermann-Partner besitzt. Die TUI besitzt dadurch indirekt auch Anteile an einer Reisebürovertriebsorganisation ihres größten Konkurrenten Thomas Cook.

Parallel zur Entwicklung der Reisebürokooperationen kam es zu dem bereits angesprochenen Wachstum der Ketten- und Franchisebüros. Der Zugriff seitens des Veranstalters ist hierbei noch viel stärker als bei einem reinen Kooperationsbüro. Marketingmaßnahmen, Verkaufs- oder Steuerungshinweise lassen sich seitens der Veranstalter noch viel gezielter durchsetzen. Übersicht 7.2 verdeutlicht die Ausrichtung der großen Veranstalter, wobei ausschließlich die Touristiksparte betrachtet wird.

Übersicht 7.2: Reisebürovertrieb ausgewählter Veranstalter

	TUI Leisure Travel	Thomas Cook	Rewe	Alltours	FTI
Ketten	First, TUI Reise Center, Hapag-Lloyd, Discount Travel	Thomas Cook Reisebüro	Atlas Reisen, DER, Derpart, RTF Flughafen Service Büros	Alltours Reisecenter	Flugbörse, Sonnenklar-TV-Reisebüro
Franchise	First, TUI Reise Center	Thomas Cook Reisebüro, Holiday Land	Atlas Reisen, Derpart	Alltours Reisecenter	Flugbörse, , 5 vor Flug, Sonnenklar-TV-Reisebüro
Vertriebsstellen insg. inkl Kooperationen	1.518	1.449	2.485	210	257

Quelle: FVW Dokumentation Ketten und Kooperationen, Beilage zur FVW International Nr. 12 vom 11 Juni 2010

7.3 Die Zukunft des Reisebürovertriebs

Allen Unkenrufen der Tourismusindustrie zum Trotz: Man muß sich um die Zukunft des Reisebüros keine Sorgen machen. Zugegebenermaßen ist das heutige klassische Reisebüro mit anderen Herausforderungen konfrontiert als noch vor zehn Jahren. In der Vergangenheit stiegen die Umsätze und damit verbunden die erwirtschafteten Provisionserlöse von Jahr zu Jahr, ohne daß man sich als Reisebüroinhaber wirklich Gedanken über Kosteneinsparungen, Umsatzsteuerung, Maßnahmen zur Kundenbindung oder dergleichen machen mußte. Es gab weitgehend nur Wettbewerb zwischen den Reisebüros, Konkurrenten außerhalb der Branche gab es kaum. Die Kunden strömten deshalb förmlich in das Reisebüro ihres Vertrauens. Dies war auch kein Wunder: Andere Buchungsmöglichkeiten für Pauschalreisen gab es ja kaum. Heute sieht es jedoch anders aus.

Vor dem Hintergrund der eingangs beschriebenen Veränderungen auf dem Reisemarkt wird es deshalb zu einer Bereinigung des Reisebüromarktes kommen. Diese wird zwar schon seit Jahrzehnten vorhergesagt – zukünftig wird der Wettbewerbsdruck jedoch noch viel weiter ansteigen als bislang. Einzelgänger, das heißt komplett unabhängige Büros, werden aufgrund schlechterer Konditionen bei den Veranstaltern und sonstiger touristischer Leistungsträger nicht die aggressive Preispolitik ihrer Mitbewerber verfolgen können. Aufgrund fehlender Veranstalterbindungen wie zum Beispiel durch den Anschluß an ein Franchisesystem werden unabhängige Büros auch Nachteile hinsichtlich des Angebotportfolios haben. Die Marktbedeutung dieser Büros geht allerdings auch heute schon gegen Null (s. Abbildung 7.1).

Das erfolgreiche Reisebüro der Zukunft wird vor allem die folgenden vier Aspekte intensiv beachten und verfolgen müssen:

1. Kostensenkung
2. Erlössteigerung bzw. Optimierung
3. Kundenorientierung
4. Markenorientierung

Den größten Teil der Kosten in einem Reisebüro stellen die Personal- und Mietkosten dar. Beide zusammen betragen in der Regel zwischen 60 und 70 Prozent der Gesamtkosten. Da es sich um Fixkosten handelt ist klar, daß Einsparungen hierbei relativ schwierig zu realisieren sind. Man darf nicht vergessen, daß bei den meisten Reisebüros schon ein Mitarbeiter mehr oder weniger über den wirtschaftlichen Erfolg des Unternehmens entscheiden kann. Dabei ist zu beachten, daß ein Vollzeitmitarbeiter einen touristischen Jahresumsatz von mindestens 580.000 € erwirtschaften sollte. Ansonsten wird dieser Mitarbeiter nicht zu finanzieren sein. Kosteneinsparungspotential bieten vor allem verschiedene Prozesse und Abläufe im Reisebüro, die auch mit der Nutzung von bestimmter Hard- und Software verbunden ist.

Erlössteigerung und Optimierung sind von entscheidender Bedeutung für zukünftig erfolgreiche Reisebüros. Reisebüroinhaber, die ihren Kunden Rabatte bzw. Rückvergütungen gewähren, werden kaum Überlebenschancen haben, denn betriebswirtschaftlich ist es kaum nachzuvollziehen, wie ein Unternehmer bei einer Provision von durchschnittlich 10 Prozent noch fünf Prozent Rabatt auf den Reisepreis gewähren kann. Solchen Aktionen liegen meist sehr kurzsichtige Versuche, Umsatzanteile von Mitbewerbern zu gewinnen, zugrunde. In Wirklichkeit preist sich der Reisebüroinhaber dadurch selbst aus dem Markt. Auch darf man nicht vergessen, welche Außenwirkung solche Aktionen auf die Reiseveranstalter hat. Wenn Reisebüros offensichtlich immer noch genug Provision erhalten, um Teile dieser Provision als Rabatte an Kunden weiterzugeben, sollte Provisionskürzungen seitens der Veranstalter nichts im Wege stehen.

Statt dessen sollten Reisebüros durch eine entsprechende Budgetierung und die daraus resultierenden Erkenntnisse ihre Umsätze gezielt auf einige wenige Veranstalter steuern, um durch diese Umsatzbündelung höhere Stufen der Staffelprovision zu erreichen. Ein Veranstaltersortiment von über 50 Veranstaltern bedienen zu wollen, ist heute ein betriebswirtschaftlich nicht mehr zu rechtfertigendes Unterfangen. Im wesentlichen läßt sich das Erfolgsrezept daher auf folgenden Nenner bringen: Es müssen die Veranstalter verkauft werden, welche die höchsten Provisionen versprechen. Daß dies nicht einfach zu erreichen ist, wird unten noch weiter ausgeführt.

Letztlich gilt aber auch für das Reisebüro und die gesamte Touristik, was für alle anderen Unternehmen auch gilt: Alle Bemühungen und aller guter Wille werden keinen Erfolg bringen, wenn man sich nicht mit Service und hoher Dienstleistungsbereitschaft an seinen Kunden orientiert. Um zukünftig erfolgreich am Markt agieren zu können, muß das Reisebüro seinen Kunden kennen. Das Reisebüro muß aktiv mit den vorhandenen Informationen über seine Kunden arbeiten. Aufgrund einer Buchung sind die wichtigsten dieser Kundendaten bekannt. Neben dem Namen und der Anschrift inklusive der E-Mail Adresse, erhält man zusätzlich das Geburtsdatum und möglicherweise noch weitere Informationen zu den familiären Verhältnissen. Die Basis für entsprechende Mailings, Geburtstagswünsche oder *welcome back*-Karten ist damit gelegt. Die meisten Ketten- und Franchisezentralen haben dies ebenfalls erkannt und investieren deshalb in einheitliche Vertriebsplattformen, auf denen nicht nur die verschiedenen Buchungs- und Preisvergleichssysteme integriert sind, sondern auch der Zugriff auf die Kundendaten und auf entsprechende Kundeninformationen (Kundenhistorie) möglich ist.

Reisebüros dürfen nicht mehr darauf warten, bis Kunden alleine den Weg in das Reisebüro finden. Statt dessen müssen die Kunden vom Reisebüro da abgeholt werden, wo sie gerade sind: Ob zu Hause, im Fitneß Studio, beim

Einkauf, oder.... – nahezu überall lassen sich Ansatzpunkte finden, mit denen man potentielle Kunden auf sich aufmerksam machen kann. Auch für Veranstalter wird dies ein immer wichtigerer Punkt in ihrer Zusammenarbeit mit Reisebüros. Nur das Reisebüro wird zukünftig für eine Kooperation interessant sein, dem es nachweislich gelingt, sich in die **Lebenswelten** seiner Kundenklientel einzuklinken und in ständigem Kontakt mit seinem Kunden zu bleiben. Es wird nicht mehr ausreichen, sich nur ein oder zweimal jährlich mit seinem Kunden zu beschäftigen. Vor diesem Hintergrund werden die auf Beziehungsmarketing aufbauenden Konzepte der erwähnten Nebenerwerbsreisebüros immer interessanter.

Der „lokale Markt" muß in den Vordergrund der Marketingbemühungen der Reisebüros. Immer wieder „gedankliche Anker" in den Köpfen der Kunden zu setzen und diese durch qualitativ außergewöhnliche Dienstleistungen zu begeistern – das ist die Herausforderung für heutige Reisebürounternehmer und Verkäufer. Parallel dazu müssen Emotionen geweckt werden. Bislang scheitert dies nur allzuoft an der teilweise doch veralteten und unattraktiven Ladeneinrichtung, die oftmals keinerlei Urlaubsatmosphäre aufkommen läßt.

Nicht vernachlässigt werden darf abschließend die Marke des Reisebüros, mit der es in der Öffentlichkeit erscheint und auftritt. Verfechter unabhängiger Büros und Anhänger der Kooperationen argumentieren hierbei nur allzuoft, daß das wichtigste Gut eines Reisebüros sein unabhängiger Name sei. Dies mag dann auch in dem Falle zutreffen, in dem der Inhaber des Reisebüros aus einer regional bekannten Unternehmerfamilie stammt und dieser Eigenname somit als Marke gewertet werden kann. Wie verhält sich dies aber mit den typischen Firmierungen wie zum Beispiel ‚ReisebüroSonnenschein', ‚Reisebüro Tour and Travel', ‚Reisebüro Sonne und Meer' usw.? Das Reisebüro der Zukunft wird sich für einen der großen Reiseveranstalter entscheiden und mit diesem Namen auch nach außen hin auftreten müssen. Die Vorteile, die für beide Seiten hierdurch entstehen, werden im folgenden noch eingehender erörtert. Bereits an dieser Stelle sei jedoch auf den großen Werbeeffekt für das Reisebüro verwiesen. Die *corporate identity* (CI) und der Name des Veranstalters sind den meisten Kunden nicht zuletzt durch Radio- und TV- Werbung bekannt. Die Nutzung dieses Markennamens beschert zum Beispiel Franchisebüros einen entscheidenden Wettbewerbsvorteil, der in der Zukunft noch weiter an Bedeutung gewinnen wird und für ein Reisebüro alleine gar nicht zu finanzieren wäre. Im Gegenzug werden natürlich langfristig auch nur die Reisebüros für einen Veranstalter von Interesse sein, die mit dem eigenen starken Markennamen nach außen hin auftreten und sich auch mit diesem identifizieren.

Bevor wir uns nun im folgenden der eigentlichen strategischen Bedeutung des Reisebürovertriebs für die Reiseveranstalter zuwenden, hier noch einige

Informationen zu den Sortimenten. Nahezu jedes Reisebüro verfügt heute über durchschnittlich 30–40 Agenturverträge mit Veranstaltern. Allerdings wird der Großteil der Umsätze und Erlöse mit nur sechs bis acht Veranstaltern erwirtschaftet. Der italienische Nationalökonom Vilfredo Pareto (1848–1923) erläuterte dieses Phänomen am Beispiel der Verteilung des italienischen Volkseinkommens zu Beginn des 20. Jahrhunderts und leitete daraus die sogenannte „80/20-Regel" ab. So kann man auch in der Touristik feststellen, daß ca. 20 Prozent der Veranstalter knapp 80 Prozent der Umsätze erwirtschaften. Die entscheidenden Veranstalter für heutige Reisebüros sind dabei die TUI, Thomas Cook, die Veranstalter der Rewe Touristik, Alltours und FTI.

Selbstverständlich gibt es auch andere wichtige Veranstalter, sowie mittelständische Reiseveranstalter, die durch gute Produkte und hervorragende Provisionen gerade in den letzten Jahren verstärkt Einzug im Reisebüro halten. Ein gutes Beispiel hierfür ist der Duisburger Veranstalter Schauinsland Reisen, der anfangs ausschließlich regional aufgestellt war, mittlerweile aber deutschlandweit in den Reisebüros großen Erfolg hat. Dieser Erfolg ist maßgeblich einer hervorragend eingesetzten Technik und einer immer sehr klar formulierten und gelebten Treue zum Reisebürovertrieb geschuldet. Allerdings kann ein solcher mittelständischer Veranstalter die großen Reiseveranstalter und Konzerne (noch) nicht ersetzen. In diesem Zusammenhang bemerkenswert ist jedoch auch das große Wachstum der Kreuzfahrtveranstalter, allen voran von AIDA Cruises. Jährlich bringen alle großen Reedereien (zum Beispiel Aida, MSC, Costa Crociere) neue Schiffe auf den Markt und füllen diese mit entsprechenden Kunden. Da der touristische Markt an sich jedoch die letzten Jahre über kaum wächst, ist ein solches Wachstum nur durch die Gewinnung von Marktanteilen auf Kosten der originären Pauschalveranstalter zu erklären. Natürlich gibt es in jedem Büro aufgrund der regionalen Situation und der Kundenstruktur bestimmte Vorlieben und anteilige Verschiebungen. Prinzipiell kann es sich jedoch kein Reisebüro leisten, einen der obengenannten Veranstalter grundsätzlich nicht zu verkaufen. Dies ist in erster Linie das Ergebnis der Push- und Pull-Strategien der Veranstalter. Durch ihre Push Strategie versuchen die Reiseveranstalter, die Reisebüros von ihrem Produkt zu überzeugen und mit den entsprechenden Provisionen auch monetäre Anreize zu schaffen, ihre Produkte in den Markt zu drücken (*push*). Die Pull Strategie und die damit verbundenen Marketingaktivitäten hingegen richten sich ausschließlich auf die Endkunden. Der Kunde erzeugt dadurch einen entsprechenden Nachfragedruck, so daß ganz gezielt nur bestimmte Veranstalter nachgefragt werden, das Reisebüro also zu diesem Veranstalter hingezogen (*pull*) wird.

7.4 Die Zusammenarbeit zwischen Reiseveranstaltern und Reisemittlern

Die strategische Bedeutung der Reisebüros für Reiseveranstalter liegt auf der Hand: Durch die Zusammenarbeit wird in erster Linie auf kostengünstige Art und Weise der flächendeckende Vertrieb der Produkte sichergestellt. Als Handelsvertreter vertritt das Reisebüro die Interessen seines Handelsherrn, unterstützt mit Werbung durch entsprechende Schaufensterdekorationen oder Außenleuchten, gibt die Kataloge des Veranstalters an seine Kunden aus, berät diese und verkauft schließlich die jeweiligen Produkte. Dies ermöglicht dem Veranstalter eine raschere Expansion in die Fläche zu gut kalkulierbaren Kosten. Märkte werden schnell und einfach erschlossen, die Wettbewerbsfähigkeit des Veranstalters wird verbessert.

Der Veranstalter schließt hierfür mit jedem Reisebüro einen entsprechenden Agenturvertrag, stellt Kataloge und Dekorationsmaterial zur Verfügung, betreut das Reisebüro über Außendienstmitarbeiter und versucht durch Schulungsmaßnahmen, die Reisebüromitarbeiter an sich zu binden und ihnen die einzelnen Produkte und die damit verbundenen Vorteile näherzubringen.

Die Kosten für alternative Vertriebswege sind hingegen weniger gut zu kalkulieren und sind teilweise sogar weitaus höher als bei der Zusammenarbeit mit Reisebüros. Ein Beispiel hierfür ist der Eigenvertrieb. Betrachtet man außerdem die großen Internetportale wie Expedia oder Opodo, fällt auf, daß offensichtlich keines dieser Portale bislang in der Lage ist, Gewinne zu erwirtschaften. Im Gegenteil: Die notwendige Werbung, um auf sich aufmerksam zu machen, verschlingt hohe Summen Geldes. Für den Internetvertrieb der großen Reiseveranstalter in Deutschland sieht das zwar anders aus, da die Markennamen den Endkunden gegenüber bereits bekannt sind, jedoch fallen auch hier zunächst hohe Investitionskosten für die Entwicklung der entsprechenden Technik an. Grundsätzlich sind die Kosten des Internetvertriebes aber geringer als die des stationären Vertriebs.

Dennoch erlebt die heutige Vertriebslandschaft erhebliche Veränderungen. Es gibt nur noch wenige Veranstalter, die nicht versuchen, verstärkt über Direktverkaufskanäle ihre Produkte am Reisebüro vorbei abzusetzen und die sich gegenüber dem Reisebüro loyal verhalten. Viele Reisebüros können nicht nachvollziehen, daß nahezu auf allen Veranstalterkatalogen, die ja zum Großteil über Reisebüros ausgegeben werden, in dicken Lettern die jeweilige Internetadresse des Veranstalters aufgedruckt ist. Kunden werden direkt per E-Mail oder postalisch angeschrieben und im Fernsehen oder im Radio hört man kaum noch einen Hinweis auf die Buchbarkeit der Reisen im Reisebüro. In Zeiten der täglichen Diskussionen über den *shareholder value* und immer weitere Gewinnmaximierungen mag dies als verständlich erscheinen. Selbst-

Präsentation eines Leitveranstalters im Schaufenster eines Reisebüros

verständlich steht es jedem Unternehmen frei, seine Unternehmensziele nach eigenen Prioritäten zu gestalten. Trotzdem sollten die großen Reiseveranstalter nicht vergessen, welcher Vertriebsweg sie groß gemacht hat. Wirtschaftsethik, Vertrauen und Verläßlichkeit sollten hierbei auch eine Rolle spielen.

Allerdings gehört es auf der anderen Seite zur Natur des Geschäftes, daß man nur so lange mit jemandem zusammenarbeitet, wie es einem selber nützt. Die Vergangenheit spielt dabei eine untergeordnete Rolle. Man darf nicht vergessen: Nicht zuletzt sind die Reiseveranstalter in erster Linie auch ihren eigenen Mitarbeitern gegenüber verantwortlich, nicht denen der Vertriebspartner (auch wenn das manchmal identisch ist). Ein Unternehmen, das seine Kosten und Konzepte unverändert ließe, würde von der Konkurrenz überholt und nicht lange weiter existieren – die Mitarbeiter würden also ihre Stellen verlieren. Die Welt unterliegt letztendlich einer stetigen Veränderung. Insofern ist es wichtig, sich diesen Veränderungen entsprechend schnell anzupassen. Nicht mehr der Große frißt den Kleinen, sondern der Schnelle den Langsamen. *„Short time to market"* ist das Gebot der Stunde.

Forciert werden die Direktvertriebsaktivitäten sicher auch durch die heute gängigen, neuen Medien. *Social media* wie Facebook und Twitter geben Unternehmen die Möglichkeit, sich einer breiten Öffentlichkeit vorzustellen. Jegliche Apps für Smartphones unterstützen dies noch weiter. Gleichzeitig kann die moderne Technik im stationären Reisebürovertrieb aber ebenfalls dazu genutzt werden, Kunden an sich zu binden und zu begeistern. Der Einsatz von i-pads mit entsprechenden Apps zur Kundenberatung (zum Beispiel AIDA app) oder aber die Nutzung von sog. *vision desks* im Verkaufsgespräch sind nur zwei von vielen unterschiedlichen Möglichkeiten.

Bislang halten die deutschen Reiseveranstalter immer noch am Handelsvertreterstatus des Reisebüros fest. Andere europäische Nachbarn machen jedoch vor, wie es auch ohne den Handelsvertreterstatus geht. Ein Beispiel dafür ist Großbritannien, wo zudem die durchschnittliche Reisebüroprovision noch weiter gesenkt worden ist. Derzeit sprechen sich noch alle großen deutschen Veranstalter für den Reisebürovertrieb aus. Vor dem Hintergrund der oben geschilderten Maßnahmen und der Beispiele der europäischen Nachbarn bleibt jedoch abzuwarten, wie lange sich die Veranstalter an ihre Treueschwüre gebunden fühlen. Prinzipiell ist davon auszugehen, daß diese Treuebekundungen nur so lange gelten, wie sie opportun sind – die Reisebüros also nicht durch andere Vertriebskanäle ersetzt werden können. Durch die veränderte Marktsituation und die Entwicklung alternativer Vertriebswege ist es aus Veranstaltersicht aber legitim und betriebswirtschaftlich notwendig, auch neue Wege zu gehen. Dadurch, daß über neue Vertriebsverfahren die Vertriebskosten insgesamt gesenkt werden können, werden in Zukunft weniger Reisebüros benötigt werden. Ein kompletter Verzicht ist derzeit aber kaum denkbar. Bis dato ist es ein generelles Charakteristikum von solchen Marktentwicklungen, daß zwar neue Vertriebswege etabliert werden, gleichzeitig die alten aber – wenn auch in verringertem Umfang – weiterhin am Markt bestehenbleiben. So wäre eine überproportionale Verstärkung des reinen Internetvertriebs für den Reiseveranstalter unweigerlich verbunden mit einer erhöhten Preis- und Markttransparenz. Dies ist aber keinesfalls gewünscht, denn dadurch würde Wettbewerbsdruck steigen. Das ist auch der wahre Hintergrund für die reduzierten Provisionen, welche die meisten großen Veranstalter an den nicht-stationären Vertrieb zahlen (s.o.). Fehlende Markttransparenz hingegen schafft entsprechende Freiräume im Wettbewerb. So bringt die Steuerung über die Reisebüros viele Vorteile mit sich, wie das nachfolgende Kapitel zeigt.

7.5 Steuerung durch den Reisebürovertrieb

Ein zentrales Thema in der Diskussion um die strategische Bedeutung von Reisebüros für den Reiseveranstalter ist die Steuerungsfähigkeit des Reisebürovertriebs. Vor dem Hintergrund der gesunkenen Wachstumsraten auf dem Reisemarkt können Reiseveranstalter größtenteils nur noch durch Ausweitung ihrer Marktanteile auf Kosten der Konkurrenz wachsen. Gerade vor dem Hintergrund der weltweiten Wirtschaftskrise durch die Immobilienblase in den USA und der damit verbundenen Kundenzurückhaltung war es umso wichtiger, noch gezielter Steuerungsmaßnahmen realisieren zu können. Deshalb heißt es aus Konzernzentralen oft lapidar: „Dann muß der Vertrieb eben auf unser Produkt steuern!". Dabei werden die Möglichkeiten dafür häufig überschätzt. Da ist oft von 40 bis 50 Prozent des gesamten Umsatzes die Rede, der durch entsprechende Steuerung am Markt plaziert werden könne. Die Wirklichkeit sieht jedoch anders aus. Erfahrungsgemäß lassen sich maximal 20 Prozent des Umsatzes durch Reisebüromitarbeiter und -inhaber bewußt verteilen. Denn in diesem Zusammenhang wird leider oftmals der alles entscheidende Faktor vergessen: der Kunde. Er ist nämlich letztlich derjenige, der über den Kauf des Produktes entscheidet.

Dies läßt sich gut am **Beispiel** des im Geschäftsjahr 2004/2005 ausgetragene Zwistes zwischen TUI Leisure Travel, der Vertriebsorganisation der TUI, und dem Reiseveranstalter Alltours Flugreisen zeigen. Beide Seiten konnten sich bei den jährlichen Vertriebsgesprächen nicht auf eine gemeinsame Vereinbarung einigen. Die Folge war, daß die Zentrale von TUI Leisure Travel sowohl in den eigenen als auch in den angeschlossenen Franchisebüros Alltours aus dem Sortiment nahm. Die Botschaft der TUI Vertriebsorganisation an den Veranstalter Alltours war klar: Wir demonstrieren Vertriebs- und Steuerungsstärke. Dadurch, daß man sich nicht einigen konnte, sollten die angeschlossenen Büros der TUI auch keinen Umsatz mehr mit bzw. für Alltours machen. Dies ging sogar so weit, daß TUI Reisebüros, die den Alltours Umsatz um einen gewissen Prozentsatz verringern würden, seitens der TUI einen entsprechenden Bonus erhalten sollten. Interessant ist jedoch der Ausgang dieses Kräftemessens. Nach Aussage von Alltours haben in diesem Geschäftsjahr tatsächlich viele TUI Reisebüros ihren Umsatz in erheblichem Maße gesenkt – ein klares Indiz für die Steuerungsfähigkeit des Reisebüros. Allerdings stieg in den meisten Regionen bzw. in den einzelnen Postleitzahlengebieten der ansässigen TUI Büros der gesamte Alltours Umsatz mit anderen Reisebüros in dem Maße, in dem er in dem jeweiligen TUI Büro zurückgegangen war. Dies zeigt sehr deutlich, daß man als Reisebüro zwar steuern kann, dies jedoch nicht unbedingt immer im eigenen Interesse ist. In dem genannten Beispiel haben viele TUI Büros praktisch Umsatz verschenkt bzw. ihre Kunden zu ihren Wettbewerbern getrieben. Man hat es also versäumt, durch seinen eigenen Alltours Umsatz seine Provisionserlöse zu optimieren, weil man weder das Produkt noch die jeweiligen Kundenwünsche im Auge hatte. Und wie dieses Beispiel zeigt, sind hier das Produkt bzw. seine Qualität und sein Preis der entscheidende Faktor.

An diesem Beispiel aus der Vertriebspraxis wird einerseits deutlich, daß die Organisationszentralen der Ketten- und Franchisesysteme in der Lage sind, Umsätze zu steuern und damit verbunden auch Einfluß auf die Veranstalter haben. Man sollte jedoch, wie das Beispiel andererseits zeigt, beim Einsatz der verschiedenen Steuerungsinstrumente und Anreize sehr vorsichtig sein. Bei zentralen Steuerungsentscheidungen geht leider oft der Blick auf die regionalen Gegebenheiten und Kundenanforderungen verloren. Dies kann sich – wie man sieht – sehr negativ auswirken, denn der Vertrieb sollte niemals die Kundenwünsche ignorieren.

Für eine **realistische Steuerung** seiner Umsätze besitzt das Reisebüro verschiedene Möglichkeiten. Das naheliegendste Mittel sind die Katalogpräsentation und die Schaufenstergestaltung. Der Veranstalter, der besonders forciert werden soll, wird meist im Hauptschaufenster mit der entsprechenden Dekoration dargestellt und zusätzlich erhalten die Kataloge einen prominenten Platz in der Katalogwand. So handelt es sich bei der Katalogwand hinter dem Counter des Hauptverkäufers um den besten Platz. Natürlich spielt aber auch die Struktur der dargestellten Kataloge und die Anzahl der zur Verfügung gestellten Katalogfächer eine große Rolle. So ist es ein entscheidender Unterschied, ob ein Veranstalter nur mit vier oder mit 16 und mehr Klappen dargestellt wird. Auch in der Darstellung der einzelnen Katalogtitel liegt Steuerungspotential – ähnlich wie bei der Warenpräsentation im Einzelhandel. Die meisten Reiseveranstalter verankern die Anzahl der darzustellenden Kataloge deshalb mittlerweile auch in ihren Agenturverträgen und kombinieren dies mit der verpflichtenden Anbringung von Außen- oder Innenleuchten mit dem Veranstalterlogo, Schreibtischunterlagen, verpflichtenden Mailings, Kundenabenden und dergleichen. Von der Teilnahme wird in der Regel meist ein gesonderter Marketingbonus abhängig gemacht.

Das Reisebüro kann aber nicht nur über die Katalog- oder Angebotspräsentation steuern, sondern auch über die **Katalogausgabe** an sich. Es gibt viele Kunden, die vor einer eingehenden Beratung im Reisebüro vorab erst einmal selbst verschiedene Kataloge zu Hause mit der Familie studieren möchten. Sofern nicht nach einem bestimmten Veranstalterkatalog gefragt wird, sondern nur nach bestimmten Zielgebieten, hat das Reisebüro immer die Möglichkeit, je nach interner Gewichtung, die verschiedenen Kataloge auszuhändigen und damit den Kunden in seiner späteren Entscheidung zu beeinflussen.

Zusätzlich kann das Reisebüro während des **Verkaufsgespräches** versuchen, den Kunden durch entsprechende Verkaufsargumente auf einen bestimmten Veranstalter zu lenken. Jeder Reiseverkäufer muß sich jedoch genau überlegen, wie weit er mit seiner Beeinflussung geht. Ein unzufriedener Kunde kommt nämlich nie wieder in sein Büro. Deshalb ist dies immer ein schwieriger und für jeden Einzelfall abzuwägender Balanceakt: Auf der einen Seite sieht sich das Reisebüro dazu verpflichtet, dem Kunden gegenüber objektiv und sachlich die verschiedenen Angebote zu präsentieren. Auf der anderen Seite ist jedoch jedes Reisebüro auch gezwungen, seine Erlöse zu optimieren. Demnach verkauft der Mitarbeiter sicher lieber eine Reise, die teurer ist und damit mehr Provision einbringt, als das gleiche Produkt nur etwas günstiger und mit entsprechend weniger Provision.

Die Veranstalter versuchen deshalb ihre Handelsvertreter über **monetäre Anreize** wie Staffel- und Superprovisionsvereinbarungen zu motivieren, die

Katalogpräsentation in einem Reisebüro

über die Grundprovision hinaus Umsatzhöhe und -wachstum mit zusätzlichen Einnahmen belohnen. Dazu gehört auf der anderen Seite aber auch der **Malus**, eine Provisionszurückzahlung am Geschäftsjahresende, wenn das Reisebüro seine Vorjahresumsätze nicht erreicht und somit eine zu hohe Provision erhalten hat. Durch dieses Instrument versuchen einige Veranstalter entsprechend auf die Steuerung in den Reisebüros einzuwirken.

Darüber hinaus führen die Reiseveranstalter zu Beginn jeder Saison in ganz Deutschland **Katalogvorstellungen** durch, um die Neu- und Besonderheiten der Produkte für die touristischen Mitarbeiter der Reisebüros hervorzuheben und ihre Vorteile darzustellen. Schulungen und Inforeisen sollen es zudem ermöglichen, das Produkt „live" zu erleben und somit besser verkaufen zu können. Buchungswettbewerbe oder Incentives spornen die Reisebüros zusätzlich zur Umsatzsteigerung an.

Beim Verkauf im Reisebüro muß jedoch in jedem Falle immer die **Kundenzufriedenheit** im Auge zu behalten werden, denn ein Kunde würde es sicher nicht verstehen, wenn er für dasselbe Produkt mehr Geld zahlen mußte als der Urlauber aus dem Hotelzimmer neben ihm, der bei einem anderen Veranstalter gebucht hat. Ebenso verliert man seinen Kunden, wenn man ihm ein Produkt verkauft, das nicht zu ihm paßt und mit dem er unzufrieden sein wird. Insofern entscheidet nicht nur der Kunde über den Verkauf, sondern auch das Produkt. Aus der Erfahrung heraus zeigt es sich für einen Veranstalter bereits in den ersten Wochen des Geschäftsjahres, ob sein Produkt angenommen wird und gut ist, ob man sich bei den Preisen verkalkuliert hat, das Preis-Leistungsverhältnis nicht stimmt oder dergleichen mehr. Hiermit hängt natürlich auch der Nachfragedruck zusammen, den manche Veranstalter über Radio- oder Fernsehspots zu erreichen suchen. Auch eine perfekte Werbekampagne wird sich aber nur kurzfristig auszahlen, wenn das Produkt nicht in Ordnung bzw. nicht an den Bedürfnissen der Zielgruppe ausgerichtet ist. Diese Tatsache wird von mancher Reiseveranstaltern leider oft vergessen. Dem Reisebürovertrieb werden große, nicht selten völlig unrealistische Steuerungsversprechen abgerungen.

So ist zum **Beispiel** das Ziel des Veranstalters FTI eher unrealistisch, den Kunden die Destination Kalabrien in Süditalien näherzubringen. Zweifellos handelt es sich hierbei um eine attraktive mediterrane Landschaft mit derzeit noch viel unberührter Natur und kaum massentouristisch erschlossenen Strukturen. Die Frage ist jedoch, ob dieses Zielgebiet tatsächlich als Ersatz für die beliebten spanischen Urlaubsdestinationen vermarktet werden kann, wenn man weiß, daß 40 Prozent des Umsatzes in einem Reisebüro mit dem Reiseziel Spanien erwirtschaftet werden.

Unterstützend im Verkaufsgespräch können heute die verschiedenen Last Minute- und Preisvergleichssysteme integriert werden. Als Reisebüromitarbeiter hat man die Möglichkeit, verschiedene Veranstalter mit ihren Angeboten erst gar nicht darstellen zu lassen, d.h., von vornherein auszuschließen bzw. das Angebot auf bestimmte Veranstalter zu begrenzen oder die Relation der dargestellten Angebote zu beeinflussen. So gibt es dann auch keine Argumentationsprobleme, wenn der Kunde mit auf den Bildschirm sieht. Die Steuerungsmöglichkeiten über diese Systeme sind mittlerweile fast entscheidend im Verkauf, da heute während des Verkaufsgespräches kaum noch direkte Buchungsanfragen via CRS an den einzelnen Veranstalter gerichtet werden, sondern ausschließlich mit Preisvergleichssystemen gearbeitet wird.

Entscheidend für den Erfolg der dargestellten Steuerungsmaßnahmen ist jedoch immer die **Einbindung aller Mitarbeiter und Verkäufer**, also des gesamten Reisebüro-Teams. Dies ist allerdings nicht selten mit Problemen verbunden. Denn aus unerklärlichen Gründen wollen viele Reisebüromitarbeiter noch immer nicht als Verkäufer bezeichnet werden. Sie sehen sich eher als Reiseberater oder Reiseexperten. Diese Expedienten versäumen es jedoch, sich vor Augen zu führen, daß sie nicht von der Beratung, sondern vom Verkauf leben – und daran ist beileibe nichts Unehrenhaftes zu finden.

Nur durch die Beteiligung aller Mitarbeiter am Planungsprozeß der Steuerung kann erreicht werden, daß sich alle damit identifizieren und den Hintergrund verstehen können. Über zusätzliche Mitarbeiteranreize oder Zielvorgaben (*management by objectives*) kann die Steuerung auf die verschiedenen Veranstalter außerdem noch verstärkt werden. Wichtig hierbei ist, daß das gesamte Reisebüro „eine Sprache spricht", d.h., daß wirklich alle Mitarbeiter dasselbe Steuerungsziel verfolgen. Es wäre fatal, wenn die einzelnen Mitarbeiter unterschiedliche Veranstalter bzw. unterschiedliche Produkte forcierten. Die Einbeziehung der Mitarbeiter in solche Entscheidungen dient natürlich auch als Motivationsinstrument. Optimiert wird solch eine „einheitliche Sprache" eines Reisebüros, wenn für die verschiedenen Zielgruppen auch einheitliche, interne - Hotelempfehlungen festlegt werden. In der Praxis kann man dies noch mit eigenen Bildern der Destination oder des Hotels unterstreichen bzw. vorbereitete Hotelinformationen darstellen.

Kaum ein Reisebüro wird in Zukunft die Möglichkeit haben, die Forderungen (Mindestumsätze, Marketingauflagen, Katalogdarstellung etc.) aller Veranstalter realisieren zu können. Die Folge wird sein, daß voraussichtlich nur noch ein oder zwei der bislang großen Veranstaltermarken in den jeweiligen Reisebüros vertreten sein werden. Um nicht vollkommen in die Abhängigkeit von einigen wenigen Großveranstaltern zu geraten, müssen Reisebüros ihre Sortimente aber um solche mittelständischen Veranstalter erweitern, die auskömmliche Provisionen zahlen, gut verkaufbare Produkte anbieten und loyal mit ihnen zusammenarbeiten. Dieser Trend deutet sich derzeit bereits in vielen Reisebüros an und ist eine Möglichkeit, zumindest einen Teil der durch die über kurz oder lang bei den Konzernveranstaltern anstehenden Provisionskürzungen zu kompensieren.

Vor diesem Hintergrund setzt zum **Beispiel** der Studienreiseveranstalter Studiosus darauf, wieder stärker von den Reisebüros vertrieben zu werden. Ein auf den Internetvertrieb beschränktes Umsatzwachstum ist für diesen Veranstalter mittelfristig eher kontraproduktiv, da das Reisebüro für ihn auch einen wichtigen Werbepartner darstellt (Wiegand, 2006, S. 33).

Exklusivverträge, die zwischen Veranstaltern und Reisebüros bzw. Reisebüroorganisationen geschlossen werden können, führen zu einer größeren Abhängigkeit, sind mit einem höheren **Risiko** verbunden und daher aus Reisebürosicht wenig ratsam. Es gibt aber Bereiche in der Touristik, in denen sie sinnvoll sind und wesentlich zu einer Ertragsoptimierung beitragen können. So hat es keinen Sinn, drei oder vier Reiseversicherer oder Mietwagenanbieter im Sortiment zu haben. Die Produkte und Leistungen der Marktführer sind hier im Prinzip austauschbar. Deshalb sollte man sich als Reisebüro jeweils auf eine Reiseversicherung und auf einen Mietwagenanbieter beschränken und in diesen Bereichen eine Exklusivpartnerschaft anstreben. Die erzielten Umsätze werden dadurch konzentriert auf einen Anbieter gelenkt, so daß vereinbarte Staffelprovisionen und damit verbundene höhere Erträge viel leichter erreicht werden können, als wenn man die Umsätze auf verschiedene Anbieter verteilte. Im Gegenzug vergüten die Leistungsträger eine solche Exklusivvereinbarung natürlich auch mit entsprechend lukrativeren Provisionssätzen.

7.6 Die zukünftige Zusammenarbeit zwischen Reiseveranstalter und Reisebüro

Für Reiseveranstalter werden stationäre Reisebüros trotz aller Veränderungen auf absehbare Zeit weiterhin den wichtigsten Vertriebsweg darstellen. Selbst bei einem anzunehmendem weiterhin wachsenden Internetvertrieb wird der Umsatzanteil, der über stationäre Reisebüros generiert werden wird, langfristig mindestens bei ca. 65 bis 70 Prozent liegen. Verglichen mit anderen Branchen, sind dies beste Voraussetzungen für Reisebürounternehmer. Dazu kommt das Potential der Reisebüros, den Online Kunden auch für sich zu gewinnen. Gemäß der ROPO Studie (*research online, purchase offline*) aus dem Jahre 2008 nutzen bislang viele Kunden das Internet rein zur Informationsgewinnung. Für den eigentlichen Kauf wird dann aber der persönliche Ansprechpartner im Einzelhandel bevorzugt. Parallel dazu gibt es aber auch einen nicht unerheblichen prozentualen Anteil an Kunden, die erst auf Grund von negativer Erfahrungen im stationären Reisebüro ihre Buchung online tätigen.

Es ist zwar davon auszugehen, daß gerade die großen Konzernveranstalter die Provisionen generell kürzen bzw. umverteilen und aus Kostengründen mehr auf alternative Vertriebskanäle unter eigener Kontrolle setzen werden. Darin liegt jedoch auch eine Chance für die Reisebüros: Indem sie ihre *unique selling proposition* (USP), nämlich gute persönliche Beratung, Service und Dienstleistung mit alternativen, konkurrenzfähigen Reiseangeboten kombinieren, können sie zumindest die Teile der Pauschalreisenden an sich binden, die telephonischen oder Internetbuchungen skeptisch bis ablehnend gegenüberstehen. Wie oben beschrieben gibt dies außerdem die Möglichkeit, verlorene Kunden wieder zurückzugewinnen. Dies ist ein weiterer Grund für eine engere Zusammenarbeit mit den erwähnten mittelständischen Reiseveranstaltern. Die Rahmenbedingungen dafür sind sicherlich nicht einfach – die Reisebüros müssen nicht nur die Malusregelungen der Großveranstalter ausgleichen, sondern auch ihrem durch aufwendige Werbeaktionen erzeugten hohen Kundendruck standhalten.

Andererseits haben die meisten Reiseveranstalter weniger Interesse an Reisebüros im eingangs bereits erwähnten nicht-stationären Vertrieb, die den klassischen Reisebüros zunehmend Konkurrenz machen. Diese Reisemittler bekommen von den großen Veranstaltern deshalb nur einen sogenannten NTO-Vertrag, in dem deutlich geringere Provisionen für die Vermittlung von Reisen festgelegt sind (siehe Übersicht 7.3). Die Veranstalter begründen dies mit den geringeren Kosten, die solche NTO Vertriebskanäle haben. Ob dies wirklich so ist, kann man durchaus bezweifeln (s.o.). Auf jeden Fall wird dadurch die Stellung des stationären Vertriebs im Wettbewerb mit diesen Anbietern zunächst gestärkt.

Übersicht 7.3: NTO Regelung ausgewählter Veranstalter

Veranstalter	Vertragliche Regelung	NTO Provision	Provision Einzelagenturvertrag
TUI	Nicht stationäre Agenturen gemäß der Vertriebskonditionen sind solche, die mehr als 50 Prozent ihres TUI Gesamtumsatzes außerhalb ihres eigenen Kreisgebietes und/ oder den räumlich angrenzenden Kreisgebieten generieren (Internet-Vertrieb, Call-Center oder Strukturvertrieb)	< 500.000 €: 5 Prozent Grundprovision 500.000 € bis < 1 Mio. €: 5,5 Prozent Provision Maximale NTO Vergütung : 9 Prozent	Ab 200.000 €: 10 Prozent Grundprovision
Thomas Cook	Nicht stationäre Vertriebswege in diesem Sinne sind z.B. Internet-Vertrieb, Call Center, TV, Videotext oder Strukturvertrieb. Im Regelfall gibt es kein stationäres Ladenlokal. Entscheidend ist, daß das Buchungsaufkommen nichtstationärer Agenturen überproportional, jedoch zu mindestens 50 Prozent nicht aus den eigenen oder den angrenzenden Kreisgemeindeschlüssel-Gebieten generiert wird. Der Vertriebspartner hat keinen Anspruch auf Ausstattung mit Katalogen zur Weitergabe an Kunden.	Aufteilung in Sortiment A und B. In beiden Sortimenten liegt die unterste Provisionsstufe bei 6 Prozent. Keine retroaktive Vergütung auf den Gesamtumsatz. Maximale Stufenprovision im Sortimnet A für den Umsatz > 3 Mio. €: 11,5 Prozent	Ab 145.000 € Vorjahresumsatz: 10 Prozent Grundprovision
Rewe Touristik	Zum Bereich des nichtstationären Vertriebs gehören Internetportale, Call Center, Strukturvertrieb oder Agenturen mit mobilen Reiseverkäufern.	< 50.000 €: 6 Prozent Grundprovision Ab 150.000 € Umsatz: 8 Prozent bis max. 12 Prozent Provision(bei Umsatz > 5 Mio. € und Steigerungsrate > 130 Prozent zum Vorjahr)	Ab 100.000 € Vorjahresumsatz: 10 Prozent Grundprovision

Quelle: NTO- und Einzelagenturverträge der Veranstalter

Für **Kooperationen** wird es zukünftig nicht mehr ausreichen, nur das addierte Umsatzvolumen der einzelnen Büros als Argument für bessere Provisionen anzuführen. Sie werden sich strategisch entsprechend positionieren müssen, um den Veranstaltern auf die Frage „Welche Mehrwerte bringt uns unsere Zusammenarbeit?" sachliche Argumente entgegenbringen zu können. Bloße Umsatzkumulation wird nicht mehr ausreichen, da bei allen Veranstaltern der Kostendruck mittlerweile zu groß ist, als daß man die Möglichkeit besäße, Lippenbekenntnisse und Versprechungen mit zusätzlichen Provisionen vergüten zu können. Daher ist davon auszugehen, daß über kurz oder lang für alle Reisebüros wieder der **Einzelagenturvertrag** Gültigkeit besitzen wird. Dieser wird die Grundlage für jegliche Form der Zusammenarbeit darstellen, so daß primär wieder die individuelle Leistung eines jeden einzelnen Büros belohnt werden wird. Superprovisionen über die Organisationszentralen wird es sicher auch weiterhin geben, diese werden sich aller Voraussicht nach jedoch nicht mehr nur rein nach dem Umsatz bzw. der Umsatzentwicklung richten.

In erster Linie wird es dabei um die Umsetzung gezielter Marketing- oder Werbemaßnahmen gehen. Dazu zählen alle Arten von Maßnahmen, durch welche die Loyalität des Reisebüros bzw. der Reisebüroorganisation zu dem entsprechenden Veranstalter auch nach Außen bekundet wird. In diesem Punkt werden die **Ketten** und **Franchisesysteme** aufgrund ihrer effektiveren inneren Struktur gegenüber den Kooperationen besser abschneiden. Allein die interne Überprüfung der Umsetzung solcher Maßnahmen ist durch die großen Kooperationen gar nicht möglich. Hinzu kommt, daß Kooperationen sehr heterogene Gebilde sind. Die Partner, deren Umsatzgrößen, ihre Struktur und ihre Interessen sind viel zu unterschiedlich, als daß man sie auf einen gemeinsamen Nenner bringen könnte. In diesem Zusammenhang ist es auch fraglich, ob die eigenen **Internetportale der Kooperationen** sowie die dazugehörigen Eigenveranstaltermarken langfristig Erfolge erzielen werden. Es ist davon auszugehen, daß der Kapitalbedarf, der erforderlich wäre, um diese Produkte bekannt zu machen, einfach zu groß ist. Die Reisebüroketten mit ihren Filialbüros und die Franchisesysteme haben hier deshalb bessere Zukunftsvoraussetzungen. Vor allem Ketten können durch ihre klaren Hierarchien und den gesicherten Zugriff auf alle Funktionsebenen ihre Marketingmaßnahmen besser durchsetzen und Steuerungserfolge leichter nachweisen. Nach Jahren der Konsolidierung werden deshalb zukünftig auch gerade die großen Konzernveranstalter versuchen, den Anteil des sogenannten „gebunden Vertriebes" weiter auszubauen. In erster Linie sind dies eigene Filialen, die entweder über Zukäufe oder Neugründungen realisiert werden sollen. Dazu kommt der Ausbau entsprechender Franchisesysteme oder strategischer Allianzen.

Der entscheidende Vorteil von Ketten- und Franchisebüros wird in der Zukunft mehr denn je deren starker **Markenname** sein. Eine Marke, die einen hohen Bekanntheitsgrad beim Endkunden genießt und zu der das notwendige Vertrauen besteht, hat deutlich bessere Chancen als eine Kooperation, deren Name dem Kunden gegenüber in der Regel nicht einmal sichtbar wird. Die einzelne Filiale bzw. das einzelne Franchisebüro hat Wettbewerbsvorteile durch den hohen Bekanntheitsgrad und das positive Image einer Marke, die zum Beispiel durch Radio- und TV Werbung erzielt werden können. Eigenproduktkataloge sind ebenfalls nicht nötig: Die bestehenden Kataloge der Eigenmarke sind das beste Werbemittel und machen Alternativen weitgehend obsolet. Neben der Eigenmarke wird sich dann zeigen, welche Veranstalter zusätzlich im Sortiment geführt werden. Natürlich kann man derzeit auf die großen Konzernveranstalter nicht verzichten, jedoch wird sich zeigen, daß sich gerade die Förderung der mittelständischen Veranstalter für den Reisebürovertrieb auszahlen wird.

8
Studienreisen

Max A. Klingenstein & Jörn W. Mundt

8.1 Die Entwicklung der Studienreise

Studienreisen sind so alt wie der Tourismus selbst. Schon für 1.500 v. Chr. lassen sich in Ägypten „Zeichen für eine Art von Tourismus wahrnehmen, für das Reisen aus Interesse am Kennenlernen oder zum reinen Vergnügen" (Casson 1974; cit. n.d. deutschen Ausg. 1976, S. 26). Damals waren die Pyramiden von Gizeh, die Sphinx und die Stufenpyramide des Djoser bei Sakkara schon über tausend Jahre alt.

Der schon zu dieser Zeit verbreiteten Unsitte, sich mit Wandkrakeleien an den besuchten Orten zu verewigen, verdanken wir immerhin die Erkenntnis, daß es nicht nur Einzelreisende waren, sondern auch Reisegruppen, die diese zu historischen Zeiten schon historischen Orte besuchten. In einer der Inschriften, die „irgendwann im 13. Jahrhundert vor Christus im Pyramidenkomplex von Djoser geschrieben wurde, wird hinzugefügt, daß die Einritzung ‚für alle Mitglieder der Schule ... der Neun' vorgenommen worden sei – in anderen Worten, eine Schule für Sekretäre veranstaltete einen gemeinsamen Besuch, wie er heute ebenso von Gruppen von Schulkindern unternommen wird, denen wir auf unseren Reisen begegnen" (a.a.O., S. 27).

In der Neuzeit darf man wohl Thomas Cook als den ersten Studienreiseveranstalter bezeichnen, denn seine Unternehmungen führten nahezu ausschließlich zu den damals bekannten Kunstwerken der Antike, und wir wissen, daß schon Ende des 19. Jahrhunderts Mark Twain ein Teilnehmer an einer solchen von *Thomas Cook* organisierten Studienreise war.

In Deutschland gebührt die Ehre, der Erste gewesen zu sein, Dr. Hubert Tigges, dem Gründer der **Dr. Tigges Reisen**. 1928 führte eine organisierte Wanderreise von Elberfeld in die Eifel, und bald danach kamen Reisen nach Frankreich, in die Schweiz und nach Italien dazu. Der Münchner Theaterprofessor Dr. Arthur Kutscher begann 1933, zuerst für seinen Studentenkreis und nachher für ein größeres Publikum, mit seinen **Studienfahrten Deutscher Akademiker**, und hier standen gleich die klassischen Ziele in Italien und Griechenland auf dem Programm.

Während Dr. Tigges bereits als organisierter Reiseveranstalter auftrat, waren die Veranstaltungen von Professor Kutscher mehr auf Eigeninitiative und nicht im Stile eines Reiseveranstalters aufgebaut. Beide Aktivitäten wurden dann aber sehr schnell durch Devisenmangel und durch willkürliche Verordnungen der Nationalsozialisten immer mehr beeinträchtigt und fanden mit Kriegsbeginn ihr vorläufiges Ende.

Für gut fünfzehn Jahre waren die Menschen vor, während und nach dem Krieg daran gehindert, private Auslandsreisen zu unternehmen, aber das Bedürfnis war mehr denn je vorhanden. Und so ist der *boom* der Studienreiseveranstalter im folgenden Jahrzehnt kein Zufall.

Dr. Tigges war auch nach dem zweiten Weltkrieg und nach der Währungsreform 1948 das erste Unternehmen, das in Deutschland wieder Studienreisen veranstaltete und diese dem reisewilligen und zahlungsfähigen Publikum anbot. Die erste Fahrt in das österreichische Kleine Walsertal konnte sogar als Auslandsreise bezeichnet werden.

Ab 1950 standen dann auch die ersten wirklichen Auslandsreisen in unsere Nachbarländer auf dem Programm. Bald danach regte sich auch die Gemeinde um Professor Kutscher wieder, der Neuanfang war gemacht. Zwischen 1950 und 1960 wurden nahezu alle heute am deutschen Reisemarkt operierenden Studienreiseveranstalter gegründet, Namen wie **Karawane**, **Akademische Studienreisen**, **Studiosus**, **Marco Polo**, auch **Fahrtenring** und **Klingenstein** stammen aus dieser Zeit.

8.1.1 Vom „Trümmertourismus" zur modernen Studienreise

Was heute etwas respektlos Trümmertourismus benannt wird, konnte allenfalls für die erste Zeit der Studienreise nach dem Zweiten Weltkrieg Gültigkeit haben. In diesen Jahren standen die antiken Stätten Italiens und Griechenlands absolut im Vordergrund, zu denen sich sehr bald auch Ägypten gesellte. Ehrfurchtsvoll standen die Teilnehmer vor dem *Parthenon*, ernst und schweigend lauschte man den gelehrten Ausführungen des deutschen Wissenschaftlers auf dem *Forum Romanum*. Aber sehr bald änderte sich der Stil dieser Reisen, denn auch die Bedürfnisse der Menschen begannen sich zu ändern.

Neben anderen Konsumwellen erfaßte die Reisewelle breite Schichten unserer Bevölkerung, und das veränderte auch das Bild der Studienreise. Die antiken Ziele der 1950er Jahre blieben auch in den folgenden Jahrzehnten bis heute die Hauptziele der Studienreise. Sie bleiben vielfach Mittelpunkt, stehen aber in einem weitaus größeren Rahmen und sind daher nicht mehr so einseitig archäologisch und kunstgeschichtlich ausgerichtet wie früher.

Ganz entscheidend hat, wie im gesamten Tourismus, die Entwicklung des Flugverkehrs das Reiseverhalten der Studienreisenden geändert. Während ganz zum Beginn die Bahn im Vordergrund stand, begann schon Ende der 1950er und Anfang der 1960er Jahre der **steigende Flugverkehr** das Bild der Reisen zu ändern. Die ersten Chartermaschinen waren unterwegs und der Linienverkehr wurde immer dichter.

Studienreisen

Klassische Studienreise: Auf dem Weg zur Akropolis in Athen

Der **Bus** als Fernverkehrsmittel war anfangs wenig verbreitet. Die Straßenverhältnisse waren noch ziemlich desolat und das große europäische Autobahnnetz ließ noch auf sich warten. Somit war der Bus nur das regionale, nicht aber das Fernstrecken bedienende Verkehrsmittel.

Einen nicht unbeträchtlichen Anteil an den Verkehrsmitteln der Studienreisen hatte damals das Schiff, das damit an die Tradition der ersten Kreuzfahrten Ende des 19. Jahrhunderts anknüpfte (siehe auch Kapitel 10). Vorwiegend griechische Reedereien boten ihre Schiffe für Studienkreuzfahrten an. Schon Mitte der fünfziger Jahre waren Kreuzfahrten mit Themen wie „Klassisches Griechenland" oder „Griechenland-Byzanz" begehrte Oster-, Frühjahrs- und Herbstangebote.

Ägypten, zuerst per Schiff und später auch mit dem Flugzeug, war zusammen mit den übrigen nordafrikanischen Ländern eines der ersten nichteuropäischen **Reiseziele** und die Entwicklung nahm einen rasanten Verlauf:

Schon Anfang der 1960er Jahre konnte man von einem weltweiten Angebot sprechen, vielleicht unter Weglassung so exotischer Ziele wie Neuguinea oder Feuerland. Aber Indien und Mexiko, Indonesien und Brasilien waren bereits für Studienreisen „entdeckt".

8.1.2 Der Begriff Studienreise

Der Begriff „Studienreise" hatte es schwer, die Reisebranche selbst und der Reisejournalismus fanden jedenfalls immer wieder wenig schmeichelhafte Bezeichnungen für diese Reiseart, sprachen vom „fliegenden Klassenzimmer", von „Paukerreisen" oder vom „Trümmertourismus". Vielleicht lag der Ursprung in den (meist nicht so guten) Erinnerungen an die Schule, die viele Leute mit dem Begriff Studienreisen assoziierten.

Die Teilnehmer von Studienreisen haben mit diesem Begriff jedoch niemals Schwierigkeiten gehabt und haben diese abschätzig gemeinten Begriffe eher belächelt als sich darüber geärgert. Trotzdem gab es immer wieder Versuche, einen besseren Begriff dafür zu finden. Nicht nur, um die einmal gewonnenen Teilnehmer bei der Stange zu halten, sondern vor allem auch, um neue hinzuzugewinnen. Die Alternativen waren allerdings auch nicht sehr überzeugend. Die **„Bildungsreise"** hat mittlerweile auch eine ganz andere Bedeutung gewonnen: Heute versteht man darunter eher eine private Reise zu Weiterbildungszwecken (zum Beispiel einen Sprachkurs im Ausland) oder einen Aufenthalt im Rahmen des in einigen deutschen Bundesländern gesetzlich geregelten Bildungsurlaubs. Ältere Generationen allerdings hängen offensichtlich noch einem Begriff von Bildungsreise an, der in der Tradition der bildungsbürgerlichen Ableitung aus dem aristokratischen Vorbild der *grand tour* steht (Günter 1991 b, S. 29). Allerdings stellte Hartmann in einer psychologischen Leitstudie zur Reiseanalyse noch 1972 fest, daß die Bildungsreise von den befragten Personen positiver gesehen wurde als die Studienreise. Mit dem Begriff „Bildungsreise" wurde eine aktiverer, selbstgesteuerter und mehr auf Reisen und Erleben abgestellter Inhalt assoziiert als mit der „Studienreise", die man sich im Sinne eines planmäßigen Studiums mit fest programmiertem Verlauf als intensiver und mühsamer vorstellte und bei der dem Reiseleiter die Rolle eines Lehrers zugewiesen wurde (Hartmann 1978).

Die „Kulturreise", ebenfalls als Alternative diskutiert, ist zu oberflächlich und trifft auch nicht den Kern der Sache. Genau darin liegt aber die *crux* mit dem Begriff „Studienreise", denn unter diesem Begriff lassen sich im Prinzip ganz unterschiedliche Reisearten zusammenfassen (vgl. hierzu Günter 1991 b, S. 28 ff.).

Mitte der 1970er Jahre hat deshalb die „Arbeitsgemeinschaft Studienreisen", der namhafte Studienreiseveranstalter angehören, versucht, eine eindeutige und praktikable Definition der Studienreise zu finden, die im folgenden zitiert und erläutert wird.

Definition: Eine Studienreise ist eine Reise mit begrenzter Teilnehmerzahl (in der Regel 10–30 Teilnehmer), festgelegtem Reisethema und Reiseverlauf und deutschsprachiger, fachlich qualifizierter Reiseleitung.

Das **Reisethema** kann schwerpunktmäßig historisch, kunstgeschichtlich, archäologisch, religionsgeschichtlich, geographisch-landeskundlich, völkerkundlich, zoologisch oder naturwissenschaftlich gefaßt sein. Der Reiseverlauf orientiert sich am Reisethema.

Die **fachliche Qualifikation der Reiseleitung** setzt voraus:

- fachbezogenes Studium oder entsprechenden, auf das Reisethema bezogenen Wissensstand und
- Landeskenntnis.

Mit dieser Definition ist es recht gut möglich, die Spreu vom Weizen bei den Studienreiseangeboten zu trennen. Allein die Tatsache, daß bei einer Reise nicht Strand und Liegestuhl im Vordergrund stehen, sondern Städte und deren Monumente, Landschaften und Menschen, macht noch keine Studienreise. Denn bloßes Anschauen führt in aller Regel noch nicht zum Dazulernen und zum geistigen Erlebnis. Die Fähigkeit des Dazulernens ist die großartigste Fähigkeit des menschlichen Wesens, es gelingt nur unserem Schulsystem immer wieder, ganzen Generationen das Wort „Lernen" zu vergällen. Wer aber diese Phase einmal überwunden hat, wird den Begriff Studienreise nicht negativ empfinden.

8.2 Formen der Studienreise

8.2.1 Die geführte Studienreise

Alle Ausführungen zum Thema Studienreise in diesem Beitrag beziehen sich auf diese Form. Nur die geführte Gruppenreise kann der oben angeführten Definition gerecht werden.

Der Begriff Gruppenreise ist dehnbar. Es liegt aber auf der Hand, daß kleine Gruppen für den Erfolg maßgeblich sind. Wer die Kataloge der Studienreiseveranstalter aufmerksam durchblättert, wird schnell feststellen, daß kein Veranstalter Reisen mit großen Gruppen durchführt, egal, welche Teilnehmerzahl er vorsieht, es sind immer kleine Gruppen. Es hat sich aber in den letzten Jahren eingebürgert, daß die Veranstalter die Zahlen nennen. Allein schon die Nennung der **Mindestteilnehmerzahl** ist heute eine absolute Notwendigkeit, da der Gesetzgeber sie vorschreibt, wenn man nicht auf die Möglichkeit verzichten will, eine ausgeschriebene Reise wegen zu geringer Beteiligung wieder abzusagen.

Die Höchstteilnehmerzahl findet sich nicht in allen Katalogen, bzw. wird manchmal noch recht gut versteckt. Für die große Masse der angebotenen Studienreisen gelten Mindest- und **Höchstteilnehmerzahlen** zwischen zehn und 15 bzw. 20 bis 30 Teilnehmer. Man findet aber auch zunehmend den Begriff der Mini-Gruppe, ab fünf oder sechs bis zwölf oder 15 Personen. Gruppenreisen mit über 30 Personen verdienen eigentlich nicht mehr den Namen Studienreise.

8.2.2 Die Einzelreise

Die von einem Reiseveranstalter zusammengestellte Individualreise wird immer wieder und mit steigender Tendenz als Studienreise angeboten. Auch wenn Thema, Reiseroute und Besichtigungspunkte vorgegeben und auch die Reise entsprechend vorbereitet ist, kann diese Reiseform nur beschränkt als Studienreise angesehen werden, auch wenn speziell dafür geeignete, zum Teil sogar extra dafür verfaßte Literatur zur Verfügung steht. Untersuchungen haben ergeben, daß der Reisende nur 10 Prozent des Gelesenen behalten kann, dagegen 30 Prozent des Gehörten und 60 Prozent des Gehörten und Gesehenen. Auf 80 Prozent läßt sich nach dieser Untersuchung der Erinnerungswert steigern, wenn mit dem Gesehenen und Gehörten noch der Faktor Erlebnis hinzukommt (siehe hierzu auch Abschnitt 8.8).

8.2.3 Die Fachstudienreise

Diese Reiseform läßt bereits durch den Zusatz die andere Form der Studienreise erkennen. Die Fachstudienreise verfügt aber über zwei Gesichter: Die wahre Fachstudienreise, die damit mehr einer Dienst- oder Geschäftsreise gleicht und die nur so benannte, die aber weit mehr eine freizeittouristische Unternehmung ist. Die zweite Form hat sich vor allem unter steuerlichen Aspekten gebildet. Die Finanzämter haben diesem Unwesen schon sehr bald den Garaus gemacht und für die Fachstudienreise sehr enge und fast nicht mehr erfüllbare Kriterien aufgestellt.

Als steuerlich abzugsfähige Fachstudienreise gelten demnach nur noch Unternehmungen, die höchstens am Samstag nachmittag und am Sonntag freizeitbezogene Leistungen einschließen. Die übrigen Reisetage müssen mit einem berufsspezifischen Fachprogramm angefüllt sein, an das aus Sicht der Finanzämter hohe Ansprüche gestellt wird. Zudem muß die berufliche Notwendigkeit, daran teilzunehmen, nachgewiesen werden. Verständlicherweise ist damit die Marktbedeutung der Fachstudienreise stark zurückgegangen.

8.3 Variationen von Veranstalter-Studienreisen

8.3.1 Die klassische Rundreise/Kreuzfahrt

In diese Kategorie ist noch immer der größte Teil aller Studienreisen einzuordnen. Als klassische Studienreise darf die Rundreiseform gelten, gleichgültig, ob in Europa oder in Übersee. Mit unterschiedlichen Verkehrsmitteln wird von Stadt zu Stadt, von Sehenswürdigkeit zu Sehenswürdigkeit gereist.

Studienreisen

Zum Bereich der klassischen Studienreise gehört auch die Studienkreuzfahrt, nur daß hier das Verkehrsmittel nicht wie in den anderen Fällen nur Mittel zum Zweck ist, sondern schon den Buchungsgrund darstellen kann. Schließlich waren auch die ersten Kreuzfahrten im vorletzten Jahrhundert in den Mittleren Orient eine Studienreise (vgl. Kapitel 10.1).

8.3.2 Aufenthalts-, Städte- und Museumsreisen

Diese zwar recht unterschiedlich ausgerichteten Reiseformen haben aber in der Regel eines gemeinsam: Es sind **Standortreisen** mit nur einem Hotelstandort oder, das gilt vor allem für die Aufenthaltsreise, mit nicht mehr als zwei oder drei Standorten.

Bei dieser Reiseform steht entweder eine interessante Stadt oder die Ansammlung bedeutender Museen im Vordergrund, bei der Aufenthaltsreise steht durchaus eine ganze Region im Reisetitel, die aber nicht in Form einer Rundreise erschlossen wird, sondern in **sternförmigen Ausflugsfahrten** von einem bequemen Hotelstandort aus. Hier spielt mit Sicherheit auch die Qualität und die ruhige Lage des Hotels bei der Buchung eine entscheidende Rolle.

8.3.3 Aktivreisen

Die bekannteste Form ist die **Wanderstudienreise**. Sie hat ihre Schwerpunkte in Europa, vor allem in Italien, Griechenland und in der nur zu einem kleinen Teil zu Europa zugehörigen Türkei und bietet eine Abwechslung zwischen Besichtigungen und sportlicher Betätigung. Dabei sind tägliche Wanderungen von zwei bis vier Stunden üblich und werden auch von den Teilnehmern erwartet. Die Veranstalter solcher Reisen müssen ihre Angebote in unterschiedliche Schwierigkeitsgrade einteilen, um einigermaßen sicherzugehen, nur die Teilnehmer in einer Gruppe zu haben, die den körperlichen Anforderungen auch gewachsen sind.

Die **Fahrradreise** bietet gegenüber der Wanderreise mehr Möglichkeiten bei der Programmgestaltung; auch hier ist die Reise eine Synthese aus Kultur und körperlicher Betätigung. Aber auch bei dieser Reiseform ist von elementarer Bedeutung, daß die Teilnehmer im Vorfeld, also im Prospekt, über die Anforderungen, die mit dem Radfahren verbunden sind, aufgeklärt werden. Die Räder werden entweder vor Ort angemietet oder von einem Begleitbus (im Bus oder Anhänger) mitgeführt. Die sportlichen Anforderungen sind je nach Begleitfahrzeug unterschiedlich, trotzdem steht der kulturelle Inhalt im Vordergrund. Mit Pedelecs (Fahrrädern mit akkugestützter elektrischer Kraftunterstützung) können heutzutage aber auch weniger sportliche Gäste an einer solchen Reise teilnehmen. Rein sportlich, und daher nicht mehr zum Bereich der Studienreise zählend, sind die in jüngster Zeit vermehrt angebotenen Mountainbike-Touren, die auch ein sehr viel jüngeres Publikum ansprechen, für das aber nur der sportliche Aspekt ausschlaggebend ist.

Mit dem Fahrrad kulturelle und landschaftliche Aspekte einer Region erkunden

8.3.4 Thematische Reisen

Um einer Sättigung des Studienreisemarktes zu entgehen, bringen die Veranstalter immer mehr thematisch ausgerichtete Reisen auf den Markt, um auch den erfahrenen Kunden wieder einmal nach Rom oder nach London zu locken.

Thematische Reisen können sich nach den unterschiedlichsten Möglichkeiten orientieren wie großen und bedeutenden Ausstellungen, aber auch Themen wie Kunst und Küche oder Foto und Film sind angeboten. Manche der thematischen Reisen folgt einem antiken Pilgerweg oder den Spuren berühmter Vorfahren, wobei Johann Wolfgang von Goethe und Alexander von Humboldt hier sicher an erster Stelle zu nennen sind.

8.4 Die klassischen und die neuen Zielgebiete

8.4.1 Europa und der Mittelmeerraum

Hier liegen die absolut klassischen Ziele der deutschen Veranstalter, voranstehend in Griechenland und Italien und im außereuropäischen Mittelmeerbereich Ägypten, sowie das sogenannte Heilige Land. Aber die Studienreise hat längst den ganzen Kontinent abgedeckt, hier gibt es so gut wie keine in diesem Sinne „unentdeckten" Gebiete mehr. Die nordafrikanischen Länder, voran Marokko, sind ebenso begehrte Ziele wie der gesamte nahöstliche Raum, einschließlich der Golfregion.

8.4.2 Überseeische Länder und die Länder der Dritten Welt

Auch hier haben sich schon in den 1950er und 1960er Jahren die heute noch klassischen Studienreiseziele herausgebildet, wie Mexiko und Peru im Westen, wie Indien und Indonesien im Osten; auch hier gibt es heute nahezu keine weißen Flecken mehr. Aber beim Studieren der Prospekte wird man unschwer erkennen, daß die Schwerpunkte in den Ländern liegen, die außer exotischen Menschen und Landschaften auch viele kulturelle Zeugen ihrer Vergangenheit vorzeigen können. Eine besondere Stellung kommt im überseeischen Kulturtourismus den USA zu. Dieses große Land verfügt über hinreißende Landschaften, die keine Studienreise ausläßt, aber auch über unbeschreibliche Kunstschätze in seinen Museen und Sammlungen. In den Ländern der Dritten Welt ist die Studienreise vielfach der einzige Tourismus, den diese Länder aufnehmen können und vielleicht auch sollten. Dabei kann man durchaus ernsthaft darüber diskutieren, ob in manche dieser Länder überhaupt Reisen veranstaltet werden sollten.

In Ländern der Dritten Welt ist die Studienreise, wenn überhaupt, oft der einzige Freizeittourismus, den diese Länder aufnehmen können und vielleicht auch sollten. Dabei kann man durchaus ernsthaft darüber diskutieren, ob in manche dieser Länder überhaupt Reisen veranstaltet werden sollten.

Da die Welt ‚entdeckt' ist, ist es für einen Studienreiseveranstalter von besonderer Bedeutung, immer wieder neue Wege zu Kunst und Kultur eines Landes oder einer Region zu finden: Eine gerade besonders gelungen restaurierte Kirche, ein neues Museum, eine neue Ausgrabungsstätte ins Programm aufzunehmen, eine Ausstellung oder ein Folklorefest sind wichtige Maßnahmen zur Attraktivitätssteigerung von Studienreisen. Diese Feinheiten allerdings sprechen auch unter den Studienreisenden nur einen kleinen Teil an, so wie auch die Studienreisen nur einen kleinen Teil des gesamten Freizeittourismus ausmachen.

8.5 Zielgruppen

Die Zielgruppen richtig zu erkennen, ist wesentlich für die Produktkonzeption und für die Werbung und Verkaufsförderung eines Reiseveranstalters. Dabei wäre es falsch anzunehmen, daß die Kunden von Studienreisen ausschließlich im akademischen Berufsbereich zu finden wären; aber es liegt natürlich in der Natur der Sache, daß die akademischen Berufe bei den Teilnehmern überwiegen. Auch muß man dabei im Auge behalten, daß Akademiker nicht gleich Akademiker ist und es hier nicht nur zwischen verschiedenen Berufsgruppen, sondern auch zwischen den verschiedenen Generationen und Alterskohorten deutliche Unterschiede gibt.

*Auch das gehört zu einer modernen Studienreise:
Besuch einer Schule in der Republik Südafrika*

Parallel zum demographischen und sozialen Wandel der letzten Jahre und Jahrzehnte hat sich auch der typische Studienreisende langsam, aber stetig verändert. Während bis in die Vorkriegsjahre die sogenannte humanistische Schulbildung mit Griechisch und Latein der klassische Ausbildungsweg für die gebildeten Schichten war, änderte sich das nach dem Krieg erheblich. Moderne Sprachen und technische Bildungsinhalte haben mehr und mehr den Weg in die allgemeinbildenden Schulen gefunden. Das Interesse an fernen Ländern und Kulturen und das Interesse an der Studienreise hat damit nicht nachgelassen, sondern auch andere Bevölkerungsgruppen erreicht. Vom Altphilologen zum Informatiker: Auf diese kurze Formel könnte man den strukturellen Wandel des Publikums für Studienreisen bringen.

Die Reiseteilnehmer im ersten Jahrzehnt nach dem Krieg wollten vor allem die im Gymnasium vorgestellte Welt der Griechen selbst sehen und erleben. Heute geht das Interesse der Studienreisenden weit darüber hinaus und konzentriert sich nicht mehr nur auf die Vergangenheit, sondern auch auf die Verknüpfung mit der Gegenwartskultur.

Auch heute noch wird vielfach der Lehrer als der typische Studienreisende angesehen. Daran mag vor 20 oder 30 Jahren etwas Wahres gewesen sein. Zwar gehört die Lehrerschaft in den Ferienzeiten zu einer sehr begehrten

Kundengruppe der Studienreiseveranstalter, weil sie nicht nur interessiert und aufgeschlossen sind, sondern auch über die notwendigen finanziellen Mittel verfügen. Andere Berufsgruppen wie Ärzte und Apotheker, alle medizinisch-technischen Berufe und das gesamte untere und mittlere Management mit ganz unterschiedlichen Ausbildungshintergründen haben den Lehrern hier aber längst den Rang abgelaufen.

Gemeinsam ist aber allen Studienreisenden die Aufgeschlossenheit und die – im positiven Sinne – Neugier für das Ungewohnte, Fremde, Neuartige und Außergewöhnliche. Dies wird vor allem deutlich in den Reisemotiven, bei denen die Studienreisenden ihr eigenes ausgeprägtes Profil beweisen. Die folgenden Motive heben sie besonders ab vom Durchschnitt der Reisenden insgesamt (Tabelle 8.1). An diesen Differenzen hat sich seither wenig geändert.

Tabelle 8.1: Motive der Studienreisenden

Motiv	Studienreisende %	alle Reisenden %
Den Horizont erweitern, etwas für Kultur und Bildung tun	73	20
Andere Länder erleben, viel von der Welt sehen, Einheimische kennenlernen	65	27
Ganz neue Eindrücke gewinnen, etwas ganz anderes kennenlernen	63	31
Viel erleben, viel Abwechslung haben	43	34
Viel herumfahren, unterwegs sein	39	18
Auf Entdeckung gehen, ein Risiko auf sich nehmen, etwas Außergewöhnlichem begegnen	20	9

Quelle: Reiseanalyse 1987 des Studienkreises für Tourismus; cit. n. Schmeer-Sturm 1990, S. 50 ff.

Dazu kommt der vielzitierte Frauenüberschuß bei den Veranstalterstudienreisen. Die Gründe dafür:

- Bei Frauen ist grundsätzlich eine geringere Abneigung gegenüber Gruppenreisen festzustellen.
- Alleinreisende Frauen bevorzugen auch aus Sicherheitsgründen die Gruppen- gegenüber der Individualreise.
- Studienreisen werden oftmals von Frauen unternommen, deren Männer noch voll im Berufsleben stehen und sich daher für eine vermeintlich anstrengende Studienreise nicht entscheiden mögen.
- Auch die höhere Lebenserwartung von Frauen spielt dabei eine erhebliche Rolle – sie können entsprechend häufiger verreisen.
- *Last, but not least*: Frauen zeigen ganz offensichtlich mehr Interesse für die vor allem klassischen Themen der Studienreise, wie Archäologie und Kunstgeschichte.

Wie bei den Kreuzfahrten oder dem Cluburlaub handelt es sich auch bei den Studienreisenden um eine insgesamt vergleichsweise zahlungskräftige Kundschaft, denn Studienreisen sind nun einmal, bedingt durch das große Leistungsangebot, ein Hochpreisartikel. Dennoch spielt auch bei der Kalkulation der Studienreise der Verkaufspreis eine wichtige Rolle, wenn auch nicht im gleichen Maße wie bei den Standardreiseprogrammen der großen Veranstalter.

Die wenigsten Studienreisenden sind firmentreu oder allein auf Studienreisen fixiert. Gleichwohl ist die Präferenz für diese Reiseform bei ihnen deutlich zu erkennen: Von den Studienreisenden eines Jahres wollen weitaus die meisten auch in Zukunft wieder Studienreisen unternehmen. Das bedeutet aber nicht, daß die Studienreisenden nur für Studienreisen zu haben wären. Wer heute eine Studienreise macht, liegt morgen als „normaler" Pauschalreisender am Strand, macht übermorgen eine Individualreise und dann vielleicht wieder eine von einem Veranstalter organisierte Studienreise. Studienreisende sind in jeder Hinsicht reiseerfahrener und reiseaktiver als der Durchschnitt der Reisenden. Das trifft nicht nur für Reiseziele, sondern auch für Reisearten zu.

Darüber hinaus ist die Studienreise auch als Zweitreise beliebt. Das hat die Veranstalter in den letzten Jahren immer mehr dazu bewogen, auch kürzere Programme, Wochenend-, Städte- oder einwöchige Rundreisen anzubieten, um die Kunden an sich zu binden.

Ebenso wie der Frauenüberschuß ist auch das relativ hohe Durchschnittsalter bei Studienreisegruppen eine nicht wegzudiskutierende Tatsache. Das Durchschnittsalter mag je nach Angebotspalette beim einen oder anderen Veranstalter oder beim einen oder anderen Produkt etwas anders ausfallen. Tatsache ist aber, daß es bei den Veranstaltern den Studienreisekunden, der jünger als 35 bis 40 Jahre ist, kaum gibt. Dagegen werden Studienreisen bis ins hohe Alter hinein unternommen, und so sind Teilnehmer, die das achtzigste Lebensjahr überschritten haben, keine Seltenheit. Studienreiseveranstalter haben darauf reagiert, indem sie zum Beispiel – wie der deutsche Marktführer Studiosus mit „ServicePlus" – geruhsamere Reisen mit u.a. weniger Hotelwechseln, späteren Abfahrten vom Hotel und längeren Mittagspausen anbieten. Zudem sind hier alle Versicherungsleistungen (zum Beispiel medizinische Notfallversorgung, Krankenrücktransport, Ersatz verlorener Medikamente) im Reisepreis enthalten. Darüber hinaus gibt es Veranstalter (wie zum Beispiel Klingenstein-Kultur auf Reisen), die sogar betreute Studienreisen anbieten, bei denen eine examinierte Krankenschwester mit von der Partie ist, die nicht nur im Notfall die Erstversorgung gewährleisten kann, sondern auch als Begleitung für einen notwendigen Arztbesuch oder als Hilfe im Krankenhaus zur Verfügung steht. Damit wird auch der wachsenden Zahl kulturinteressierter älterer Menschen, die zwar weiterhin noch gerne reisen möchten, sich dies aber aus gesundheitlichen Gründen nicht mehr ohne weiteres trauen, ein ihren Bedürfnissen entsprechendes Angebot gemacht. Das Reiseprogramm wird in Länge und Inhalt auf die körperlichen Fähigkeiten abgestimmt: Es gibt keine oder nur wenige Hotelwechsel, lange Stadtwanderungen, stundenlange Museumsbesuche sind nicht mehr möglich, statt dessen kehrt man möglichst oft für die Mittagspause zurück ins Hotel oder es gibt unterwegs kleine vorbereitete Mittagessen. Die Zahl der Teilnehmer bleibt auf kleine Gruppen beschränkt und durch den Aufenthalt an einem Ort besteht die die Möglichkeit, auch einmal einen halben oder ganzen Besichtigungstag ausfallen zu lassen.

Auf der anderen Seite überlegen Studienreiseveranstalter seit vielen Jahren, mit welchen Anreizen man das Publikum verjüngen könnte. Zahlreiche Versuche wurden unternommen, etwa mit der die Familien-Studienreise, mit ‚Young-Line' (Disco statt Tempel), mit dem Verzicht auf den deutschen wissenschaftlichen Reiseleiter (für den statt dessen nur lokale Führer vor Ort eingesetzt werden, um zu günstigeren Reisepreisen zu gelangen) – aber der durchschlagende Erfolg mit diesen Ansätzen blieb bisher aus.

Das klassische Alter für den Einstieg in die Veranstalterstudienreise beträgt daher nach wie vor rund fünfzig Jahre, wenn die Kinder aus dem Haus und versorgt sind, und die wirtschaftliche Lage solche Reisen erlaubt. Teilnehmer zwischen 35 und 50 Jahren sind meist alleinstehende Personen oder kinderlose Ehepaare.

Soweit Studienreisen auch einen aktiven Teil wie Wandern oder Radfahren beinhalten, sinkt natürlich der Altersdurchschnitt. Aber auch in diesem Bereich ist es überraschend, daß nicht primär junge Menschen von diesen Angeboten angesprochen werden, sondern die vitalen älteren Jahrgänge. Auch bei diesen Reisen darf man von einem Gruppendurchschnittsalter von ungefähr fünfzig Jahren ausgehen. Bei der klassischen Rundreise, vor allem in Europa, steigt dieser Altersdurchschnitt nochmals an, bei Fernreisen dagegen sinkt er wieder auf die Fünfzig-Jahr-Marke. Hier spürt man einerseits, daß die Strapazen einer Fernreise vielen älteren Leuten zu groß sind, zum anderen aber auch, daß die Konkurrenz des eigenen Autos bei der Fernreise wegfällt.

Diese Zielgruppen haben für den Veranstalter von Studienreisen den großen Vorteil, daß sie nicht in dem Maße saisonal gebunden sind wie die übrigen Reisenden, die bei ihrer Reiseplanung häufiger Rücksicht auf Ferientermine nehmen müssen oder wegen der Wahrscheinlichkeit besseren Wetters ihre Reisetermine in die Hauptsaison legen. „In die Sonne kommen, dem schlechten Wetter entfliehen" ist für die Studienreisenden von geringerer Bedeutung als für den Durchschnittsreisenden (Reiseanalyse; cit n. Schmeer-Sturm 1990, S. 52). Damit können Studienreisen praktisch das ganze Jahr über durchgeführt werden.

8.6 Der Markt

Kulturelle Veranstaltungen besuchen nach der Reiseanalyse während ihrer Haupturlaubsreise ca. ein Viertel aller Reisenden. Damit handelt es sich bei diesen Reisen natürlich noch nicht um Studienreisen, denn der Besuch des Kurkonzerts in einem Nordseebad zählt ebenso dazu wie der Rundgang durch eine Sonderausstellung in einem der vielen Museen moderner Kunst an der Côte d'Azur oder die Teilnahme an einem Folkloreabend in Oberbayern. Die Zahl zeigt aber, daß kulturelle Elemente für einen großen Teil der Reisenden während ihres Urlaubs eine Rolle spielen. Allerdings sind sie eben nicht, wie bei den Veranstalterstudienreisen, der Hauptgrund für die Reise. Wie die Zielgruppenbeschreibung im vorangegangenen Abschnitt zeigt, ist der Markt für Veranstalterstudienreisen weitgehend auf bestimmte Personenkreise begrenzt: Vor allem höhere formale Bildung ist die wesentliche soziodemographische Determinante für die Entscheidung zu einer Studienreise (vgl. Hahn 1989; Lohmann & Mundt 2000). Die Reiseanalyse 2009 der Forschungsgemeinschaft Urlaub und Reisen (F.U.R) ermittelte für 2008 aufgrund der von den Reisenden selbst für sich vorgenommenen Definitionen einen Anteil von sieben Prozent „Kultur-" und drei Prozent „Studienreisen" an allen längeren Urlaubsreisen der Deutschen. Der Trendkorridor für „Kulturreisen" wird mit 6–11 Prozent, der für „Studienreisen" mit 3–7 Prozent bis 2020 veranschlagt (Lohmann & Aderhold 2009, S. 120). In diesen Prognosen spiegeln sich auch die Auswirkungen der Bildungsexpansion der letzten Jahrzehnte seit ihrem Beginn in den 1960er Jahren.

8.7 Die Konzeption von Studienreisen

Auch wenn die Studienreise offensichtlich so alt ist wie die Kulturgeschichte der Menschheit und sich ihre Ziele und Inhalte auf den ersten Blick kaum geändert haben, müssen sie immer wieder neu überdacht werden. Das zeigte schon die vorangegangene Betrachtung der sich wandelnden Zielgruppen. Dazu kommt, daß die klassischen Zielgebiete der Studienreisen (Italien, Griechenland, Ägypten, Frankreich) heute nicht mehr allein die Neugier der Reisenden befriedigen. Zwar liegen die Schwerpunkte nach wie vor bei diesen Ländern, aber die Ansprüche und die Reisemöglichkeiten haben sich so entwickelt, daß heute praktisch die ganze Welt das Ziel von Studienreisen ist.

Der Studienreiseveranstalter muß also kontinuierlich überlegen, ob...

- die Inhalte und der Ablauf der bereits angebotenen Studienreisen den Kundenbedürfnissen entsprechen;
- über die bereits angebotenen Themen und Reiseziele hinaus neue Reisen und Reiseprogramme entwickelt werden müssen, um mit den sich wandelnden Wünschen und Bedürfnissen der bestehenden Zielgruppen mithalten zu können beziehungsweise neue Zielgruppen damit ansprechen zu können.

So zeigt es sich manchmal, daß neben den bereits angebotenen Routen und Sehenswürdigkeiten im gleichen Land bzw. in der gleichen Region eine Reihe von weiteren interessanten Besichtigungsmöglichkeiten besteht, die man entweder in die bestehenden Angebote einbauen oder sogar zum Thema einer neuen Reise machen kann.

Um die touristischen Möglichkeiten eines Landes oder einer Region im Sinne von Studienreiseangeboten voll ausschöpfen zu können, kann der Reiseveranstalter neben seiner eigenen Erfahrung verschiedene Informationsquellen nutzen (vgl. dazu auch Kubsch 1991, S. 418 ff.). Es sind dies im einzelnen:

- Literatur (u.a. Reiseführer), Zeitungs- und Zeitschriftenveröffentlichungen (Reiseberichte);
- nationale, regionale und lokale Tourismusstellen;
- Geschäftspartner im Reiseland;
- Reiseleiter;
- Kunden;
- Wissenschaftler (zum Beispiel Archäologen oder Völkerkundler).

Diese Quellen können systematisch genutzt werden, indem man kontinuierlich die gesamte Literatur und alle verfügbaren Veröffentlichungen zu den einzelnen Ländern und Regionen sammelt und auswertet, in ständigem Kontakt zu den Fremdenverkehrsämtern vor Ort und/oder im eigenen Land steht und einen Kommunikationszusammenhang mit den Geschäftspartnern im Reiseland herstellt, der über die rein technische Abwicklung von Reisen hinausgeht.

Die Reiseleiter mit ihren wissenschaftlichen und landeskundlichen Qualifikationen sind ständig mit den Entwicklungen und Veränderungen in den Zielgebieten konfrontiert und haben zudem gleichzeitig einen sehr engen Kontakt zu den Reisenden, so daß sie über Veränderungen oder neue Konzeptionen schon vor dem Hintergrund ihrer Kundenkenntnis reflektieren können. Dennoch bleiben die Kunden selbst für den Reiseveranstalter noch eine sehr wichtige Informationsquelle. Dabei geht es nicht nur über die von ihnen selbst hergestellten Kontakte, wenn sie dem Veranstalter zum Beispiel über ihre Erfahrungen und Wünsche schreiben – eine Mühe, die sich natürlich nur wenige machen –, sondern um die systematische Informationsgewinnung über Fragebögen, wie sie einige Studienreiseveranstalter ihren Kunden nach der Reise mit nach Hause geben. Dabei geht es zwar in erster Linie um eine Kontrolle der Reisen durch den Veranstalter, gleichzeitig kann man aber auch die Wünsche und Anregungen der Kunden in Bezug auf die erlebte Reise und für zukünftige Reisen erfassen. Vor allem bei der Planung neuer und der Ergänzung bereits bestehender Angebote ist der ständige Kontakt zu Fachwissenschaftlern wichtig, die einmal über Detailinformationen verfügen, zum anderen manchmal auch selbst als Reiseleiter in Frage kommen oder entsprechende Kontakte zu interessierten Fachleuten herstellen können (siehe dazu auch die ausführlichen Ausführungen in Abschnitt 8.8).

Auch wenn die Idee zu einer neuen Reise nicht unbedingt aus diesen Informationen entstehen muß, sondern wie alle kreativen Leistungen nicht immer Abfolge logisch aufeinander bezogener Denk- und Verarbeitungsschritte ist, sind sie dennoch unverzichtbar, wenn es um die praktische Umsetzung dieser Idee in eine Konzeption geht. In diesem nächsten Schritt werden dann auch auf den ersten Blick eher marginal erscheinende Informationen wie die Öffnungszeiten von Museen und örtliche Fest- und Feiertage sehr bedeutsam, denn die Programmabfolge und ihre zeitliche Terminierung sind an diese gesetzten Rahmendaten gebunden. Ist man aus anderen Gründen (zum Beispiel Flugverbindungen nur an bestimmten Tagen) gezwungen, eine Reise trotzdem so zu planen, daß Feiertage mit geschlossenen Museen oder Ausgrabungsgeländen darin liegen, muß man sich – wo dies möglich ist – frühzeitig um Ausnahmegenehmigungen bemühen.

Bei der Planung der Reiseroute und der eingeplanten Programmpunkte sind zwei widersprüchliche Aspekte im Auge zu behalten. Für die Buchung einer Reise spielt die Zahl der Programmpunkte eine wichtige Rolle: Je mehr man in einer bestimmten Zeit zu sehen bekommt, desto eher ist man geneigt, diese Reise auch zu buchen. Andererseits besteht die Gefahr, daß sich dann auf der Reise schnell Sättigungseffekte bei den Teilnehmern einstellen, wenn zu viel geboten wird und kaum mehr die Zeit bleibt, die vermittelten Eindrücke und das Erlebte auch geistig und emotional zu verarbeiten. Zwar kann ein guter Reiseleiter durch die Auswahl von Einzelaspekten und die Herstellung eines diese Aspekte verbindenden roten Fadens auch ein sehr dichtes Programm von Sehenswürdigkeiten vermitteln, aber zum einen hat man nicht immer und für jede Reise den optimalen Reiseleiter, und zum anderen wäre ab einem bestimmten Punkt auch der beste Pädagoge und Didaktiker bei einem zu dichten Programm überfordert. Da die eigenen Erfahrungen und die Berichte von Bekannten über ihre Reiseerlebnisse zu den wichtigsten Informationsquellen bei der Entscheidung für die Buchung einer Reise gehören, wären negative Erfahrungen der Reiseteilnehmer mit überfrachteten Programmen schnell rufschädigend für einen Veranstalter. Deshalb muß man versuchen, für jede einzelne Reise einen sinnvollen Kompromiß zwischen Verkaufbarkeit und Machbarkeit zu finden und diesen den Kunden zum Beispiel durch entsprechende Formulierungen im Katalog auch vermitteln.

Viele Studienreisen sind Rundreisen mit wechselnden Standorten. Für den Einkauf von Verkehrsleistungen und den Hoteleinkauf spielen daher auch die örtlichen Ferientermine eine nicht unwichtige Rolle bei der Planung einer

Reise. Während der Ferienzeit sind Hotels oder Zugreservierungen oft nur sehr schwer oder gar nicht zu bekommen, bei der Nutzung von Bussen wird die Reisezeit zwischen den verschiedenen Orten durch überfüllte Straßen oft länger und die Reise strapaziöser. Hinzu kommt, daß durch Hochsaisonpreise der Reisepreis deutlich höher ausfällt, was die Verkäuflichkeit einer Reise nicht unbedingt fördert.

Die Ferien- und Feiertagsregelungen im Absatzmarkt für die Reisen spielen ebenfalls eine wichtige Rolle, denn zu den Weihnachts-, Oster- oder Pfingstterminen kann man oft mit wenigen Tagen, die man Urlaub nehmen muß, schon eine längere Reise machen, da die anderen Tage ohnedies arbeitsfrei sind (Kubsch 1991, S. 428 ff.).

Wesentlich ist auch die Planung der Reisedauer. Dabei gilt es, Themen und Inhalte der Reisen in Einklang mit den Zeitvorstellungen der (potentiellen) Kunden zu bringen. In diesem Zusammenhang spielen auch die Kapazitäten und Terminvorgaben der Verkehrsträger eine Rolle, mit denen die Reisen durchgeführt werden sollen.

Nachdem die Studienreisenden von heute auch anderen Reiseformen gegenüber sehr positiv eingestellt und nicht allein auf die Studienreise fixiert sind, spielen bei der Konzeption von Studienreisen auch zusätzliche Angebote eine Rolle. So kann man zum Beispiel im Anschluß an eine Studienreise durch Ägypten einen Badeaufenthalt am Roten Meer buchen. Damit kann man nicht nur den Kunden einen Zusatznutzen bieten, sondern gleichzeitig auch den Umsatz des Unternehmens erhöhen. Solche Anschlußprogramme sind natürlich nur dann günstig zu kalkulieren, wenn man sich direkt in den meist bestehenden Wochenrhythmus der Ferienhotels und der dafür meist genutzten Charterfluggesellschaften eintakten kann (siehe Kapitel 3.5).

8.8 Der Studienreiseleiter

Mehr noch als bei allen anderen Arten von Veranstalterreisen spielt der Reiseleiter bei den Studienreisen eine entscheidende Rolle. Entsprechend der angeführten Definition einer Studienreise ist die qualifizierte Reiseleitung integraler Produktbestandteil (siehe Abschnitt 1.2 in diesem Kapitel). Deshalb soll die Position des Reiseleiters hier stellvertretend auch für die übrigen Veranstalterreisen, bei denen die gleichen strukturellen Probleme bestehen, etwas ausführlicher behandelt werden.

„Der Reiseleiter einer Studienreise ist nicht nur Erfüllungsgehilfe des Veranstalters, sondern zugleich auch deren **Schlüsselfigur**. Er setzt die Unternehmensphilosophie vor Ort in die Tat um" schrieb der Gründer von **Studiosus-Reisen**, Werner Kubsch, vor dem Hintergrund seiner jahrzehntelangen Erfahrungen (1991, S. 427; Hervorh. d. d. Autor). Hinzuzufügen ist, daß er normalerweise der einzige Repräsentant des Reiseveranstalters ist, mit dem der Kunde des Dienstleistungsunternehmens „Reiseveranstalter" in direkten Kontakt tritt. Qualität und Erfolg einer Studienreise sind deshalb in hohem Maße abhängig von seiner Person.

Was ist nun der Studienreiseleiter: Wissenschaftler oder Animateur? Die Antwort muß eindeutig lauten: Beides. Und beides jeweils nicht ganz in dem Sinn, wie man sich einen reinen Wissenschaftler oder einen Animateur vorstellt. Die Wissenschaft muß mit einer Neigung zum Animieren gepaart sein, um die idealen Voraussetzungen für den Studienreiseleiter zu schaffen.

In dieser Mischung könnte man den wesentlichen Unterschied zwischen einem Lehrer oder Hochschulprofessor und einem Reiseleiter sehen. Aber ist der Unterschied wirklich so groß? Ist nicht auch der Lehrer erst dann ein guter Pädagoge, wenn es ihm gelingt, seine Schüler zum Lernen zu animieren? Nichts anderes tut der erfolgreiche Reiseleiter: Er animiert die Reiseteilnehmer, sich für die kulturellen Angebote einer Studienreise zu interessieren.

An dieser Stelle ist auch auf den Unterschied zwischen einem qualifizierten Studienreiseleiter und einem noch so guten **lokalen Reiseleiter** vor Ort einzugehen. Es wird immer wieder die Frage aufgeworfen, worin die Studienreiseveranstalter denn den Unterschied zwischen ihren Mitarbeitern und den lokalen Reiseleitern sehen, warum eine Studienreise begleitet von einem lokalen Reiseleiter in der Regel nie die Qualitätsansprüche einer Studienreise erfüllen kann. Animieren in diesem Zusammenhang bedeutet mehr als die spannend vorgetragene Kunst- und Kunstgeschichte eines Landes oder einer Region. Zur wirklichen Studienreise gehört auch mehr, als man in einem Fremdenführer nachlesen kann. Es sind Beziehungen zur Herkunft des Reisenden zu schaffen, es müssen historische Ereignisse wie soziale Verhältnisse im Gastland in Zusammenhang mit vergleichbaren Situationen im Heimatland gestellt werden, der vielgereiste Kunde möchte auch Beziehungen zu anderen Kulturen kennen und verstehen lernen. Und zu einer solchen Gesamtschau ist der lokale Reiseleiter in aller Regel nicht in der Lage, schon gleich nicht, wenn er im Verlauf beispielsweise einer Ägyptenreise noch zwei- oder dreimal wechselt. Der *guide* in Oberägypten weiß ja noch nicht einmal, was sein ihm unbekannter Kollege in Kairo von sich gegeben hat.

Es ist deshalb keine Hochnäsigkeit der Studienreiseveranstalter, wenn sie auf dem Führungsrecht der deutschen Reiseleiter bestehen und darum kämpfen, wo es notwendig ist. Der verantwortungsbewußte Studienreiseveranstalter wird aber in keinem Fall auf die lokalen Reiseleiter verzichten, sondern sie in das Gesamtkonzept des Studienreiseleiters miteinbeziehen.

8.8.1 Die Ausbildung

Seit den Wiederanfängen nach dem Zweiten Weltkrieg hat die Studienreise gegenüber früher ein anderes Gesicht bekommen. In erster Linie hat sich der Typ des Reiseleiters erheblich gewandelt, und damit hat sich auch die Kundenstruktur geändert. Der Wandel ist so und nicht umgekehrt erfolgt. Nicht der andere Kunde hat den neuen Reiseleitertyp geschaffen, sondern der neue Reiseleitertyp hat neue Kunden für diese Reiseform gewonnen.

Wenn man von einem fachlich qualifizierten Studienreiseleiter spricht, sind der beruflichen Herkunft der Reiseleiter relativ enge Grenzen gesetzt. Je nach Reiseziel muß man in der Regel von einem Studium in den einschlägigen Fächern wie Kunstgeschichte, Geschichte, Archäologie oder auch Ethnologie und artverwandten akademischen Ausbildungen ausgehen.

Am Anfang standen deshalb der Gymnasiallehrer oder Universitätsprofessor, und man darf davon ausgehen, daß deren Führung oftmals ähnlich wie eine Schul- oder Vorlesungsstunde abgelaufen ist. Im Vordergrund des Interesses stand bei ihnen nicht das Geldverdienen, sondern ganz einfach die damit verbundene Möglichkeit, die Länder zu bereisen, die das Thema ihrer Archäologie- und Kunstgeschichtsstudien waren.

Bald fand aber ein Generationenwechsel statt, denn nicht nur Lehrer und Professoren übernahmen diese Aufgabe (es waren anfangs so gut wie keine Frauen als Reiseleiter unterwegs), sondern ebenfalls interessierte und kompetente Studenten, die sich ihr Studium damit finanzierten. Mit ihnen kamen dann auch die Studentinnen. Gerade die Kunstgeschichte oder Archäologie studierenden jungen Frauen führten zu einem nicht geringen Teil den oben skizzierten Wandel herbei, der auch dazu geführt hat, daß sich heute, wenn auch sehr langsam, ein Berufsbild für Studienreiseleiter herauszubilden beginnt.

In anderen Ländern wie zum Beispiel Italien, Griechenland oder Frankreich sieht das anders aus. Hier existieren entsprechende Ausbildungen und sind Voraussetzung für ihren Einsatz. Allerdings hat der Europäische Gerichtshof (EuGH) 1991 der Klage der Kommission gegen Frankreich stattgegeben, das ausländischen Reiseleitern **generell** den Besitz eines französischen Gewerbeausweises vorschrieb, der das Bestehen einer Prüfung voraussetzt (Rechtssache C-154/89). Diese Regelung verstieß nach Auffassung des höchsten europäischen Gerichts gegen die Dienstleistungsfreiheit innerhalb der Gemeinschaft. Gleichzeitig wurde in dem Urteil jedoch anerkannt, daß „das allgemeine Interesse an der Aufwertung historischer Reichtümer und an der bestmöglichen Verbreitung von Kenntnissen über das künstlerische und kulturelle Erbe eines Landes ... ein zwingender Grund sein (kann), der eine Beschränkung des freien Dienstleistungsverkehrs rechtfertigt" (Randziffer 17 des Urteils v. 26. Februar 1991). Mit anderen Worten: Nur in begründeten Ausnahmefällen darf eine solche Qualifikation verlangt werden.

Mit der Richtlinie 2005/36 EG v. 5. September 2005 über die Anerkennung von Berufsqualifikationen in der EU und im EWR sind diese Probleme jedoch weitgehend Geschichte. Nach Artikel 19 der Richtlinie ist auch von den Mitgliedsländern eine Tätigkeit von EU-ausländischen Reiseleitern anzuerkennen, wenn diese nicht über die in dem Land ansonsten verlangte Ausbildung dafür verfügen weil, wie zum Beispiel in Deutschland, dieser Bereich nicht staatlich reglementiert ist. Voraussetzung dafür ist dann die mindestens zweijährige ununterbrochene Arbeit als Reiseleiter während der letzten zehn Jahre (wobei eine Saison als ein Jahr gezählt wird) und die vorherige Anmeldung gemäß Artikel 7 der Richtlinie bei der nach Artikel 56 dafür zuständigen Behörde des Gastlandes. Insofern ist das Reiseleiterzertifikat, wie es vom Bundesverband der Deutschen Tourismuswirtschaft (BTW) über sein Mitglied Internationaler Bustouristikverband (RDA) mit Seminaren und einer Prüfung angeboten wird, in diesem Zusammenhang nicht notwendig. Dies wurde 2006 auch durch ein Urteil des Obersten Gerichtes in Italien bestätigt, das damit einen jahrelangen Rechtsstreit der Stadt Venedig mit einem deutschen Reiseveranstalter zugunsten des Reiseveranstalters beendete.

Ohnedies werden Reiseleiteraspiranten, die das ins Auge gefaßte Zielgebiet noch nicht persönlich oder nur in Ausschnitten kennen, von verantwortungsbewußten Reiseveranstaltern grundsätzlich vorher auf eine Einweisungsreise mitgenommen, die vom Veranstalter finanziert wird und für die der kommende Reiseleiter seine Zeit investiert. Im Verlaufe einer solchen Reise übernimmt der Aspirant auch einmal die Führung für einige Stunden oder einen Tag und wird vom erfahrenen Reiseleiter in alle technischen Abläufe einer Reise eingewiesen.

Die Veranstalter bemühen sich darüber hinaus, durch Reiseleitertreffen und Reiseleiterseminare den Ausbildungsstand der Mitarbeiter zu erhöhen. Bei all diesen Unternehmungen kann aber die grundsätzliche, fachliche Qualifikation nicht geschaffen werden, hierfür muß die Grundlage bereits vorhanden sein.

8.8.2 Der soziale Status

Die überwiegende Zahl der Reiseleiter ist freiberuflich tätig und hat damit so gut wie keine soziale Absicherung. In einigen Fällen werden die Reiseleiter für den Zeitraum der Reise als angestellte Mitarbeiter behandelt, die Lohnsteuer wird vom Veranstalter abgeführt und ebenfalls die Sozialbeiträge. Da aber selbst ein sehr aktiver und auf einem breiten Gebiet einsetzbarer Reiseleiter pro Jahr nicht mehr als 100 bis 150 Tage guten Gewissens unterwegs sein kann, bedeutet das immer nur soziale Absicherung für ein Drittel des Jahres. Für die übrigen zwei Drittel ist er selbst verantwortlich bzw. kann Arbeitslosengeld beantragen, wenn sein Arbeitgeber ihn für die Zeit seiner Tätigkeit bei der Sozialversicherung angemeldet hatte.

Die Möglichkeit, in ein ganzjähriges Beschäftigungsverhältnis einzutreten, bieten heute erst sehr wenige Veranstalter. In der Regel wird dann das Honorar der gefahrenen Tage auf ein Jahressalär umgelegt. Auch in diesem Fall wird die Lohnsteuer vom Veranstalter abgeführt, er trägt die Hälfte der Sozialbeiträge (Arbeitgeberanteil) und schafft damit für den Reiseleiter eine wirkliche soziale Absicherung im Krankheitsfall, bei Arbeitslosigkeit und später für den Rentenanspruch.

Es wird aber sicher nicht nur an der sozialen Absicherung liegen, daß sich der Reiseleiter keinen hohen sozialen Stand zuschreiben kann und eigentlich in den meisten Fällen auch gar nicht will. Der enorme Zulauf zur Reiseleitertätigkeit ist ja in erster Linie durch die geringen Berufsaussichten bedingt, welche die geisteswissenschaftlichen Fächer heute generell bieten. Somit gerät das Leiten von Reisen häufig in den Geruch einer Ersatz- oder Verlegenheitsbeschäftigung, die man nur solange ausüben möchte, bis man die eigentlich angezielte Berufskarriere beginnen kann.

Je mehr aber die Studienreise als eine für den Menschen gewinnbringende Art des Reisens anerkannt wird, desto leichter fällt es andererseits vor allem den jüngeren Menschen, sich mit dem Beruf des Reiseleiters zu identifizieren. Es darf aber nicht verkannt werden, daß zur Identifizierung auch eine leistungsgerechte Bezahlung gehört und die ist bis heute nicht erreicht. Noch immer bewegen sich die Reiseleiterhonorare im Bereich zwischen 90 € und 110 € pro Tag (natürlich bei freier Reise), und nur wenige Veranstalter zahlen heute schon zwischen 130 € und 190 €.

Wenn man von einer Beschäftigungszeit zwischen 100 und 150 Tagen ausgeht, müßte das Tageshonorar bei mindestens 150 € liegen, um zu einem Jahresverdienst zwischen 16.000 € und 24.000 € zu kommen. Ohnehin eine nicht gerade üppige Entlohnung, aber eine Beschäftigung von 100 bis 150 Tagen pro Jahr bietet ja trotz Vorbereitungszeit und anderem mit der Tätigkeit verbundenem Zeitaufwand die Möglichkeit, zusätzliche Aufgaben zu übernehmen, im journalistischen oder schriftstellerischen Bereich, im Bereich der Erwachsenenbildung und ähnliches mehr.

Rechtlich wird der Reiseleiter jedem Mitarbeiter des Veranstalters gleichgestellt, das heißt, im Haftungsbereich hat der Unternehmer für Versäumnisse, auch für eine schlechte Leistung, einzustehen. In **arbeitsrechtlicher Hinsicht** gehen einschlägige Rechtsprechung, Finanzämter und Angestelltenversicherung deshalb immer mehr davon aus, daß diese Tätigkeit, auch wenn sie zeitlich begrenzt ist, als Festanstellung mit allen rechtlichen Konsequenzen zu behandeln ist.

Trotzdem wird der Studienreiseleiter aus zwei Gründen auch in der Zukunft kein offizielles Berufsbild bekommen:

1. Der Reiseleiterberuf ist eine derart anstrengende Tätigkeit, daß sie, wie schon vorher erwähnt, höchstens 100 bis 150 Tage pro Jahr ausgeführt werden sollte, will man nicht allzu großen Raubbau an Gesundheit und sozialer Bindung treiben.
2. Man wird bei diesem Beruf wohl nie von Altersgrenzen ausgehen können, wie man sie vom allgemeinen Berufsleben her kennt.

Gerade weil es so schwierig ist, das Berufsfeld des Reiseleiters zu definieren, ist es die Pflicht der Reiseveranstalter, als Arbeitgeber wenigstens finanzielle Verhältnisse zu schaffen, die eine Identifizierung mit dem Beruf möglich machen. Von schlecht bezahlten Mitarbeitern kann man keine qualifizierte Tätigkeit erwarten, die neben Fachkenntnis und sozialer Kompetenz auch ein erhebliches Maß an Engagement und eine hohe Motivation voraussetzt.

8.9 Die Anbieter

8.9.1 Passagier- und Umsatzzahlen

Die Gründung der meist sehr traditionsreichen Unternehmen ging vorwiegend nicht auf Personen, die aus dem kaufmännischen Bereich kamen, zurück. Vielmehr kamen die Studienreiseveranstalter der ersten Stunde aus dem Bildungsbereich und waren Studenten, Lehrer oder Universitätsprofessoren. Erst in der zweiten Generation werden heute die Unternehmen von Kaufleuten geführt.

Zwischen dem Marktführer **Studiosus** und den ganz kleinen Unternehmen liegen bei Passagierzahlen und Umsatz Welten. Während Studiosus mit über 90.000 Teilnehmern mehr als 210 Millionen € Umsatz macht (wobei Zweifel erlaubt sind, ob es sich dabei immer um reine Studienreiseveranstaltungen handelt, ob nicht Sprachreisen und reine Flugarrangements hinzugezählt werden) gibt es Unternehmen, die mit 200 oder 300 Passagieren und Umsätzen von unter 500.000 € arbeiten.

Tabelle 8.2: Studienreiseveranstalter in Deutschland 2008/2009

Veranstalter	Umsatz in €	Teilnehmer
Studiosus/Marco Polo	217,9	94.300
Gebeco / Dr. Tigges*	107,0	53.000
Ikarus	43,1	14.175
CTS Gruppen- und Studienreisen**	37,9	144.738
Lernidee Erlebnisreisen	26,2	7.850
Windrose	23,5	5.500
Hirsch Reisen	9,9	11.709

* Mehrheitsbeteiligung der TUI
** die hohe Teilnehmerzahl ist durch Klassenfahrten und Jugendgruppen bedingt; es gibt keine Angaben über den Anteil der Studienreisen an Umsatz und Teilnehmern
Quelle: Dokumentation Deutsche Veranstalter 2009, Beilage zur FVW-International Nr. 26 v. 18. Dezember 2009 (eigene Zusammenstellung)

Für die Anzahl der Mitarbeiter gemessen an den Passagier- und Umsatzzahlen gibt es natürlich keine feste Größe, aber ein Umsatz von gut 250.00 € bzw. 200 Passagieren pro Mitarbeiter kann als Faustregel dienen.

8.9.2 Organisation und Struktur der Studienreiseveranstalter

Studienreiseveranstalter beschäftigen Akademiker nicht nur als Reiseleiter, sondern auch in der inneren Organisation. Wie die Reiseleiter kommen sie vorwiegend aus den Bereichen Kunstgeschichte, Archäologie oder Ethnologie. Ihre Aufgabe liegt in der Regel in der Erarbeitung oder Überarbeitung von Reisetexten, der Ausarbeitung neuer Reiserouten, der Betreuung der Reiseleiter etc.

Sachbearbeiter haben bei kleineren und mittleren Unternehmen in der Regel ein sehr umfassendes Aufgabengebiet, es reicht vom Einkauf der Reiseleistungen über die Kundenberatung, Reiseleitereinteilung, Reiseabwicklung mit Reiseunterlagen für Kunden und Reiseleiter, Abwicklung der Reise mit den Verkehrsträgern und Leistungsträgern bis hin zur Überprüfung der eingehenden Rechnungen und der Reiseleiter-Abrechnung. Oftmals sind sie auch noch im Bereich der Programmplanung und der Prospektgestaltung tätig.

Erst die größeren Veranstalter beschäftigen im Verkauf und bei der Buchungsabwicklung weitgehend **Reisebürofachkräfte**, in den kleineren Unternehmen sind oft nur angelernte Kräfte aus anderen Büroberufen tätig. In größeren Unternehmen gibt es **Abteilungen** wie Flugeinkauf, Busreservierungen, Hoteleinkauf, Reiseleitereinteilung etc. und die Sachbearbeiter setzen die Reise nur noch aus den Bausteinen der verschiedenen Abteilungen zusammen. Bei dieser Organisation liegt die Kundenbetreuung, sei es Direktkunde oder Reisebüro, nicht in der Verantwortung des Sachbearbeiters, sondern erfolgt durch ein eigenes Beraterteam.

Der Vorteil der kleineren Unternehmen liegt aber gerade darin, daß die Kundenberatung durch die Sachbearbeiterin (es sind in diesem Bereich vorwiegend Damen beschäftigt) erfolgt und damit das volle *know-how* dem Kunden zur Verfügung steht. Die Sachbearbeiter kennen ihre Reisegebiete in der Regel aus eigener Erfahrung und sind somit ein wesentlich kompetenterer Gesprächspartner für Kunde und Reisebüro als eine zentrale Verkaufsorganisation, die nur den Prospekt und selten das Produkt kennt.

Neben dem Bereich der Sachbearbeitung bzw. den mit dem Einkauf befaßten Abteilungen sind eigene Bereiche für das Finanzwesen, die Werbung, die Reiseleiter-Betreuung zuständig.

Bei kleinen und mittleren Unternehmen liegt die Entscheidungsgewalt weitgehend beim Inhaber oder Geschäftsführer. Die Entscheidungen werden vielfach aufgrund der jahrelangen Erfahrung und des Gefühls für das Produkt getroffen. Ganz selten stehen hinter den Entscheidungen genaue betriebswirtschaftliche Überlegungen.

Anders ist das natürlich bei den etwas größeren und den ganz großen dieser Branche. Hier verteilen sich Aufgaben und Entscheidungen auf einen größeren Personenkreis, aber auch hier existiert mit einer einzigen Ausnahme immer die Allgewalt eines Inhabers. Abgesehen von Dr. Tigges Reisen, die vollständig in der **TUI**-Organisation aufgegangen sind und bei denen kein Familieneinfluß mehr existiert, sind praktisch alle anderen Veranstalter noch weitgehend oder sogar vollständig von Inhabern oder Gesellschaftern geführte Unternehmen.

8.10 Kalkulation und Gewinnchancen

In Kalkulation und in die Gewinnsituation lassen sich gerade die kleinen Veranstalter nicht hineinsehen. Dennoch darf man die Grundregel aufstellen: Je kleiner das Unternehmen, desto größer die prozentuale Gewinnsituation. Aber auch bei kleinen Unternehmen dürften Gewinne vor Steuer in Höhe von fünf Prozent und mehr vom Umsatz selten erreichbare Ergebnisse sein. Meist liegt der Gewinn zwischen 1–2 Prozent vom Umsatz (= Rohertrag I; siehe dazu auch das Kalkulationsbeispiel in Abschnitt 3.8). Andererseits sagt die Umsatzrendite natürlich wenig aus über den wirtschaftlichen Erfolg eines Unternehmens. Informativer ist deshalb die Betriebsrendite, die den Betriebsgewinn im Verhältnis zum aufgewendeten Kapital betrachtet. Über diese Zahl schweigt man sich in der Branche jedoch gerne aus. Man darf aber davon ausgehen, daß sie ein Mehrfaches über den Umsatzrenditen liegt.

Insgesamt ist dabei natürlich zu berücksichtigen, ob es sich um eine Gesellschaft handelt, bei der auch der Unternehmer seine regelmäßigen Bezüge als Betriebskosten absetzen kann, oder – wie es bei den kleineren Spezialveranstaltern häufiger der Fall ist – um Einzelunternehmer, die ausschließlich gewinnabhängig sind.

Die kalkulierte Gewinnspanne des Studienreisen-Unternehmers wird natürlich auch nicht gerne veröffentlicht, aber man darf von durchschnittlichen Aufschlägen auf die Fremdkosten (= touristische Kosten: Beförderung, Hotel, Zielgebietsaufwand; vgl. hierzu Kapitel 3.6) von 20–30 Prozent ausgehen. Dieser Aufschlag erscheint nur auf den ersten Blick als hoch, denn er muß die eigenen Kosten des Veranstalters decken (Personalkosten, Mieten, Reisekosten, Werbungs- und Vertriebskosten usw.). Dies unterscheidet den Studienreiseveranstalter kaum von anderen Veranstaltern. Allerdings ist ein Studienreisen-Unternehmer weniger leicht in der Lage, eine genaue Kalkulation zu erstellen, denn die Reisen werden für kleine Gruppen konzipiert, bei denen schon geringe Abweichungen von den angesetzten Planzahlen gravierende Effekte haben. Zudem lassen sich in einigen Bereichen die Ausgaben kaum im voraus bestimmen. Im einzelnen lassen sich drei Risikobereiche für den Studienreiseveranstalter identifizieren:

- **Gruppengröße**: Von der Auslastung der Gruppe hängt der Reisepreis ab, die aber vorher nur geschätzt werden kann. Viele Kostenfaktoren, wie Reiseleitung, Busse, Gemeinkosten (*overheads*) und andere, sind gruppen- und nicht personenbezogen.
- Zahlreiche **Fremdkosten** wie Eintrittsgelder, Reiseleiter-Ausgaben während der Reise, Trinkgelder, die der Reiseleiter geben muß, auch Flughafengebühren, Hotel- und Verpflegungspreise, schwanken von Reise zu Reise, und viele Leistungen werden über Nacht teurer, ohne daß diese Mehrkosten – von einigen Ausnahmen abgesehen (siehe unten) – an den Teilnehmer weitergegeben werden könnten.
- Große Gewinne und schmerzhafte Verluste liegen im Bereich der **Wechselkurse** (vgl. Abschnitt 3.3.2). In der Regel versuchen die Unternehmen, die Risiken durch Devisentermingeschäfte zu minimieren. Diese erfordern aber eine gewisse Kapitalkraft beziehungsweise Kreditwürdigkeit des Unternehmens, denn die Banken kalkulieren Devisentermingeschäfte ihrer Kunden durchschnittlich mit 20 Prozent des vorbestellten Devisenbetrages.

Die festgestellte Tendenz zur Geheimhaltung gilt natürlich auch für die beiden Bereiche Gemeinkosten und Kosten für Werbung. Verbindliche Sätze, mit denen die einzelnen Unternehmer kalkulieren beziehungsweise kalkulieren müssen, lassen sich nicht festlegen. Ein Unternehmen in einer teuren Großstadt wird höhere Gemeinkosten haben als in der Kleinstadt oder auf dem Dorf. Dabei spielt ja auch immer die eigene Arbeitskraft des Unternehmers, die selten richtig berechnet wird, eine entscheidende Rolle. Mehr als 6–7 Prozent des Umsatzes sollten aber jeweils für beide Bereiche nicht ausgegeben werden.

Die nachstehende, vereinfachte Kalkulation konkretisiert die Chancen und Risiken einer Studienreise für das Unternehmen:

Kalkulationsbeispiel: Reise – „Sagenhaftes Wunderland auf neuen Wegen"

Flugkosten		900 €
Hotelkosten lt. Angebot	US-$ 1.200	
Buskosten US-$ 4000 : 17 Passagiere	US-$ 236	
Airport-tax	US-$ 18	
Summe:	US-$ 1.454 x 0,85 =	1.236 €
Reiseleiter: 17 Tage x 140 € : 17 Passagiere		140 €
Fluganteil für den Reiseleiter 900 € : 17 Passagiere		53 €
diverse Kosten		130 €
	Summe:	2.755 €
plus 25 % Marge		689 €
Verkaufspreis:		**3.444 €**
Verteilung der Marge:		
Marge:	689 €	
./. Werbung: 5 % vom Verkaufspreis	172 €	
./. Gemeinkosten: 4 %	138 €	
./. 10 % Reisebüroprovision	344 €	
Reingewinn (1 Prozent vom Reisepreis):		**35 €**

Die vorstehende Kalkulation zeigt den entscheidenden Einfluß der Gruppengröße auf die Kalkulation. Allein eine achtzehnte Buchung würde die Summe der Kosten pro Buchung um 25 € vermindern:

Buskosten: 15 €
Reiseleiterkosten: 7 €
Fluganteil Reiseleiter: 3 €

Der Gewinn würde damit auf 60 € pro Buchung steigen und dann immerhin 1,7 Prozent vom Reisepreis betragen (zu einer anderen Kalkulationsweise vgl. Kapitel 10.10).

Da die in EU-Rechnungen enthaltene Mehrwertsteuer des jeweiligen Landes nicht als Vorsteuer behandelt werden kann, muß die Bruttomarge bei Reisen in EU-Länder mit dem jeweils gültigen Mehrwertsteuersatz versteuert werden (Margenbesteuerung; vgl. Abschnitt 5.3.3). Diese Belastung muß noch einkalkuliert werden. Das heißt auch, daß Mehrwertsteuererhöhungen die Reisepreise erhöhen (Berechnung: Marge Euro 500 : 119 × 19 = 79,83 € Mehrwertsteuer). Auch die enorme Bedeutung der Reisebüroprovision läßt sich hieraus erkennen. Die Verlockung, 344 € einzusparen, ist groß und allein durch eine Mischkalkulation, daß nur für jede zweite Buchung Reisebüroprovision bezahlt werden muß, würde sich das Ergebnis um 172 € verbessern.

Durch die Novellierung des Reiserechtsparagraphen im BGB (in der Fassung v. 24. Juli 2010) ist es mittlerweile bei entsprechender Gestaltung des Reisevertrages möglich, eine Erhöhung von Kosten, zum Beispiel bei der Beförderung, bei Gebühren (zum Beispiel von Flughäfen) oder durch ungünstige Wechselkursentwicklung des Reiseveranstalters bis zum 21. Tag vor Reisebeginn und bis zu einer Höhe von maximal fünf Prozent an den Kunden weiterzugeben, sofern dies unverzüglich geschieht (§ 651 a BGB; § 4 [2] BGB-InfoV) und zwischen Vertragsschluß und Reiseantritt mindestens vier Monate liegen (§ 309 BGB; ausführlich dazu siehe Kapitel 6.3.2). Damit sind Frühbucher, die für Reiseveranstalter besonders wichtig sind, nach wie vor gegenüber anderen Kunden benachteiligt.

8.11 Der Vertrieb von Studienreisen

Noch immer unterscheidet sich der Vertrieb der Studienreise vom Vertrieb anderer touristischer Produkte. Dies hat in erster Linie historische Gründe, denn die Studienreiseveranstalter waren und sind es weitgehend noch heute: Direktverkäufer. Das heißt, sie pflegen eine eigene Kundenkartei, bewerben diese direkt und nehmen direkt Buchungen entgegen. Damit sind Vor- und Nachteile verbunden, die nachstehend dargelegt werden sollen:

8.11.1 Drei verschiedene Vertriebsformen

Die Studienreiseveranstalter waren ursprünglich nahezu ausschließlich Direktverkäufer und haben den Reisebürovertrieb erst später entdeckt und erschlossen. Vorher entwickelte sich noch eine andere Verkaufsschiene, nämlich die der gegenseitigen Zubuchungen der Veranstalter untereinander.

Der **Direktvertrieb** hatte und hat seine guten Gründe. Nur durch den Direktvertrieb und die Pflege einer eigenen Kundenkartei ist es möglich, die gefahrenen und meist zufriedenen Kunden wieder mit neuen Angeboten zu versorgen und zum Wiederholungsreisenden zu machen. Die Studienreiseveranstalter leben von diesen „Wiederholungstätern" sehr gut und können daher auf den Direktvertrieb praktisch nicht verzichten, auch wenn der eine oder andere Veranstalter dies in der Öffentlichkeit anders darstellt. Dem Reisebürovertrieb ist es bis heute nicht gelungen, das Kapital, das in den Wiederholungsreisenden steckt, zu aktivieren. Die Reisebüros führen in aller Regel keine Kundenkarteien, die es ihnen erlauben würden, veranstalterbezogene Prospektaussendungen vorzunehmen.

Der **Reisebürovertrieb** ist also, vor allem für mittlere und noch mehr für kleine Reiseveranstalter mehr ein Geschäft von Zufallsbuchungen, nur die Marktführer im Studienreisegeschäft können davon ausgehen, daß sie von den Reisebüros auch tatsächlich angeboten werden.

Für kleinere und mittlere Veranstalter wird der Direktvertrieb auch in der Zukunft nicht ersetzbar sein, zumal die Reisebürolandschaft mehr und mehr von Kettenbildungen geprägt wird, die wiederum eine sehr starke Produktbereinigung und Produktauslese vornehmen. Das bedeutet in der Praxis, daß in den großen und wichtigen Büros von insgesamt rund 250 größeren Reiseveranstaltern, die im deutschsprachigen Raum operieren, nur mehr höchstens 50 angeboten werden, wobei darunter noch höchstens fünf Studienreiseveranstalter sein können. Eine solche Entwicklung des Reisebürovertriebs fördert natürlich den Direktvertrieb bei den kleinen und mittleren Unternehmen.

Der erwähnte dritte Vertriebsweg ergibt sich durch **Kooperationen** der Veranstalter untereinander. Da werden oftmals gegenseitig Reisen eines Kollegen in das eigene Programm übernommen und gegen Provision zugebucht. Damit läßt sich das eigene Programm nach allen Richtungen hin ergänzen, ohne daß das unternehmerische Risiko für die Organisation anfällt. Auf der anderen Seite sind diesem Vertriebsweg natürlich relativ enge Grenzen gesetzt, denn schließlich handelt es sich ja um Konkurrenten und es besteht immer die Gefahr, daß eine Reise, die von Kollegen übernommen wurde, nach ein oder zwei Jahren, wenn ein Verkaufserfolg sich einstellt, als Eigenveranstaltung übernommen wird.

Die **Provisionen** der Studienreiseveranstalter unterscheiden sich nicht grundsätzlich von den üblichen Gepflogenheiten in der Touristikbranche. Die Grundprovision beträgt bei nahezu allen Veranstaltern heute rund 10 Prozent vom Grundpreis, im einen oder anderen Fall stößt man auch auf eine Grundprovision von acht Prozent, jeweils zuzüglich der gültigen Mehrwertsteuer. Nebenkosten wie Einzelzimmer oder Anschlußflüge werden in der Regel mit dem halben Prozentsatz abgerechnet. Auch Staffelprovisionen sind bei den größeren Veranstaltern üblich, aber es wird wohl kaum einen seriösen Veranstalter geben, der bei seiner Reisepreiskalkulation mehr als 12 oder vielleicht einmal 12,5 Prozent an Superprovision gewähren kann.

Mitunter werden diese Provisionssätze kritisiert und höhere gefordert, dabei wird aber vergessen, daß diese Provisionssätze von sehr hohen Reisepreisen gewährt werden, das heißt, man kann davon ausgehen, daß der Verkauf einer Studienreise für das Reisebüro in der Regel den fünffachen Umsatz einer durchschnittlichen touristischen Leistung bringt. Dabei erfordert der Verkauf einer Studienreise in der Regel keinen größeren Zeitaufwand, als der Verkauf anderer Reisen.

Die Rabattgewährung durch Reisebüros ist längst nicht mehr auf einige schwarze Schafe beschränkt, sondern heute sogar in den großen Reisebüros gang und gäbe. Das bekommt zwar nicht der Laufkunde zu spüren, aber die Mitarbeiter von Firmenkunden, von Verbänden und Behörden erwarten häufig die gleichen Vorteile bei ihrer privaten Buchung, wie sie der Firma auch gewährt werden.

Es gibt aber viele kleine Büros, die grundsätzlich einen Teil ihrer Provision an den Kunden abgeben und somit die Preise des Veranstalters unterlaufen. Verständlich, daß gerade diese Büros eine höhere Provision fordern. Die Rabattgewährung beschränkt sich aber nicht nur auf die vermittelnden Reisebüros; sie scheint auch bei den Veranstaltern selbst nicht unbekannt zu sein. Die häufige Nachfrage von Kunden, „wenn ich bei Ihnen direkt buche, wieviel Rabatt bekomme ich dann? Sie müssen dann doch keine Provision an das Reisebüro abgeben" beweist, daß solche Anfragen oft Erfolg haben. Diese Praxis schürt natürlich das Mißtrauen vieler Reisebüros gegenüber den Veranstaltern, die auch einen Direktvertrieb haben.

Jeder Studienreiseveranstalter ist daher gut beraten, sich nicht den Ruf des Rabattgewährers einzuhandeln, um den Reisebürovertrieb nicht zu gefährden. Die Problematik nährt sich nämlich weniger durch die grundsätzliche Bereitschaft des Veranstalters, auch direkt zu verkaufen, sondern vielmehr durch den Verdacht oder gar die Tatsache, daß der Veranstalter seinen Direktkunden Rabatte gewährt, manchmal schamhaft „Frühbuchungs-" oder „Treuerabatt" genannt, aber immer mit der gleichen Wirkung.

8.11.2 Weitere Vertriebsmöglichkeiten

Der Verkauf von Studienreisen über Volkshochschulen, Vereine und Verbände, Freundesgruppen und ähnliche Organisationen hat einen recht beträchtlichen Anteil am Gesamtvolumen der Studienreiseveranstalter. Man darf ihn gut auf 10 bis 15 Prozent des Gesamtaufkommens schätzen; genaue Zahlen gibt es dafür natürlich nicht. Die Verkaufschancen über diese Schiene haben in den vergangenen Jahren allein schon durch die Rechtssituation zugenommen, denn alle diese Organisationen haben gelernt, daß sie bei selbst organisierten Reisen die Haftung eines Reiseveranstalters übernehmen müssen und bedienen sich deshalb heute mehr als früher professioneller Unternehmen.

8.12 Werbemittel und Werbemöglichkeiten

Da es sich bei allen Studienreiseveranstaltern um kleine oder sehr kleine Unternehmen im Vergleich zu den Giganten der Branche handelt, sind auch zwangsläufig ihre Werbemittel beschränkt und müssen zielgruppengerecht eingesetzt werden.

Die Hauptwerbeträger für die Studienreiseveranstalter sind die **Kataloge**, die in unterschiedlichster Form und Aufmachung erscheinen. Während sich die größeren Veranstalter und Gruppen längst auf Gesamtkataloge, teilweise noch getrennt nach Kontinenten, festgelegt haben, gibt es noch viele kleinere Unternehmen, die weniger umfangreiche Gebietsprospekte oder auch Prospekte für einzelne Reisen für ihre Werbung verwenden.

Die Praxis hat auch gezeigt, daß der Studienreisenkunde nicht unbedingt den vierfarbigen Katalog verlangt, ja sogar mit simpel vervielfältigten Blättern kann man Studienreisen verkaufen, wenn das Produkt in seiner Gesamtheit stimmt. Der reiseerfahrene Studienreisenkunde kennt in der Regel den Markt sehr genau, weiß, wer wo Spezialist ist und läßt sich von der Prospektaufmachung allein nicht beeinflussen.

Die **Katalogaufmachung** ist wesentlich übersichtlicher als bei anderen touristischen Produkten. Das liegt an der Einheitlichkeit der ausgeschriebenen Gruppenreisen, die wenig Zusatzleistungen erforderlich machen und bieten können. Deshalb ist der Verkauf von Studienreisen durch den Reisebüro-Expedienten auch nicht mit großen Schwierigkeiten verbunden und erfordert keine intime Produktkenntnis.

Die **Katalogverteilung** ist ein überaus heikles Thema, denn in Anbetracht des relativ kleinen Kundensegments ist es sehr schwer, die Katalogmengen im Reisebüro richtig zu dosieren. Auch das führt zwangsläufig zum Direktvertrieb, bei dem man mit einem Katalog einen bereits bekannten Kunden ansprechen kann und somit zu einem besseren Verhältnis zwischen Katalogaufwand und Buchungserfolg kommt.

Auch bei Anzeigen- und Beilagenaktionen muß der Studienreiseveranstalter sehr genau sein Zielpublikum im Auge behalten und muß dennoch mit großem Streuverlust rechnen. Geht man einmal davon aus, daß für das normale Urlaubsangebot der Reiseveranstalter jeder dritte Erwachsene ein potentieller Kunde sein kann, spricht die Studienreise höchstens jeden hundertsten oder hundertfünfzigsten Erwachsenen an.

Die **Anzeigen** und Beilagen der Studienreiseveranstalter finden sich daher auch ganz selten in regionalen Medien, auch nicht in Funk und Fernsehen, sondern möglichst in den überregionalen Tageszeitungen und in Magazinen, die eine kulturell interessierte Leserschaft haben.

Der zufriedene **Kunde** ist der beste Werbeträger: Wohl in keinem anderen Bereich der Touristik ist die Mund-zu-Mund Propaganda von so entscheidender Bedeutung wie bei dem Produkt Studienreise. Und hier wiederum spielt der Studienreiseleiter eine gewichtige Rolle. Zwischen den langjährigen Teilnehmern an Studienreisen gibt es ein nicht faßbares, aber höchst wirkungsvolles Informationssystem. In erster Linie ist das auf Bekanntschaften und Freundschaften zurückzuführen, die im Verlauf von Studienreisen geschlossen werden, dort sicher sehr viel häufiger als auf anderen Reisen, da man mit Gleichgesinnten unterwegs ist, mit denen man gerne Kontakt hält. Und auf diese Weise werden Erfahrungen, positive wie negative, eifrig ausgetauscht.

Zum Bereich der **Empfehlung** gehört natürlich auch die Empfehlung des Reisebüromitarbeiters. Seine positive Empfehlungsbereitschaft wird im wesentlichen durch drei Faktoren bestimmt:

- durch das Image, das der Veranstalter im Reisebüro geschaffen hat,
- durch positive Erzählungen gebuchter Kunden,
- durch Teilnahme an einer sogenannten Agent-Tour, einer Studienreise für Reisebüromitarbeiter.

Interessant ist in diesem Zusammenhang, daß für die Empfehlung eines bestimmten Veranstalters in aller Regel die Provisionsfrage keine vorrangige Rolle spielt. Das beweisen alle Erhebungen, die es in dieser Richtung gibt.

8.13 Public Relations

Was versteht darunter der Studienreiseveranstalter? Unter PR-Arbeit versteht man heute im wesentlichen die Pressearbeit, sprich die regelmäßige Pressekonferenz und die Versendung von Pressemitteilungen. Die Pressekonferenz spielt nur für die größeren der Branche eine Rolle, denn die Journalisten interessieren sich nun einmal nur für große Zahlen und vermeintliche sensationelle Neuheiten. Der simple Alltag, der die Arbeit des

Studienreiseveranstalters prägt, hat kaum Chancen auf Veröffentlichung. Daher bleibt dem kleineren Veranstalter nur die Möglichkeit der regelmäßigen **Pressemitteilung**, mit der neue Kataloge, neue Reiserouten, vielleicht auch einmal Preisermäßigungen angekündigt werden können.

Eine viel wichtigere PR-Aufgabe ist, vor allem für die kleineren der Branche, die öffentliche Ansprache des Interessenten, sei es direkt oder in Zusammenarbeit mit örtlichen Reisebüros.

Der **Lichtbildervortrag** ist die klassische und einfachste Form der Publikumsansprache und schon hier ist die Möglichkeit gegeben, nicht nur ein Reiseziel vorzustellen, sondern vor allem auch einen Reiseleiter. Hier kann das Erlebnis vermittelt werden, das mit einer Studienreise verbunden ist und das ist sehr viel wirksamer, als der blaue Himmel über Mexiko oder die Pyramiden im schönsten Abendlicht.

Viele Veranstalter laden Kunden und neue Interessenten zu ganztägigen, manchmal sogar mehrtägigen **Seminaren** ein, stellen ihre Programme vor und liefern schon so etwas wie eine Einführung in die nächste Studienreise. Veranstaltungen dieser Art schaffen eine gute Kunden-Veranstalterbindung und erleichtern den Verkauf erheblich, mehr als dies Katalog und Zeitungsanzeige können.

8.14 Die Zukunft der Studienreise

Es gibt keinen Grund, der Studienreise eine schlechte Zukunft vorauszusagen. Für diesen Optimismus gibt es eindeutige Gründe:

- Die Zahl der Menschen, die die geistige Anregung suchen und sich gleichzeitig ebenso kritisch wie positiv mit unseren Nachbarn und fernen Zielen auseinandersetzen wollen, nimmt ständig zu.
- Die Studienreise, die sich ganz wesentlich auf die über Fünfzigjährigen konzentriert, wird durch die steigende Lebenserwartung auf ein immer größeres Kundenpotential zurückgreifen können.
- Die privaten Einkommensverhältnisse werden sich infolge der absehbaren wirtschaftlichen Krisen nicht wesentlich verschlechtern, sondern werden eher stagnieren.

Die negativen Einflüsse liegen auf einem anderen Gebiet, werden wohl aber immer zeitlich eingrenzbar sein. Der zweite Golfkrieg Anfang 1991, der Irak-Krieg der USA (seit März 2003) und die Konflikte in und um Israel, die gerade die Studienreiseveranstalter dauerhaft getroffen haben, sind Beispiele dafür. Störfaktoren dieser Art wird es aber auch in den nächsten Jahren geben. Ganze Reisegebiete können dadurch ausfallen, auf der anderen Seite werden aber auch neue hinzukommen. Die größte Gefahr geht von den Krisen aus, welche die Reisefreude generell beeinflussen können, wie beispielsweise die Angst vor Terroranschlägen, aber auch der durch die Massenbewegungen unserer Tage verursachte Unmut über überfüllte Flughäfen, überbuchte Flugzeuge, Warteschleifen und stundenlanges Anstehen an der Zoll- und Paßkontrolle.

Die Zeiten, in denen gereist wurde, um unterwegs zu sein, sind beim Studienreisen-Publikum vorüber. Man reist nicht nur mehr, um unterwegs zu sein, man sucht sich seine Ziele und/oder sein Thema sehr bewußt aus. Wenn eine Krisensituation diese Reiseabsicht verhindert, wird nicht einfach die Himmelsrichtung geändert, sondern man bleibt auch einmal daheim.

Diese Änderung des Kundenverhaltens sollte kein Studienreiseveranstalter als störend empfinden, sondern im Gegenteil, er sollte es begrüßen. Ist dieser mündige Studienreisende doch der Kunde, von dem gerade die Studienreiseveranstalter immer behaupten, sie hätten ihn schon.

9 Cluburlaub

Klaus Gengenbach & Kurt Niclaus

9.1 Die Entstehung des Cluburlaubs

DER CLUBURLAUB IST JETZT MEHR als ein halbes Jahrhundert alt. Seine Geschichte begann im Jahre 1950 auf der Insel Mallorca. In Alcudia errichtete der Belgier Gerard Blitz ein Lager mit Zelten aus us-amerikanischen Armeebeständen, in dem eine neue Art des Urlaubs kreiert wurde: Urlaub unter Gleichgesinnten, in ungezwungener Atmosphäre und natürlicher Umgebung, weg von dem Streß des Alltags (vgl. Kapitel 1.1). Die Grundregeln des Zusammenlebens waren der Ersatz des Geldes durch bunte Perlen, die persönliche Anrede „Du", Türen ohne Schlösser und Achtertische, an denen die Mahlzeiten gemeinsam eingenommen wurden.

Im gleichen Jahr gründete Gerard Blitz das Unternehmen Club Méditerranée, benannt nach dem Namen des Meeres, an dem es entstand. 1954, inzwischen war Gilbert Trigano hinzugestoßen, ließ der Club Méditerranée in Griechenland seine ersten festen Wohnstätten in Form von Strohhütten („Farés") nach polynesischer Art bauen. Diese prägten das Bild des Cluburlaubs, wenngleich sie heute, entsprechend den wachsenden Komfortansprüchen der Gäste, von Bungalows und Hotelbauten abgelöst wurden. Mit der Idee eines „Alles-Inklusiv-Urlaubs" in speziell geschaffenen Feriendörfern erschloß der Club Méditerranée damals einen völlig neuen Bereich im Touristikgeschäft.

9.2 Die Cluburlaubsidee

Das Grundkonzept des Cluburlaubs läßt sich heute wie folgt kennzeichnen: Clubdörfer, die in landschaftlich besonders attraktiven Gebieten liegen, bieten dem Urlauber ein umfassendes touristisches Angebot. Neben Unterbringung und Verpflegung wird – im Buchungspreis enthalten – ein komplettes Sport- und Unterhaltungsprogramm offeriert. Darüber hinaus werden Ausflüge in das Umland angeboten. Der Gast kann sich aus einer Fülle von Gestaltungselementen seine Ferien persönlich maßschneidern.

Wesentlicher erfolgsbestimmender Faktor dieser Konzeption war und ist die dahinterstehende Idee der Förderung der zwischenmenschlichen Beziehungen und Kommunikation, die in der Hektik der Großstädte verlorengegangen ist. Die Gründer des Club Méditerranée (Club Med) wollten diese – im

Rahmen einer ungezwungenen idyllischen Dorfatmosphäre – wieder ermöglichen. Die **Animation**, ein neuer Begriff für eine damals junge Form der Aktivitätsbelebung und Kontaktförderung, sollte den Gästen helfen, Kontakte untereinander zu knüpfen und neue Fähigkeiten zu entdecken. Um dieses Ziel zu erreichen, bedient sich die Animation unterschiedlicher Mittel, vor allem Sport und Spiel, Theatershows und anderes mehr. Animation bedeutet aber nicht die pausenlose Unterhaltung der Gäste, sondern soll zu individueller Kreativität und Aktivität anregen. Sie soll die Gäste ermutigen, selbst tätig zu werden. Die Animation war und ist damit wesentlicher Bestandteil des Cluburlaub-Konzeptes.

Eine weitere Kommunikationshilfe ist der Achtertisch in den Clubrestaurants, an denen alle Urlauber gemeinsam mit den Betreuern die Mahlzeiten einnehmen. Heute können die Gäste allerdings bereits in den meisten Clubdörfern zwischen verschiedenen Restaurants wählen, so daß auch ein „tête à tête" möglich ist. Nur noch im Hauptrestaurant gibt es die Achtertische. Der Achtertisch stellt somit kein konstitutives Merkmal des Cluburlaubs mehr dar.

Von der Ursprungsidee des Cluburlaubs haben sich der „Erfinder" Club Méditerranée und die nachfolgend entstandenen Cluburlaubsanbieter (siehe Abschnitt 9.5) inzwischen in Teilbereichen weit entfernt, da die Ansprüche der Kunden sich immer wieder gewandelt haben. Die Idee „Zurück zur Natur" und „Zurück zum einfachen Leben mit Freunden, Sonne und Meer" wurde etwas in den Hintergrund gedrängt, weil im Cluburlaub – wie bei anderen Urlaubsformen auch – der Trend zu immer mehr Komfort und Service geht. Das Programm bzw. Angebot im Rahmen des Cluburlaubs wurde im Laufe der Zeit zunehmend verbessert, erweitert und verfeinert, beispielsweise durch Rundreisen, Ausflüge und neue Aktivitäten. Am grundlegenden Konzept hat und wird sich dadurch jedoch nichts ändern.

Ein weiterer wichtiger Bestandteil des Clublebens war und ist das bargeldlose Zahlen bei Einkäufen im Dorf. Schon in den Anfängen entstanden die bunten Plastikkugeln („Perlen") als Geldersatz, die je nach Farbe einen unterschiedlichen Wert hatten. Diese wurden jedoch in den letzten Jahren durch Kunden-Servicekarten bzw. Kreditkarten ersetzt.

9.3 Charakteristische Merkmale des Cluburlaubs

Es ist recht problematisch, eine einheitliche Definition für den Cluburlaub zu finden. Die Premiumanbieter dieser Urlaubsform in Deutschland, Aldiana, Club Méditerranée und Robinson, haben die Cluburlaubsidee seit ihren Anfängen immer mehr modifiziert. Hinzukommt, daß viele Hotelgesellschaften zunehmend clubähnliche Angebote unter den Bezeichnungen wie „Club Hotel, „City Club", „Country Club" oder „Feriendorf" auf den Markt bringen. Der Unterschied zwischen diesen Angeboten ist für den Verbraucher bei der Katalogstudie deshalb kaum mehr zu erkennen.

Bei den oben genannten drei großen Anbietern von Cluburlaub lassen sich jedoch grundsätzliche Gemeinsamkeiten feststellen, die als Definitionsgrundlage für den Cluburlaub gelten können. Sie bieten alle ein professionelles Sportprogramm, professionelle Kinderbetreuung, ein abwechslungsreiches Unterhaltungsprogramm sowie gute und reichhaltige Restauration. Das Clubdorf in seiner meist sehr schönen Umgebung und der Erfindungsreichtum innerhalb der Animation runden den Rahmen für das umfangreiche Leistungsangebot ab. Dieser Rahmen ermöglicht es, eine „Kommunikationsbereitschaft" zu schaffen, die das eigentliche Geheimnis für Akzeptanz und Erfolg des Cluburlaubs ist.

9.3.1 Das Clubdorf

Das Clubdorf bildet ein Kernstück im Konzept. Es stellt ein wesentliches Unterscheidungsmerkmal der Cluburlaubsform zum normalen Urlaub dar. Die Anlagen sind meist entsprechend der landestypischen Architektur gebaut und weitläufig angelegt (dies spiegelt sich auch in den pro Gast zur Verfügung stehenden Quadratmetern wider); sie liegen meist an den für Urlauber schönsten Stellen. Die Feriengäste sollen sich in dieser natürlichen Umgebung wohlfühlen und entfalten können. Die Abgegrenztheit der Anlage und der oft isolierte Standort des Clubdorfes ermöglichen das angestrebte Gemeinschaftsgefühl der Clubgäste. Man ist und bleibt unter sich, und Abstecher in das Land werden zumeist nur in der Gruppe unternommen. Durch seinen Aufbau und seine Lage schafft das Clubdorf damit die Voraussetzungen für das Entstehen des Clublebens und der Kommunikation. Die Clubgäste können unter sich sein, sich treffen, miteinander sprechen, gemeinsam Sport treiben und Spaß haben.

An einem zentralen Punkt sind im Clubdorf die Gemeinschaftseinrichtungen angesiedelt. Dieser Ort entspricht in seiner Funktion dem Dorfplatz, einem Treffpunkt für die Dorfbewohner. Hier sind alle Informationen über das Clubleben zu finden. An Anschlagtafeln wird über das Tages- und Wochenprogramm informiert. Es werden Sportkurse und -wettkämpfe, kunsthandwerkliche Arbeiten und Filmvorführungen, *shows*, Ausflüge und ähnliches angeboten. Restaurants, Bars, ein Amphitheater, Diskotheken und andere Gemeinschaftseinrichtungen befinden sich ebenfalls meist in diesem zentralen Bereich. Ferner gibt es kleinere Geschäfte und Bazars, in denen man die Dinge des täglichen Bedarfs sowie Urlaubskleidung kaufen kann.

Das Clubdorf bietet neben diesen Zonen der zwanglosen Geselligkeit und Kommunikation aber auch die Möglichkeit zum Rückzug, zur Ruhe und Besinnlichkeit, zum Beispiel bei klassischer Musik, bei Yoga oder autogenem

Robinson Club Maldives, Malediven

Trainingsprogramm. Zentrum ist oft das Theater, zum Teil im Baustil eines Amphitheaters errichtet. Hier finden meist abends Veranstaltungen statt. Die Clubgelände sind überwiegend sehr weiträumig angelegt, und es gibt viele Grünflächen, die mit landestypischer Vegetation bepflanzt sind. Die Wohn- und Gemeinschaftszonen sind in der Regel voneinander getrennt, so daß es nicht zu Lärmbelästigungen kommt. Das Gefühl der Enge, wie es in der Stadt aufkommt, kann damit vermieden werden. Die Idealgröße des Clubdorfes liegt bei 600 bis 800 Betten. Heute werden allerdings aus Rentabilitätsgründen zunehmend auch größere Anlagen gebaut.

Entsprechend dem dörflichen Charakter existieren im Club meist nur kleinere Wohneinheiten. In den Anfängen des Cluburlaubs waren dies Hütten nach polynesischem Vorbild mit Strohdächern. Mit den steigenden Komfortansprüchen der Gäste wurden diese zu Bungalows und zweistöckigen Häusern. Teilweise existieren auch Hotels; dies ist aber nur bei gekauften und danach umgebauten Anlagen der Fall. Die meisten Dörfer sind von den Cluburlaubs-Anbietern selbst konzipiert worden. Sowohl die Wohneinheiten als auch die gesamte Anlage fügen sich harmonisch in die Landschaft ein und werden nicht als störend empfunden. Die internen selbst auferlegten Richtlinien der Anbieter für den Bau eines Clubdorfes sind diesbezüglich sehr streng. Die Gäste sollen spüren, in welchem Land sie sich aufhalten.

9.3.2 Animation

Die Animation ist eine der zentralen Leistungen des Cluburlaubs. Sie ist eine seiner Besonderheiten, die inzwischen von vielen Hotels kopiert wurde. Die Animation ist jedoch ein weites Feld. Was sie ausmacht und wo sie beginnt, sind Fragen, die durchaus umstritten sind. Der Begriff Animation ist heute zwar sehr gebräuchlich, es gibt aber keine einheitliche Definition. Das Wort geht auf das Lateinische zurück: *anima* bedeutet Seele, Geist, Lebenshauch. Das daraus abgeleitete Verb *animare* bedeutet soviel wie „beseelen" oder „Leben einhauchen". Animation wird im Rahmen des Clubkonzeptes sehr weit gefaßt. Sie hat in erster Linie die Aufgabe, das Clubdorf mit Leben zu erfüllen.

Die Animation steht zum einen für die individuelle Betreuung der Gäste und den persönlichen Kontakt mit den Betreuern. Damit wirkt sie der sonst im Pauschaltourismus vorherrschenden Anonymität der Gäste entgegen. Zum anderen soll die Animation den Gästen helfen, sich leichter gegenseitig kennenzulernen und soll dazu beitragen, Hemmschwellen abzubauen und zu überwinden. Die für das Alltagsleben der meisten typische Kontaktarmut innerhalb der Gesellschaft soll im Clubdorf nicht nur vermieden, sondern abgebaut werden. Die Animation unterstützt die Kontaktaufnahme mit anderen Cluburlaubern. Sie hat das globale Ziel, die Urlauber anzuregen, selbst kreativ oder sportlich tätig zu werden. Das Interesse an verschiedenen Aktivitäten soll geweckt und die Gäste ermutigt werden, Neues auszuprobieren. Damit wird einer nur passiven Konsumhaltung der Urlauber entgegengewirkt.

Die Animation bedient sich dazu verschiedener Mittel: Sport, Spiel, Unterhaltung, Kunst, Kultur, Vorträge, Ausflüge, etc. Sie dient der Förderung der Kreativität im weitesten Sinne. Die Ziele der Animation sind dann erreicht, wenn das Clubleben als abwechslungsreich und interessant empfunden wird, die Gäste sich allein, in der Gruppe und in der Gemeinschaft wohlfühlen.

Die Betreuer sind die Motoren der Animation: Sie sind gleichzeitig die Organisatoren und Durchführenden des Unterhaltungs- und Showprogramms sowie zuständig für den Sportunterricht, für die Kinderbetreuung etc. Sie sollen den Gästen bei den Aktivitäten helfen, sie motivieren und unterrichten. Der Club Méditerranée nennt die Betreuer **G. O.** (*gentils organisateurs* = „freundliche Organisatoren und Gastgeber"). Robinson definiert sie als **Robin** (= ein Freund). Sie sind keine Angestellten im traditionellen Sinne, kein Servicepersonal, sondern im wahrsten Sinne des Wortes die Gastgeber. Sie kommen aus unterschiedlichen Ländern, ihr Durchschnittsalter beträgt ca. 28 Jahre. Die Aufgaben des Robin und G. O. sind vielfältig. Es gibt sowohl Fachleute für sportliche Aktivitäten (Sport-ROBIN/„Moniteurs" = Sportlehrer), für das Entertainment („Animation"), die Verwaltung, die Kinderbetreuung usw. Ein Robin oder G. O. ist ständiger Ansprechpartner für die Gäste; er ist ihr Spielpartner, Freund und Unterhalter in einem. Aldiana be-

Sportanimation in einem Club

zeichnet seine Mitarbeiter als Animateure, eine weiterreichende Differenzierung ist nicht auszumachen.

Die Betreuer sind in der Regel ausgebildete Fachkräfte in ihrem Tätigkeitsbereich. So wird zum Beispiel die Kinderbetreuung von Personen mit pädagogischen Kenntnissen vorgenommen, die Sportprogramme von „lizenzierten Könnern" der jeweiligen Disziplin. Gemäß den zunehmend anspruchsvoller werdenden Abenddarbietungen und *Shows* gibt es Mitarbeiter, die als Choreographen, Kostümbildner, Maskenbildner, Veranstaltungstechniker, Dekorateure u.a. tätig sind.

Bei Club Méditerranée (Club Med) ist der Leiter des Clubdorfes der *chef de village*. Als Chef von ganz besonderer Art besitzt er die Fähigkeit, zu organisieren und zu kommunizieren. Als Manager ist er verantwortlich für die Budgets, das Personal, die Veranstaltungen und die Programme sowie die Rentabilität des Clubdorfes. Als *leader* motiviert er das Team der G. O., als Mittelsmann stellt er sich allen Problemen und findet stets eine Lösung. Er garantiert die Qualität des Produktes und ist alleinverantwortlich für alle Dorfangelegenheiten. Er hat eine lange Karriere im Club Méditerranée (Club Med) hinter sich, denn alle *chefs de village* haben beim Club Méditerranée (Club Med) als G. O. angefangen. Dieser interne Aufstieg, begleitet von vielen Schulungen und Prüfungen, qualifizieren ihn bei entsprechenden Führungsqualitäten für diese zentrale Rolle im Konzept des Cluburlaubsanbieters.

Die Eigenschaften und Merkmale, die ein Clubdorf-Mitarbeiter haben sollte, lassen sich in drei generelle Merkmalsbereiche gliedern:

- **nicht erlernbare Eigenschaften:** 1. Ausgesprochene Serviceorientierung, 2. positive Ausstrahlung, 3. Kontaktfreude, 4. Belastbarkeit, und insbesondere Interesse an anderen Menschen sowie 5. Begeisterungsfähigkeit;

- **zum Teil erlernbare Eigenschaften**: Menschenkenntnis und Erfahrung im Umgang mit anderen Menschen, Redegewandtheit und vor allem die Fähigkeit, andere begeistern zu können und

- **erlernbare Eigenschaften**, wie beispielsweise sportliche Qualifikationen, Lizenzen und Fachwissen, landeskundliches Wissen, Sprachen sowie handwerkliches und künstlerisches Können.

Die Führungsstruktur in vielen Clubs bei Robinson mit einem Clubdirektor und einem Stellvertreter unterstützt das wesentliche Ziel: Die absolute Konzentration auf den Gast. Beide teilen sich die wichtigsten Kernbereiche des Clubs. In der Regel werden dafür die stärker gastorientierten Bereiche wie Unterhaltung, Familie, Sport und Service einerseits sowie die Hotel- und administrativen Bereiche (wie *front office*, *housekeeping*, Küche, *food & beverage management* [F&B], Verwaltung) zusammengefaßt. Diese Aufgabenteilung ermöglicht eine Optimierung der Organisation, eine stärkere Präsenz bei den Gästen und damit eine Verbesserung der Leistung und Produktqualität.

Die Clubanbieter Aldiana, Club Méditerranée und Robinson stellen ihre Mitarbeiter selbst ein, nachdem diese durch ein mehrstufiges Auswahlverfahren sorgfältig ausgesucht wurden (schriftliche Bewerbung, teilweise *pre-screener* im Internet, Vorauswahl, fachliches *casting*, Gespräch). Ferner erfolgt später eine kontinuierliche Aus- und Weiterbildung der Mitarbeiter. Das Interesse an diesem Betätigungsfeld ist groß, die steigenden Anforderungen an fachliche und persönliche Kompetenz macht die Auswahl der richtigen Mitarbeiter aber zunehmend schwieriger.

9.3.3 Das Sportangebot

Die angebotenen Sportarten haben sich in den letzten Jahren stark den Bedürfnissen der Urlauber angepaßt. Anfangs wurden vor allem Wasser- und Landsportarten (Fußball, Volleyball, Basketball) angeboten, später kamen Tennis, Golf und Skilaufen etc. hinzu. Robinson, Aldiana und Club Méditerranée (Club Med) verfügen über ein sehr umfangreiches Sportangebot; das zeigt sich besonders in der Zahl der Tennisanlagen oder Golfplätze, der Anzahl der zur Verfügung stehenden Sportgeräte wie zum Beispiel Surfbretter oder Segelboote. Robinson bietet beispielsweise 2010 in 23 Clubs insgesamt 151 Tennisplätze an. Ein Blick in die Kataloge der Anbieter läßt außerdem immer mehr eine ausgeprägte Schwerpunktbildung im Bereich des Sportangebotes feststellen. Das heißt, es gibt zum Beispiel Clubs, die sich insbesondere durch gute Tennisanlagen, Wassersportmöglichkeiten oder Golfplätze usw. auszeichnen.

Das sportliche Leistungsspektrum sehen die Anbieter unterschiedlich:

Beim **Club Méditerranée** ist seit Gründung die Nutzung und der Unterricht im Preis mit enthalten; bei dieser „Alles-Inklusive"-Formel stehen genügend Sportgeräte wie zum Beispiel ausreichend Tennisplätze sowie eine große Anzahl von Sportlehrern und -betreuern zur Verfügung. Reiten und Tauchen kosten extra.

Bei **Robinson** können die Gäste, bei Nachweis entsprechender Lizenzen oder Kenntnisse, das Sportmaterial für Segeln und Surfen nutzen. Ebenfalls im Preis eingeschlossen ist das Angebot für Volleyball, Tennis, Fußball, Bogenschießen, Tischtennis, Fitneßraum und WellFitkurs. Gegen Gebühr gibt es Tauchen, Golf, Reiten und Fahrradfahren sowie entsprechende Sportkurse.

Bei **Aldiana** sind verschiedene Sportangebote wie z. B. Segeln, Surfen, Tennis, Bogenschießen und Fitneßprogramme im Preis eingeschlossen. Golf, Reiten, Tauchen, Radsport und Kurse müssen extra bezahlt werden.

Zunehmender Beliebtheit erfreuen sich Sportevents, die vor allem von Robinson und Aldiana angeboten werden. Dabei haben die Gäste die Möglichkeit, mit Weltmeistern, Olympiasiegern oder anderen Spitzensportlern im kleinen Kreis zu trainieren. Das abwechslungsreiche Angebot reicht von Laufwochen, Surf-, Tennis-, Box- oder Fußballcamps über Katamaran-, Bikewochen bis hin zu Großevents mit mehreren anerkannten Experten.

9.3.4 Die Kinderbetreuung

Die bei allen etablierten Cluburlaubs-Anbietern angebotene Kinderbetreuung läßt den Cluburlaub zu einer idealen Urlaubsform für Familien werden. Für die Kinder sind speziell ausgebildete Betreuer zuständig, die für die unterschiedlichen Altersgruppen jeweils ein besonderes Programm ausgearbeitet haben. So werden auch die kleinen Gäste früh an verschiedene Sportarten herangeführt, nehmen an Turnieren teil, haben ihre eigenen Vorführungen bei den *shows* sowie eigene Tischzeiten mit eigens zubereiteten Kindermenüs bzw. -buffets. Kinder werden in der Regel ab zwei bzw. drei Jahren ganztags betreut, bei Aldiana zum Beispiel im **Flipper Club**, bei Club Méditerranée (Club Med) im **Mini-Club** und bei Robinson im **Roby Club** für Kindergartenkinder und im **R.O.B.Y** für Schulkinder. Bei Club Méditerranée (Club Med) ist in verschiedenen Dörfern im sogenannten **Baby Club** auch eine Betreuung bereits ab vier Monaten möglich. Robinson bietet in ausgewählten Clubanlagen zu bestimmten Terminen eine Kleinkindbetreuung an. Bei Aldiana steht auf Zypern für eine begrenzte Anzahl Babies eine Betreuung bereit.

9.3.5 Die Restauration

Essen & Trinken ist beim Cluburlaub eine tragende Angebotssäule. In der Regel sorgen zu den Hauptmahlzeiten reichhaltige Büffets für das leibliche Wohl und entsprechen damit dem Wunsch der Cluburlauber nach Vielfalt und Flexibilität. Neben dem Hauptrestaurant mit überwiegend Achtertischen gibt es in fast allen Clubanlagen Spezialitätenrestaurants, die zum Teil auf lokale Gerichte oder bestimmte kulinarische Themen ausgerichtet sind und gemäß dem Trend zur Individualisierung auch alternative Tischformen (Zweier- oder Vierer-Tische) anbieten. Seit der Sommersaison 2010 bietet Robinson mit dem Genießerrestaurant „Das Edel" in 13 Clubs eine zusätzliche Alternative, die mit hochwertigen Menüs und stilvollem Service aufwartet.

Die klassische Angebotsvariante, bei der im Reisepreis Vollpension sowie die Tischgetränke zu den Hauptmahlzeiten enthalten ist, wird seit ein paar Jahren durch das *all-inclusive*-Konzept ergänzt. „*All-inclusive*" bedeutet bei den Clubanbietern, daß die Getränke an der Bar im Preis inbegriffen sind. Wichtig bei der Beurteilung des *all-inclusive*-Angebotes aus Sicht des Kunden ist, welches Getränkesortiment (nur lokale oder auch gehobene internationale Spirituosen) und welche weiteren Leistungen im Preis-/Leistungspaket enthalten sind.

Bei Robinson hat der Gast die Wahl, sich für eine von insgesamt sieben Anlagen mit hochwertigem *all-inclusive*-Angebot oder einen Club mit der bewährten Vollpension inklusive Tischgetränke zu entscheiden. Club Méditerranée (Club Med) hat seit Sommer 2006 alle Anlagen auf *all-inclusive* umgestellt und bei Aldiana bieten 8 von 10 Anlagen ein eingeschränktes Barsortiment „*all-inclusive*" an.

Um die kulinarische Vielfalt zu erhöhen und um die gestiegenen Erwartungen ihrer Gäste zu erfüllen, bieten Robinson und Aldiana sogenannte Gourmet Sonderwochen mit Spitzenköchen in ihren Clubanlagen an. Gemeinsam mit Siemens hat Robinson den steigenden Trend nach Kochkursen aufgegriffen und bietet in 13 Clubs die „Siemens life Kochschule" an. Gemeinsam mit dem Küchenchef verfeinern die Gäste ihre Kochkünste teilweise unter freiem Himmel. Die Kochschule im Robinson Club Fleesensee wurde vom renommierten Gourmetführer Gault Millau 2009 zur Kochschule des Jahres gewählt.

In einer zunehmend gesundheitsbewußten Gesellschaft steigt auch bei vielen Cluburlaubern das Bedürfnis nach neuen, leichten zum Sport- und Wellnessangebot passenden Gerichten. Dem entspricht Robinson als erster mit seinem eigenen „WellFood"-Konzept. Kreative „WellFood"-Menüs, fettarme, frische und ausgewogene Zutaten bilden zu jeder Hauptmahlzeit eine moderne Ernährungsalternative.

9.4 Der Cluburlauber

Es ist nicht einfach, von „dem" typischen Cluburlauber zu sprechen. Der Cluburlaub bietet Entfaltungsmöglichkeiten und Beschäftigung für Menschen verschiedener Altersgruppen mit unterschiedlichen Interessen. Bei der Betrachtung der Cluburlaubskunden lassen sich jedoch schwerpunktmäßig die folgenden soziodemographischen Merkmale feststellen:

- Sie sind hauptsächlich zwischen 30–49 Jahren alt, das Durchschnittsalter liegt um die 40 Jahre.
- Der Anteil der Familien beträgt rund 50 bis 60 Prozent des Gesamtaufkommens, ihr Anteil variiert je nach Anbieter sowie nach Clubdorf und Reisezeit.
- Etwa 25 bis 40 Prozent sind Paare und
- rund 10 bis 20 Prozent *singles*.

Mit ihrem breiten Angebot positionieren Robinson und der Club Méditerranée die Clubs selektiv für die Zielgruppen *Familie* bzw. *Singles* oder *Paare*: auf der einen Seite gibt es Clubs oder Dörfer für Eltern mit Kindern und einem breiten Angebot für dieses Segment, auf der anderen Seite Dörfer, die speziell auf die Wünsche und Bedürfnisse von „kinderlosen" Urlaubern zugeschnitten sind.

Das Bildungsniveau der Cluburlauber ist in der Regel hoch: Mittlere Reife, Abitur und Hochschulbildung. Die am stärksten vertretenen Berufsgruppen der Club Klientel sind: leitende kaufmännische Angestellte, höhere Beamte sowie Selbständige und Freiberufler. Die Cluburlaubsgäste verfügen über ein gehobenes monatliches Haushaltsnettoeinkommen (2.800 € und mehr).

Cluburlauber sind aktive Urlauber. „In die Sonne kommen", „viel Spaß und Unterhaltung haben", „viel erleben", „ganz neue Eindrücke gewinnen", „frei sein", „aktiv Sport treiben", „Urlaubsbekanntschaften machen" – darauf kommt es ihnen bei ihrer Cluburlaubsreise besonders an. Cluburlauber sind anspruchsvoll. Von den Cluburlaubs-Anbietern erwarten sie immer bessere und hochwertiger ausgestattete Feriendörfer sowie breitgefächerte Leistungsangebote.

Der Cluburlaub verfügt mit seinem großen Leistungsspektrum über die idealen Voraussetzungen, den immer individuelleren Ansprüchen der neuen Urlaubergeneration gerecht zu werden. Der in den letzten Jahren weiter feststellbare Wertewandel hat auch zu entscheidenden Veränderungen im Urlaubsverhalten geführt. Die Urlauber verfügen über ein höheres Bildungsniveau und mehr Freizeit, sie sind individualistischer geworden. Die Wünsche der deutschen Urlauber gehen dabei in zwei Richtungen: Einerseits möchten sie die Sicherheit und Bequemlichkeit von Reisebüros und -veranstaltern und vermehrt auch die Buchungsmöglichkeit über das Internet in Anspruch nehmen. Andererseits wollen sie die Freiheit und Unabhängigkeit der Individualreisenden genießen. Sie wollen ihren eigenen Urlaubsstil finden und werden anspruchsvoller in der Zusammenstellung und Nutzung organisierter Reisen. Der Cluburlaub entspricht mit seiner großen Angebotspalette sowie anderen Zusatzleistungen (Rundreisen, Ausflüge etc.) diesen neuen Anforderungen. Von den Reiseorganisationen erwarten die Urlauber ein individuell zusammengestelltes Urlaubspaket, das flexibel ist und Raum für persönliche Wünsche offen läßt. Es gibt also hier wie in anderen Bereichen der Veranstalterreisen auch einen Trend zur Urlaubsgestaltung nach dem Baukastensystem. Reglements jeglicher Art werden von den Urlaubern zunehmend gemieden, und es wird großer Wert auf persönliche Bewegungsfreiheit und Selbstbestimmung gelegt. Diese Art der Urlaubsplanung ist im Rahmen des Cluburlaubs schon lange möglich.

Auch das Urlaubserlebnis in intakter Landschaft wird für die Urlauber immer wichtiger. Die Umweltkatastrophen der letzten Jahrzehnte haben das Umweltbewußtsein der Deutschen dauerhaft verändert. In ihren Augen gilt nur intakte Natur als schöne Natur. Repräsentativbefragungen zeigen, daß kaum ein Urlauber Feriengebiete mit verschmutzten Stränden und verbauter Landschaft besuchen möchte. Das Cluburlaubskonzept erfüllt diese zum Teil widersprüchlichen Anforderungen seitens der Kunden. Durch seine landestypische Architektur zerstört er nicht wie viele Hotels die Landschaft. Die Clubdörfer verfügen schon heute über umweltfreundliche Technologien, zum Beispiel Wärmerückgewinnungsanlagen, eigene Kläranlagen, Solarenergie etc., um so die Belastung der Natur zu minimieren. Die Cluburlaubsform ist also eine ökologisch weitgehend vertretbare Form des Tourismus und bietet dem Urlauber trotzdem eine vielfältige und komfortable Erlebniswelt.

Wassersport vor einem Clubstrand

9.5 Die Cluburlaubsanbieter in Deutschland

Seit Ende der 1950er Jahre können Reisen mit dem Club Méditerranée in Deutschland gebucht werden. In der mehr als 60-jährigen Geschichte des Cluburlaubs wurde dieses Grundkonzept des **Club Méditerranée** von anderen Reiseveranstaltern übernommen; von der TUI mit **Robinson** 1970 ursprünglich als Gemeinschaftsunternehmen mit der Steigenberger Hotelgesellschaft gegründet) und von NUR Touristic (jetzt Thomas Cook) mit **Aldiana** (1972; seit Ende 2005 nur noch eine Minderheitsbeteiligung – siehe Abschnitt 9.5.3). Seit 2000 wird die ursprünglich österreichische Clubmarke Magic Life auf dem deutschen Markt angeboten und hat sich als echter 100 prozentiger *All inclusive*-Anbieter im mittleren bis gehobenen Segment etabliert (siehe Abschnitt 9.5.4.). Der Club Méditerranée ist unter dem Aspekt der Vielfalt des Angebotes der größte Veranstalter von Cluburlaub in Deutschland. Robinson ist mit über 60 Prozent Marktanteil in Deutschland seit einigen Jahren der Marktführer.

Der Cluburlaub ist – wie man immer wieder feststellen und lesen kann – einer der wenigen **Markenartikel**, den die Reiseveranstalterbranche hervorgebracht hat. Das Angebot von Cluburlaub ermöglicht den Reiseveranstaltern eine eindeutige Profilierung, weil der Begriff „Cluburlaub" für eine fest definierte Qualität und ein umfangreiches Leistungsangebot steht. Im Falle des Cluburlaubs verspricht der aufgedruckte Firmenname Prestige und/oder Lebensgefühl. Das heißt konkret für die Veranstalter, daß sie sich in diesem Bereich nicht auf den sonst schon ruinösen Preiswettbewerb des übrigen Pauschalreisemarktes einlassen müssen. Sie haben somit bei der Preisbildung einen größeren Spiel- und Gestaltungsfreiraum. Aus diesen Gründen hat sich der Zusatz „Club" im Laufe der Jahre als eigenständiger Qualitätsbegriff profiliert.

Neben den Premiumanbietern **Club Méditerranée**, **Robinson** (TUI) und **Aldiana** versuchen mittlerweile die meisten Veranstalter, durch vereinzelte Cluburlaubsangebote im Katalogprogramm an den Zuwächsen in diesem Urlaubssegment zu partizipieren. Immer mehr Hotels werden mit dem Zusatz „Club" versehen. Meist ist jedoch lediglich aus dem Namen ersichtlich, daß es sich um Cluburlaub handeln soll. Inwieweit es sich bei diesen Angeboten um ‚echte' Cluburlaubsangebote oder um Trittbrettfahrer handelt, die sich lediglich dem Namen nach an einen Trend anhängen, ist nur im Einzelfall beurteilbar. Ein großer Teil des heutigen Angebots besteht aus Umbenennungen von bereits vorher angebotenen Hotels. Diese Angebote sind meistens ohne nennenswerte Modifikationen entstanden. In einigen Fällen wiederum wurden vom Clubschema gewisse Teile, wie beispielsweise die Kinderbetreuung, die Animation oder andere Leistungen übernommen. Statt Vollpension und reichhaltigen Büfetts gibt es freie Wahl der Verpflegungsart, bei einigen Angeboten Selbstversorgung. Wer Sportgeräte nutzen will, muß jedoch, anders als bei den echten Clubs, meist dafür zahlen.

Diese Angebote haben jeweils nur Teilleistungen des Clubangebotes in ihr Programm aufgenommen, und die dem Cluburlaub üblicherweise zugrundeliegende Angebotsfülle können sie nicht vorweisen, zumindest nicht in diesem Ausmaß. „Die Gründe für den Erfolg des Cluburlaubs liegen in der Angebotsfülle, lückenloser Organisation des Ferienalltages und höchst attraktiven Inklusivpreisen" schrieb Brigitte Scherer 1991 in der *Frankfurter Allgemeinen Zeitung*. Deshalb bieten diese Trittbrettfahrerangebote auch keine wirkliche Alternative zu einem echten Cluburlaub. Der Großteil dieser Angebote ist zudem in das bestehende Katalogwerk der Reiseveranstalter eingearbeitet. Es kommt somit in der Regel auch nicht zu einem eigenständigen Auftritt dieser Clubangebote am Markt, der sie für den Kunden eindeutig als (Marken)-Cluburlaub identifizierbar machen würde.

Katalogtitel

Bestehende Angebote unter neuem Namen laufen zu lassen, das normale Servicepersonal plötzlich als Animateure zu bezeichnen oder ähnliches machen aus einem normalen Hotelurlaub noch keinen Cluburlaub und können auch nicht als langfristige kundenbindende Strategie bezeichnet werden. Im Gegenteil: Oft werden Urlauber mit hoher Erwartungshaltung enttäuscht und ihr Meinungsbild über diese Urlaubsform wird negativ beeinflußt. Eine Profilierung verlangt auch zumindest den selbständigen Auftritt des Angebotes in einem eigenständigen Katalog, der Zusatz „Club" allein genügt nicht. So gesehen ist die Beifügung „Club" keine bloße Differenzierung des Katalogangebotes im Sinne des immer bedeutender werdenden zielgruppengerechten Reiseangebotes.

Die Spezialanbieter von Cluburlaub offerieren im Gegensatz zu diesen Pseudo-Clubanbietern nicht nur vereinzelt ein paar Cluburlaubsangebote, sondern eine ganze Palette von Clubdörfern in einem eigenständigen Katalog. Bei den grundsätzlichen Säulen des Cluburlaubs gibt es zwischen diesen Anbietern meist nur kleine Unterschiede. Wie bereits erläutert, zeichnen sie sich alle durch ein professionelles Sportprogramm, hochwertiges Material professionelle Kinderbetreuung, ein ausgefeiltes Show- und Unterhaltungsprogramm, gutes Essen und Trinken sowie durch die über allem stehende Kommunikation aus. Diese Anbieter experimentieren inzwischen mit immer neuen Varianten, um die Cluburlaubsidee zeitgemäß umzusetzen.

Übersicht 9.1: Sortimentsvergleich der etablierten Anbieter auf dem deutschen Cluburlaubsmarkt.

Club Méditerranée (Club Med)	Robinson	Aldiana	Magic Life
Insgesamt: 76 Clubs in 27 Ländern darunter 1 Segelschiff (Club Méditerranée (Club Med) II)	23 Clubs in 8 Ländern	10 Clubs in 6 Ländern	13 Clubs in 5 Ländern
50.000 Betten	12.600 Betten	6.800 Betten	12.000 Betten

* Dörfer = Dörfer und Villas

Quellen: Kataloge der jeweiligen Veranstalter für die angegebene Saison.

9.5.1 Club Méditerranée

Der Club Méditerranée ist im Bereich Cluburlaub weltweit größter Anbieter und Marktführer. Das umfangreichste Sortiment an Feriendörfern wird unter der schon legendären Dachmarke „Club Méditerranée (Club Med)" vertrieben. Mit dieser Marke besitzt der ursprünglich französische Anbieter ein Signet und ein Produkt, das weltweit bekannt und verbreitet ist. Auf dem deutschen Markt ist der Club Méditerranée gemessen an der Teilnehmerzahl Marktdritter im Premiumsegment nach Robinson und Aldiana. Club Méditerranée hat neben eigenen Neugründungen und Diversifikationen stets auch eine Strategie der Übernahmen und Beteiligungen verfolgt, so im März 1991 durch die 100-prozentige Übernahme des französischen Clubanbieters **Aquarius**, der 15 Ferienclubs in Frankreich, Griechenland, Tunesien sowie auf Teneriffa und St. Martin betrieben hat. 1999 hat Club Méditerranée (Club Med) „Jet Tours", den drittgrößten französischen Reiseveranstalter, gekauft.

1997 hat die neue Direktion von Club Méditerranée eine Renovierungspolitik für alle Clubdörfer gestartet. Im Vertrieb konzentriert sich der Club wieder mehr auf die strategisch wichtigsten Länder, darunter auch Deutschland. Dertour hat Mitte 1998 bis Sommer 2006 den exklusiven Vertrieb für Deutschland übernommen. Seither ist Club Méditerranée (Club Med) mit einem eigenen Büro im deutschen Markt präsent.

Das Sortiment an Clubdörfern des Club Méditerranée besteht derzeit aus 76 Feriendörfern in knapp 30 Ländern (vgl. Übersicht 1.1). 2009 wurden die Clubdörfer des Club Méditerranée von 1,2 Mio. Gästen aus aller Welt besucht.

Das heutige Angebot des Club Méditerranée (Club Med) ist dementsprechend vielfältig und auf eine internationale Klientel ausgerichtet. Es gibt speziell ausgestattete Clubdörfer für Tagungen oder Clubdörfer, die über besondere Einrichtungen für Kinder verfügen. Darüber hinaus verfügt der Club Méditerranée im Gruppenreisebereich über ein großes Angebot – mit entsprechend ausgestatteten Clubanlagen. Die Erweiterung der sportlichen Aktivitätsmöglichkeiten (Aufnahme neuer Aktivitäten in das Programm etc.) und die Verfeinerung der Cluburlaubsidee haben außerdem Clubdörfer unterschiedlicher Qualität mit unterschiedlichen Angebotsschwerpunkten (zum Beispiel Tennis, Golf, Gesundheit / Wellness) für unterschiedliche Zielgruppen entstehen lassen. Ferner verfügt der Club Méditerranée neben seinen Cluburlaubsaktivitäten über eine ganze Reihe anderer touristischer Angebote und Produkte. Ebenso die **Villas**, kleine malerische Hotels, die in der Nähe von archäologisch und/oder kulturhistorisch interessanten Stätten liegen.

Im Februar 1990 wurde das Cluburlaubskonzept in den Bereich der **Kreuzfahrten** übertragen. Die „**Club Méditerranée (Club Med) 2**" ist das derzeit größte Segelkreuzfahrtschiff der Welt; computergesteuert und mit allem erdenklichen Komfort ausgestattet, sie hat 200 Außenkabinen, Satellitentelephon, Zimmerservice und TV.

Die ab Sommer 2005 eingeleitete Qualitätsstrategie beinhaltet auch eine Umstellung aller Anlagen auf *all-inclusive*, d.h., daß zusätzlich die Bargetränke und Snacks den ganzen Tag über im Preis inbegriffen sind. Zudem wurde die Zimmerausstattung verbessert. Inzwischen plant Club Méditerranée (Club Med) sich zum Luxusreiseveranstalter zu entwickeln, wie das neue Angebot von Villen und Butlerservice in einigen neuen Clubs zeigt und investiert kräftig, um den Standard seiner Anlagen zu erhöhen. Zukünftig sind sechs Anlagen in China geplant, die erste eröffnete im November 2010 im Skigebiet Heilonggjiang.

9.5.2 Robinson

Die Robinson Club GmbH – im weiteren kurz Robinson genannt – wurde im Dezember 1970 mit Sitz in Frankfurt am Main als Gemeinschaftsunternehmen der Steigenberger Hotelgesellschaft (Frankfurt am Main) und der TUI GmbH & Co. KG, Hannover, gegründet. Beide Gesellschafter waren jeweils zu 50 Prozent an Robinson beteiligt. Die Verbindung der größten deutschen Hotelkette mit dem größten deutschen Reiseveranstalter eröffnete Robinson den Weg zum Cluburlaubsmarktführer in Deutschland. Am Anfang stand ein Vertragshotel der TUI, das im Süden Fuerteventuras lag und im Januar 1971 – obwohl gerade erst eröffnet – nur wenig lukrativ war. Eine touristische Infrastruktur gab es damals nicht. Mit einem für die TUI neuen Konzept wurde nach entsprechenden Umbauten aus diesem abgelegenen Hotel der erste Robinson Club: Clubferien mit Animation, Sport und anderen Beschäftigungsmöglichkeiten, eingefaßt in den Stil eines Drei- bis Vier-Sterne-Hotels in legerer Atmosphäre, ganz nach dem Muster des Club Méditerranée. 1974 eröffnete die erste vollständig von Robinson konzipierte Anlage (Baobab in Kenia). Es folgten Betriebe rund um das Mittelmeer, auf Sri Lanka, in Mexiko und in den Alpen. 1989 übernahm die TUI die Steigenberger-Anteile an dem Unternehmen und betreibt es heute zu 100 Prozent. In der Folge wurde der Firmensitz auch nach Hannover verlegt.

Das weiterhin expandierende Unternehmen als Markt- und Qualitätsführer – heute ein Tochterunternehmen der TUI AG – präsentiert sich heute mit 23 Clubs in acht Ländern und 12.600 Betten. Seit Dezember 2009 betreibt Robinson wieder einen Club im Langstreckenbereich mit einer eigenen Insel auf den Malediven. Rund 330.000 Gäste beherbergte Robinson 2009 in seinen Clubs.. Robinson ist es – wie die Teilnehmerzahlen zeigen – gelungen, das französische Konzept von Cluburlaub auf die deutschen Marktverhältnisse erfolgreich zu übertragen. Das Basiskonzept entspricht dabei grundsätzlich dem des Club Méditerranée. Robinson übernahm das französische Konzept dort, wo es die deutsche Gäste überzeugte und münzte die Schwächen in eigene Stärken um. Das war zum einen die Sprachbarriere, die in der Vergangenheit viele deutsche Urlauber davon abhielt, im Club Méditerranée (Club Med) Urlaub zu machen, und zum anderen der anfangs nur geringe Komfort der Club Méditerranée-Dörfer.

Neben der Sprache, die sich für das deutsche Konzept natürlich zwangsläufig ergab, gilt für Robinson als oberstes Ziel die Qualität. So wird bei keinem der Clubobjekte unter das Niveau von Vier-Sterne-Hotels gegangen. Unter dieser Prämisse macht und machte sich Robinson an die Erschließung neuer Clubs, die entweder als Pachtbetriebe, als Managementbetriebe oder als Beteiligungen geführt werden. Die bisherige inhaltliche Ausrichtung als ein hochwertiges Premiumprodukt soll auch in den nächsten Jahren erhalten bleiben. Um die Bedürfnisse der unterschiedlichen Zielgruppen noch besser zu treffen, gibt es im Portfolio von Robinson ab Sommer 2010 die drei speziellen Produktlinien Famile, Sport & Fun und FeelGood. Letztere bietet etwas mehr Ruhe und Entspanntheit, ein attraktives WellFit-Spa sowie eine etwas andere Art von Entertainment.

Als Qualitäts- und Marktführer nimmt Robinson die Herausforderung an: nicht Hinterherlaufen, sondern selbst Trends setzen. Mit dem Versprechen **„Zeit für Gefühle"** reagiert Robinson auf gesellschaftliche Veränderungen wie den Wertewandel.

9.5.3 Aldiana

Der Club Aldiana wurde 1972 als Marke der NUR Touristic GmbH, Frankfurt, etabliert. Das erste Clubdorf entstand 1973 mit 600 Betten im Senegal. Dann ruhte der Ausbau dieser Marke für zehn Jahre. Erst 1982 wurden weitere Clubanlagen eröffnet. Seitdem wurde die Expansion permanent vorangetrieben. Die Weiterentwicklung wurde durch die Eigentumsverhältnisse (primär Managementverträge) geprägt. Im Jahr 2005 steigt die spanische Grupo Santana Cazorla mit 75,1% als Hauptgesellschafter bei Aldiana ein. Aktuell betreibt Aldiana 10 Anlagen, davon acht Strandclubs und zwei Bergclubs in Österreich.

Auch Aldiana spricht vor allem (deutsche) Familien und sportlich aktive Singles und Paare an. Die Gästezahlen haben sich mit der Kapazitätserweiterung positiv entwickelt. Das Clubangebot ist grundsätzlich dem von Robinson und Club Méditerranée (Club Med) ähnlich. Bis zum Ende der Wintersaison 2005/06 galt die ursprüngliche Angebotsformel mit Vollpension inklusive Tischgetränken und ein Sportpaket gegen Gebühr. Ab Sommer 2005 wurden alle Clubs mit Ausnahme der zwei Anlagen in Österreich auf *all-inclusive* umgestellt. Dabei sind die Getränke an der Bar und verschiedene Sportangebote wie Tennis, Surfen, Segeln oder Bogenschießen inklusive. Sportkurse und hochwertige Getränke sind extra zu bezahlen. Besonderes Augenmerk schenkt Aldiana derzeit der Verbesserung von Beherbergung und Restauration in den bestehenden Anlagen. Die Clubs werden als Managementbetriebe oder als Pachtbetriebe geführt bzw. sind Eigentum des Unternehmens. Zur Zeit betreibt Aldiana 10 Clubdörfer. Ende 2005 verkaufte Thomas Cook ca. 75,1 Prozent der Anteile an den kanarischen Bau- und Hotelkonzern Grupo Santana Cazorla. Mit dem neuen Mehrheitsgesellschafter ist eine weitere Expansion mit Standorten auf den Kanaren, anderen Mittelmeerdestinationen und in den Alpen geplant. Für den Flugeinkauf, Reservierung und die Vertriebsaktivitäten werden weiterhin die Systeme des Minderheitsgesellschafters Thomas Cook genutzt.

9.5.4 Magic Life

Zwischen den Premium- und Standardclubanbietern hat sich Magic Life mit einem einzigartigen ‚Alles drinklusive'-Konzept im deutschen Markt etabliert und von Wettbewerbern differenziert. Die Clubmarke Magic Life wurde 1990 in Wien ins Leben gerufen und mit der Eröffnung des ersten Clubs in Sarigerme (Dalaman/Türkei) erhält Österreich sein erstes „eigenes" Clubprodukt. Danach werden weitere Clubs in der Türkei, Tunesien, Griechenland, Ägypten und auf den Kanaren eröffnet. Seit Sommer 2000 vertreibt die World of TUI Magic Life exklusiv und übernimmt 2004 das Unternehmen zu 100%.

Ingesamt gibt es 13 Anlagen der gehobenen Kategorie. Magic Life bietet von allen Clubmarken das umfassendste All-inclusive Angebot. Bei Magic Life ist alles drin: das Essen in verschiedenen Restaurants, alle Getränke, das Sport- und Entspannungsangebot, die Programme für kleinere Kinder und Teenager, Shows und Events. Insgesamt sind über 170 Leistungen im Reisepreis inbegriffen.

Die Marke Magic Life spricht die Zielgruppen Familien, Singles und Paare im internationalen Umfeld an, die ein ausgewogenes Preis-/Leistungsverhältnis suchen.

Im Jahr 2009 besuchten ca. 280.000 Gäste die Magic Life Anlagen mit über 12.000 Betten.

9.6 Schlußbemerkung

Das Potential der Cluburlauber auf dem deutschen Markt ist längst nicht erschöpft, die Wachstumsmöglichkeiten für diese Art Urlaub sind weiterhin hoch. Dies zeigen die Reiseanalysen der Forschungsgruppe Urlaub und Reisen (F.U.R) ebenso wie andere Untersuchungen des Reisemarktes. Inwieweit dieses Potential tatsächlich für die Buchung eines Cluburlaubes gewonnen werden kann, hängt auch davon ab, in welchem Maße die auf dem Markt befindlichen Angebote auf der Nachfrageseite von ihren Inhalten her akzeptiert werden und welche Ansprachen man für die potentiellen Cluburlauber findet. Ein Einheitsprodukt „Cluburlaub" kann und wird es in der Zukunft immer weniger geben, die Differenzierung der einzelnen Urlaubsdörfer wird zunehmen. Für die Zukunft zeichnen sich damit verschiedene Clubformen ab, wie sie heute bereits in der Form spezieller Zielgruppenangebote bei Robinson, Club Méditerranée und bei Aldiana bestehen.

10
Kreuzfahrten

Jörn W. Mundt & Ewald J. Baumann

10.1 Geschichte

Kreuzfahrten sind Veranstalterreisen *per se*. Fahrt und Unterkunft mit bzw. auf dem Schiff gehören untrennbar zusammen und machen das Besondere einer Kreuzfahrt aus, bei der man quasi sein Hotel mit auf die Reise nimmt. Diese bequemste Art der Reise, ohne das lästige und anstrengende Ein- und Auschecken beim Orts- und damit Unterkunftswechsel, ist eine Erfindung des 19. Jahrhunderts. Die erste **Hochseekreuzfahrt** wurde von Arthur Anderson bereits 1835 in seiner eigenen kleinen Zeitung auf den Shetlands annonciert und sollte entlang der Küsten der Shetland und der Färöer Inseln bis nach Island und zurück gehen. Sie fand allerdings nie statt, nicht zuletzt deshalb, weil er gar nicht über ein Schiff dafür verfügte. „Daß das Schiff nicht existierte, war eher zufällig. Unter diesem Gesichtspunkt war Anderson sicherlich seiner Zeit voraus: Vor dem Hintergrund immer populärer werdender Kreuzfahrten gab es im späten zwanzigsten Jahrhundert einige Beispiele von Unternehmen, die Werbung für Kreuzfahrten auf nicht-existenten Schiffen machten" (Douglas & Douglas 2004, S. 62; Übers. J.W.M.). Allerdings gehörte ihm zusammen mit Brodie McGhie Wilcox bereits ein kleines Schiffsunternehmen aus dem zwei Jahre später die Peninsula and Oriental Steam Navigation Company (P&O) entstand. Hätte es eine entsprechende Nachfrage gegeben, hätte er vermutlich auch das passende Schiff dafür beschafft (a.a.O.). Die ab Mitte des 19. Jahrhunderts angebotenen „Kreuzfahrten" bei P&O fanden aber auf wenig komfortablen Fracht- oder Postschiffen statt. 1866 organisierte Thomas Cook zum ersten Mal eine Veranstalterreise nach Nordamerika. War bei dieser ersten solchen Reise das Schiff noch bloßes Verkehrsmittel, um die eigentliche Destination zu erreichen, wurde es sechs Jahre später, 1872, zum hauptsächlichen Aufenthaltsort der Passagiere, für die Thomas Cook die erste Weltreise organisierte. Zum Preis von 200 £, mehr als das durchschnittliche Jahreseinkommen der Briten zu dieser Zeit, umrundeten zwölf zahlende Gäste die Erde in 220 Tagen (Holloway 1998, S. 26 f.). Dazwischen fand 1867 die erste us-amerikanische ‚Excursion' mit dem Raddampfer „**Quaker City**" von New York ins Heilige Land, Ägypten, die Krim, Griechenland und „intermediate points of interest" statt, die von Charles C. Duncan organisiert wurde. Der prominenteste Teilnehmer dieser ein halbes Jahr dauernden Fahrt war der Mississippi-Steuermann und Reisejournalist Samuel Longhorne Clemens, der sich als Schriftsteller seit 1863 Mark Twain nannte (Dickinson & Vladimir 2008, S. 4).

Die Kreuzfahrt in ihrer heutigen, kürzeren Form war dann eine Idee von Albert Ballin, dem damaligen Generaldirektor der **Hamburg-Amerikanischen Packetfahrt-Actien-Gesellschaft (Hapag)**, an den heute der Ballindamm an der Alster in Hamburg erinnert. Am 22. Januar 1891, fünfzig Jahre nach der Erfindung der Veranstalterreise durch Thomas Cook, verließ die „**Augusta Victoria**" Cuxhaven mit einem internationalen Publikum an Bord und fuhr über britische, portugiesische, italienische und griechische Häfen bis Konstantinopel, Jaffa und Beirut (Kludas 1985, S. 43).

Damals allerdings sprach man ebenso wie in den USA noch nicht von einer Kreuzfahrt, sondern hatte eine zweimonatige, luxuriöse „Orient-Excursion" ausgeschrieben, auf der man insgesamt 13 Häfen anlief, in denen attraktive Landprogramme auf die Reiseteilnehmer warteten. Es gab auch schon eine Bordzeitung, in deren ersten Ausgabe Albert Ballin, der die Reise auch selbst begleitete, schrieb:

„Für zwei Monate bilden die Passagiere ein Gemeinwesen unter sich, abgelöst von den gewohnten Beziehungen, befreit von Sorgen und Lasten des Amts und der Geschäfte und nur auf sich selbst angewiesen. Jedem steht es in weiten Grenzen frei, zu leben, wie es ihm gefällt, teilzunehmen an der Geselligkeit oder sich abzusondern, wenn es seine Stimmung mit sich bringt. Nicht nur für das leibliche Wohl ist auf das Umfassendste gesorgt, sondern auch Musik und Spiel werden die Sinne beflügeln, während der schwimmende Palast immer neuen Zielen entgegenfliegt" (cit. n. hamburg.de).

Als der Dampfer am 21. März 1891 wieder in Cuxhaven festmachte, stand nicht nur für die 241 gutbetuchten Passagiere fest, daß damit eine neue Form der Veranstalterreise erfolgreich aus der Taufe gehoben war. Auch die Hapag zog daraus die Konsequenz und bot in der Folge jedes Jahr zwei dieser Orientreisen an. 1894 wurde, wieder mit der „Augusta Victoria", die erste Nordland-Kreuzfahrt veranstaltet, zwei Jahre später machte das Schwesterschiff „Columbia" sogar die erste Westindien-Kreuzfahrt (a.a.O.).

Dabei war die Idee der Kreuzfahrt aus der Not geboren, denn die komfortablen Schiffe der Hamburg-Amerika-Linie waren zwar die Sommermonate über auf der Nordatlantikstrecke gut ausgelastet, in den rauhen und stürmischen Wintermonaten dagegen ließ die Nachfrage sehr zu wünschen übrig. Deshalb hatte man nach einer Möglichkeit gesucht, wie man die teuren Schiffe und ihre Besatzungen auch in den buchungsschwachen Wintermonaten beschäftigen konnte. Die Idee von Albert Ballin und seinem Unternehmen erwies sich als so zugkräftig, daß bereits 1900 mit der „**Prinzessin Victoria Luise**" das erste speziell für Kreuzfahrten gebaute

Schiff von der Hapag in Dienst gestellt werden konnte. 1906 verfügte das Unternehmen bereits über eine kleine Flotte von drei reinen Kreuzfahrern, die in den Wintermonaten durch Schnelldampfer aus dem Nordatlantik-Liniendienst ergänzt wurde. Eines dieser Schiffe war es auch, mit dem 1909 die erste Weltreise der Hapag veranstaltet wurde. Die „Prinzessin Victoria Louise" lief im Dezember 1906 vor Jamaika auf eine Sandbank und mußte aufgegeben werden. Das schnelle Linienschiff „Deutschland", das im gleichen Jahr wie die „Prinzessin Victoria Louise" vom Stapel gelaufen war und 1900 gleich auf seiner Jungfernreise und 1901 in beiden Fahrrichtungen das begehrte ‚Blaue Band' für die schnellste Atlantiküberquerung gewann, wurde 1910 aufgrund seines zu hohen Kohleverbrauchs außer Dienst gestellt und zum damals größten Kreuzfahrtschiff der Welt umgebaut, indem u.a. auch die Hälfte der Maschinen entfernt wurde. Vor allem aber war es das erste Kreuzfahrtschiff, das, wie heute üblich, weiß angestrichen wurde, weil sich das Schiff in der sonnigen Karibik nicht so aufheizen sollte (Dickinson & Vladimir 2008, S. 9). 1911 stach es zum ersten Mal unter dem Namen „**Victoria Louise**" für die Hapag in See. Wie wichtig der Hapag dieser wirtschaftlich attraktive neue Geschäftszweig war, läßt sich auch daran ablesen, daß sie dem Konkurrenten **Norddeutscher Lloyd** in der Zeit vor dem Ersten Weltkrieg Zugeständnisse in anderen Fahrgebieten machte, um ihr Kreuzfahrtmonopol nicht zu gefährden (Kludas 1985, S. 45).

In der Zeit zwischen den beiden Weltkriegen dagegen entbrannte die Konkurrenz zwischen Hapag und dem Norddeutschen Lloyd voll, die jetzt beide neben ihren Schnelldampfern für die Liniendienste reine Kreuzfahrtflotten unterhielten. Dazu kamen noch kleinere Konkurrenten wie die Reederei Hamburg-Süd, die sich mit Schiffen dritter Klasse auf die Auswandererrouten nach Südamerika spezialisiert hatte. Nachdem die brasilianische Regierung die Einwandererquoten drastisch reduziert hatte, suchte man nach anderen Beschäftigungsmöglichkeiten für die Schiffe. Mit entsprechend der Schiffsklasse niedrigen Preisen gelang es der Reederei mit ihren Nordlandreisen ab 1925, ganz neue Schichten für die Kreuzfahrt zu gewinnen. Nicht zuletzt trug auch die legere und ungezwungene Atmosphäre an Bord dieser Schiffe zum Erfolg bei und zeigte zum ersten Mal, daß Kreuzfahrten das Potential für ein Massenmarktprodukt haben (Schulz & Auer 2010, S. 29 f.). So ging auch diese aus der Not geborene Geschäftsidee auf und führte bis zum Beginn des Zweiten Weltkrieges zu guten Geschäften des seit 1936 zur Oetker-Gruppe gehörenden Unternehmens, das jedoch heute nur noch in der Containerschiffahrt tätig ist (auch wenn die Frachtschiffe heute zum Teil die gleichen Namen haben, wie damals die Kreuzfahrer, so zum Beispiel die „Monte Sarmiento").

Abbildung 10.1 Entwicklung der Passagierzahlen von Hochseekreuzfahrten in Deutschland 1996–2009

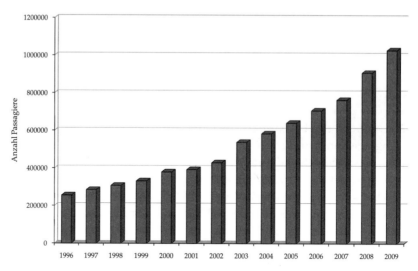

Quelle: Schüßler 2010

Die Nationalsozialisten griffen diese Idee unter propagandistischen Gesichtspunkten auf und das „Amt für Reisen, Wandern und Urlaub" der nach italienisch-faschistischem Vorbild im Rahmen der „Deutschen Arbeitsfront" gegründeten Freizeitorganisation „Kraft durch Freude (KdF)" führte seit 1934 mit gecharterten Schiffen Gruppenkreuzfahrten für die „Volksgenossen" durch. Sie stellten praktisch die Höhepunkte des stark verbilligten Reiseangebotes der Organisation dar, deren Gruppen jeweils repräsentatives Abbild der „Volksgemeinschaft" sein sollten. Mit insgesamt fünf Schiffen formten die KdF-Schiffe die größte Kreuzfahrtflotte ihrer Zeit und mit 150.000 Teilnehmern erreichten die KdF-Kreuzfahrten bereits 1937 ein Volumen, das nach dem Krieg im westlichen Teil Deutschlands erst 1986 wieder erreicht wurde (Prahl & Steinecke 1979, S. 172 und Seepassagekomitee Deutschland [SPKD] 1987).

Ziemlich spät, 1955, zehn Jahre nach dem Ende des Zweiten Weltkriegs und im gleichen Jahr, in dem mit der neu gegründeten Lufthansa der deutsche Luftverkehr wieder zugelassen wurde, wurden mit der vor allem im Liniendienst eingesetzten „Berlin" auch wieder Kreuzfahrten unter deutscher Flagge durchgeführt. Der Liniendienst spielte zu dieser Zeit noch die wichtigste Rolle in der Passagierschiffahrt, vor allem über den Nord- und den Südatlantik. Das Flugzeug hatte sich jedoch seit dem Ende des Krieges seinen Teil des Atlantikverkehrs erobert und noch in der Propeller-Ära der Lockheed Super Constellations und der Douglas DC 6 und DC 7 lag 1957 die Zahl der Fluggäste zum ersten Mal über der der Schiffspassagiere. Sein praktisch endgültiges Ende als Verkehrsmittel auf der Atlantikroute erlebten die Passagierschiffe in der Folge der 1959 erstmals eingesetzten Boeing 707, die aufgrund ihrer Größe und Geschwindigkeit (doppelt so groß und doppelt so schnell wie die bis dahin eingesetzten Propellerflugzeuge) nunmehr den Massenverkehr mit dem Flugzeug ermöglichte.

Daher war es wiederum eine Notlage, welche die Reedereien zwang, sich verstärkt um eine Auslastung ihrer Schiffe auf dem Kreuzfahrtmarkt zu bemühen. Anders als vorher, wo es nur um die bessere Auslastung der Kapazitäten ging, standen sie jetzt vor der Alternative, ihre Passagierschiffe entweder zu verschrotten oder neue Märkte für die Kreuzfahrt zu erschließen. Die Kreuzfahrtschiffe in den 1960er und frühen 1970er Jahren waren daher meist umgebaute Linienschiffe für den Transatlantikdienst. Erst in den 1970er Jahren begann man, neue Schiffe zu bauen, die ausschließlich an den speziellen Bedürfnissen der Kreuzfahrtpassagiere ausgerichtet wurden. Sieht man von den auf kürzeren Strecken verkehrenden Fähren und von der „Queen Mary 2" ab, die in den Sommermonaten heute noch einen teilweisen transatlantischen Liniendienst zwischen Southampton und New York aufrechterhält, wäre die Passagierschiffahrt ohne die Kreuzfahrten heute praktisch nicht mehr existent.

Neben den Seereisen spielen auch die kaum weniger traditionsreichen **Flußkreuzfahrten** eine nicht unwesentliche Rolle auf dem Kreuzfahrtmarkt. So gab es schon in den 30er Jahren des 19. Jahrhunderts längere Schiffsreisen auf dem Rhein, die reiche Engländer und Deutsche gleichermaßen anzogen (Prahl & Steinecke 1979, S. 156 ff.). Man übernachtete dabei in der Regel nicht auf dem Schiff, sondern konnte in Hotels oder Gasthäusern in den größeren Orten logieren, in denen man anlegte. Auch Thomas Cook organisierte solche Reisen, die er teilweise sogar selbst als ein meist nicht sehr geschickter Reiseleiter auch begleitete (Brendon 1991, S. 67 f.).

Auch der Nil fand das große Interesse britischer Touristen. Mangels anderer Verkehrswege war die Schiffahrt auf dem Strom auch die einzige Möglichkeit, einigermaßen bequem und schnell die Sehenswürdigkeiten Oberägyptens zu erreichen. Auch mußte man – anders als bei den Rheinfahrten – auf den Schiffen wohnen, denn eine touristische Infrastruktur mit Gasthäusern oder Hotels existierte nicht. Nachdem man in den Jahren seit 1870 die nicht gerade luxuriösen öffentlichen Nildampfer genutzt hatte, beschloß Thomas Cook Anfang 1886, eigene Nilschiffe zu bauen, die einer seiner Mitarbeiter als *„floating palaces ... finer than anything that has floated on the grand old river since the days of Cleopatra"* beschrieb (cit. n. Brendon 1991, S. 200). Im Dezember des gleichen Jahres, gut vier Jahre vor der ersten maritimen Kreuzfahrt der „Augusta Victoria", fand die Jungfernfahrt des ersten dieser Flußschiffe, der „**Prince Abbas**", statt, und Ägypten wurde zum profitabelsten Geschäft des Unternehmens.

10.2 Die Fahrgebiete

Hochseekreuzfahrtveranstalter und vor allem Kreuzfahrtreedereien müssen meist die ganze Welt im Blick haben, wenn sie ihre Schiffe auslasten wollen. Ein Schiff muß im Jahr ca. 350 Tage im Einsatz sein, um profitabel zu sein (vgl. Kapitel 10.10). Die übrigen Tage müssen eingeplant werden für Überholungszeiten in der Werft. Reine Liegezeiten verursachen nur Kosten und würden daher, umgelegt auf die Einsatztage, entweder die Preise für Kreuzfahrten unnötig verteuern oder dem Unternehmen ein Defizit bescheren. In – von Deutschland aus gesehen – heimischen Gewässern kann man aber nur wenige Monate im Jahr operieren. Für die übrige Zeit müssen die Schiffe also in anderen Fahrgebieten als zum Beispiel auf der Ostsee, die nur von Mai bis September ein attraktives Fahrziel ist, positioniert werden.

Maritime Kreuzfahrten finden deshalb auf allen Weltmeeren statt. Insgesamt werden 12 Fahrgebiete unterschieden, die zu unterschiedlichen Saisonzeiten befahren werden, so daß Kreuzfahrten ganzjährig angeboten werden können (vgl. Übersicht 10.1).

Diese Fahrgebiete sind jedoch nicht so trennscharf voneinander unterschieden, daß man entweder in dem einen oder in dem anderen Gebiet fährt, sondern es gibt – neben den Weltreisen, die durch (fast) alle diese Gebiete gehen – auch Reisen, die ein oder zwei dieser Gebiete tangieren können. So gehen zum Beispiel die meisten Fahrten in das Fahrgebiet „Atlantische Inseln, Westafrika" entweder durch das westliche Mittelmeer oder entlang der europäischen Atlantikküste (rund um Westeuropa). Die Gebietseinteilung zeigt die Schwerpunkte der weltweiten Kreuzfahrtaktivitäten zu unterschiedlichen Saisonzeiten.

Wenn die Saisonzeit in einem Gebiet zu Ende ist – zum Beispiel bei Nordlandfahrten Ende August/Mitte September –, muß das Schiff in einem neuen Fahrgebiet mit anschließender Saisonzeit positioniert werden – zum Beispiel in der Karibik. Diese Fahrten zwischen unterschiedlichen Einsatzgebieten nennt man **Positionierungsfahrten**. Sie können, wie in unserem Beispiel, recht lang sein und würden der Reederei oder dem Veranstalter nur Kosten und keine Einnahmen bringen. Deshalb versucht man, auch diese Reisen so erlebnisreich zu machen, daß sich eine Buchung lohnt. Im Falle der Überfahrt in die Karibik wäre die Zahl der eher uninteressanten Seetage vergleichsweise hoch, so daß man hier über einen niedrigeren Tagespreis die Nachfrage stimulieren muß. Bei Positionierungsfahrten zwischen Nordeuropa und Mittelmeer lassen sich dagegen viele interessante Häfen in verschiedenen Ländern anlaufen, so daß ein eigenes Fahrgebiet (Rund um Westeuropa) daraus entstanden ist, das seit den 1980er Jahren auch britische und irische Häfen einschließt (Rund um Großbritannien. Damit können diese Reisen praktisch normal verkauft werden.

Kreuzfahrten

Übersicht 10.1: Fahrgebiete und Saisonzeiten von Hochsee- und Flußkreuzfahrten

Legend: ■ = Hauptsaison, ▨ = Nebensaison

Fahrgebiet	Jan	Feb	Mär	Apr	Mai	Jun	Jul	Aug	Sep	Okt	Nov	Dez
Ostsee					▨	■	■	■	▨			
Nordland/Island						■	■	■	▨			
Grönland/Arktis							■	▨	▨			
Rund um Großbritan.					▨	■	■	■	▨			
Rund um Westeuropa					■	■		■	■			
Westliches Mittelmeer				■	■	■	■	■	■	■		
Rund um Italien					▨	■	■	■	■			
Östliches Mittelmeer				■	■	■	■	■	■	▨		
Ägypten/Israel	■	■	■							▨	■	■
Schwarzes Meer				▨	■	■	■	■	■			
R. Meer/Ostafr./Ind. Ozean	■	■	■								■	■
Atlant. Inseln / Westafrika	■	■	■	■	■	▨	▨	▨	■	■	■	■
Transatlantik			▨	■						▨		
Karibik/südam. Karibik	■	■	■	■	▨	▨	▨	▨	▨	■	■	■
US-Ostküste/Kanada						■	■	■	▨			
Südamerika	■	■	▨								■	■
Südamerika/Antarktis	■	■	▨									▨
Transpanama										■	■	■
Mexiko/US-Westk.	■	■	■							■	■	■
Kanada B.C./Alaska					▨	■	■	■	▨			
Südafrika	■	■	■								■	■
Südostasien	■	■	■	■		▨	▨			■	■	■
Fernost	■	■	■	■					■	■	■	■
Hawaii	■	■	■	■	▨	▨	▨	▨	▨	■	■	■
Südsee/Südpazifik	■	■	■	■					■	■	■	■
Australien/N.Z.	■	■	■							■	■	■
Weltreisen	■	■	■	■								▨
Rhein und Nebenfl.				▨	■	■	■	■	■	▨		
Elbe					■	■	■	■	■			
Donau				■	■	■	■	■	■	■		
Rhône u.a. Flüsse in F				■	■	■	■	■	■	▨		
Skand. Flüsse u. Seen						■	■	■				
Russische Ströme					■	■	■	■	■			
Mississippi		▨	■	■	■	■	■	■	■	■		
Amazonas	■	■	■							■	■	▨
Jangtsekiang	■	■	■	■					■	■	■	■

nach H. Braunschweig in „Seereisen Magazin" H. 3, 1993

Tabelle 10.1 Destinationen von Hochseekreuzfahrten auf dem deutschen Markt 2009

Hochseekreuzfahrten	
Destinationen	% der Passagiere
Europa	72,1
Mittelmeer	33,4
Karibik/USA	15,9
Nordland	15,2
Westeuropa / Atlantische Inseln	12,5
Ostsee	11,0
Persischer Golf, Indischer Ozean	6,1
sonstige Überseegebiete	5,9

Quelle: Schüßler 2010, S. 16; eigene Berechnungen; die Zahlen zu den **Flußkreuzfahrten** sind leider nicht verwendbar, da sie trotz nicht überschneidungsfreier Fahrgebiete (zum Beispiel ‚Donau', ‚Deutschland') und der Residualkategorie ‚sonstige' (bei der ‚Italien' noch einmal aufgeführt wird, obwohl es schon eine Kategorie ‚Frankreich, Italien' gibt) zusammen nur 81,3 Prozent der Flußkreuzfahrten erfassen (a.a.O., S. 32).

Abbildung 10.2: Entwicklung der Passagierzahlen von Flußkreuzfahrten in Deutschland 1996–2009

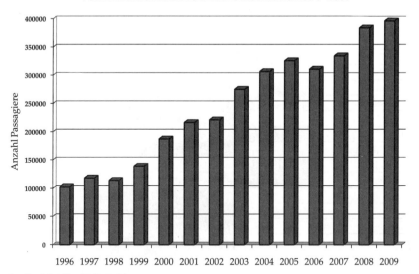

Quelle: Schüßler 2010, S. 24

Die für den deutschen Markt bedeutendsten Fahrgebiete sind aber das Mittelmeer und die Karibik, gefolgt von Norwegen, das im Sommer mit seinen spektakulären Fahrten durch die Fjorde ein wichtiges Angebot darstellt.

Flußkreuzfahrten in Europa finden statt auf dem Rhein zwischen Rotterdam und Basel, den Rheinnebenflüssen Mosel, Main und Neckar; auf Rhône und

Saône, dem Douro in Portugal; seit dem Zusammenbruch des Ostblocks und der DDR auch auf der Elbe zwischen Hamburg und Dresden sowie auf Havel und Moldau. Die längsten Flußreisen werden auf der Donau zwischen Passau und dem Schwarzen Meer angeboten. Hier gibt es theoretisch auch Möglichkeiten der Kombination zwischen Flußkreuzfahrt und maritimer Kreuzfahrt, indem man zum Beispiel von Wien bis zum Schwarzen Meer mit einem Flußschiff und von dort mit einem Kreuzfahrtschiff die Reise bis zur Krim weiterführt und/oder durch Mittelmeer und Atlantik bis zu einem der Nordseehäfen fortsetzt. Durch die Eröffnung des Rhein-Main-Donau-Kanals ergeben sich zudem interessante Perspektiven von echten Europa-Rundreisen mit verschiedenen Schiffen. Auch Flußreisen auf der Wolga und anderen russischen Strömen bis hin nach Sibirien und in China sind im Angebot einiger Reiseveranstalter.

Außerhalb Europas spielt vor allem der Nil eine große Rolle, der seit den Tagen der Flußreisen Thomas Cooks nichts von seiner Faszination eingebüßt hat. Auf dem deutschen Markt stehen diese Reisen seit langem bereits an zweiter Stelle nach den Donaukreuzfahrten. Nilkreuzfahrten werden deshalb nicht nur *per se* verkauft, sondern sind meist Bestandteil von Studien- oder Rundreisen in Ägypten.

Eine direkte Kombination von maritimer Kreuzfahrt und Flußreise läßt sich in Südamerika auf dem Amazonas verwirklichen, der bis Manáus auch für größere Kreuzfahrtschiffe befahrbar ist. Kleinere Schiffe können sogar bis Iquitos hochfahren. Erwähnenswert in diesem Zusammenhang sind auch die nordamerikanischen Ströme Mississippi und Missouri, der St. Lawrence River und der Jangtsekiang in China, die allerdings alle auf dem deutschen Markt bislang kaum eine nennenswerte Rolle spielen.

10.3 Arten von Kreuzfahrten

An erster Stelle steht hier natürlich die sogenannte **klassische Hochseekreuzfahrt**, die, wie bei der ersten „Orient Excursion" der „Augusta Victoria" vor mehr als einem Jahrhundert, eine Rundreise von mindestens drei Tagen Dauer ist und im gleichen Hafen beginnt und endet. Die meisten Kreuzfahrten dauern zwischen fünf und zwölf Tagen. Im Schnitt sind die Gäste 9,7 Tage an Bord (Schüßler 2010, S. 15). Eine Variation der klassischen Kreuzfahrt kann darin bestehen, daß Ein- und Ausschiffungshafen nicht identisch sind. Auf jeden Fall ist zumeist aber eine Unterbrechung der Reise nicht möglich.

Im Prinzip sind auch die **Weltreisen** klassische Kreuzfahrten, denn sie beginnen und enden oftmals im gleichen Hafen. Allerdings haben nur wenige Leute das Geld und vor allem auch die Zeit, eine solche mehrmonatige Reise zu machen. Nur 2,6 Prozent aller Hochseereisenden waren 2009 22 Tage und länger an Bord (a.a.O.). Die Gesamtroute wird daher in verschiedene Teilstrecken aufgeteilt, die man separat buchen kann. Bei diesen Teilstrecken (Segmenten) sind dann natürlich Ein- und Ausschiffungshafen nicht mehr identisch.

Solche Reisen werden meist als **Flug-/Schiffsreise** (*air/sea*) angeboten, das heißt, bei dieser Schiffsreise sind An- und Abflug zum Ausgangs- bzw. Zielhafen Bestandteil der Reise und damit im Reisepreis eingeschlossen. Solche Reisen lassen sich überwiegend mit Vor- und/oder Nachprogrammen in den angelaufenen Ländern buchen.

Die **Turnusreise** ist, wie die klassische Kreuzfahrt, eine Rundreise, die jedoch regelmäßig auf der gleichen Route durchgeführt wird. Solche Reisen werden in den Sommermonaten von einigen Reedereien im Mittelmeer angeboten. Das bekannteste Beispiel für Turnusreisen ist jedoch das sogenannte „*Caribbean Carousel*", das durch eine ganze Kreuzfahrtflotte von Schiffen verschiedener Reedereien und Veranstalter in der Karibik gebildet wird, die praktisch das ganze Jahr über im wöchentlichen, teilweise sogar noch kürzeren Rhythmus die gleichen Strecken, meist ab Miami, Ft. Lauderdale oder San Juan/Puerto Rico, befahren. Auch diese Reisen kann man als Flug-/Schiffsreise von Deutschland aus buchen.

Um dem Passagier auch die Möglichkeit einer zweiwöchigen Kreuzfahrt zu eröffnen, werden von vielen Reedereien in letzter Zeit vermehrt sogenannte **Schmetterlingskurse** angeboten: Das Schiff fährt in der ersten Woche beispielsweise eine südliche Inselroute, kehrt zum Passagierwechsel in den Ausgangshafen zurück und absolviert in der zweiten Woche eine nördliche Inselroute. Nach diesem Schema wird auch ein großer Teil der Clubkreuzfahrten auf AIDA-Clubschiffen (s.u.) angeboten.

Die **See-/Badereise** ist eine Variante der Turnusreise, bei der man in einem der unterwegs angelaufenen Häfen die Schiffsreise für einen Badeaufenthalt unterbrechen kann.

Zudem lassen sich noch Unterteilungen nach der Reisedauer oder nach dem verwendeten Schiffstyp machen. So bieten **Fährschiffreedereien** kreuzfahrtähnliche Kurzreisen (zwischen zwei und vier Tagen Dauer) zwischen zwei Häfen an, die als Pauschalangebot zum Beispiel auch einen Landausflug (Stadtrundfahrt) und weitere Leistungen einschließen können. Hierfür darf jedoch der Begriff „Kreuzfahrt" oder „Mini-Kreuzfahrt" nicht verwendet werden, weil zum Beispiel das Bordprogramm auf den Fähren mit dem von Kreuzfahrtschiffen in der Regel nicht mithalten kann. Aus Gründen des Verbraucherschutzes ist es deutschen Veranstaltern und Reedereien deshalb seit 1992 gerichtlich untersagt, eine Fährschiffsreise unter diesem Namen zu verkaufen.

Kreuzfahrten 383

Clubschiff AIDAdiva *im Hafen von Neapel*

Anders verhält es sich bei den **Windjammerreisen**, bei denen es sich um echte Kreuzfahrten mit großen Segelschiffen handelt wie zum Beispiel mit dem Rahsegler „Sea Cloud" oder dem „Club Med"-Schiff.

Darüber hinaus kann man Kreuzfahrten auch auf unterschiedliche Zielgruppen ausrichten und entsprechende Reiserouten und Zusatzangebote dafür zusammenstellen. Dazu gehören die bereits erwähnten Studienreisen, Hobby- und Themenreisen oder Luxusreisen, aber auch Expeditionsreisen, wie sie in den letzten Jahren zunehmend mit Spezialschiffen besonders für die Arktis und die Antarktis angeboten werden.

10.4 Zielgruppen

Wie die Geschichte der Kreuzfahrten und der Flußreisen deutlich gemacht hat, waren sie ursprünglich für ein sehr zahlungskräftiges internationales, luxusgewohntes und, aufgrund ihrer Dauer, müßiggängerisch veranlagtes

Publikum gedacht. Auch wenn es Zeiten billigerer Angebote auf dem Kreuzfahrtenmarkt gab, blieb der Hauch des Exklusiven, der Kreuzfahrten fast zu einem Privileg besser gestellter Kundenkreise machte. Zeit *und* Geld haben heute vor allem ältere Leute, deren Arbeitsleben in gut bezahlten Berufen abgeschlossen ist. Obwohl die meisten der angebotenen Kreuzfahrten mit einer Dauer von ein bis drei Wochen nicht länger sind als normale Veranstalterreisen, hatten sie lange ein Image von unzeitgemäßer Dauer, steifleinener Behäbigkeit und überholtem Luxus mit traditioneller Etikette in Abendkleid und *dinner jacket*. Entsprechend wenig dynamisch hat sich auch die Zahl der verkauften Kreuzfahrten auf dem deutschen Markt bis 1996 entwickelt. In den 1980er Jahren haben die Seereisen nicht mit der Entwicklung des Reisemarktes insgesamt mithalten können und begannen erst ab der ersten Hälfte der 1990er Jahre auf 330.000 Passagiere (1999) zu klettern.

Tabelle 10.2 Der Markt für Kreuzfahrten in Deutschland 2009

	Hochsee		Fluß	
	2005	2009	2005	2009
Passagiere	639.099	1.025.968	325.634	396.075
Passagiernächte	6.142.669	9.985.445	2.622.875	3.116.299
Gesamtumsatz €	1.222.598.000	1.929.575.00	370.373.000	423.709.000
durchschnittlicher Reisepreis €	1.913	1.881	1.137	1.070
durchschnittliche Tagesrate €	199	193	141	136
durchschnittliche Reisedauer	9,6 Tage	9,7 Tage	8,1 Tage	7,9 Tage
Durchschnittsalter der Gäste	48,3 Jahre	49,4 Jahre	58,5 Jahre	57,8 Jahre

Quelle: Schüßler 2010

Ganz anders in den USA: Innerhalb von zehn Jahren hatte sich hier die Zahl der verkauften Kreuzfahrten bis 1980 auf mehr als 1,4 Millionen verdoppelt. In den 1980er Jahren lag die durchschnittliche Wachstumsrate bei über 10 Prozent im Jahr (*FVW* Nr. 26/1990, S. 30). 1999 wurden in Nordamerika bereits knapp sechs Millionen Passagiere gezählt. Das Durchschnittsalter der Passagiere sank hier sehr schnell. 1989 waren nach einer Studie der us-amerikanischen *Cruise Line International Association (CLIA)* 43 Prozent der Passagiere über sechzig Jahre alt, bereits 1991/92 waren es nur noch 21 Prozent. Damit wurden auch weniger betuchte Gästegruppen erfolgreich angesprochen, denn das Durchschnittseinkommen der Passagiere ist im gleichen Zeitraum um fast 4.000 US$ gesunken (Baumann-Bourla 1992, S. 61).

Am dynamischsten hat sich in den 1990er Jahren der britische Markt entwickelt. Lagen die damals noch kleinere Bundesrepublik Deutschland und

Großbritannien 1988 mit jeweils ca. 147.000 Kreuzfahrtpassagieren noch gleichauf, hat man im Vereinigten Königreich 1998 bereits 635.000 Passagiere auf Kreuzfahrtschiffen gezählt – eine Zahl, die im viel größeren Deutschland erst 2005 erreicht wurde. Der Grund dafür war primär der Einstieg des Reiseveranstalters Airtours (2002 umbenannt in Mytravel) mit einem 1995 eigens dafür gegründeten Unternehmen – Airtours Sun Cruises – in dieses Geschäft. Mit vier eigenen Schiffen für zusammen knapp 5.000 Passagiere unterbot man die traditionellen Veranstalter deutlich (es gab Angebote von Mittelmeerkreuzfahrten für 399 £ für eine Woche inklusive Hin- und Rückflug – ein Preis, der kaum höher war als der für einen gleichlangen Hotelaufenthalt) und konnte damit völlig neue Zielgruppen für den Kreuzfahrturlaub erschließen. Im Rahmen der Sanierung der in eine finanzielle Schieflage geratenen Mytravel-Gruppe (später von Thomas Cook übernommen) wurde 2004 das Kreuzfahrtgeschäft allerdings wieder verkauft.

In Deutschland wurde das klassische Kreuzfahrtgeschäft lange von den sogenannten *repeaters* getragen, Menschen also, die immer wieder eine Kreuzfahrt machen. Einige Veranstalter versuchten, diesen „harten Kern" von Kreuzfahrern als wichtige Zielgruppe über Clubs mit speziellen Clubzeitschriften, exklusiven Reiseangeboten und Vergünstigungen an sich zu binden. Dies alleine reichte jedoch nicht aus, denn wenn diese Gruppe von in der Regel älteren Herrschaften nicht durch jüngere Leute aufgefrischt würde, stürbe sie langsam aber sicher aus. Hier lag der langfristige Erfolg der Dreitagesreisen auf dem us-amerikanischen Markt, denn in ihrer Funktion als eine Art „Schnupperreise" führen sie zu einer hohen Zahl von Wiederholern, die beim nächsten Mal gerne eine längere Kreuzfahrt machen möchten. Carnival Cruise Lines, das erfolgreichste Unternehmen nicht nur im *Caribbean Carousel*, bietet deshalb auf dem us-amerikanischen Markt auch zweitägige Kreuzfahrten an, um dieser positiven Nachfrageentwicklung zu entsprechen.

Allerdings ließen sich die us-amerikanischen und die britischen Konzepte nicht ohne weiteres auf den deutschen Markt anwenden. Eine bloße Kopie der *fun ships* mit ihren *shows* und Spielkasinos (die etwa ein Fünftel der Ausgaben der US-Amerikaner an Bord ausmachen; Buchin 1987) wäre deshalb kaum erfolgversprechend gewesen. Auch war der deutsche Markt nicht so sehr auf einen nahezu ausschließlich über den Preis erfolgenden Verkauf fixiert wie der britische (vgl. Kapitel 1.1).

Deshalb war es sicher richtig, sich hier von anderen Überlegungen leiten zu lassen. Mit der naheliegenden Übertragung des **Clubkonzeptes** auf ein Kreuzfahrtschiff ist es dann auch zum ersten Mal gelungen, eine wirkliche Innovation auf dem deutschen Kreuzfahrtmarkt erfolgreich zu etablieren, die tatsächlich zu einer dauerhaften Ausweitung des Marktes für solche Reisen geführt hat.

Diese **Idee für ein Clubschiff** war im Rahmen des Seepassagen-Komitees Deutschland (SPKD) bereits 1986 diskutiert worden. Hintergrund dieser Diskussion war eine Marktstudie des Starnberger Studienkreises für Tourismus, die generell ein hohes Potential für Kreuzfahrten und speziell eine große Überschneidung von Interesse an einem Club- und Kreuzfahrturlaub ausmachte. Bei einem Kreuzfahrtschiff handelt es sich ja ebenso wie bei einem Club um eine abgeschlossene Anlage, nur daß sie dazu noch mobil ist und unterschiedliche Destinationen anlaufen kann. Allerdings traute sich damals niemand im Alleingang ein solches Schiff auf den Markt zu bringen und eine gemeinsame Initiative der SPKD-Mitglieder kam nicht zustande. Schließlich wurde das SPKD 1992 nach internen Streitigkeiten aufgelöst. Seitdem gibt es in der Bundesrepublik Deutschland keine eigene Interessenvertretung der Kreuzfahrtveranstalter und -reedereien mehr. Erst zehn Jahre später wurde die Clubschiff-Idee dann durch die DSR Rostock realisiert.

Wie richtig dieses Konzept war, zeigte sich trotz aller Anfangsprobleme 1996, als das als Neubau in Dienst gestellte erste Clubschiff „Aida" gleich im ersten Jahr zu 95 Prozent Passagiere an Bord hatte, die vorher noch nie eine Kreuzfahrt gemacht hatten. Auch lag damals wie heute das Durchschnittsalter deutlich unter den Werten für die traditionelle Kreuzfahrtklientel. Damit haben die mittlerweile zu einer Flotte von sieben Schiffen (ein weiteres wird 2011 in Dienst gestellt) angewachsenen **Clubschiffe** den Kreuzfahrtenmarkt praktisch revolutioniert und wesentlich zur kontinuierlichen Steigerung der Passagierzahlen beigetragen. Im Jahre 2009 wurden 414.000 Passagiere auf den Schiffen der Aida-Flotte gezählt. Damit ist Aida klarer Marktführer in Deutschland. Selbst der praktisch überall sonst nach den Terroranschlägen am 11. September 2001 und mit der Finanz- und Wirtschaftskrise 2007-2009 zu verzeichnende Gästerückgang hat sich nicht negativ auf das Hochseekreuzfahrtengeschäft ausgewirkt (Abbildung 10.1).

Im Sommer werden mit den Clubschiffen Mittelmeerfahrten, die Kanarischen Inseln, Fahrten durch die Ostsee und zu weiteren Zielen in Skandinavien bis hin nach Island angeboten, im Winter stehen Fahrten in der Karibik, in Mittelamerika, im Persischen Golf und im Indischen Ozean ab Dubai und auf den Kanaren auf dem Programm. Jeweils ausgehend von einem gut erreichbaren Basishafen werden meist in Schmetterlingskursen (s.o.) jeweils zwei einwöchige Routen angeboten, die sich zu einer 14-tägigen Seereise kombinieren lassen. Darüber hinaus werden auch noch einige Kurzkreuzfahrten mit vier Tagen Dauer und die üblichen Positionierungsfahrten (zum Beispiel Transatlantikfahrten zum Saisonwechsel) angeboten.

Das Unternehmen AIDA Cruises gehört mittlerweile über die italienische Tochtergesellschaft Costa Crociere zur us-amerikanischen Carnival Cruise Lines, dem weltweit größten Betreiber von Kreuzfahrtschiffen.

10.5 Schiffsklassifizierung

Derzeit sind weltweit etwa 260 **Hochseekreuzfahrtschiffe** im Einsatz, von denen der größte Teil unter bahamesischer (wie die Schiffe von Hapag-Lloyd), liberianischer, panamesischer, griechischer oder italienischer (wie die Aida-Clubschiffe mit Heimathafen Genua) Flagge fährt. In Deutschland sind übrigens nur noch wenige Passagierschiffe registriert, so die „Deutschland" der Peter Deilmann Reederei (Neustadt/Holstein).

Diese Schiffe sind natürlich nicht alle gleich, sondern repräsentieren ein ganzes Spektrum von unterschiedlichen Angeboten, die sich hinsichtlich einer ganzen Reihe von verschiedenen Kriterien voneinander unterscheiden, aber auch zu Gruppen gleicher oder zumindest annähernd gleicher Qualität zusammenfassen lassen. Ähnlich wie Hotels können auch die auf den Kreuzfahrten eingesetzten Schiffe klassifiziert werden, nur daß hier eine Reihe weiterer Bewertungskriterien dazukommt. So können die Schiffe sowohl nach ihrer Größe als auch nach den Standards ihrer Ausstattung, nach den Passagieren pro Bruttoregistertonne, der numerischen Relation von Besatzung zu Passagieren oder der Möglichkeit des Essens in einer Sitzung klassifiziert werden. Ein ebenso wichtiges Kriterium ist die Qualität der auf einem Schiff angebotenen Dienstleistungen von der Reinigung der Kabinen bis zum Restaurantservice sowie die Reichhaltigkeit der Unterhaltungsmöglichkeiten.

Wie ein Hotelverzeichnis unterscheidet das *Berlitz Handbook of Cruising* fünf verschiedene Kategorien, die durch Sterne gekennzeichnet werden. In den meisten deutschen Veranstalterkatalogen finden sich jedoch kaum Hinweise auf diese Klassifikationen. Dies hängt zum einen damit zusammen, daß nicht alle Schiffe erfaßt wurden, zum anderen verzichtet man eher darauf, weil die Schiffe nicht nur häufig umgebaut bzw. renoviert werden, sondern die Servicequalität zum Beispiel durch die Wahl eines anderen *caterers* durch den Reeder oder Veranstalter sehr stark beeinflußt werden kann. Ausnahme ist jedoch die „MS Europa" von Hapag-Lloyd Kreuzfahrten, die seit 2001 jedes Jahr als einziges Kreuzfahrtschiff der Welt mit dem Prädikat Fünf-Sterne Plus ausgezeichnet wurde.

Um ein Luxusschiff handelt es sich auch bei dem 1931 als große Yacht gebauten Rahsegler „Sea Cloud", der 1979 unter Beibehaltung der Luxuskabinen des früheren Eigners zu einem Kreuzfahrtschiff umgebaut wurde (Hader 1985, S. 64). Mit dem erfolgreichen Einsatz dieses **Windjammers** wurde ein neuer Trend auf dem Kreuzfahrtenmarkt gesetzt, der 1986/87 zur Gründung der Reederei Windstar Cruises und zur Konzipierung von drei Viermast-Sailcruisern mit computergesteuerten Schratsegeln führte. Der französische Veranstalter Club Méditerranée schloß sich diesem Trend mit dem Neubau zweier großer Fünfmaster (mit jeweils 197 Kabinen) an, der 1990 in Dienst gestellten „Club Med I", die in der Karibik stationiert war (sie wurde 1998 von Windstar Cruises übernommen und fährt jetzt unter dem Namen „Wind Surf"), und der 1992 übernommenen „Club Med II", die zwischen der Südsee und Australien fuhr. Allerdings zeigt die Entwicklung, daß es sich hierbei um ein Nischenprodukt auf dem Kreuzfahrtenfahrt handelt, denn mittlerweile fährt nur noch die „Club Med II" und ist im Sommer im Mittelmeer unterwegs. Auch die Reederei Peter Deilmann hatte von 1994 bis 2004 mit der Barkentine „Lily Marleen" einen Segler im Programm. Natürlich handelt es sich bei all diesen Schiffen um Motorsegler (MSY = *motor sail yachts*), die ebenso ihre Fahrpläne einhalten müssen wie andere Kreuzfahrtschiffe auch und die deswegen bei fehlendem oder ungünstigem Wind mit Motorkraft fahren. Selbst bei gutem Wind ist das Segeln wegen der Krängung nur sehr begrenzt möglich, weil sonst weder in der Kombüse noch im Service (wenn Teller und Gläser auf den Tischen herumrutschen) richtig gearbeitet werden kann.

Neben der großen Zahl „normaler" Kreuzfahrtschiffe, die sich hinsichtlich ihrer Ausstattungs- und Servicequalität voneinander unterscheiden, haben sich in den letzten Jahren weitere Differenzierungen beim Schiffsangebot ergeben. So sind mit der Indienststellung der „Renaissance"-Schiffe ab 1990, die jeweils nur zwischen 50 und 60 Kabinen haben, fast die Grenzen zu den größeren Yachten erreicht. **Absolute Luxusschiffe** der Größenordnung bis zu 300 Passagieren, die sich gerne noch als „Megayachten" klassifizieren und wo an Bord zumeist alles inklusive ist von den *drinks* bis hin zum Trinkgeld, kamen 1984 und 1985 erstmals mit den beiden „Sea Goddess" (die seit 2001 als „Sea Dream" I und II laufen) auf den Markt. Ebenfalls kleinere Schiffe sind die sogenannten **Expeditionsschiffe** wie die „Explorer" (2007 in der Drake Straße zwischen Südamerika und der Antarktis nach Kollision mit einem Eisberg gesunken), die „Prince Albert II", die „Hanseatic" oder die „Bremen" (vormals „Frontier Spirit"), die nicht nur in Regionen des Amazonas und seiner Nebenflüsse vordringen können, die anderen Schiffen aufgrund ihrer Größe verschlossen bleiben müssen, sondern deren spezielle Eisklasse ihnen auch Fahrten bis tief in die Polarregionen ermöglicht. Die „Hanseatic" von Hapag-Lloyd zum Beispiel verfügt über die höchste Eisklasse E4 und darüber hinaus zur Schonung der empfindlichen polaren Ökosysteme über eine biologische Abwasserkläranlage.

Die bereits erwähnten *fun ships* werden besonders für den us-amerikanischen Markt in der Karibik eingesetzt. Hierbei handelt es sich um große Schiffe mit einem sehr ausgeprägten Unterhaltungsangebot an Bord. Es besteht insbesondere aus großen *shows*, Animation, Sportprogrammen und Glücksspiel. Sie werden meist für nur sehr kurze Reisen (zwischen zwei und sieben Tagen) eingesetzt. Mit dieser Innovation, welche die 1972 in den USA gegründete Carnival Cruise Lines (Miami) zuerst mit dem bezeichnenderweise „Mardi Grass" genannten Schiff realisierte, konnten jüngere Kundengruppen auf die Kreuzfahrtschiffe gebracht werden, die ansonsten vor den hohen Preisen und einer aus ihrer Sicht zu formellen Etikette an Bord vor einer solchen Reise zurückschreckten. 1996 wurde mit der „Aida" erfolgreich ein **Clubschiff** auf dem deutschen Markt eingeführt, an dessen Konzeption die Schöpfer der Robinson Clubs beteiligt waren (siehe vorheriger Abschnitt).

Die **größten Kreuzfahrtschiffe** werden derzeit von RCL eingesetzt: Die im Dezember 2009 in Dienst gestellten ‚Oasis of the Seas' und ihr 2010 gefolgtes Schwesterschiff ‚Allure of the Seas' bieten jeweils 5.400 Passagieren (das entspricht der Ortsgröße von Meersburg am Bodensee) Platz und haben zudem eine Besatzung von 2.100 Mann. In einem großen Innenhof gibt es eine schwimmende Parkanlage (‚Central Park'), so daß es nicht nur, wie üblich, Außenkabinen zur See-, sondern auch solche mit Balkonen zur Parkseite gibt.

Auf Flüssen, Seen und Kanälen waren 2009 mehr als 150 **Flußkreuzfahrtschiffe** mit ihren Passagieren unterwegs, die auf dem deutschen Markt angeboten wurden. Aufgrund der größeren Homogenität ihrer Einsatzgebiete gibt es hier weniger Differenzierungen als bei den Hochseekreuzfahrtschiffen. Sie unterscheiden sich vor allem hinsichtlich des Komforts, der Größe der Kabinen und des Service voneinander.

10.6 Kreuzfahrtveranstalter

In Deutschland gibt es eine Reihe von Veranstaltern für Hochseekreuzfahrten, der mit Abstand größte von ihnen ist Aida Cruises (Rostock). Mehr als ein Drittel aller Hochseepassagen im Tourismusjahr 2008/2009 wurden von diesem Unternehmen auf dem deutschen Markt abgesetzt (die Gesamtzahl der Passagiere enthält auch ausländische Buchungen). Dies unterstreicht noch einmal, wie wichtig das innovative Konzept von Clubschiffen für die Entwicklung des deutschen Marktes war. Die traditionsreichen Hapag-Lloyd Kreuzfahrten, schon lange ein Unternehmen des TUI-Konzerns, stehen erst an dritter Stelle. Durch die Konzentration auf das Luxussegment (Flaggschiff ist die „MS Europa", s.o.) ist das mit der Ausweitung der Zielgruppen auf ein jüngeres Publikum verbundene Marktwachstum weitgehend an Hapag-Lloyd vorbeigegangen. Allerdings ist der Umsatz pro Passagier hier mit 8.484 € (AIDA Cruises: 1.744 €) mit Abstand der höchste aller Anbieter auf dem deutschen Markt. Neben der gelungenen Positionierung von Hapag-Lloyd im Markt für Luxuskreuzfahrten liegt es für den größten deutschen Reisekonzern natürlich nahe, auch im wachsenden Markt für Kreuzfahrten für jüngere und weniger betuchte Touristen vertreten zu sein. Deshalb wurde

2008 mit TUI Cruises ein neues Gemeinschaftsunternehmen (*joint venture*) mit Royal Caribbean Cruises (RCC) gegründet, deren erstes Schiff – die zu „Mein Schiff" umgebaute „Galaxy" der RCC Tochtergesellschaft Celebrity Cruises – im Mai 2009 in Dienst gestellt wurde. Ein zweites Schiff folgt 2011.

Tabelle 10.3: Die Passagierzahlen von Kreuzfahrtveranstaltern in Deutschland 2008/2009*

Veranstalter	Portfolio**	Umsatz in Mio. €	Passagiere/ Gäste
AIDA Cruises	H	722,1	414.000
Phoenix Kreuzfahrten	H, F	276,5	165.304
Hapag-Lloyd Kreuzfahrten	H	194,5	22.924
MSC Kreuzfahrten	H	151,9	149.095
Hurtig Ruten	H, F	101,3	47.700
Nicko Tours***	F	72,5	69.000
TUI Cruises	H	53,1	28.665
Arosa	F	49,6	41.907
Plantours & Partner	H, F	27,5	14.700
Viking Flußkreuzfahrten	F	27,5	14.500
1A Vista Reisen	F	9,6	20.552
SE-Tours	H, F	9,0	9.150

* nicht enthalten sind Carnival Cruise Lines und ihre Tochtergesellschaft Costa Crociere (zu der auch AIDA Cruises gehört), NCL, Hansa Kreuzfahrten, Royal Caribbean Cruises, Deilmann und Transocean Tours, die keine Informationen über den deutschen Markt veröffentlichen. ** H = Hochseekreuzfahrten, F = Flußkreuzfahrten, A = Anderes; *** Kalenderjahr
Quellen: FVW Dokumentation Deutsche Veranstalter 2009, Beilage zur FVW Nr. 26 vom 18. Dezember 2009

Auch bei Flußreisen ist eine Reihe von Veranstaltern auf dem deutschen Markt aktiv. Sie überschneiden sich aber nur teilweise mit den Anbietern für Hochseekreuzfahrten (Tabelle 10.3). Ein ebenfalls relativ junges Unternehmen ist der 1992 gegründete und nach Passagieren größte Flußkreuzfahrtenveranstalter Nicko Tours (Stuttgart). Viking Flußkreuzfahrten ist die deutsche Tochter von Viking River Cruises, ein 1997 gegründetes niederländisch-skandinavisches Unternehmen mit Sitz in Köln. Im Jahre 2000 übernahm Viking die Köln-Düsseldorfer (KD). Anders als Nicko Tours betreibt Viking ebenfalls eigene Schiffe und verfügt derzeit über eine Flotte von 19 Flußkreuzfahrtschiffen, die auf Flüssen in Europa (einschließlich Rußland) und in China eingesetzt werden.

10.7 Das Produkt Kreuzfahrt

Das Produkt Kreuzfahrt ist eine Kombination aus den beiden Grundelementen Schiff und Route. Das **Schiff**, seine Größe, Ausstattung und sein Service- und Programmangebot an Bord steht bei vielen seereiseerfahrenen Gästen aber auch bei den Clubschiffen sogar im Vordergrund einer Reiseentscheidung. Das Fahrgebiet, die darin gefahrene **Route**, die Zahl und die Charakteristik der angelaufenen Häfen sowie die damit verbundenen Möglichkeiten zu Landausflügen bestimmen ebenfalls, in manchen Fällen sogar ausschließlich, die Reiseentscheidung. In der Regel wirken jedoch beide Faktoren zusammen.

Da die wenigsten Leute in einer Hafenstadt wohnen, die auch von Kreuzfahrtschiffen angelaufen wird, ist die **An- und Abreise** zum Ein- bzw. Ausschiffungshafen in der Regel ein weiterer Produktbestandteil. Allerdings gibt es auch eine Reihe von Angeboten auf dem deutschen Markt, die jeweils ab Hafen gelten. Dies gilt vor allem für An- und Abfahrten von europäischen Häfen, die man auch mit dem **Automobil** noch gut erreichen kann und für die über die Veranstalter Garagen- oder Stellplätze gegen Entgelt zur Verfügung gestellt werden können. Beginnt eine Kreuzfahrt in Kiel und endet in Bremerhaven, gibt es die Möglichkeit, den Wagen von Kiel nach Bremerhaven durch eine Servicegesellschaft überführen zu lassen.

Für diese Häfen bieten die meisten Veranstalter und Reedereien auch die organisierte Anreise mit dem **Bus** von bestimmten Knotenpunkten, meist Großstädten, aus an. Für eine Kreuzfahrt ab Venedig könnten dies zum Beispiel die Städte Hamburg, Münster, Frankfurt und München sein. Allerdings müssen Passagiere aus anderen Orten dann sehen, wie sie zu den Abfahrtsorten kommen. Für längere Anfahrten werden zum Teil unterschiedliche Anreisearten angeboten. Bei einer Direktfahrt mit einem Omnibus fährt man ohne längere Unterbrechung, meist nachts, zum Zielhafen. Eine etwas bequemere, aber auch teurere Variante sieht die Zwischenübernachtung in einem Hotel vor.

Neben der Möglichkeit der individuellen **Bahnanreise** bieten viele Veranstalter auch organisierte Bahnreisen zu den Zielhäfen an, bei den Nordlandfahrten im Sommer und den kurz vor Weihnachten stattfindenden Weltreiseabfahrten ab Bremerhaven früher sogar mit Sonderzügen. In Bremerhaven besteht die Möglichkeit, diese Züge direkt bis zur Columbuskaje fahren zu lassen, so daß keine weiteren Transfers anfielen und die Passagiere direkt und bequem einschiffen konnten. Ebenfalls möglich ist eine Anreise mit dem **Flugzeug**. Dabei kann der Reisende dies wiederum selbst organisieren oder ein Angebot des Kreuzfahrtenveranstalters annehmen. Meistens handelt es sich um Linienflüge ab Frankfurt Rhein/Main, wobei aber auch ein Zubringerflug von einem anderen Flughafen gebucht werden kann. Oft werden solche Flüge von einem Mitarbeiter des Veranstalters begleitet, um eine reibungslose Abfertigung und optimale Betreuung der Passagiere zu gewährleisten. Bei Abfahrten von überseeischen Häfen ist der Flug in der Regel bereits Bestandteil des angebotenen Reisepaketes (**Flug/Schiffsreise** [*air/sea*];

Innenkabine auf einen Kreuzfahrtschiff

vgl. Abschnitt 10.3). Bei größeren Kontingenten werden von den Seereiseveranstaltern auch Charterflüge zu den Abfahrthäfen organisiert. Dies hat unter anderem den Vorteil, daß man in der Regel mehr Gepäck mitnehmen kann als auf Linienflügen.

Bei den organisierten Linienflügen wie bei der Bahnreise haben die Passagiere die Möglichkeit einer Wahl zwischen den angebotenen Klassen. Das meist umfangreiche Gepäck der Kreuzfahrtgäste liegt nicht selten oberhalb der zulässigen Grenze für *economy*-Flüge. Rechnet man außerhalb der Nordatlantikroute mit ihren besonderen Bestimmungen die meist sehr hohen Preise für Übergepäck dazu, kann ein *business class-ticket* durchaus eine Alternative sein.

Generell darf man bei der Organisation der An- und Abreise das *law of tourism harmony* (Holloway & Plant 1988, S. 17) nicht außer acht lassen, nach dem alle Bestandteile einer Reise in ihrem Niveau möglichst aufeinander abgestimmt sein sollten. Passagieren, die auf dem Schiff drei Wochen oder länger in einer Luxussuite residieren, sollte man auch eine adäquate An- und Abreise offerieren bzw. von vornherein im Reisepaket vorsehen.

Neben den beiden Grundelementen Schiff und Route wird das Kreuzfahrtangebot weiter differenziert durch **Größe, Ausstattung und Lage der angebotenen Kabinen.** Da auf den Kreuzfahrtschiffen grundsätzlich die vorhan-

Kreuzfahrten

dene Infrastruktur und die Dienstleistungen allen Passagieren gleichermaßen zur Verfügung stehen, liegt hierin die einzige Möglichkeit einer weiteren Differenzierung nach den Raum- und Einrichtungsbedürfnissen der Passagiere. Das gleiche Schiff und die gleiche Route können so zu ganz unterschiedlichen Preisen gebucht werden.

Allgemein gilt: Je größer, je besser ausgestattet und je höher die Kabine auf dem Schiff liegt, desto teurer wird sie. Dazu kommt, daß generell Außenkabinen mit Bullauge(n) (weiter unten) oder Fenster(n) und Balkonen (weiter oben) teurer sind als Innenkabinen. Luxuskabinen liegen daher in der Regel auf dem oberen Deck, haben Fenster, statt einer Dusche ein Bad, oft mit integriertem *whirlpool*, und sind generell ausgestattet wie die Zimmer oder Suiten von Luxushotels entsprechender Kategorie. Dabei ist noch zu unterscheiden zwischen Einzelkabine und Doppelkabine (1 und 2) bzw. Zweibettkabine (3 und 4) in vier verschiedenen Versionen:

(1) 1 Unterbett und 1 Oberbett;

(2) 1 Unterbett und 1 Pullmanbett (= aus der Wand ausklappbares Bett);

(3) 1 Unterbett und 1 Sofabett;

(4) 2 Unterbetten.

Viele Schiffe verfügen darüber hinaus noch über Mehrbett-, meist 4- oder 3-Bettkabinen, die sowohl als Innen- als auch als Außenkabinen angeboten werden. Der Preis pro Person in diesen Kabinen ist in der Regel am günstigsten und sie eignen sich sowohl für Familien wie für Einzelpersonen. Allerdings ist es nicht jedermanns Sache, mit Unbekannten für einige Wochen im gleichen Zimmer zu schlafen. Die Kalkulation der Kabinen durch den Reiseveranstalter erfolgt hier analog dem Vorgehen beim Hoteleinkauf (vgl. Abschnitt 3.5.4).

Wenn man eine Kreuzfahrt überhaupt mit einem Landaufenthalt vergleichen will, entspricht sie dem Aufenthalt in einem Hotel entsprechender Kategorie inklusive Vollpension. Deshalb spielt das **Essen** für das Produkt Kreuzfahrt ebenfalls eine wichtige Rolle. Auf vielen Schiffen werden vier bis sechs Mahlzeiten am Tag serviert, von den normalen Mahlzeiten über ein zweites Frühstück bis zum Mitternachtsimbiß. Je nach der Schiffskategorie müssen deshalb auch die qualitativen Leistungen der Küche und die Getränkekarte entsprechend konzipiert werden.

Da die Speiseräume und die Küche eines Schiffes aus wirtschaftlichen Gründen oft nicht so groß sind, um alle Passagiere gleichzeitig, d.h. in einer **Sitzung**, die Mahlzeiten einnehmen zu lassen, werden zwei Sitzungen in zeitlicher Abfolge angeboten, zwischen denen der Passagier zu Beginn der Kreuzfahrt wählen kann. In seltenen Fällen besteht die Möglichkeit, sich schon bei der Buchung für einen bestimmten Platz im Speisesaal zu entscheiden, zum Beispiel Nichtraucher (sofern es überhaupt noch Raucherzonen gibt), Fensterplatz, Innenplatz, kombiniert mit der Größe des Tisches.

In diesem Zusammenhang ist die angemessene Kleidung an Bord immer wieder ein Thema. Ging es früher auf allen Schiffen nicht nur zu den traditionellen Anlässen wie *captain's dinner* sehr formell zu, gibt es heute viele Schiffe, nicht nur die Clubschiffe von Aida Cruises, auf denen man die ganze Zeit in legerer Kleidung verbringen kann.

Kreuzfahrten haben vieles mit einem Cluburlaub gemein. Es werden eine Reihe von Sport- und Unterhaltungsangeboten gemacht, die man als **Bordprogramm** bezeichnet, genausogut aber auch unter dem neueren Begriff „Animation" zusammenfassen könnte (vgl. Abschnitt 9.3.2). Deshalb ist es sicher auch kein Zufall, daß Club Méditerranée schon vor längerer Zeit in dieses Geschäft eingestiegen ist.

Neben einem *swimming-pool* und dem unvermeidlichen *shuffleboard* gibt es Ringwerfen, Tischtennis, *fitness*-Räume und genügend Möglichkeiten für Spiele wie Schach, *bingo* und ähnliches mehr. Es werden auch Kurse angeboten wie Yoga, Gymnastik, Tanz, Seidenmalerei, Photokurse oder eine Raumsparvariante von Golf. Moderne Schiffe haben zudem Joggingpfade, die mittlerweile so gelegt sind, daß sie nicht über Kabinen verlaufen, sondern zum

Die für Clubs typischen Achtertische stehen achtern

Beispiel auf das Achterschiff beschränkt sind wo sich nur öffentliche Räume, Restaurants, Klimaanlagen und andere Installationen befinden. Darüber hinaus werden Künstler für die Unterhaltung der Gäste engagiert, von Tanzmusikern bis hin zu prominenten Interpreten populärer, aber auch barocker und klassischer Musik, die für viele Gäste ein weiteres wichtiges Motiv für eine Buchung sein können. Entsprechend werden Tanzveranstaltungen, Konzerte, aber auch Lotterien, Ratespiele und vieles andere mehr veranstaltet, um die Passagiere während der Seetage zu unterhalten. Die jeweiligen Angebote werden in Tagesprogrammen zusammengefaßt und in der Regel am Vorabend in den Kabinen ausgelegt. Künstlerische Unterhaltungsprogramme werden in der Regel von darauf spezialisierten Agenturen im Auftrag von und in Absprache mit den Veranstaltern zusammengestellt und durchgeführt. Die Maritime Leisure Group (Hauptsitz Salzburg) bietet u.a. auch solche Leistungen an. Entsprechend ihrem Charakter als schwimmende Clubs, bei denen das Unterhaltungsprogramm von zentraler Bedeutung ist, hat Aida Cruises dafür mit SeeLive Tivoli Entertainment and Consulting in Hamburg ein Gemeinschaftsunternehmen mit Schmidts Tivoli (Corny Littmann) gegründet, zu dem auch die ‚Hamburg School of Entertainment' gehört, auf der Animateure und weiteres Bordpersonal ausgebildet werden.

Fast alle Veranstalter und Reedereien bieten in den angelaufenen Häfen fakultative **Landausflüge** an. Oft werden sogar mehrere Möglichkeiten angeboten. Eine Broschüre informiert die Gäste darüber, welche Ausflüge sie bereits vor Reisebeginn buchen und für welche sie sich noch an Bord entscheiden können. Die Ausflüge werden in der Regel mit Bussen durchgeführt, die bereits bei der Ankunft des Schiffes bereitstehen, und führen zu landschaftlich und/oder kulturell interessanten Orten. Diese Ausflüge können zwischen einigen Stunden und – im Falle Ägyptens – auch bis zu einigen Tagen mit Hotelübernachtung dauern, wenn man nach dem Festmachen im Hafen von Alexandria einen Ausflug nach Kairo und zu den nahegelegenen Pyramiden von Gizeh macht.

Natürlich kann man die Passagiere die Hafenstädte und ihre Umgebungen auch auf eigene Faust entdecken lassen, in manchen Ländern und Städten schätzt das meist ältere Kreuzfahrtpublikum jedoch die Sicherheit des organisierten Ausfluges. Damit decken sich Kundenbedürfnis und Geschäftsinteresse des Veranstalters, der mit solchen Zusatzleistungen Umsatz und Erträge in erheblichem Ausmaß verbessern kann.

10.8 Schiffscharter

Analog zu den Hotelverträgen (siehe Abschnitt 3.5.4.1) gibt es prinzipiell drei Möglichkeiten, über die ein Veranstalter an ein Schiff kommen kann:

(1) Bare boat charter;
(2) Vollcharter;
(3) Ankauf von Kapazitäten.

Bare boat charter bedeutet, daß man ein Schiff ohne Besatzung chartert, was einerseits aus Kostengründen der Fall sein kann, andererseits aber auch, um dem Schiff hundertprozentig die Note des Veranstalters aufzudrücken.

Vollcharter bedeutet, daß man ein ganzes Schiff inklusive Mannschaft chartert. Treibstoffkosten werden extra berechnet oder sind bereits im Charterpreis enthalten. Dies ist sinnvoll bei sehr großer Nachfrage. In diesen Fällen wird ein Schiff meist für mehrere Jahre, zum Beispiel mit einem Zehnjahresvertrag, voll unter der Regie des Veranstalters angeboten, der damit natürlich auch das Vermarktungsrisiko trägt. Um dieses Risiko zu vermindern, werden Schiffe im Vollcharter teilweise auch mit anderen Veranstaltern zusammen vermarktet (Subcharter).

Beim **Ankauf von Kapazitäten** kann ein Reiseveranstalter von einem anderen Reiseveranstalter, der das Schiff unter Vollcharter hat, einen Teil der Kapazitäten abkaufen und sie zum Beispiel in seinen eigenen Katalogen anbieten. Der Kapazitäten verkaufende Veranstalter bleibt in diesem Fall verantwortlich für die Planung und Durchführung der Reise. Der Käufer tritt aber dem Reisenden gegenüber als Veranstalter auf und haftet dementsprechend dem Kunden gegenüber wie jeder andere Veranstalter auch (vgl. Kapitel 6). Deshalb stellt der Käufer in solchen Fällen fast immer eine eigene Reiseleitung für die bei ihm gebuchten Passagiere und bleibt damit als Reiseveranstalter für seine Kunden auch an Bord identifizierbar.

Darüber hinaus besteht für einen Reiseveranstalter noch die Möglichkeit, seine Kapazitäten durch das **Einbuchen** in die Kontingente anderer Veranstalter zu erhöhen. Hierbei tritt er jedoch nicht als Veranstalter, sondern dem Kunden gegenüber als Reisemittler auf.

Nachdem gutes Essen und Trinken eine sehr wichtige Rolle für das Gelingen einer Kreuzfahrt spielen, müssen Veranstalter diesem Punkt ganz besondere Aufmerksamkeit widmen. Oft handelt es sich um ausländische Reedereien, mit denen man als Veranstalter ins Geschäft kommt. Denkt man zum Beispiel an russische oder ukrainische Schiffe, dürfte es den Köchen auf diesen Schiffen häufig schwerfallen, die verwöhnten Geschmacksnerven westeuropäischer Gäste zufriedenzustellen. Deshalb übergeben die Veranstalter die Verantwortung für die Küche an Bord an *catering*-Gesellschaften, die sich auf das Gastronomiemanagement von Kreuzfahrtschiffen spezialisiert haben. Die Auswahl der *catering*-Gesellschaft und die vertraglich zu vereinbarende Leistung mit diesem Unternehmen richtet sich dabei nach dem Standard, unter dem ein Schiff auf dem Markt angeboten wird. Dabei sind größere *catering*-

Gesellschaften durchaus in der Lage, unterschiedlichen Standards gerecht zu werden. Einen guten Ruf diesbezüglich erworben haben sich vor allen Dingen italienische Gesellschaften sowie die oben bereits erwähnte Maritime Leisure Group, die auch als Ausbilder von Kreuzfahrtschiffs- und Fährenpersonal aktiv ist.

10.9 Routenplanung

In einem ersten Schritt orientiert sich die Grobplanung für die zu befahrenden Routen eines Kreuzfahrtschiffes an den Saisonzeiten für die einzelnen Fahrgebiete (siehe Übersicht 10.1). In einem zweiten Schritt geht es dann um die Ausarbeitung der konkret zu befahrenden Route und um die Häfen, die auf der Reise angelaufen werden sollen. Dies wiederum muß in Einklang gebracht werden mit der Zahl der insgesamt zur Verfügung stehenden Reisetage.

Um die Zahl der Seetage möglichst gering zu halten, wird die Route so ausgearbeitet, daß die meisten Fahrten nachts stattfinden, man morgens im neuen Zielhafen ankommt und die Passagiere den halben oder den ganzen Tag über bis meist spät abends Zeit für Landgänge und -ausflüge haben (Übersicht 10.2). Dabei müssen die verschiedenen Reisen terminlich so hintereinander gelegt werden, daß keine Leerzeit für das Schiff entsteht. Geplant wird eine Reise in ein Fahrgebiet deshalb für die ganze oder einen Teil der Saison dort.

Beispiel: Winterreisen in die Karibik mit einem einzelnen Schiff. Die Gesamtfahrtdauer inklusive den Positionierungsfahrten von bzw. zurück nach Europa beträgt 87 Tage. Die Reise beginnt und endet im italienischen Mittelmeerhafen Savona (bei Genua). Die Hin- und Rückfahrt dauert jeweils elf Tage mit einer je eintägigen Unterbrechung auf den Kanarischen Inseln (Hinfahrt) und Madeira (Rückfahrt).

Da die Reise nicht nur in einzelnen Teilsegmenten angeboten werden soll, ist darauf zu achten, daß möglichst jeder Hafen in der Karibik auf der gesamten Reise nur einmal angelaufen wird. Dies läßt sich jedoch nicht in allen Fällen einhalten. Insgesamt werden 49 verschiedene Häfen auf den karibischen Inseln, in Panama, Venezuela, Kolumbien, Mexiko und in den USA in die Routenplanung aufgenommen, sieben davon werden in größeren Zeitabständen zweimal angelaufen.

Aufgeteilt wird die Reise in insgesamt 19 Teilstrecken, die einzeln gebucht werden und sich überschneiden können. So werden sowohl 15–16-tägige als auch drei-, vier- oder sechswöchige *air/sea*-Angebote zusammengestellt. Die erste und die letzte Reise davon sind die Positionierungsfahrten zwischen der Karibik und dem Mittelmeer. Übersicht 10.2 zeigt einen Ausschnitt aus der Routenplanung am Beispiel dreier aufeinanderfolgender Teilreisen. Alle drei Reisen werden darüber hinaus auch als eine längere Gesamtreise angeboten.

Übersicht 10.2: Routen dreier anschließender Winterreisen mit dem gleichen Schiff durch die Karibik

Tag	Hafen	Ankunft	Abfahrt	Tag	Hafen	Ankunft	Abfahrt
1	Flug nach Panama, Transfer zum Schiff	–	23.30				
2	Almirante/Panama	13.00	23.30				
3	Puerto Limon, Costa Rica	07.30	19.00				
4	San Andres/Kolumbien	08.00	18.00				
5	auf See	–	–				
6	Playa del Carmen/Mexiko	08.00	23.30				
7	Cancún/Mexiko	07.30	17.30				
8	auf See	–	–				
9	New Orleans	07.30	–				
10	New Orleans	–	22.30				
11	auf See	–	–				
12	Tampa/Florida	07.00	17.00				
13	Key West/Florida	08.30	13.00				
14	Nassau/Bahamas: Ausschiffung und Rückflug	10.00	–	1	Flug nach Nassau/Bahamas, Transfer zum Schiff	–	23.30
15	Ankunft in Deutschland			2	Freeport/Bahamas	13.30	23.30
				3	Miami/Florida	07.30	23.30
				4	Key Largo/Florida	08.00	18.30
				5	Havanna/Kuba	07.30	–
				6	Havanna/Kuba	–	23.30
				7	auf See		
				8	Georgetown/Bahamas	08.00	17.30
				9	Montego Bay/Jamaika	08.00	19.00
				10	Santiago de Cuba/Kuba	07.30	17.00
				11	Cap Haitien/Haiti	08.00	19.00
				12	Puerto Plata/Dom. Rep.	08.00	18.00
				13	San Juan/Puerto Rico	13.00	19.00
1	Flug nach Santo Domingo/Dom. Rep., Transfer zum Schiff	–	23.30	14	Santo Domingo/Dom. Rep., Ausschiffung und Rückflug	11.00	–
2	Ponce/Puerto Rico	13.00	19.00	15	Ankunft in Deutschland		

Tag	Hafen	An-kunft	Ab-fahrt	Tag	Hafen	An-kunft	Ab-fahrt
3	Charlotte Amalie/ St. Thomas/Virg. Is.	07.30	23.30				
4	Road Town/ Tortola/Virg. Is.	08.00	23.30				
5	Road Bay/Virg. Is.	08.00	23.30				
6	Philippsburg/St. Maarten	08.00	23.30				
7	Gustavia/ St. Barthélemy	08.00	23.30				
8	Basseterre/ Guadeloupe	08.00	23.30				
9	Charlestown/ St. Kitts u. Nevis	08.00	23.30				
10	St. John's/Antigua	08.00	23.30				
11	Plymouth/ Montserrat	08.00	23.30				
12	Pointe-à-Pitre/ Guadeloupe	08.00	23.30				
13	auf See	–	–				
14	Fort-de-France/ Martinique	08.00	19.00				
15	Bridgtown/ Barbados: Ausschiffung, Rückflug	07.30	–				
16	Ankunft in Deutschland						

10.10 Kalkulation

Ein Passagierschiff muß ungefähr 350 Tage im Jahr in Betrieb sein, um profitabel genutzt werden zu können. Wenn man ein Schiff in Vollcharter nimmt, muß man also mit dieser Vorgabe bei der Kalkulation rechnen. Geht man im Schnitt von 14-tägigen Schiffsaufenthalten der Passagiere aus, dann ergeben sich daraus 25 Reisen, die man pro Jahr mit dem Schiff anbieten muß.

In unserem Kalkulationsbeispiel haben wir es mit einem Schiff mit einer Kapazität von 600 Passagierplätzen zu tun, die über das Jahr gerechnet zu 80 Prozent (Gewinnschwelle bei ca. 75 Prozent) ausgelastet werden sollen. Das ergibt eine Gesamtpassagierzahl von 12.000 oder 480 pro Reise. Das entspricht fast zwei Prozent des gesamten deutschen Marktes für Kreuzfahrtreisen. Das läßt verstehen, daß man Schiffe in Vollcharter teilweise auch mit anderen Wettbewerbern zusammen vermarktet.

Unser **Beispiel** bezieht sich deshalb nicht auf einen über Jahre laufenden Vollchartervertrag, sondern auf eine fiktive Karibikkreuzfahrt mit einer Dauer von 29 Tagen. Die Kosten, mit denen der Reiseveranstalter in diesem Fall kalkulieren muß, bestehen aus folgenden Etatposten (Punkte 1–13):

1. Die **Charterrate**: sie enthält die Kosten für das Schiff inklusive Treibstoff-, Wasser-, Wartungs- und Reparaturkosten. Ebenfalls darin eingeschlossen sind die Kosten für die Besatzung und ihre Verpflegung. Sie beträgt 39.000 € pro Tag = 1.131.000 € für die Reise insgesamt.

2. **Hafenkosten** (oftmals in der Charterrate enthalten) umfassen Liegeplatzgebühren, eventuell anfallende Passagiersteuern und/oder Visa-Gebühren werden mit ungefähr 1.100 € für jeden Reisetag kalkuliert, so daß insgesamt 31.900 € für die geplante Reise veranschlagt werden müssen.

3. Für den **Umbau** des Schiffes nach den Vorstellungen des Veranstalters – zum Beispiel für neue Teppichböden – wird eine Summe von 770 € pro Reisetag angesetzt. Das ergibt eine Summe von 22.330 € für die Reise.

4. Um der Besatzung des Schiffes ein *incentive* für gute Arbeit zu geben, wird mit einem *crew bonus* von 260 € pro Tag gerechnet, der in der Regel immer anfällt. In unserem Reisebeispiel wird damit ein Betrag von 7.540 € zum Ende der Reise an die Besatzung ausgezahlt.

5. Die **Versicherungskosten** pro Passagier und Reise für durch den Veranstalter oder die Besatzung zu verantwortende Schäden liegen bei 8,10 €, das ergibt eine Gesamtsumme von 3.888 €.

6. Das **eigene Personal** (Kreuzfahrtleiter, Reiseleiter, Landausflugsmanager, Lektoren, Künstler) wird mit 1.620 € Kosten pro Tag gerechnet, so daß insgesamt 46.980 € dafür zur Verfügung stehen müssen.

7. Die **Reisespesen** des eigenen Personals (An- und Abfahrt zu den Ein- und Ausschiffungshäfen) werden mit 190 € pro Reisetag angesetzt. Das ergibt insgesamt einen Betrag von 5.510 €.

8. **Ausstattungskosten** für das Büro der Reiseleitung und für Kosten der Personaluniformen und ihre Reinigung werden mit 170 € pro Reisetag angesetzt, insgesamt also mit 4.930 €.

9. Die Erstellung von **Manifesten** mit Passagier- und Besatzungslisten, auf denen alle an Bord befindlichen Personen mit einer Manifestnummer und den persönlichen Daten aufgeführt sein und in Photokopie den Hafenbehörden vorgelegt werden müssen, kostet pro Tag 77 €. Insgesamt entstehen hierfür also Kosten in Höhe von 2.233 € pro Reise.

10. Die Herstellung von **Tagesprogrammen, Menükarten** und die Verwendung von **Dekorationsmaterial** wird mit 177 € pro Tag, also 5.133 € insgesamt veranschlagt.

11. Der **Verpflegungssatz** pro Tag und Passagier beträgt 15,50 €. Damit fallen für diese Reise Verpflegungskosten in Höhe von 215.760 € an.

12. Ohne **Werbung** ist eine solche Reise nicht zu verkaufen. Deshalb müssen diese Kosten auch auf den Reisepreis angerechnet werden. Ausgegangen wird bei dieser Reise von Werbekosten in Höhe von 4.420 € pro Tag. Das ergibt eine Summe von 128.180 €.

13. Man spricht nicht gerne darüber, aber gezahlt werden müssen sie vielfach eben doch: **Schmiergelder**. Für unsere Reise rechnen wir mit sehr moderaten 10 € pro Tag, also insgesamt 290 €.

Zusammengefaßt sieht die Rechnung so aus:

Etatposten	€
1. Charterrate	1.131.000
2. Hafenkosten	31.900
3. Umbauten	22.330
4. *crew bonus*	7.540
5. Versicherungskosten	3.888
6. Eigenes Personal	46.980
7. Reisespesen	5.510
8. Büroausstattung	4.930
9. Manifeste	2.233
10. Tagesprogramme	5.133
11. Passagierverpflegung	215.760
12. Werbung	128.180
13. Schmiergelder	290
Σ	1.605.674

Umgelegt auf die 480 Passagiere, die bei einer Auslastung von 80 Prozent dieses Angebot buchen, ergibt dies einen Betrag von 3.345,15 € pro Passagier. Um den Reisepreis zu ermitteln, den der Kunde im Reisebüro für das Buchen dieser Reise zu zahlen hat, müssen noch die weiteren Kosten des Veranstalters dazugerechnet werden. Dazu gehören die Vertriebskosten (Reisebüroprovision, Kreditkartendisagio), Rabatte (Gruppenermäßigungen), die Gemeinkosten (*overheads*) und der Gewinn (üblicherweise zwischen ein und zwei Prozent; siehe Kapitel 5), die als Marge eingesetzt wird. Dabei wird von folgenden Werten ausgegangen:

Reisebüroprovision: 12 Prozent vom Reisepreis;

Kreditkartendisagio: Ein Teil der Reisenden zahlt die Reise mit einer Kreditkarte. Das Disagio wird vom Veranstalter übernommen. Nach seinen Erfahrungen macht es auf alle Buchungen gerechnet 0,23 Prozent vom Reisepreis aus;

Gruppenprovision: Es wird davon ausgegangen, daß bei 40 Prozent der Buchungen dieser Rabatt in Höhe von zehn Prozent des Reisepreises in Anspruch genommen wird. Auf alle Reisen gerechnet schlägt dies mit vier Prozent zu Buche;

Reise-Rücktrittskostenversicherung: Der Veranstalter entscheidet, daß sie im Reisepreis enthalten sein soll. Sie kostet 1,5 Prozent vom Reisepreis;

Marge: 5,5 Prozent vom Reisepreis. Darin enthalten sind 3,5 Prozent Gemeinkosten und zwei Prozent kalkulierter Gewinn.

Zusammengerechnet ergibt dies, daß 23,23 Prozent des vom Kunden zu zahlenden Reisepreises an für die oben angegebenen Zwecke verwendet werden müssen. Die Zahl entspricht in etwa der Gesamtmarge von 25 Prozent, die bei dem Kalkulationsbeispiel einer Studienreise in Kapitel 8 eingesetzt wurden. Entsprechend muß für die Kreuzfahrt im Durchschnitt ein Preis von 4.357,37 € verlangt werden. Ein Durchschnittswert ist dies deshalb, weil für unterschiedlichen Kabinenlagen, -größen und -ausstattungen verschiedene Preise verlangt werden (siehe Abschnitt 10.7). Um die Darstellung nicht zu kompliziert zu machen, wird deshalb im folgenden nur mit diesem Durchschnittspreis gerechnet.

Rückgerechnet sieht die Kalkulation folgendermaßen aus:

Bruttoumsatz bei 80 % Auslastung (480 Passagiere x 4.358,97 €)	2.091.535,76 €
minus 12 % Reisebüroprovision	250.984,27 €
minus 0,23 % Kreditkartendisagio	4.810,53 €
minus 4 % Gruppenprovision	83.661,43 €
minus 1,5 % Reise-Rücktrittskostenversicherung	31.373,04 €
minus 5,5 % Marge	115.034,47 €
Σ	1.605.672, 02 €

Wenn diese Kalkulation so aufgeht, hat der Veranstalter einen Gewinn von 41.830,72 € gemacht (= zwei Prozent vom Bruttoumsatz). Mit jeder weiteren Buchung, die über die kalkulierten 480 Passagiere hinausgeht, kann der Veranstalter seinen Gewinn um – gerechnet wiederum mit den Durchschnittspreisen – 3.127,22 € oder fast 7,5 Prozent erhöhen. Denn mit der kalkulierten Auslastung von 80 Prozent sind – neben dem angegebenen Gewinn – praktisch alle Kosten gedeckt, auch die Gemeinkosten des Veranstalters. Die Rechnung sieht demnach für die weiteren Buchungen folgendermaßen aus:

Reiseverkaufspreis (Durchschnitt)	4.357,37 €
abzüglich 12 % Reisebüroprovision	522,88 €
abzüglich 1,5 % Reise-Rücktrittskostenversicherung	65,36 €
abzüglich 0,23 % Kreditkartendisagio	10,02 €
abzüglich 4 % Gruppenprovision	174,29 €
abzüglich Versicherungskosten (siehe Punkt 5)	8,10 €
abzüglich 15,50 € für Verpflegung pro Tag (Punkt 11)	449,50 €
Σ	3.127,22 €

Die eigentlichen Gewinne werden aber weniger mit den vorab gezahlten Reisepreisen als mit den zusätzlichen Ausgaben der Passagiere an Bord gemacht. Das sind zum einen die Landausflüge, die in der Regel von Partnern in den angelaufenen Häfen organisiert und von den Seereiseveranstaltern mit einem entsprechenden Aufschlag an die Passagiere weitervermittelt werden, zum anderen natürlich die an Bord getätigten Nebenausgaben. Das sind in erster Linie Ausgaben für Getränke, aber auch die Inanspruchnahme von Dienstleistungen wie zum Beispiel in Wellness-Bereichen oder für besondere Gourmet-Restaurants. Auf den us-amerikanischen *fun ships*, die mit Kurztrips von nur wenigen Tagen Dauer vor allem im *Caribbean Carousel* unterwegs sind, spielen diese Zusatzausgaben in der Kalkulation der Seepassagen eine besonders wichtige Rolle. Wie bei den Kurzreisen in europäische Center Parcs, die ihre Gewinne weniger mit den Umsätzen aus Hoteldienstleistungen, sondern mit den zusätzlichen Ausgaben während des Aufenthaltes machen, werden auch die Preise für die Buchung einer solchen Seereise möglichst niedrig kalkuliert. Die beiden größten Anbieter, Carnival Cruise Lines und Royal Caribbean (RCL), machen ihren Gewinn fast ausschließlich mit Zusatzausgaben der Passagiere an Bord – ohne diese würde RCL sogar Verluste machen (Vogel 2009). Hierbei macht man sich auch den Umstand zunutze, daß die Ausgaben pro Tag und Passagier bei kürzeren Aufenthalten deutlich höher ausfallen als bei längeren Reisen. Hinzu kommt, daß US-Amerikaner in der Regel eine größere Neigung zu Glücksspielen haben als Zentraleuropäer und die Reedereien dadurch mit ihren großen Casinos an Bord nicht nur einen Hauch von Las Vegas verbreiten, sondern auch erhebliche Gewinne einstreichen können. Daher gibt es auch extra Glücksspiel-Richtlinien der *Cruise Lines International Association (CLIA)* mit Hauptsitz in Fort Lauderdale (Florida), nach denen die entsprechenden Einrichtungen den Regeln und Vorgaben des Nevada Gaming Control Boards als gesetzliche Aufsichtsbehörde entsprechen sollen (www2. cruising.org/industry/ gambling_guidelines.cfm; 7. August 2010).

10.11 Last Minute Angebote

Auch wenn sie im Kreuzfahrtsektor früher gar nicht praktiziert wurden und heutzutage immer noch nicht so häufig vorkommen wie in anderen Marktsegmenten von Veranstalterreisen, läßt sich an diesem Kalkulationsbeispiel gut zeigen, warum *last minute*-Angebote für einen Reiseveranstalter sehr attraktiv sein können. Hat er nämlich seine kalkulierte Auslastungsquote von 80 Prozent zu einem Zeitpunkt vor dem Beginn der Reise überschritten, zu dem er kaum noch mit weiteren Buchungen rechnet, kann er die Nachfrage durch eine Preissenkung stimulieren und damit seinen **Gewinn erhöhen**.

Wenn er die Reise zum **Beispiel** mit einem Preisnachlaß von 50 Prozent anbietet, also für einen Durchschnittspreis von 2.179,49 €, wird er sicherlich noch Kurzentschlossene finden. Die Rechnung für jede dieser Buchungen sieht für den Veranstalter dann so aus:

Reiseverkaufspreis (Durchschnitt)	2.178,69 €
abzüglich 12 % Reisebüroprovision	261,44 €
abzüglich 1,5 % Reise-Rücktrittskostenversicherung	32,68 €
abzüglich 0,23 % Kreditkartendisagio	5,01 €
abzüglich Versicherungskosten (Punkt 5)	8,10 €
abzüglich Verpflegung (Punkt 11)	449,50 €
Σ	1.421,96 €

Da bei diesem stark reduzierten Preis natürlich keine weiteren Rabatte gegeben werden, brauchen die 4 Prozent Gruppenprovision hier auch nicht mehr einkalkuliert zu werden. Wenn der Veranstalter mit diesem Preis noch weitere 40 Buchungen bekommt, die er sonst nicht hätte, hat er seinen ursprünglich kalkulierten Gewinn mit zusätzlich 56.878 € mehr als verdoppelt.

Auf der anderen Seite kann ein Veranstalter über *last minute*-Angebote aber auch seinen **Verlust vermindern**, wenn eine Reise nicht so läuft, wie sie kalkuliert wurde.

Bleiben wir wieder bei unserem Kalkulations**beispiel** und gehen hier davon aus, daß zu dem Zeitpunkt vor Reisebeginn, zu dem keine weiteren Buchungen mehr zu erwarten sind, nur 70 Prozent Auslastung erreicht wurden. Bleibt es dabei, dann macht der Veranstalter mit dieser Reise einen Verlust von 136.793,60 €, wie die folgende Rechnung zeigt (bei welcher der kalkulierte Gewinn natürlich nicht mitgerechnet wird):

Bruttoumsatz 420 x 4.358,97€	1.830.830,40 €
abzüglich 21,23 % Provisionen (s.o.; ohne 2 % Gewinn)	388.529,25 €
Σ	1.441.566,15 €
Kosten (Punkte 1–13)	1.605.672,00 €
abzüglich Einsparungen:	
60 x 8,10 € Versicherung	486.– €
60 x 15,50 € Verpflegung x 29 Tage	26.970.– €
Σ	1.578.889.– €
Verlust:	136.649,85 €

Um den Verlust zu mindern, entschließt sich der Reiseveranstalter auch in dieser Situation für ein *last minute*-Angebot mit 50 Prozent Ermäßigung. Pro verkaufter Reise vermindert er seinen Verlust um den gleichen Betrag, wie er seinen Gewinn erhöht hätte, wenn er die kalkulierte Auslastung von 80 Prozent überschritten hätte. Verkauft er also kurzfristig noch einmal 40 seiner Kreuzfahrten, nimmt er 56.878 € zusätzlich ein, die er mit Buchungen zum Normalpreis nicht mehr bekommen hätte. Sein Verlust bei dieser Reise verminderte sich damit um mehr als 40 Prozent auf 79.771,85 €.

Neben dem finanziellen Vorteil für den Veranstalter sind bei den Preisnachlässen kurz vor Reisebeginn aber auch noch andere Aspekte zu bedenken:

- Probleme mit Vollzahlern, oftmals langjährigen Stammkunden, die sich betrogen fühlen können und aus ihrer Verärgerung heraus künftig den Veranstalter wechseln, wenn sie mit anderen Gästen an einem Tisch sitzen, die nur die Hälfte für die gleichen Leistungen bezahlt haben. Reiseveranstalter möchten am liebsten Frühbucher, bestrafen diese aber gegenüber den Spätbuchern. Deshalb gibt es bei immer mehr Kreuzfahrtveranstaltern Rabatte für Frühbucher. Trotzdem wird sich das Problem der *last minute*-Angebote – viele Veranstalter verzichten grundsätzlich hierauf, müssen indes das imagestörende Verhalten der „Schwarzen Schafe" mit ausbaden – damit nicht generell aus der Welt schaffen lassen.

- Kunden, die zeitlich flexibel sind, warten mit ihrer Buchung bis zum letzten Moment, um möglichst den billigeren Preis zu bezahlen.

- Die Zielgruppen beginnen sich an den Preisen für *last minute*-Angebote zu orientieren und halten Normalangebote für übertreuert.

- Reisebüros sind oft solchen Angeboten gegenüber negativ eingestellt, weil aus ihrer Sicht mit dem gleichen Buchungs- und Beratungsaufwand nur die Hälfte der Provision gezahlt wird. Andererseits muß man aber auch sehen, daß die Reise sonst gar nicht verkauft worden wäre, die Reisebüros also auch keine Provision dafür bekommen hätten.

Der Entschluß zur *last minute*-Vermarktung sollte also gründlich überlegt und abgewogen werden – oftmals wird ein mit treuer Stammklientel arbeitender Veranstalter lieber einen einmaligen Verlust in Kauf nehmen als die Spätfolgen einer solchen Aktion. Bei einer sehr geringen Anfangsbuchung wird vielfach auch eine generelle Preisherabsetzung praktiziert, in deren Genuß dann allerdings auch die Kunden kommen, die bereits den vollen Preis gezahlt hatten.

10.12 Reiseleitung

Wie bei anderen Rundreisearten auch, spielt die Reiseleitung bei den Kreuzfahrten eine wichtige Rolle. Beim Vollcharter geht sie aber weit über das hinaus, was man normalerweise von einer Reiseleitung erwartet. Die Reiseleitung ist dann nämlich nicht nur für die Organisation der Landausflüge und die Betreuung der Passagiere zuständig, sondern auch für das gesamte Bordprogramm, von der Frühgymnastik bis zur Mitternachtsshow, verantwortlich. Dies ist in aller Regel nicht von einer einzigen Person zu leisten. Deshalb gibt es auf Kreuzfahrtschiffen meist mehrere Reiseleiter(innen), die unter der Verantwortung eines *cruise directors* arbeiten.

Die Aufgaben des *cruise directors* umfassen im wesentlichen vier Aufgabenbereiche:

(1) Gästebetreuung
(2) Planung und Abstimmung des Personaleinsatzes an Bord
(3) Behördenkontakte (zum Beispiel *Immigration, Port Health*)
(4) Reklamations- und Schadensfallbearbeitung

Seenotrettungsübung

(1) Der erste Kontakt zu den Gästen wird bereits beim Einschiffen an der *gangway* hergestellt, an der die ankommenden Gäste vom Kreuzfahrtleiter begrüßt werden. Am zweiten Tag erfolgt die offizielle Begrüßung der Gäste durch den Kreuzfahrtleiter, die Vorstellung der Schiffsoffiziere und der Reiseleitung.

Zu den laufenden Aufgaben der Gästebetreuung gehören die Vorbereitung und Durchführung von Bordveranstaltungen wie *shows*, Bälle, Parties und, wenn sie zum Bordprogramm gehören, auch Konzerten von mitreisenden Künstlern. Spezielle Feiertagsprogramme zu Weihnachten, Sylvester oder Ostern und Pfingsten müssen ebenso vom Kreuzfahrtdirektor geplant werden wie die Gratulation zu Geburts- und eventuellen Hochzeitstagen, die bei der speziellen Klientel auf Kreuzfahrtschiffen ebenfalls zu den Pflichten eines Kreuzfahrtleiters gehört. Darüber hinaus muß der Kreuzfahrtleiter am *captain's dinner* teilnehmen und für eventuell des Englischen nicht mächtige Passagiere übersetzen, wenn der Kapitän, wie meistens der Fall, nicht deutschsprachig ist.

Darüber hinaus ist der Kreuzfahrtleiter Tag und Nacht der Ansprechpartner der Passagiere in Notlagen wie zum Beispiel bei Unfällen oder Krankheiten.

(2) Die Planung und Abstimmung des Personaleinsatzes an Bord wird in Einsatzplänen festgehalten, die in der Regel täglich nach Besprechungen mit dem Kapitän, dem *chief mate*, der Hausdame, dem Landausflugsmanager, den Künstlern, den Lektoren, dem Restaurantmanager, der Sekretärin und dem Reiseleiterteam stattfindet. Inhalte dieser Besprechungen sind unter anderem der Zustand der Kabinen (Hausdame), der Einsatzplan für die *crew* (*chief mate*) die Besprechung des Menüplanes (Restaurantmanager), Kapitänsempfang, *captain's welcome dinner*, Abschiedsdinner (Kapitän), Vorträge an Bord zur Vorbereitung von Landausflügen (Lektoren) und dafür benötigte Geräte und die Organisation und Agenten an Land für die Landausflüge (Landausflugsmanager). Der Kontakt zu den Hafenagenten und den Agenten für die Landausflüge ist ebenso Aufgabe des Kreuzfahrtleiters wie die Klärung eventueller buchhalterischer oder finanzieller Probleme mit dem Oberzahlmeister.

Darüber hinaus muß innerhalb von 24 Stunden nach dem Auslaufen entsprechend den Sicherheitsvorschriften auf Schiffen (SOLAS) eine Seenotrettungsübung mit der Besatzung und den Passagieren stattfinden, die vom Kreuzfahrtleiter gemeinsam mit den Schiffsoffizieren vorbereitet wird.

(3) Zu den **Behördenkontakten** gehören vor allem Besprechungen mit den jeweiligen Zollbehörden in den Häfen, mit denen die Zollabfertigungen organisiert werden.

(4) Auch auf Kreuzfahrtschiffen gibt es wie bei jeder anderen Pauschalreise von Zeit zu Zeit Reklamationen von Reisemängeln, die vom Kreuzfahrtdirektor wie von einem normalen Reiseleiter gegebenenfalls abgestellt oder, wenn dies nicht möglich ist, bestätigt werden müssen. Auch bei eventuellen Schadensfällen ist der Kreuzfahrtleiter der Ansprechpartner für die Passagiere.

11

Incentive-Reisen

Erich W. Eisenhut

11.1 Grundregeln und Kriterien für Incentives

IM GEGENSATZ ZU ALLEN ANDEREN REISEARTEN sind Incentive-Reisen fast immer Bestandteil einer Gesamtaktion, die entweder im Bereich Verkaufsförderung oder im Bereich der Motivation angesiedelt ist. Das heißt, eine Incentive-Reise wird in den meisten Fällen als Prämie für die Gewinner eines Wettbewerbs ausgelobt. So ein Wettbewerb hat den Zweck, die Mitarbeiter eines Unternehmens zu einer (vorher genau definierten) Mehrleistung anzuspornen. Incentive-Aktionen spielen im Bereich der gezielten Mitarbeiter-Motivation eine immer größere Rolle. Wir müssen deshalb „Incentive-Reisen" immer im Zusammenhang mit dem Begriff „Incentives" als Gesamtheit sehen.

Was sind Incentives? Wozu sollen Incentives dienen? Incentives sind keine Erfindung unserer Zeit. Schon zur Zeit Cäsars wurden Privilegien in Aussicht gestellt, um bestimmte Vorhaben in die gewünschte Richtung zu lenken. In der Geschäftssprache von heute würden wir sagen: Interessante und attraktive Prämien wurden ausgelobt, um bestimmte Zielvorgaben zu erreichen. Seit der Römerzeit haben sich allerdings die Techniken solcher Motivationsaktionen geändert. Sie sind in die Marketing- und Verkaufsförderungsstrategie des Unternehmens eingebunden, sie passen in die Kultur und in das Erscheinungsbild (*corporate identity*) der Firma.

Das Wort „Incentives" ist vom lateinischen Verb *incendere* abgeleitet, was in der deutschen Sprache soviel heißt wie „anzünden", „entflammen", „begeistern". Damit sind wir auch schon beim Kern der Sache: Eine wesentliche, oft vernachlässigte Triebfeder im *marketing-mix* ist die Begeisterung der Mitarbeiter. Denn selbst wenn die Produkte, die Dienstleistungen und die Preise eines Unternehmens stimmen und die Mitarbeiter auf dem richtigen Platz eingesetzt sind, genügt das oft noch nicht, um dem Druck der Konkurrenz standhalten zu können. Man muß besser und schneller sein, man muß über der Norm stehende Leistungen erbringen, man braucht das besondere Engagement der Mitarbeiter und Ihre Begeisterung für die Interessen der Firma.

An diesem Punkt soll die Hebelwirkung einer Incentive-Aktion einsetzen. Die Phantasie der Menschen wird geweckt, die Begeisterung für eine Sache wächst, die Gangart wird schneller, der Erfolg ist vorprogrammiert. Natürlich geht man bei der Entwicklung einer Incentive-Konzeption und der als Belohnung für die Gewinner (Prämie) gedachten Incentive-Reise nicht gefühlsmäßig vor. Es gibt – bei aller Individualität jeder einzelnen Aktion – bestimmte Regeln, die man unbedingt beachten sollte:

Regel 1: „Nachdenken"

Es kommt nicht auf den realen Wert einer Belohnung an, sondern auf die Idee, die dahinter steckt. Sie muß auf die latent vorhandenen Wünsche und Bedürfnisse des zu Belohnenden abgestimmt sein. Versuchen Sie, sich in seine Lage zu versetzen. Worüber würden Sie sich an seiner Stelle ganz besonders freuen?

Regel 2: „Darüber sprechen"

Das tragende Fundament eines Incentive-Wettbewerbs ist die spannende Aktionsstory. Start und Endpunkt des Wettbewerbs müssen durch den roten Faden der Aktionsstory, des Mottos, unter dem der Wettbewerb steht, folgerichtig miteinander verbunden werden. Dieses Motto soll eine starke Assoziation zum Produkt haben (z.B. das Thema „Ralley" für Automobilverkäufer).

Regel 3: „Mehr halten als versprechen"

Auch wenn das Wettbewerbsmotto schon viel verspricht, müssen Sie immer noch etwas in der Hinterhand haben, das den Überraschungseffekt bei den Teilnehmern verstärkt. Sie müssen den Gewinnern des Wettbewerbs bestätigen, daß sich ihr Einsatz gelohnt hat.

Regel 4: „Nicht am falschen Platz sparen"

Den Gewinnern des Wettbewerbs soll gezeigt werden, wie wichtig sie sind. Der Ton macht die Musik. Es sind Kleinigkeiten, die schon am Beginn der Incentive-Reise die entsprechende positive Stimmung erzeugen: der Cocktail am Abflugsteig, persönliche Kofferanhänger, Begrüßung durch die Firmenleitung, spezielle Begrüßung an Bord des Flugzeugs, Firmenlogo auf den Deckchen der Sitzlehnen und auf den Menükarten, persönliches Briefpapier und Gastgeschenk im Hotelzimmer, Begegnung mit prominenten Persönlichkeiten. All das sind Dinge, die man sich normalerweise nicht selbst kaufen kann. Den Möglichkeiten zur Gestaltung einer Incentive-Aktion sind kaum Grenzen gesetzt, es sei denn – und das ist äußerst wichtig – die Grenzen des guten Geschmacks.

Wenn diese Regeln beachtet werden, sind Incentives ein effizientes Instrument, Mitarbeiter kurzfristig für besondere Ziele zu begeistern und ihre eigene Motivation zu verstärken. Allerdings, das muß hier deutlich gesagt werden, sind Incentives kein Allheilmittel gegen unternehmerische Fehlentscheidungen. Mit ihnen kann auch keine falsche Firmenstrategie korrigiert

Abbildung 11.1: *Follow-ups* **als zusätzlicher Motivationsfaktor**

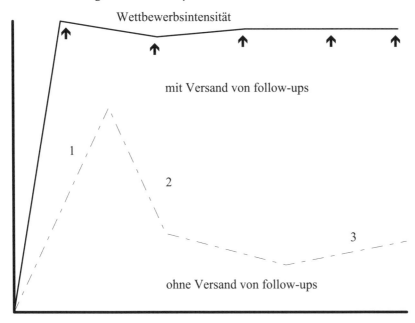

¹ Startphase: Intensität ansteigend
² Nach 2–3 Monaten: Intensitätsabfall, da mit zunehmender Laufzeit das Ausgangsniveau sinkt
³ Wettbewerbsende: Kurzfristiges Ansteigen (Endspurt, Torschlußpanik)

werden. Incentives können und sollen nur „taktische Mittel" sein, die helfen sollen, begrenzte Ziele schneller und besser zu erreichen.

Eine Incentive-Aktion muß deshalb maßgeschneidert sein für die spezifischen Belange der Firma, auf die anzusprechende Zielgruppe, auf den zur Verfügung stehenden Etat, auf eventuelle geographische Besonderheiten des Unternehmens, sowie auf die kurzfristigen Firmenziele, die mit dieser Aktion erreicht werden sollen.

Die wichtigsten Kriterien für die Konzeption einer erfolgversprechenden Incentive-Aktion sind:

- richtige Laufzeit des Wettbewerbs
- zu erwartendes Interesse der Teilnehmer, wachgehalten durch entsprechende Nachfaßaktionen (*follow-ups*), die in die Aktionsstory passen
- Auswahl der richtigen Prämie (Incentive-Reise), die für die Gewinner nicht nur einen materiellen Wert hat, sondern ihnen auch Image- und Prestigegewinn bringt. Anerkennung ihrer Leistung und persönliches Erleben sollen im Vordergrund stehen.
- welche Gruppen von Mitarbeitern sollen mit der Aktion angesprochen werden?

- welche rechtlichen Aspekte sind zu beachten? (Versteuerung, Gesetz gegen unlauteren Wettbewerb, Betriebsrat)
- sind parallel zur Incentive-Aktion noch weitere flankierende Verkaufsförderungsmaßnahmen geplant? (Beim einschlägigen Handel, bei Kunden, bei anderen Mitarbeiterbereichen?)

Daraus ergibt sich, daß für jede Incentive-Aktion eine eigene Strategie entwickelt werden muß. Falsche Sparsamkeit bei der Gestaltung der Incentive-Reise, die ja als Belohnung für die erbrachte „besondere" Leistung des Mitarbeiters gedacht ist, ist hier nicht angebracht. Das heißt nicht, daß man den Rahmen des vorgegebenen Etats ohne weiteres überschreiten kann. Wenn die Mittel beschränkt sind, wählt man eben ein Reiseziel, das in der Nähe liegt, zieht dort aber alle Register des Einfallsreichtums. Das ist besser, als etwa „Kenya mit Übernachtung und Frühstück" auszuloben.

Abbildung 11.2: Bedürfnis-Pyramide nach *Maslow* in bezug auf Incentives

Die wesentliche Aufgabe einer Incentive-Reise ist nicht das Erreichen eines bestimmten Ortes, sondern die Erreichung bestimmter Firmen- und Aktionsziele. Die Reise, als Prämie für die Gewinner des vorhergegangenen Wettbewerbs, soll Anreiz sein, sich um die Erreichung dieser Ziele besonders zu bemühen. Deshalb wird im Rahmen der gesamten Incentive-Aktion immer wieder auf die zu gewinnende Reiseprämie hingewiesen: durch die in regelmäßigen Zeitabständen durchgeführten *„follow-ups"*. Das geschieht dadurch, daß den Berichten über den Stand des Wettbewerbs und der zu diesem Zeitpunkt aktuellen Plazierung der einzelnen Teilnehmer – man nennt das in der Fachsprache „**Renn-**

listen" – jeweils eine kleine Aufmerksamkeit für jeden Teilnehmer beigefügt wird. Diese *follow-ups* sollen an die ausgelobte Reise erinnern und den Wunsch verstärken, daran teilnehmen zu wollen. Auf diese Weise will man verhindern, daß das anfängliche große Interesse am Incentive-Wettbewerb im Laufe der Zeit nachläßt (vgl. Abbildung 11.1).

Die meisten Fehler bei der Gestaltung einer Incentive-Aktion werden bei der Auswahl von Aktionsstory und Art der *follow-ups* gemacht. Dieses „**Aktionsdach**" – so nennt man das Gesamtgefüge von Motto, *story* und *follow-ups* – muß für die teilnehmende Zielgruppe maßgeschneidert sein. Maßschneidern kann man aber nur, wenn man sich mit den Menschen, die man ansprechen will, beschäftigt. Wo liegen ihre Interessen, welche Wünsche und Bedürfnisse haben sie? Bei diesem „Maßnehmen" kann uns die „Bedürfnis-Pyramide" von *Abraham Maslow* behilflich sein. *Maslow* hat in seiner „Dynamischen Motivationstheorie" dargestellt, wie der Mensch nach der Befriedigung des einen Bedürfnisses nach der Erfüllung des nächsthöheren strebt. Begonnen bei den sogenannten Grundbedürfnissen (Schutz vor Hunger, Durst, Kälte) bis hin zum Bedürfnis nach Selbstverwirklichung (Abbildung 11.2). Daraus lassen sich wertvolle Erkenntnisse für die Planung einer Incentive-Aktion und der passenden Aktionsstory ableiten.

Bei entsprechenden Überlegungen ist es nicht mehr schwierig, das richtige Motto und damit verbunden das richtige Ziel für die Incentive-Reise zu finden. Um auch eine produktbezogene und eine leistungsbezogene Gedankenverbindung (Assoziation) herzustellen, müssen wir noch einige Überlegungen anstellen.

Wir müssen:

- Firmenziele, die mit der geplanten Aktion besonders angepackt werden sollen, auswählen;
- die Aktionsziele festsetzen;
- das für unsere Incentive-Aktion bestmögliche Bewertungssystem wählen;
- alle menschlichen Aspekte, die Zielgruppe betreffend, abwägen;
- rechtliche Aspekte (Steuern, Betriebsrat, UWG [Gesetz gegen unlauteren Wettbewerb, s.u.]) beachten.

Erst dann können wir mit der Konzeption der Incentive-Aktion beginnen. Wenn wir die oben angestellten Überlegungen in die Konzeption, d.h., die Gestaltung und Planung der Aktion einbringen, können wir die größtmögliche Identifikation der Wettbewerbsteilnehmer mit der Aktion und den gesteckten Zielen erreichen.

Abbildung 11.3: Die Funktionsweise einer Incentive-Aktion

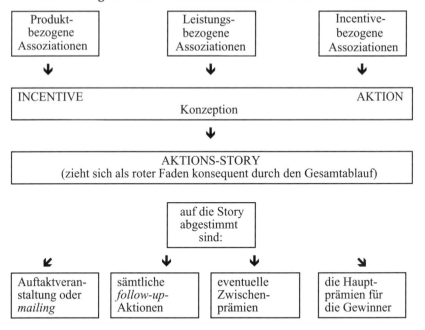

Nicht die Destination, sondern der Weg ist das Ziel bei Incentive-Reisen

Incentive-Reisen 415

Bei der Kostenplanung für die vorgesehene Incentive-Aktion sollte berücksichtigt werden, daß die Aktionsziele nicht erst bei der Vergabe der Prämie (Incentive-Reise oder -veranstaltung), sondern schon während der Laufzeit des Wettbewerbs erreicht werden. Entsprechend sind genügend Mittel aus dem für die Gesamtaktion geplanten Etat für diese Laufzeit bereitzustellen. Man muß sich immer wieder daran erinnern: Nicht die Incentive-Reise bringt die erwartete Zielerreichung, sondern das gekonnte „In-Aussicht-Stellen der Teilnahme an dieser Reise". Eben das sollen die regelmäßigen *follow-ups* während der Laufzeit des Wettbewerbs bewirken. Wir wollen ja auch nach Möglichkeit alle Teilnehmer am Wettbewerb zu besserer Leistung motivieren, und das können wir nur während der Laufzeit des Wettbewerbs. Denn die Prämie (Incentive-Veranstaltung oder -reise) spricht nur noch die tatsächlichen Gewinner an. Betrachtet man das Leistungsspektrum des gesamten Mitarbeiterstabs eines Unternehmens, dann bringen ca. 10 Prozent nur eine geringe Leistung, etwa 80 Prozent entsprechen dem Durchschnitt und nur ca. 10 Prozent gehören in die Kategorie „Spitzenleistung" (Abbildung 11.4).

Abbildung 11.4: Das Leistungsspektrum in einem Betrieb

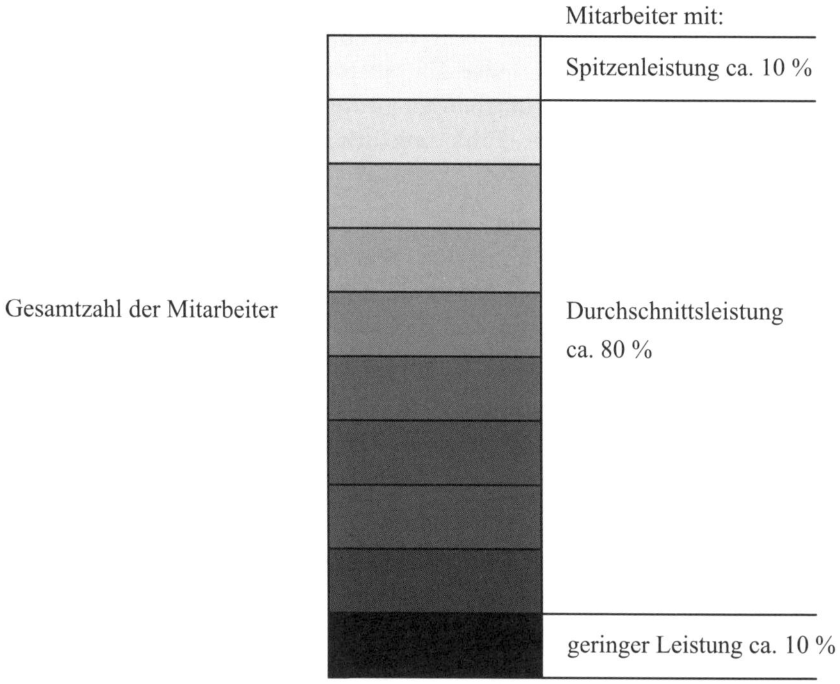

Mitarbeiter mit:

Spitzenleistung ca. 10 %

Gesamtzahl der Mitarbeiter

Durchschnittsleistung ca. 80 %

geringer Leistung ca. 10 %

Sofort wird klar, daß es genau so wichtig ist, die ca. 80 Prozent der Mitarbeiter mit durchschnittlicher Leistungserbringung besser zu motivieren, wie auch die ca. 10 Prozent Mitarbeiter mit Spitzenleistung. Die Frage ist nur, wie man vorgehen soll, um bei der Umsetzung dieser Überlegung die 10 Prozent der Spitzenmitarbeiter nicht vor den Kopf zu stoßen. Welches Bewertungssystem erfüllt diesen Wunsch? Wie werden die Motivationschancen einer Incentive-Aktion optimal genutzt? Ein gut konzipierter Wettbewerb soll beide der genannten Gruppen ansprechen und zur Mehrleistung bewegen. Oftmals kann eine Kombination von zwei oder mehreren Bewertungssystemen die passende Lösung sein. In einem solchen Fall handelt es sich eigentlich um zwei oder mehrere Wettbewerbe, die parallel laufen und – unter dem selben Motto – miteinander verflochten sind.

11.2 Bewertungssysteme für Incentive-Aktionen

Wir wollen hier nur die fünf gängigsten Bewertungssysteme näher betrachten:

Das „**100 Prozent-Plus-X-System**" zielt auf die Steigerung des Umsatzes im Vergleich zum Vorjahresumsatzes (= 100 Prozent) um einen bestimmten Prozentsatz (= plus X) ab. Dieses System bringt besonders dem verhältnismäßig großen Mittelfeld der Mitarbeiter mit durchschnittlicher und deshalb verbesserungsfähiger Leistung Gewinnchancen (siehe Abbildung 11.4).

Das „**Goldener-Bezirk-System**" soll besonders den Teamgeist innerhalb eines Verkaufsgebietes oder innerhalb entsprechender Teams von Außendienst- und entsprechenden Innendienst-Gruppen fördern. Ein weiterer Vorteil dieses Systems kann die Förderung der schwächeren Teammitglieder durch die stärkeren sein.

Das „**10-Prozent-Spitze-System**" spricht in erster Linie die absoluten Spitzenverkäufer an (siehe Abbildung 12.4). Bei diesem System besteht die Gefahr, daß Mitarbeiter aus dem Mittelfeld möglicherweise zu früh glauben, keine Gewinnchancen zu haben, und deshalb vorzeitig aus dem Wettbewerb „mental aussteigen".

Das „**Produkt-Schwerpunkt-System**" eignet sich besonders zur Neueinführung oder Forcierung eines oder mehrerer Produkte, deren Verkauf, im Gegensatz zum Verkauf anderer Produkte, mit einer entsprechend hohen Punktzahl belohnt wird.

Das „**Chancen-Mix-System**" ist die Kombination mehrerer Systeme, wie zum Beispiel von „10-Prozent-Spitze-System" mit dem „100-Prozent-Plus-X-System". So kann man das große Mittelfeld motivieren, ohne die Spitzenverkäufer zu enttäuschen (siehe Abbildung 14.4).

Die richtige Auswahl und auch die Kombination der am besten geeigneten Systeme erfordert Erfahrung und gute Kenntnis der anzusprechenden Mitarbeitergruppe.

11.3 Aktionsziele

Welche Aktionsziele will man mit einem Wettbewerb und dem Ausloben einer Incentive-Reise erreichen? Das Hauptziel wird meist die Umsatzsteigerung oder die Gewinnmaximierung sein. Bei Wettbewerben mit längerer Laufzeit – etwa neun bis 12 Monate – können auch noch einige Nebenziele eingebaut werden, um das „angehobene Motivationsniveau" der Mitarbeiter optimal zu nutzen:

- Firmentreue verstärken
- Abwesenheits- und Ausfallzeiten verringern
- bessere Routenplanung beim Außendienst
- neue Produkte einführen
- Teamarbeit fördern
- Gewinnmarge verbessern
- Zusatzverkäufe forcieren
- Verkaufsaktionen unterstützen
- Plazierung von Schaufenstern beim Handel
- Vorteile von Wettbewerbern kompensieren
- Einkaufsverhalten von Händlern bzw. von Kunden beeinflussen
- schnellere Bearbeitung von Kundenanfragen
- besserer Service am Telephon
- Freundlichkeit
- Einhaltung von Lieferterminen
- Teilnahme an Schulungsaktionen fördern
- innerbetriebliches Vorschlagswesen

Diese Liste ließe sich noch weiter fortsetzen. Man kann mit einer wirklich gut durchdachten Incentive-Aktion viele Dinge besser in den Griff bekommen. Probleme lösen kann man damit aber nicht, man kann lediglich Problemlösungen unterstützen, wie in Abbildung 11.5 am Beispiel des Außendienstes eines Unternehmens dargestellt.

Dieses Aktionsschema zeigt deutlich, daß eine Incentive-Aktion nur dann von Erfolg gekrönt sein kann, wenn das Arbeitsumfeld der Mitarbeiter stimmt. Besonders wichtig ist die Wahl des richtigen Zeitpunktes. Viel Zeit und Geld wurde schon vergeudet, weil Incentive-Aktionen ohne Rücksicht auf diese Kriterien durchgeführt wurden.

Auch die Incentive-Reise selbst kann nur so gut sein, wie es die Konzeption der gesamten Incentive-Aktion ist. Das beginnt beim betriebsinternen Vorgespräch, bei dem alle an der Aktion später beteiligten Abteilungen vertreten sein sollen, und geht bis zur Endabrechnung und Erfolgskontrolle (siehe Abbildung 11.6).

Abbildung 11.5: Aktionsschema einer *Incentive*-Aktion am Beispiel des Außendienstes eines Unternehmens

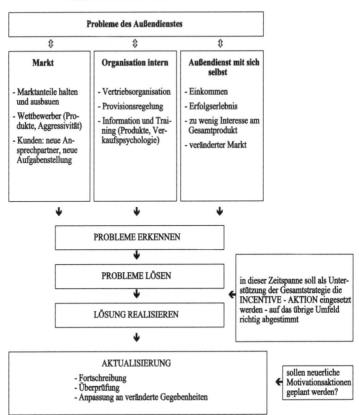

Aus diesem Konzeptionsschema ist deutlich zu ersehen, daß die Incentive-Reise nur in Verbindung mit der gesamten Incentive-Aktion ihre maximale Wirkung erreichen kann. Sie ist der logische Höhepunkt der gesamten Aktion, stimmig eingebunden in die Aktionsstory und die Nachfaßaktionen. Sie kann mehr sein, als nur der Schlußakkord des vorangegangenen Wettbewerbs: sie kann durch die Schaffung des „Gruppenerlebnisses" und die Einbeziehung der Führungsspitze einen erheblichen Beitrag zur dauerhaften Verbesserung des Betriebsklimas und des Teamgeistes leisten.

Dieser Vorteil der Incentive-Reise gegenüber Geld- oder Sachprämien, die in der heutigen Zeit und bei unserem vergleichsweise hohen Lebensstandard ihre Attraktivität weitgehend verloren haben, muß voll ausgeschöpft werden. Damit schließt sich der gedankliche Kreislauf um die Wechselbeziehung und gegenseitige Abhängigkeit von Incentive-Aktion und Incentive-Reise.

Abbildung 11.6: Die Konzeption einer Incentive-Aktion

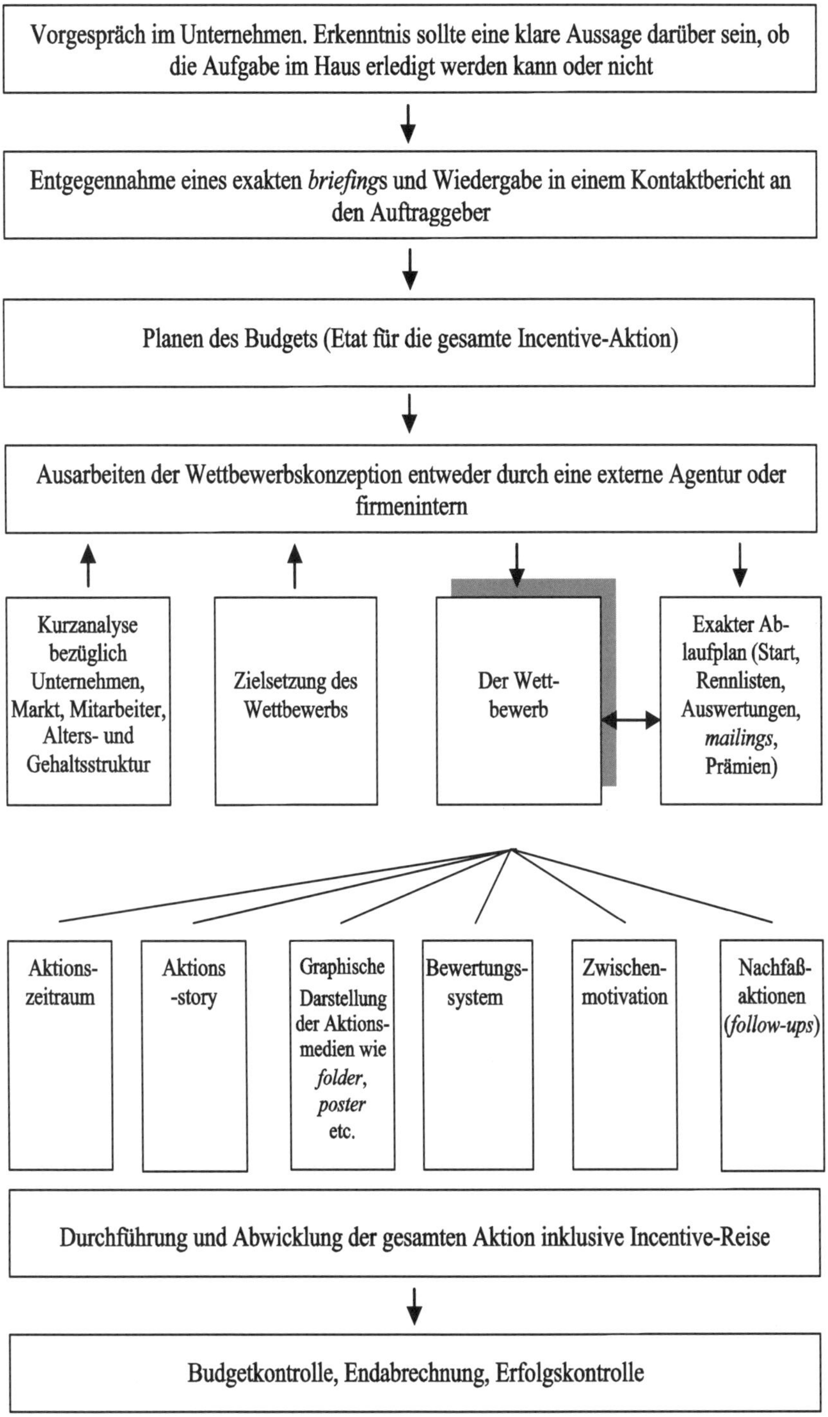

```
┌─────────────────────────────────────────────────────────────────────┐
│ Vorgespräch im Unternehmen. Erkenntnis sollte eine klare Aussage    │
│ darüber sein, ob die Aufgabe im Haus erledigt werden kann oder nicht│
└─────────────────────────────────────────────────────────────────────┘
                                  ↓
┌─────────────────────────────────────────────────────────────────────┐
│ Entgegennahme eines exakten *briefings* und Wiedergabe in einem     │
│ Kontaktbericht an den Auftraggeber                                  │
└─────────────────────────────────────────────────────────────────────┘
                                  ↓
┌─────────────────────────────────────────────────────────────────────┐
│ Planen des Budgets (Etat für die gesamte Incentive-Aktion)          │
└─────────────────────────────────────────────────────────────────────┘
                                  ↓
┌─────────────────────────────────────────────────────────────────────┐
│ Ausarbeiten der Wettbewerbskonzeption entweder durch eine externe   │
│ Agentur oder firmenintern                                           │
└─────────────────────────────────────────────────────────────────────┘
       ↑              ↑              ↓                ↓
┌──────────────┐ ┌──────────┐ ┌──────────────┐ ┌──────────────┐
│ Kurzanalyse  │ │          │ │              │ │ Exakter Ab-  │
│ bezüglich    │ │          │ │              │ │ laufplan     │
│ Unternehmen, │ │Zielsetzung│ │ Der Wett-   │ │ (Start,      │
│ Markt,       │ │   des    │ │  bewerb      │↔│ Rennlisten,  │
│ Mitarbeiter, │ │Wettbewerbs│ │              │ │ Auswertungen,│
│ Alters- und  │ │          │ │              │ │ *mailings*,  │
│ Gehalts-     │ │          │ │              │ │ Prämien)     │
│ struktur     │ │          │ │              │ │              │
└──────────────┘ └──────────┘ └──────────────┘ └──────────────┘
```

| Aktions-zeitraum | Aktions-story | Graphische Darstellung der Aktions-medien wie *folder, poster* etc. | Bewertungs-system | Zwischen-motivation | Nachfaß-aktionen (*follow-ups*) |

```
┌─────────────────────────────────────────────────────────────────────┐
│ Durchführung und Abwicklung der gesamten Aktion inklusive           │
│ Incentive-Reise                                                     │
└─────────────────────────────────────────────────────────────────────┘
                                  ↓
┌─────────────────────────────────────────────────────────────────────┐
│ Budgetkontrolle, Endabrechnung, Erfolgskontrolle                    │
└─────────────────────────────────────────────────────────────────────┘
```

Wie schon bei den „Grundregeln" für die Konzeption einer Incentive-Aktion erwähnt, soll eine Incentive-Reise noch mehr halten, als in der vorausgegangenen Wettbewerbsphase versprochen worden war. Ähnlich wie bei der Wettbewerbs-Story soll auch in der Incentive-Reise eine möglichst starke Assoziation zum beworbenen Produkt, zur Firmenkultur und zum erwarteten Leistungswillen zum Ausdruck kommen. Die Umsetzung könnte etwa so aussehen: „Werden Sie Bestseller, indem Sie das Produkt X zum Bestseller machen!" Aus diesem Grunde werden in eine Incentive-Reise oft besondere Aktivitäten eingebunden, die gut zur Wettbewerbsstory passen.

Einige **Beispiele** dazu:

Motto/Story: **„XY-Olympiade"** Aktivitäten: sportliche Wettkämpfe während der Incentive-Reise, vorwiegend mit nicht allzu ernstem Charakter, „Dabeisein ist alles!"

Motto/Story: **„Schatzsuche"**, ein Motto, das besonders bei der Akquisition von Neukunden (= Schatz) der Story zugrunde gelegt wird. Aktivitäten im Rahmen der Reise: einen bestimmten Platz ausfindig machen und den dort versteckten Schatz heben.

Motto/Story: **„Ralley"**. Aktivitäten: im Rahmen der Reise findet eine – von allen Teilnehmern leicht zu meisternde – Ralley statt.

Natürlich muß man darauf achten, daß die Originalität nicht auf Kosten des guten Geschmacks geht. Die in die Reise eingebauten Aktivitäten müssen auf das Niveau und die Erwartungshaltung der Teilnehmer abgestimmt sein. In der Fachsprache heißt das: Sie müssen zielgruppenadäquat sein.

Was für die eine Zielgruppe interessant ist, kann in den Augen einer anderen lächerlich wirken. Nichts kann schlimmere Folgen haben, als die Nichtbeachtung der Zielgruppenadäquanz. Schon manche Firmen haben für eine Incentive-Aktion viel Geld ausgegeben und sich trotzdem die Verärgerung ihrer Mitarbeiter eingehandelt. Um diesen Fehlermöglichkeiten auszuweichen, sollte man im Zweifelsfall eine gute externe Incentive-Agentur mit der Konzeption von Incentive-Aktion und -reise beauftragen. Das ausführliche *briefing* ist in diesem Fall äußerst wichtig. Wie soll man „maßschneidern" können, wenn man keine Gelegenheit hat, vorher „maßzunehmen"?

In einigen Fällen können Incentive-Aktionen wie Verkaufswettbewerbe aus rechtlichen Gründen nicht durchgeführt werden. Das ist beispielsweise dann der Fall, wenn das UWG (Gesetz gegen unlauteren Wettbewerb) den Einsatz eines Verkaufswettbewerbs verbietet.

Beispiel: Der Kosmetikhersteller A will einen Verkaufswettbewerb für den Fachhandel veranstalten. Die Hersteller B, C und D bieten ähnliche Produkte beim selben Fachhandel an. Ein Verkaufswettbewerb des Herstellers A könnte zu Lasten der Hersteller B, C und D gehen. Um die Chancengleichheit zu wahren, verbietet UWG Verkaufswettbewerbe für solche Vertriebsschienen.

Dem Hersteller A steht es aber frei, eine bestimmte Gruppe von Händlern beispielsweise zu einer Tagung, einer Produktpräsentation oder zu einer Informationsreise mit Fachbesichtigungen einzuladen. Die Teilnahme an der Reise darf aber nicht an die vorherige Erfüllung irgendwelcher Anforderungen gebunden sein.

In einem solchen Fall muß die Incentive-Reise den Motivationsschub übernehmen, der normalerweise von der gesamten Incentive-Aktion und dem jeweiligen Verkaufswettbewerb bewirkt wird. Bei einer solchen Incentive-Reise spielt das Moment des Außergewöhnlichen und Einmaligen eine besonders große Rolle. Neben einer wohldosierten Produktinformation ist die stärkere Kundenbindung Hauptzweck der Reise. Man wird also auch hier auf einem ähnlichen Instrumentarium spielen, wie bei der Incentive-Reise mit vorgeschaltetem Wettbewerb, nur noch virtuoser, weil hier der Zeitraum der Incentive-Reise ja die einzige Chance zur Erreichung der gewünschten Firmenziele ist.

Für beide Arten von Incentive-Reisen aber gilt: Individualität, Einfallsreichtum, Übereinstimmung mit der Firmenkultur, Zielgruppenadäquanz und das richtige Gespür für die Menschen sind die wichtigsten Ingredienzien, die, richtig dosiert, den Erfolg einer Incentive-Aktion garantieren.

11.4 Incentives in Kürze

Incentives sollen Mitarbeiter für bestimmte kurz- und mittelfristige Firmenziele begeistern und zu einer effizienteren Leistung bringen. Neben Sach- und Geldprämien ist besonders die Incentive-Reise ein beliebtes Motivationsinstrument.

Wenn eine Incentive-Aktion installiert werden soll, muß das Arbeitsumfeld der Mitarbeiter stimmen: Betriebsklima, Führungsstil, Personalpolitik, Marketing- und Vertriebsstrategie, Produkt- und Preispolitik.

⊃ **Jede Incentive-Aktion muß maßgeschneidert sein.**
⊃ **Falsche Sparsamkeit ist der Tod jeder Incentive-Aktion.**

Das Motto einer Incentive-Aktion soll sich als "roter Faden" durch sämtliche Einzelschritte der Gesamtaktion ziehen und soll bestimmte Assoziationen hervorrufen: produktbezogene, leistungsbezogene, auf die Prämie bezogene.

Regelmäßige *follow-ups* halten die Aktion in Schwung.

Die Incentive-Reise ist in den meisten Fällen ein wichtiger Bestandteil und der Höhepunkt der Incentive-Aktion. Die bessere Motivation der Mitarbeiter wird nicht durch die Reise erreicht, sondern durch die Erwartungshaltung, an der Reise teilnehmen zu können.

In manchen Fällen, besonders wenn rechtliche Einschränkungen die Durchführung einer Incentive-Aktion mit Wettbewerbscharakter für einen bestimmten Teilnehmerkreis verbieten, wird die Incentive-Reise als primäres

Motivationsinstrument eingesetzt. Die Teilnahme an dieser Reise ist nicht an die Erfüllung von vorher vereinbarten Bedingungen gebunden. In diesem Fall bewirkt die Incentive-Reise selbst den Motivationsschub.

Durch die Incentive-Reise soll der Teamgeist und das Zusammengehörigkeitsgefühl gefördert werden. Bei der Planung der Reise ist auf diesen Aspekt besondere Rücksicht zu nehmen.

Incentive-Prämien, gleichgültig, ob Reise-, Sach- oder Geldprämien, werden von den bundesdeutschen Finanzbehörden als geldwerter Vorteil eingestuft. Sie sind deshalb im Regelfall zu versteuern, entweder durch die Firma, oder durch die Teilnehmer. Incentive-Aktionen müssen mit der Unternehmenskultur in Einklang stehen. Alle Einzelpunkte müssen darauf ausgerichtet werden.

11.5 Beispiel: Incentive-Aktion mit einer Reise nach Kairo

11.5.1 Etat

In diesem Grobbudget sind die im Verlauf der Gesamtaktion zu erwartenden Kosten aufgelistet, getrennt nach **Agentur-Eigenkosten (A)** und **Fremdkosten (F)**. Das Beispiel zeigt, daß für die Vorlaufphase genügend Etatmittel bereitgestellt werden müssen, denn in dieser Phase des Wettbewerbs werden die mit der Incentive-Aktion angestrebten Firmenziele erreicht. Die ca.-Preise sind in € ohne MwSt.

Konzeption und Wettbewerbsentwicklung 4 Manntage = 32 Agenturstunden à 62,50	2.000 A
Artwork und Text für Wettbewerbsankündigung, 25 Agenturstunden à 62,50	1.562 A
Produktion Aktionsbriefbogen, Litho, headline-Satz und Druck	1.330 F
Produktion Startbriefe, Textverarbeitung	410 A
10 *follow-ups* an Teilnehmer Texte und Textverarbeitung	1.535 A
6 Monatsauswertungen und Erstellung der Rennlisten für die *follow-ups*	1.230 A
Konfektionierung und Abwicklung des Versands der *follow-ups* an alle 180 Wettbewerbsteilnehmer	1.840 A
Porto- und Versandkosten	1.840 A
Beschaffung *gimmicks* für *follow-ups* 10 x 180 à ca. 10 € (Durchschnittswert)	18.000 F
70 Reisen nach Kairo à 1.640 €	114.800 F
Zwischensumme Agentur-Eigenkosten	10.417 A
Zwischensumme Fremdkosten (F)	134.130 F
Agenturhonorar: 15 % auf Fremdkosten (F)	20.120 F
Grobbudget insgesamt	**164.667**

11.5.2 Der Ablauf der Incentive-Reise nach Kairo der Firma „XYZ"

Prämisse: Top-Mitarbeitern – den Gewinnern des vorangegangenen Incentive-Wettbewerbs – soll in exklusivem Rahmen und in exotischer Umgebung ein kurzes, aber fachlich hochqualifiziertes Seminar zu aktuellen Themen und zu einem neuen Konzept zukünftiger Marktbearbeitung geboten werden. Für dieses Seminar steht ein halber Tag zur Verfügung. Eine gute Ausgewogenheit zwischen fachlichen und touristischen Programmelementen bei der Konzeption der Reise ist zu beachten. Die Siegerehrung der Wettbewerbsgewinner soll in einem würdigen Rahmen stattfinden, unter der Devise: besondere Leistungen werden bei der Firma „XYZ" besonders gewürdigt. Die Auswahl von Hotels, Exkursionen und allen übrigen Programmhöhepunkten hat dieser Prämisse Rechnung zu tragen.

Das Reiseprogramm soll keinen typisch touristischen Charakter haben, es muß in allen Punkten die Exklusivität der gesamten Incentive-Aktion unterstreichen. Trotzdem sollen einige besonders interessante touristische und kulturelle *highlights* in besonders attraktiver Form in das Programm eingebaut werden. Darüber hinaus soll – dem Durchschnittsalter und den besonderen Interessen des Teilnehmerkreises angepaßt – genügend freie Zeit für eventuelle eigene Aktivitäten zur Verfügung stehen.

Die voraussichtliche Teilnehmerzahl wird bei ca. 30 Mitarbeitern mit ihren Partnern liegen. Dazu kommen fünf Mitglieder der Geschäftsleitung mit Partnern, es ist also mit 70 Personen in 35 Doppelzimmern zu rechnen. Als Reisetermin ist vorgesehen: Hinflug: Donnerstag, Rückflug: Montag. Dadurch kann der preisgünstige IT-Tarif in Anspruch genommen werden.

11.5.3 Kalkulation für die Incentive-Reise nach Kairo

(Preise anteilig pro Person in €; * Spezialtarif auf Verhandlungsbasis)

1. Tag:	• Begrüßungsdrink am Abflugate im Flughafen München	8,00
	• Flug München-Kairo-München (IT)*	523,00
	• Begrüßungsdrink bei Ankunft in Kairo	15,00
	• Bustransfer zum Hotel	10,00
	• Empfang/Begrüßung vor dem Hotel durch Tänzer etc.	13,00
	• 4 Übernachtungen im Hotel Marriott im Doppelzimmer mit Frühstück pro Person*	225,00
	• *Welcome cocktail*	10,00
	• Gastgeschenk Galabeya auf Zimmer	38,00
	• Blumenstrauß und Obstkorb im Zimmer	8,00
	• Dinner im Gezira-Grill	30,00
	• Getränke zum Dinner	10,00
	• *Drink* im Garten	10,00

2. Tag:	• Besichtigungsfahrt durch Kairo	20,00
	• Mittagessen „Arabesque" inkl. Getränke	33,00
	• Ägypt. Museum + Empfang/Direktor	16,00
	• „Key of Life" in Silber mit Gravur	18,00
	• *Dinner* auf der Hotelterrasse	26,00
	• Getränke zum *dinner*	10,00
3. Tag:	• Seminar (Tagungsraum + Technik, *lunch*) bzw. Partnerprogramm inkl. *lunch* (gleicher Preis)	31,00
	• Bus für Transfers	5,00
	• Abend-Galainner auf Nil-Schiff	82,00
	• Getränke dazu	15,00
4. Tag:	• Ausflug Pyramide + Zeltfrühstück	77,00
	• Mittagessen inkl. Getränke	26,00
	• Mena-House Galadinner inkl. Getränke + sound-and-light show an der Sphinx + night-club	205,00
	• Bus für Transfers	8,00
5. Tag:	• Transfers zum Flughafen Kairo	10,00
	• anteiliger Pauschalbetrag für Trinkgelder	50,00
	• Reserve für diverse Auslagen	104,00
Gesamtpreis pro Person:		**1.636,00**

11.5.4 Szenario für die Incentive-Reise nach Kairo für die Top-Verkäufer der Firma „XYZ"

1. Tag:

Individuelle Anreise der Teilnehmer nach München. Treffpunkt am Flughafen München bei dem speziell eingerichteten Sonder-Abfertigungsschalter der Firma „XYZ".

- Begrüßung durch einen „XYZ" Betreuer, Assistenz beim *check-in*.
- Begrüßungsdrink am Abfluggate.
- Gemeinsamer Flug München-Kairo.

Nach der Ankunft in Kairo: Paß-, Zoll- und Gepäckabfertigung und Gepäcktransport zum Hotel durch die incoming-Agentur in Kairo.

- In der Zwischenzeit: Begrüßung der Teilnehmer im VIP-Raum.
- Transfer mit Sonderbus zum Luxushotel Marriott.
- Vor dem Hotel: Begrüßung durch Tänzer, Feuerschlucker und Blumenmädchen.
- Zimmerverteilung und Schlüsselausgabe beim „XYZ"-*hospitality-desk*.

Auf jedem Zimmern liegt ein Begrüßungsbrief und für jeden Teilnehmer eine original-ägyptische Galabeya als Willkommensgeschenk, ein Blumenstrauß und ein Früchtekorb sowie zwei bereits frankierte Ansichtskarten von Kairo.

- *Dinner* im Gezira-Grill des Hotels.

Nach dem Abendessen trifft man sich im herrlichen Garten des Hotels unter rauschenden Palmen zu einem kleinen „Gute-Nacht-Drink".

Incentive-Reisen

2. Tag:
- Nach dem reichhaltigen Frühstück Besichtigungsfahrt durch Kairo (Mohammed Ali Moschee, Zitadelle, Khan el Kalil Basar).
- Mittagessen im Restaurant „Arabesque", einer kulinarischen Spitzenadresse der *haute cuisine* in Kairo.
- Nachmittags Besuch des Ägyptischen Museums, Empfang und Führung durch den Museumsdirektor, der zum Abschied jedem unserer Gäste den persönlichen „Key of Life" in Silber, mit eingraviertem Namen in Hyroglyphenschrift, als Andenken überreicht.
- Rückfahrt zum Hotel. Rest des Nachmittags frei.
- Abends: *dinner* auf der Hotelterrasse, mit Blick auf den Park.

3. Tag:
- Nach dem Frühstück: Seminar in einem der Salons des Hotels, „*business lunch*".
- Parallel dazu: Partnerprogramm. Unterwegs Mittagsimbiß.
- Nachmittags, gemeinsam mit den Ehepartnern: Ehrung und Auszeichnung der Sieger durch das Top-Management der Firma „XYZ".
- Rest des Nachmittags zur freien Verfügung. Vielfältige Sportmöglichkeiten. *Swimming pool*, Sauna, *whirlpool*, Tennis, Boccia etc.
- Abendkreuzfahrt mit festlichem Dinner auf einem Nilschiff, mit Musik und Folklore*show*.

4. Tag:

Früh am Morgen treffen sich unsere Gäste nach einem raschen kleinen Frühstück, alle gekleidet in die lange Galabeya, in der Hotelhalle. Busfahrt zum Stadtrand. Dort stehen Pferdekutschen, farbenprächtig gesattelte Kamele und feurige Araberpferde für den Ausflug in die Wüste bereit. Majestätisch zieht die „XYZ"-Karawane durch die Wüste zu den Pyramiden. Auf einer hohen Sanddüne ist ein Beduinenzelt errichtet, nach einer Seite offen, mit herrlichem Blick auf die Pyramiden. Ein Superbuffet mit exotischen Früchten, Säften, Kaffee, Champagner und allem, was das Herz begehrt, steht bereit.

- Besichtigung der Pyramiden und der ägyptischen Sphinx mit geschichtskundigen Führern.
- Mittagessen in einem typischen arabischen Restaurant. Nach dem Essen Rückfahrt zum Hotel.
- Nachmittags frei.

Abends Busfahrt zum Mena-House Oberoi, einem zum Luxushotel umgebauten Palast am Rande der Wüste, in unmittelbarer Nähe zu den Pyramiden. Empfang durch Fackelträger, Kamelreiter und Tänzer. Auf der Terrasse ist für das Abschieds-GalaDinner eine festliche „XYZ"-Tafel gedeckt. Nach dem Cocktail erleben die Gäste die eindrucksvolle „sound-and-light-show" vor den Pyramiden. An das Dinner schließt sich – um die „1001-

Nachtstimmung" nicht abflauen zu lassen – ein phantastisches Programm im Abu-Nawas-night-club an, mit exotischen Bauchtanznummern und vielen anderen Höhepunkten. In dieser besten Show Kairos ist der ganze Zauber des Orients eingefangen.

5. Tag: Rückreise nach Deutschland.

12
Marktforschung

Jörn W. Mundt

12.1 Was ist Marktforschung?

MARKTWIRTSCHAFT ZEICHNET SICH DADURCH aus, daß nicht auf Bestellung, sondern im Prinzip spekulativ auf einen erwarteten Bedarf hin produziert wird. Der Unternehmer erfährt nicht direkt, was seine Kunden an Wünschen und Bedürfnissen haben, sondern nur indirekt über seine Verkaufszahlen. Diese Zahlen haben den Nachteil, daß sie erst vorliegen, wenn das Produkt oder die Dienstleistung auf dem Markt sind, also bereits beträchtliche Mittel in Entwicklung, Herstellung und Vertrieb investiert worden sind. Unternehmen müssen deshalb das Risiko einer Fehlentscheidung so gering wie möglich halten. Bevor sie grundlegende Produktentscheidungen treffen, möchten sie daher möglichst genau wissen, welche Bedürfnisse der Markt hat, wie sie sich entwickeln werden (**Absatzmarktforschung**) und wie sich die Mitbewerber verhalten (**Konkurrenzanalyse**).

Die Wettbewerbsfähigkeit eines Reiseveranstalters hängt auch von seinem Geschick ab, möglichst preisgünstige und absetzbare Leistungen einzukaufen. Dies setzt voraus, daß man das Angebot auf dem Beschaffungsmarkt detailliert ermittelt und bewertet (**Beschaffungsmarktforschung**).

Marktforschung soll also generell eine größere Transparenz der Märkte herstellen, in denen ein Unternehmen als Käufer oder Verkäufer tätig ist, um Unternehmensentscheidungen auf eine solide Informationsgrundlage zu stellen und die Wahrscheinlichkeit von Fehlentscheidungen zu minimieren. Sie versucht somit, Märkte zu beschreiben, voneinander abzugrenzen und die auf ihnen handelnden Akteure unter verschiedenen Aspekten ihres Handelns und Reagierens zu erfassen und zu analysieren.

Darüber hinaus ist es Aufgabe der Marktforschung, die Effektivität von Marketingmaßnahmen zu untersuchen, so zum Beispiel der Kataloggestaltung, des Internetauftritts, der Werbung oder des Direktmarketing. Auch wenn manche Autoren deshalb in diesem Zusammenhang von **Marketingforschung** sprechen und sie damit von Marktforschung abzugrenzen versuchen, wird hier nur generell von Marktforschung unter verschiedenen Aspekten die Rede sein. In der Praxis spielt diese Differenz praktisch keine Rolle, da Markt- und Marketingforschung in den meisten Unternehmen weder organisatorisch noch personell voneinander getrennt sind und auch Marktforschungsinstitute in diesem Sinne sowohl Markt- als auch Marketingforschung betreiben.

Neben der Auswertung von **amtlichen Statistiken** und von Daten, die bei der Bearbeitung von Anfragen, Aufträgen bzw. Buchungen automatisch innerhalb des Unternehmens anfallen, bedient sich Marktforschung der Methoden **empirischer Sozialforschung**. Zu ihnen gehören...

- Umfragen
- Beobachtungen
- Experimente
- Gruppendiskussionen
- Tests
- Inhaltsanalysen

Welche dieser Methoden eingesetzt wird, hängt von der jeweiligen Fragestellung und vom Marktforschungsetat ab.

12.2 Warum Marktforschung bei Reiseveranstaltern?

Veranstalterreisen sind das Versprechen gebündelter Dienstleistungen für einen festgelegten Zeitraum. Beförderung, Transfers, Unterkunft und Verpflegung müssen deshalb für diesen Zeitraum reserviert bzw. eingekauft werden. Wenn das Angebot des Reiseveranstalters für den geplanten Zeitraum nicht gebucht wird, verfällt es. Denn anders als Konsumgüter können Dienstleistungen nicht gelagert und damit noch einmal angeboten werden. Alles, was an Zeit und Geld in dieses Angebot investiert wurde, ist mit einem Schlag verloren, wenn der Platz im Bus oder im Flugzeug zu dem angebotenen Termin leer bleibt.

Traditionelle Veranstalterreisen werden zwischen einem halben und einem Jahr vor der Veröffentlichung des Kataloges konzipiert (siehe Kapitel 3). Zwischen der ersten Entscheidung über die Reisen (ihre Ziele, ihre Dauer, die Qualität des Hotelangebotes usw.) und ihrem Angebot auf dem Markt liegt damit eine sehr lange Zeit, die manchmal erhebliche Risiken für das Reiseunternehmen in sich birgt. Hinzu kommt, daß der Katalog selbst für etwa ein halbes Jahr die Angebotsgrundlage des Veranstalters ist, mit der er auf dem Markt bestehen muß. Damit können einmal getroffene Entscheidungen einen Reiseveranstalter mehr als 1½ Jahre binden.

Etwas anders sieht es bei Reisen aus, die erst auf Anfrage eines Kunden hin entweder aus eigenen Inventaren oder im direkten Zugriff auf Datenbanken von Leistungsträgern *online* zusammengestellt werden (*dynamic packaging*; Weithöner & Goecke 2010, S. 123). Hier fällt in der Regel nicht nur das Risiko für den Veranstalter weitaus geringer aus, er erhält mit jeder Anfrage auch wertvolle Informationen über Kundenwünsche, die er auswerten und bei seiner weiteren Planung berücksichtigen kann.

Auch wenn bei den traditionellen Veranstalterreisen durch entsprechende Verträge mit Leistungsträgern ein Teil des damit verbundenen Risikos abgewälzt werden kann (siehe ebenfalls Kapitel 3) oder man – wie bei Studienreisen – das Risiko durch die Festlegung von Mindestteilnehmerzahlen mindert (wie bei spezielleren Studienreisen üblich; siehe Kapitel 8), geht der Reiseveranstalter hier ein gewisses Wagnis ein, denn auch seine Personal- und Investitionsplanung muß sich nach den erwarteten und geplanten Reisen richten. Entwickelt sich die Nachfrage anders als bei der Planung angenommen, muß er die finanziellen Konsequenzen dafür alleine tragen. Deshalb möchte man das Risiko natürlich so klein wie möglich halten.

Vor der Planung ist es deshalb wichtig, ein möglichst umfassendes Bild von der **wahrscheinlichen Entwicklung des Marktes** für die Dauer des Planungszeitraumes zu bekommen. Dazu ist es in einem ersten Schritt notwendig, nicht nur die jetzige Situation zu kennen, sondern darüber hinaus auch noch die Entwicklung, die dazu geführt hat, um zumindest teilweise auch Schlußfolgerungen über die den Markt beeinflussenden Faktoren und ihre Wirkung zu ermöglichen (vgl. Abschnitte 3.3.1 ff.).

Meist können Marktforscher ziemlich genau sagen, warum ein bestimmtes Produkt, eine Reiseart oder ein Zielgebiet in einer Saison nicht den Verkaufserwartungen des Unternehmens entsprochen haben – bloß leider erst hinterher. Wenn man oft auch mit Marktforschung erst klüger ist, wenn die Saison vorbei ist – warum betreibt man trotzdem Marktforschung und gibt erhebliche Mittel dafür aus?

Zum einen kann man aus den Erfahrungen der Vorjahre lernen, wenn man sie bewußt aufnimmt und verarbeitet, zum anderen hat Marktforschung den großen Vorteil, daß man gezwungen wird, **systematisch** vorzugehen und die Situation des Unternehmens und seine Probleme am Markt genau zu bestimmen. Hierbei tritt dann oft schon ein Effekt ein, den jeder von uns in seinem Alltagsleben bereits kennenlernte, als er mit einem Problem (zu dem gehört, daß man die Methode zu seiner Lösung erst noch finden muß) nicht weiterkam: Allein die Tatsache, daß man jemandem das **Problem** erklären mußte, weil man seine Hilfe brauchte, hat oft, wenn nicht die Lösung, so doch den Weg dazu frei gemacht. Wenn man nämlich dazu angehalten wird, ein Problem so genau zu definieren und abzugrenzen, also systematisch anzugehen, reduziert es sich oft zur **Aufgabe** (bei ihr steht die Bearbeitungsmethode fest), wenn damit die Lösung bzw. der Lösungsweg klar wird. Ohne die systematische Bearbeitung von Marktproblemen wäre das Finden von Lösungen also eher zufällig.

Durch Marktforschung wird man gezwungen, seine Annahmen zu formulieren, Daten für ihre Bestätigung oder ihre Zurückweisung zu finden und die verschiedenen Marketinginstrumente hinsichtlich ihrer Wirksamkeit zu untersuchen und zu beurteilen. Allein dies ist ein wichtiger Grund, der für Marktforschung spricht.

Darüber hinaus legt der Begriff des Marketing die **Marktorientierung** bereits bei der **Produktkonzeption** nahe: Produkte sollen so entworfen werden, daß sie bestehende, aufkommende oder antizipierte Marktbedürfnisse befriedigen (vgl. Kapitel 13). Das gilt vor allem, aber nicht nur, für die Entwicklung innovativer Produkte: Sie bedienen **Zukunftsmärkte**, über die deshalb auch noch keine „harten" Marktdaten (zum Beispiel über verkaufte Einheiten und akzeptierte Preise) vorliegen können. Marktforschung hat hier die Funktion, die **latenten Bedürfnisse** für neue Angebote zu identifizieren, aus denen dann die Produktkonzeption abgeleitet werden kann. Wirklich **innovative Produkte** gibt es allerdings nur wenige auf dem Reisemarkt: In den letzten Jahrzehnten wären hier nur die Ferienwohnung, der Cluburlaub, seine Übertragung auf Kreuzfahrten, und die Bungalowparks zu erwähnen, in den USA vielleicht noch die Kurzkreuzfahrten, die *shows* und Spielkasinos auf die Schiffe gebracht haben.

In der Regel geht es aber gar nicht um revolutionär neue Konzepte, sondern um die Ermittlung der Vorstellungen und Bedürfnisse potentieller und die Erfahrungen bereits bestehender Kunden, die zur Optimierung bereits bestehender Reiseangebote wichtig sind und damit über Erfolg oder Mißerfolg eines Unternehmens entscheiden können.

Ein weiterer Grund für das Betreiben von Marktforschung bei Reiseveranstaltern liegt in der Nutzung von Methoden des Ertragsmanagements (*yieldmanagement*). Zunächst eingeführt von großen Fluggesellschaften und Hotels (Zehle 1991) spielt dieses auch „kontingentierte Preisdifferenzierung" (Kirstges 1992 b, S. 22) genannte Verfahren bei Reiseveranstaltern eine zunehmend größere Rolle. Dazu gehören als einfaches Beispiel auch *last minute*-Angebote, mit denen Überkapazitäten über die drastische Verminderung des Preises verkauft werden. Voraussetzung für den erfolgreichen Einsatz solcher Verfahren ist, daß man das Buchungsverhalten der Kunden kennt und kontinuierlich überprüft, um die geplanten Maßnahmen zum richtigen Zeitpunkt ergreifen zu können (vgl. ausführlich dazu Kapitel 14).

12.3 Welche Informationen braucht ein Reiseveranstalter?

Ein Reiseveranstalter muß nicht nur die Bedürfnisse und Wünsche der angezielten Gästegruppe, er muß auch seine Konkurrenz kennen, gegen deren Angebote er sich durchsetzen muß. Die (potentiellen) Reisegäste sind in der Regel nicht an einen Veranstalter gebunden, sondern suchen sich die ihnen zusagen-

Marktforschung 431

den Angebote bei verschiedenen Reiseveranstaltern. Marktforschung muß also beide Seiten des Marktes, die Nachfrage und das Angebot, im Blick haben.

Die grundlegendsten Fragen der Marktforschung für ein Reiseunternehmen visualisiert Abbildung 12.1 Die Informationen zu den in der Abbildung genannten Fragen müssen kontinuierlich erhoben werden, denn nicht nur das eigene Unternehmen kann seine Angebote verändern, das gleiche gilt auch für die Konkurrenz. Wenn die Mitbewerber ihre Reiseangebote verbessern (zum Beispiel durch mehr Wahlmöglichkeiten zwischen Hotels verschiedener Kategorien und Lagen an einem Urlaubsort oder durch niedrigere Preise), dann werden die Kunden das eigene Unternehmen mit gleichbleibendem Angebot vor diesem Hintergrund ganz anders wahrnehmen als vorher. Umgekehrt ist es das Bestreben des Veranstalters, sich durch bedürfnisgerechtere Angebote für seine Zielgruppe(n) Wettbewerbsvorteile gegenüber den Mitbewerbern am Markt zu verschaffen.

Abbildung 12.1: Marktforschung im strategischen Dreieck

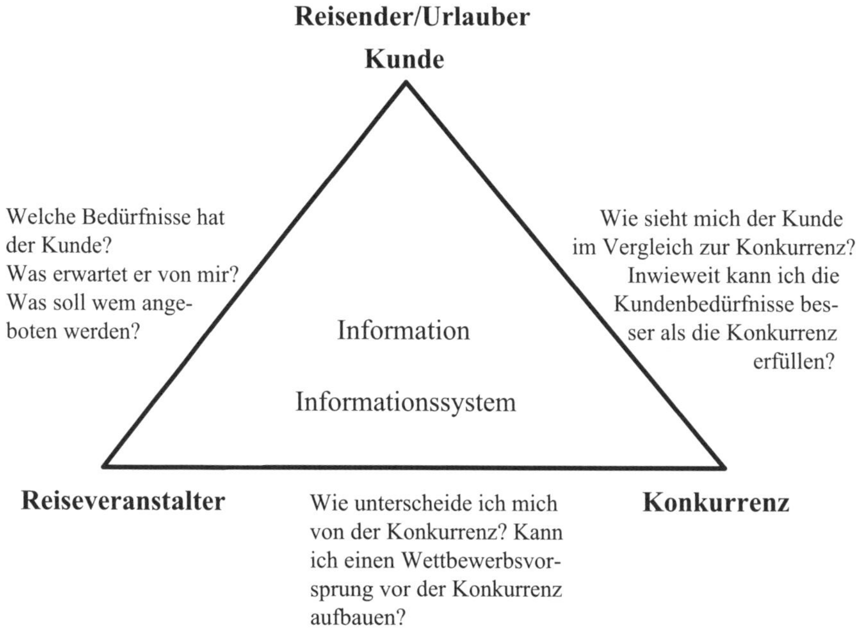

Reisender/Urlauber
Kunde

Welche Bedürfnisse hat der Kunde?
Was erwartet er von mir?
Was soll wem angeboten werden?

Wie sieht mich der Kunde im Vergleich zur Konkurrenz? Inwieweit kann ich die Kundenbedürfnisse besser als die Konkurrenz erfüllen?

Information
Informationssystem

Reiseveranstalter Wie unterscheide ich mich von der Konkurrenz? Kann ich einen Wettbewerbsvorsprung vor der Konkurrenz aufbauen? **Konkurrenz**

Quelle: Wöhler 1992, S. 107

Die Daten, die ein Reiseveranstalter zur Beantwortung dieser Fragen benötigt, sind teilweise im Unternehmen selbst vorhanden bzw. können dort erhoben werden, zum anderen beziehen sie sich auf die Umwelt, in der das Unternehmen tätig ist.

Bei der Buchung einer Reise fallen im Reiseunternehmen automatisch viele Informationen über die Kunden an. Buchungszeitpunkt, Buchungsort, Reiseziel, Reisezeitpunkt, Reisedauer, Reisebegleitung, Art der Transportleistung, Hotelkategorie, Zusatzleistungen usw. – dies alles sind Kundendaten, über die ein Reiseveranstalter verfügen muß, um die gebuchten Reisen abwickeln zu können. Gleichzeitig sind es aber auch Informationen, die viel über das Nachfrageverhalten der Kunden aussagen – sie müssen dazu nur entsprechend aufbereitet werden. Alle größeren Reiseveranstalter verfügen deshalb in der Regel über Statistiksysteme, mit denen sie diese unternehmensbezogenen, **ökoskopischen Daten** laufend auswerten. Es gibt allerdings auch Ausnahmen von Veranstaltern, die sich offensichtlich nicht bewußt sind, welche wichtigen Marktinformationen bereits in ihrem eigenen Haus vorhanden sind, die nur ausgewertet und für Entscheidungssysteme genutzt werden müssen (vgl. Kapitel 14).

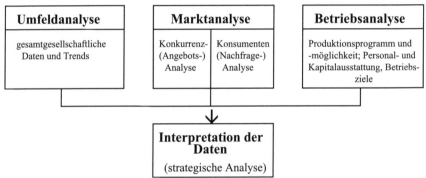

Abbildung 12.2: Informationsbedürfnisse von touristischen Unternehmen

Quelle: Freyer 1995, S. 236 (Ausschnitt)

Damit kann aber nur ein Teil der Nachfrageanalyse abgedeckt werden, denn die Daten aus dem eigenen Unternehmen sagen wenig über den Gesamtmarkt aus. Deshalb benötigt man in der Regel weitere Informationen über die Entwicklung der Nachfrage. Diese Daten möglichst kostengünstig zu beschaffen, ist eine der wichtigsten Aufgaben der Marktforschung in einem Reiseunternehmen.

Der größte Teil der Marktforschung – das ist im Reisesektor nicht anders als in anderen Branchen – ist **deskriptive Marktforschung**. Sie beschäftigt sich mit der Erfassung, Abgrenzung und Beschreibung der Märkte und ist eine der diffizilsten Aufgaben der Marktforschung. Welche Schwierigkeiten es macht, die Anbieterseite des Marktes einigermaßen exakt zu erfassen, ist bereits in den Anfangskapiteln deutlich geworden.

Die Marktbeschreibung und -abgrenzung ist nicht nur Voraussetzung für Prognosen, sondern eine wichtige Grundinformation für jedes Unternehmen, das diese Daten zur Einschätzung der eigenen Situation benötigt.

Marktforschung 433

Beispiele: Nehmen wir an, ein Reiseveranstalter hatte in diesem Jahr ein Buchungswachstum von 10 Prozent gegenüber dem Vorjahr und der durchschnittliche Wert pro verkaufter Reise ist im gleichen Zeitraum um fünf Prozent gestiegen. Hat das Unternehmen gut gearbeitet? Oder ist der gleiche Reiseveranstalter vielmehr im vorvorletzten Jahr besser gewesen, als er um fünf Prozent weniger Reisen als im Jahr davor verkaufte und dabei nur einen durchschnittlichen Erlös pro Reise erwirtschaften konnte, der um drei Prozent unter dem des Vorjahres lag?

Da möchte jeder gerne mal hin – aber wer wird es wann und zu welchem Preis tun?

Ohne Daten über die Entwicklung des Gesamtmarktes lassen sich diese Fragen nicht beantworten. Wenn nämlich das Marktwachstum im ersten Fall bei 15 Prozent und die durchschnittlichen Einnahmen pro Reise um acht Prozent über denen des Vorjahres lagen, dann hat der Veranstalter nur unterdurchschnittlich am Marktwachstum partizipiert und er muß sich fragen, welche Gründe für sein schlechtes Abschneiden verantwortlich sind. Lag im zweiten Beispiel dagegen die Schrumpfung des Gesamtmarktes bei 10 Prozent gegenüber dem Vorjahr und wurden pro verkaufter Reise im Schnitt fünf Prozent weniger eingenommen, dann hat man ein deutlich besseres Ergebnis geschafft, als die meisten Mitbewerber und hat sogar noch Marktanteile hinzugewonnen.

Ein Reiseunternehmen kann seine Stellung am Markt und die Effektivität seines Managements und seiner Marketingmaßnahmen also erst bewerten, wenn es die Daten für die Entwicklung des Gesamtmarktes vorliegen hat.

Wer den Wirtschaftsteil einer Zeitung liest, muß davon ausgehen, daß die Märkte genau bestimmt und voneinander abgegrenzt sind. Es wird der Eindruck vermittelt, als wären die Marktgrößen so selbstverständlich bekannt, wie etwa die Größe und Struktur des Kraftfahrzeugmarktes, der durch die gesetzliche Meldepflicht aller Neuzulassungen, Um- und Abmeldungen von

Automobilen exakt erfaßt wird.[1] Für fast alle anderen Märkte existiert jedoch keine Meldepflicht, entsprechend ungenau müssen dort die Schätzungen über Nachfrage- und Absatzgrößen ausfallen. Das gilt auch für den Pauschalreisemarkt. Wenn keine Lizensierung wie bei den Flugpauschalreisen in Großbritannien durch die Luftfahrtbehörde (CAA) verlangt wird, die, wie international bei der Zulassung einer Fluggesellschaft üblich, auch die wirtschaftliche Situation der Reiseveranstalter regelmäßig prüft, gibt es auch keine absolut zuverlässigen Daten über diesen Markt. In den meisten Ländern ist man deshalb auf Schätzungen angewiesen, die auf (zum Teil amtlichen) **Zählungen** oder auf **demoskopischen Daten** beruhen, die durch bevölkerungsrepräsentative Erhebungen gewonnen werden.

Ein nicht zu unterschätzendes Problem liegt dabei in der **Definition der Pauschalreise**. Rechtlich läßt sie sich zwar relativ genau definieren (vgl. Kapitel 6), aus der Sicht eines Veranstalters, der zum Beispiel nicht nur Ferienwohnungen mit eigener Anreise anbietet, sondern auch Einzelplätze auf Charterflügen vermarktet, handelt es sich jedoch jeweils um ganz andere Produkte. Zudem verstehen Kunden unter Pauschalreisen in der Regel die „klassische" Kombination aus Transport, Transfer und Hotelleistungen. Daß auch die Buchung eines Ferienhauses aus dem Katalog eines Veranstalters und die Buchung eines Fluges bei einem Veranstalter (*seat only*) dazugehört, ist den meisten nicht bewußt. Diese Problematik muß man vor Augen haben, wenn im Folgenden kurz einige wichtige Datenquellen für die touristische Marktforschung vorgestellt werden.

12.4 Amtliche Statistiken und Zählungen

Auf ihren Internetseiten veröffentlicht die **Welttourismusorganisation (UNWTO)** (www.unwto.org), eine Unterorganisation der Vereinten Nationen, in regelmäßigen Abständen den (allerdings kostenpflichtigen) ‚UNWTO World Tourism Barometer' mit Daten zur Entwicklung des Tourismus in mehr als 200 Ländern und Territorien (wie zum Beispiel Guam, Honkong, Macau) über die man sich über weltweite Trends im Tourismus orientieren kann. Darüber hinaus werden Ankunftsstatistiken in ihrem regelmäßig erscheinenden *Yearbook of Tourism Statistics* veröffentlicht. In dieser Veröffentlichung sind für u.a. folgende Informationen enthalten:

- Ankünfte ausländischer Besucher an den Grenzen;
- Ankünfte von ausländischen Besuchern in Hotels und ähnlichen Beherbergungsbetrieben;
- Ankünfte in allen Beherbergungsbetrieben;

---

[1] Aber selbst hier gibt es über die sogenannten Tageszulassungen die Möglichkeit der Manipulation von Marktgrößen und vor allem -anteilen.

Marktforschung 435

- Übernachtungen ausländischer Besucher in Hotels und ähnlichen Beherbergungsbetrieben;
- Übernachtungen ausländischer Besucher in allen Beherbergungsbetrieben;
- Ankünfte ausländischer Besucher mit dem Flugzeug;
- Ankünfte ausländischer Besucher mit dem Schiff (für Küstenstaaten);
- Ankünfte ausländischer Touristen im Straßenverkehr;
- Ankünfte ausländischer Besucher mit der Eisenbahn.

Veranstalterreisen haben aber nicht nur Ziele im Ausland, ein nicht unbedeutender Teil geht auch ins Inland. Deshalb spielen auch die vom **Statistischen Bundesamt** (www.destatis.de) bzw. die von den jeweiligen Landesämtern ermittelten Daten der **Beherbergungsstatistik** eine wichtige Rolle in der Marktforschung von Reiseveranstaltern. Erfaßt werden dabei die

- Zahl der Gästeankünfte;
- Zahl der Gästeübernachtungen;
- Zahl der Gästebetten in den Beherbergungsstätten.

Allerdings werden diese Daten in Deutschland seit den 1980er Jahren nur noch in Betrieben mit mehr als acht Gästebetten erhoben, alle kleineren Betriebe fallen unter die sog. **Abschneidegrenze**. Ein weiteres Problem liegt darin, daß – vorausgesetzt, die Zahlen werden von den Betrieben korrekt gemeldet – zwar die Zahl der Übernachtungen in einer Region richtig erfaßt wird, nicht aber die der Gäste. Ein Gast, der sich zum Beispiel auf einer Rundreise befindet, kann in einer größeren Region mehrere Beherbergungsbetriebe in Anspruch nehmen und wird damit bei seiner Ankunft jedesmal neu gezählt.

Angaben über die Entwicklung von Flugreisen finden sich in der ebenfalls vom Statistischen Bundesamt herausgegebenen **Luftverkehrsstatistik**. Für alle deutschen Verkehrsflughäfen wird u.a. die Zahl der gestarteten Flugzeuge und die Zahl der eingestiegenen Fluggäste erfaßt. Allerdings werden seit 1996 der Linien- und der Charterverkehr nicht mehr getrennt, so daß es hier zuweilen Probleme der Zuordnung der Passagierzahlen gibt. Statt dessen werden die Zielflughäfen erfaßt. Bei Reisezielen wie Palma de Mallorca, einem der Flughäfen auf den Kanaren oder Heraklion dürfte es kein Problem sein, bei Barcelona aber wird es schon ziemlich schwierig, weil dies zwar einer der Zielgebietsflughäfen für die Costa Brava ist, gleichzeitig aber auch der für eines der wirtschaftlichen Zentren Spaniens. Eine Unterscheidung von Ferien- und Geschäftsreiseflugverkehr ist damit praktisch unmöglich geworden.

Wie bei allen Statistiken liegt ein weiterer gravierender Nachteil zudem in der zeitlichen Verzögerung, mit der die Daten veröffentlicht werden. Die

Monatsberichte erscheinen frühestens ein halbes Jahr später, der Jahresbericht läßt meist noch länger auf sich warten. Damit sind diese Daten für die Marktforschung nur von eingeschränktem Nutzen.

12.5 Umfragen auf der Nachfrageseite

Bevölkerungsrepräsentative Umfragen sind, wie oben bereits erwähnt, praktisch die einzige Möglichkeit, mit der man die Marktgröße für Pauschalreisen erfassen kann. Dabei sind nur Stichprobenerhebungen möglich, eine Vollerhebung wäre weder finanziell noch organisatorisch möglich. Stichprobenerhebungen sind, wie die politische Marktforschung bei jeder Wahl mit der Wählernachfrage (*exit poll*) aufs neue wieder beweist, auch völlig ausreichend, um das tatsächliche Verhalten der Bevölkerung zu erfassen.

Die Qualität dieser Stichprobenerhebungen ist dabei von einer Reihe von Faktoren abhängig, die bei der Interpretation der Ergebnisse berücksichtigt werden müssen. Die Güte der ermittelten Daten hängt dabei sowohl von der

(1) Stichprobenqualität als auch
(2) von der Qualität des Befragungsinstrumentes ab.

(1) **Stichprobenqualität.** Sie wird bestimmt von der Sorgfalt der Stichprobenziehung und von der Größe der Stichprobe. Um eine repräsentative Auswahl der Grundgesamtheit (in der Regel die Wohnbevölkerung im Alter ab 14 oder 16 Jahren) zu bekommen, werden die Befragungspersonen nach dem Zufall bestimmt. Dabei muß jede Person aus der Grundgesamtheit die gleiche Chance haben, in die Stichprobe aufgenommen zu werden. Über entsprechende Zufallsalgorithmen kann eine solche Auswahl sowohl für persönliche *face-to-face* als auch für telephonische oder *online*-Befragungen hergestellt werden.

Allerdings sind für **Telephon-** und **Online-Befragungen** einige **Einschränkungen** zu machen: Immer mehr Haushalte verfügen nicht mehr über einen Festnetzanschluß und benutzen statt dessen ausschließlich Mobiltelephone, für die es keine Verzeichnisse gibt. Zwar sind auch ca. ein Fünftel der Festnetzanschlüsse auf Wunsch der Teilnehmer nicht im Telephonbuch verzeichnet, aber durch das Weglassen der letzten beiden Ziffern der Telephonnummern, die dann nach einem Zufallsalgorithmus dazugelost werden, können auch diese Anschlüsse erreicht werden. Für Mobiltelephonnetze, die zudem noch von unterschiedlichen Unternehmen angeboten werden, kann diese Methode nicht angewendet werden. Bei *online*-Befragungen besteht nach wie vor das Problem, daß nur ca. 70 Prozent der Haushalte über einen Internetanschluß verfügen (Stand 2010) und es auch hier natürlich kein Verzeichnis zum Beispiel der E-Mailadressen gibt. Auch *online*-Stichproben können daher nur offline gezogen werden und sind dann logischerweise auch nur für Haushalte mit einem Internetanschluß repräsentativ. Daß diese Haushalte sich in bezug auf eine Reihe von Merkmalen von anderen unterscheiden, belegen empirische Vergleichsuntersuchungen (vgl. u.a Schoen 2004). Vor allem die offenen www-Umfragen, bei

Marktforschung

denen jeder mitmachen kann, der auf sie aufmerksam wird, erweisen sich aufgrund der Selbstselektion der Teilnehmer als völlig ungeeignet für die Ermittlung repräsentativer Daten. Nicht nur die Randverteilungen unterscheiden sich bei ihnen deutlich von repräsentativen Untersuchungen, auch die Zusammenhänge zwischen den Variablen fallen bei ihnen anders aus, verzerren also die tatsächlichen Wechselbeziehungen und Verknüpfungen in den Grundgesamtheiten (a.a.O.).

Von den ermittelten Merkmalswerten repräsentativer Zufallsstichproben kann man immer nur mit einer bestimmten Wahrscheinlichkeit auf die wahren Merkmalswerte der Grundgesamtheit schließen. Meist rechnet man mit einer Wahrscheinlichkeit von 95 Prozent bzw. einer Irrtumswahrscheinlichkeit von fünf Prozent. Darüber hinaus muß man den Stichprobenfehler (Konfidenzintervall) bei der Interpretation von Daten berücksichtigen. Dafür verwendet man die folgende Schätzformel:

$$t = \pm 1{,}96 \cdot \sqrt{\frac{p \cdot q \cdot 2}{n}}$$

Der Wert p ist der mit der Zufallsstichprobe ermittelte Prozentwert einer Variablen, $q = 100 - p$ und n ist die Anzahl der Befragten. 1,96 ist die Standardabweichung (z) der Standardnormalverteilung, mit der die x-Achse nach links und rechts abgegrenzt wird: Über dem Wert von $-1{,}96\,z$ und $+1{,}96\,z$ liegen 95 Prozent der Fläche der Standardnormalverteilung, respektive liegen links und rechts von diesen Begrenzungen zusammen fünf Prozent der Fläche. Verringert man die Irrtumswahrscheinlichkeit auf ein Prozent, muß der z-Wert entsprechend auf 2,57 erhöht werden und der Stichprobenfehler (= das Konfidenzintervall) wird entsprechend größer.

Beispiel: Wenn bei einer Befragung von 3.000 nach dem Zufall aus der Grundgesamtheit ausgewählten Personen ein Stichprobenwert von 50 Prozent für ein Merkmal ermittelt wird, liegt der wahre Wert dieses Merkmals in der Grundgesamtheit mit einer Wahrscheinlichkeit von 95 Prozent zwischen 47,5 und 52,5 Prozent. Das Konfidenzintervall hat also eine Größe von +/- 2,5 Prozentpunkten. Mit fünfprozentiger Wahrscheinlichkeit liegt er jedoch auch außerhalb dieses Intervalls, d.h. ober- oder unterhalb der Intervallgrenzen. Mit anderen Worten: Bei hundert Repräsentativbefragungen ist davon auszugehen, daß fünf aufgrund zufälliger Abweichungen Stichprobenergebnisse liefern, die außerhalb des Konfidenzintervalls liegen. Wenn ein Stichprobenergebnis in diesem Sinne also nicht stimmt, dann ist es nicht das mangelnde Können des Marktforschungsinstituts, sondern liegt in der wahrscheinlichkeitstheoretischen Natur der Sache begründet.

Diese Intervallgröße ist u.a. abhängig von der Stichprobengröße. Je größer die Stichprobe, desto kleiner wird das Intervall. Allerdings ist diese Beziehung – wie Abbildung 12.3 zeigt – nicht linear. Eine Verdoppelung der Stichprobengröße – und damit der Erhebungskosten – führt also nicht zu einer Verringerung der Größe des Konfidenzintervalls auf die Hälfte. Aus wirtschaftlichen Gründen muß man es sich daher vorab sehr genau überlegen, wie groß der maximale Stichprobenfehler für die gewünschten Ergebnisse und die darauf aufbauenden Interpretationen und Entscheidungen sein darf. Die Stichprobengröße wird jedoch nicht allein nach solchen Kriterien bestimmt, sondern auch nach den Analysen, die mit den Daten durchgeführt werden sollen. Wenn eine Untersuchung unter verschiedenen Aspekten detailliert ausgewertet werden soll, muß die Stichprobengröße ausreichend dimensioniert sein, um auch Untergruppen der Grundgesamtheit noch in ausreichenden Fallzahlen zu dokumentieren.

Abbildung 12.3: Die Abhängigkeit des Konfidenzintervalls von der Größe einer Zufallsstichprobe[1]

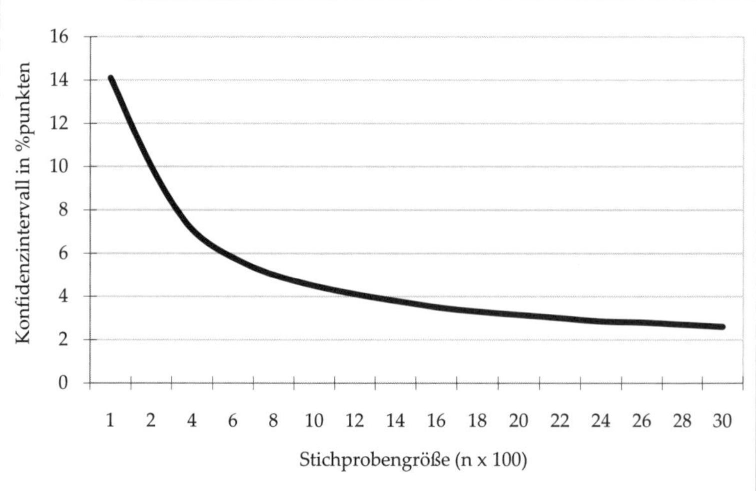

[1] maximaler Stichprobenfehler bei einer Irrtumswahrscheinlichkeit von fünf Prozent

Beispiel: Wenn man in einer Stichprobe mit 2.000 Befragten das Reiseverhalten der Frauen nach Schulbildung und Altersgruppen analysieren will, ist jede der Merkmalskombinationen im Schnitt nur noch mit 48 Personen besetzt. Erklärung: Von 2000 Befragten sind etwa die Hälfte weiblich, bleiben 1000. Von diesen haben wiederum grob gerechnet jeweils ein Drittel einen Haupt-, Real- oder Gymnasialabschluß, bleiben jeweils 333. Diese 333 Frauen können sieben Altersgruppen (14–19, 20–29, ..., 69–70, > 70 Jahre) angehören. Für weitergehende Analysen wäre eine solche Stichprobe also viel zu klein, wenn man davon ausgeht, daß für Prozentuierungen und darauf aufbauende Prozentwertvergleiche eine Mindestgröße von ca. 100 Fällen pro Zelle (hier: Einteilung von weiblichen Befragten in Altersgruppen) gegeben sein sollte.

(2) **Qualität des Befragungsinstrumentes**. Der Fragebogen, der für die Interviews verwendet wird, muß in Probeinterviews vor der eigentlichen Erhebung überprüft werden, um Mißverständnisse und mögliche weitere Probleme auszuschließen. Telephoninterviews sollten möglichst

nicht länger als fünfzehn Minuten in Anspruch nehmen, *face to face*-Interviews können zwar bis zu einer Stunde dauern, man muß sich aber darüber bewußt sein, daß die Qualität der Angaben mit zunehmender Interviewdauer abnimmt. Das gilt auch für den Zeitraum, auf den sich die Erhebung bezieht: Je länger eine Reise zurückliegt, desto größer wird der Erinnerungsverlust. Erfragt man also ein ganzes Jahr, dann können Reisen bis zu zwölf Monate zurückliegen – viele Menschen haben dann die eine oder andere Reise längst wieder vergessen. Je kürzer die Zeit zwischen der Reise und der Befragung, desto geringer wird dementsprechend auch der Erinnerungsverlust.

Sehr wichtig sind die regelmäßigen Befragungen, die von kommerziellen und nicht-kommerziellen Organisationen veranstaltet werden (für eine ausführliche Übersicht über alle Untersuchungen siehe Seitz & Meyer 2006, S. 147–193.). Die bekannteste Erhebung ist die von 1970 bis 1992 vom Studienkreis für Tourismus e.V. in Starnberg und ab 1993 von der Forschungsgemeinschaft Urlaub und Reisen (F.U.R, Kiel) durchgeführte **Reiseanalyse** (vgl. u.a. Lohmann 1998; www.fur.de). In ihr wird jährlich mit ca. 7.500 persönlichen Interviews das Urlaubsreiseverhalten der Westdeutschen untersucht, ab 1990 auch das der Bürger in den neuen Bundesländern. Erfaßt wurden dabei alle Urlaubsreisen mit einer Dauer von mindestens fünf Tagen. Das oben angesprochene Definitionsproblem der Pauschalreise wird dabei über drei Fragen gelöst, deren Antworten so miteinander kombiniert werden können, daß sich daraus die Art einer Reise ermitteln läßt (vgl. Mundt 2006, S. 31 ff.).

Die Stärke dieser Untersuchung liegt in der **qualitativ orientierten Fragestellung**, die sich nicht nur auf das „Mengengerüst" der Reisen beschränkt, sondern es wird auch ausführlich nach Reisemotivationen, Urlaubsaktivitäten, Reiseinformationsquellen, Reisezufriedenheit usw. gefragt. Dadurch eignet sie sich besonders für Zielgruppenbeschreibungen und -analysen und liefern wichtige Informationen für das Marketing von Reisen. Es gibt ein Grundfragenprogramm, das unverändert bleibt, und ein Schwerpunktprogramm, mit dem in längeren Zeitabständen bestimmte Themen aufgegriffen werden können. Daß nur einmal im Jahr gefragt wird, ist dagegen eine Schwäche der Reiseanalyse. Dadurch kommt es zu dem oben skizzierten *underreporting* von Reisen, d.h., die Anzahl der tatsächlich gemachten Reisen wird mit diesem Instrument unterschätzt.

Dieses Problem umgeht der 1988 von der IPK in München entwickelte **Deutsche Reisemonitor** dadurch, daß er über mittlerweile jährlich sechs Wellen repräsentative Bevölkerungsstichproben das Reiseverhalten der Deutschen ab 15 Jahren telephonisch erfaßt (vgl. Freitag 2008). D.h., es wird alle zwei Monate Wochen eine Telephonbefragung durchgeführt. Dadurch, daß sich

Auch face to face-Interviews können präzise und schnell durch Computer erfaßt werden

die Befragung auf den gleich langen Zeitraum vor der Befragung bezieht, besteht hier dafür u.U. aber die Gefahr des *over-reporting*.

Beispiel: Es wird nach den Reisen gefragt, die im März und April unternommen wurden. Obwohl die Abreise bereits am 27. Februar erfolgte und der Befragte deshalb keine im Zeitraum März – April begonnene Reise berichten könnte, wird die Reise trotzdem genannt, weil er entweder nicht zu den Nichtreisenden gehören will oder davon ausgeht, im März ja verreist gewesen zu sein, obwohl der Beginn der Reise im Vormonat lag. Diese Reise wurde aber bereits mit der davorliegenden Befragungswelle erfaßt.

Der Deutsche Reisemonitor steht in Zusammenhang mit dem **World Travel Monitor**, der in mehr fast 80 Ländern, davon 36 europäischen, regelmäßig durchgeführt wird. In allen diesen Ländern wird von verschiedenen nationalen Instituten der gleiche Fragebogen in der jeweiligen Landessprache eingesetzt, so daß die Ergebnisse weitgehend vergleichbar sind. In vielen dieser Länder liegt die Telephondichte jedoch unter 90 Prozent, so daß hier ebenfalls *face-to-face*-Interviews durchgeführt werden müssen. Dies schränkt jedoch die Vergleichbarkeit der Ergebnisse der einzelnen Länder ein, weil unterschiedliche Befragungsmethoden auch Differenzen bei den Ergebnissen zur Folge haben.

Im Vordergrund dieser Erhebungen stehen aufgrund der Themeneinschränkung durch telephonische Interviews (nur relativ kurze Interviewdauer und keine visuellen Stimuli möglich) die Volumina der Reisemärkte und die technischen Charakteristika (Reiseanlässe, Ziele, Verkehrsmittel der gemachten Reisen, Beherbergung etc.). Der Schwerpunkt dieses Instrumentes liegt also auf der **quan-**

Marktforschung

titativen Erfassung des Reisemarktes. Es geht primär um das obenerwähnte „Mengengerüst". Dazu gehören neben der Zahl der Reisen ins In- und Ausland u.a. die Reiseintensität, Reisedauer, Reisezeitpunkte, Reiseziele, Reiseanlässe, Reiseorganisation (zum Beispiel Pauschalreise), Verkehrsmittel, Unterkunft und Reiseausgaben. Dabei werden alle Reisen mit mindestens einer Übernachtung erfaßt, d.h. also auch Geschäftsreisen und private Kurzreisen. Mit diesen Daten lassen sich Marktgrößen einzelner Reisesegmente gut abbilden. Wären diese Daten öffentlich zugänglich, könnte man damit zum Beispiel die Marktanteile der Reiseveranstalter, die sich mit den verfügbaren Daten nur unzulänglich schätzen lassen (vgl. Abschnitt 1.7.1), relativ präzise bestimmen.

Trotz dieser Einschränkungen, die ihre Ursache in unterschiedlichen Telephondichten und Marktgrößen haben (in Ländern mit geringer Reiseintensität lohnen sich Mehrfachbefragungen nicht), liefert der Travel Monitor auch wertvolle Informationen über das Reiseverhalten der Europäer, die über amtliche Statistiken und Zählungen nicht erhältlich sind.

Bei diesen Erhebungen handelt es sich um **Beteiligungsuntersuchungen**, d.h., verschiedene Unternehmen und Organisationen beteiligen sich an den Kosten für die Untersuchung und beziehen gemeinsam die Ergebnisse. Dadurch können die Kosten der Untersuchung für die beteiligten Unternehmen in einem vertretbaren Rahmen gehalten werden. Trotzdem können sich in der Regel nur größere Veranstalter diese Daten leisten. Deshalb hat die Forschungsgemeinschaft Urlaub + Reisen die Tradition der Kurzfassungen der Reiseanalyse des Studienkreises für Tourismus wiederaufgenommen und veröffentlicht die wichtigsten Eckdaten ihrer jährlichen Untersuchung zu einem allgemein erschwinglichen Preis.

Online-**Befragungen**, bei denen Stichproben per E-Mail oder über das Einloggen in Internetseiten befragt werden, spielen derzeit in der allgemeinen Reisemarktforschung noch keine prominente Rolle. Mit der zunehmenden Entwicklung des elektronischen Handels auch im Reisebereich wird sie jedoch immer wichtiger. Viele Marktforschungsinstitute haben bereits Erfahrungen mit diesen neuen Befragungstechniken und verfügen zum Teil auch schon über elektronische Panels, um die Entwicklung des Konsumentenverhaltens im elektronischen Handel zu erfassen (vgl. aber die obenerwähnten Einschränkungen).

Neben diesen bevölkerungsrepräsentativen Untersuchungen gibt es auch noch **Gästebefragungen**. So führt zum Beispiel die Österreich Werbung seit 2004 regelmäßig alle zwei Jahre mit dem Tourismus-Monitor Austria (T-Mona) eine landesweite Gästebefragung mit ca. 22.000 Befragten durch, mit der Verhaltensweisen und die Zufriedenheit der Urlauber in Österreich erfaßt werden. In kleinerem Rahmen führen Reiseveranstalter, Hotels, Transportunternehmen und gelegentlich auch Ferienorte Gästebefragungen zur Erfassung von Kundenwünschen und -beurteilungen durch. Vor allem für klassische Reiseveranstalter, deren Personal oft keinen direkten Kontakt zum Kunden hat, sind solche Befragungen von großer Bedeutung, da sie die notwendige Rückmeldung für die Qualitätssicherung und Informationen über die Entwicklung von konkreten Gästewünschen geben. Solche Untersuchungen werden mittlerweile – wie sie zum Beispiel durch das Unternehmen Traveltainment für die TUI mit ihren Veranstaltern– *online* zwei Wochen nach Reiseende durchgeführt (siehe Photo). Dabei werden die Buchungsdaten zur inhaltlichen Gestaltung des elektronischen Fragebogens verwendet und man kann nicht nur verschiedene Aspekte der Reisezufriedenheit damit erfassen, sondern gleichzeitig auch die Katalogangaben überprüfen.

Unabhängig davon, ob man sich für Voll- oder für Stichprobenerhebungen entscheidet, müssen die Rücklaufquoten so hoch sein, daß repräsentative Aussagen über die Wahrnehmung der Angebote durch die Gäste möglich sind. Bei den bevölkerungsrepräsentativen Untersuchungen ist dies der Fall bei Stichprobenausschöpfungen ab ca. 70 Prozent; ähnlich hoch müssen auch die Rücklaufquoten bei den Gästebefragungen sein, um zu gültigen Aussagen zu gelangen. Die absolute Zahl der realisierten Interviews oder die der zurückbekommenen Fragebögen ist dafür unerheblich. Wichtig dagegen ist, daß möglichst alle Urlaubergruppen ihr Urteil abgeben. Bei geringeren Rücklaufquoten besteht die Gefahr, daß bestimmte Gruppen in ihnen über-, andere gar nicht repräsentiert sind. Dadurch, daß zum Beispiel eher jüngere Gäste oder solche, die nicht zufrieden sind, den Fragebogen ausfüllen, wird das Gesamtbild der Gästewahrnehmung stark verzerrt und die Wahrscheinlichkeit ist groß, daß aus den Ergebnissen falsche Schlüsse gezogen und ebensolche Maßnahmen abgeleitet werden.

Bei aller Kritik im einzelnen muß man aber auch sehen, daß man als Marktforscher hier auch in einem Dilemma steckt: Einerseits müssen die Fragebögen so kurz und knapp gehalten werden, daß überhaupt eine Chance für ihre Beantwortung bei den Gästen besteht, andererseits müssen sie aber auch so detailliert sein, daß sie aussagefähig in Bezug auf den Untersuchungsgegenstand sind und entsprechende Analysen als Entscheidungshilfe für Managemententscheidungen ermöglichen. Gleichzeitig dürfen diese Befragungen aber nur wenig Kosten verursachen, weil ansonsten der Aufwand dafür einen großen Teil der mit den Reisen erzielten Erträge beansprucht. Damit aber wäre das Ziel solcher Erhebungen, nämlich Informationen für Maßnahmen zur Erhöhung der Gästezufriedenheit zu gewinnen, um dadurch größere Kundenbindung und letztlich höhere Gewinne zu erwirtschaften, *ad absurdum* geführt. Auch im Bereich der Gästebefragungen ist Marktforschung kein Selbstzweck, sondern dient den wirtschaftlichen Zielen des Reiseunternehmens.

Online-Hotelbeurteilung nach Ende der Reise

12.6 Umfragen auf der Angebotsseite

Da es in den meisten Ländern keine Lizenzierung und entsprechende Berichtspflicht von Reiseveranstaltern gibt, ist man auch hier im wesentlichen auf Umfragen angewiesen. Zwar veröffentlichen die großen Reiseveranstalter in der Regel ihre Jahresergebnisse auf Pressekonferenzen, sie machen aber nur einen Teil des Marktes aus. Deshalb veranstaltet die Fachzeitschrift Fremdenverkehrswirtschaft International, die sich heute nur noch mit der früheren Abkürzung **fvw** nennt, seit 1971 jedes Jahr eine **Branchenumfrage**, bei der die Teilnehmerzahlen der Reiseveranstalter (siehe Abschnitt 1.7.1) und die Umsätze und Planzahlen für das kommende Geschäftsjahr veröffentlicht werden. Darüber hinaus wird auch die Zahl der eigenen und der fremden Vertriebsstellen der Reiseveranstalter ermittelt.

1971 hatten sich erst neun Veranstalter an dieser Erhebung beteiligt, für das Geschäftsjahr 2008/2009 waren es 62. Zwischendurch war die Zahl der teilnehmenden Veranstalter höher, aber durch die Konzentration auf dem Anbietermarkt sind eine Reihe von Veranstaltern in den Konzernzahlen verschwunden. Setzt man die Zahl der erfaßten Veranstalter allerdings in Beziehung zu der geschätzten Zahl von ca. 1.200 Unternehmen, die Reisen veranstalten, ist dies nur ein sehr geringer Prozentsatz. Andererseits sind es meist die ganz großen und größeren Unternehmen, die sich an dieser Erhebung beteiligen, so daß ein nicht unerheblicher Prozentsatz der Anbieterseite des Gesamtmarktes hier abgebildet wird und in seiner Entwicklung über einen längeren Zeitraum verfolgt werden kann. Wie groß dieser Teil ist, läßt sich mangels veröffentlichter Daten über die Größe des Marktes von Pauschalreisen jedoch nur abschätzen (zur Problematik siehe Abschnitt 1.7). Leider ist die Informationsbasis dieser Erhebung in den letzten Jahren kleiner geworden: So gibt es zum Beispiel keine Angaben mehr über die Reisesparten (zum Beispiel verkaufte Reisen nach Verkehrsmitteln, Unterkunftsarten und Zielgebieten).

Der für die Veranstalter nach wie vor wichtigste Vertriebsweg „Reisebüro" wird einerseits durch die Branchenumfrage bei den Reiseveranstaltern, andererseits durch eine ebenfalls jährlich durchgeführte Umfrage bei den Reisebüroketten, Kooperationen und Franchisesystemen mit einem Fragebogen erfaßt und ebenso wie die Angaben über die Veranstalter in einer Beilage veröffentlicht.

Faßt man die Anforderungen an die Marktforschung für Reiseveranstalter zusammen, dann sind es entsprechend der Darstellung in Abbildung 12.2 im wesentlichen zwei Bereiche, die **Umfeldanalyse** und die **Marktanalyse**, die sie zu bearbeiten hat. Die Betriebsanalyse ist zwar wichtiger Bestandteil der Analyse und Bewertung von Erfolgspotentialen eines Unternehmens, aber nicht Gegenstand von Marktforschung.

12.7 Marktsegmentierung

Die Nachfrage nach Veranstalterreisen ist in der Bevölkerung nicht gleich verteilt: Es gibt sowohl Gruppen, die immer oder häufig ihren Urlaub bei einem Veranstalter buchen, als auch solche, die entweder gar keine Urlaubsreisen machen oder ihre Reisen selbst organisieren. Hinzu kommt, daß unter den Reisenden ganz unterschiedliche Vorstellungen von einer gelungenen Urlaubsreise existieren: Der eine mag es gerne ruhig und beschaulich, der andere braucht Trubel und Hektik. Manche mögen sich während ihres Urlaubs nur an einem Ort aufhalten, andere bevorzugen eine Rundreise. Billig muß der Urlaub für die einen sein, für die anderen dagegen spielt der Preis keine so große Rolle, wenn die Urlaubsreise ansonsten ihren Vorstellungen entspricht. Darüber hinaus gibt es natürlich auch Personen, die zu verschiedenen Zeiten auch ganz unterschiedliche Urlaube verbringen möchten. Die Reiseveranstalter müssen auf diese unterschiedlichen Bedürfnisse Rücksicht nehmen und sich entscheiden, für welche **Zielgruppe**(n) sie welche Angebote konzipieren wollen.

Für die Angebotsgestaltung muß man deshalb wissen, wie die Nachfrage nach Reisen strukturiert ist, d.h., wie sich diese unterschiedlichen Gruppen in ihren Reisevorstellungen und in ihrem Reiseverhalten voneinander unterscheiden. Es ist Aufgabe der Marktforschung, den Markt so in verschiedene Teilmärkte zu unterteilen, daß sie für das Marketing des Reiseveranstalters sinnvolle Zielgruppen darstellen. Diesen Vorgang nennt man **Marktsegmentierung** und die Daten, die man dafür verwendet, kommen zum Beispiel aus den im vorherigen Abschnitt aufgeführten Beteiligungsuntersuchungen. Die Gruppenbildung erfolgt nach unterschiedlichen Eigenschaften der Reisenden oder potentiellen Reisenden, die sich grob in vier Kategorien einteilen lassen, nämlich in

(1) demographische,
(2) soziale,
(3) verhaltensspezifische und
(4) einstellungsspezifische Merkmale.

Diese Merkmale müssen natürlich einen Bezug zum Reisen haben, wenn sie zur Bildung sinnvoller Zielgruppen für einen Reiseveranstalter führen sollen.

(1) Die verwendeten **demographischen Merkmale** umfassen folgende Angaben: Alter, Geschlecht, Familienstand, Wohnort. Mit ihrer Verwendung setzt man voraus, daß zum Beispiel Personen unterschiedlichen Alters ebenso verschiedene Vorstellungen von Urlaubsreisen haben wie Verheiratete oder Alleinstehende. Dazu kommen noch lebenslaufspezifische Daten, die nur bedingt mit den genannten Variablen zusammenhängen. Dazu gehört zum Beispiel die Position im Familienzyklus, die einen großen Einfluß auf das Reiseverhalten hat. Junge Familien mit kleinen Kindern haben andere Reisebedürfnisse als Familien mit größeren Kindern oder Paare, deren Kinder nicht mehr mit den Eltern verreisen bzw. schon aus dem Haus sind.

(2) Daten über die **soziale Situation** von Personen umfassen: Formaler Bildungs-/Ausbildungsstand, Berufstätigkeit, Stellung im Beruf, Einkom-

men usw. So ist zum Beispiel das Einkommen ein wichtiges Kriterium zur Unterscheidung kaufkräftiger und weniger kaufkräftiger Nachfragegruppen, für die in der Regel auch unterschiedliche Reiseangebote gemacht werden müssen.

(3) Die **verhaltensspezifischen Merkmale** sind ein weites Feld. Sie können sich sowohl auf das Reiseverhalten generell beziehen (zum Beispiel: jährlich Reisender, Intervallreisender, Nichtreisender) als auch auf Reisevorlieben (zum Beispiel Bevorzugung bestimmter Zielgebiete oder Reisearten) und Aktivitäten während des Urlaubs usw. Darüber hinaus kann ein Reiseveranstalter seine Kunden nach der Häufigkeit, mit dem sie bei ihm buchen, voneinander unterscheiden (zum Beispiel Identifikation von Stammkunden).

(4) Die subjektiven **Einstellungen** haben oft einen großen Einfluß auf das Reise- und generell das Konsumverhalten. Mit Statements, denen man zustimmen oder die man ablehnen kann, versucht man deshalb, in Befragungen die Einstellungen zu den das Unternehmen interessierenden Bereichen zu erfahren.

Welche dieser Merkmalsdaten bzw. in welcher Kombination man sie für die Segmentierung verwendet, hängt ab von den Zielen, die mit der Gruppenbildung verfolgt werden. In der Regel möchte man solche Gruppen bilden, deren Mitglieder sich intern minimal und extern – gegenüber anderen Gruppen – maximal in ihrem Konsumverhalten voneinander unterscheiden.

Dabei hat es sich gezeigt, daß die demographischen und sozialen Merkmale allein immer weniger ausreichen, um solche weitgehend homogenen Zielgruppen zu identifizieren. War früher mit Alter, Geschlecht, Bildung und Einkommen eine trennscharfe Unterscheidung von Lebensstilgruppen möglich, so haben sich in den letzten Jahrzehnten immer stärkere Differenzierungen herausgebildet, die quer zu diesen Merkmalen verlaufen. Die vieldiskutierten „jungen Alten" sind ein Beispiel dafür. Aus diesem Grund beschäftigt sich die Marktforschung immer mehr mit der Untersuchung von Lebensstilen, die weniger von soziodemographischen Faktoren als von Einstellungen und Lebensentwürfen abhängig sind (vgl. Drieseberg 1992).

Lassen sich soziodemographische Daten zumindest teilweise auch aus der amtlichen Statistik entnehmen, verlangt die Identifikation unterschiedlicher Lebensstilgruppen eigene Erhebungen. Einstellungen lassen sich nur über Interviews erfassen. Deshalb ist Marktforschung in diesem Bereich sehr aufwendig und teuer.

Zwei wesentliche Einschränkungen zu diesem Punkt sind jedoch zu machen: Zum einen sind diese Segmentierungen nur dann sinnvoll, wenn die entsprechenden Gruppen groß genug sind und man sie auch tatsächlich über Medien (Zeitungen, Radio, Fernsehen, Facebook, Twitter etc.) zu vertretbaren Kosten erreichen kann. Zum anderen ist es noch sehr die Frage, ob die über Statements und Einstellungen ermittelten Lebensstiltypen und -gruppen auch die Verhaltensrelevanz und Stabilität aufweisen, die Voraussetzung für ein erfolgreiches Marketing sind (vgl. kritisch dazu Mundt 2006, S. 76–81).

Marktsegmentierung setzt bereits Vorstellungen und Kenntnisse über den Zusammenhang verschiedener subjektiver Faktoren auf das Konsum- und Reiseverhalten voraus. Marktforschung beschränkt sich deshalb nicht auf die Sammlung und Erhebung von Daten, auch wenn dies sicherlich den größten Teil der Arbeit ausmacht, ihre wichtigste Aufgabe ist die **Interpretation**. Dieser Punkt wird meistens unterschätzt. Daten sprechen aber nicht für sich selbst, sondern müssen vielmehr „zum Sprechen gebracht" werden, indem man sie hinsichtlich ihres Informationsgehaltes vor dem Hintergrund theoretischer Überlegungen für die jeweiligen Fragestellungen überprüft und bewertet.

12.8 Umfeldanalyse

Die Umfeldanalyse beschäftigt sich im weitesten Sinne mit den Rahmenbedingungen, unter denen ein Unternehmen tätig ist. Für Reiseveranstalter spielen sie eine große Rolle, denn das Umfeld, in dem sie handeln, ist in der Regel nicht auf das Land beschränkt, in dem der Firmensitz liegt und in dem sie ihre Reisen vermarkten, sondern bezieht sich auch auf die Zielländer, für die sie Reisen anbieten. Im einzelnen werden folgende Faktoren dabei berücksichtigt:

12.8.1 Zielländer

Für die Analyse der Bedingungen in den Zielländern sind folgende Faktoren wichtig:

(1) natürliche Chancen und Risiken
(2) Kultur und Religion
(3) Politische Verhältnisse
(4) Rechtssituation
(5) ökonomische Entwicklung
(6) Umweltsituation

(1) Zu den Gegebenheiten, aus denen sich die **Chancen** eines Reiselandes bestimmen, gehören die natürlichen Ressourcen (geographische Situation, Landschaft, Seen, Meer), die klimatischen Gegebenheiten und die sich daraus ergebenden möglichen Reisezeiten (vgl. auch Kaspar 1991). Die klimatischen Verhältnisse im Reiseland können aber auch zu den **Risiken** gerechnet werden, wenn sie zu unvorhersehbaren Wettereinbrüchen führen, Wege nicht mehr passierbar sind, die Wasserversorgung unzuverlässig wird, usw. Generell gehören zu den Risiken die Wahr-

scheinlichkeit von Naturkatastrophen, Überschwemmungen, Erdbeben, Erdrutschen oder – im Winter – Lawinen. Auch gesundheitliche Gefährdungen zum Beispiel durch ansteckende Krankheiten wie Malaria und Gelbfieber in Afrika und teilweise auch in der Karibik gehören zu den Risiken einer Destination, die seine Vermarktung gefährden können.

(2) Ob überhaupt und inwieweit Tourismus in einem Land möglich ist, wird auch durch **kulturelle und religiöse Traditionen** eines Landes bestimmt. Dazu gehört auch das Wissen darüber, ob es so etwas wie eine Dienstleistungstradition in einem Land gibt oder ob Dienstleistungen als unvereinbar mit der Ehre der Einwohner angesehen werden. In den weitaus meisten Destinationen von Veranstalterreisen ist dies kein Problem, wohl aber das Verhalten vieler Touristen, die zum Beispiel religiöse Gebäude in unwürdiger Kleidung betreten oder sich entgegen den Gefühlen und Vorstellungen der Einheimischen verhalten und damit eine dem Tourismus abträgliche Stimmung erzeugen können.

(3) Die **politischen Verhältnisse** des Ziellandes spielen ebenfalls eine große Rolle für die Chancen und Risiken eines Reiseveranstalters. Der Reiseveranstalter muß sich deshalb kontinuierlich über die Situation im Reiseland informieren. Quellen dafür können neben dem Verfolgen der örtlichen und der internationalen Presse und Informationen des Auswärtigen Amtes auch die Berichte der eigenen Reiseleiter sein. Schließlich können unzureichende Informationen über die Situation im Zielland zu Reisemängeln führen, die der Reiseveranstalter gegenüber seinen Kunden zu verantworten und für die er Schadenersatz zu leisten hat (siehe Kapitel 6.5). Eine Reihe von Beispielen aus den letzten Jahren zeigt, wie stark mangelnde politische Stabilität, politische Unruhen und Kriege das Geschäft eines Veranstalters gefährden können. Erinnert sei hier an Sri Lanka, an das frühere Jugoslawien, die Türkei, an Südafrika, Ägypten, China, Thailand, aber auch an Korsika, wo es immer wieder zu Anschlägen auf touristische Einrichtungen kommt. Zu den politischen Verhältnissen im Zielland gehört auch die innere Sicherheit, die zum Beispiel zeitweise in einigen nordafrikanischen Ländern wie Ägypten, Tunesien und Algerien auch für Touristen nicht immer gegeben war bzw. ist, was zu Toten und Verletzten unter ihnen geführt hat.

(4) Die **rechtliche Situation** im Zielland bestimmt nicht nur die Möglichkeiten der Vertragsgestaltung mit Leistungsträgern, sondern zum Beispiel auch die Möglichkeit des Einsatzes von Reiseleitern. Manche Länder lassen entweder generell oder bei bestimmten Sehenswürdigkeiten nur eigene Reiseleiter zu (siehe Kapitel 8.8). Darüber hinaus ist in einigen Ländern die Meinungsfreiheit beschränkt, was hier und dort auch in wichtigen Reiseländern (zum Beispiel in der Türkei) schon zu unan-

genehmen Problemen geführt hat. Bei Investitionen in einem Zielland ist zu beachten, ob überhaupt bzw. in welchem Umfang Gewinne aus dem Land rücktransferiert werden können.

(5) Über die **wirtschaftliche Situation** des Ziellandes muß der Reiseveranstalter schon deshalb informiert sein, weil sie auch seine Ertragschancen nachhaltig beeinflussen kann. Inflationsraten und Wechselkursänderungen können schnell die ursprüngliche Kalkulation eines Veranstalters über den Haufen werfen. Bei den knappen Margen, die ein Veranstalter kalkulieren muß, können schon relativ kleine Etatposten wie örtliche Reiseleiter über Verlust oder Gewinn einer Reise entscheiden.

(6) Im Vergleich zu früheren Jahrzehnten sind die Reisenden gegenüber **Umweltproblemen** an ihren Urlaubsorten sensibler geworden. Daher muß ein Reiseveranstalter auch die Umweltsituation im Zielland und an den Zielorten bei seiner Planung berücksichtigen, bei Warmwasserzielen zum Beispiel die Entwicklung der Wasserqualität. Eine Destination mit zunehmenden Umweltproblemen wird sich auf Dauer nicht so gut verkaufen lassen wie ein Zielgebiet, in dem man sich aktiv um die Verbesserung von Wasser- und Strandqualität bemüht.

12.8.2 Quellmarkt

Das Reiseverhalten ist von einer Reihe von Faktoren abhängig, die außerhalb des direkten Einflußbereiches eines Reiseveranstalters liegen, die aber zur Abschätzung von Markt- und Zukunftschancen berücksichtigt werden müssen (vgl. dazu auch Kapitel 3.3).

Im einzelnen sind dies Entwicklungen der...

(1) Soziodemographie
(2) wirtschaftlichen Situation
(3) Politik
(4) rechtlichen Situation
(5) Regelungen von Steuern und Abgaben
(6) des Umweltbewußtseins

(1) Die Gesellschaft der Bundesrepublik unterlag in den vergangenen Jahren und Jahrzehnten einem durchgreifenden **demographischen und sozialen Wandel**, der auch in Zukunft anhalten und einen erheblichen Einfluß auf das Reiseverhalten haben wird. Da das Reiseverhalten unter anderem abhängig ist vom formalen Bildungsabschluß, hat die Bildungsexpansion seit Beginn der 1960er Jahre zu einem erheblichen Wachstum der Reiseintensität und der Zahl der Reisen beigetragen. Reisen ist aber auch altersabhängig: Junge Leute reisen mehr als ältere. Dabei ist das Reiseverhalten stark abhängig von der Alterskohorte: Das Reiseverhalten

der heute sechzigjährigen unterscheidet sich deutlich von dem der sechzigjährigen der 1980er Jahre. Die älteren Generationen werden in Zukunft stärker noch als heute das Bild unserer Gesellschaft prägen. Das wachsende Durchschnittsalter der Bevölkerung wird ebenso wie der anhaltende Wandel im Bildungsverhalten zu einer weiter veränderten Nachfrage auf den Reisemärkten führen (vgl. Haehling von Lanzenauer & Klemm 2007).

Quellen für diese Informationen sind die Veröffentlichungen des Statistischen Bundesamtes bzw. der Statistischen Landesämter, wenn man zum Beispiel als Regionalveranstalter schwerpunktmäßig in einem bestimmten Bundesland tätig ist.

(2) Nicht weniger wichtig ist die **wirtschaftliche Situation**. Die Entwicklung des Reisens in der alten Bundesrepublik ist *grosso modo* parallel zur Wohlstandsentwicklung verlaufen. Dabei haben Rezessionen bzw. negative Realeinkommensentwicklungen zum Teil nachhaltige Veränderungen beim Reiseverhalten zur Folge gehabt. Informationen darüber kann man zum Beispiel den Monatsberichten der Deutschen Bundesbank entnehmen. Weitergehende Analysen bieten u.a. die Wochenberichte des Deutschen Instituts für Wirtschaftsforschung (DIW) in Berlin, die im Internet abrufbar sind.

Wesentlich ist aber nicht nur die tatsächliche wirtschaftliche Situation, sondern mehr noch die erwartete Entwicklung. **Stimmungen und Erwartungen** sind die Richtschnur für Konsum- und Reiseentscheidungen. Marktforschungsinstitute ermitteln deshalb regelmäßig Daten zu den wirtschaftlichen Erwartungen der nächsten zwölf Monate (so zum Beispiel die GfK, die auch im Auftrag der EU-Kommission arbeitet, so daß diese Daten öffentlich zugänglich sind).

Die weitaus meisten Veranstalterreisen sind Auslandsreisen, deshalb spielt die **Wechselkursentwicklung** ebenfalls eine große Rolle. Sie hängt nicht nur von der wirtschaftlichen Situation und der Zinsentwicklung im Zielland, sondern auch von der in der Bundesrepublik ab. Entsprechende Effekte waren zum Beispiel in der Vergangenheit an der Reisenachfrage in den US$-Raum zu beobachten: Bei gesunkenem US$ ist die Nachfrage jeweils stark angestiegen, bei ansteigenden Kursen dann aber wieder ebenso stark zurückgegangen. Vorhersagen sind hier praktisch unmöglich; allerdings wird sich ein Reiseveranstalter schon zur Minimierung des eigenen Währungsrisikos laufend über die Wechselkursentwicklung informieren.

Innerhalb Europas spielt dieser Aspekt seit der Einführung des Euro zum 1. Januar 1999 kaum noch eine Rolle, weil die wichtigsten Reiseländer von Anfang an der Europäischen Währungsunion angehören (Spanien, Italien und unberechtigterweise Griechenland).

(3) Eine große Rolle spielt auch die **politische Situation**. Politische Stabilität ist ähnlich zu bewerten wie wirtschaftliche Stabilität – ohne sie wird auch die Neigung zu reisen geringer. Innenpolitische Entwicklungen – zum Beispiel die in den letzten Jahren zunehmende Ausländerfeindlichkeit – haben auch Einfluß auf die Wahrnehmung von deutschen Touristen und Reiseveranstaltern im Ausland und können zu Problemen führen. Die Entwicklungen im politischen System beeinflussen auch die Rahmenbedingungen der...

(4) **rechtlichen Situation**. Dazu gehören einmal die allgemeinen rechtlichen Regelungen der Unternehmenstätigkeit und im Besonderen die Bestimmungen des Reiserechts (siehe ausführlich dazu Kapitel 6).

(5) Das Gleiche gilt für die vom Staat getroffenen Regelungen zu **Steuern und Abgaben**. Die Erhöhung der Mehrwertsteuer hat auch Einfluß auf die Höhe des Reisepreises. Für Beförderungsunternehmen sind Veränderungen der Regelungen bezüglich der Steuerbarkeit von im Ausland erbrachten Beförderungsleistungen von großer Bedeutung für ihre Geschäftschancen (vgl. ausführlich dazu Kapitel 5).

(6) Das **Umweltbewußtsein** der deutschen Touristen hat sich seit 1985, als der Studienkreis für Tourismus in der Reiseanalyse zum ersten Mal nach den am Urlaubsort wahrgenommenen Umweltschäden gefragt hat, zunächst deutlich erhöht. Nicht nur die Umweltsituation im Zielland bzw. am Urlaubsort spielten eine immer wichtigere Rolle für den Reiseveranstalter, sondern auch die Umweltfreundlichkeit des Transports und der Unterkunft. Allerdings hat sich vor dem Hintergrund von Beschäftigungskrisen seit Mitte der 1990er Jahre die Relevanz dieser Aspekte gegenüber wirtschaftlichen Themen deutlich relativiert. Andererseits gehen heute viele Menschen einfach davon aus, daß alle Teile einer Urlaubsreise weitgehend umweltgerecht abgewickelt werden. Damit wäre dieser Aspekt so selbstverständlich wie die Sicherheit des Transports oder die gute Erreichbarkeit der Reiseleitung. Entwicklungen in diesem Bereich sollten deshalb aufmerksam verfolgt werden.

12.8.3 Einkommensentwicklung und Reisetätigkeit

12.8.3.1 Substitutionsmärkte

Reiseveranstalter konkurrieren nicht nur mit anderen Reiseveranstaltern, Reiseziele nicht nur mit anderen Reisezielen, sondern auch mit höherwertigen Konsumgütern. Konkurrenz findet nicht nur innerhalb eines Marktes statt, sondern auch zwischen unterschiedlichen Märkten. Die Angebote der

Reiseveranstalter stehen damit in Konkurrenz zu den Angeboten zum Beispiel der Unterhaltungselektronik, der gehobene Marktsegmente bedienenden Möbelindustrie und der Automobilhersteller. Alle diese Güter und Dienstleistungen sind nicht so unmittelbar notwendig wie Lebensmittel, und man kann theoretisch nicht nur auf einzelne dieser Angebote verzichten, sondern sogar auf alle, ohne damit seine Existenz zu gefährden. So gesehen handelt es sich um **Substitutionsgüter**, denn die Kauf- bzw. Buchungsentscheidungen der Konsumenten können nach den selbstgesetzten Prioritäten getroffen werden: Wem die Anschaffung einer teuren Musikanlage oder eines luxuriösen Wagens wichtiger ist als die Urlaubsreise, der wird bei seinen Reisen sparen (müssen). Im Marketing spricht man in diesem Zusammenhang auch von der *cross elasticity of demand* (Holloway & Plant 1992), von einer prioritätengesteuerten märkteübergreifenden Elastizität der Nachfrage.

Die Marktforschung der Reiseveranstalter darf sich deshalb nicht auf den Reisemarkt beschränken, sondern muß im Rahmen der Umfeldanalyse auch die Märkte für solche Substitutionsgüter im Visier haben, deren Entwicklung das Entscheidungsverhalten auf dem Reisemarkt beeinflussen kann.

12.8.3.2 Strukturveränderungen des Einkommens

An dieser Stelle soll noch einmal etwas genauer auf die Einkommensentwicklung eingegangen werden. Die seit den 1970er Jahren zu beobachtende Entwicklung, daß Vermögenseinkünfte und Gewinne eine immer größere Rolle bei den Einkommen spielen, hat sich in den 1990er Jahren zunächst noch weiter beschleunigt. Machte 1991 das Einkommen aus Vermögen noch 29 Prozent des Volkeinkommens aus, so stieg der Anteil bis 2007 auf mehr als 35 Prozent. Entsprechend ist die Lohnquote (= Anteil der Entgelte aus abhängiger Beschäftigung am Volkseinkommen) von 71 auf knapp 65 Prozent gesunken (Statistisches Bundesamt). Der Durchschnitt der Haushalte ist demnach für seine Lebensführung zunehmend weniger auf die Einkommen aus unselbständiger Arbeit, das heißt auf Löhne und Gehälter, angewiesen. Entsprechend dürften ungünstige tarifpolitische Entwicklungen geringeren Einfluß auf ihr Ausgabeverhalten haben als früher, weil sie zum Beispiel durch Zins- oder Mieteinnahmen kompensiert werden können und damit eine Verstetigung des Konsums bewirkt wird.

Andererseits werden auch die Einnahmen aus Vermögen durch die Inflationsrate gemindert, die nicht immer durch entsprechende Erhöhungen der Zinsen ausgeglichen werden. Zudem kann man vermuten, daß die einzelnen Einkommenskomponenten in den Haushalten subjektiv nicht derart nach ihrer Herkunft unterschieden und in ihrer Entwicklung gegeneinander aufgerechnet werden, daß der angeführte Kompensationseffekt tatsächlich eintritt. Wahrscheinlicher ist, daß man sich bei Konsumentscheidungen am Kontostand und an allgemeinen Einkommenserwartungen orientiert.

Dazu kommt, daß sich die hier aufgezeigten Strukturen und Entwicklungen nur auf den Durchschnitt aller Haushalte in Westdeutschland beziehen. Nicht nur bei den Arbeitseinkommen, sondern vor allem bei den Vermögenseinkommen besteht jedoch eine ausgeprägte Ungleichheit zwischen unterschiedlichen Bevölkerungsgruppen: Ein großer Teil der Bevölkerung hat praktisch keine oder nur sehr geringe Vermögenseinkünfte, ein kleiner Teil dagegen lebt weitgehend oder sogar überwiegend davon.

Hier ist die Frage, an welche Zielgruppen mit welchen Einkommensverhältnissen sich Reiseveranstalter mit ihren Angeboten wenden. Darüber hinaus darf man bei der Betrachtung und Analyse dieser makroökonomischen Daten nicht vergessen, daß man eine Urlaubsreise nicht bloß schon deswegen macht, weil das entsprechende Einkommen zur Verfügung steht. Die eigentlichen Gründe für Urlaubsreisen liegen in ganz anderen Bereichen, denn in erster Linie geht es um das zeitweilige Verlassen der Alltagswelt, um das Erleben von Kontrast zum täglichen Einerlei. Es sind also vor allem soziale, psychische und seltener auch physische Gründe, die Urlaubsreisen motivieren (vgl. dazu u.a Decrop 2006; Mundt & Lohmann 1988). Die Einkommensverhältnisse liefern nur den Rahmen, innerhalb dessen man sich die Reisen erlauben kann. Dabei gibt es wiederum eine erhebliche Elastizität in Bezug auf das Ausfüllen dieses Rahmens, je nachdem, welche Priorität man dem Reisen einräumt.

12.8.3.3 Marktprognosen

Auch die beste Marktforschung erlaubt in aller Regel keine präzisen Voraussagen über die Marktentwicklung. Das ist schon deshalb nicht möglich, weil Marktuntersuchungen heute gemacht werden und mögliche, aus ihren Ergebnissen abgeleitete Marktszenarien immer nur zu einem in der Gegenwart liegenden Zeitpunkt unter *ceteris paribus*-Annahmen formuliert werden können. Die darin enthaltenen Prognosen gelten also immer nur unter der Annahme, daß die wesentlichen Bedingungen des Marktes konstant bleiben und sich das Verhalten der Marktakteure unter gleichen Bedingungen nicht ändert. Wenn zum Beispiel ein Unternehmen überlegt, ein neues Produkt auf den Markt zu bringen, dann kann die Marktforschung zwar einiges über die Absatzchancen dieses Produktes gegenüber den zum Zeitpunkt t_1 erhältlichen Konkurrenzprodukten sagen, diese Aussagen sind aber nur solange gültig, bis ein Mitbewerber, möglicherweise als Reaktion darauf, seine Produktpalette oder seine Preise verändert. Damit verändert sich auch die Marktsituation, und die zum Zeitpunkt t_1 unter den damals bestehenden Bedingungen getroffenen Aussagen sind zum Zeitpunkt t_2, zu dem sich diese Bedingungen geändert haben, so nicht mehr gültig.

Durch die Anwendung von Szenariotechniken (vgl. u. a. v. Reibnitz 1992) ist es zwar möglich, die wahrscheinlichen Reaktionen der Mitbewerber abzuschätzen und sich eigene Reaktionen darauf zu überlegen. Aber wie in einem Schachspiel wegen der nicht abschätzbaren Handlungen der Gegner nicht mehr als zwei bis Züge voraus gedacht und geplant werden können, ist dies auch in den noch komplexeren Marktsituationen, in denen meist mehr als zwei Spieler ihre Züge planen, kaum möglich.

Marktforschung ist nicht in der Lage, Ungewißheit in Gewißheit zu verwandeln. Sie kann die Ungewißheit, unter der ein Unternehmen zu handeln gezwungen ist, lediglich verringern. Es gibt also praktisch keine aus den Ergebnissen von Marktforschung ableitbaren **deterministischen**, das heißt mit Sicherheit eintretende Ereignisse, sondern nur **stochastische**, das heißt mit einem bestimmten Risiko behaftete Aussagen (vgl. Unger 1997; siehe auch Abschnitt 12.5).

Die Kenntnis der Größe, der Struktur und der zurückliegenden Entwicklung, also der deskriptiven Daten von Märkten, ist darüber hinaus die Voraussetzung dafür, daß man sich überhaupt mit Prognosen beschäftigen kann. Marktforschung soll ja primär nicht die Gegenwart bzw. die Entwicklung in den vergangenen Jahren beschreiben, sondern durch das Aufzeigen von Trends und wahrscheinlichen Entwicklungen Unsicherheiten von Unternehmen bezüglich der zukünftigen Entwicklung von Märkten verringern und frühzeitig mögliche Handlungsperspektiven sichtbar machen. Ohne die genaue Kenntnis des gegenwärtigen Zustandes und der Vergangenheit ist dies jedoch nicht möglich.

Bei **Trendexpolationen** verlängert man die Entwicklung der vergangenen Jahre in die Zukunft, ohne groß danach zu fragen, welche Faktoren zu eben dieser Entwicklung geführt haben (Freyer 1995, S. 13). Etwas salopp formuliert: Man paßt sein Lineal an die Entwicklungslinie der vergangenen Jahre an und verlängert die entstehende Gerade einfach in die Zukunft.

Prognosen kann man nur abgeben, wenn man eine Vorstellung, das heißt eine Theorie, von den Wirkungszusammenhängen der marktdeterminierenden Variablen hat und damit **kausalanalytische Marktforschung** betreibt. Die Wirkungszusammenhänge wiederum kann man in der Regel nur durch *ex post*-Betrachtungen feststellen; deshalb gehört der Rückblick zu jeder Marktprognose. Dabei muß man sich aber im Klaren darüber sein, daß die Rahmenfaktoren, die zu den Ergebnissen der Vergangenheit geführt haben, heute in der Regel nicht mehr gegeben sein müssen und man untersuchen muß, ob, und wenn ja, wie sie sich verändert haben, welche neuen möglicherweise dazu gekommen sind und welchen Einfluß sie haben könnten. Mit anderen Worten: Man braucht begründete Annahmen (**Hypothesen**), um unter diesen einschränkenden Bedingungen Marktprognosen machen zu können.

Ein weiteres Problem von Prognosen besteht darin, daß früher geltende Wirkungszusammenhänge jetzt und in der Zukunft ihre Gültigkeit verlieren können. Marktforschung ist angewandte Sozialwissenschaft und damit den gleichen Einschränkungen unterworfen. Es liegt im Forschungsgegenstand selbst begründet, daß man von ihr nicht die gleichen unumstößlichen Gesetze erwarten kann, wie von den Naturwissenschaften. Menschen und Gesellschaften reagieren nicht als unbewußte Reiz-Reaktionsmaschinen auf Veränderungen ihrer Umwelt, sondern verfügen, anders als Dinge, über Lernfähigkeit und ein Bewußtsein, das es ihnen ermöglicht, analog dem wissenschaftlichen Vorgehen selbst Interpretationen und Definitionen ihrer Lage zu entwickeln, die ihre Wahrnehmung und ihr Handeln leiten. Damit können sich die kausalanalytischen Voraussetzungen in einer nur schwer faßbaren Weise verändern und die Prognosen entwerten.

Die gleichen Einschränkungen gelten auch für **Zukunftsszenarien**, in denen man versucht, verschiedene Alternativen der Entwicklung den Tourismus begünstigender oder hemmender Faktoren zu formulieren und ihre Auswirkungen auf ihn abzuschätzen (vgl. Freyer 1991). Meist greifen sich diese Szenarien jedoch nur einen kleinen Ausschnitt der ökonomischen, sozialen und politischen Wirklichkeit heraus, deren gegenseitige Beeinflussung zudem nur unzureichend berücksichtigt werden kann, so daß die getroffenen Aussagen eine gewisse Beliebigkeit, je nach den gesetzten Prämissen, aufweisen. Das gilt vor allem dann, wenn die Anwendung technischen Fortschritts, die Einfluß auf das Reiseverhalten hat, vorhergesagt werden soll.

Ein Muster**beispiel** dafür ist die Entwicklung von Verkehrsflugzeugen im Überschallbereich. Die *Concorde*, das erste Überschallverkehrsflugzeug, das Briten und Franzosen Ende der 1960er Jahre entwickelt haben, war eine technische (zu geringe Reichweite), ökonomische (zu teuer, zu hoher Treibstoffverbrauch) und ökologische Pleite (zu große Schadstoffemissionen in zu großer Höhe). Damit waren alle Szenarien, die den weltweiten Einsatz dieser Technologien vorausgesetzt haben, mit einem Schlag nichts mehr wert.

12.9 Marktforschungsobjekt Reisekatalog

Der Katalog – unabhängig davon, ob er in gedruckter Form oder *online* zur Verfügung steht – ist nicht nur wichtige Verkaufshilfe des Reiseveranstalters, sondern gleichzeitig Bestandteil des angebotenen Produktes. Beim Verkauf einer Reise ist der Katalog sogar gleichbedeutend mit dem Produkt selbst: Er stellt das dar, was man dem Kunden verkauft. Die Vorstellung, die sich ein Kunde aufgrund der Abbildungen und der Beschreibung eines Ortes, eines Hotels oder eines Reiseablaufes im Katalog macht, ist letztlich das Produkt, das ein Veranstalter ihm verkauft. Die Reise selbst, das eigentliche Produkt, kennt der Kunde ja erst, wenn die Reise vorbei ist und er wieder nach Hause zurückgekehrt ist. Zudem entsteht das eigentliche Produkt „Reise" erst im

Zusammenwirken mit dem Kunden selbst, Produktion und Konsumtion fallen also zeitlich und örtlich zusammen und sind praktisch ein Prozeß. Je nach Einstellung und Verhalten kann die gleiche Reise bei unterschiedlichen Menschen zu einem ganz unterschiedlichen Erlebnis werden.

Die Wichtigkeit des Katalogs als Produktbestandteil wird auch dadurch unterstrichen, daß, reiserechtlich gesehen, selbst reine Ferienhausanbieter als Pauschalreiseveranstalter gelten – obwohl sie mit der Unterkunft nur eine einzelne Leistung verkaufen –, weil sie mit dem Verkauf über Kataloge ein wesentliches Produktmerkmal mit Pauschalreiseveranstaltern gemein haben. Deshalb muß man ihn behandeln wie das Produkt selbst und so gestalten, daß er auf die Kundenbedürfnisse abgestimmt ist. Ob er aber deren Kriterien entspricht und zur Buchung animiert, darüber entscheiden nicht die Katalogmacher, sondern die Kunden. Das Kundenurteil darüber zu erfahren und vor allem die Kriterien zu ermitteln, die in den Augen der angezielten Gästegruppen und aus der Sicht des Verkaufs einen guten Katalog ausmachen, ist das Ziel von Marktforschung in diesem Bereich.

Von den Methoden der Marktforschung her bieten sich hier Verfahren an, wie sie auch in der Packungsforschung verwendet werden. Weitgehend unabhängig von der Qualität der darin enthaltenen Produkte hat die Verpackung einen großen Anteil an ihrem Verkauf. Dazu gehören der Imageeinfluß, die Displaywirkung, der Symbolwert, die Lesbarkeit, die Handhabung (Schub von Bossiazky 1992, S. 187) – alles Punkte, die auch für Kataloge und *online*-Auftritte gelten.

Entspricht der Katalog den Erwartungen und Bedürfnissen der Gäste?

Wie die Waren in einem Selbstbedienungsgeschäft, liegen auch in den Reisebüros die Kataloge der Veranstalter auf *display*-Regalen. Viele Besucher der Reisebüros nehmen sich ohne Beratung durch das Personal verschiedene Kataloge mit nach Hause, um sich dort die passende Reise auszusuchen. Abgesehen von der Wirkung der Positionierung im Regal, spielt hierbei auch der Anmutungsgehalt der Titelblattgestaltung eine wesentliche Rolle. Wenn die Außengestaltung des Katalogs nicht attraktiv ist und nicht zum Mitnehmen einlädt, entfällt auch die Beschäftigung mit dem Angebot. Die Innengestaltung des Kataloges muß so sein, daß Interessenten sich nicht nur darin zurechtfinden, sondern auch zur Buchung animiert werden und alle wesentlichen Information erhalten, die sie für ihre Reiseentscheidung benötigen.

Die Internetseiten von Reiseveranstaltern sind praktisch elektronische Kataloge, in denen die Reiseangebote *online* verfügbar gemacht werden. Auch sie sind Gegenstand von Untersuchungen. Durch *click stream*-Analysen ist es zum Beispiel möglich, die Reihenfolge der Seitenaufrufe, die Verweildauern auf den einzelnen Seiten und – im Falle von Buchungen – auch die dafür gebrauchte Zeit und die Zahl der Abbrüche und die dafür kritischen Stellen zu erfassen. Mit diesen Informationen können die Seiten kundengerecht aufbereitet und optimal gestaltet werden. Zudem lassen sich auch direkte Befragungen der Nutzer in die Seiten einbauen, um nähere Angaben zu den subjektiven Aspekten von Seiten und Angeboten zu erhalten. Allerdings sind diese *pop up surveys* durch die mittlerweile bestehenden Möglichkeiten der Blockierung der automatischen Öffnung eines neuen Fensters in den neueren Versionen der meisten Internetprogramme erschwert. Mit diesen Informationen ließen sich, vorausgesetzt man möchte tatsächlich den Anteil von *online*-Buchungen erhöhen (was natürlich zu Konflikten mit dem stationären Vertrieb führen kann), die Webseiten soweit optimieren, daß die Angebotspräsentation den unterschiedlichen Interessen und Gewohnheiten der Nutzer entspricht und damit die Wahrscheinlichkeit von Internetbuchungen ohne Reisebürohilfe erhöht wird. Zudem lassen sich mit entsprechenden Serviceangeboten hier auch gezielt dauerhafte Kundenbeziehungen aufbauen, die wiederum zu weiteren Informationen über Wünsche, Bedürfnisse und Erfahrungen über die Zielgruppen führen (Berchtenbreiter 2010; Holtmeier 2010).

Mit Werbemittel-/Produkttests ist es möglich, die Wahrnehmung der Kataloge durch die (potentiellen) Kunden zu erfassen und daraus unter verschiedenen Aspekten Schlußfolgerungen für die Kataloggestaltung zu ziehen. Dieses Verfahren, für das sich in Deutschland nicht ganz korrekt der Begriff *copy test* durchgesetzt hat (Schaefer 1992) und das von manchen Autoren auch Konsumentenjury genannt wird (vgl. u.a. Hüttner 1977, S. 238 ff.), kann in der Kombination mit verschiedenen Methoden wie Interviews, Gruppendiskussionen oder biotischen Experimenten[2] eingesetzt werden. Das gleiche gilt auch für alle weiteren eingesetzten Werbemittel, zum Beispiel Anzeigen

---

[2] Dies sind Experimente, die so angelegt werden, daß die Versuchspersonen sich gerade dann in der eigentlichen Experimentalphase befinden, wenn sie glauben, daß das eigentliche Experiment noch nicht begonnen hat bzw. bereits vorbei ist.

in Zeitungen und Zeitschriften, Werbespots im Radio oder im Fernsehen. Hier möchte man zum Beispiel wissen, ob die Anzeigen überhaupt wahrgenommen worden sind (*recognition-tests*), inwieweit man sich an sie erinnert werden (*recall*) und ob sie einen Einfluß auf das aktuelle Buchungsverhalten hatten. Unter diesem Aspekt unterscheidet sich die Marktforschung eines Reiseveranstalters aber nicht von der jedes anderen Unternehmers. Informationen darüber kann man den gängigen Einführungen entnehmen (u.a. Berekoven, Eckert & Ellenrieder 2009; Böhler 2004; Hüttner & Schwarting 2002; Raab, Unger & Unger 2009; Unger 1997; Wolf 1988).

12.10 Organisation von Marktforschung

Marktforschung muß jeder Reiseveranstalter betreiben. Ohne Kenntnis des Marktes, seiner quantitativen und qualitativen Veränderungen und ohne Vorstellungen von der zukünftigen Entwicklung kann längerfristig kein Unternehmen bestehen. Wenn man sich aber nicht irgendwann einmal gründlich mit den Möglichkeiten und Problemen von Marktforschung auseinandergesetzt hat, stößt man dabei leicht an seine Grenzen. Nur wer die Methoden kennt, mit denen Statistiken entstehen (wie zum Beispiel ein bestimmtes Merkmal gemessen wird) und wie empirische Marktuntersuchungen gemacht werden (zum Beispiel eine Repräsentativuntersuchung), kann auch die Ergebnisse verstehen und richtig interpretieren. Man muß dieses Wissen aber nicht in allen Details selber haben, sondern kann sich hier – wenn nötig – in einzelnen Fällen der sachverständigen Hilfe eines Marktforschers oder eines Marktforschungsinstitutes bedienen. Das ist erheblich preisgünstiger als gleich auf Dauer jemanden für diese Aufgabe einzustellen.

Auch wenn praktisch alle größeren Reiseunternehmen eigene Marktforscher bzw. entsprechende Abteilungen haben – bei kleineren Unternehmen ist dies eher die Ausnahme. Marktforschung wird also sowohl im Unternehmen selbst als auch mit Hilfe externer Institute betrieben. Welche Aufgaben im einzelnen mit der Durchführung eines Marktforschungsprojektes verbunden sind und wie sie sich meist auf interne und externe Ressourcen verteilen, zeigt Übersicht 12.1.

Oft sind allerdings die Kenntnisse über Möglichkeiten und Grenzen von Marktforschung – vor allem in kleineren Unternehmen – nur sehr eingeschränkt. Entweder ein Unternehmen hat bereits Probleme am Markt und weiß nicht so recht, woher sie kommen, oder es gibt irgendwie ein ungutes Gefühl über die Entwicklung. Die Grenzen zwischen Marktforschung und Unternehmensberatung sind deshalb fließend. Der Unternehmer erfährt nicht selten vom Marktforscher, wo sein Problem genau liegt und übernimmt oft auch dessen erste Strukturierung über eine Schreibtischanalyse (*desk research*; Übersicht 12.1).

Übersicht 12.1: Ablauf eines Marktforschungsprojektes

Tätigkeiten	Im eigenen Haus	Marktfor- schungs- institut
Problemformulierung	•	(•)
Schreibtischanalysen	•	(•)
Beschaffung/Auswertung von		
– Statistiken	•	
– allgemein zugänglichen Umfrageergebnissen	•	
– Veranstalterkataloge von Mitbewerbern	•	
– Geschäftsberichten	•	
– Informationen aus der Presse/Fachpresse	•	
Sekundäranalysen (ökoskopische Daten)		
– Auswertung von Buchungsunterlagen	•	
– Auswertung von Daten der Buchhaltung	•	
Sekundäranalysen (demoskopische Daten)		
– Re-Analyse bereits vorliegender Untersuchungen	•	•
– Beteiligung an regelmäßigen Untersuchungen (zum Beispiel Reiseanalyse, Reisemonitor)	•	•
Primärforschung		
– Konzeptualisierung	•	•
– Datenerhebung		•
– Auswertung und Interpretation		•
– Transfer der Ergebnisse	•	•
– Umsetzung	•	

(in Anlehnung an Nieschlag, Dichtl & Hörschgen 1999 und Bosold 1988)

So wichtig es im Einzelfall ist, über verläßliche Marktdaten zu verfügen oder genau zu wissen, wie erfolgreich eine bestimmte Marketingmaßnahme ist: Man darf nicht vergessen, für welche Entscheidungen man diese Daten benötigt und ob der Aufwand in einem vertretbaren Verhältnis zum Informationsgewinn steht. Je größer eine Investitionsentscheidung ist, desto mehr steht für das Unternehmen auf dem Spiel – zum Beispiel, wenn man einen Kauf- oder Zehnjahresvertrag über den Vollcharter eines Kreuzfahrtschiffes abschließen will oder sich für die Einrichtung eigener Clubdörfer entscheidet. Bei solchen Investitionen machen die Marktforschungskosten nur einen geringen Prozentsatz der damit verbundenen Investitionen aus. Wenn die Untersuchungen ergeben, daß die Marktaussichten für diese Investition nicht lohnend sind, war das Geld gut angelegt, denn es hat das Unternehmen unter Umständen vor hohen Verlusten geschützt.

Meist sind es aber nicht solche mit einem für das Unternehmen hohem Risiko behaftete Entscheidungen, die zur Nutzung von Marktforschung führen, sondern der Wunsch nach kontinuierlicher Marktbeobachtung. Solche Informationen sind oft sehr kostengünstig zu bekommen, auch wenn sich vielleicht nicht alle Fragen, die man hat, damit beantworten lassen. Viele Markt- und Branchenuntersuchungen werden nämlich von Zeitschriftenverlagen in Auftrag gegeben und ihren Anzeigenkunden kostenlos zugänglich gemacht. Indem sie diese Untersuchungen finanzieren, erhalten die Verlage nicht nur selbst wichtige Informationen über anzeigenrelevante Märkte. Über die Weitergabe an Kunden und den Verkauf der Untersuchungen an Interessenten für den Preis eines teureren Buches, erreichen sie damit auch einen Werbeeffekt für ihre Verlagsobjekte als Medien für die Anzeigenwerbung. Der Spiegel-Verlag, der Springer-Verlag, Burda usw. führen laufend Branchen- oder Grundlagenuntersuchungen durch, die teilweise auch über das Internet zu beziehen sind (zum Beispiel www.medialine.de; für einen Überblick siehe Seitz & Meyer 2006, S. 28 ff.). Im Branchendienst Context finden sich regelmäßig Hinweise auf diese Untersuchungen, ihre Bezugsquellen und ihren Preis.

In den letzten Jahren haben zudem *online*-Datenbanken an Bedeutung für die Schreibtischanalyse gewonnen (vgl. ausführlich dazu *op. cit.*, S. 32 ff.). In ihnen werden alle verfügbaren Informationen zur Wirtschaft (Unternehmensdaten, Märkte, Marktentwicklungen usw.) gesammelt und so aufgeschlossen, daß sie über Suchbegriffe für die entsprechende Fragestellung kompiliert und ausgewertet werden können. Die durch die Inanspruchnahme dieser Dienste (wie zum Beispiel Genios) anfallenden Kosten werden in der Regel durch die erhebliche Zeitersparnis und die Verfügung auch über Angaben aus Quellen, auf die man sonst vielleicht nicht gestoßen wäre, überkompensiert.

13

Das Marketing der Reiseveranstalter

Peter Roth & Manfred Schertler-Rock

DIE DISKUSSION ÜBER MARKETING auf strategischer und operativer Ebene in der Touristik war in den Jahren seit Erscheinen der vorangegangenen Auflage dieses Buches vor allem durch die Entwicklungen im Bereich der neuen Medien und dort insbesondere in der zunehmenden Nutzung und Akzeptanz von Internettechnologien geprägt. Die in diesem Zusammenhang stehenden Ideen und Ansätze werden im Folgenden mit dem Begriff *online-marketing* bezeichnet. Wie kaum ein anderer Managementaspekt kann das Marketing sowohl von diesen Neuerungen profitieren, als auch durch einen zunächst verpaßten oder falsch bewerteten Trend Chancen auf Wachstum und steigende Rentabilität verspielen.

Der Siegeszug des Internet im Tourismus hängt direkt mit der deutlichen Verbesserung der Zugangsmöglichkeiten zum World Wide Web (WWW) zusammen. Waren im Jahr 2003 nur knapp über die Hälfte der privaten Haushalte in Deutschland mit einem Internetzugang ausgestattet, so konnte dieser Wert nach einer Repräsentativbefragung von TNS Infratest bis zum Jahr 2010 um mehr als 20 Prozentpunkte auf 72 Prozent gesteigert werden. Für die Nutzung des Internet zu Informations- und Buchungsaktivitäten im Tourismus entscheidend ist jedoch der Anteil der Breitbandanschlüsse an den Anschlüssen insgesamt, um die Inhalte auch komfortabel und schnell an die Verbraucher zu verteilen. Hier sind deutlich höhere Steigerungsraten festzustellen, von 17 Prozent in 2003 bis zu einem Wert von 73 Prozent im Jahr 2008 (diese Werte beziehen sich auf die Haushalte mit Internetzugang; Statistisches Bundesamt 2009, S. 554 f.). Damit liegt Deutschland zwar über dem EU-Durchschnitt, befindet sich aber im direkten Vergleich zum Beispiel mit den skandinavischen Ländern oder den Benelux-Staaten noch im Hintertreffen. Die Grundvoraussetzungen für ein erfolgreiches *online-marketing* sind damit aber gegeben, zumal knapp 96 Prozent der 14–29-Jährigen und gut 87 Prozent 30–49-Jährigen 2010 nach der TNS Infratest-Studie im Internet unterwegs waren. Selbst bei denjenigen, die fünfzig und älter sind, trifft das noch für die Hälfte zu (www.nonliner-atlas.de).

Steigende Verbreitung und Akzeptanz der neuen Medien schlagen sich auch in den Zahlen zur Information über und Buchung von Reisen nieder. Bezogen auf den Umsatz des gesamten Reisemarkts Deutschland, der nach einer Studie von

Ulysses – Web-Tourismus im Jahr 2008 zu 37,6 Prozent (Schätzwert für 2010: 47,2 Prozent) auf *online*-Umsätzen beruht, nutzen 51 Prozent der Gesamtbevölkerung über 14 Jahre das Internet zur Informationssuche, 29 Prozent zur Buchung. Wird die untersuchte Gruppe auf Personen mit aktiver Internetnutzung eingeschränkt, so ergeben sich Werte von 72 Prozent für Informationsbeschaffung und 53 Prozent für Buchung. Betrachtet man im letzten Schritt nur die aktiv Reisenden (mindestens eine Urlaubsreise in den letzten 12 Monaten) mit aktiver Internetnutzung, so resultieren Werte von 84 Prozent für Informationsbeschaffung bzw. 67 Prozent für Buchung (V-I-R 2010, S. 27 ff. und S. 36).

Trotz der immensen Dynamik der Technologien, Tops und Flops, Hypes und ernüchternder Entwicklungen (siehe in diesem Zusammenhang zum Beispiel die anfangs frenetisch bejubelte virtuelle Welt *„Second Life"* verglichen mit dem aktuellen Zustand des Projekts) ist der Stellenwert von *online-marketing* unstritig. Die im Rahmen dieses Kapitels an verschiedenen Stellen präsentierten Ideen und Lösungsvorschläge können daher nur einen Status quo vermitteln. Der tatsächliche Erfolg einzelner Instrumente in den kommenden Jahren ist naturgemäß nur in der Rückschau möglich und wird uns an dieser Stelle in einer der nächsten Auflagen beschäftigen.

Aber auch der spürbare Trend des Tourismusgeschäfts hin zur *„online*-Welt" ändert grundsätzlich nichts an der immer noch vorherrschenden mangelhaften Marketing-Orientierung zahlreicher Branchenvertreter. Wie schon früher an dieser Stelle erörtert gibt es für dieses Defizit eine Vielzahl an Gründen, zum Beispiel fehlende Marketingausbildung und/oder -erfahrung der Mitarbeiter, geringe strategische Reichweite von Unternehmensentscheidungen, Fokus auf den Preis als zentrales Verkaufsargument usw. (vgl. auch Roth 2003, S. 52 ff.).

13.1 Dienstleistungsverständnis der Touristik

Marketing ist Führungsfunktion, ist gelebte Unternehmens-‚Philosophie'. Das gilt für Produkt- wie für Dienstleistungsmarketing in gleicher Weise. Dennoch erfordern die besonderen Eigenschaften der Dienstleistung eine andere Denk- und Handlungsweise.

- **Das Touristik-Produkt ist eine Dienstleistung und als solche nicht greifbar**, es kann vor dem Kauf nicht betrachtet und ausprobiert werden wie Ge- oder Verbrauchsgüter. Der Käufer geht damit ein gewisses Risiko ein. Touristikanbieter haben deshalb zwar nicht das Problem der physischen Distribution, müssen aber die Nachteile überwinden, die sich durch das immaterielle Produkt ergeben.

- **Die touristische Dienstleistung ist heterogen.** Im Gegensatz zu standardisierten, maschinell gefertigten Produkten besteht das Dienstleistungsprodukt aus Elementen, die der Anbieter nicht oder nur zum Teil kontrollieren kann. Das gilt auch für die Pauschalreise mit den Produktbestandteilen Flug, Hotel, Verpflegung, Transfer. Eine wesentliche Rolle im Rahmen dieser Einzeldienstleistungen, die zu einem Produkt zusammengefügt werden, spielt der Mensch. Trotz guter Ausbildung und laufender Schulung unterlaufen ihm Fehler, ist er Stimmungen unterworfen, ist er unterschiedlich motiviert und engagiert.

- **Die touristische Dienstleistung ist vergänglich.** Ein Gebrauchsgut, das heute nicht verkauft wird, findet seinen Käufer vielleicht am nächsten Tag, in einer Woche... Ein Platz im Flugzeug hingegen, der für einen bestimmten Flug nicht verkauft wird, ist ein für allemal verloren.
- **Die touristische Dienstleistung ist nur bedingt teilbar.** Die Nutzung der Dienstleistung erfolgt zeitgleich mit ihrer Herstellung. Der Konsument steht in direktem Kontakt mit dem Produzenten, nimmt ihn wahr, beurteilt ihn (vgl. Pompl 1993, S. 159). Die Beurteilung ihrerseits ist in hohem Maße abhängig vom Service und der Betreuung, die er auf der Reise erfährt. Anders das Gebrauchsgut: Wenn wir uns ein bestimmtes Gerät vorstellen, so wird unsere Beurteilung kaum durch einen unfreundlichen oder gleichgültigen Verkäufer beeinflußt. Bei der touristischen Dienstleistung dagegen ist die Betreuung untrennbar mit den anderen Elementen des Produktes verbunden. Ist sie in unseren Augen unzureichend, so wird das ganze Produkt negativ beurteilt (vgl. Holloway & Plant 1992, S. 10).

Was bedeutet das für das Marketing der touristischen Dienstleistung?

- Der immaterielle Charakter des Dienstleistungsproduktes, die Tatsache, daß das Produkt vor seinem Erwerb nicht auf Qualität und Vollständigkeit hin überprüft werden kann, stellt hohe Anforderungen an die Kommunikation (vgl. Pompl 1994, S. 90). Hier können die erweiterten Möglichkeiten der internetgestützten Kommunikation (zum Beispiel durch Multimedia-Elemente) sowie Ansätze des so genannten *web 2.0* (vgl. Abschnitt 13.3.2.3.1) Hilfestellung geben.
- Die Vergänglichkeit des touristischen Produktes andererseits macht eine hohe Flexibilität in der Angebots- und Preispolitik erforderlich, die eine optimale Kapazitätsauslastung sicherstellen und dafür vor allem das Instrument der taktischen Preisdifferenzierung einsetzt.

Die direkte Teilnahme des Kunden am der touristischen Leistung, deren Qualität im wesentlichen durch Menschen bestimmt wird – deshalb der Name Dienstleistung –, erfordert auf allen Ebenen des Prozesses gut ausgebildete, kontaktfreudige, motivierte und vor allem informierte Mitarbeiter. Deshalb ist Marketing nicht mehr Aufgabe einer oder weniger organisatorischer Einheiten im Unternehmen – so wie das lange Zeit gesehen wurde –, sondern erfordert die Einbeziehung aller an der Erstellung der Marktleistung beteiligten Mitarbeiter (vgl. Meffert 1994; A. Meyer 1993).

Wenn heute für das Marketing eine integrierte Sichtweise verlangt, Marketing als Denkhaltung aller Mitarbeiter gegenüber allen externen (Kunden, Lieferanten, Kapitalgeber, Umweltverbände) und internen Zielgruppen (Abteilungen) gefordert wird (Meyer 1993, S. 96), so ist dies eine Grundforderung, die sich zwangsläufig auch aus einem modern verstandenen Dienstleistungsmarketing ergibt.

13.2 Strategische Rahmenbedingungen

In der Unternehmensphilosophie kommt zum Ausdruck, wie sich ein Unternehmen selbst sieht und wie es von Mitarbeitern, Handelspartnern und Kunden gesehen werden will. Nur wenige Reiseveranstalter haben eine solche „Philosophie" oder ein Leitbild schriftlich fixiert. Da sich aus der Unternehmensphilosophie Unternehmensziele ableiten und diese dann Grundlage für die Formulierung der Marketingziele sind, ist die Festlegung von Unternehmensgrundsätzen als eine übergreifende Philosophie des Handelns für das Unternehmen – unabhängig von der Größe – in den dichtbesetzten Märkten von heute unverzichtbar. Im Rahmen einer übergreifenden Unternehmensphilosophie muß vor allem beantwortet werden:

Übersicht 13.1: Fragen zur Unternehmensphilosophie

- Welches ist die Leitidee für die Zukunft unserer Unternehmung?
- In welchen Tätigkeitsfeldern wollen wir in Zukunft aktiv werden und welche Leistungen wollen wir für welche Abnehmer erbringen?
- Wie profilieren wir uns längerfristig gegenüber der Konkurrenz? Wie können wir unseren Kunden den größten Nutzen bringen? Welche Fähigkeiten müssen dafür in unserer Unternehmung aufgebaut werden?

Bei der Vielzahl austauschbarer Veranstalterangebote hat die Auseinandersetzung mit der Frage der Unternehmensgrundsätze für die unternehmerischen Entscheidungen und speziell für das Marketing eine besondere Bedeutung.

Die Unternehmensphilosophie ist Grundlage für die *corporate identity* als die geplante (Selbst-)Darstellung eines Unternehmens nach innen und außen. Mit ihr wird das Ziel verfolgt „alle Handlungsinstrumente des Unternehmens in einheitlichem Rahmen nach innen und außen zur Darstellung zu bringen" (Birgkit & Stadler 1992, S. 18). Der Stellenwert der *corporate identity* hat zugenommen, da:

- Unternehmen vielfach stark gewachsen und damit weniger überschaubar sind;
- Unternehmen Marken und Sortimente aus Zielgruppen-Überlegungen differenzieren und die Submarken in ein System eingebunden werden müssen, damit sie von der Dachmarke profitieren. Beispiel: World of TUI.
- Verkauf und Vertrieb vermehrt über eigene Filialen oder Franchise-Partner erfolgen (Vertikalisierung) und diese in das Gesamtkonzept des Unternehmens eingebunden werden müssen. Beispiel: Vertriebsketten wie Neckermann oder DER-Reisebüros.
- die Gefahr von Vertrauenskrisen latent gegeben ist, welchen mit einer klar definierten Identität, die nur eine „Verständlichkeit und Glaubhaftigkeit" der Kommunikation sicherstellt, begegnet werden kann (Birgkit & Stadler 1992).

Die Darstellung einer Unternehmung nach innen und außen auf Basis der Unternehmensphilosophie muß durch

1. **Verhalten** (*corporate behaviour*),
2. **Erscheinungsbild** (*corporate design*) und
3. **Kommunikation** (*corporate communication*)

gewährleistet werden. Ein in sich schlüssiges und glaubwürdiges Bild der Unternehmenspersönlichkeit kann nur entwickelt werden, wenn die drei Instrumente optimal aufeinander abgestimmt sind und sich ergänzen.

(1) Unter **Verhalten** ist das schlüssige und widerspruchsfreie Agieren aller Mitarbeiter, sowohl gegenüber den Partnern im Markt und den Kunden wie auch in der internen Kommunikation, zu verstehen.

(2) Unter **Erscheinungsbild** sind all die Elemente zusammenzufassen, die ein Unternehmen nach innen und außen einsetzt, um sich visuell darzustellen: Der Markenname, die Schriften, die Farben, die Werbung, der Katalog, die Architektur und Innenarchitektur (Ladengestaltung). Ergänzt werden diese klassischen Elemente des Erscheinungsbildes durch eine entsprechend ausgerichtete *online*-Präsenz. Allen voran die Website des Unternehmens, aber auch Maßnahmen der Kommunikationspolitik wie Werbebanner auf fremden Websites, die Auffindbarkeit in Suchmaschinen oder die Teilnahme an touristisch orientierten *web-2.0*-Angeboten prägen das gesamte Erscheinungsbild des Unternehmens zusätzlich mit.

(3) Schließlich sind mit **Kommunikation** alle kommunikativen Äußerungen eines Unternehmens gemeint, und zwar gegenüber allen Zielgruppen, die das Unternehmen anspricht, so zum Beispiel die Kunden durch Kataloge, Prospekte und durch Werbung in klassischen wie auch den neuen Medien (Website, Multimedia, E-Mail-Kampagnen, *web 2.0*), die Partner im Handel durch Verkaufsförderung und auf Messen, Meinungsbildner oder Finanzmarkt durch die Öffentlichkeitsarbeit. Hier sind insbesondere die Anforderungen an ein strategisches *multi-channel*-Management erfolgreich umzusetzen.

Eine klar und eindeutig kommunizierte Unternehmensidentität ist die Voraussetzung für ein starkes Unternehmens- oder Markenimage, das in der Touristik eine besondere Bedeutung hat, da die Merkmale der touristischen Leistung oft nicht objektiv nachprüfbar und vielfach auch austauschbar sind. Deshalb ist die Formulierung der *corporate identity* auch eine strategische Aufgabe, deren Umsetzung die Abstimmung mit der Marketingstrategie und dem Marketing-Instrumentarium sowie eine mittel- bis langfristige Planung erforderlich macht.

Dem Erscheinungsbild (CD) kommt heute in der Touristik zunehmende Bedeutung zu. Einzelne Reiseveranstalter bauen im Zuge des vertikalen Marketing ihr Filialnetz aus (direkter Vertrieb) und binden die Handelspartner noch stärker in ihre Konzeption ein (indirekter Absatz: zum Beispiel Franchise-Konzept der TUI). Beides erfordert ein starkes Markendach und damit einen einheitlichen visuellen Auftritt.

13.3 Die Marketingkonzeption

Marketing als Unternehmensfunktion bedarf einer Konzeption, eines „umfassenden gedanklichen Entwurfes", der sich an einer Leitidee orientiert und sowohl Handlungsrahmen, also Strategien, wie auch die operativen Handlungen (Instrumente) festlegt. (Becker 2001, S.4/5)

Die Entwicklung der Marketingkonzeption ist ein dreistufiger Vorgang:

Stufe I: Die Festlegung der Marketingziele
Stufe II: Die Festlegung der Marketinginstrumente
Stufe III: Die Fixierung des Marketing-Mix

Auf Stufe I und II sind strategische, auf Stufe III operative Entscheidungen zu treffen.

13.3.1 Der Entscheidungsprozeß als Managementprozeß

Entscheidungen zum strategischen und operativen Marketing sind Managemententscheidungen. Von ihnen hängen weitgehend der Erfolg der Konzeption und damit unmittelbar auch der Unternehmenserfolg ab. Deshalb sind diese Entscheidungen im Sinne der klassischen Managementfunktionen – Analyse, Planung, Durchführung und Kontrolle – auch systematisch vorzubereiten und durchzuführen.

Die Planung umfaßt insgesamt fünf Planungsstufen:

1. **Situationsanalyse** und Evaluation des Informationsmaterials mit dem Ergebnis der Stärken- und Schwächen- sowie der Chancen- und Risikendefinition;
2. **Formulierung der Marketingziele**;
3. **Entwicklung alternativer Strategien**, Evaluierung hinsichtlich ihrer Realisierungschancen und Entscheidung für die geeignete Strategie;
4. **Festlegung des *Marketing-Mix***, das heißt, Wahl der geeigneten Marketinginstrumente und deren Kombination, Detailfestlegung der Instrumente;
5. **Realisierung**.

Die Planungsstufen im Einzelnen:

13.3.1.1 Situationsanalyse

Die Situationsanalyse ist Ausgangspunkt und Grundlage der Marketingkonzeption. Im Rahmen der Situationsanalyse sind alle für die spezifische Situation des Unternehmens kennzeichnenden und im Rahmen der Marketingorientierung wichtigen Informationen zu erheben und auszuwerten. Informationserhebung und -auswertung sind ein sorgfältig und systematisch durchzuführender Vorgang, denn nur eine gesicherte Datenbasis führt auch zu realistischen Marketingzielen. Für die touristische Situationsanalyse empfiehlt sich eine Strukturierung der Daten und Informationen nach den Komplexen des internen, des externen und des erweiterten externen Datenkranzes (Übersicht 13.2).

Da die systematische Erfassung und Aufbereitung der notwendigen Daten von entscheidender Bedeutung für eine realistische Darstellung der Unternehmenssituation ist, empfiehlt es sich, Planungshilfen in Form einer konsequent aufgebauten Checkliste zu verwenden (siehe zum Beispiel Hanrieder 1995, S. 402).

Übersicht 13.2: Struktur einer Checkliste als Arbeitsrahmen für die Situationsanalyse

Komplexe des internen Datenkranzes
- Das Unternehmen und seine Leistungsbasis
- Der bisherige *Marketing-Mix* des Unternehmens (Angebots-, Distributions- und Kommunikationspolitik)
- Die Ergebnisse der bisherigen Marketingaktivitäten

Komplexe des externen Datenkranzes
- Der Markt: Potential und Struktur (bisherige Entwicklung, Prognose)
- Der Wettbewerb: Seine Marketingaktivitäten und deren Ergebnisse
- Die Zielgruppen: Strukturen, Wissensstand, Motive, Einstellungen und Verhalten
- Der Vertrieb: Soziodemographische und psychographische Strukturen, Einstellungen, Anforderungen und Verhalten (bisherige Entwicklung, Prognose)

Komplexe eines erweiterten externen Datenkranzes
- Die Meinungsöffentlichkeit: Strukturen, Wissen, Einstellungen, Verhalten (Meinungsbildner, Medien, Institutionen, politische Gruppierungen)
- Rahmenbedingungen: Konjunktur, Trends, Technologie, Gesetze.

Eine Checkliste, die als Arbeitsrahmen für die Informationsanalyse dienen soll, muß an zwei naheliegenden Fragen ausgerichtet sein:

- Worüber muß man sich informieren, um eine ausreichende Basis für die Marketingplanung zu erhalten?
- Nach welchen übergeordneten Kriterien faßt man die Daten und Fakten zusammen, um möglichst schnell die wesentlichen Schlußfolgerungen ziehen zu können?

Die Schlußfolgerungen als Ergebnis der Situationsanalyse müssen zu einer Definition der Stärken und Schwächen sowie der Marktchancen und Marktrisiken für das jeweilige Unternehmen führen.

Die Definition von **Stärken und Schwächen**: Durch Überprüfung des internen und des externen Datenkranzes lassen sich Stärken und Schwächen in der jeweils gegebenen Unternehmenssituation definieren. Der interne Datenkranz bezieht sich im Wesentlichen auf die eigene Leistungsbasis des Unternehmens, der externe Datenkranz auf das Umfeld, in welchem das Unternehmen tätig ist, nämlich die Wettbewerbs-, Nachfrage und Vertriebssituation (vgl. Kapitel 12.8).

Die Definition von **Marktchancen und Marktrisiken**: Nach der systematischen Erfassung der Daten müssen diese verdichtet und bewertet werden, um in der nächsten Stufe eine Zieldefinition möglich zu machen. Die Bewertung ergibt bei einer konsequent durchgeführten Analyse in der Regel ein ziemlich eindeutiges Chancen- und Risikenprofil.

Marktchancen sind zum Beispiel Wachstumschancen, die sich durch Markttrends anzeigen, ungenutzte Verbraucherpotentiale oder bestimmte Verbraucherbedürfnisse. **Marktrisiken** ergeben sich durch Austauschbarkeit der Angebote, Verdrängungswettbewerb, gesetzgeberische Initiativen, Eintritt neuer Marktteilnehmer sowie durch politische und ökologische Problemdimensionen.

Beispiel für eine Marktchancen-/Marktrisikendefinition (deutscher Pauschalreiseveranstalter mittlerer Größe, traditionelle Mittelmeerziele):

Marktchancen:

- Ungebrochener Trend zu den meisten der sogenannten „Warmwasser-Ziele" (Mittelmeer)
- ansteigende Reiseintensität.

Marktrisiken:

- Verdrängungswettbewerb, besonders ausgeprägt in diesem Marktsegment, mit der Tendenz zum ruinösen Wettbewerb;
- Wachsende Bedrohung durch Last-Minute-Anbieter;
- sich weiter verschärfender Wettbewerb auf der Vertriebsebene (Reisebüro).

Entscheidend für den Erfolg eines Unternehmens ist die Fähigkeit, die Stärken so einzusetzen, daß die Marktchancen genutzt und die Risiken so weit wie möglich ausgeschaltet werden können.

Bewertung der Chancen und Probleme in Verbindung mit Stärken und Schwächen: Im letzten Schritt der Situationsanalyse ist eine Beziehung herzustellen zwischen den ermittelten Marktchancen und -problemen und den unternehmensspezifischen Stärken und Schwächen. Damit soll die Problemsituation knapp, aber gleichzeitig möglichst eindeutig charakterisiert werden.

Eine andere Form der integrativen Analyse ist die **Portfolio-Methode**. Ursprünglich für den finanzwirtschaftlichen Bereich entwickelt, wurde sie erstmals von der Boston-Consulting Group als Marktwachstums-Marktanteils-Portfolio und in ihrer Weiterentwicklung durch McKinsey als Marktattraktivität-Wettbewerbsvorteil-Portfolio eingesetzt. Die Portfolio-Methode wird sowohl als Analyse-Methode im Rahmen der Situationsanalyse als auch als Denkmodell zur Generierung von Strategien verwendet.

Mit Hilfe des Marktattraktivität-Wettbewerbsvorteil-Portfolios werden **Strategische Geschäftseinheiten** (SGE) bewertet und in einer Vierfelder-Matrix graphisch positioniert. Strategische Geschäftseinheiten sind homogene Tätigkeitsfelder, die durch eine eindeutig definierbare Produkt/Marktkombination gekennzeichnet sind. Die einzelnen Strategischen Geschäftseinheiten werden hinsichtlich ihrer gegenwärtigen Marktstellung in Relation zum jeweils stärksten Wettbewerber (Wettbewerbsvorteil) und ihren zukünftigen Entwicklungsmöglichkeiten (Marktattraktivität) bewertet. Die Festlegung der gegenwärtigen Marktstellung erfolgt wie bei der Stärken-Schwächen-Analyse auf Basis der Unternehmens- und Wettbewerbsanalyse, die Festlegung der zukünftigen Entwicklungsmöglichkeiten auf Basis der Markt- und Umfeldanalyse.

Bei der Situationsanalyse ist zu beachten, daß die „mechanische" Erfassung, Verdichtung und Auswertung aller relevanten Daten in den eng besetzten Märkten von heute leicht zu austauschbaren Chancen- und Problemprofilen führen kann, die ihrerseits Zielformulierungen und Strategieansätze nach sich ziehen, die nicht die Voraussetzungen schaffen, um langfristig Erfolgspositionen zu sichern.

Das strategische Denken beginnt zwar mit dem Erfassen der unternehmensrelevanten Situation, doch muß es darauf ausgerichtet sein, strategische Erfolgspositionen zu erkennen und zu besetzen. Strategische Erfolgspositionen sind Fähigkeiten, die es dem Unternehmen erlauben, im Vergleich zur Konkurrenz auch längerfristig überdurchschnittliche Ergebnisse zu erzielen (vgl. Pümpin 1986, S. 29).

Wie erkennt man Erfolgspositionen? Sie können sich ganz selbstverständlich aus der Situationsanalyse ergeben. Doch das wird in den touristischen Märkten von heute immer weniger der Fall sein. Deshalb ist zu fragen:

- Wo schlummern im Unternehmen – über die unmittelbar erkennbaren Stärken hinaus – Fähigkeiten, die ausgebaut werden können? Beispiel: Ein Veranstalter verfügt über einen kleinen Stamm gut ausgebildeter Reiseleiter, der die Grundlage für neue Angebote darstellen könnte.
- Sind Stärken im Ansatz erkennbar, die weiterentwickelt werden können, um dadurch bestimmte, heute bereits erkennbare Trends nutzen zu können? Beispiel: ein Veranstalter hat ein Call Center aufgebaut, das verstärkt für Direktvertrieb eingesetzt werden könnte.

Hier wird deutlich, daß auch die Situationsanalyse, insbesondere die Stärken/Schwächen-Definition, Kreativität verlangt und eine visionäre, langfristige Perspektive erforderlich macht. Wer strategisch denkt, muß sich von der kurzfristigen, operativen Problemsicht lösen (vgl. Pümpin 1986, S. 52).

Strategische Erfolgspositionen können in den verschiedensten Bereichen und Unternehmensfunktionen aufgebaut werden, so zum **Beispiel**:

- Im Rahmen der Produktangebote und Dienstleistungen durch
    (a) die Fähigkeit, Kundenbedürfnisse rascher und besser als die Konkurrenz zu erkennen, und damit die Angebote und Dienstleistungen schneller den Marktbedürfnissen anpassen zu können.
    (b) die Fähigkeit, eine hervorragende Kundenberatung und einen überlegenen Kundenservice zu bieten.
- Im Rahmen der Marktsegmentierung durch
    (a) die Fähigkeit, eine bestimmte Abnehmergruppe gezielter und wirkungsvoller als die Konkurrenz zu bearbeiten.
    (b) die Fähigkeit, in einem Markt ein überlegenes Image (zum Beispiel Qualität) aufzubauen.
- Im Rahmen der Unternehmensfunktionen
    (a) Die Fähigkeit, bestimmte Distributionskanäle besser zu erschließen.
    (b) Die Fähigkeit, innovativ zu sein und damit schneller als die Konkurrenz neue, überlegene Angebote herausbringen zu können.
    (c) Die Fähigkeit, überlegene Beschaffungsquellen zu erschließen, zu sichern und effizienter wie auch kostengünstiger als die Konkurrenz anzubieten.
    (d) Die Fähigkeit, bestqualifizierte Mitarbeiter zu rekrutieren und im Unternehmen halten zu können.
    (e) Die Fähigkeit, richtungsweisende technische Entwicklungen gezielt für das eigene Unternehmen zu nutzen (zum Beispiel Suchmaschinen-Optimierung).

13.3.1.2 Die Festlegung der strategischen Marketingziele

Marketingziele sind grundsätzlich, trotz ihrer zentralen Rolle bei marktorientiert operierenden Unternehmen, keine autonomen Ziele (Becker 2001, S.14), sondern stets aus der Unternehmenszielsetzung abzuleitende Ziele. Marketingziele geben vor, welches Ergebnis im Markt erzielt werden soll.

Um den Erfolg überprüfen zu können, müssen Ziele eindeutig und meßbar (operational) formuliert werden. Voraussetzung dafür ist die Festlegung folgender Zieldimensionen:

- Zielgröße – welches Ergebnis wird grundsätzlich angestrebt? (Umsatzausweitung, Marktanteilsgewinn usw.).
- Zielumfang – in welchem Ausmaß soll das Ziel erreicht werden (Angabe in absoluten Zahlen oder Prozentwerten).
- Zielgruppe – bei wem (Marktsegment) soll das Ziel verfolgt werden? (Soziodemographische und psychographische Festlegung).
- Angebot/Produkt – mit welchem Angebot/Produkt (Marke) soll das Ziel erreicht werden? (Abgrenzung des Angebotes/Produktbereiches).
- Zeitraum – in welchem Zeitrahmen soll die Zielsetzung erfüllt werden? (Vorgabe von Daten).

Beispiel: Ein Reiseveranstalter verfolgt die Zielsetzung, den Umsatz (Zielgröße) bei USA-Pauschalreisen kräftig zu steigern. Die Steigerung soll 30 Prozent betragen (Zielumfang). Zielgruppe sind Familien mit Kindern bis zu 12 Jahren und einem Haushaltseinkommen von 4.000 Euro und mehr. Das Angebot besteht aus sechs (zusätzlichen) Pauschalreisen an die Ostküste Floridas, basierend auf der Kombination Disney World und Badeurlaub sowie einer Reihe neuer kinderfreundlicher Attraktionen (Angebot/Produkt). Die Umsatzsteigerung von 30 Prozent soll (nach Einführung der zusätzlichen Programme) innerhalb von zwei Jahren erreicht werden (Zeitraum).

Zu unterscheiden ist zwischen ökonomischen Marketingzielen, wie Umsatz, Gewinn, Marktanteil und psychographischen Zielen, die sich auf die psychische Prägung von Zielpersonen (zum Beispiel Erhöhung des Bekanntheitsgrades, Veränderung des Images) beziehen. Die erstgenannten Ziele werden auch als quantitative Ziele, letztere als qualitative Ziele bezeichnet. Auch psychographische oder qualitative Ziele sind bei Anwendung geeigneter Meßverfahren quantifizierbar (zum Beispiel Messung des Bekanntheitsgrades) und müssen deshalb auch operational formuliert werden. Bei der Konkretisierung von Imagezielen können gewünschte Einstellungsveränderungen unter Zuhilfenahme von Polaritätsprofilen gemessen werden.

13.3.1.3 Die Marketingstrategie

13.3.1.3.1 Der Begriff Marketingstrategie

Mit dem Begriff Marketingstrategie werden in Literatur und Praxis unterschiedliche Inhalte verbunden. In der klassischen Marketingliteratur werden häufig Marketingstrategie und Marketing-Mix gleichgesetzt. In diesem Falle sind Marketingstrategien in erster Linie Instrumentalstrategien, sie befassen sich mit dem Einsatz der Instrumente und deren Kombination. Demgegenüber betont die neuere Lehre, daß durch die Strategie zunächst einmal die Richtung bestimmt, eine Route vorgegeben wird, auf welcher sich der Instrumenteneinsatz im Zeitablauf bis zur endgültigen Zielerreichung schrittweise zu vollziehen hat. Verzichtet ein Unternehmen auf ein dergestalt strategisches Vorgehen, so besteht das Risiko der Umwege oder der „unkoordinierten Mehrfachwege" (Becker 2001, S.141).

13.3.1.3.2 Zur Abgrenzung von Strategie und Taktik

Ausgehend von der Theorie der Kriegführung, aus welcher diese Begriffe abgeleitet sind, bedeutet Strategie die Stoßrichtung und allgemeine Entwicklungsrichtung des Heeres, und Taktik das situationsgerechte Verhalten während der Schlacht (vgl. Kreikebaum 1981, S. 22). Übertragen auf den Markt heißt demnach Strategie mittel- bis langfristige Orientierung, Taktik dagegen kurzfristiges Agieren und Reagieren (Übersicht 13.3).

Übersicht 13.3: Abgrenzung von Strategie und Taktik

Strategie	Taktik
Handlungsrahmen für operative Entscheidungen	operative Handlungen
Merkmale	**Merkmale**
• mittel- bis langfristig • großräumig • strukturbestimmend	• kurzfristig • maßnahmenbezogen • detailbestimmend

13.3.1.3.3 Zu den Beziehungen zwischen Marketingzielen, Marketingstrategien und Marketing-Mix

Die Beziehungen, die zwischen diesen drei Ebenen bestehen, und die Entscheidungen, die auf jeder dieser Ebenen getroffen werden müssen, sind Gegenstand der Marketingkonzeption (Abbildung 13.1).

Die Ziele geben vor, wohin sich das Unternehmen entwickeln möchte. Die Strategie legt den Weg fest, der zur Zielerreichung eingeschlagen werden muß. Nieschlag, Dichtl & Hörschgen (1997) sprechen auch von der „großen Linie", die vorgezeichnet wird.

Im Rahmen des *Marketing-Mix* werden die Instrumente ausgewählt, die entsprechend kombiniert zur Zielerreichung beitragen sollen. Die Ebene des Marketing-Mix wird auch die operative Ebene genannt.

Abbildung 13.1: Aufbau der Marketingkonzeption

13.3.1.3.4 Die Dimension „Zeit" im Rahmen der Marketingstrategie

Marketingstrategien sind mittel- bis langfristig anzulegen, darauf wurde schon hingewiesen. Diese Forderung wird selbstverständlich, wenn man sich vergegenwärtigt, daß die Verfolgung vieler Ziele, wie beispielsweise die Veränderung von Images oder der Aufbau eines Bekanntheitsgrades, den konsequenten Einsatz des Instrumentariums über einen längeren Zeitraum erforderlich macht. Ein entscheidender Erfolgsfaktor ist demnach die mittel- bis langfristige Orientierung des Handelns, da Unternehmen nur so eine entsprechende Kompetenz am Markt für sich und ihre Leistungen aufbauen können (vgl. Becker 2001, S. 144). Dies bedingt andererseits, daß die strategische Festlegung mit besonderer Sorgfalt und nur auf Basis gesicherter Informationen (Situationsanalyse) vorgenommen werden sollte.

13.3.1.3.5 Ausprägung und Wahl von Marketingstrategien

Marketingstrategisches Vorgehen erfordert, ausgehend von der Zielsetzung, die Entscheidung für eine bestimmte Strategiekombination oder, wie es Becker ausdrückt, „mehrdimensionale Strategiefestlegungen" (Becker 2001, S.147). Die Mehrdimensionalität liegt in der notwendigen Strategieauswahl auf mehreren Ebenen und ihrer Zusammenführung zu einer Gesamtstrategie.

Am Anfang steht immer die Entscheidung für das jeweilige Marktfeld oder die Marktfelder. Die Entscheidungen für die Art der Marktbearbeitung oder Segmentierung sind auf jeden Fall nachgelagerte Entscheidungen.

Unter **Marktfeldstrategien** (Übersicht 13.4) sind die alternativen Produkt-/Marktkombinationen zu verstehen (vgl. Nieschlag, Dichtl & Hörschgen 1997, S. 860 ff; Becker 2001, S.148).

Es ist naheliegend, daß ein Unternehmen, bevor neue Märkte erschlossen oder neue Produkte entwickelt werden, prüft, ob das Potential in dem bestehenden Markt ausgeschöpft ist. Möglichkeiten der besseren Ausschöpfung sind zum Beispiel:

- bisherige Einmalkunden werden als Stammkunden,
- ein Teil bisherige Nichtkunden wird als Kunden gewonnen.

In beiden Fällen ist eine intensivere Bearbeitung des bestehenden Marktes (**Marktdurchdringung**) Voraussetzung. In der Regel geschieht dies durch einen verstärkten Einsatz der Kommunikationsinstrumente Werbung und Verkaufsförderung und/oder durch eine Ausweitung der Distribution.

Übersicht 13.4: Marktfeldstrategien

Zu unterscheiden sind:

- **Marktdurchdringung** – ein bestehendes Produkt oder Angebot wird in einem bestehenden Markt intensiv angeboten und verkauft
- **Marktentwicklung** – ein bestehendes Produkt oder Angebot wird in einem neuen Markt verkauft
- **Produktentwicklung** – ein neues Produkt oder Angebot wird in einem bestehende Markt verkauft
- **Diversifikation** – ein neues Produkt oder Angebot wird in einem neuen Markt verkauft

Beispiele:

- Ein Reiseveranstalter (Spezialist, Zielgruppenveranstalter) erzielt über ein Programm differenzierter Direkt-Marketing-Maßnahmen eine intensivere Kundenbindung und kann dadurch die Zahl der Stammkunden erhöhen.
- Ein anderer Reiseveranstalter (regionaler Universalist und Massenmarktveranstalter) überzeugt eine Reisebürokette mit regionaler Abdeckung durch ein besonders gutes Preis-/Leistungsverhältnis und wird in das Programm aufgenommen. Damit wird die Zahl der Distributionsstellen verdoppelt.

Auch **Marktentwicklung** ist eine Überlegung für Unternehmen, die expandieren wollen. Hier wird das bestehende Produkt oder Angebot in bisher nicht bearbeiteten Märkten eingeführt. Marktentwicklung heißt:

- Erschließung neuer, vom Veranstalter bisher nicht bearbeiteter regionaler Märkte;
- Erweiterung des Nutzenspektrums eines Produktes oder Angebotes;
- Gewinnung neuer, bisher nicht angesprochener Zielgruppen-Segmente.

Beispiele:

- Ein Reiseveranstalter, Spezialist für Reisen in die Türkei, bearbeitet zunächst nur einen regional begrenzten Markt. 1995 eröffnete der Veranstalter Niederlassungen in weiteren Bundesländern und erschloß sich damit zusätzliche Märkte.
- Ein Reiseveranstalter verkauft erfolgreich hochwertige Pauschalreisen an Privatkunden. Der Veranstalter beschließt dann, diese Angebote auch als Incentive-Reisen (siehe Kapitel 11) anzubieten und sichert sich damit einen neuen Kundenkreis in der Wirtschaft (Erweiterung des Nutzenspektrums, Zusatzmarkt).
- Ein Studienreiseveranstalter nutzt den Trend für Kurzreisen bzw. zur Zweit- und Dritturlaubsreise. Er führt die Studien-Städtereise ein und gewinnt neue Zielgruppen, die mit dem bisherigen Angebot nicht angesprochen werden konnten.

Es gibt viele Gründe, welche die **Entwicklung neuer Produkte** für bestehende, bereits bearbeitete Märkte notwendig machen: Innovationen des Wettbewerbs, Ausschöpfung der Möglichkeiten im Rahmen der Marktdurchdringung und -entwicklung, Preisverfall bisheriger Angebote usw. Zu unterscheiden ist zwischen echten Innovationen und quasi-neuen Produkten.

Beispiel: Studienreiseveranstalter führten viele Jahre mit Erfolg die traditionelle Studienreise in die Länder des klassischen Altertums durch. Durch die Veränderung in den Verbrauchereinstellungen und im -verhalten (zum Beispiel Wunsch nach Freiraum und Entspannung, Zunahme des Kurzurlaub) ergaben sich für die Veranstalter Ansätze für neue zielgruppenorientierte Produktkonzepte. Besonders innovativ war hier Studiosus. Der Veranstalter konzipiert, ausgehend von Kundenbedürfnissen, immer neue Angebote, so jüngst die Naturstudienreise, die Expeditionsstudienreise, die Kultur-Eventreise („Kultimer") oder auch die Preiswert-Studienreise und hat damit das Zielgruppenpotential wesentlich erweitert (siehe auch Kapitel 8).

In den wettbewerbsintensiven Märkten von heute gibt es mannigfaltige Gründe, warum Unternehmen **diversifizieren**, so zum Beispiel die Notwendigkeit einer intensiveren Kundenbindung. Deshalb wird oftmals die horizontale Leistungskette ausgebaut. Zur Absicherung von Beschaffung und Einkauf werden Beteiligungen an vorgelagerten Stufen erworben.

Zu unterscheiden sind drei Formen der Diversifikation:

1. **Horizontale Diversifikation**: Erweiterung des Angebotes auf horizontaler Ebene.
2. **Vertikale Diversifikation**: Einbindung von Produkten und Angeboten der vor- oder nachgelagerten Stufen.
3. **Laterale Diversifikation**: Engagement in völlig neuen Produkt- oder Angebotsfeldern, die mit den bisher bearbeiteten Geschäftsfeldern nichts oder nur wenig zu tun haben.

Abbildung 13.2 veranschaulicht die Entwicklung der **LTU Touristik**, die sich aus dem Charterflugunternehmen LTU zu einem diversifizierten Konzern entwickelte (vertikale Diversifikation). Durch die Verbindung Charterflug und Reiseveranstaltung ergaben sich Synergien, die zu einer verbesserten Auslastung der Sitzplatzkapazitäten der Fluggesellschaft führten. 2001 wurde die LTU Touristik mit allen Marken in den Rewe-Handelskonzern eingegliedert und wurde mit dem Mitte 2006 erfolgten Rückzug der Rewe aus der Fluggesellschaft LTU in **Rewe-Touristik** umbenannt.

Nach der Entscheidung, welche Marktfelder zu bearbeiten sind, ist die Frage zu klären, auf welche Weise diese Märkte im Sinne der Zielsetzung zu beeinflussen, das heißt, welche akquisitorischen Impulse zu setzen sind (**Marktimpulsstrategien**). Diese Frage ist mit dem Wandel vom Verkäufer- zum Käufermarkt und dem weiter wachsenden Angebotsüberhang von entscheidender Bedeutung für Erfolg oder Mißerfolg geworden.

Abbildung 13.2: Stufen des Diversifikationsprozesses – aufgezeigt an der Entwicklung eines deutschen Reisekonzerns

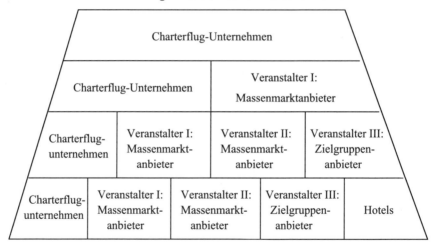

Grundsätzlich sollte jeder Veranstalter für sich entscheiden: Will er den Qualitätswettbewerb, das heißt, verfolgt er eine Präferenzstrategie, oder will er den Preiswettbewerb und folgt damit einer Preis-Mengen-Strategie. Gerade durch die Dynamisierung der Produktionsprozesse der Reiseveranstalter sind mittlerweile aber auch Strategieoptionen zwischen den Extremen der reinen Qualitätsführerschaft und der Kostenführerschaft möglich geworden. So schaffen zum Beispiel moderne informationstechnische Systeme in Verbindung mit der Netzwerkinfrastruktur des Internet die Voraussetzung für Angebote im Rahmen von *dynamic-pre-packaging* oder *dynamic packaging* (vgl. dazu ausführlicher Abschnitt 13.3.2.3.2). Für beide Produktionsarten gilt, daß die entstehenden Produkte kurzfristig aus Einzelleistungen erstellt werden, bei *dynamic-pre-packaging* zum Beispiel durch die Kombination und Vermarktung von Restkontingenten in Last-Minute-Angeboten, bei *dynamic packaging*

sogar mit völlig individuell auf Kundenwunsch zusammengestellten Angeboten. So werden qualitativ hochwertige Produkte zu im Preiswettbewerb entstandenen Tagespreisen (*dynamic-pricing*) angeboten.

Die Entscheidung für eine **Präferenzstrategie** ist gleichbedeutend mit einer Entscheidung für Qualität, für das Entwickeln von Leistungsvorteilen, mit der Absicht, anders und besser zu sein als große Teile des Wettbewerbs. Typische Vertreter dieser Strategierichtung sind die Studienreiseanbieter wie Studiosus, die Premium-Marken der TUI wie Robinson und Airtours.

Anders die Entscheidung für eine **Preis-Mengen-Strategie**: Hier geht es einzig und allein um das Preisargument. Nicht besser, sondern billiger zu sein als ein Großteil der Wettbewerber ist die Maxime. Das Reiseveranstalterangebot ist noch immer in hohem Maße geprägt vom Preiswettbewerb. So sehr die Leistung der Veranstalter anzuerkennen ist, daß sie mit der Pauschalreise „ein Privileg für wenige zum Massenprodukt demokratisierte" (Scherer 1991), so wenig verständlich ist die absolute Dominanz dieses Strategiemusters bis zum heutigen Tag. Scherer: „Vom Zwang zur Vorausschau und Kreativität verschont (wegen der kontinuierlich gestiegenen Nachfrage – Anm. d. Verfassers) entstand ein standardisiertes, austauschbares Angebot, das dann im Preiskampf gegen die Konkurrenz durchgesetzt werden mußte. Das ist allerdings die halsbrecherischste aller Profilierungsmethoden: ein Markenartikel, der nichts als billig ist" (Scherer 1991).

Die wesentlichen Merkmale und Unterschiede zwischen den beiden Strategie-Mustern sind in Übersicht 13.5 dargestellt.

Zur Durchsetzung einer **Präferenzstrategie** werden die qualitätsorientierten Marketinginstrumente Produkt- und Angebotspolitik sowie Kommunikationspolitik eingesetzt. Ziel ist es, echte Präferenzen in der Vorstellung der Zielgruppen aufzubauen:

- **Angebotspolitik**: Neben dem Grundnutzen müssen Zusatznutzen entwickelt werden (zum Beispiel über eine ausgeprägte Servicepolitik). Eine Differenzierung erfolgt häufig auch über emotionale Merkmale wie Prestigenutzen. Entscheidend dabei ist allerdings der langfristige Ansatz.
- **Kommunikationspolitik**: Wichtig ist die Entwicklung möglichst unverwechselbarer Markenpositionierungen.

Beispiele:

Der deutsche Reiseveranstalter **Airtours** (eine Marke der TUI) differenziert sich seit Bestehen von anderen Pauschalreisen durch die Qualität des Angebotes (Linienflug, erstklassige Hotels) und vermittelt diese Qualität seit langem durch eine eigenständige Kommunikationspolitik.

Übersicht 13.5: Typische Merkmale von Präferenz- und Preis-Mengen-Strategien

Merkmale	Präferenzstrategie	Preis-Mengen-Strategie
Prinzip	Qualitätswettbewerb	Preiswettbewerb
Charakteristik	Hochpreis-Konzept durch • Aufbau von Präferenzen • Entwicklung eines Marken-Images • eigenständige Positionierung	Niedrigpreis-Konzept durch • Verzicht auf Aufbau von Präferenzen • Verzicht auf eigenständige Positionierung
Zielgruppe	Qualitätskäufer, Marken-Käufer	Preiskäufer
Wirkungsweise	langfristiger Aufbau von Präferenzen, Markenimage	schnelle Wirkung, jedoch kein Aufbau von Präferenzen bzw. Image
Dominanter Bereich im Unternehmen	Marketing-Bereich	Einkauf, Beschaffung
Typischer Marketing-Mix	Dominanz von Leistungspolitik (insbesondere Service-Politik) und Kommunikationspolitik (eigenständige Positionierung, Markenimage)	• durchschnittliches Leistungsangebot • aggressive Preispolitik • schwach ausgeprägte Werbung • Aktivitäten in Verkaufsförderung
Vorteile	Aufbau einer eigenständigen Marktposition, gute Ertragschancen	• geringe Investitionen in Leistungs- und Kommunikationspolitik • Ertragschancen bei kostengünstigem Einkauf und günstiger Gesamtkostenstruktur
Nachteile	• Investitionen in Leistungs- und Kommunikationspolitik • Langfrist-Konzept • Marktrisiko bei fehlenden Marketing-Voraussetzungen	durch Preiswettbewerb • kein Aufbau von Präferenzen • daher austauschbar • Existenzgefährdung bei ruinösem Wettbewerb

Quelle: in Anlehnung an Becker 2001, S. 206

Terramar, ursprünglich eine der Neckermann Konzern-Marken, versuchte sich lange über ein qualitativ hochwertiges Angebot und eine Kommunikationsstrategie, in deren Mittelpunkt die Positionierungsaussage: „Ihr Experte für 4- und 5-Sterne Urlaub" steht, zu profilieren – ein schwieriges Unterfangen, da der Verbraucher dieses Angebot in den Neckermann-Filialen eigentlich nicht erwartete. Auch in den Zielgebieten gelang es nicht, die Eigenständigkeit der Marke deutlich zu machen – in vielen Hotels gab es Überschneidungen mit Neckermann und die Reiseleitung war praktisch die gleiche. Inzwischen ist die Marke aus dem Thomas Cook Markenportfolio gestrichen worden.

Bei **Dertour** ist erkennbar, daß dem Wunsch nach individueller Reisegestaltung vermehrt Rechnung getragen wird, indem das Bausteinprinzip forciert wird, das maßgeschneiderte Urlaubsangebote möglich macht.

Studiosus als Studienreiseveranstalter unterscheidet sich weniger durch Zielgebiete und dort durchgeführte Programme von seinen Wettbewerbern als durch jeweils neue, innovative Konzepte (wie die bereits erwähnte Kultur-Event-Reise oder die Familien-Studienreise), aber natürlich auch durch Qualität in der Durchführung der Reisen. So prägt die über Jahre aufgebaute, in der Kommunikation herausgestellte Reiseleiterqualität das Studiosus-Image (vgl. Vetter 1999, S. 301).

Entscheidendes Mittel zur Marktbeeinflussung bei **Preis-Mengen-Strategien** ist der Preis. Meist handelt es sich um eine aggressive Preispolitik. Der Preis wird dominant herausgestellt und ausgelobt. Das bedeutet gleichzeitig, daß die anderen Instrumente untergewichtet sind. Der begrenzte Mitteleinsatz für eine Ausgestaltung des Angebotes führt zu weitgehend austauschbaren Produkten sowie einer meist nur gering ausgeprägten Kommunikation.

Unter den (nach Marktanteil) 30 größten Veranstaltern verfolgen mehr als 20 eine Preis-Mengen-Strategie. Lediglich bei sieben Unternehmen sind präferenzorientierte Merkmale erkennbar, wie eine Markenwerbung, die das Ziel verfolgt, Bekanntheit und Image der Reiseveranstaltermarke weiterzuentwickeln.

Risiken der Strategieentscheidung

Naturgemäß will die Entscheidung für oder gegen Präferenz- bzw. Preis-Mengen-Strategie wohl überlegt sein, denn sie ist wie jede andere unternehmerische Entscheidung mit **Risiken** behaftet. Das dürfte ein weiterer Grund sein, warum der Anteil der Präferenzstrategien in der Touristik – ganz im Gegensatz zu anderen Branchen – eher gering ist. Außerdem war es ja in den zurückliegenden Jahren immer möglich, die erforderlichen Umsätze zu erzielen, indem man einem Prinzip huldigte, das Neckermann („Synonym für Massentourismus") als erstes Unternehmen mit großem Erfolg praktiziert hatte. Die Preis-Mengen-Strategie (Standardangebots-Strategie) von Neckermann wirkte stilbildend für eine ganze Branche (vgl. Scherer 1991).

Das Verfolgen einer Präferenzstrategie erfordert bestimmte Voraussetzungen:

- ein professionelles Marketing;
- eine langfristige Festlegung der Strategie und eine langfristig und konsequent verfolgte Umsetzung;
- Investitionen in den Bereichen Leistungs- und Kommunikationspolitik.

Außerdem ist zu berücksichtigen, daß einmal entwickelte Präferenzen der Nachahmung durch den Wettbewerb ausgesetzt sind, ein qualitativer Vor-

Gewiß keine ‚Mittellage': Urlaubsrefugium in Dalmatien

sprung also durch Innovationen ständig gesichert und durch die Marke abgestützt werden muß, wenn der Vorsprung nicht verlorengehen soll. Andererseits ist ein qualifiziertes Markenimage in der Lage, einen Mehrwert darzustellen, der auch dann noch eine Entscheidung für die Marke herbeiführen kann, wenn der Wettbewerb mit vergleichbaren Angeboten objektiv nachgezogen hat.

Das Verfolgen einer Preis-Mengen-Strategie bedingt:

- einen besonders kostengünstigen Einkauf der Hotel- und Flugkapazitäten
- eine besonders günstige Gesamtkostenstruktur (beides waren ausgeprägte Eigenschaften von Neckermann, die allerdings in den letzten Jahren weitgehend verlorengegangen sind und von dynamischen Wettbewerbsmarken [Alltours, 1-2-Fly] erfolgreich unterlaufen wurden).
- ständiges Agieren und Reagieren an der Preisfront, wenn die Preisführerschaft erhalten bleiben soll.

Das Problem der Mittellagen

Damit bezeichnet Becker (1998, S. 217) eine „Zwischen-den-Stühlen-Position". In den meisten Fällen handelt es sich allerdings nicht um eine strategische Absicht (wie zum Beispiel bei der oben genannten Produktionsalternative *dynamic packaging*), sondern das Unternehmen ist unbeabsichtigt in die ungünstige „Mittellage" gelangt, weil die Gesetze der beiden Strategiealternativen Präferenz- oder Preis-Mengen-Strategie nicht beachtet wurden. Das Ergebnis ist, daß in keiner der beiden Dimensionen Qualität oder Preis ein signifikanter Vorsprung gegeben ist (Abbildung 13.3).

Das Marketing der Reiseveranstallter 481

Abbildung 13.3: Das Problem der Mittellagen

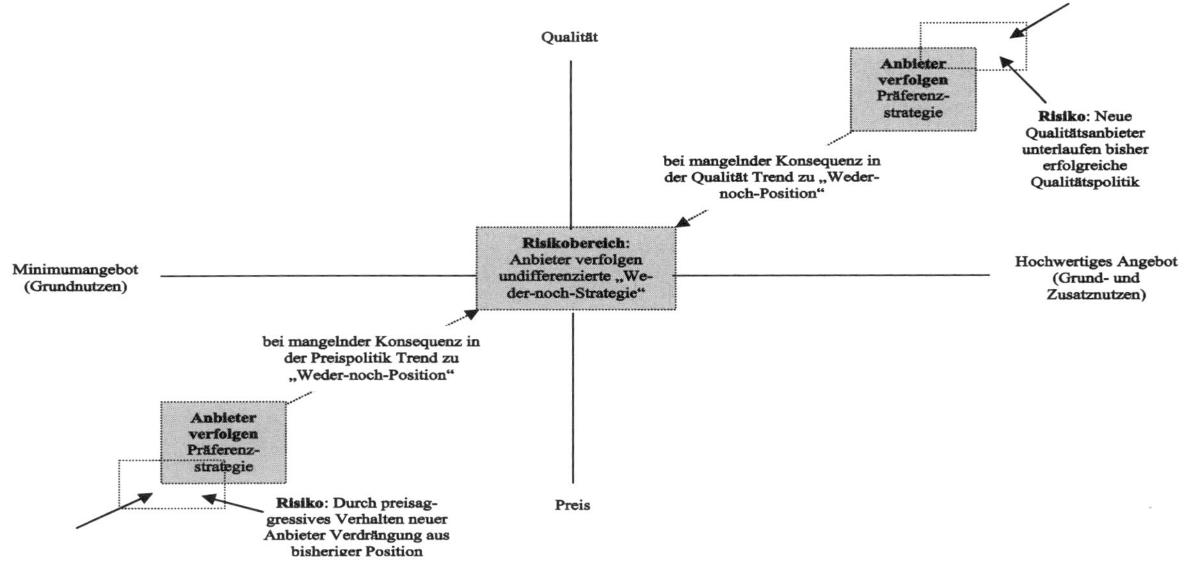

Risiko: Neue Qualitätsanbieter unterlaufen bisher erfolgreiche Qualitätspolitik

Anbieter verfolgen Präferenzstrategie

Hochwertiges Angebot (Grund- und Zusatznutzen)

bei mangelnder Konsequenz in der Qualität Trend zu „Weder-noch-Position"

Risikobereich: Anbieter verfolgen undifferenzierte „Weder-noch-Strategie"

Qualität

Preis

bei mangelnder Konsequenz in der Preispolitik Trend zu „Weder-noch-Position"

Risiko: Durch preisaggressives Verhalten neuer Anbieter Verdrängung aus bisheriger Position

Anbieter verfolgen Präferenzstrategie

Minimumangebot (Grundnutzen)

Marktsegmentierungsstrategien

Jedes Unternehmen ist vor die Frage gestellt, ob es einen Markt weitgehend undifferenziert oder differenziert, das heißt, im Sinne einer Segmentierung, bearbeiten will. Die differenzierte Marktbearbeitung entspricht am konsequentesten dem modernen Marketingdenken: Auf analytischem Wege werden Bedürfnisse und Verhalten von Zielgruppen erfaßt, Zielgruppen-Segmente gebildet, und dann die geeigneten Strategien und Instrumente für die Bearbeitung festgelegt.

Undifferenzierte Marktbearbeitung

Undifferenziertes Vorgehen, das sogenannte Massenmarketing, ist die durchaus erfolgreiche Strategie großer Anbieter von Markenartikeln im Konsumgüterbereich, welche die Bedürfnisse breiter Bevölkerungsschichten – von jung bis alt, von arm bis reich – befriedigen können.

Eine derartige Massenmarktstrategie: volle Marktabdeckung ohne die Bedürfnisstrukturen und Verhaltensweisen der Kunden im Angebot zu berücksichtigen, (vgl. Becker 2001, S. 241) verfolgte Neckermann lange Zeit mit gutem Erfolg. Im Gegensatz zu anderen Marken hat Neckermann durch eine konsequent betriebene Preis-Mengen-Politik im Lauf der Jahre nicht nur einen hohen Bekanntheitsgrad, sondern auch das Image eines guten Preis-/Leistungsverhältnisses aufbauen können. Eine ganz ähnliche, erfolgreiche Massenmarktstrategie ist seit einigen Jahren bei Alltours zu beobachten.

Die Beispiele Neckermann und Alltours dürfen jedoch nicht den Eindruck erwecken, daß Massenmarktstrategien grundsätzlich über den Preis geführt werden. Einige Konsumgütermärkte zeigen uns das Gegenteil. Hier sind große deutsche Markenartikel (Nivea, Persil) durch Präferenzstrategien erfolgreich.

In der Touristik sind Präferenzstrategien, die gleichzeitig Massenmarktstrategien sind, kaum vertreten. Mit Einschränkung könnte man die Marke TUI hier anführen, die sich zwar mit einzelnen Angeboten von den preisaggressiven Veranstaltern differenziert – zum Beispiel durch Submarken wie TUI Stars oder TUI Vital, durch das breite Angebots- und Preisspektrum aber, das sie abdeckt, keine lupenreine Präferenzstrategie darstellt.

Differenzierte Marktbearbeitung/Segmentierung

Wurden für die Segmentierung lange Zeit vorwiegend demographische Kriterien herangezogen, so wird heute für eine segmentspezifische Zielgruppendefinition eine Kombination demographischer und psychographischer Kriterien zugrunde gelegt, um die Zielgruppe so exakt wie möglich definieren zu können.

- **Soziodemographische Kriterien der Zielgruppenauswahl**: Diese bestehen aus Merkmalen wie: Geschlecht, Alter, Familienstand, Haushaltsgröße, Ausbildung, Beruf, Einkommen und Wohnort. Da die demographischen Daten eine geringe Aussagekraft hinsichtlich des Entscheidungs- und Kaufverhaltens bei touristischen Aufgabenstellungen haben (Ausnahme: Angebote wie Senioren- oder Jugendurlaub), müssen für die Zielgruppenplanung (Segmentierung) auch psychographische Daten herangezogen werden.
- **Psychographische Kriterien der Zielgruppenauswahl**: Diese können grundsätzlich in drei Bereiche eingeteilt werden, nämlich in:
  (a) Einstellungen und Motive
  (b) Persönlichkeitsmerkmale
  (c) Lebensstil und Lebensgewohnheiten

Da in den vorangegangenen Abschnitten 1 und 2 dieses Kapitels bereits auf die Zielgruppenfrage im Rahmen der Nachfrage- und Bedarfsanalyse ausführlich eingegangen wurde, beschränken wir uns hier auf diese Angaben zur Zielgruppensegmentierung (siehe auch Kapitel 12.7).

Marktgebietsstrategien

In der wirtschaftlichen Praxis zeigt sich immer wieder, daß Unternehmen zwar Festlegungen treffen hinsichtlich der Marktfelder, die sie bearbeiten wollen, auch hinsichtlich der Art der Marktbearbeitung und der Segmentierung, nicht aber, oder sehr viel seltener, hinsichtlich des gebietsmäßigen Vorgehens. So trifft man immer wieder Reiseveranstalter, die nach Jahren erfolgreichen Agierens in einem regionalen Markt erst dann Überlegungen hinsichtlich einer Ausweitung des Marktes anstellen, wenn sie mit der Ausschöpfung des bisherigen Marktes an die Grenzen gestoßen sind.

Eine von langer Hand vorbereitete Marktgebietspolitik als Teil einer langfristig angelegten Marketingstrategie bedeutet auch, daß das Marketinginstrumentarium, insbesondere die Angebots-, Kommunikations- und Distributionspolitik rechtzeitig auf diesen Zeitpunkt eingestellt werden kann.

Mit der Ausweitung des EU-Binnenmarktes, insbesondere der Marktöffnung der osteuropäischen Länder, stellt sich für viele regionale und nationale Anbieter in der Bundesrepublik die Frage der Internationalisierung. Die europäischen Fluggesellschaften haben sich längst auf den Binnenmarkt eingestellt und besetzen durch strategische Allianzen mit früheren Konkurrenten wichtige Positionen. Reiseveranstalter, von den wenigen Konzernen mit länderübergreifenden Beteiligungen einmal abgesehen, sind hier bisher weniger aktiv gewesen.

Die Kombination marketingstrategischer Bausteine

Die im einzelnen erläuterten, „marketingstrategischen Bausteine" (Becker 2001, S. 352) erfordern eine Antwort auf folgende Fragen:

- Mit welchem Produkt bediene ich den Markt (Auswahl der Marktfelder, Produkt-/Markt-Kombination)?
- Wie beeinflusse ich die ausgewählten Marktfelder (Art der Marktbeeinflussung/Marktimpulse)?
- Wie differenziert soll der Markt bearbeitet werden (Massenmarkt/Marktsegmentierung)?
- Welche Absatzgebiete sollen bearbeitet werden (Marktgebiete)?

Abbildung 13.4: Vierstufiges Strategieprofil zweier mittelständischer Reiseveranstalter

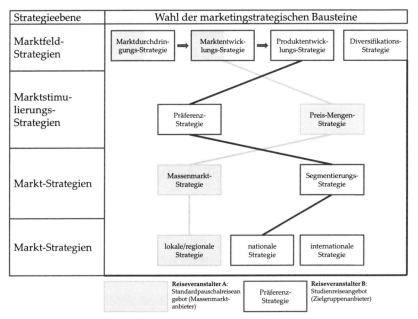

in Anlehnung an Becker 2001, S. 352

Diese Bausteine fügen sich in der Kombination (Strategie-Mix) zu einem unternehmensspezifischen Strategieprofil zusammen, das Unternehmen in die Lage versetzt, den Einsatz der Instrumente im Sinne der Marketingzielsetzung zu steuern (Abbildung 13.4).

Die Reihenfolge der Entscheidung hat nicht zwingend bei der Auswahl der Marktfelder zu beginnen. Denkbar ist durchaus, daß die Entscheidung Präferenz- oder Preis-Mengen-Strategie am Anfang steht. Viel wichtiger ist, daß in allen drei Bereichen mittel- bis langfristige Festlegungen erfolgen.

Die Tatsache, daß viele Unternehmen der Touristik durchaus erfolgreich am Markt operieren, ohne diese Entscheidungen bewußt und in der erforderlichen Verknüpfung getroffen und damit eine mittel- bis langfristige Strategie eingeleitet zu haben, widerlegt diese These nicht. Zu allen Zeiten hat es

Das Marketing der Reiseveranstallter 485

Unternehmer gegeben, die aufgrund von Erfahrungen und unternehmerischem Instinkt die richtigen Entscheidungen getroffen haben. Bei den komplizierten Märkten von heute ist dieses Vorgehen allerdings mit einem erhöhten Risiko verbunden.

13.3.2 Der Marketing-Mix

Nach der Strategiefestlegung (sie erfolgt auf der zweiten Stufe der Marketingkonzeption, vgl. Abbildung 14.1) sind auf der dritten Stufe, der operativen Ebene, die Instrumente auszuwählen und zu kombinieren, die bei gegebener Situation die besten Voraussetzungen für das Erreichen der Ziele bieten. Die Kombination der Instrumente wird mit Marketing-Mix bezeichnet. In der Regel ist der koordinierte Einsatz mehrerer Marketinginstrumente erforderlich, um die gewollte Wirkung im Markt auszulösen. Da mit dem Einsatz des Marketing-Mix die Umsetzung von Strategien erfolgt, kann man auch von der maßnahmenorientierten oder taktischen Komponente der Strategie sprechen.

13.3.2.1 Die Marketinginstrumente

Man unterscheidet üblicherweise zwischen vier bzw. drei Instrumenten, die ein Unternehmen im Rahmen seiner Marketingkonzeption einsetzen kann (Übersicht 13.6).

In der Literatur findet sich überwiegend das Vierer-Instrumentarium (vgl. u.a. Nieschlag, Dichtl & Hörschgen 1997 S. 849; Meffert 1994, S. 214), die Marketingpraxis arbeitet dagegen häufiger mit dem Dreier-Instrumentarium. Hier wird der Preis nicht als eigenständiges Instrument aufgefaßt, da Angebots- und Produktleistung sehr häufig gar nicht vom Preis zu trennen sind, da sie eine Einheit darstellen (man spricht ja auch von einem Preis-Leistungsverhältnis). Aus diesem Grunde geben wir der Dreier-Systematik den Vorzug.

Übersicht 13.6: Das Marketing-Instrumentarium

Das Vierer-Instrumentarium unterscheidet:	Das Dreier-Instrumentarium unterscheidet:
• Leistungspolitik • Preispolitik • Kommunikationspolitik • Distributionspolitik	• Leistungspolitik • Kommunikationspolitik • Distributionspolitik

13.3.2.2 Der Marketing-Submix

Durch die mannigfachen Ausprägungsformen der Instrumente Leistungspolitik, Distributionspolitik und Kommunikationspolitik, die im:

- Submix der **Leistungspolitik**
- Submix der **Kommunikationspolitik**
- Submix der **Distributionspolitik**...

zum Ausdruck kommen, ergibt sich eine Vielzahl von Kombinationsmöglichkeiten (Abbildung 13.5).

Abbildung 13.5: Instrumente und Subinstrumente des Marketing-Mix

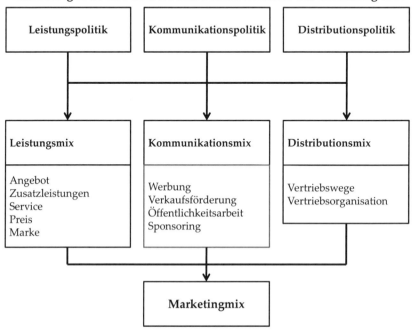

Einsatzgrundsätze

Im Rahmen der operativen Planung ist die Frage zu beantworten, welche Instrumente zur Verfügung stehen, welche Instrumente letztendlich einzusetzen sind und welche Schwerpunkte innerhalb der Instrumente (Submix) zu bilden sind. Dabei sind einige Grundsätze zu beachten (vgl. Weinhold 1988, S. 153):

- **Schwergewichtsbildung.** Die Fragestellung lautet: „Auf welchem Gebiet können oder wollen wir stark sein?" Entscheiden wir uns für den Qualitätswettbewerb, verfolgen wir also eine Präferenzstrategie oder bevorzugen wir den Preiswettbewerb, das heißt, eine Preis-Mengen-Strategie. Im ersteren Fall steht die Leistungspolitik, im zweiten Fall der Preis im Vordergrund.

Wie schon mehrfach ausgeführt, setzen viele Reiseveranstalter das Schwergewicht auf den Preis. Das erfordert ein konsequentes Kostenmanagement und läßt wenig Spielraum für andere Instrumente, wie zum Beispiel die Kommunikationspolitik, für welche dann keine ausreichenden Budgetmittel zur Verfügung stehen.

Das Marketing der Reiseveranstalter

- **Kombination.** Hier werden zwei und mehr Instrumente kombiniert eingesetzt. Häufig zu beobachten ist die Kombination Leistungspolitik und Kommunikationspolitik. Wird mit der Leistungspolitik eine bestimmte Qualität aufgebaut, so ist es wichtig, diese mit Hilfe der Kommunikation der Zielgruppe zu vermitteln.

    Beispiele hierfür sind die Spezialisten wie Studienreise-, Club- oder Weltreisen-Veranstalter mit einer ausgeprägten Leistungs- und Produktpolitik und gleichzeitig intensiver Werbung.

- **Harmonisierung.** Die einzelnen Instrumente müssen inhaltlich aufeinander abgestimmt werden. Besonders oft wird gegen das Harmonieprinzip durch eine mangelhafte Synchronisierung von Werbe- und Verkaufsargumenten verstoßen. Das Ergebnis ist, daß die durch Werbung verbreiteten Argumente nur unvollständig oder gar nicht durch die Absatzmittler wiedergegeben werden.

- **Synchronisierung.** Die eingesetzten Instrumente müssen aber auch zeitlich aufeinander abgestimmt werden. So benötigt zum Beispiel eine Veränderung in der Angebotspolitik oftmals einen zeitlichen Vorlauf und Unterstützung durch Verkaufsförderung, um die Partner auf der Absatzmittler-Stufe informieren und mit Verkaufsunterlagen ausstatten zu können.

Ausgehend von der grundsätzlichen Strategie-Entscheidung Präferenz- oder Preis-Mengenstrategie lassen sich typische Gestaltungsformen herausarbeiten. Übersicht 13.7 zeigt die am häufigsten vorkommenden Marketing-Mix-Muster bei Reiseveranstaltern.

Übersicht 13.7: Marketing-Mix-Muster bei Reiseveranstaltern

Marketing-Instrumente	Reiseveranstalter A	Reiseveranstalter B
Leistungspolitik	• Minimum-Politik: Bekannte Zielgebiete, Charterflug, durchschnittliche Hotels, standardisierte Zusatzleistungen • Austauschbares Angebot • Aggressive Preispolitik	• Höherwertiges Angebot: Ausgefallene Zielgebiete, zum Teil Linienflug, hochwertige Hotels, ungewöhnliche Zusatzleistungen • Eigenständiges Angebot • Überdurchschnittliche Preise
Kommunikationspolitik	• Reduziert auf kleinformatige Werbung mit Preisangeboten	• Kombinierte Angebots-/Imagewerbung
Distributionspolitik	• Absatz über selbständige Reisebüros	• Direktmarketing (direkter Absatzweg)

A = Massenmarktanbieter, mittelständisch, Preis-Mengen-Strategie
B = Zielgruppenanbieter, mittelständisch, Präferenzstrategie

13.3.2.3 Leistungspolitik

Unter Leistungspolitik verstehen wir das bewußte Gestalten der marktorientierten Unternehmensleistung.

Die Marktleistung ist Ursache und Grundlage für die wirtschaftliche Tätigkeit an sich und damit der originäre Marketingbereich. Die Leistungspolitik nimmt deshalb auch eine Sonderstellung unter den Instrumenten ein, denn sie ist in entscheidendem Maße Voraussetzung für den Erfolg am Markt. Sie setzt sich bei Reiseveranstaltern aus folgenden Faktoren zusammen:

- der Basisleistung, dem Kernangebot;
- den Service- und Zusatzleistungen;
- dem Programm als Zusammenfassung mehrerer Einzelangebote bzw. Komponenten;
- der Marke, welche das Angebot im Markt kennzeichnet;
- dem Preis, zu welchem das Angebot plaziert wird.

Abbildung 13.6: Leistungs-Mix

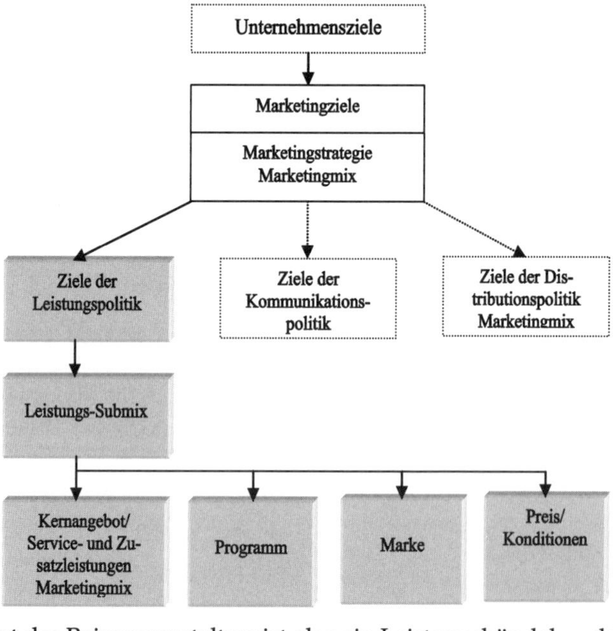

Das Angebot des Reiseveranstalters ist also ein Leistungsbündel, welches neben dem Produktkern (Basisleistungen) eine beliebig große Zahl von Zusatzleistungen beinhaltet. Dem Produktkern zuzurechnen sind: Zielgebiet, Zielort, Verkehrsträger, Unterkunft, Verpflegung, Transferleistungen. Zusatzleistungen sind: Reisebetreuung, Rahmenprogramme am Zielort, Art der Buchungsabwicklung, Art der Behandlung von Reklamationen.

Das Marketing der Reiseveranstallter 489

Ziele der Leistungspolitik

Zentrales Anliegen der Leistungspolitik ist der Kundennutzen, der sich möglichst eigenständig und unverwechselbar darstellen sollte, besonders dann, wenn eine Präferenzstrategie verfolgt wird.

Für die Kombination der Leistungselemente zu einem Angebot sind Zielvorgaben erforderlich, die definieren müssen, welchen Beitrag die Leistungspolitik zur Erreichung der Marketingziele zu leisten hat. Solche Ziele können sein:

- über die Leistungspolitik Voraussetzungen zum Erreichen der Umsatz- und Marktanteilsziele zu schaffen;
- Absicherung der Qualitätsführerschaft im Rahmen der Präferenzstrategie;
- Anpassung der Produktionsprozesse von Kern- und Zusatzleistungen zur Flexibilisierung des Produktprogramms;
- Gewinnung neuer Zielgruppensegmente.

Festlegung des Leistungsbündels

Das zunehmend differenziertere Nachfrageverhalten erfordert eine immer intensivere Auseinandersetzung mit der Leistungskette, wobei Innovationen und differenzierende Angebotselemente bei den Basisleistungen kaum noch vorstellbar sind. Ansatzpunkte bieten sich also vor allem bei den Reisevor- und Nachleistungen (Abbildung 13.7).

Studienreiseveranstalter als Qualitätsanbieter sind hier seit langem Vorreiter. Die Kunden werden vielfach auf Veranstaltungen und durch speziell gestaltete Informationen auf die Reise vorbereitet und auch nach der Reise weiter betreut, indem Treffen in der Gruppe organisiert werden, um Reiseerfahrungen und Fotoergebnisse austauschen und vertiefende Referate anbieten zu können.

Das Angebot als strategischer Erfolgsfaktor

Das Zusammenfügen innovativer Angebotsfaktoren ist vielfach die Voraussetzung, um strategische Erfolgspositionen zu begründen, die das Unternehmen in die Lage versetzen, einen einzigartigen Kundennutzen aufzubauen, der von Mitbewerbern entweder nicht oder nicht überzeugend vermittelt werden kann. Trotz hoher Wettbewerbsintensität gibt es noch viele Angebotsfaktoren, die nicht oder bisher nur unbefriedigend genutzt wurden oder die in der Kombination mit anderen Faktoren zu neuen, attraktiven Leistungsbündeln zusammengefügt werden können. Dabei ergeben sich im Sinne einer Individualisierung vor allem im Bereich der Service- und Zusatzleistungen noch ungenutzte Potentiale. Vielfach bieten sich hier Angebotskooperationen im Sinne eines horizontalen oder vertikalen Marketing an, um Leistungen der vorgelagerten oder nachgelagerten Leistungsträgerstufe in das Veranstalterangebot einbeziehen zu können (Übersicht 13.7).

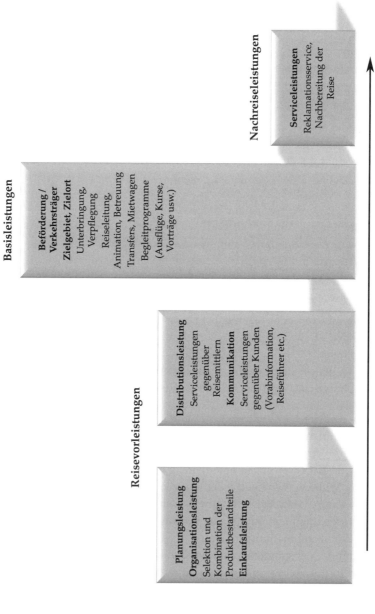

Abbildung 13.7 Die Leistungskette der Reiseveranstalter

13.3.2.3.1 Die zunehmende Bedeutung der Dienstleistungsqualität

Die zuverlässige Erfüllung der Kernleistung ist zwar noch immer ein zentraler Qualitätsfaktor, doch wird sie inzwischen als selbstverständlich angesehen, so daß sich die Beurteilung der Qualität auf den gesamten Dienstleistungsprozeß bezieht. Dabei ist die Art und Weise, wie die Dienstleistung erbracht wird, die „Verrichtungsqualität" zum entscheidenden Erfolgsfaktor geworden (Übersicht 13.8). Ausgangspunkt für die Planung einer zufriedenstellenden Dienstleistungsqualität sind die spezifischen Nutzenerwartungen des Kunden, wobei Qualitätsanbieter nach Kundensegmenten differenzieren müssen (zum Beispiel Kunden der First-, Busineß-, Economy-Class der Fluggesellschaften). Bei Planung und Entwicklung von Dienstleistungsangeboten empfiehlt es sich, den Dienstleistungsprozeß in für den Kunden wahrnehmbare Abschnitte zu zerlegen und auf diese Weise erlebbare Problemlösungsbündel zu schaffen (Abbildung 13.7).

Übersicht 13.8: Qualitätsdimensionen der touristischen Dienstleistung

Ergebnisqualität	Verrichtungsqualität
Was erhalten die Kunden?	*Wie* erleben Kunden die Dienstleistung?
– Reiseunterlagen – Transportleistung – Transferleistung – Unterkunft – Verpflegung	– Informationsbereitschaft – Beratungs-Intensität und -Tiefe – Freundlichkeit und angenehmer Umgang – Vertrauenswürdigkeit – Ort, Ambiente, Atmosphäre
(Produktorientierte Dimensionen)	**(Interaktionsorientierte Dimensionen)**

in Anlehnung an *Lehmann* 1993, S. 120

Die Schwierigkeit der Planung und Entwicklung von Dienstleistungsabläufen besteht in der engen Vernetzung zwischen Leistung und Leistungserstellung (Übersicht 13.9), zwischen *hardware* und *software*. In diesem Zusammenhang sind vor allem auch die substitutiven und komplementären Beziehungen zwischen den am Dienstleistungsprozeß beteiligten Menschen und den technologischen Hilfsmitteln (zum Beispiel Chipkarte oder Mobiltelephon zum Einchecken beim Flug) zu berücksichtigen (vgl. Lehmann 1993, S. 123).

Entscheidend für eine hohe Dienstleistungsqualität ist der persönliche Einsatz und die Motivation der Mitarbeiter. Dies ist jedoch nur zu gewährleisten, wenn die Mitarbeiter die Leitidee des Unternehmens verstehen und wissen, wie sie an ihrem spezifischen Arbeitsplatz den größten Nutzen für den Kunden erbringen können. Damit wird das Entwickeln und Gewährleisten einer hohen Dienstleistungsqualität zur entscheidenden Managementherausforderung. Das Management muß über eine dialogorientierte Mitarbeiterkommunikation, über *workshops* und Schulungen sowohl die emotionalen als auch die methodischen und inhaltlichen Grundlagen für ein Qualitätsbewußtsein auf allen Stufen schaffen.

**Übersicht 13.9: Interdependenzen der Kernfragen
im Leistungs- und Leistungserstellungskonzept**

Leistungskonzept	Leistungserstellungskonzept
• Wie lautet unser Leitbild/Versprechen?	• Wie intensiv soll der Kunde in den Dienstleistungsprozeß einbezogen werden?
• Welches sind die spezifischen Nutzenerwartungen der Kunden in den einzelnen Dienstleistungsabschnitten?	• Wie weit wünscht der Kunde die prozeßbezogenen, zwischenmenschlichen Interaktionen im Dienstleistungsprozeß?
• Wie flexibel und modular ist unsere Kernleistung aufgebaut?	• Welche Antizipationsmöglichkeiten auf das physische, emotionale und intellektuelle Prozeßverhalten des Kunden bestehen?
• Inhalt und Umfang der einzelnen Dienstleistungselemente:	• Welches ist die Funktion der Hauptelemente im Dienstleistungsprozeß:
− vor Antritt der Reise	− Menschen als Dienstleister
− während der Reise	− der Automaten
− nach der Reise	− Räumlichkeiten
− im Reklamationsfall	

in Anlehnung an *Lehmann* 1993, S. 124

Eine weitere Möglichkeit, den Qualitäts- („Bekomme ich wirklich die Qualität, die ich erwarte und bezahle?") und Verhaltensunsicherheiten („Führt der Reiseveranstalter seine Leistung optimal aus?") beim Kauf einer Reisedienstleistung vor und nach Vertragsschluß (vgl. Linde 2005, S. 39 ff.) zu begegnen, ist der Einsatz von Instrumenten des *web 2.0*. Das vom Verleger Tim O'Reilly 2004 so bezeichnete „Mitmach-Netz" markiert die Entwicklung von einem eher passiven, auf den Abruf von Informationen ausgerichteten Internet 1.0 hin zu einer aktiven, sozial geprägten neuen Kommunikationskultur. Zentrales Element ist die Generierung von Inhalten durch die Internetnutzer selbst. Der Austausch innerhalb einer so genannten Community findet zum Beispiel statt über

- soziale Netzwerke (mit dem Hauptziel der sozialen Vernetzung und netzwerkinternen Kommunikation, zum Beispiel Facebook, Xing),
- Blogs (*online*-Tagebücher mit der Möglichkeit einer Kommentierung durch andere Nutzer),
- Wikis (gemeinsam in einer Gruppe erstellte Webseiten, die von jedem berechtigtem Nutzer gelesen und bearbeitet werden können, vgl. zum Beispiel das bekannte *online*-Lexikon Wikipedia) oder

- Micro-Blogging (Nutzer veröffentlichen kurze Textnachrichten, die von so genannten *Followers* gelesen werden; bekanntester Dienst ist Twitter).

In Reisecommunities steht zum Beispiel die Beschaffung von Informationen zu bestimmten Leistungsanbietern (Fluglinien, Hotelbetriebe, Destinationen) oder ein allgemeiner Erfahrungsaustausch im Mittelpunkt. Eine Bewertung touristischer Dienstleistungen kann über Bewertungsportale (zum Beispiel Holidaycheck, Tripadvisor) erfolgen. Die Beurteilung der Leistungsfähigkeit eines Anbieters vor dem Hintergrund individueller, persönlicher Erfahrungen wird von anderen Nutzern positiv aufgenommen und ist mittlerweile ein Bestandteil der Kaufentscheidung (siehe auch Rudolph/Emrich/Meise 2007, S. 193 f.).

Für den einzelnen Reiseveranstalter bieten *web 2.0*-Angebote zum Beispiel folgende Chancen (vgl. Conrady 2010, S. 436 ff.):

- Marktforschung: Kundenwünsche aber auch -kritik werden im *web 2.0* greif- und auswertbar

- Werbeträger: das Risiko, mit einem als Kundenmeinung deklarierten Eintrag in einer Reisecommunity oder einem Bewertungsportal ertappt zu werden, sollte kein Veranstalter eingehen. Jeder echte Eintrag entfaltet jedoch werbende Wirkung, weshalb eine Beobachtung der einschlägigen *web 2.0-* Angebote zwingend notwendig ist. Werbung auf Community-Seiten selbst wird eher weniger akzeptiert.

- Vertriebsunterstützung: Reiseveranstalter können bei der Produktion ihrer Produkte selbst auf bestehende Kundenbewertungen zurückgreifen, um höhere Qualität im Rahmen der Anbieterwahl sicherzustellen. Im *online*-Vertrieb bietet sich die Einbettung von Bewertungen direkt innerhalb des Webauftritts des Veranstalters an, um die Glaubwürdigkeit der dargebotenen Informationen zu stärken.

13.3.2.3.2 *online*-Produktionsprozesse und -systeme

Die Produktion von Reisen durch den Veranstalter wird schon lange durch den Einsatz von computergestützten Systemen begleitet. Ursprünglich stellt die karteikartenorientierte Zusammenstellung von Einzelleistungen die Basis der Reiseproduktion dar. Mit der Einführung der Informations- und Kommunikationstechnologie (IKT) bei den Reiseveranstaltern wurden zunächst die Informationen dieser Karteikarten auf das Computersystem übertragen.

Im Gegensatz zum Beispiel zu den Fluggesellschaften erfolgte die Unterstützung der Buchungsprozesse durch IKT bei Reiseveranstaltern historisch später. Die stärkere Homogenität der Prozesse bei den Anbietern von Einzelleistungen erleichterte diese Entwicklung. Da die grundlegenden Schritte Anfrage, Vakanzprüfung und Buchung für alle Teilnehmer an den zu diesem Zweck entwickelten Computerreservierungssystemen (CRS) ähnlich waren, konnten hier schon früh Erfolge erzielt werden. Systemunterstützung bei der

Produktion von Veranstalterreisen ist hingegen deutlich heterogener und spezifischer, was zum einen an der Kombinationsvielfalt der Einzelleistungen (Beförderung, Unterkunft, Reiseprogramm, ...) liegt, zum anderen aber auch durch unterschiedliche Marktausrichtung der Veranstalter (zum Beispiel Großveranstalter – Gesamtmarkt, Kleinveranstalter – Nischenmarkt mit besonderen Anforderungen an die Systemunterstützung, beispielsweise bei Busreisen, Kreuzfahrten usw.)

Die Durchdringung der Produktionsprozesse des Reiseveranstalters mit IKT und insbesondere der Vormarsch der Internettechnologie ermöglicht letztendlich die kundenindividuelle und auch kundeninitiierte Echtzeitproduktion von Reisen. Dieses Konzept des *dynamic packaging* revolutioniert die Reiseproduktion in Hinblick auf Flexibilität und Individualität, erzeugt gleichzeitig aber auch eine zuvor nie dagewesene Komplexität. Praktisch umgesetzt wird das *dynamic packaging* über die Website des Veranstalters und dort mit Hilfe einer integrierten *InternetBooking Engine* (IBE),. Die Wünsche des Kunden werden von dort direkt an die Systeme der angeschlossenen Reservierungssysteme weitergereicht und auf ihre Erfüllbarkeit hin überprüft. Als Ergebnis erhält der Kunde die auf seine Bedürfnisse ausgerichteten, aktuell buchbaren Leistungsbausteine, die er dann frei kombinieren kann, wobei die IBE des Veranstalters die Plausibilität der Kombinationen sicherstellt. Ist ein kundenindividuelles Reisepaket auf diese Weise geschnürt, so kalkuliert die IBE den Gesamtpreis und der Kunde trifft die Kaufentscheidung.

Da die Reiseproduktion bei *dynamic packaging online* erfolgt, ist gleichzeitig und ohne Medienbruch die Vertriebsunterstützung mit Multimediaelementen, *online*-Beratungsleistungen und die Einbindung von vertrauensbildenden und qualitätssichernden Maßnahmen, zum Beispiel Hotelbewertungen über *web 2.0*-Angebote, möglich.

Dynamic packaging baut auf folgende Kriterien auf (siehe Born 2008, S. 206):[1]

- Die Reiseproduktion erfolgt in Echtzeit. Jede neue *online*-Anfrage eines Kunden erzeugt ein neues *dynamic packaging*-Angebot.
- Ausgangspunkt eines *dynamic packaging* ist immer der Kunde mit seinen Wünschen und Ansprüchen.
- Die Schnittstellen zu den Leistungsanbietern der Einzelleistungen bestimmen Qualität und Quantität der *dynamic packaging*-Reise. Je mehr Leistungen zur Verfügung stehen und in den vollständigen *dynamic packaging*-Prozeß des Veranstalters (Beschaffung von Reiseleistungen, Reiseproduktion, Reservierung, Abwicklung) integriert werden können, desto hochwertiger

---

[1] Dabei ist es unerheblich, ob ein Veranstalter das *dynamic packaging* als Zusatzprozeß neben der traditionellen Bausteinreise anbietet oder als reiner Internet-Veranstalter auftritt.

kann die resultierende Reiseproduktion ausfallen, desto stärker steigt aber auch die Komplexität. Die Abwicklung der automatisierten *dynamic packaging*-Prozesse erfolgt über spezialisierte Softwarepakete oder -dienste (siehe Weithöner 2010, S. 127).
- *Dynamic packaging* gehorcht den Regeln des Veranstaltergeschäfts (zum Beispiel Sicherung der Reiseleistung durch den Veranstalter).
- Das fertige Reisepaket wird zu einem Gesamtpreis vom Veranstalter angeboten.

Hauptunterschied zum *dynamic bundling* ist die Zusammenstellung und das Angebot von Reisekomponenten *nach den Regeln des Veranstaltergeschäfts*. Beim *dynamic bundling* werden lediglich Einzelleistungen verschiedener Anbieter *online* gebündelt. Jede Leistung wird dabei einzeln bepreist und auch einzeln durch den jeweiligen Leistungsanbieter erbracht und verantwortet. Damit besteht aber auch die Gefahr, daß einzelne Leistungsanbieter (zum Beispiel Fluglinien oder Hotels) ihre Leistungen über *dynamic bundling* direkt an die Kunden verkaufen, ohne die Dienste eines Reiseveranstalters in Anspruch zu nehmen. Die fehlende reiserechtliche Sicherung der Leistung durch den Veranstalter (siehe Kapitel 6) wird dabei entweder billigend in Kauf genommen oder ist den *online*-Buchenden gar nicht bewußt.

13.3.2.3.3 Die Marke als Ausdruck der Leistungspolitik

Die Marke zur Kennzeichnung der Leistung und Leistungsfähigkeit eines Veranstalters hat eine wichtige Funktion im Rahmen des Marketings. Grundsätzlich können alle Maßnahmen im Zusammenhang mit der Kennzeichnung von Angeboten als Markenpolitik bezeichnet werden. Unter Markenpolitik im engeren Sinne wird die Schaffung und Pflege von Angeboten als Markenartikel verstanden. Ursprünglich Verbrauchsgütern vorbehalten, wird der Begriff heute auch für Dienstleistungsmarken herangezogen und zwar immer dann, wenn eine standardisierte Leistung von gleichbleibender Qualität mit einer Marke gekennzeichnet wird. Mit dieser Definition qualifizieren sich viele Reiseveranstalter-Angebote heute als Markenartikel, denn die Voraussetzungen „standardisierte Leistung" und „gleichbleibende Qualität" sind in hohem Maße gegeben.

Die Funktion einer aktiv gestalteten Marke besteht für den Veranstalter in der Möglichkeit,
- ein Angebot gegenüber dem Wettbewerb zu differenzieren,
- die Identifikation eines Angebotes bei der Zielgruppe zu erleichtern,
- ein Angebot in der Vorstellungswelt der Zielgruppe mit bestimmten Eigenschaften zu etablieren (Markenpositionierung) und
- Präferenzen für das Angebot zu schaffen (Image), vor allem dann, wenn die Angebote selbst weitgehend austauschbar sind (subjektive Differenzierung).

Damit ist die aktiv gestaltete, mit Bekanntheit und Image ausgestattete Marke für den Veranstalter sowohl ein Mittel zur Beeinflussung des Endverbrauchers wie auch der Absatzmittler. Im Idealfall signalisiert eine Veranstaltermarke...

- **Kompetenz** – eine wichtige Voraussetzung vor allem für Zielgruppenanbieter bzw. Spezialisten
- **Attraktivität** – sie wird emotional akzeptiert, ist sympathisch
- **Sicherheit** – sie bietet die Garantie für Qualität in der Durchführung der Reise und für ein gutes Preis-Leistungsverhältnis.

Vor diesem Hintergrund ist es verständlich, daß insbesondere die großen Konzerne, aber auch einige Spezialisten, der Markenpolitik in den letzten Jahren große Aufmerksamkeit geschenkt haben und mit unterschiedlichen Markenstrategien aufgetreten sind.

Markenstrategien der Reiseveranstalter

Unter den von Veranstaltern gewählten Strategien lassen sich unterscheiden:

- die **Einzelmarkenstrategie**: hier wird das gesamte Angebot unter einer Marke präsentiert (zum Beispiel Alltours und Olimar). Werden Phantasienamen zur Angebots-Kennzeichnung herangezogen, weiß der Verbraucher vielfach nicht, wer als Anbieter hinter der Marke steht. Dies kann bei Einzelmarken, die Großveranstalter nicht unter ihrem Markendach präsentieren wollen, beabsichtigt sein, um einen Imagetransfer zwischen Dach- und Submarke zu verhindern.

    Beispiel: 1-2-Fly – hier wird keine Verbindung zu World of TUI hergestellt, um eine Verwässerung der Markenpositionierung zu vermeiden. Die letzte Konsequenz ist allerdings insofern nicht gegeben, als diese Marke dann meist im Reisebüro wieder zusammen mit der Dachmarke (World of TUI) auftreten und vom Reisebüro-Personal auch als TUI-Angebot bezeichnet wird.

- die **Markenfamilienstrategie**: in diesem Fall soll eine Marke ein breiteres Angebotsprogramm abdecken, gleichzeitig aber eine Differenzierung nach Zielgruppen ermöglichen. Die Angebotsgruppen werden durch Markenzusätze differenziert, profitieren aber gleichzeitig vom Image der Markenfamilie.

    Beispiel: Studiosus Klassikstudienreisen, Studiosus-Wander- und Städtestudienreise, Studiosus-Sprachreisen, City Lights usw.

    - die **Dachmarkenstrategie**: hier werden mehrere Submarken unter einer Dachmarke geführt. Das heißt, die Verbindung Dachmarke/Submarke wird in allen Kommunikationsmitteln deutlich. Ein Imagetransfer von der Dachmarke auf die Submarken und umgekehrt ist erwünscht.

        Beispiele:
        * **Thomas Cook** – mit den Submarken Neckermann, Aldiana (Minderheitsbeteiligung), Thomas Cook Reisen
        * **Rewe Touristik** – mit den Submarken ITS, Jahn Reisen, Meier's Weltreisen, Tjæreborg, Dertour, ADAC Reisen

- bei der **Globalmarkenstrategie** werden sämtliche Angebote unter einer Marke geführt und durch Zielgebietsnamen oder Bezeichnungen für Spezialangebote unterschieden. Beispiel: TUI-Zielgebiete (Spanien, Portugal, Afrika, Deutschland) und TUI-Submarken für Angebote an bestimmte Zielgruppen (Family, Vital, Stars).

Die Gründe für die unterschiedlichen Markenstrategien der großen Reiseveranstalter liegen zum einen in der historischen Entwicklung der Unternehmen, zum anderen in der Notwendigkeit der Anpassung der Marke(n) an veränderte Marktbedingungen.

Beispiele:

- Mit Beginn der Wintersaison 1990/91 vollzog die **TUI** den Wechsel vom bis dato praktizierten Einzelmarkenkonzept hin zu einem neuen Globalmarkenkonzept. Statt der Traditionsmarken Touropa, Scharnow, Transeuropa und Hummel differenziert die TUI seitdem nach Länder- bzw. Zielgebietsangeboten (Deutschland, Balearen, Ferne Länder usw.), Marken (Dr. Tigges, Airtours, Robinson) sowie speziellen Angebotsbezeichnungen (Family, Vital, Stars).

    Das neue Globalmarkenkonzept (TUI nennt dies Dachmarkenkonzept) war erforderlich geworden, weil die Einzelmarken bei den Kunden nicht eindeutig genug positioniert und gegeneinander abgegrenzt waren. Um dies zu erreichen hätten für jede Marke erhebliche Mittel eingesetzt werden müssen. Mit der nun seit einigen Jahren erfolgten Konzentration auf die Globalmarke World of TUI wird diese gestärkt und eine Zersplitterung vermieden.

    Die neue Markenstrategie der TUI bietet nicht nur die Voraussetzung, durch klar erkennbare Kundenvorteile wie Größe, Sicherheit, Qualität, Erleichterung der Angebotsauswahl und durch Spezialistenkompetenz dauerhafte Verbraucherpräferenzen aufzubauen, sie läßt sich auch kommunikativ wirksamer darstellen als das alte Markenkonzept.

- **Thomas Cook**: An die Stelle der früheren Dachmarke NUR trat zunächst Neckermann. Ein markentechnisch sinnvoller Schritt, bot doch die eingeführte Marke Neckermann mit ihrem Image und dem hohen Bekanntheitsgrad sehr viel bessere Voraussetzungen für eine Dachmarke als eine Buchstabenkombination. Nun aber, nach dem Erwerb von Thomas Cook, gibt es wieder eine neue Dachmarke, die zwar in England sehr, in Deutschland zunächst aber kaum bekannt ist. Unter dieser Dachmarke versammeln sich als Submarken Neckermann, Bucher, und Air Marin.

- Die **LTU Gruppe** verfolgte seit 1990 eine eigenständige Markenpolitik. Die LTU erwarb im Zuge vertikaler Diversifikation aus absatzstrategischen Überlegungen eine Reihe von Reiseveranstaltern. Jahn Reisen und Transair (gibt es nicht mehr) als Universalveranstalter, Meier's Weltreisen als Fernreiseveranstalter und THR Tours mit individuellen Angeboten zur Urlaubsgestaltung (ebenfalls aus dem Markt genommen), sowie Tjæreborg sollten die Auslastung der LTU-Flüge sichern und die Wettbewerbsposition von LTU stärken.

    2001 wurde die LTU Touristik von REWE übernommen, was jedoch in der Markenführung erst nach dem 2006 erfolgten Verkauf der Anteile an der LTU Fluggesellschaft mit der Umbenennung in Rewe Touristik zum Ausdruck kommt.

Übersicht 13.10: Markenstrategien der Reiseveranstalter

Einzelmarkenstrategie	Markenfamilienstrategie	Dachmarkenstrategie		Globalmarkenstrategie
Einzelmarke	Familienmarke	Dachmarke		Globalmarke
keine oder nur geringe Angebotsdifferenzierung	Differenzierung der Angebote durch Markenzusätze	Differenzierung der Angebote durch Marken Dachmarken		Differenzierung der Angebote nach Zielgebieten/ Submarken/ Spezialitäten
		Thomas Cook	Rewe Touristik	World of TUI
		Submarken		**Zielgebiete**
zum Beispiel: Alltours Olimar	zum Beispiel: Studiosus Familien Studienreisen; Studiosus Wander- und Fahrrad Studienreisen	Neckermann Reisen; Neckermann Preisknüller; Thomas Cook Reisen; Bucher Last Minute; Air Marin	JAHN Reisen; Meier's Weltreisen; Tjæreborg; ADAC Reisen; ITS Reisen; DERTOUR	TUI Griechenland; TUI Spanien… usw. **Submarken** TUI Golf; TUI Vital; TUI Family; TUI Wintersport; TUI Ferienhaus; TUI Club Elan **Spezialitäten** Airtours; Robinson

- Die Markenpolitik der **ITS** war bis zum Verkauf an Rewe (1995) geprägt von den unterschiedlichen Vertriebskanälen. Identische Angebote wurden mit unterschiedlichen Vertriebsmarken ausgestattet. HERTIE-Reisen und Kaufhof-Reisen waren jeweils ausschließlich für den Absatz in den entsprechenden Kaufhausfilialen konzipiert. Heute ist ITS Universalist im mittleren bis unteren Preisbereich und damit ein wichtiges Standbein des REWE Konzerns.

Online-Branding

Online-Branding unterstützt die Markenstrategie eines Reiseveranstalters im Rahmen seiner Internet-Aktivitäten. Insbesondere bei bestehenden Unternehmen, die mit Hilfe des Internets einen neuen Kanal auch zur Markenkommunikation eröffnen, gilt die Aufmerksamkeit der Übertragung bestehender Marken auf die *online*-Welt. Die Abstimmung von traditionellen markenbildenden oder markenstärkenden Aktionen (zum Beispiel eine TV- oder Radiomarkenkampagne) mit der Website des Unternehmens schafft die

Voraussetzungen für ein interaktives Markenerlebnis der Konsumenten. Risiken einer solchen Markenübertragung können auftreten, wenn die Website des Unternehmens von mangelhafter Qualität, zum Beispiel in Bezug auf Antwortzeiten, Informationsgehalt und -strukturierung oder Aktualität, ist (vgl. Chaffey *et al.* 2006, S. 227).

13.3.2.3.4 Preis- und Konditionenpolitik

Entscheidungen über die Leistungspolitik können nicht getroffen werden ohne eine Festlegung in der Preis- und Konditionenpolitik. Betrachtet man nämlich Angebots- und Markenpolitik einerseits und die Preispolitik andererseits als getrennt auf den Markt einwirkende Parameter, so kann das zu Fehlentscheidungen führen (vgl. Haedrich 1983, S. 243). Der Grund besteht darin, daß die Leistungspolitik im Grundsatz durch die Marketingstrategie vorgegeben ist (zum Beispiel Präferenz- oder Preis-Mengen-Strategie) und daß dadurch der preispolitische Spielraum eingeschränkt ist. Außerdem haben Entscheidungen im Rahmen der Leistungspolitik auch imageprägende Wirkung, so daß sich isoliert getroffene Preisentscheidungen kontraproduktiv auswirken können. Wie in anderen Branchen auch, muß zwischen Preis- und Konditionen-Entscheidungen einerseits und strategischen wie taktischen Preisentscheidungen andererseits unterschieden werden. Das gilt für alle Bereiche der Touristik.

Strategische Preisbildung: Sie kann sich orientieren an der Nachfrage, dem Wettbewerb oder den Kosten. Strategisch bedeutet langfristige Ausrichtung der Preispolitik. Die Entscheidung für eine Preis-Mengen-Strategie heißt zwingend billiger zu sein als die anderen Anbieter. Deshalb muß sowohl die Wettbewerbs- als auch die Kostensituation einer ständigen Kontrolle unterliegen.

Andererseits bedeutet die Entscheidung für eine Präferenzstrategie „Leistungsvorteil-Marketing" (Becker 2001, S. 206), also besser zu sein als der Wettbewerb. Hier bedarf es der ständigen Analyse der Nachfrage und laufender Beobachtung des Wettbewerbs, um die Leistungsvorteile zu sichern (vgl. Abbildung 13.7).

Letztendlich steht die strategische Preisbildung unabhängig von der gewählten Marketingstrategie zunehmend unter dem Druck nahezu vollständiger Preistransparenz. Diese wird hervorgerufen durch die direkten Informationsmöglichkeiten der Nachfrager im Internet und in jüngster Zeit nochmals deutlich verstärkt durch das Auftreten immer umfassender agierender Dienstleister in den Bereichen Preisbildung (allen voran Auktionsplattformen wie zum Beispiel www.ebay.de) und Preis- und Leistungsvergleich. Durch direkte Buchungsmöglichkeiten bedienen diese Dienstleister auch häufig einen weiteren Vertriebskanal im Rahmen einer *multi-channel*-Strategie.

Taktische Preisbildung: Sie wird in der Touristik häufig angewendet, um eine gleichmäßigere Kapazitätsauslastung zu erreichen. Beispiele für taktische Preisdifferenzierung – zutreffend für alle Bereiche der Touristik – sind eine Differenzierung...

- nach Saisonzeiten (Vor-, Haupt-, Zwischensaison),
- nach Abreiseterminen (Reiseveranstalter, Fluggesellschaften),
- nach Abreiseorten (Reiseveranstalter, Fluggesellschaften),
- nach Buchungszeitpunkten (Frühbucher, Spätbucher, Reiseveranstalter, Fluggesellschaften),
- nach Zielgruppen (zum Beispiel Kinder- und Jugendtarife).

Generell ist festzustellen, daß Unternehmen, die sich für eine Präferenzstrategie entschieden haben, sehr behutsam mit den Instrumenten der taktischen Preisdifferenzierung umgehen sollten, da vergleichsweise niedrige Preise oder häufig bekannt gemachte Sonderangebote dem angestrebten Qualitätsimage zuwiderlaufen und damit zu einer Verunsicherung der Kunden führen könnten.

Die operative Ausgestaltung der taktischen Preisdifferenzierung erfolgt mittlerweile auch bei Reiseveranstaltern über Yield/Revenue Management Systeme, auch wenn die Durchdringung dieser Systemklasse noch nicht so deutlich ist wie in den Bereichen Flug oder auch Hotel (siehe ausführlicher dazu Kapitel 14).

Während insbesondere bei Sitzplätzen in Flugzeugen hauptsächlich standardisierte und automatisierte Systeme zum Einsatz kommen, sehen sich Reiseveranstalter bedingt durch die notwendige Leistungsbündelung (Flug, Hotel, Transfer, weitere Zusatzleistungen) mit einer höheren Komplexität bei der Optimierung der Erträge (=Yield/Revenue Management) konfrontiert (siehe auch Goecke 2010, S. 161 ff.). Die bestehenden Abhängigkeiten eines Reiseveranstalter-Produkts, bei dem Einzelleistungen nicht beliebig kombiniert werden können, da insbesondere Flug und Hotelleistung abgestimmt sein müssen, machen eine vollständige, unternehmensweite Optimierung unmöglich. Die Anwendungsmöglichkeiten steigen bei der Vermarktung von Restkontingenten, Nur-Flug- oder Nur-Hotel-Angeboten.

Zusätzlich erschwert wird die Ertragsoptimierung bei Reiseveranstaltern, die sich der Entwicklung in Richtung *dynamic packaging* in Verbindung mit *dynamic-pricing* sowie dem *multi-channel*-Vertrieb öffnen. Nochmals erhöhte Komplexität und der permanente Wettbewerb mit sich ständig verändernden Preisen und Leistungen bestimmen dann das Tagesgeschäft. Hierfür sind die technischen Lösungen noch in der Entwicklung und müssen aufmerksam beobachtet werden (vgl. Goecke 2010, S. 164 f.)

13.3.2.4 Kommunikationspolitik

Unter Kommunikationspolitik ist das bewußte Vermitteln und Interpretieren einer Unternehmensleistung gegenüber einer näher zu definierenden Öffentlichkeit (Zielgruppe) zu verstehen – mit dem Ziel, Wissen, Verhalten und Einstellungen im Sinne kommunikativer Zielsetzungen zu beeinflussen.

Die Kommunikationspolitik hat in der Touristik sehr an Bedeutung gewonnen, da...

- die Zahl der Anbieter erheblich zugenommen hat und damit die Notwendigkeit der Profilierung gegeben ist;
- die Leistungsangebote immer austauschbarer werden und damit der Kommunikationspolitik die Aufgabe der Differenzierung zufällt;
- die Märkte in immer kleinere Segmente aufzuteilen sind, was eine zielgruppenspezifischere Ansprache erfordert.

Zwischen Kommunikationspolitik und den anderen Marketinginstrumenten bestehen Komplementär- und Substitutionsbeziehungen. So kann sowohl von einer Überlagerung der anderen Marketinginstrumente als auch einer Überschneidung der Wirkung gesprochen werden. Entscheidend ist jedoch die komplementäre Beziehung zwischen Kommunikations- und vor allem Leistungspolitik. Kommunikation und Werbung schaffen vielfach erst die Voraussetzung für das Wirksamwerden der Leistungspolitik.

Eine wichtige Rolle spielt Kommunikation immer dann, wenn sie bestimmte Grundnutzen, die bei einem Angebot nicht direkt erkennbar sind, herausarbeitet oder wenn sie über den (austauschbaren) Grundnutzen hinaus in der Lage ist, psychologisch definierte Zusatznutzen aufzubauen, die ein Angebot vom Wettbewerb differenzieren helfen.

Kommunikationsinstrumente

Für die Umsetzung der Kommunikationsstrategie stehen dem Unternehmen Instrumente zur Verfügung, die, je nach Zielsetzung, mit unterschiedlicher Gewichtung und aufeinander abgestimmt eingesetzt werden müssen.

- **Mitarbeiterkommunikation:** alle Maßnahmen, die der Information und Motivation der Mitarbeiter dienen. Die Identifikation der Mitarbeiter mit den Zielen und dem Selbstverständnis des Unternehmens führt zu einem einheitlichen und schlüssigen Unternehmensverhalten, zu dem jeder einzelne Mitarbeiter, der Kontakt mit Kunden hat, beitragen kann. Darüber hinaus wird heute von Mitarbeitern in Dienstleistungsunternehmen verlangt, daß sie eine emotionale Beziehung zum Kunden aufbauen. Voraussetzung ist die Motivation jedes einzelnen.
- **Werbung**: Unter den Kommunikationsinstrumenten hat die Werbung den höchsten Stellenwert. Die Aufwendungen für Werbung übertreffen bei weitem die der anderen Instrumente. Werbung bedient sich, um kommunikative Ziele bei näher zu definierenden Zielgruppen zu erreichen, vorselektierter Medien, auch klassi-

sche Medien genannt, oder wendet sich – wie im Falle der Direktwerbung – an die Zielpersonen direkt per Brief, per Anzeige, per Telefon oder per E-Mail. Die gewünschte Beeinflussung der Zielgruppen kann sich dabei auf ein Produkt (Produktwerbung) oder ein Angebot oder auch auf ein Unternehmen als Ganzes (Unternehmenswerbung) beziehen.

- **Öffentlichkeitsarbeit/*public-relations*:** Hierunter versteht man alle Maßnahmen, die an eine näher zu bestimmende Öffentlichkeit gerichtet sind und über die Darstellung von Zielen, Leistungen und Einstellungen Vertrauen und Verständnis für die Belange des Unternehmens aufbauen wollen. Wenngleich oftmals das Unternehmen als Ganzes im Vordergrund steht, so dürfen gerade in der Touristik die vielen Möglichkeiten nicht übersehen werden, die *public-relations* in verstärktem Maße auch im Rahmen der Produkt-*public-relations* bieten. *Public-relations* bedienen sich wie die Werbung vorwiegend der klassischen Medien. Für die zu vermittelnden Informationen wird jedoch nicht Anzeigenraum oder Fernsehzeit gekauft, die Informationen werden, vorselektiert durch die Medien selbst, im redaktionellen Teil veröffentlicht.

- **Verkaufsförderung**, das sind alle kommunikativen Maßnahmen, die der Effizienzsteigerung der eigenen Verkaufsorganisation dienen sowie den Abverkauf vom Unternehmen an die Absatzmittlerstufe und von dieser an den Endverbraucher fördern.

- *Sponsoring* ist ein relativ junges Kommunikationsinstrument. Seit Mitte der 1980er Jahre beobachten wir die Zunahme von Sponsoringaktivitäten im Sport, seit Ende der achtziger Jahre auch das *sponsoring* kultureller Ereignisse (Kultursponsoring), sozialer Einrichtungen (Sozio-*sponsoring*), die Förderung und Unterstützung von Natur- und Umweltschutz (Ökosponsoring) und seit einigen Jahren auch das *sponsoring* von Fernsehsendungen (Mediensponsoring). Unter *sponsoring* verstehen wir die Bereitstellung von Geld, Sachmitteln, Know-how und organisatorischen Leistungen für sportliche, kulturelle, soziale und ökologische Projekte und Veranstaltungen (vgl. Roth, 1989, S. 28) mit dem Ziel, eine wirtschaftlich relevante Gegenleistung zu erhalten.

- Das **online-marketing** hat das Potential, mehrere Bereiche des klassischen Instrumentariums der Kommunikationspolitik zu unterstützen, zum Beispiel die Werbung durch eine eigene, multimedial aufbereitete Website, die Direktwerbung durch E-Mail-Kampagnen oder -Newsletter, die Verkaufsförderung durch die *online*-Bereitstellung von Katalogen oder die Ausgabe von *online*-Gutscheinen (vgl. Fritz 2004, S. 229 f.) und die Öffentlichkeitsarbeit durch die Erhöhung der Bekanntheit des eigenen Internet-Angebots durch Suchmaschinen-Optimierung.

Abbildung 13.8: Instrumente der Kommunikationspolitik

Die Ziele der Kommunikationspolitik

Grundsätzlich ist zu unterscheiden zwischen ökonomischen und außerökonomischen oder kommunikativen Zielen. Da die ökonomischen Ziele meist Marketingziele sind und ein Erfolg nicht allein der Kommunikation zugerechnet werden kann (Ursache/Wirkungszusammenhang), fehlt auch die Voraussetzung der Operationalität. Wir bezeichnen deshalb die außerökonomischen, oder besser: kommunikativen Ziele, als die echten Kommunikationsziele.

Kommunikative Ziele sind:

- **kognitive Ziele** (Aufmerksamkeit erregen, Bekanntheit schaffen, Wissensstand aufbauen),
- **affektive Ziele** (Interesse wecken, Einstellungen verändern, Emotionen auslösen),
- **konative Ziele** (Informationsverhalten beeinflussen, Kaufabsichten fördern, Reaktionen auf Aktionen auslösen).

Ablauf der Kommunikationsplanung

Um die synergetische Wirkung einer integrierten Kommunikationsplanung nutzen zu können, ist es erforderlich, die wesentlichen strategischen Festlegungen für die Gesamtkommunikation des Unternehmens zu treffen, bevor die Kommunikationsinstrumente einzeln geplant werden. Integrierte Kommunikation heißt:

- Ausrichtung der Gesamtkommunikation an Unternehmens- und Marketingzielen, an der *corporate identity* sowie eindeutig formulierten Kommunikationszielen, -zielgruppen und -inhalten;
- Ableitung von Zielen, Zielgruppen und Inhalten für jedes der einzusetzenden Instrumente;
- Abstimmung in zeitlicher und inhaltlicher Hinsicht zwischen den einzusetzenden Instrumenten sowie im visuellen Auftreten (*corporate design*).

Die Notwendigkeit, die eingesetzten Instrumente im Rahmen der Kommunikationspolitik zu integrieren und abzustimmen sowie Festlegungen zu treffen, welche Ziele durch welches Instrument verfolgt und welche Zielgruppe jeweils angesprochen werden soll, ist nicht nur für große Unternehmen bedeutsam. Gerade kleinere Kommunikationsbudgets können effizienter genutzt werden, wenn diese Festlegungen erfolgen.

Dennoch wird gegen diese Grundsätze immer wieder verstoßen. Selbst die Großkonzerne machen hier keine Ausnahme. So werden zum Beispiel Aktivitäten im Bereich des Umweltschutzes durch die Öffentlichkeitsarbeit vorgestellt und ausführlich erläutert, die Öffentlichkeit ist neugierig gemacht, aber das Naheliegende, die detaillierte Information der Partner im Reisebüro, unterbleibt.

Übersicht 13.11: Integrierte Kommunikation (modellhaftes Beispiel)

Instrument	Ziele	Zielgruppen	Inhalte
Öffentlichkeitsarbeit			
außengerichtet:	• Darstellung der Unternehmensphilosophie	• Meinungsbildner • Zielgruppen des Reiseveranstalters	• zukünftige Programme • Umweltpolitik
innengerichtet:	• Forcierung der Kundenorientierung • Verständnis für Unternehmensentscheidungen	• alle Mitarbeiter	
Werbung			
Marken-/Imagewerbung	• Entwicklung des Bekanntheitsgrades • Imageprofilierung	• Zielgruppen des Reiseveranstalters	• Darstellung der besonderen Reisequalität
Angebotswerbung	• Vermarktung von Reiseangeboten	• Zielgruppen des Reiseveranstalters	• konkrete Angebote mit Preisangabe
Verkaufsförderung			
Absatzmittler	• Motivation und Verkaufsunterstützung	• Reisebüroinhaber und Expedienten	• Information schriftlich • *good will* Aktionen • Schulung, Training • Info-Reisen
Kunden	• Erschließung neuer Zielgruppen	• potentielle Kunden	• Aktionen am *point of sale*

13.3.2.4.1 Mitarbeiterkommunikation

Mitarbeiterkommunikation darf nicht mehr Sache des Zufalls sein, sondern ist im Kontext mit den anderen Instrumenten zu planen. Kriterien sind:

- Welcher Informationsstand – differenziert nach Mitarbeitern in der Produktion, in Verkauf/Vertrieb usw. und jeweiliger Führungsebene – soll erreicht werden (Ziel: Wissen vermitteln)?
- Welches Engagement wird von den Mitarbeitern erwartet, und welche Art von Motivation ist erforderlich, um dieses zu erreichen (Ziel: Engagement erreichen)?
- Welche Mitarbeitergruppen – differenziert nach Führungsebenen und Bereichen (Einkauf, Produktion, Verkauf/Vertrieb) – sind anzusprechen (interne Zielgruppen)?

- Welche Informationen sind erforderlich, um Verständnis und Akzeptanz für die Unternehmenszielsetzung zu erhalten und das notwendige Engagement und die erforderlichen Handlungen zu gewährleisten (Inhalte der Mitarbeiterkommunikation)?

Grundvoraussetzungen einer internen Kommunikation sind:

- Schaffung einer sympathischen Arbeitsumwelt und eines entsprechenden Arbeitsplatzes,
- Integration des Service- und Qualitätsgedankens in betriebliche Aus- und Weiterbildungsveranstaltungen,
- Integration des Service- und Qualitätsgedankens in betriebliche Beurteilungs- und Anreizsysteme (insbesondere das betriebliche Vorschlagswesen).

Als innerbetriebliche Maßnahmen der Information werden eingesetzt:

- kontinuierliche Information über erzielte Ergebnisse in schriftlicher Form,
- regelmäßige Veranstaltung von „Qualitätszirkeln" unter Teilnahme von Mitarbeitern aller Ebenen; Vorstellung, Erläuterung und Diskussion von Ergebnissen oder Problemen, die noch zu lösen sind.

Maßnahmen der Motivation können sein:

- Betriebliches Vorschlagswesen und Auszeichnungen von prämierten Vorschlägen,
- Informationsveranstaltungen und Seminare für Mitarbeiter aller Ebenen.

13.3.2.4.2 Mediawerbung

Unter Mediawerbung versteht man Werbung in klassischen Medien, wie zum Beispiel in Zeitungen, Zeitschriften, Funk und Fernsehen und durch Plakatanschlag. Wie schon im Rahmen der Kommunikationsstrategie ausgeführt, folgt die Werbeplanung dem gleichen Muster wie die Kommunikationsplanung:

(1) Definition der Werbeziele
(2) Entwicklung der Werbestrategie (sie besteht aus der Festlegung von Zielgruppen und Werbeinhalten);
(3) Gestaltung der Werbung;
(4) Fixierung des Werbebudgets;
(5) Mediaplanung und Mediastreuung;
(6) Werbeerfolgskontrolle.

(1) **Werbeziele** sind aus den Marketingzielen abgeleitete Ziele. Das bedeutet jedoch nicht, daß diese Ziele unverändert übernommen werden können. Einmal sind Marketingziele vielfach ökonomische Ziele (auf die Problematik im Zusammenhang mit der Kommunikation wurde schon hingewiesen), zum anderen bedürfen psychographische Marketingziele meist noch der Konkretisierung als Werbeziel, das heißt, es ist festzulegen, welchen Beitrag die Werbung zur Erreichung des Marketingzieles leisten muß.

Schließlich können sich aus der Situationsanalyse und dem daraus entwickelten Chancen/Problem- und Stärken/Schwächen-Profil noch Konkretisierungen in der Zielsetzung oder gar neue Ziele ergeben.

Ein marketingorientiert arbeitendes Unternehmen führt für die Erstellung der Marketingstrategie eine Situationsanalyse durch, so daß die wesentlichen Informationen vorliegen, bevor die Kommunikations- bzw. Werbestrategie zu entwickeln ist. Dennoch sollten alle Fragen, die den bisherigen Einsatz von Kommunikation und Werbung und deren Erfolg für das eigene Unternehmen und die wesentlichen Wettbewerber betreffen, noch einmal gestellt und, wenn nicht ausreichend beantwortet, in diesem Stadium über die Marktforschung geklärt werden.

Betont werden muß auch noch einmal, daß Werbeziele die betriebswirtschaftlichen Anforderungen hinsichtlich Eindeutigkeit (Inhalt, Ausmaß und zeitlicher Bezug), Operationalität (Meßbarkeit) und Kompatibilität (Ergänzung der anderen Werbeziele, Unterstützung der Marketingziele) erfüllen müssen.

Diese Anforderungen sind zum Beispiel gegeben, wenn die Werbezielsetzung lautet: Erhöhung des ungestützten Bekanntheitsgrades von fünf Prozent auf zwanzig Prozent, bei einer näher definierten Zielgruppe, innerhalb von zwei Jahren.

An kommunikativen Werbezielen (auch psychographische Ziele genannt) unterscheiden wir:

- Bekanntmachung des werbungtreibenden Unternehmens, der Marke (des Angebotes) = Bekanntheit;
- Information über das werbungtreibende Unternehmen und die angebotenen Leistungen;
- Hinstimmung bzw. positive Imagebildung, Handlungsauslösung (Buchungsimpulse).

Der Begriff Konzeption wird unter Werbefachleuten meist synonym mit Werbegestaltung oder Kreativkonzept gesehen. Im Sinne einer eindeutigen Sprachregelung wird deshalb hier unterschieden zwischen:

- Zielformulierung (Werbeziele),
- Strategie (Werbestrategie) = Zielgruppe, Positionierung, Inhalte/Nutzenversprechen, Nutzenbegründung, Tonalität,
- Gestaltung (Umsetzung der Strategie, Werbegestaltung, Kreativkonzept).

Durch die eindeutige Trennung von Zielen, Strategie und gestalterischer Umsetzung ergibt sich eine ablauforientierte Funktionsplanung, die eine konsequente Planungsarbeit quasi vorzeichnet.

Abbildung 13.9: Ablauf bei der Entwicklung der Werbestrategie

Wie schon im Zusammenhang mit der Marketingstrategie ausgeführt, fixiert auch hier die Zielplanung zunächst die Aufgaben, die durch Einsatz einer problemadäquaten Strategie gelöst werden sollen. Durch die strategischen Vorgaben hinsichtlich Zielgruppe, Inhalte und Tonalität, wird eine Disziplinierung aller an dem Entwicklungsprozeß Beteiligten erleichtert (Abbildung 13.9). Zur Frage der Zielgruppe kann auf die Ausführungen im Rahmen der Marketing-Strategieentwicklung verwiesen werden (vgl. Abschnitt 13.3.1.3). Dabei ist eine wichtige Unterscheidung zu berücksichtigen: Marktsegmente definieren sich nach Käufern oder potentiellen Käufern. Für die Werbung sind aber auch Gruppen wichtig, die keiner der beiden Kategorien angehören – wie zum Beispiel Meinungsbildner – die auf unterschiedliche Art Einfluß auf die Kaufentscheidung haben können.

Die Positionierung

Eine bedeutsame Entscheidung ist die Festlegung der Positionierung. Darunter versteht man den differenzierenden und allein stehenden Inhalt, der durch Werbung für eine Marke in erster Linie bei der Zielgruppe durchgesetzt werden soll.

Obwohl der häufig verwendete Begriff Angebots- oder Produktpositionierung darauf hindeuten könnte, daß im Rahmen der Positionierung auch Veränderungen am Produkt vorgenommen werden, geht es doch einzig und allein um die Verankerung eines Argumentes oder einer Argumente-Kombination für eine Marke in der Vorstellungswelt der Zielgruppe. (*„Positioning is not what you do to a product. Positioning is what you do to the mind of the prospect"* [Ries & Trout 1981, S. 3]).

Positionierungen sind denkbar:

- über objektiv nachvollziehbare Angebotsvorteile;
- über subjektive Angebotsvorteile, das heißt subjektiv wahrgenommene Nutzen. Das Angebot, die Leistung werden über subjektive Kriterien differenziert. Ein Beispiel ist die so genannte erlebnisbetonte Positionierung (vgl. Kroeber-Riel 1990, S. 47); die Werbung baut ein Erlebnisprofil für das Angebot auf;
- über eine Kombination subjektiver und objektiver Elemente, bei Kroeber-Riel als „Positionierung durch informative und emotionale Beeinflussung" (1990, S. 56) bezeichnet. In diesem Fall appelliert Werbung an ein Bedürfnis und informiert dann über die Eigenschaften (des Angebotes), die dazu dienen, dieses Bedürfnis zu befriedigen. Diese „gemischte" Positionierung wird häufig angewendet, wenngleich sie in wettbewerbsintensiven Märkten, wie wir sie heutzutage häufig antreffen, nicht ohne Probleme ist, weil sie Gefahr läuft austauschbar zu sein.
- über eine Aktualisierung der Marke oder des Angebotes. Diese Positionierung zielt allein darauf ab, die Marke zu aktualisieren, oder wie Kroeber-Riel sagt (1990, S. 82), die Marke auffallend zu inszenieren, um die Aktualität des Markennamens zu erhöhen. Angebotseigenschaften treten hier weitgehend in den Hintergrund, diese Art der Kommunikation will auffallen um jeden Preis.

Ein gutes **Beispiel** für eine erlebnisbetonte Positionierung stellt die Werbung von Studiosus mit dem *slogan* „intensiv*erleben*" dar, in Texten und Bildern sind die Hauptfacetten der Reise, „dem Leben begegnen" und „Kultur erleben" gut nachvollziehbar.

Auch Jahn-Reisen positioniert sich über subjektive Kriterien – hier Qualität, Luxus, Prestige und versucht damit die Marke abzugrenzen gegenüber den Standard-Angeboten der anderen Marken im Rewe Markenportfolio.

Eine Aktualisierung der Marke über eine auffallende Inszenierung beabsichtigt Alltours mit einer aggressiv-penetranten Fernsehwerbung unter dem Motto: „ohne meinen Alltours sage ich nichts", – im Mittelpunkt steht allein die Marke mit einem Preisargument: „Alltours – alles, aber preiswert", das aber ohne jeglichen Angebotsbezug.

Seit Jahren wird darauf hingewiesen, daß vielen Touristik-Kampagnen keine eindeutige, klar definierte Positionierung zugrunde liegt: „man will für alle da sein" (Kleinert 1983, S. 296). Daran hat sich bis heute nicht viel geändert. Hinzugefügt werden muß, daß in der Touristik außerdem besonders viele austauschbare Positionierungen (*me too*-Argumente) zu beobachten sind.

Die Bedeutung einer eindeutigen, möglichst alleinstellenden und damit nicht austauschbaren Positionierung ist für den Marketingerfolg heute unabdingbar, weil ...

- die Zahl der Wettbewerber in allen Marktfeldern der Touristik erheblich zugenommen hat;
- damit zwangsläufig auch die Zahl gleichwertiger, austauschbarer Angebote gewachsen ist;
- der Käufermarkt dem Kunden die Wahl zwischen vielen attraktiven Angeboten bietet;

- die Informationsüberlastung den Verbraucher veranlaßt, Informationen sehr selektiv zu nutzen;
- das *involvement*, das heißt das Interesse insbesondere für Standardangebote, abgenommen hat.

In dieser Situation fällt der Werbung eine wichtige Rolle zu. Um den Zielen gerecht zu werden, muß, trotz erschwerter Kommunikationsbedingungen, eine Darstellung erfolgen, die...

- das Angebot attraktiv macht – mit Hilfe sachlicher Argumente und/oder erlebnisbezogener Qualitäten;
- vom Wettbewerb differenziert und
- langfristig werbliche Besitzstände aufbaut.

Die Kreativ-Strategie/*Copy*-Strategie

Die Kreativ-Strategie (*Copy*-Strategie) legt im Detail fest, mit welchem Versprechen (Nutzen) sich die Werbung an die Zielpersonen wendet, wie dieses zu begründen und in welchem Ton und Stil die Werbung zu gestalten ist. Das Versprechen muß in seinem Kern mit der Positionierung übereinstimmen.

Beispiel: Ein Reiseveranstalter positioniert sich als Spezialist für Lateinamerika. Er wendet sich an eine kaufkräftige Zielgruppe mit hoher Affinität für Brasilien. Als besonderen Vorteil (Nutzen) bietet er Sehenswürdigkeiten und Kontakte im Landesinneren, die normalen Touristen verschlossen bleiben (Nutzen). In Stil und Ton ist die Werbung sachlich/informativ gehalten (Tonalität).

Mediaauswahl und Mediaplanung

Für den Transport der Botschaft zur Zielgruppe müssen im Rahmen der klassischen Werbung Medien ausgewählt und im Rahmen eines Mediaplans eingesetzt werden. Auswahlkriterien sind quantitative Daten wie Reichweite in der Zielgruppe, Kontaktqualität, Tausender-Kontakt-Preis sowie qualitative Werte wie Konsumverhalten, Einstellungen, Art der Mediennutzung. Über Media-Selektionsprogramme können alternative Mediapläne mit unterschiedlichen Leistungswerten errechnet werden. Eine immer wichtigere Rolle im Mediamix spielt die *online*-Werbung via Internet (vgl. Abschnitt 13.3.2.4.7).

Werbeerfolgsprognose und -kontrolle

Bei den Budgets, die heute in die klassische Werbung investiert werden müssen, stellt sich immer wieder die Frage, ob und auf welche Weise der Erfolg einer Werbekampagne vor Erscheinen prognostiziert und nach Erscheinen gemessen werden kann.

Die Markt- und Meinungsforschung hat über die Jahre ein umfangreiches Instrumentarium für beide Problembereiche entwickelt und stets weiter optimiert. Dennoch sind die Aufstellung von Prognosen und der Nachweis von Erfolgen nur mit Einschränkung möglich, auch wenn, wie oben ausgeführt, nicht ökonomische Zielsetzungen (Problem der Zurechenbarkeit), sondern kommunikative Zielsetzungen zugrunde liegen. Wir unterscheiden in der Werbemittelforschung *pre-test-* und *post-test-*Verfahren.

Im *pre-test*, also einer Untersuchung, die vor Einschaltung der Werbung durchgeführt wird, werden Kriterien wie Durchsetzungsfähigkeit des Werbemittels generell, Verständlichkeit und Akzeptanz der Botschaft und Attraktivität des Werbemittels untersucht. Der Werbungtreibende erhält durch einen *pre-test* zumindest Hinweise, ob das Werbemittel (zum Beispiel Anzeige oder Fernsehspot) in der Lage ist, sich im Umfeld zu behaupten, das heißt, gesehen und erinnert zu werden (*recall*). Diese Grundvoraussetzung muß zunächst einmal gegeben sein, um der Zielsetzung einer Kampagne (zum Beispiel Verbesserung des Wissensstandes oder Veränderung von Einstellungen) gerecht werden zu können.

Im Rahmen von *post-*Testverfahren, also nach Erscheinen der Werbung, soll durch nochmalige Darbietung des belegten Werbeträgers festgestellt werden, ob die Nutzer des Mediums das Werbemittel wahrgenommen und sich mit der Botschaft beschäftigt haben (*recognition-*Methode). In einem anderen Verfahren (*recall-*Methode) sollen Testpersonen das entsprechende Werbemittel aus der Erinnerung reproduzieren, also ohne die Stützung durch die nochmalige Vorlage.

Einige Institute bieten kontinuierliche Testverfahren an: Über mehrere Befragungswellen im Jahr werden die Erinnerung an die Werbung generell, die Erinnerung an wesentliche Aussagen sowie Akzeptanz- und Sympathiewerte abgefragt. Durch diese Instrumente kann nicht nur die Effizienz der eigenen, sondern auch der Wettbewerberkampagnen beobachtet und in Beziehung zu Veränderungen in Gestaltung (Werbeinhalte) und Werbedruck (Budgetierung) gesetzt werden.

13.3.2.4.3 Verkaufsförderung

Unter Verkaufsförderung sind kommunikative Maßnahmen zu verstehen, die der Effizienzsteigerung der eigenen Verkaufsorganisation sowie der Partner auf der Absatzmittlerstufe dienen; außerdem versteht man darunter Aktivitäten, die den Verkauf vom Absatzmittler an den Endverbraucher direkt fördern und unterstützen können. Ziele der Verkaufsförderung sind zum Beispiel:

Die Effizienzsteigerung der eigenen Organisation durch:

- Mitarbeiterschulung und -Training
- Entwicklung von Informations- und Verkaufsmaterialien (*sales folder*, Tonbildschauen)
- Verkäuferwettbewerbe (zum Beispiel in Verbindung mit Incentive-Reisen; siehe auch Kapitel 11)

Die Effizienzsteigerung und Motivation der Absatzmittlerstufe durch:

- Schriftliche Informationen zum Angebot, Zielgebietsinformationen und Motivation durch Informationsreisen
- Schulung und Training in Verkaufstechnik generell und angebotsbezogen
- Verkaufsunterstützung durch Kataloge, Prospekte, Argumentationshilfen
- Werbekostenzuschüsse
- Schulung und Training in betriebswirtschaftlichen Fragen – oder die Beratung in Buchungs- und Reservierungssystemen

Die Bedeutung der Verkaufsförderung im Rahmen des Veranstaltermarketing hat in den letzten Jahren erheblich zugenommen.

Abbildung 13.10: *Push*-Strategie vs. *pull*-Strategie

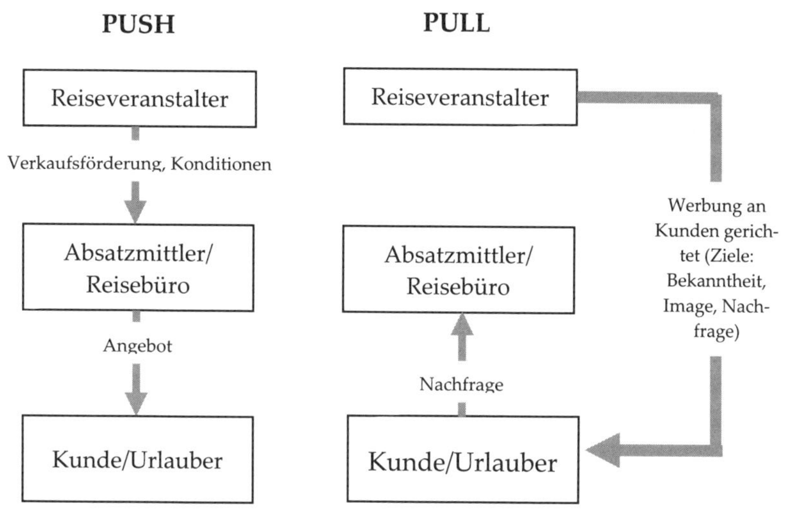

```
        PUSH                            PULL

  ┌──────────────┐               ┌──────────────┐
  │Reiseveran-   │               │Reiseveran-   │────┐
  │stalter       │               │stalter       │    │
  └──────────────┘               └──────────────┘    │
  Verkaufsförderung, Konditionen                     │
         │                                           │  Werbung an
         ▼                                           │  Kunden gerich-
  ┌──────────────┐               ┌──────────────┐    │  tet (Ziele:
  │Absatzmittler/│               │Absatzmittler/│    │  Bekanntheit,
  │Reisebüro     │               │Reisebüro     │    │  Image, Nach-
  └──────────────┘               └──────────────┘    │  frage)
       Angebot                          ▲            │
         │                         Nachfrage         │
         ▼                              │            │
  ┌──────────────┐               ┌──────────────┐    │
  │Kunde/Urlauber│               │Kunde/Urlauber│◄───┘
  └──────────────┘               └──────────────┘
```

Da die meisten Anbieter eine Preis-Mengen-Strategie verfolgen, muß naturgemäß auf Werbung und damit auf die Entwicklung von Bekanntheit und Image für die Marke weitgehend verzichtet werden. Die Marke und das Angebot werden deshalb nur in geringem Umfang beim Endverbraucher „vorverkauft". Das Reisebüro, der Mitarbeiter am *counter* hat damit eine Schlüsselfunktion. Den Reisebüroinhaber und die Expedienten gilt es somit zu überzeugen, daß die Partnerschaft mit dem Veranstalter...

- in wirtschaftlicher Hinsicht (Provisionsvereinbarung),
- als wichtiger Bestandteil des Reisebürosortimentes und...
- durch die Qualität der Zusammenarbeit (Professionalität, Effizienz in der Abwicklung)...

von Nutzen ist.

Die **Verkaufsförderung** spielt damit – vor allem bei den Preis-Mengen-Anbietern – eine besonders wichtige Rolle. Sie ist, da die klassische Markenwerbung meist entfällt oder unterdimensioniert ist, die Speerspitze der *push*-Strategie. „*Push*" bedeutet immer durch Überzeugung und Druck die Absatzmittler zu veranlassen, das Angebot zu führen und dem Endverbraucher anzubieten. „*Pull*" bedeutet hingegen, daß über die klassische Werbung auch Einfluß auf den Endverbraucher genommen wird, so daß dieser ein Markenangebot im Reisebüro nachfragt.

„Die im Vergleich zu anderen Branchen geringe Kundenbindung (zum Endverbraucher – Anm. d. Verf.) und die häufig geringen Einflußmöglichkeiten auf Reisebüros können sich zu einem Teufelskreis für Reiseveranstalter verknüpfen" (FU Berlin & Kienbaum 1991, S. 39), sofern es nicht gelingt, durch ein gut abgestimmtes Paket von Verkaufsförderungsmaßnahmen eine starke Bindung und damit Empfehlungsbereitschaft für die Veranstaltermarke zu entwickeln.

Die gut geführten Reisebüroketten und Reisebüros sind längst dazu übergegangen, die Leistungsfähigkeit und ständige Leistungsbereitschaft der Veranstalter, die im Programm geführt werden, laufend zu überprüfen. Anhand von Kriterien wie...

- Telephonservice,
- kurzfristige Buchbarkeit,
- Abwicklung von Sonderwünschen,
- Professionalität und Freundlichkeit der Sachbearbeiter,
- Katalogbelieferung...

wird die Leistungsfähigkeit kontrolliert. Wenngleich einige dieser Kriterien nicht direkt der Verkaufsförderung zuzuordnen sind, so versetzt ein auf die Belange des jeweiligen Reisebüropartners abgestimmtes Verkaufsförderungskonzept den Veranstalter dennoch in die Lage, diese für den Reisebüropartner wichtigen Fragen vorwegzunehmen und im Sinne des Partners positiv zu lösen.

13.3.2.4.4 Direktmarketing

Direktmarketing kann sowohl eine Kommunikations- als auch eine Distributionsfunktion haben. Im ersten Fall sprechen wir von Direktwerbung. Darunter verstehen wir alle Werbemaßnahmen, welche die Zielperson persönlich, unmittelbar und gezielt ansprechen und damit die Erwartung verbinden, daß eine Reaktion (*response*) oder ein Dialog entsteht. Deshalb ist bei allen Direktwerbemaßnahmen auch ein *Response*-Mechanismus vorgesehen, das heißt eine Möglichkeit für die Zielperson sofort zu reagieren (Coupon in Anzeige, Postkarte in *mailing*). Bei der weitverbreiteten Werbung per Brief gelangt die Botschaft auf postalischem Weg, bei der Telephonwerbung über den Telephonkontakt zur Zielperson. Bei anderen Formen der Direktwerbung wie Couponanzeigen, *tip-on*-Karten in Zeitschriften oder Fernseh- und Funkspots mit Angabe einer Telephonnummer und elektronischen Mails werden gedruckte oder elektronische Medien genutzt.

Übernimmt das Direktmarketing eine Distributionsfunktion, so ist mit der direkten Kontaktaufnahme auch ein Verkaufsziel verbunden. Auch hier lässt sich, wie oben erwähnt, zwischen gedruckten und elektronischen Medien unterscheiden, um den Kontakt herzustellen.

Schleuning & Kirstges (1993, S. 39) sehen den Beitrag der Direktwerbung zur Lösung kommunikationsspezifischer Aufgaben vor allem in:

- der Integration – der Kunde wird durch den kontinuierlichen Dialog in das Unternehmen „integriert" (Besonders förderlich ist diesem Gedanken das Clubkonzept; siehe Kapitel 9);
- der Ganzheitsbetreuung – durch eine aktive und langfristige schriftliche Betreuung – auch nach dem Kauf der Reise – wird *goodwill* und damit die Voraussetzung für den Wiederkauf geschaffen (Einige Spezialreiseveranstalter, zum Beispiel für Studienreisen, nutzen diese Möglichkeit sehr konsequent);
- der direkten Reaktion – potentiellen Kunden wird mit dieser dialogbetonten Form der Werbung die Möglichkeit gegeben, bequem, unkompliziert und kostengünstig zu kommunizieren (zum Beispiel Coupon oder Karte zum Ankreuzen der Angebote, der bevorzugten Reisezeit, der Sonderwünsche, Gebrauch des 24-Stunden-Telephonservice, Antwort per *mailing*, usw.).

Den direkten Weg zum Kunden hat es schon immer gegeben. Heute bieten sich dafür allerdings ganz andere Voraussetzungen, ohne die eine Individualisierung des Marketing – man spricht auch von *one-to-one-marketing* – nicht denkbar wäre. In großen und leistungsfähigen Datenbanken (*database-marketing*) können Kundendaten exakt erfaßt, Kundengruppen nach Selektionskriterien ermittelt, dann persönlich angesprochen und mit ihrer Reaktion (Erfolgskontrolle) erfaßt werden.

13.3.2.4.5 Öffentlichkeitsarbeit (*public relations*)

Werbung arbeitet in der Regel produktbezogen, Öffentlichkeitsarbeit unternehmensbezogen. Diese Unterscheidung gilt für die Touristik nur mit Einschränkung. Denn die Produkt- oder Angebots-PR hat in der Touristik erhebliche Bedeutung. Das liegt im wesentlichen daran, daß Urlaub und Reise als zentrale Interessengebiete des Verbrauchers (*high involvement*) auch eine breite redaktionelle Behandlung in allen wesentlichen Medien erfahren und damit bei den Redaktionen ein Bedarf an guten Informationen gegeben ist, um den die Touristik von anderen Branchen beneidet wird. Das drückt sich auch in den Reiseteilen der Tageszeitungen und den speziellen Reiserubriken und Sonderheften der Zeitschriften aus.

Wir unterscheiden deshalb touristische Öffentlichkeitsarbeit bezogen auf das Unternehmen und bezogen auf ein konkretes Angebot. Und wir unterscheiden nach außen- und nach innengerichteter Öffentlichkeitsarbeit.

Themen für **unternehmensbezogene Öffentlichkeitsarbeit** (außengerichtet):

- Unterrichtung näher zu definierender Teilöffentlichkeiten über Unternehmensziele, „-philosophie", -erfolge.
- Darstellung von kontrovers diskutierten Themen wie Umweltschutz, Dritte-Welt-Tourismus und der Haltung, die das Unternehmen zu diesen Fragen einnimmt.

Themen für **angebotsbezogene Öffentlichkeitsarbeit** (außengerichtet):

- Unterrichtung über neue Angebote, Zielgebiete, Serviceleistungen.
- Initiierung von Berichten über Zielgebiete.
- Veröffentlichung von Reiserouten, Exkursions-Tips im Urlaub usw.

Innengerichtete Öffentlichkeitsarbeit. Dieses, zunächst als Gegensatz anmutende Begriffspaar, bringt zum Ausdruck, daß die interne Information Teil der Öffentlichkeitsarbeit ist (vgl. Kalmus 1998). Im Rahmen der internen Information werden die Mitarbeiter über Pläne, Erfolge und Standpunkte des Unternehmens unterrichtet mit dem Ziel, das Vertrauen in das eigene Unternehmen zu fördern, zur Mitarbeit an den wichtigen Fragen anzuregen und zu motivieren sowie den Dialog zwischen allen Ebenen im Unternehmen zu unterstützen.

Aufgaben für die innengerichtete Öffentlichkeitsarbeit sind zum **Beispiel**:

- Darstellung der Notwendigkeit der Kundenorientierung in allen Bereichen;
- Information über neue Angebote;
- Darstellung und Begründung von Managemententscheidungen.

Öffentlichkeitsarbeit hat in der Touristik einen wichtigen Stellenwert. Abgestimmt mit den anderen Kommunikationsinstrumenten kann sie die kommunikative Zielsetzung des Unternehmens erheblich fördern, indem sie zur Entwicklung des Unternehmensimage beiträgt und Vertrauen für das Unternehmen schafft.

13.3.2.4.6 Sponsoring

Unter *sponsoring* versteht man die Bereitstellung von Geld, Sachmitteln, Know-how und organisatorischen Leistungen für Sportler und Sportveranstaltungen (Sportsponsoring), Künstler und Kulturinstitute (Kultursponsoring), im sozialen und ökologischen Bereich (Sozio-, Öko- und Umweltsponsoring) und in den elektronischen Medien (Programmsponsoring) mit dem Ziel, eine wirtschaftlich relevante Gegenleistung zu erhalten. Diese Gegenleistung ist fast ausnahmslos eine kommunikative Leistung. Unternehmen, die Personen, Einrichtungen und Veranstaltungen fördern und finanzieren,

Das Marketing der Reiseveranstallter 515

können auf diese Tatsache mit Hilfe von Werbung und Öffentlichkeitsarbeit hinweisen und damit Ziele verfolgen wie:

- Steigerung des Bekanntheitsgrades
- Aufbau und Veränderung des Unternehmens- oder Markenimages,
- Kontaktpflege zu wichtigen Zielgruppen,
- Integration in das gesellschaftliche Umfeld eines Landes, einer Region.

Als Kommunikationsinstrument unterliegt *sponsoring* gewissen Einschränkungen. Da es seine Wirkung nur dann entfalten kann, wenn es in Kombination mit den klassischen Instrumenten eingesetzt wird, ist es ein überwiegend komplementär wirkendes Instrument. Außerdem sind bei den meisten *sponsoring*-Formen nur reduzierte Botschaften möglich (Nennung des *Sponsor*-Unternehmens, der Marke). Besonders geeignet für einen Einsatz im Rahmen der Kommunikationspolitik von Touristikunternehmen sind Kultursponsoring und Ökosponsoring (vgl. Roth 1989, S. 105).

Beispiele für **Kultursponsoring**:
- Förderung und Finanzierung kultureller Programme in Zielgebieten: Kunst im öffentlichen Raum, Konzerte, Theateraufführungen, Einrichtung von Galerien. Sponsoren: Fluggesellschaften, Reiseveranstalter, Hotelketten.
- Förderung und Finanzierung kultureller Programme in den Entsendeländern: Ausstellungen zu Themen der Volkskunst und Völkerkunde und damit Identifikation mit bestimmten Zielländern. Sponsoren: Fluggesellschaften, Reiseveranstalter, Hotelketten.

Beispiele für **Ökosponsoring**:
- Förderung und Finanzierung von Programmen zum Schutz von Natur und Tierwelt in Zielgebieten – damit Bekundung von Interesse und Verantwortungsbewußtsein für die jeweilige Region: Naturparks, Biotope, Erhaltung seltener Vogelarten, Aufforsten von Wäldern. Sponsoren: Fluggesellschaften, Reiseveranstalter, Hotelketten.

Touristikunternehmen können im Rahmen ihrer Kommunikationspolitik aus einer Vielzahl verschiedener Formen des *sponsoring* wählen, um auf die Marke aufmerksam zu machen (Bekanntheit), gesellschaftliche Verantwortung und Identifikation mit der Region zu demonstrieren (Image im Zielgebiet, Image bei Reisenden) und die eigenen Mitarbeiter zu motivieren (Identifikation mit dem Unternehmen).

13.3.2.4.7 Instrumente des *online-marketing*

Letztlich zielen alle Maßnahmen des *online-marketing* darauf ab, Konsumenten auf die eigene Website zu führen, um dort Geschäfte anzubahnen oder gar, soweit *online* möglich, vollständig abzuwickeln. Die Ausführungen zu den entsprechenden Instrumenten, die diese Maßnahmen konkret umsetzen, finden sich im Abschnitt zur Kommunikationspolitik, da die Website eines

Reiseveranstalters traditionell zur Kommunikation mit seinen Kunden eingesetzt wird. Insbesondere Funktionalitäten zur Geschäftsabwicklung wie zum Beispiel direkte Buchungsmöglichkeiten sind dagegen dem Bereich Distribution zuzuordnen und werden im entsprechenden Abschnitt dieses Kapitels thematisiert (siehe Abschnitt 13.3.2.5.2).

Von der Vielzahl an Möglichkeiten, den Weg eines Internetnutzers auf die Website des Reiseveranstalters zu lenken, wird im Folgenden eine Auswahl der aktuell relevanten Instrumente präsentiert. Die tatsächliche Ausgestaltung ist Teil der umfassenden Marketingstrategie und wird nicht zuletzt durch Kostenüberlegungen bestimmt, da je nach vorhandenem Budget andere Kombinationen der *online-marketing*-Maßnahmen greifen sollten.

Grundlage des *online*-Geschäfts ist die eigene Website. Sie bietet neben Informationen zu den angebotenen Reisen Funktionen zur Beratung von Rei-

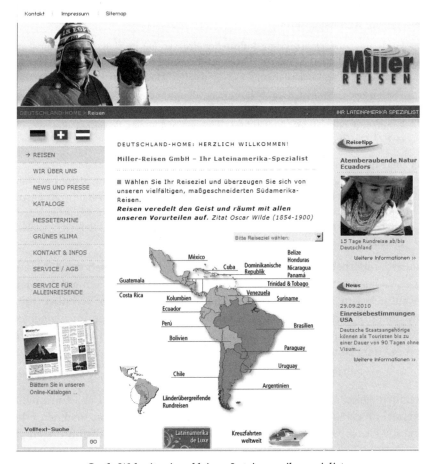

Große Webseite eines kleinen Lateinamerikaspezialisten

sewilligen und zur Buchung von bereits produzierten Reisepaketen bzw. zur Bündelung und Buchung von Einzelleistungen auf Anforderung des Kunden im Rahmen von *dynamic packaging*-Reisen. Je nach Größe, Bekanntheit und Spezialisierung des Veranstalters sind die Zugriffswege auf die Website sehr unterschiedlich:

- Große Veranstalter mit entsprechender Markenbekanntheit werden zum Beispiel direkt durch Eingabe der Website-Adresse im Browser aufgerufen, zum Beispiel auch als Ergebnis einer positiven Beurteilungsbilanz auf einem *web 2.0*-Bewertungsportal.

- Spezialisierte Anbieter schalten zum Beispiel *online*-Werbung auf thematisch relevanten Websites oder nehmen an entsprechenden Partnerprogrammen teil (*affiliate-marketing*).

- Neu- und vor allem Bestandskunden werden zum Beispiel durch E-Mail-Kampagnen auf aktuelle Angebote oder Aktionen hingewiesen und besuchen daraufhin die Veranstalter-Website.

- Internetnutzer recherchieren im Rahmen ihrer Urlaubsplanung mit Hilfe von Suchmaschinen und werden von der Suchmaschine zum Beispiel über einen bezahlten Verweis (*keyword-advertising*) oder die generischen Ergebnisseiten (Suchmaschinen-Optimierung) auf die Veranstalterseite weitergeleitet.

Online-Werbung

Im Rahmen von *online*-Werbung schalten Reiseveranstalter ihre Werbemittel (zum Beispiel Anzeigen im Banner-Format oder Pop-up-Fenster) auf fremden Websites, die mit hoher Wahrscheinlichkeit eine ähnliche Zielgruppe bedienen wie die eigene. Die Kosten für *online*-Werbung werden oft ähnlich wie im klassischen Medienbereich als Tausender-Kontakt-Preis oder als zeitbezogener Festpreis berechnet. Die Einblendung der Werbebotschaften erfolgt nach unterschiedlichsten Kriterien, so zum Beispiel nach der Herkunft des Internetnutzers (festgestellt durch seine Internet-[IP]-Adresse), der Tageszeit, der Region oder auch ausgerichtet auf bereits erfolgte Eingaben des Nutzers, zum Beispiel im Suchfeld einer Website (vgl. Lammenett 2009, S. 129).

Neben der Einblendung auf Unternehmens-Websites bietet sich eine breitere Verteilung auch auf zum Beispiel Portale oder *web-2.0*-Angebote (Blogs, Wikis, Communities) an (siehe auch Gay/Charlesworth/Esen 2007, S. 395 f.).

Umsetzungs- und Wirksamkeitsprobleme bei *online*-Werbung entstehen vor allem durch den mittlerweile verbreiteten Einsatz von Pop-up-Blockern (Werbemittel werden überhaupt nicht angezeigt) sowie die eher geringe Akzeptanz dieser Werbeform bei den Internetnutzern (Werbemittel werden ignoriert). Der Erfolg von *online*-Werbung hängt letztlich von einer geschickten Plazierung und Gestaltung der *online*-Anzeigen und einem permanenten Controlling der Werbewirkung ab.

Affiliate-marketing

Ursprünglich vom *online*-Buchhändler Amazon erfolgreich umgesetzt ist das *affiliate-marketing* mittlerweile etablierter Bestandteil des *online marketing*-Instrumentariums. Im Gegensatz zur *online*-Werbung, die größtenteils für die bloße Anzeige zum Beispiel eines Banners auf einer Website mit ungewisser Werbewirkung vergütet wird, baut das *affiliate-marketing* auf die Vergabe von Provisionen für nachvollziehbare Handlungen der Konsumenten. Klickt beispielsweise ein Kunde auf einer Partner-(*affiliate*)-Website auf einen entsprechenden Verweis des Reiseveranstalters und gerät dadurch auf dessen Website, so kann dies durch eine entsprechende Pro-Klick-Provision (*Pay-per-Click*) abgegolten werden. Die Vergütung erfolgt also erst, nachdem der potentielle Kunde tatsächlich den entsprechenden Weblink angewählt und die Umleitung auf die Veranstalterseite stattgefunden hat. Andere Provisionsmodelle sind zum Beispiel Pay-per-E-Mail für einen Interessenten, der zum Beispiel seine E-Mail-Adresse hinterlegt hat, nachdem er die Veranstalterseite über den Partnerverweis erreicht hat, oder *Pay-per-Sale* für ein tatsächlich abgewickeltes Geschäft, zum Beispiel als Prozentsatz vom Reisepreis (vgl. Lammenett 2009, S. 35 ff.). Ein Beispiel für ein touristisches *affiliate*-Netzwerk ist Easyjet, das zum Beispiel im Hotelbereich mit Hotelopia (TUI), mit der Autovermietung Europcar und der Reiseversicherung Mondial Assistance zusammenarbeitet (siehe auch Middleton/Fyall/Morgan/Ranchhod 2009, S. 263).

Hauptvorteil des *affiliate-marketing* ist die große Reichweite. *Affiliate-marketing*-Dienstleister wie zum Beispiel affilinet.de, adbutler.de oder branchenbezogen travelan.de ermöglichen die Streuung von Anzeigen über hunderte bis tausende von Partnerwebsites. Je nach gewähltem Provisionsmodell ist so eine breite Wirkung bei überschaubarem Budgeteinsatz möglich.

E-Mail-Marketing

Auch das E-Mail-Marketing verfolgt zu aller erst den Zweck, potentielle Kunden auf die Website des Veranstalters zu führen, um dort ein Geschäft anzubahnen oder abzuschließen. E-Mail-Kampagnen erfolgen zum Beispiel einmalig zur Einführung eines neuen Produkts oder regelmäßig wiederkehrend als personalisierter Newsletter. Damit hat das E-Mail-Marketing auch eine Schnittstelle zum *Customer Relation Management* (CRM), zum Beispiel wenn durch einen Newsletter immer wieder Bestandskunden kontaktiert, informiert und zu Folgegeschäften motiviert werden können.

Neben den genannten Vorteilen soll hier aber auch nicht unerwähnt bleiben, daß auch das E-Mail-Marketing mit zahlreichen Hürden zu kämpfen hat, so zum Beispiel die Klassifikation von Newslettern als Spam und damit unerwünschte E-Mails (und die damit verbundene Filterung) oder der nicht unerhebliche redaktionelle Aufwand bei der Erstellung professioneller

Newsletter. Insbesondere für den Umgang mit der Spam-Problematik hat sich das sogenannte *permission-marketing* herausgebildet. Der Kunde erhält E-Mails nur dann, wenn er sich ausdrücklich dafür entschieden hat. Besondere Sicherheit aus Sicht des Unternehmens bietet dabei das *double opt-in*. Hierbei muß zuerst die E-Mail-Adresse aktiv auf einer Website eingegeben werden. In einem zweiten Schritt muß dann nochmals ein Bestätigungsverweis angewählt werden, der an die zuvor übermittelte E-Mail-Adresse versandt wurde. Damit wird aus Unternehmenssicht gewährleistet, daß nur der Besitzer der entsprechenden E-Mail-Adresse die E-Mail-Marketingmaßnahme bewilligt (vgl. Schwarz 2008, S. 425 f.).

Keyword-advertising

Die bezahlte Plazierung von Werbeanzeigen auf den Ergebnisseiten von Suchmaschinen wurde vor allem durch den Branchenprimus Google bekannt. Auf die Suchanfrage des Internetnutzers nach bestimmten Begriffen (*keywords*) erzeugt die Suchmaschine nicht nur ihre generische Ergebnisseite mit den Ergebnissen des Suchalgorithmus, sondern auch einen Bereich mit Verweisen, für die zum Beispiel ein Reiseveranstalter bezahlt hat. Die Anzeige der Verweise erfolgt also themenbezogen und nur dann, wenn die entsprechenden *keywords* tatsächlich vom Suchenden eingegeben wurden. Auch die Bezahlung an den Suchmaschinenbetreiber erfolgt, ähnlich wie beim *affiliate-marketing*, nur bei aktivem Auswählen der Verweise durch den Nutzer. Da jedoch davon ausgegangen werden kann, daß ein Suchmaschinenbenutzer aktuell auch aktiv nach Informationen zu einem bestimmten Thema sucht, ist die Erfolgsquote eines geschickt gestalteten *keyword-advertising* ungleich höher.

Entscheidend für den Erfolg ist jedoch, ähnlich wie bei der generischen Ergebnisliste, die Plazierung der bezahlten Verweise innerhalb der Suchmaschinenliste. Zum einen ist der Werbebereich oftmals räumlich begrenzt (bei Google zum Beispiel direkt über den generischen Ergebnissen auf maximal drei Anzeigen), so daß nur eine bestimmte Anzahl von Verweisen überhaupt angezeigt wird. Zum anderen ist auch innerhalb dieser Liste eine höhere Plazierung erstrebenswert. Gesteuert wird die Plazierung durch das veranschlagte Budget des Werbetreibenden. So kann zum Beispiel über eine höhere Provision pro Klick im Vergleich zu den Mitwerbenden der bessere Listenplatz gesichert werden. Eine Budgetüberschreitung droht dadurch aber nicht, da zum Beispiel durch die Angabe eines Tagesbudgets nach dessen Verbrauch kein weiterer Verweis geschaltet wird. So ist zumindest für einen bestimmten Zeitraum der Wettbewerb auch mit budgetstarken Anbietern möglich. Eine weitere Chance zur Erhöhung der Reichweite bieten Programme wie Google Adsense, bei denen inhaltlich passende Verweise auf Partnerwebseiten, gesteuert durch den Suchmaschinenbetreiber, eingeblendet werden.

Beispiel für affiliate marketing *bei einer* Internet Booking Engine (IBE)

Hauptaufgabe für einen Reiseveranstalter, der erfolgreiches *keyword-advertising* betreiben möchte, ist die passende Auswahl geeigneter *keywords*, um sowohl bei angemessenem Budget eine zufriedenstellende Reichweite zu erzielen, als auch die richtigen Internetsuchenden in eigene Kunden zu verwandeln. Bei dieser Auswahl helfen Werkzeuge der Suchmaschinenbetreiber, die auf Basis von Vergangenheitsdaten Prognosen zu Reichweite und Kosten von *keywords* anstellen (siehe auch Koch 2008, S. 334 ff.).

Hinzuweisen ist in diesem Zusammenhang noch auf touristische Suchmaschinen. Auf diesen Webangeboten können potentielle Kunden ihre Reisewünsche eingeben und erhalten daraufhin Angebote der angeschlossenen Anbieter. Die Vergütung erfolgt zum Beispiel mit Pay-per-Click oder als pauschalierte Teilnahmegebühr (vgl. Weithöner 2007, S. 53).

Suchmaschinen-Optimierung

Während das *keyword-advertising* die bezahlten Bereiche des Suchmaschinenergebnisses steuert, dient die Suchmaschinen-Optimierung einer Verbesserung des Listenplatzes in der generischen, redaktionell erstellten Liste der jeweiligen Suchmaschine. Da von Suchenden zumeist nur einige wenige Verweise, und hier zumeist nur solche auf der ersten oder den ersten beiden Ergebnisseiten, wahrgenommen und verfolgt werden, ist eine hohe Plazierung in diesen Listen erfolgsentscheidend.

Zur Optimierung der eigenen Position kann auf so genannte OnSite- und Off-Site-Maßnahmen zurückgegriffen werden (vgl. Lammenett 2009, S. 171 ff.). OnSite-Optimierung umfaßt zum Beispiel

- die Optimierung des Website-Textes (zum Beispiel *keyword*-Dichte, Konzentration auf wenige *keywords*, Strukturierung des Textes)
- die Optimierung des Programmcodes (zum Beispiel Validität, Verwendung der richtigen Auszeichnungselemente, Überschriften, erster Satz der Website)

Die *Off Site*-Optimierung zielt auf Maßnahmen ab, die nicht auf der eigenen, sondern auf fremden Websites stattfinden (vgl. Lammenett 2009, S. 178 ff.). So bewertet Google zum Beispiel Verweise von anderen auf die eigene Website sowohl was die Häufigkeit der Verlinkung, als auch die Relevanz und Bewertung der verweisenden Website betrifft. Versuche, diesen Umstand für einen besseren Listenplatz auszunutzen (zum Beispiel durch gekaufte Verweise), werden von den Suchmaschinen häufig identifiziert und unterbunden.

Suchmaschinen-Optimierung ist vordergründig günstiger als *keyword-advertising*, da die Maßnahmen eher indirekt greifen und kein Abrechnungsmodell wie Pay-per-Click die Kosten abhängig vom Nutzerverhalten macht. Die Wirkung der Optimierung ist allerdings zeitlich verzögert und damit auch nicht so gut kontrollier- und steuerbar wie die Budgetierung einer *keyword*-Kampagne. Letztlich entscheidend ist das Klickverhalten der Kunden: Wenn ein Reiseveranstalter erkennt, daß sein Kundenkreis auf bezahlte Verweise irritiert und ablehnend reagiert, so ist verstärkt in Optimierungsmaßnahmen der Website zu investieren. Entsprechendes gilt für den Fall, daß Internetnutzer lieber die bezahlten, aber damit auch treffenderen Verweise wählen.

Keyword-advertising und Suchmaschinen-Optimierung sind wie alle anderen *online-marketing*-Maßnahmen auch eine permanente Aufgabe für den Reiseveranstalter, der sich und seine Dienstleistung bestmöglich im Netz präsentieren und vermarkten will.

13.3.2.5 Distributionspolitik

Unter Distributionspolitik verstehen wir die bewußte Einflußnahme auf die nachgelagerten Distributionsstufen im Sinne der Marketingzielsetzung. Dabei ist der Erfolg von verschiedenen Faktoren abhängig: von der Effizienz der eigenen Distributionsorgane, und, sofern die Entscheidung für Fremdvertrieb gefallen ist, von der Leistungsfähigkeit und der Empfehlungsbereitschaft der eingeschalteten Absatzmittler. Das Ergebnis drückt sich aus in dem gegebenen akquisitorischen Potential und der Verfügbarkeit des Angebotes im Markt.

Die **Vertriebsstruktur** in der Touristik wird von folgenden Fragen bestimmt:

- Kann die Distributionsfunktion durch den Leistungsträger selbst ausgeführt werden (Eigenvertrieb) oder muß sie wirtschaftlich und rechtlich selbständigen Unternehmen übertragen werden (Fremdvertrieb)?
- Welches Leistungsprofil müssen die einzuschaltenden Absatzmittler aufweisen?
- Können die Marketingziele und die sich daraus ergebenden distributionspolitischen Ziele mit rechtlich selbständigen Absatzmittlern verwirklicht werden?
- Ist eine Kombination Eigenvertrieb/Fremdvertrieb denkbar, um die Verfügbarkeit des Angebotes im Markt sicherzustellen?

Die Beantwortung dieser Fragen entscheidet über das Distributionssystem (Abbildung 13.11).

Direkte Distribution: Reiseveranstalter setzen ihr Angebot direkt an den Endabnehmer ab, ohne Einschaltung von Absatzmittlern (Eigenvertrieb):

- Dezentral – über eigene Buchungsstellen und Filialen
- Dezentral – über Verkäufer, Reisende
- Zentral – Direktbuchung über Katalog/ Telephonverkauf (*Call Center*) oder Internet (*online*-Buchung).

Indirekte Distribution: Hier setzen Veranstalter ihr Angebot über Absatzmittler ab (Fremdvertrieb). Zu unterscheiden sind branchenspezifische und branchenfremde Absatzmittler:

(a) Branchenspezifische Absatzmittler:

- Reisebüros
- Reiseveranstalter
- sonstige Tourismusunternehmen und -verbände.

(b) Branchenfremde Absatzmittler:

- Warenhäuser und Großmärkte (Warenhäuser werden dann als branchenspezifisch angesehen, wenn ein Reisebüro integriert ist).
- Banken
- Clubs, Vereine
- sonstige Handelsbetriebe (zum Beispiel Lotterieannahmestellen)

Das Marketing der Reiseveranstalter

Abbildung 13.11: Distributionssysteme der Reiseveranstalter

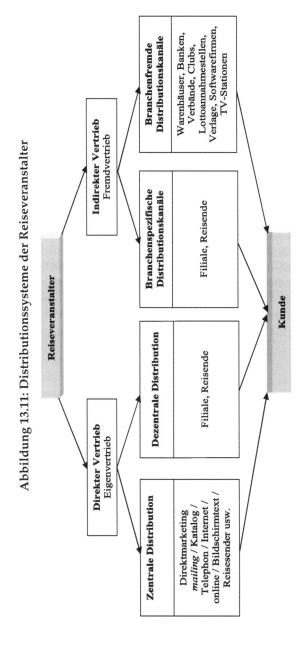

Gemischte Distribution: In diesem Fall hat sich ein Leistungsträger entschieden, nicht nur durch Einschaltung von Absatzmittlern sondern auch direkt an den Endkunden zu verkaufen (*multi-channel*-Strategie). Die Wahl des Distributionssystems durch das jeweilige Touristikunternehmen ist weiterhin beeinflußt durch

- die Konzernzugehörigkeit (Vertrieb über Reisebüros in Warenhäusern, Karstadt, Kaufhof).
- die Wettbewerbssituation (die vertragliche Bindung selbständiger Reisebüros an die TUI (Exklusiv-Vertriebsbindung) zwang Wettbewerber lange Zeit zu einer Umgehungsstrategie);
- die Marketingstrategie (Instrumentalisierung der Distributionspolitik, um die Marketingziele verwirklichen zu können),
- die Kostenfrage (Relation zwischen Kosten im direkten und indirekten Vertrieb (Absatzmittler-Provision).

13.3.2.5.1 Distributionssysteme der großen Reiseveranstalter

Die großen Konzernveranstalter haben in jüngster Zeit ihren direkten Vertrieb mehrkanalig ausgebaut, ohne daß der (indirekte) Reisebürovertrieb dies hätte verhindern können. Neben dem (indirekten) Vertrieb über selbständige Reisebüros bestehen nun mehrere direkte Kanäle, nämlich die konzerneigene(n) Reisebüroorganisation(en) (Filialen) sowie der Direktvertrieb über Katalog/*Call Center* und Internet. Ebenso verfügen fast alle großen Veranstalter zusätzlich über eine Franchise-Reisebürokette (zum Beispiel TUI-Reisecenter, Neckermann Holiday Land), was einem direkten Vertrieb sehr nahe kommt. In diesem Fall spricht man von einem vertikalen, durch den Franchisegeber initiiertes und betriebenes Franchising, im Gegensatz zu den horizontal entwickelten Franchise-Reisebüro-Organisationen, die oftmals aus Reisebüroketten entstanden sind und sich in mehreren Fällen dann Konzernveranstaltern angeschlossen haben (First Reisebüros, Flugbörse).

Die TUI verfügt im direkten Vertrieb inzwischen über gut 1.500 Vertriebsstellen, die sich auf TUI Leisure Travel mit TUI Reisecenter, First Reisebüro,

Hapag-Lloyd und First Reisebüros verteilen. Eine beachtliche Zahl, wenn man bedenkt, daß die TUI 1996 im direkten Vertrieb nur 280 Franchise-Reisebüros hatte.

13.3.2.5.2 Direktmarketing als Distributionsinstrument

Die Möglichkeiten des Direktmarketing wurden durch die Verknüpfung mit den modernen Computersystemen wesentlich erweitert. Sie erschließen neue Wege der Informationsgewinnung, indem im Rahmen des *data-base-management* differenzierte Daten von Zielgruppen erfaßt und diese dann bearbeitet werden können.

Die Bedeutung des Direktmarketing als Instrument der Distribution ergibt sich auch weil....

- eine individuelle Ansprache des Kunden (Ersatz für das persönliche Verkaufsgespräch) und
- eine selektive Auswahl der Zielgruppen ermöglicht wird (Segmentierung);
- damit Streuverluste vermieden werden können;
- Maßnahmen der kontinuierlichen Kundenbetreuung durchgeführt werden können (Kundenbindung);
- ein *database-marketing* ermöglicht wird, das vorhandene Kundenpotentiale besser ausschöpfen läßt (Abspeicherung und Bearbeitung von Interessentenadressen nach Segmentierungs-Merkmalen);
- eine Erfolgskontrolle für jede Aktion vorgenommen werden kann.

Gewonnen werden Kundendaten über Direkt-Marketing-Aktionen mit eingebauter *response*-Möglichkeit oder durch Kauf von Adressendateien von Verlagen und Unternehmen, die gleichgelagerte Zielgruppen haben: außerdem über die laufende Ansprache der Kundengruppen, ihre Reaktionen sowie nach erfolgter Buchung über ihre Reisedaten; so entsteht mit der Zeit ein „Kundenbild" (Seitz 1991, S. 414), das die Basis für eine immer differenziertere Bearbeitung darstellt.

Entwicklungsperspektiven des Direktmarketing

Den größten Einfluß auf die zukünftigen Veränderungen in der Vertriebslandschaft haben jedoch die **neuen Informations- und Kommunikationstechnologien**. Sie haben das Informations- und Einkaufsverhalten auf Veranstalter-, Mittler- und Kundenseite schon jetzt nachhaltig verändert. Elektronische Kommunikationskanäle entwickeln sich zu höchst effizienten Absatzkanälen. Denn Schnelligkeit und Individualität (Interaktivität) aus Sicht der Kunden, Kosteneinsparungen, geringere Abhängigkeit von Absatzmittlern bei gleichzeitiger Verbesserung des Kontaktes zum Endkunden aus Sicht der Veranstalter, sind unbestreitbare Vorteile.

Mit den interaktiven Medien, insbesondere den *online*-Systemen, begann eine völlig neue Art der Kommunikation mit dem Kunden, beschrieben als Paradigmenwechsel vom *push-* zum *pull-marketing*. Im Gegensatz zur klassischen Medienwerbung (*push*) fragt der Endkunde ihn interessierende Informationen aktiv im Internet nach (*pull*).

Die Distribution der Leistungen der Reiseveranstalter entwickelt sich damit zunehmend zu einem Mehrkanal-(*multi-channel*)-Ansatz. Ähnlich wie in anderen Branchen steht dieses Konzept der Gestaltung und Steuerung von Unternehmens- und Kundenprozessen zunächst für eine umfassende Ausrichtung auf ein einheitliches Bild des Kunden („*one face of the customer*") sowie ein einheitliches Auftreten des Unternehmens im Kundenkontakt („*one face to the customer"*). Mit Auslöser für diese Entwicklung ist das Buchungsverhalten von Kunden, die oft unterschiedliche Kanäle für Informations-, Beratungs- und Kauf- bzw. Buchungsprozesse fordern. Durch eine *multi-channel*-Strategie steigt auf der anderen Seite jedoch die Komplexität und mit ihre der Koordinationsaufwand, um Konflikte, die zwischen den Kanälen auftreten (zum Beispiel hat der Kunde bereits eine *online*-Anfrage zu einer Beschwerde gestellt, worüber der kurze Zeit später in den Beschwerdeprozeß involvierte Call Center-Mitarbeiter nicht informiert ist), zu vermeiden (siehe auch Freyer/Pompl 2009, S. 1 ff.).

Insbesondere für das Geschäft des Reiseveranstalters ist bei einem *multi-channel*-Ansatz zu berücksichtigen, daß die Vertriebskanäle nicht zwingend gleichförmig bedient werden sollen. So ist zum Beispiel eine klar definierte Pauschalreise mit wenig Gestaltungsspielraum durch den Kunden problemlos über einen Internetvertrieb innerhalb der eigenen oder eine Reisemittler-Website möglich, während hoch komplexe, aus mehreren Bausteinen individuell zusammengestellte Reisepakete möglicherweise nur im stationären Vertrieb im eigenen Veranstalterbüro angeboten werden. Neben der Komplexität spielen auch Aspekte wie eine aktive Nachfragesteuerung (weg von stark frequentierten Kontingenten hin zu Last-Minute- oder *dynamic packaging*-Angeboten) oder eine dynamische Preisgestaltung (siehe Kapitel 14) eine Rolle.

An konkreten Vertriebskanälen kommen für den Veranstalter sowohl direkte als auch indirekte Wege in Frage. Zu den direkten Kanälen zählen der Vertrieb über eigene Reisebüros, Call Center oder die Veranstalter-Website, wobei jeder dieser Kanäle über einen direkten Zugriff auf das Informations- und Kommunikationssystem des Veranstalters mit seinem Informationsangebot und den Reservierungs- und Buchungsfunktionalitäten verfügt. Indirekt werden die Reiseleistungen über stationäre oder virtuelle Reisemittler an den Kunden gebracht. Hierzu bedienen Reiseveranstalter die unterschiedlichen Varianten touristischer Distributionssysteme (vgl. Weithöner 2010, S. 130 ff.):

- Globale Distributionssysteme (GDS): Insbesondere für den Reisebürovertrieb ist die Verbindung zu einem oder mehreren touristischen Distributionssystemen der GDS notwendig, um die Buchbarkeit der Veranstalterangebote sicherzustellen. Die Reisebüros greifen auf Informationen zu, reservieren und buchen über die GDS-Funktionalitäten.

- Content-Aggregatoren und Alternative Distributionssysteme (ADS): Für eine fundierte Kundenberatung ermöglichen diese Systeme die umfassende, multimediale Informationsversorgung der Expedienten im Reisevertrieb. Als ADS werden die Beratungssysteme um Reservierungs- und Buchungsfunktionen, die direkt auf die Veranstaltersysteme zugreifen, erweitert.

- *Internet Booking Engines* (IBE),: Grundgedanke der IBE ist die Selbstbedienung des Kunden im Internet. Für den Kunden nicht ersichtlich erfolgt die

Anbindung der IBEs an den Reiseveranstalter entweder direkt oder über GDS bzw. ADS. Die Vermarktung von *dynamic packaging*-Angeboten erfolgt zur Zeit noch hauptsächlich über IBEs.

Die Entscheidung, welche Kanäle von einem Veranstalter bedient werden sollten, ist nicht zuletzt eine Kostenfrage. Mit den eigenen Leistungsangeboten in mehreren GDS, ADS, bei Content-Aggregatoren sowie bei den relevanten IBEs präsent zu sein, erfordert strategische Kosten-Nutzer-Überlegungen. Zusätzlich tritt an dieser Stelle die Konkurrenzsituation zu Internetreisebüros zutage: Reiseveranstalter müssen einerseits mit den Internetreisebüssen zusammenarbeiten, andererseits sind sie gleichzeitig auch ihre Konkurrenten im *dynamic packaging* bzw. *dynamic bundling*.

Die TUI, traditionell stark im stationären Vertrieb (selbständige Reisebüros, Franchise-Büros und eigene Vertriebsstellen), bekennt sich zu einer *multichannel*-Strategie und wickelte zum Beispiel 2009 bereits über die Hälfte der verkauften Reisen in den skandinavischen Ländern über *online*-Vertriebskanäle ab. (TUI 2009, S.18).

Der Last-Minute-Anbieter L'TUR (an dem die TUI größter Anteilseigner ist) tätigt rund 40 Prozent seines Umsatzes im Internet und strebt mittelfristig einen Anteil von 50 Prozent an (FVW, 4/2009, S. 16). L'TUR bezeichnet sich als Internet-Pionier, begann das Unternehmen doch schon 1995 Angebote ins Internet zu stellen, die damals allerdings noch in den L'TUR-Filialen gebucht werden mußten. Heute zählt das Unternehmen in der Hochsaison bis zu fünf Millionen Besucher monatlich auf seinem Reiseportal.

Für Reiseveranstalter – unabhängig von der Größe – wird es entscheidend darauf ankommen, inwieweit es gelingt die technologischen Positionen zu besetzen und Kompetenzen aufzubauen, um in den neuen Vertriebswegen in Zukunft eine Rolle spielen zu können.

13.4 Vom Marketing zum CR-Marketing

Im Mittelpunkt des Marketing-Denkens stehen seit jeher Bedürfnisse und Anforderungen des Kunden, mit anderen Worten: die Kundenorientierung. Diesem Begriff liegt inzwischen eine neue, erweiterte Sicht zugrunde. Kundenorientierung ist gut und wichtig, doch der Aufbau und das Management von Kundenbeziehungen mit dem Ziel Kundenbindung und Kundenzufriedenheit zu erreichen ist die Maxime. Das ist die Aufgabe von Customer Relations Management (CRM). CRM liegt die Überlegung zugrunde, daß es fünf- bis siebenmal teurer ist, einen neuen Kunden zu gewinnen, als einen bestehenden zu halten und ihn zum Wiederkauf zu veranlassen.

Mit CRM werden Marketing-Konzepte noch weit stärker als bisher auf den einzelnen Kunden abgestimmt. Das entspricht der Entwicklung des Marketing: vom Massenmarketing über die Zielgruppen-Segmentierung zum kundenindividuellen Marketing, was gleichbedeutend ist mit dem oftmals zitierten *one-to-one*-Marketing.

Dafür müssen im Unternehmen die Voraussetzungen geschaffen werden. Mitarbeiter müssen auf ein kundenorientiertes Verhalten eingeschworen, die Organisation nach kundenbezogenen Prozessen gestaltet werden. Indem alle Kontakte mit dem Kunden mit Hilfe geeigneter Software-Programme in der Datenbank (Data-Warehouse) erfaßt werden, können diese mit den Möglichkeiten des Data-Mining segmentspezifisch und individuell aufbereitet werden. Die Kunden können dadurch die Angebote und Serviceleistungen erhalten, die sie erwarten und die sie auch zufriedenstellen.

Dem entsprechend sind die einzelnen Schritte des CRM zu gestalten:

- Alle verfügbaren Informationen über den Kunden beschaffen (*Data Warehouse*)
- Buchung des Kunden analysieren
- Für das Unternehmen interessante Kunden selektieren
- Angebote definieren und planen
- Programme zur Stimulierung der Nachfrage entwickeln

Insoweit unterscheiden sich diese Schritte nicht vom klassischen Direktmarketing. Entscheidend ist, daß darauf aufbauend die Instrumente der Kundenbeziehungspflege einsetzen: Zufriedenheitsmessungen, Einstellungs-Messungen, Beschwerdemanagement. Ziel ist es, über die gesamte Lebensdauer der Kundenbeziehung den Kunden zu betreuen, um ihn für neue Angebote zu gewinnen, gefährdete Geschäftsbeziehungen zu festigen oder abgebrochene Geschäftsbeziehungen wieder zu aktivieren.

Die besondere Schwierigkeit bei der technischen Umsetzung von CRM liegt oft in der Heterogenität der vorhandenen, historisch gewachsenen Informations- und Kommunikationsinfrastruktur. Viele parallel arbeitende, oft funktional stark spezialisierte Systeme unterstützen die Prozesse des Reiseveranstalters. Eine Bündelung aller in diesen Systemen vorhandenen Kundendaten ist eine nicht zu unterschätzende Herausforderung, muß aber zwingend erfolgen, um den Zugriff auf *alle* im Unternehmen gespeicherten Daten eines Kunden zu gewährleisten.

CRM-Systeme bestehen aus drei Hauptkomponenten (vgl. Helmke/Uebel/Dangelmaier 2008, S. 12 ff.):

- operatives CRM: die Funktionen dieser Komponente unterstützen den direkten Kontakt zwischen Veranstalter und Kunde. Hier ist besonders auf die Integration mit den vorhandenen Systemen zu achten, um ein effizientes Arbeiten mit aktuellen Kundendaten zu ermöglichen. Aufgaben des operativen CRM sind zum Beispiel die Kundenberatung, die Durchführung von Marketing-Kampagnen, das Beschwerdemanagement oder die Einführung einer Kundenkarte.

- kollaboratives CRM: alle Kundenkontakte, die über die verschiedenen, vom Veranstalter bedienten Kanäle eingehen, werden hier synchronisiert. Als Teil einer umfassenden *multi-channel*-Strategie unterstützt das kollaborative CRM alle direkten und indirekten Kommunikationskanäle. Kanalkonflikte (zum Beispiel bei einer mehrfachen Kundenanfrage via E-Mail, Fax und Call Center zum gleichen Vorgang) werden durch die Synchronisierung aufgehoben, wenn innerhalb des CRM-Systems beispielsweise jeder Sachbearbeiter *alle* Kundenkontakte einsehen und für die Fallbearbeitung nutzen kann.

- analytisches CRM: die Auswertung der erhobenen Kundendaten ist Aufgabe dieser Komponente. So wird zum Beispiel im *online*-Bereich die Nutzung der Veranstalter-Website nach Häufigkeit, Verweildauer, Absprungrate, usw. untersucht. Andere Tätigkeitsfelder sind zum Beispiel die Kundenanalyse (A/B/C-Kunden), die Zufriedenheitsanalyse, die Produktprogrammoptimierung oder Prognosen zu Buchungs- und Stornoquoten.

Es versteht sich von selbst, daß ein so verstandenes CRM in erster Linie von den Unternehmen praktiziert werden kann und muß, die sich für eine differenzierte Marktbearbeitung und eine Präferenzstrategie und nicht für ein undifferenziertes Massenmarketing und eine Preis-Mengen-Strategie entschieden haben. Und es versteht sich auch, daß die Unternehmen CRM besser umsetzen können, die eine direkte Distribution, also den Verkauf an den Kunden direkt – ohne Einschaltung der Reisemittler-Stufe – gewählt haben. Ihnen stehen Kundendaten uneingeschränkt zur Verfügung, während das bei den Unternehmen, die über Reisemittler verkaufen, mit Schwierigkeiten verbunden ist.

Dennoch haben es auch Veranstalter, die ausschließlich über selbständige Reisebüros verkaufen, verstanden intensive Kundenbeziehungen aufzubauen, indem sie, wie zum Beispiel Studiosus, zunächst über Gästebefragungen und Veranstaltungen Kunden besser kennengelernt und dann systematisch den Kontakt zu ihnen gepflegt haben.

14

Revenue Management für Reiseveranstalter

Andreas Hilz

14.1 Was ist Revenue Management?

Revenue Management wird bereits seit mehr als drei Jahrzehnten in der Airline Industrie erfolgreich verwendet, so daß diese Managementtechnik in der Folgezeit auch im Hotelsektor und der übrigen Tourismusindustrie immer größere Bedeutung erlangt. Mittlerweile greifen auch branchenfremde Unternehmen im Dienstleistungssektor auf die Ideen des Revenue Managements zurück. Banken und Versicherungen verbessern damit ihren Kundenservice und erhöhen dessen Effizienz, Radio- und TV-Sender füllen ihre Werbeblöcke ertragsoptimal, Kinos und Theater erhöhen den Erlös ihrer Eintrittskartenverkäufe. In den letzten Jahren hielt Revenue Management immer stärker Einzug im Energiebereich und wird nun erfolgreich von allen Stromnetzbetreibern verwendet, um Spitzenlasten im Netz zu verringern oder zumindest besser vergütet zu bekommen (Chiang *et al.* 2007, S. 101 ff.).

14.1.1 Entwicklung

1978 führte die Deregulierung des amerikanischen Luftverkehrsmarktes zu einem Wegfall aller staatlichen Eingriffe und Beschränkungen. Hieraus entwickelte sich ein ruinöser Wettbewerb, in dem zahlreiche neu gegründete Fluggesellschaften mit günstigen Kostenstrukturen den arrivierten Airlines durch Billigtarife Marktanteile abzunehmen versuchten. Die großen Unternehmen nahmen nach anfänglichem Zögern den Preiskampf an, was ihnen aber neuerliche Verluste einbrachte. Dies war die Geburtsstunde des *yield managements*. Vorreiter war Bob Crandall, der als CEO von American Airlines auch für die Namensgebung verantwortlich zeichnete (Cross 1997, S. 117 ff.). American Airlines hatte sich bereits seit den 1960er Jahren mit Ertragsmanagement befaßt. Mit Hilfe moderner Computerreservierungssysteme gelang den großen Fluggesellschaften eine bessere Lenkung ihrer Preise und Kapazitäten, so daß sie Billiganbieter gezielt angreifen konnten, indem sie den Kampf um preiselastische Marktsegmente annahmen, aber mit anderen Kundengruppen hohe Preise erzielen konnten, die Billiganbietern fehlten. Heute arbeiten alle Fluggesellschaften, auch *low cost carrier* damit. Bei Reiseveranstaltern ist eine umfassende Nutzung des Revenue/Yield Managements immer noch nur teilweise verbreitet.

14.1.2 Begriff

Der Begriff **Revenue Management** läßt sich wörtlich mit Ertragsmanagement übersetzen. Als „Revenue" bezeichnet man den Gesamtertrag, den ein Unternehmen erzielt. Häufig wird als Synonym der Begriff **Yield Management** gebraucht, der sich ebenfalls mit Ertragsmanagement gleichsetzen läßt. Bei Fluggesellschaften steht ‚Yield' für den Umsatz pro Passagierkilometer des Flugverkehrs einer Airline (vgl. Zehle 1991, S. 486). Da es bei Revenue/Yield Management in erster Linie um eine Maximierung des Gesamtertrags geht, wird in diesem Artikel von Revenue Management gesprochen, auch wenn gerade bei deutschen Reiseveranstaltern die entsprechenden Bereiche überwiegend als Yield Management Abteilungen bezeichnet werden. Das Beispiel in Kapitel 3.1.4 verdeutlicht die Unterschiede zwischen Yield und Revenue Management im eigentlichen Definitionssinn.

Mit der wörtlichen Übersetzung ‚Ertragsmanagement' trifft man nicht unbedingt den Kerngedanken des Revenue/Yield Management. Umschreibungen wie „Ertragsoptimierungsmethode" (Daudel & Vialle 1992, S. 35) oder „Ausschöpfungsmanagement" (Bagemihl 1994, S. 7) erklären dies besser. Einfach ausgedrückt ist das Ziel des Revenue Management, „daß ein Unternehmen das richtige Produkt zum richtigen Zeitpunkt und zum richtigen Preis an den richtigen Kunden verkauft" (Cross 1997, S. 61). Bereits an dieser Stelle kann man die entscheidenden Faktoren für Revenue Management-Erfolg erkennen: Will man seine Ziele erreichen, muß man auf zwei Dinge achten – Ertrag und Nachfrage. Folgende **Definition** faßt zusammen, wie dies konkret funktionieren soll:

„Unter Revenue Management versteht man die Anwendung methodischer Verfahren zur Voraussage des Verbraucherverhaltens auf der Ebene der Mikromärkte und zur Optimierung von Produktverfügbarkeit und Preis mit dem Ziel möglichst hoher Ertragszuwächse" (Cross 1997, S. 61).

14.1.3 Ziele

Ertragsmaximierung als Hauptziel wurde bereits angesprochen. Doch was muß geschehen, damit dies erreicht werden kann? Der Weg dorthin führt über eine Vielzahl von Teilzielen, die allesamt Einfluß auf die Höhe der Erträge eines Unternehmens haben (Abbildung 14.1).

Will man den *„Revenue"* maximieren, muß man zuerst auf eine möglichst hohe Auslastung der zur Verfügung stehenden Kapazitäten achten. Viele Reiseveranstalter setzen Revenue Management mit einer solchen Auslastungssteuerung gleich, was aber zu kurz gegriffen ist, da es noch eine Reihe weiterer Teilziele zu beachten gilt. So müssen die Preise anhand der zu erwartenden Nachfrage, nicht aber vorwiegend kostenorientiert, festgelegt werden. Von ähnlicher Bedeutung ist die fortwährende Steuerung der Verfügbarkeit der unterschiedlichen Kontingente. Durch die Optimierung des Tarif-Mix werden den einzelnen Marktsegmenten passende Preis-/Produkt-Kombinationen zugeordnet. Wichtig ist dabei, bestimmte Kapazitäten für ‚*high yield*'– Kunden (Nachfrager, welche die höchsten Preise bezahlen) zu schützen, beispielsweise durch die Beschränkung günstiger Sondertarife. Ein geschickter Einsatz unterschiedlicher Distributionskanäle mit eigenen Preisklassen kann dabei helfen.

Abbildung 14.1: Zielhierarchie des Revenue Management

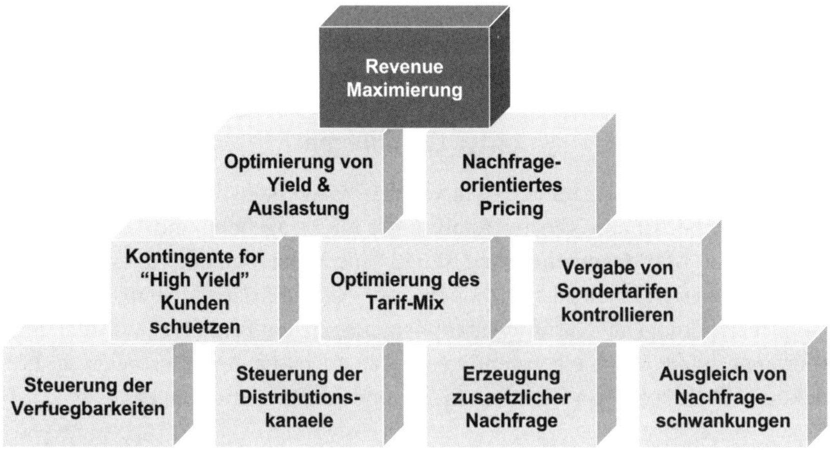

Revenue Maximierung

Optimierung von Yield & Auslastung

Nachfrageorientiertes Pricing

Kontingente for "High Yield" Kunden schuetzen

Optimierung des Tarif-Mix

Vergabe von Sondertarifen kontrollieren

Steuerung der Verfuegbarkeiten

Steuerung der Distributionskanaele

Erzeugung zusaetzlicher Nachfrage

Ausgleich von Nachfrageschwankungen

eigene Darstellung, nach Tewes 1993, S. 61

Abhängig von der Nachfragesituation sollte zudem eine Erzeugung zusätzlicher Nachfrage, bzw. eine Ablenkung auf nachfrageschwache Termine erfolgen, um Schwankungen auszugleichen. Je nach Unternehmen können sich einzelne Teilziele vom Modell in Abbildung 14.1 unterscheiden oder eine andere Bedeutung haben. Die meisten Ziele finden sich aber in den verschiedenen Revenue Management-Systemen wieder, da diese auf einem gemeinsamen Grundkonzept aufbauen, wie Abschnitt 14.3 zeigen wird. Neben diesen leicht quantifizierbaren Zielen gibt es aber eine weitere wichtige Maßgabe, die in obigem Modell nicht erwähnt wird: die Gewährung eines besseren Kundenservices. Durch die ständige Ausrichtung an der Nachfrage trägt Revenue Management automatisch dazu bei, die Wünsche der Kunden besser befriedigen zu können. Nur mit zufriedenen Kunden kann Erfolg langfristig gesichert werden (Harris 2007, S. 7 f.).

Ein weiterer Aspekt, der in der Literatur oft wenig Beachtung findet, ist die Notwendigkeit einer weitgehend automatisierten Preis-Mengensteuerung auf Basis eines umfassenden Revenue Management Konzepts, um im immer unübersichtlicheren und dynamischeren Touristikmarkt in Zukunft noch bestehen zu können. Auf dem touristischen Markt treffen mit Reiseveranstaltern, direkt vermarktenden Hotels, Bausteinanbietern, Linien-, Charter- und Billigfluggesellschaften (*low cost carrier*) verschiedene Geschäftsmodelle aufeinander, so daß das Marktumfeld sehr viel komplexer und die Reaktionen auf Mitbewerberaktionen vielfältiger und häufiger geworden sind. Kunden können heutzutage ihre Reise selbst problemlos über das Internet zusammenstellen. Um auch bei den immer größer werdenden internet-affinen Kundengruppen weiterhin bestehen zu können, müssen Reiseveranstalter auf ein gut und schnell funktionierendes Revenue Management zurückgreifen können, das bessere Preise anbieten kann, wenn der Reiseveranstalter dies benötigt, aber mehr verlangt als die Konkurrenz, wenn genug Nachfrage besteht.

14.1.4 Grundlagen

Wie können diese Ziele nun erreicht werden? Grundlage des Revenue Managements ist zunächst eine genaue Analyse der Nachfragehöhe und -struktur, auf die sich eine **Marktsegmentierung** stützt. Eine Voraussetzung, damit Revenue Management sein Potential ausschöpfen kann, ist, die Kunden in einzelne, in sich möglichst homogene Nachfragergruppen abgrenzen zu können. Dabei muß allerdings jede Gruppe eigenständige, charakteristische Anforderungen an Produkt und Preis aufweisen, damit man sie voneinander abgrenzen kann.

Folgende Überlegung soll die Funktionsweise von Revenue Management verdeutlichen: In einer vereinfachten Annahme wird zunächst von einem *commodity*-Produkt ausgegangen, so daß der Preis in den Mittelpunkt des Interesses rückt. Ist der Verkaufspreis sehr hoch, ist der Stückertrag ebenfalls hoch, allerdings werden die Verkaufszahlen gering sein. Ist der Preis sehr niedrig gewählt, werden viele Produkteinheiten verkauft werden, der Gewinn jeder Einheit ist aber nur sehr klein, wenn überhaupt vorhanden. In beiden Fällen hätten jedoch höhere Einnahmen erzielt werden können, was ja das Hauptziel des Revenue Managements ist. Abhilfe schafft hierbei eine **Preisdifferenzierung**, durch die dasselbe Produkt zu unterschiedlichen Preisen angeboten wird. Dadurch werden einerseits die Anzahl der verkauften Produkte, andererseits die Stückerträge gesteigert (Abbildung 14.2).

Abbildung 14.2: Unterschiedliche Varianten zur Preisgestaltung

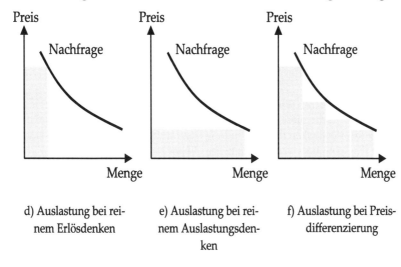

d) Auslastung bei reinem Erlösdenken   e) Auslastung bei reinem Auslastungsdenken   f) Auslastung bei Preisdifferenzierung

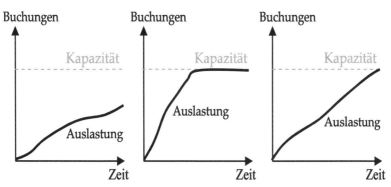

Quelle: eigene Darstellung, in Anlehnung an Friege 1996, S. 617

Die Herstellkosten in obiger **Beispiel**rechnung (Abbildung 14.2) betragen 500.– pro Stück. Im ersten Fall (a) wird bei einem angenommenen Verkaufspreis von 900,– demnach ein Stückertrag von 400,– erzielt. Allerdings werden nur 100 Einheiten verkauft. Der Gesamtertrag liegt somit bei 40.000,–. Beim Beispiel b wechseln 500 Stück des Produkts zu einem Preis von 600,– den Besitzer. Durch den weitaus geringeren Deckungsbeitrag von 100,– steigt der Gesamterlös trotz der verfünffachten Verkaufsmenge lediglich auf 50.000,–. Die Anwendung der Preisdifferenzierung (c) sorgt dafür, daß 100 Stück für 900,–, 100 Einheiten für 750,– und 100 zu 600,– verkauft werden. Dies führt zu einer Ertragssteigerung auf 75.000,–, da man einerseits preissensible Kunden zum Kauf bewegt, andererseits aber auch an den Nachfragern ordentlich verdient, für die der Preis keine Rolle spielt.

Aus Sicht des Yield Managements im engeren Definitionssinn würde Variante (a) bevorzugt werden, da hier der höchste Durchschnittsertrag pro verkaufter Einheit erzielt wird. Blickt man im Sinne des Revenue Management auf den Gesamtertrag (Revenue) stellt Variante (a) jedoch die schlechteste Alternative dar. In der Praxis wird tatsächlich in den meisten Fällen auf den Gesamtertrag geachtet, weshalb es sich (trotz vielfach anderer Bezeichnungen) um Revenue Management handelt.

Im Tourismus handelt es sich zumeist um sogenannte verderbliche Produkte. Werden zum Abflugtermin nicht alle Plätze in einem Flugzeug verkauft, können sie zu einem späteren Zeitpunkt nicht mehr gefüllt werden. Sie bleiben leer, woraus ein erheblicher Umsatz- und Ertragsverlust entsteht. Auch Hotels, Mietwagenfirmen, Reiseveranstalter, Krankenhäuser, TV-Sender und Zeitungen (im Werbespot- bzw. Anzeigenverkauf) haben mit solchen Verlusten aus ungenutzten Kapazitäten zu kämpfen. Abbildung 14.2 (d) macht diese Problematik deutlich, die entsteht, wenn ausschließlich Durchschnittserlösdenken die Preisbildung bestimmt. Im Ergebnis ist der Gesamterlös aufgrund der schlechten Auslastung gering. Ebenso negativ ist das Ergebnis im zweiten Fall (e). Denn bei reinem Auslastungsdenken besteht die Gefahr der Umsatzverdrängung durch den Verkauf der Kapazitäten mit zu niedrigen Preisen. Das Kontingent ist dadurch sehr früh ausgebucht. Spätere Nachfrage kann nicht mehr berücksichtigt werden, weshalb zu vermuten ist, daß man noch weitaus mehr hätte absetzen können und die bestehende Kapazität zu günstig verkauft wurde. In beiden Fällen wurden mögliche höhere Erträge verschenkt.

Im Revenue Management wird eine möglichst optimale Nutzung der Kapazität bei gleichzeitig höchstmöglichen Preisen angestrebt. Über Erfolg oder Mißerfolg entscheidet oft die Qualität der Marktsegmentierung. Die vorhandenen Kapazitäten werden dabei den einzelnen Mikromärkten zugeordnet und mit jeweils marktgerechten Preisen versehen. Wenn bei der schwierigen Anpassung der Kapazitäten und Preise an die einzelnen Marktsegmente keine Fehler gemacht werden, erhält jede Nachfragergruppe die Plätze und Preise, die ihren Vorstellungen entsprechen. Verschiedene mathematische Modelle werden heutzutage benutzt, um diese Allokation ständig zu optimieren. Fast alle gehen aber auf das *Expected Marginal Seat Revenue Model* von Peter Paul Belobaba (1987, S. 101–131) zurück. Hierbei wird der Ertrag jeder Buchungsklasse mit der jeweiligen Wahrscheinlichkeit dafür, daß dieses Kontingent auch ausgebucht wird, gewichtet. Eine optimale Aufteilung der Preisniveaus und Kapazitäten ist dann gegeben, wenn der Grenzertrag für jede Tarifklasse gleich ist. In diesem Fall erhöht sich in der Regel nicht nur die Zahl der verkauften Produkte, sondern auch der durchschnittlich erzielte Preis. Die Kapazitäten werden optimal genutzt und der Gesamtertrag maximiert. In einem solchen Fall stößt die Auslastungskurve erst kurz vor dem Reisetermin an die Kapazitätsgrenze (Abbildung 14.2 f).

Dies wird allerdings nur dann erreicht, wenn Marktsegmentierung, Preisdifferenzierung und die Preisniveaus in allen Segmenten korrekt vollzogen werden. Werden hierbei grobe Fehler gemacht, kann der Gesamtertrag durchaus geringer sein als bei einem Modell mit einem Produkt und nur einem (gut gewählten) Preis. Die korrekte Marktsegmentierung und Preisgestaltung sind Kernaufgaben des Marketings und der Preisfindung. Eine genauere Betrachtung dieses Themas soll deshalb an dieser Stelle nicht weiter

Revenue Management

ausgeführt werden, um Wiederholungen zu vermeiden und nicht vom spezifischen Revenue Management Modell abzulenken.

In der Praxis würde eine Preispolitik kaum akzeptiert werden, die dem gleichen Produkt mehrere Verkaufspreise zuordnet, wie dies in oben verwendetem vereinfachten Beispiel geschah. Deshalb muß die Leistung bei unterschiedlichen Tarifen ebenfalls differenziert werden. Fluggesellschaften beispielsweise weisen ihrem Produkt (ein Platz auf Flug XY) bei jedem Preis spezielle Buchungskonditionen zu. Faustregel ist, daß höhere gewünschte Flexibilität zu einem teureren Tarif führt. Jede Nachfragergruppe wird aufgrund ihrer Präferenzen das Produkt zu ihrer bevorzugten Preis-/ Leistungskombination buchen. Ein Nebenaspekt der Preisdifferenzierung ist ein im Flugbereich als *up-sell* bezeichneter Prozeß. Hierbei bezahlen preissensible Kunden, die ursprünglich einen günstigen Tarif nachgefragt hatten, bei dessen Ausbuchung häufig auch den nächsthöheren, den sie sonst nicht gebucht hätten. Umsatz und Ertrag steigen. Somit sorgt Revenue Management neben der Lenkung der Nachfrage in begrenztem Maß auch für eine Steigerung. Ein solcher *up-sell* kann speziell durch direkte Verkaufskanäle erzielt werden, da hier eine vergleichende Darstellung von unterschiedlichen Konditionen und Preisen auf Basis desselben Produkts möglich ist. Fluggesellschaften nutzen diese Möglichkeit vermehrt und sorgen gleichzeitig für mehr Preistransparenz, die bislang eher den *low cost carriers* vorbehalten war, wie folgende Abbildung zeigt.

Abbildung 14.3: *Up-Sell* Möglichkeit durch Darstellung der Buchungsklassen

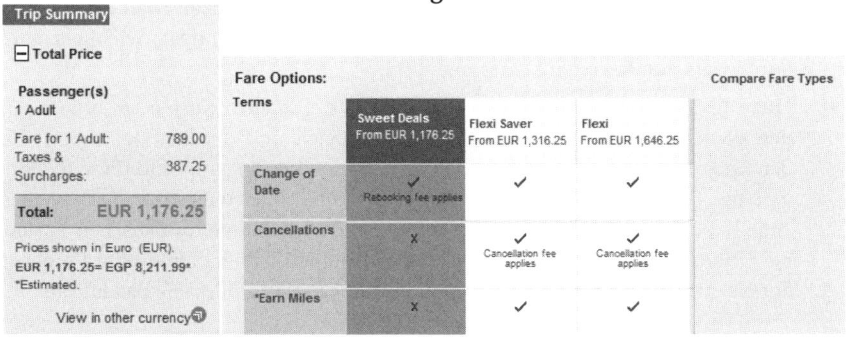

Quelle: www.singaporeair.com (7. August 2010)

In diesem Beispiel bietet die Fluggesellschaft einen sehr günstigen Preis während einer nachfrageschwachen Zeit an, zeigt aber gleichzeitig noch teurere Alternativen, um Kunden zum *up-sell* zu bewegen, die damit Bonusmeilen für die Buchung gutgeschrieben und eine Stornomöglichkeit (gegen Gebühr) erhalten würden.

14.2 Revenue Management für Reiseveranstalter
14.2.1 Eignung des Revenue Management für Reiseveranstalter

Der Einsatz von Revenue Management ist nicht für jedes Unternehmen empfehlenswert. Um herauszufinden, ob es sein volles Potential ausschöpfen kann, hat sich mit der Zeit ein Anforderungskatalog herausgebildet, der die wichtigsten Voraussetzungen für den erfolgreichen Einsatz von Revenue Management zusammenfaßt. Speziell drei Kriterien sind dabei entscheidend. Inwieweit es für Reiseveranstalter sinnvoll ist, wird folgende Prüfung zeigen:

- **Nichtlagerbares Angebot:** Wie bei allen Dienstleistungen besteht auch für den Reiseveranstalter das Problem der Verderblichkeit des Angebots. Ist ein Kontingent bis zum Abreisetermin nicht vollständig verkauft, verfallen die noch freien Plätze. Sie können logischerweise nicht mehr nachträglich verkauft werden. Der Umsatzverlust ist unwiederbringlich.

- **Fixe Kapazität:** Veranstalter besitzen zu einem gewissen Teil feste Kapazitäten, die sie füllen müssen. Der Anteil schwankt allerdings von Unternehmen zu Unternehmen. Bei vertikal integrierten Reiseveranstaltern sind natürlich die eigenen Kapazitäten fix (wenn man davon absieht, daß sie im Prinzip teilweise auch über konkurrierende Veranstalter abgesetzt werden können). Aber auch wenn man nicht über eigene Leistungsträger verfügt, bestehen oft im Transportbereich fixe Kontingente, deren Abnahme der Veranstalter garantiert. In diesem Fall müssen auch nicht verkaufte Plätze den Transportunternehmen, zum Beispiel dem Busunternehmer oder der Fluggesellschaft, bezahlt werden. Nur für Reiseveranstalter, die dieses Risiko eingehen, ist der Einsatz von Revenue Management sinnvoll. Hotelkontingente lassen sich dagegen oft bei Nichtbeanspruchung zurückgeben. Allerdings werden auch hier häufig Abnahmegarantien gefordert (siehe Abschnitt 3.5.4), speziell von Hotels mit einer starken Marktposition. Je größer die Fixkontingente (egal in welchem Bereich) sind, desto wichtiger wird der Einsatz von Revenue Management.

- **Hohe Fixkosten:** Das Verhältnis von fixen und variablen Kosten ergibt sich aus den vom Veranstalter selbst verursachten Kosten und den Aufwendungen für den Einkauf der Reiseleistungen. Je nach Art der Kontingente sind diese fix oder variabel. Bei den meisten großen Reiseveranstaltern haben die fixen Kosten einen Anteil von 50 Prozent bis zu zwei Dritteln an den gesamten touristischen Kosten. Bei Unternehmen mit solch hohem Fixkostenanteil haben eine exakte Prognose der Nachfrage und optimale Nutzung der Kapazitäten eine große Bedeutung.

Diese Voraussetzungen müssen gegeben sein, will ein Unternehmen Revenue Management sinnvoll anwenden. Die meisten Reiseveranstalter erfüllen diese Kriterien. Zusätzlich gibt es eine Reihe weiterer Aspekte, die den Einsatz von Revenue Management noch bedeutsamer machen:

- **Reservierung im Voraus:** Eine große Hilfe, um exakte Nachfrageprognosen erstellen zu können, ist die Vorausbuchung der Leistung. Sie ist bei Reiseveranstaltern die Regel. In anderen Tourismusbereichen sind die Kunden, die eine Leistung kurzfristig ohne vorherige Anmeldung nachfragen, weitaus häufiger. Solche *„go-shows"* (bei Linienfluggesellschaften) bzw. „walk-ins" (bei Hotels und Mietwagenunternehmen) sind weitaus schwieriger zu prognostizieren. Mit Hilfe langjähriger Erfahrungswerte kann allerdings auch dies gelingen. Dennoch gilt, daß Vorausbuchungen die Prognosesicherheit erhöhen, da sich bereits längere Zeit vorher Änderungen im Nachfrageverhalten erkennen lassen. Nach wie vor hält der Trend zu immer kurzfristigeren Buchungen unvermindert an. In den letzten Jahren versuchten viele Reiseveranstalter diesem Trend mit ‚Early Bird' oder anderen Frühbucherrabatten entgegenzuwirken, allerdings nur mit begrenztem Erfolg. Weiter erschwert wird die Nachfrageprognose durch unvorhersehbare Schwankungen, zum Beispiel aufgrund plötzlicher Vorkommnisse in einzelnen Zielgebieten. Weitere Schwierigkeiten sind die im Saisonverlauf sehr stark schwankenden Kapazitäten, die insbesondere automatisierten, ständig aus aktuellen Buchungsentwicklungen lernenden Prognosesystemen große Schwierigkeiten bereiten. Im Pauschalflugverkehr besteht eine gewisse Flexibilität, um mittels Dispositionsmaßnahmen und gezielten Zukäufen von Flugkapazitäten auf Nachfragetrends während einer Saison reagieren zu können. Der Nachteil einer verschlechterten Prognosequalität wird in der Regel durch die dadurch erwirtschafteten Zusatzerlöse überkompensiert, so daß diese Flexibilität häufig genutzt wird. So hatte Thomas Cook beispielsweise für die Sommersaison 2006 alleine für das Zielgebiet Mallorca über 70.000 zusätzliche Flugsitze nachgekauft.

- Die Bedeutung einer bereits langfristig qualitativ hochwertigen Prognose ist für Reiseveranstalter sehr groß. Zwischen Angebot (Einkauf, Kalkulation, Katalogproduktion) und Nachfrage liegt eine große Zeitspanne (siehe Kapitel 3). Durch die gedruckten Kataloge sind die Veranstalter in weitaus stärkerem Maß an anfänglich festgelegte Preise gebunden als Fluggesellschaften oder Hotels, die ihre Tarife sehr flexibel korrigieren können. Vereinzelt haben Reiseveranstalter versucht, Kataloge ohne Preise anzubieten und auf tagesaktuelle Preise hinzuweisen, was aber aus reiserechtlichen Gründen nicht möglich ist (siehe Kapitel 6). Werden Reisen jedoch nur *online* angeboten und gebucht, lassen sich die Preise im Sinne von *dynamic packaging* (s.u.; vgl. auch Kapitel 13) tagesaktuell flexibilisieren.

- Nicht nur das Angebot ist vergänglich, sondern auch die Nachfrage. Kann sie einmal nicht befriedigt werden, kann dies zu einem späteren Zeitpunkt nicht mehr nachgeholt werden, da der Reisetermin eine wichtige Rolle bei der Reiseentscheidung spielt. Nur ein kleiner, zeitflexibler Teil der Reisenden verzichtet auf Konkurrenzangebote oder Alternativziele und fragt die gewünschte Leistung beim gleichen Veranstalter zu einem anderen Termin nach.

- Die Nachfrage schwankt im Jahresverlauf sehr stark, abhängig unter anderem von Ferienterminen und klimatischen Bedingungen im Zielgebiet, was eine nachfrageorientierte Preisdifferenzierung möglich macht. Reiseveranstalter reagieren darauf mit unterschiedlich teuren Saisonzeiten in ihren Katalogen, wie auch durch tagesaktuelle Preise auf speziell im Internet angebotenen Produkten.

- Eine nachfrageorientierte Marktsegmentierung ist speziell bei Pauschalreiseveranstaltern aufgrund der relativ homogenen Nachfrage schwieriger als beispielsweise für Airlines, die durch Buchungskonditionen Geschäftskunden und Freizeitreisende weitgehend trennen können. Allerdings gewinnt dieses Instrument durch die zunehmende Individualisierung auf Kundenseite (Amman, Illing & Sinning 1995, S. 53) immer mehr an Bedeutung Das am leichtesten abgrenzbare

Segment ist das der Familien. Allerdings müssen Reiseveranstalter sehr stark darauf achten, ein familienfreundliches Image, das viele durch Marketingkampagnen aufgebaut haben, nicht durch Revenue Management Maßnahmen zu gefährden, die Familien benachteiligen würden. In den letzten Jahren hat sich allerdings eine sehr preissensible Kundengruppe herausgebildet, die flexibel ist, zumeist im Internet Preise vergleicht und kurzfristig bucht. Last Minute-Angebote waren (und sind) die traditionelle Antwort vieler Reiseveranstalter auf kurzfristig freie Kapazitäten. Das Internet ist der wichtigste Verkaufskanal für diese Produkte, weshalb der Preisdruck hier am höchsten ist. Entscheidend für den langfristigen Erfolg eines Reiseveranstalters sind aber Erträge und Volumen aus den langfristigeren (Katalog-) Buchungen. Deshalb gilt der Differenzierung der Preise im Jahresverlauf zur Lenkung der stark wechselnden Nachfrage mittels Saisonzeiten (s.o.) im Moment noch das Hauptinteresse. Bei Thomas Cook werden diese beiden Aspekte teilweise verknüpft, indem beim wichtigsten Zielgebiet Mallorca zwei verschiedene Saisonzeitenstrukturen bestehen. Eine gilt für die vorwiegend auf Familien ausgerichteten Hotels an der Nord- und Ostküste, die andere Struktur ist auf das Nachfrageverhalten der übrigen Gäste (vorwiegend Einzelreisende und Paare) in den übrigen Hotels ausgerichtet.

- Begrenzte Kapazitäten sorgen bei hoher Nachfrage dafür, daß möglicherweise die ertragreichsten Buchungen in hochwertigen Hotels nicht mehr ausgeführt werden können, da die Flugkapazitäten mit größtenteils günstigen Hotelangeboten ausgebucht wurden. Problematisch ist in diesem Zusammenhang, daß die weniger ertragsbringende Nachfragergruppe der Familien (Mittelklassehotel, Ermäßigungen für Kinder) aus naheliegenden Gründen (Ferientermine) tendenziell früher bucht, während vollzahlende Paare und Singles ihre Reiseentscheidung kurzfristiger treffen. Die wenigsten Reiseveranstalter haben ausreichend verläßliche Revenue Management Systeme, um das Risiko einzugehen, Flugkontingente für erst später zu erwartende, ertragreichere Buchungen zu reservieren. Airlines hingegen machen dies ständig, da auch hier die einträglichsten (meist *Business Class*) Buchungen erst spät eingehen.

In einer Studie der Europäischen Kommission über Revenue Management in kleinen und mittelständischen Unternehmen der Tourismusbranche wurden Nutzen und Anwendbarkeit dieser Technik für Reiseveranstalter pauschal bereits in einer Zeit als „mittel bis hoch" bezeichnet (vgl. Europäische Kommission 1997, S. 8), in der die meisten Reiseveranstalter sich noch nicht mit Revenue Management befaßten. Dies hat sich mittlerweile geändert, allerdings muß für jedes Unternehmen individuell geprüft werden, wie genau die oben genannten Anwendungsbedingungen zutreffen. Erst dann läßt sich entscheiden, in welchem Umfang Revenue Management implementiert werden sollte, um ein optimales Kosten-Nutzen-Verhältnis zu erhalten.

Bei richtiger Anwendung bietet der Einsatz von Revenue Management neben einer direkt meßbaren Erhöhung der Erträge weitere positive Aspekte, die hier nicht vernachlässigt werden sollen:

- Die Beschäftigung mit Revenue Management sorgt automatisch für eine stärkere Marktorientierung. Bessere Kenntnisse über das Nachfrageverhalten erlauben eine gezieltere und kundenorientiertere Arbeit in Verkauf und Marketing sowie bei der Produkterstellung. Dadurch steigt auch die Kundenzufriedenheit, was langfristig zur Ertragsoptimierung beiträgt. Unternehmen, die sich beim Streben nach Ertragssteigerungen nur auf die Kostenseite konzentrieren, verlieren dagegen häufig ihre relevanten Märkte aus den Augen.

- Durch die notwendige enge Zusammenarbeit verschiedener Abteilungen bei Revenue Management-Aktivitäten entsteht eine bessere Kommunikation innerhalb des Unternehmens. Revenue Management verknüpft häufig die Tätigkeiten von Produktmanagement, Hoteleinkauf, Flugplanung/-einkauf, Kalkulation/Preisgestaltung, Marktforschung/Marketing und Verkaufssteuerung.

- Wenn Profitabilitätsprogramme in einem Unternehmen implementiert werden, sind ertragssteigernde Maßnahmen zur Ergebnisverbesserung (zum Beispiel Revenue Management) bei den Mitarbeitern weitaus eher akzeptiert als kostensenkende. Die Akzeptanz von Veränderungen in Folge von Revenue Management wird deshalb leichter zu erreichen sein.

14.2.2 Besonderheiten des Revenue Management für Reiseveranstalter

Bestehende Revenue Management-Systeme aus dem Airline- oder Hotelbereich lassen sich nicht einfach auf einen Reiseveranstalter übertragen. Es gibt kein ‚Modell von der Stange', das für Veranstalter XY verwendet werden kann. Der Hauptgrund besteht darin, daß der Reiseveranstalter nicht nur *eine* Leistung anbietet, sondern entsprechend der Definition der Pauschalreise mehrere komplementäre Teilleistungen zu einem Paket zusammenschnürt. Dadurch erhöht sich die Komplexität des Revenue Managements erheblich. Die Zahl der relevanten Entscheidungen vervielfacht sich durch die Abstimmung mehrerer Kontingente, die noch dazu unterschiedliche finanzielle Risiken in sich bergen.

Zudem wird auch der touristische Markt immer komplexer und dynamischer. Mußte ein Reiseveranstalter bei seiner Konkurrenzbeobachtung vor wenigen Jahren noch lediglich eine Handvoll Mitbewerber mit sehr ähnlichen Geschäftsmodellen beachten, so liegt der Fall heute anders. Die klassische Pauschalreise ist nur noch eines von vielen unterschiedlichen Geschäftsmodellen, die heute im Markt miteinander konkurrieren. Der Kunde kann sich mit Hilfe des Internets seine Reise selbst zusammenstellen. Er kann dabei auf Direktangebote der einzelnen Leistungsträger zugreifen oder aber diese mit Hilfe von Reiseportalen wie Expedia und Opodo oder über Bausteinanbieter buchen.

Zudem sorgen verschiedene Modelle der Preisgestaltung für eine weitere Intransparenz im Markt. Während klassische Charterfluggesellschaften und

Reiseveranstalter ihre Flüge in der Regel anfangs teurer und erst kurzfristig (bei mangelnder Nachfrage) günstiger anbieten, sehen die Preisverläufe bei Billigfluggesellschaften genau umgekehrt aus, da diese mit stark beworbenen Mindestpreisen oft ab 1 € starten. Reiseveranstalter werden deshalb in Zukunft nur bestehen können, wenn sie zum einen die Vorzüge der Pauschalreise über Marketingmaßnahmen herausstellen und gleichzeitig im Wachstumsmarkt der Bausteinprodukte aktiv werden und zum anderen die hohe Dynamik und Intransparenz des Touristikmarktes besser bewältigen können als ihre Konkurrenten. Die weitgehend automatisierte Preis-Mengensteuerung auf Basis eines umfassenden Revenue Management Konzepts ist dabei eine notwendige Voraussetzung.

Speziell nach der starken vertikalen Integrationswelle gegen Ende der 1990er Jahre verfügen große Touristikkonzerne wie die TUI und Thomas Cook neben dem Veranstalter über eigene Fluggesellschaften und eigene Hotels. Sie haben auf verschiedenen Ebenen (Fluggesellschaft, Veranstalter, Hotel) finanzielle Risiken durch feste Kapazitäten. Mittlerweile hat sich jedoch gezeigt, daß diese Integration nicht automatisch für eine bessere integrierte Steuerung sorgt. Viele Unternehmensteile sind deshalb vor allem bei Thomas Cook bereits wieder abgestoßen worden. Ein Teil der Investitionen wäre wohl besser in ein funktionierendes Steuerungssystem geflossen. Allerdings ist das Revenue Management Modell für Reiseveranstalter aufgrund der vielen Parameter sehr komplex. Auch deshalb besitzt derzeit noch kein Konzern ein umfassendes und vollautomatisiertes Modell, das allen Anforderungen gerecht wird.

Von entscheidender Bedeutung ist es, die Bündelung verschiedener Leistungen (vor allem Flug und Hotel) in einem solchen Modell zu beherrschen. Ein möglicher Lösungsansatz greift dabei Ideen aus dem Linienflugbereich auf. Linienfluggesellschaften hatten lange mit der Komplexität zu kämpfen, die aufgrund von Drehkreuzen in ihrem Streckennetz entstanden war und erst seit wenigen Jahren in den Revenue Management Modellen abgebildet werden kann (sogar heute arbeiten nur die führenden Fluggesellschaften mit einem vollautomatisierten, netzwerktauglichen Revenue Management Modell). Man kann diese Problematik auf den Reiseveranstalter übertragen, so daß man von den Airline-Erfahrungen lernen kann, wie die Komplexität von Netzwerken zu bewältigen ist: Die Kunden werden ins Zielgebiet geflogen und dort (wie bei einem Drehkreuz) auf verschiedene Hotels verteilt. Entscheidendes Kriterium für die Beurteilung einer Buchung ist dabei der Gesamtertrag aus Flug und Hotel (Helbing 2001). In der weiteren Folge soll diese komplexe Problematik aber zugunsten der Explikation eines Revenue Management Grundmodells zurückgestellt werden.

Für den „normalen" Reiseveranstalter muß ohnehin die erste Überlegung sein, die Komplexität so stark wie möglich zu reduzieren, allerdings ohne daß das

Revenue Management viel von seinem Potential einbüßt. Nur so kann das System überschaubar gehalten werden. Entscheidend ist, die Vernetzung der einzelnen Kontingente zu verringern, indem man sie in eine Rangfolge bringt. Dies muß entsprechend ihrer Bedeutung für die Ertragsoptimierung geschehen, wobei die Prioritätensetzung dem finanziellen Risiko entsprechend erfolgen sollte. In der Regel ist dies der Transport, der bei vielen Veranstaltern per Flugzeug erfolgt. Revenue Management setzt deshalb am effektivsten zunächst in diesem Bereich an. Bestehen keine Garantiezahlungen an Hoteliers, sollte man sich erst dann auf die Hotelkontingente konzentrieren, wenn finanzielle Risiken im Flugbereich aufgrund hoher Nachfrage ausgeschlossen sind. Wurden aber Abnahmegarantien für einzelne Hotels vereinbart, muß auf eine gleichmäßige Auslastung beider Kapazitäten geachtet werden. Oft spielen noch weitere Aspekte bei der Abwägung der finanziellen Risiken der einzelnen Kapazitäten eine Rolle. So kann es in verschiedenen Zielgebieten zu gewissen Zeiten zu Bettenengpässen kommen. In diesen Fällen muß versucht werden, möglichst früh möglichst viele Hotelkontingente auszulasten, um sich diese zu sichern. Gelingt dies nicht, kann es passieren, daß während der Hauptsaison Flugkapazitäten leer bleiben, da aufgrund von Überbuchungen auf Hotelseite dem Veranstalter keine Hotelbetten mehr zur Verfügung stehen. Deshalb spielen in dieser Konstellation die Hotelkapazitäten die zentrale Rolle bei der Bewertung der finanziellen Risiken. Weitere Reiseleistungen, wie Mietwagen oder Ausflüge werden dagegen zunächst am besten vernachlässigt, um zusätzliche Komplexität zu vermeiden. Der Aufwand durch Revenue Management wäre sicherlich höher als der Zusatzertrag.

Es gibt noch eine weitere Besonderheit bei Reiseveranstaltern, die bei der Einführung eines Revenue Management-Systems zu beachten ist. Im Charterflugbereich müssen Hin- und Rückflugkontingente aufeinander abgestimmt werden und gleichmäßig ausgelastet werden. Traditionell geschieht dies durch eine Steuerung der Aufenthaltsdauer, indem für unterschiedliche Dauern Unterkontingente gebildet werden. Sie werden mit Hilfe von Limits gesteuert und müssen laufend überwacht werden. Mittlerweile sind aber viele Veranstalter davon abgekommen und haben die *one-way* Betrachtungsweise vieler Linienfluggesellschaften übernommen. Speziell große Zielgebiete werden mittlerweile täglich angeflogen, so daß diese Hin- und Rückflugsteuerung nicht nur sehr komplex, sondern auch weniger bedeutsam geworden ist, da bei Ausbuchung bereits am nächsten Tag wieder ein Rückflug vorhanden ist.

14.2.3 Das gegenwärtige „Revenue Management" vieler Reiseveranstalter

Die meisten Reiseveranstalter führen eine nachfrageorientierte Preisdifferenzierung durch, indem sie die Sommer- und Wintersaison in mehrere Saisonzeiten einteilen. Dadurch kostet dasselbe Produkt zu verschiedenen Abreiseterminen unterschiedlich viel. Eine Woche Malaga im Vier Sterne-Hotel kostet beispielsweise während der Sommerferien 750 €, während das gleiche Angebot im November nur einen Preis von 400 € hat. Dadurch sollen Nachfragespitzen geglättet werden. Zeitflexible und preissensible Kunden erhalten durch solch unterschiedliche Saisonzeiten einen Anreiz, in der billigeren Nebensaison zu fliegen.

Ebenso wichtig ist die Auslastungssteuerung im Kurzfristbereich, die viele Reiseveranstalter (fälschlicherweise) als alleiniges Mittel mit Revenue Management gleichsetzen. Hierbei gibt es oft eine eigene Abteilung, deren Aufgabe es ist, die Flugauslastung und -erträge zu optimieren. Eine hundertprozentige Nutzung der Risikokapazitäten gilt dabei oft als oberstes Ziel. Damit kein Platz leer bleibt, für den der Veranstalter in jedem Fall zahlen müßte, werden **Kurzfristangebote** kalkuliert: die so genannten ‚Last Minute'-Angebote. Eine solche Preissenkung soll zusätzliche Nachfrage erzeugen, um die verbleibenden Kapazitäten zu füllen (siehe die Abschnitte 1.5.5 und 10.11). Bei wirklichem Revenue Management darf eine optimale Auslastung allerdings nicht das alleinige Ziel sein, sondern nur ein Unterziel zur Erreichung der Ertragsmaximierung. Viele Reiseveranstalter kommen von einer reinen Auslastungssteuerung, haben mittlerweile aber weitaus mehr Ertragsanalysemöglichkeiten. Diese beruhen allerdings häufig noch auf Näherungswerten, da der Ertrag einer Pauschalbuchung aufgrund der verschiedenen Teilleistungen komplex und aufwendig zu ermitteln ist. Die Flugauslastung als „griffige" Kenngröße hat deshalb auch weiterhin noch eine zentrale Bedeutung.

Eine breite Informationsbasis und umfassende Analysemöglichkeiten als Grundlage für Optimierungsentscheidungen sind noch nicht bei allen Reiseveranstaltern vorhanden. Häufig erfolgen die Entscheidungen der Mitarbeiter noch „aus dem Bauch heraus". Die zunehmende Einführung von Analysemöglichkeiten verändert auch das Anforderungsprofil der Mitarbeiter. Aus einem stark operativ ausgerichteten und repetitiven Job wird zunehmend eine analytische Aufgabe, die strategisches Denken, gute analytische Fähigkeiten und Vertrauen in moderne Computersysteme voraussetzt. Viele Mitarbeiter in diesem Bereich, die diese Aufgabe über Jahre hinweg ausgeführt haben, sind damit überfordert.

An die Stelle des „Bauchgefühls" tritt immer mehr eine objektive Informationsbereitstellung. Eine wichtige Information ist beispielsweise die Darstellung des vergangenen Buchungsverhaltens im Zeitverlauf. Während Informationen immer häufiger zur Verfügung stehen und bei einigen Veranstaltern auf konkreten Daten und Wahrscheinlichkeiten beruhende Prognosen Einzug halten, werden Optimierungsentscheidungen zumeist noch manuell von den Mitarbeitern getroffen. Ein umfassendes Konzept, das die Maßnahmen ordnet und steuert, fehlt zumeist, so daß man in der Regel nur von einem bruchstückhaften Revenue Management sprechen kann. Ein idealtypisches und umfassendes Modell wird dagegen im folgenden Abschnitt dargestellt.

14.3 Revenue Management-Modell

Revenue Management-Modelle können je nach Anwendungsgebiet und Zielsetzung in Umfang und Aufbau stark variieren, da sie auf das einzelne Unternehmen und ihre spezifischen Aufgaben zugeschnitten sein müssen. Das Grundkonzept, das nun vorgestellt wird, ist jedoch meist dasselbe:

Abbildung 14.4: Grundschema eines Revenue Management-Systems

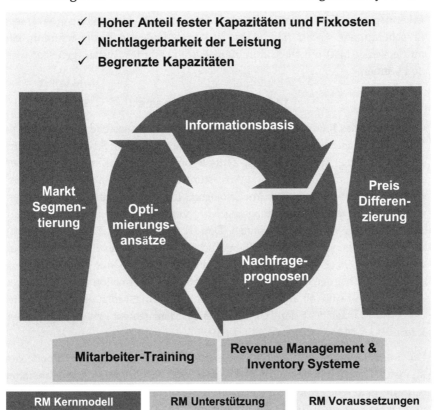

Die Bedeutung und Funktionsweise von Marktsegmentierung und Preisdifferenzierung wurde bereits eingangs unter die Lupe genommen. Oft wird schon die bloße Durchführung einer dieser beiden Maßnahmen als Revenue Management bezeichnet. Das würde aber bedeuten, daß Marktfrauen, die kurz vor Marktende ihre noch nicht verkauften Salatköpfe zu einem günstigeren Preis anbieten, bereits Revenue Management betreiben würden (Enzweiler 1990, S. 248). Statt dessen müssen auch die restlichen Elemente des Kernsystems in einem Revenue Management-Modell enthalten sein: Informationsbasis, Nachfrageprognosen und Optimierungsansätze. Wichtig ist dabei, daß unbedingt alle drei Berücksichtigung finden, da sie direkt aufeinander aufbauen.

Dagegen spielt es eher eine untergeordnete Rolle, ob alle Bestandteile des Modells automatisiert erfolgen oder einzelne Bereiche (anfangs) noch relativ wenig systemische Unterstützung erfahren. Vorteile einer teilweise manuellen Modellumsetzung sind der kleinere Entwicklungsaufwand und ein geringeres Akzeptanzrisiko, da die Mitarbeiter weniger neue Systeme in ihren Arbeitsalltag einbinden müssen. Diesen Vorteilen stehen allerdings gravierende Nachteile gegenüber: In den gegenwärtig hochdynamischen Märkten sind umfassende Analysen einer Vielzahl von Informationen, das frühzeitige Erkennen von Nachfragetrends und eine schnelle Umsetzung getroffener Entscheidungen („short time to market') entscheidende Erfolgsfaktoren, die mittlerweile (fast) nur noch durch ein automatisiertes System geleistet werden können.

14.3.1 Informationsbasis

Grundlage jedes Revenue Management-Systems sind umfassende Daten über die historische Buchungsentwicklung, aus der in einem nächsten Schritt Zukunftsprognosen abgeleitet werden können. Zentrale unternehmensinterne Informationen sind die absoluten Buchungs- und Auslastungszahlen, sowie Daten über das Buchungs- und Stornoverhalten im Zeitablauf. Idealerweise sind auch Anfragen enthalten, die wegen Ausbuchung abgelehnt wurden, um die tatsächlich vorhandene Nachfrage ermitteln zu können (Daudel & Vialle 1992, S. 84). Liegen diese nicht vor, sollten sie mit Hilfe mathematischer Modelle annähernd geschätzt werden (Kirstges 1992, S. 20 f.). Revenue Management kann nur dann erfolgreich durchgeführt werden, wenn ausreichend Daten als Informationsbasis vorhanden sind und diese sinnvoll ausgewertet werden. Laut Uwe Mohr, ehemaliger Leiter des Yield Management der TUI, ist Revenue Management „zu achtzig Prozent Informations-Management" (Wollinsky 1998, S. 13).

Die Informationen, die betrachtet werden, müssen stets auf der Ebene der kleinsten Dateneinheiten vorliegen (Cross 1997, S. 179). Ein Reiseveranstalter muß deshalb jedes Kontingent einzeln untersuchen, auch wenn dies zu großen Datenmengen führt. Datenbanken und EDV-gestützte Analysemöglichkeiten (zum Beispiel mittels *Data Warehouses*) sind hierfür eine notwendige Unterstützung. Zusammengefaßte Daten können kleine Differenzen unkenntlich machen, was zu falschen Schlußfolgerungen verleiten würde. Unkorrekte Prognosen und damit ausbleibender Revenue Management-Erfolg wären die Folge. Soll der Aufwand gering gehalten werden, muß eine Rangfolge erzielt werden, d.h., nur die ertragsrelevantesten Bereiche werden untersucht – diese aber auf der kleinsten Dateneinheit.

Entsprechend der Vorüberlegungen wird zunächst der Flugbereich betrachtet. Das bedeutet, jeder einzelne Flug wird unter die Lupe genommen. Neben absoluten Nachfragedaten (Anzahl der Buchungen, Auslastung, etc.) ist es sehr wichtig, den zeitlichen Verlauf der Buchungszahlen zu kennen. Beispielsweise werden manche Zielgebiete traditionell sehr frühzeitig gebucht, andere dagegen eher kurzfristig. Nur aus diesen Informationen bezüglich der **Buchungsverläufe** lassen sich korrekte Prognosen ableiten.

Beispiel: Ist ein Flug nach Madeira einen Monat vor Abflug schlecht ausgelastet, ist dies ein Anlaß zur Sorge, da das zumeist ältere Publikum zu einem Großteil sehr früh bucht und kurzfristig nur wenig Nachfrage zu erwarten ist. Ein Flug nach Tunesien mit ähnlichen Auslastungsdaten vier Wochen vorher liegt dagegen zumeist im Soll, da hier viele Kurzfristbuchungen durch eine junge, flexible Nachfragergruppe zu erwarten sind.

Nur wenn solche Unterschiede im zeitlichen Verlauf ermittelt werden, können die richtigen Schlußfolgerungen gezogen werden. Von ähnlicher Bedeutung ist die Beachtung der Buchungsverläufe bei vollständig ausgelasteten Kontingenten. Wurde ein Flug erst kurz vor Abreise ausgebucht, kann man davon ausgehen, das Kontingent optimal genutzt zu haben, was ja Ziel des Revenue Managements ist. Sind die Kapazitäten aber schon lange vor Abflug vergriffen, konnte wahrscheinlich nicht die gesamte Nachfrage befriedigt werden. Man hätte weitaus mehr bzw. das bestehende Kontingent zu einem höheren Preis verkaufen können. Umsatzverluste sind die Folge, die gar nicht aufgefallen wären, wenn man nur die absoluten Buchungs- und Auslastungszahlen beachtet hätte.

14.3.2 Prognose

Aus den gesammelten vergangenheitsbezogenen Daten müssen nun Prognosen über die zukünftige Nachfrage abgeleitet werden. Die einfachste und am häufigsten benutzte Methode ist die Extrapolation vergangener Nachfragedaten mittels Zeitreihenprognosen in die Zukunft (Friege 1996, S. 617 f.). Wichtig ist dabei ein ständiger Vergleich mit aktuellen Buchungsentwicklungen, wodurch aus dem ursprünglich statischen ein dynamisches Verfahren wird. Da sich aber die Rahmenbedingungen ständig ändern, reicht es nicht aus, die Buchungszahlen der Vergangenheit einfach in die Zukunft zu übertragen. Man muß zusätzlich eine Vielzahl externer Einflüsse und interner Zielsetzungen beachten. Dies könnte folgendermaßen geschehen:

Anhand der Nachfragedaten in Vergangenheit und Gegenwart wird unter Berücksichtigung eventuell veränderter unternehmensinterner Ziele ein erster Trend für die Zukunft berechnet. Danach müssen noch alle externen Faktoren beachtet werden, die diesen Trend beeinflussen können. Dazu gehören veränderte Feiertage oder Ferientermine, spezielle Veranstaltungen wie Messen oder Sportereignisse, aber auch eine generelle Veränderung der Nachfrage, Reisezieltrends oder der Markteintritt neuer Konkurrenten. Auch Detailinformationen wie eine veränderte Flugzeit (Hinflug spät abends statt morgens) können eine erhebliche Auswirkung auf die Kundennachfrage haben. Welchen Einfluß diese externen Faktoren tatsächlich auf das Buchungsverhalten haben, kann nur geschätzt werden, wobei die Erfahrung der beteiligten Personen die Qualität solcher Schätzungen maßgeblich beeinflußt. Je besser alle vorhandenen Informationen erfaßt, ausgewertet und beurteilt werden, desto zuverlässiger sind die Prognosen. Nur dann läßt sich Unsicherheit bezüglich der Zukunft in Wahrscheinlichkeit verwandeln (Cross 1997, S. 92). Je näher der Abflugtermin rückt, desto stärker lassen sich diese Einflußfaktoren in der Buchungsentwicklung selbst erkennen, so daß die Gewichtung eben genannter Faktoren gegenüber der reinen Buchungskurvenbetrachtung bei der Prognoseerstellung immer mehr in den Hintergrund tritt.

Prognostiziert werden **Buchungskurven**, welche die Nachfrage im Zeitablauf darstellen, d.h., wie viele Reservierungen für den Reisetermin y zu einem beliebigen Zeitpunkt x eingegangen sein werden. Der letzte Punkt dieser Buchungskurve ist die prognostizierte Nachfrage am Abflugtag. Diese vermuteten Buchungsverläufe sind die Grundlage der Optimierungsmodelle. Für jedes Kontingent, mit dem ein finanzielles Risiko verbunden ist, muß eine solche prognostizierte Buchungskurve erstellt werden. Doch damit ist es noch nicht getan. Sinnvoll ist es, im Anschluß an die Prognose der Buchungsentwicklung so genannte **Begrenzungskurven** (*threshold curves*) einzurichten (Daudel & Vialle 1992, S. 146). Sie stellen eine Sollbandbreite dar, innerhalb der die Schwankungen des tatsächlichen Buchungsverlaufs als normal angesehen werden:

Abbildung 14.5: Die Funktionsweise von Begrenzungskurven

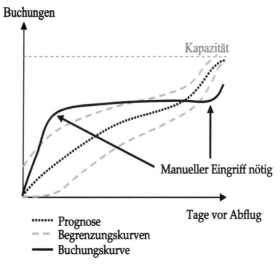

eigene Darstellung in Anlehnung an Zehle 1991, S. 494

Durchbricht die reale Buchungskurve die vorgegebenen Grenzen nach oben oder unten, müssen Eingriffe erfolgen. Dazu steht eine Vielzahl von Möglichkeiten zur Verfügung, die im Anschluß im Abschnitt Optimierung vorgestellt werden. Wichtig ist es, diesen Buchungskorridor richtig zu dimensionieren. Wird er zu schmal gewählt, kommt es ständig zu Abweichungen, auf die reagiert werden muß. Ist er zu breit, werden große Schwankungen unter Umständen gar nicht registriert. Eine erhebliche Arbeitserleichterung ist es, wenn diese prognostizierten Daten in einem EDV-System gespeichert und durch dieses überwacht werden. Nur wenn die tatsächliche Nachfrage den Sollkorridor verläßt, wird das Kontingent als „kritisch" gemeldet. Andernfalls gilt der Buchungsverlauf als normal und muß von den Mitarbeitern nicht weiter beachtet werden. Ein solches Workflow-Management ist die entscheidende Hilfe, um in immer dynamischeren Märkten bestehen zu können, indem lediglich die Abweichungen von der Norm manuell bearbeitet werden müssen. Legt man die Überwachung, wie eben dargestellt, in die Hände der EDV, ist ein großes Vertrauen in die Qualität der Prognosen nötig, da sich das System ausschließlich an diesen orientiert. Wurden hier Fehler gemacht, können sie später kaum noch korrigiert werden. Dies macht deutlich, wie wichtig gute Prognosen sind.

14.3.3 Optimierung

Wird der Buchungskorridor durchbrochen, muß eine Entscheidung getroffen werden, ob und welche Maßnahmen ergriffen werden. Dies kann durch einen Mitarbeiter der Revenue Management-Abteilung geschehen oder, bei umfassenden technischen Lösungen, durch das Revenue Management-System selbst.

Die Abweichung der tatsächlichen Nachfrage von der erwarteten kann in zwei Richtungen erfolgen: nach oben oder nach unten. Beide Möglichkeiten sind nicht wünschenswert, da die Kapazität nicht ertragsoptimal genutzt wird. Liegen die Buchungszahlen unter den Erwartungen, drohen Umsatzverluste aufgrund ungenutzter Kapazitäten. Besteht dagegen ein Nachfrageüberhang, d.h., liegt die Nachfrage über der Prognose, besteht die Gefahr, nicht mehr alle Buchungswünsche erfüllen zu können. Diese entgangenen Erträge bezeichnet man als Verlust aus **Umsatzverdrängung**. Das Hauptziel des Revenue Management, die Ertragsmaximierung, kann in beiden Fällen nicht mehr erreicht werden. Dies soll durch Optimierungsmaßnahmen im Vorfeld verhindert werden. Dem Revenue Manager steht für jede Abweichung ein vielfältiges Instrumentarium zur Verfügung.

14.4 Praktische Anwendungsbeispiele von Optimierungsmaßnahmen für einen Flugreiseveranstalter

Die Maßnahmen, die zur Optimierung verwendet werden können, beruhen zwar auf ähnlichen, im vorangegangenen Abschnitt beschriebenen Grundsätzen, sind aber sehr individuell und je nach Unternehmen, Situation und Tätigkeitsfeld unterschiedlich zu konzipieren. Die Optimierungsmaßnahmen, die im Folgenden beschrieben werden, sind für einen Flugreiseveranstalter ausgearbeitet. Einige lassen sich aber problemlos auch auf andere Sparten übertragen. Speziell die in der Folge beschriebene Kontingentierung ist eine Standardoptimierungstechnik, die eine Grundlage für viele Revenue Management-Maßnahmen bildet.

14.4.1 Optimierung bei hoher Nachfrage

Reiseveranstalter versuchen bereits heute, durch unterschiedlich kalkulierte Saisonzeiten die Nachfrageschwankungen zu vermindern. Dennoch gibt es zahlreiche Termine, an denen die Zahl der Buchungswünsche sehr hoch ist. In diesem Fall weicht die Nachfragekurve vom vorhergesagten Verlauf nach oben ab. Man spricht von einem **Nachfrageüberhang**. Es drohen Verluste aus Umsatzverdrängung, wenn nicht mehr alle Buchungsanfragen erfüllt werden können.

Die einfachste Lösungsmöglichkeit dieses Problems ist eine Aufstockung der Kapazitäten. Einer erhöhten Nachfrage steht damit wieder ein größeres Angebot gegenüber. Der Veranstalter fragt in einem solchen Fall bei Fluggesellschaften oder Hotels (je nach Engpaß) eine Erhöhung der vertraglich festgelegten Kontingente an bzw. kauft neue ein. In der Praxis gelingt dies nur teilweise, da die Nachfrage bei den meisten Veranstaltern ähnlich verläuft. Ist ein Termin beim eigenen Reiseveranstalter gut gebucht, ist es bei der Konkurrenz oft ähnlich. Oft besteht deshalb die einzige Chance darin, eine erhöhte Nachfrage früher als die Konkurrenten zu erkennen und ihnen freie Kontingente „wegzuschnappen". Eine solche Erhöhung des Angebots wird auch als **Mengensteuerung** bezeichnet.

Wie eben dargestellt, ist eine Anpassung des Angebots nicht immer möglich oder reicht nicht aus, um die gesamte Nachfrage zu befriedigen. Speziell im Kurzfristbereich (innerhalb von zwei Monaten vor dem Abflugtermin) geht man deshalb von weitgehend feststehenden Kapazitäten aus. Aus diesem Grund gibt es neben der reinen Mengensteuerung die so genannte **Preis-Mengen-Steuerung** oder **Kontingentierung**. Sie basiert auf den beschriebenen Grundlagen der Preisdifferenzierung. Ziel ist die Maximierung des Gesamterlöses. Im Falle eines Nachfrageüberhangs können nicht mehr alle Buchungswünsche befriedigt werden. Deshalb muß man sich die „Rosinen" herauspicken, d.h., man darf nur die Buchungen akzeptieren, welche die höchsten Gewinne versprechen. Weniger lukrative müssen dagegen abgelehnt werden, obwohl noch Plätze frei sind. Eine solche Preis-Mengen-Steuerung birgt ein finanzielles Risiko und sollte erst dann verwendet werden, wenn die Prognosequalität ausreichend ist. Außerdem wirft sie noch weitere Probleme auf, die später angesprochen werden. Dennoch ist die Kontingentierung ist ein sehr wichtiges Steuerungsmittel, da sie bei sinnvollem Einsatz einen großen Beitrag zu einer Erhöhung der Gewinne und der Umsatzrendite leistet.

Abbildung 14.6: Funktionsweise der getrennten und der geschachtelten Preis-Mengen-Steuerung

a) Getrennte Kontingente b) Geschachtelte Kontingente

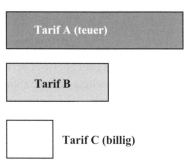 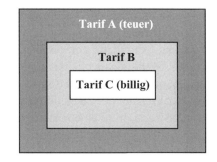

- Max. **50** Plätze zu Tarif A buchbar
- Max. **30** Plätze zu Tarif B buchbar
- Max. **20** Plätze zu Tarif C buchbar

- Max. **100** Plätze zu Tarif A buchbar
- Max. **80** Plätze zu Tarif B buchbar
- Max. **20** Plätze zu Tarif C buchbar

eigene Darstellung nach Friege 1996, S. 620

Die Gesamtkapazität wird auf Basis vorher aufgestellten Prognosen in mehrere Unterkontingente geteilt, wobei jedem Teil ein eigener Preis zugewiesen wird. Einfachste Möglichkeit der Kontingentierung ist die Aufteilung in getrennte Kontingente (a). Jeder Tarif erhält dabei eine gewisse Menge an Plätzen, was aber zu suboptimalen Ergebnissen führt. Es kann geschehen, daß der Tarif A, der die höchsten Erträge verspricht, zuerst ausgebucht wird. Die Kunden können jetzt nur noch auf Tarif B oder C zurückgreifen, die aber weniger Gewinn bringen. Überflüssige Verluste durch entgangene Erlöse sind die Folge. Dies wird durch das so genannte „*nesting*"-Verfahren (Feldman 1987, S. 37) verhindert, daß eine Schachtelung der Kontingente vorsieht (Abbildung 14.6 b). Bei Buchung eines höheren Tarifs verringern sich automatisch auch die billigeren Tarifkontingente um die entsprechende Buchung. Dadurch ist gewährleistet, daß aus den umsatzstärkeren Buchungsklassen mehr Einheiten verkauft werden können, als es das Kontingent eigentlich vorsieht. Im rechnerisch günstigsten Fall erhält man 100 Reservierungen zu Tarif A, die durch die Schachtelung der Kontingente alle befriedigt werden können. Die günstigsten Tarife besitzen ja keine abgetrennten Kontingente mehr, weshalb die Plätze nun auch zum teuren Preis A verkauft werden dürfen. Es gibt statt dessen lediglich ein Limit, das die Zahl der Billigbuchungen begrenzt. Somit werden die ertragreichsten Buchungsklassen geschützt (Daudel & Vialle 1992, S. 115 ff.).

In der Praxis muß allerdings aus wettbewerbsrechtlichen Gründen immer ein Minimum an Plätzen für den billigsten Tarif reserviert werden. Das eben beschriebene *nesting*-Verfahren ist für sich genommen noch kein Garant für die optimale Befriedigung der Nachfrage. Entscheidend ist es, ständig die Kapazitäten an mögliche Nachfrageänderungen anzupassen. Nur mit einem solchen dynamischen Verfahren kann eine Ertragsoptimierung erreicht werden. Es kann durchaus vorkommen, daß getrennte Kontingente, die dynamisch den Marktgegebenheiten angepaßt werden, bessere Ergebnisse liefern als ein einmal festgelegtes, statisches Modell mit geschachtelten Kapazitäten. Da bei der Vielzahl der zu steuernden Kapazitäten dies manuell nicht geleistet werden kann, muß eine solch dynamische Steuerung automatisiert erfolgen.

Neben dem *nesting*- bzw. Kontingentierungsverfahren gibt es mit noch andere Methoden zur Optimierung von Kontingenten. Linienfluggesellschaften verwenden häufig das sog. *bid price* Verfahren. Hierbei wird geprüft, ob der Gesamtertrag einer Buchungsanfrage höher ist als der Mindestertrag, den diese Buchung erbringen muß. Dieser Mindestertrag, auch *bid price* genannt, baut auf denselben Prinzipien wie die Kontingentierung auf, da sie sich ebenfalls auf das „*Expected marginal Seat Revenue Model*" von Peter Paul Belobaba stützt, das bereits in Abschnitt 3.1. kurz erläutert wurde. In den letzten Jahren legten Airlines ihr Hauptaugenmerk auf neue Algorithmen, die Optimierungsresultate auch für komplexere Netzwerke verbessern sollen (Bertsimas/Pospescu 2003, S. 257 ff.).

Während Fluggesellschaften ihre Plätze, wie eben dargestellt, kontingentieren und zu unterschiedlichen Preisen verkaufen, gibt es bei Reiseveranstaltern eine solche Aufteilung eines Kontingents nur zum Teil. Dabei wäre eine Aufspaltung an Terminen mit hoher Nachfrage, wie zum Beispiel an Weihnachten, durchaus sinnvoll.

Die knappen Güter, die kontingentiert werden müssen, sind in der Regel die Plätze im Flugzeug, während Hotels ausreichend zur Verfügung stehen. Grund hierfür ist insbesondere die Art der Verträge, die ein Reiseveranstalter schließt. Während die Flugsitze meist fix eingekauft werden (d.h., der Platz muß der Fluggesellschaft in jedem Fall bezahlt werden), können die Hotelkontingente oft zurückgegeben werden. Die Gesamtkapazität des Fluges wird also in mehrere Teilkontingente aufgeteilt. Als Richtschnur sollte dabei der Deckungsbeitrag verwendet werden, der durch die gesamte Buchung erreicht wird (Helbing 2001). Entscheidend ist hierfür das gebuchte Hotel. Deshalb bietet sich als Beispiel eine Aufteilung der Buchungen anhand der Hotels (zum Beispiel in drei Kategorien) an:

- Kategorie A: Garantiehotels (vertraglich vereinbarte Abnahmegarantien), Hotels mit sehr hohem Ertrag
- Kategorie B: Hotels mit mittlerem Ertrag
- Kategorie C: Hotels mit geringem Ertrag

Diese lassen sich nun in Abbildung 14.6 b einsetzen, woraus sich die Schutzwirkung für ertragreichere Buchungen erkennen läßt. In der Praxis spielen aber oft noch weitere Maßstäbe neben einer reinen Deckungsbeitragsbetrachtung eine wichtige Rolle bei der Einteilung der Hotels in mehrere Klassen. So können zum Beispiel Hotels mit hoher strategischer Bedeutung für den Reiseveranstalter auch bei geringen Deckungsbeiträgen in eine höhere Kategorie aufrücken.

Erweitern läßt sich die „engpaßbezogene Kapazitätssteuerung" (Kirstges 1996, S. 318) durch verschiedene zusätzliche Dimensionen, wie zum Beispiel eine Berücksichtigung unterschiedlicher Ertragssituationen an unterschiedlichen Abflughäfen am selben Tag. So kann eine Buchung für dasselbe Hotel einen viel höheren Ertrag erbringen, falls der Kunde beispielsweise zur Ferienzeit in Nordrhein-Westfalen ab Düsseldorf fliegt als mit Abflug in München. Die Kosten für Flug und Hotel sind in beiden Fällen gleich, die Erlössituation ist hier jedoch sehr unterschiedlich. Wenn diese Konstellation bei der Kontingentierung berücksichtigt wird, kann dasselbe Hotel in Kategorie A (für Buchungen ab Düsseldorf) und in Kategorie C (für Buchungen ab München) liegen.

Solche Kontingentierungen können zwar beliebig erweitert, müssen jedoch immer kritisch abgewogen werden. Eine Ergänzung könnte beispielsweise eine Begrenzung der Kontingente für Familien sein, da Kinderermäßigungen den Gesamtertrag der Buchung schmälern. Neben einem hohen technischen Aufwand (in diesem Fall müßten kundenspezifische Parameter in das Optimierungssystem integriert werden) besteht noch ein zweites, weitaus heikleres Problem: die Ablehnung dieser Maßnahmen durch den Kunden. Spezialfälle wie eine Begrenzung von Familienbuchungen an stark nachgefragten Terminen, die zumeist in den Schulferien liegen, entsprechen nicht dem Grundgedanken des Revenue Management, dem Kunden durch Segmentierung einen Zusatznutzen zu bieten und müssen deshalb sehr kritisch abgewogen werden. Speziell Familien sind eine Kernkundengruppe für viele

Reiseveranstalter, deshalb sollten Risiken vermieden werden, durch Revenue Management Maßnahmen ein familienunfreundliches Image zu bekommen. Es ist wichtig, Revenue Management nicht nur nach kurzfristigen Ertragszielen zu betreiben, sondern auch langfristige Preisstrategien und Kundenloyalität zu berücksichtigen (Lippman 2003, S. 229 f.).

Ob eine Optimierungsmaßnahme akzeptabel ist, hängt davon ab, ob sie dem Kunden plausibel erklärt werden kann (Cross 1997, S. 230 f.).

Beispiel: Ein Kunde möchte ein Drei-Sterne-Hotel mit Flug nach Mallorca buchen, das die EDV als ausgebucht anzeigt. Sollte er sich statt dessen für ein Vier-Sterne-Hotel interessieren, wäre die Buchung zum gleichen Termin möglich. In diesem Moment muß dem Kunden plausibel gemacht werden, daß er ohne solche Limits wohl gar nichts mehr bekommen würde. Dazu müßten aber die Reisebüro-Expedienten mit Revenue Management-Grundgedanken vertraut gemacht werden, was in der Praxis nicht durchführbar ist. Statt dessen wird das Reisebüro in einem solchen Fall bei der Verkaufsabteilung des Veranstalters nachfragen. Diese Abteilung muß so geschult sein, daß sie Verständnis für solche Maßnahmen erzeugen kann. Dazu muß sie nicht nur die Funktionsweise des Revenue Managements erklären können, sondern auch die eben genannten Vorteile für den Kunden aufzeigen. Durch das Revenue Management ist zumindest noch das Vier-Sterne-Hotel buchbar. Die Überzeugungsarbeit sollte außerdem durch das Computerreservierungssystem des Reiseveranstalters unterstützt werden, indem es von sich aus Alternativen vorschlägt, damit der Kunde sich nicht den Angeboten der Konkurrenz zuwendet. Dies kann das höherwertige Hotel, ein anderes Reiseziel oder ein anderer Reisetermin sein. Wird eine der Alternativen akzeptiert und somit der Kunde gehalten, spricht man von *recapture*. Damit wird gleichzeitig die Möglichkeit einer Nachfragelenkung auf schlechter gebuchte Flüge eröffnet bzw. bei Buchung des Vier-Sterne Hotels ein Zusatzertrag erzeugt, was als *upsell* bezeichnet wird.

Der Reisende wird durch diesen Zusatzservice möglicherweise zufriedengestellt. Sieht er dies aber nicht ein oder ist er stark auf das ausgewählte Hotel fixiert, wird er zur Konkurrenz abwandern und dem Veranstalter möglicherweise für längere Zeit den Rücken kehren. Im Sinne einer langfristigen Ertragssteigerung sollte man deshalb alle Segmentierungen auf ihre langfristige Kundenakzeptanz prüfen, auch wenn kurzfristig dadurch Ertragseinbußen oder -steigerungen erzielt werden können.

Viele große Reiseveranstalter, die mehrere Veranstaltermarken in ihrem Portfolio haben, benutzen eine Steuerung dieser Marken mit Hilfe von Kontingenten bereits seit längerer Zeit als Ersatz für die sehr viel feinere (aber auch aufwendigere) Optimierung anhand von Deckungsbeiträgen für jede einzelne Buchung. Diese relativ einfach umsetzbare Steuerungsmöglichkeit hat sich etabliert und ist bei den Kunden weitgehend akzeptiert. Sie ist allerdings sehr grob, so daß sie nur als ein erster Schritt auf dem Weg zu einer sehr viel feineren Ertragsoptimierung gelten kann. Sie funktioniert zudem nur dann, wenn die Deckungsbei-

Vier Sterne-Hotelanlage auf Mallorca

träge der vermeintlich höherwertigen Veranstaltermarke auch wirklich höher sind. Aufgrund der Vielzahl an Preisen, Saisonzeiten und Produkten ist dies häufig jedoch nicht der Fall, so daß eine solche Markensteuerung sogar zu negativen Ergebnissen führen kann.

Ein sehr risikoreicher Aspekt der Revenue Management Optimierung ist die gezielte **Überbuchung** vorhandener Kontingente, um das Risiko von Verlusten durch kurzfristige Stornierungen zu vermindern. Dies ist eine der bekanntesten Revenue Management-Techniken. Für Linienfluggesellschaften ist sie durchaus sinnvoll, da viele (insbesondere teure) Tarife die Möglichkeit vorsehen, daß der Kunde kostenlos umbuchen oder stornieren kann. Sogar die nachträgliche Rückgabe des Tickets ist bei Vollzahlertarifen möglich. Eine große Anzahl von kurzfristigen Stornos ist die Folge. Bei Pauschalreisen sieht dies jedoch anders aus. Je näher der Abflugtermin rückt, desto höher werden die Stornogebühren. Damit vermindert sich sowohl die Menge der Stornierungen, als auch die Gefahr, daß der Reiseveranstalter Verluste hinnehmen muß. Wägt man Vor- und Nachteile ab, kommt man zu dem Ergebnis, daß Reiseveranstalter auf Überbuchungen weitgehend verzichten sollten. Die drohenden Kosten für den Zusatzaufwand (Umbuchung, Entschädigungszahlung etc.) im Falle tatsächlicher Überbuchung übersteigen in der Regel die Verluste, die durch Stornierungen entstehen. Auch in der Praxis finden gezielte Überbuchungen im Pauschalreisemarkt nur selten statt.

Die einzige Option für Reiseveranstalter wäre, Reisen zu höheren Preisen anzubieten, die eine Stornierung ohne Kosten oder zu günstigen Bedingungen anzubieten. Ein gut funktionierendes Revenue Management System sollte allerdings vorhanden sein, um hier ein höheres Volumen an Stornierungen und Überbuchungen managen zu können. Dies ist jedoch bei den wenigsten Veranstaltern der Fall, so daß diese Möglichkeit zur Ertragsmaximierung derzeit noch nicht genutzt wird.

Im Hotelbereich wird diese Technik dagegen häufig angewandt, speziell bei Verträgen mit Reiseveranstaltern, die eine Rückgabe nicht genutzter Kontingente an das Hotel vorsehen (siehe Abschnitt 14.5.4). Für den Veranstalter läßt es sich dann kaum vermeiden, daß der Hotelier selbst Überbuchungen vornimmt und Überbuchungsprobleme auf den Reiseveranstalter zurückfallen, obwohl er sie nicht selbst verschuldet hat.

14.4.2 Optimierung bei geringer Nachfrage

Der Erfolg von Revenue Management hängt beim Veranstalter aufgrund der weitestgehend starren und tendenziell hohen Katalogpreise in starkem Maße davon ab, wie das Problem des **Angebotsüberhangs** bewältigt wird. Hier besteht die Gefahr, daß die Nachfrage nicht ausreicht, um die vorhandenen Kapazitäten zu füllen. Die Verluste, die aus schlecht ausgelasteten Kontingenten resultieren, sind in der Regel höher als die, die durch eine nicht befriedigte Nachfrage entstehen, wie sie eben beschrieben wurde. Hinzu kommt, daß Verluste bei zu großer Nachfrage lediglich Opportunitätskosten und zudem schwieriger meßbar sind. Deshalb wenden sich die meisten Reiseveranstalter bei der Einführung eines Revenue Management-Systems zunächst dem Nachfragemangel zu.

Einige Maßnahmen zum Abbau solcher Angebotsüberhänge werden bereits seit Jahren von den meisten Veranstaltern durchgeführt. Allerdings erfolgt dies nicht immer auf Basis eines durchgängigen Konzepts, wie es in Abschnitt 3.3.1 beschrieben wurde. Oft fehlt die Möglichkeit, vergangene und prognostizierte Buchungsverläufe mit der tatsächlichen Buchungsentwicklung zu vergleichen. Ohne dieses Wissen läßt sich aber nur unzureichend abschätzen, bei welchen Flügen die Nachfrage tatsächlich zu gering ist. Nur durch eine prognosebasierte Analyse von Buchungsentwicklungen erkennt man, wie stark die Abweichung ist, so daß sich fundierte Entscheidungen hinsichtlich der zu ergreifenden Maßnahmen treffen lassen. Gibt es diese Vergleichsmöglichkeit nicht, müssen die Mitarbeiter „aus dem Bauch heraus" entscheiden. Vor allem bei mangelnder Erfahrung sind diese Entscheidungen oft fehlerhaft und es besteht die Gefahr, daß einzelne Mitarbeiter in Aktionismus verfallen.

Gehen wir nun aber davon aus, daß Informationsbasis und Prognosesysteme zuverlässige Ergebnisse liefern, und diese von geschulten Mitarbeitern mit adäquaten Fachkenntnissen und Erfahrungswerten analysiert und interpretiert werden.

Revenue Management unterliegt oft dem Vorurteil, nur bei Nachfrageüberhang erfolgreich zu sein. Dies stimmt nicht, wenn man Revenue Management als Informationsbasis sieht, um auch andere Abteilungen gezielt und frühzeitig mit Informationen zu versorgen, so daß gezielte Optimierungsmaßnahmen gestartet werden können. Viele dieser Maßnahmen sind nicht durch lehrbuchartige Implementierung von Revenue Management auszuführen, sondern erfordern die Zusammenarbeit mehrerer Abteilungen. Diese Aktivitäten können in den Bereichen Kapazitätssteuerung, Marketing, Vertrieb, Gruppen- und Expedientenreisen, mittelfristige Preisänderungen, sowie Last Minute-Vermarktung und kurzfristige Preisänderungen erfolgen:

- Die **Rückgabe freier Kapazitäten** an die Leistungsträger (Fluggesellschaften, Hotels, etc.) ist die Variante, die bei absehbar schlechter Nachfrage in der Regel zuerst versucht wird. Doch wie schon beim Nachfrageüberhang besteht auch hier das Problem, daß schlecht gebuchte Termine zumeist auch bei der Konkurrenz nicht besser sind. Deshalb wird es in einem solchen Fall nur teilweise gelingen, einmal eingekaufte Kontingente zurückgeben zu können. Bei großen Veranstaltern mit eigener Freienfluggesellschaft führt diese Maßnahme zudem zu keiner Ergebnisverbesserung, da die zu erwartenden Leerkosten nur von einem Profitcenter zum nächsten verschoben werden. In diesem Fall ist es besonders wichtig, andere Lösungen zu finden.

- Eine Möglichkeit, den Verkauf der noch freien Kapazitäten ohne direkte Verluste am Deckungsbeitrag zu verstärken, ist der **Einsatz von Werbemaßnahmen**, die den Endkunden ansprechen sollen. Die Wirkung solcher Marketingaktionen entfaltet sich allerdings zumeist nur längerfristig, so daß ein Angebotsüberhang frühzeitig erkannt werden muß, damit sie zum Erfolg führen können. Die Initiative muß dabei vom Revenue Management-Mitarbeiter ausgehen. In Zusammenarbeit mit der Marketingabteilung können verschiedene Möglichkeiten ausgearbeitet werden:

  * Zeichnet sich bei einem gesamten Zielgebiet eine im Vergleich zu den Anfangsprognosen sehr schwache Nachfrage ab, kann sich die Produktion von Flyern oder kleinen Spezialkatalogen trotz relativ hoher Produktionskosten lohnen. Ähnlich den regulären Katalogen werden sie durch die Reisebüros an die Kunden weitergeleitet. Sie können Katalogangebote enthalten, bevorzugt eventuell vorhandene Garantiehotels, oder bei extrem schlechter Nachfrage, frühzeitig vergünstigte Offerten, die oft von den Hotels mitfinanziert werden.

  * Wenn die Buchungszahlen insgesamt hinter den Erwartungen zurückbleiben, produzieren viele Veranstalter neu zusammengestellte **Sparkataloge** mit zahlreichen Sonderangeboten. Mittlerweile werden solche Aktionen durch die hohen Produktionskosten immer öfter ins Internet verlagert. Allerdings haben viele Reiseveranstalter immer noch (wenn auch schrumpfende) Kundensegmente, die das Internet kaum nutzen. Je nach Kunden-

struktur muß für das jeweilige Zielgebiet entschieden werden, welcher Distributionskanal gewählt werden sollte.

* Längerfristig angelegte Werbekampagnen in Massenmedien können als reine Imagewerbung, für Hinweise auf Programmneuheiten, aber auch zur Verstärkung schlecht gebuchter Destinationen genutzt werden. Fernsehen, Hörfunk, sowie Fach- und Publikumszeitschriften bieten sich hierfür ebenso an wie die eigene Homepage oder *Social Media* Webseiten wie Facebook, You Tube oder Twitter.

Abbildung 14.7: Beispiele für *Social Media* Nutzung von Reiseveranstaltern

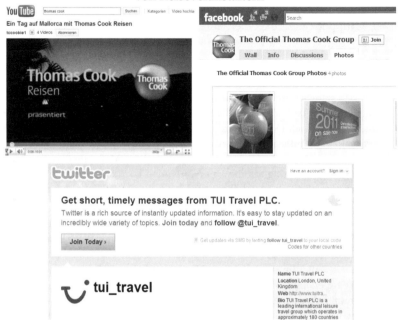

Quellen: www.youtube.com, www.facebook.com, twitter.com/tui_travel

* Für kurzfristige Angebote auf einzelnen Strecken und Terminen bieten sich vor allem elektronische Medien aufgrund der Flexibilität und des kurzen zeitlichen Vorlaufs an: Die eigene Homepage, Werbeflächen in Internet-Suchmaschinen oder in Reiseportalen wie Expedia oder Opodo, aber auch Anzeigen in Tageszeitungen. Der Vertriebsweg, sowie Anzahl, Plazierung und Gestaltung der Anzeigen und Angebote muß sich dabei nach den freien Kapazitäten richten.

* Neben der massenmedialen Werbung besteht auch die Möglichkeit von Direktmailings an die Kunden. So können beispielsweise die Türkeiurlauber der Vorsaison, die noch nicht wieder gebucht haben, gezielt angesprochen werden, ob sie nicht einen weiteren Urlaub mit demselben Veranstalter, vielleicht sogar wieder in die Türkei, in Erwägung ziehen. Durch die Einführung des Direktinkassos bei vielen Veranstaltern sowie zahlreicher Kundenbin-

- Ein weiterer wichtiger Maßnahmenbereich neben der Kundenwerbung befaßt sich mit dem **Vertrieb**. Hierbei kann man zwischen drei Vertriebswegen unterscheiden, die alle zu einem verstärkten Verkauf der freien Kontingente beitragen:

  * Stark wachsend präsentiert sich nach wie vor der **Direktvertrieb**, bei dem der Kunde unmittelbar vom Veranstalter angesprochen wird (zum Beispiel über den eigenen Internetauftritt oder durch Mailing-Aktionen) und direkt bei diesem buchen kann. Die Buchungsabwicklung erfolgt dabei *online* oder über ein Call-Center. Der Vorteil dieses Vertriebsweges ist, daß der Kunde lediglich Angebote eines Veranstalters vorgelegt bekommt und damit die Konkurrenz ausgeschlossen wird. Außerdem wird die Reisebüroprovision eingespart, die ein hoher Kostenfaktor für die Reiseveranstalter ist. Speziell im Nurflugbereich sind die *online*-Buchungen im deutschen Markt in den letzten Jahren stark gewachsen. Eine von Reiseveranstaltern nach wie vor relativ wenig genutzte Möglichkeit ist die **Restplatzversteigerung** via Internet. Dabei werden Plätze, die sehr kurz vor Abflug noch nicht verkauft sind, meistbietend versteigert. Man erreicht damit nicht zuletzt auch eine rein nachfrageorientierte Preisfestlegung, die ein Ziel des Revenue Managements ist. Dabei hält sich der administrative Aufwand in Grenzen, da diese Internetversteigerung sich selbst steuert, was mit anderen Medien (Fax, Telephon) nicht möglich wäre. So ein Modell kann auf der eigenen Homepage umgesetzt werden, was gleichzeitig den Unterhaltungswert der Seite steigert.

  * Der zweite Vertriebsweg ist der **Eigenvertrieb**. Durch den Trend der vertikalen Integration nach britischem Vorbild gegen Ende der 1990er Jahre verfügen die meisten großen Reiseveranstalter heute über eigene Reisebüroketten. Es ist selbstverständlich, daß diese Büros, besonders bei schwacher Nachfrage, die Produkte des eigenen Veranstalters verstärkt anbieten. Mit Hilfe moderner Kommunikationsmittel (u.a. Intranet) kann der Eigenvertrieb kurzfristig gezielt auf schlecht gebuchte Kapazitäten hingewiesen werden, deren Verkauf forciert werden muß.

  * Der wichtigste Vertriebsweg ist aber auch weiterhin der **Fremdvertrieb** über Reisebüros, die nicht zum eigenen Konzern gehören. Die meisten Veranstalter versorgen diese Büros regelmäßig per Email, Postversand, Fax oder Infox mit Informationen über aktuelle Angebote. Mit solchen Maßnahmen kann man sich also gegenüber der Konkurrenz keinen wirklichen Vorteil verschaffen. Ein funktionierendes Revenue Management-Modell sollte sich deshalb anderer Maßnahmen bedienen:

    o In einem „*Special-Agent*-Programm" wird mit gut buchenden Büros ein engerer Kontakt mit besonderem Service aufgebaut. Dazu kann eine spezielle Information über Sonderangebote des Veranstalters gehören, oder auch die Kalkulation von Exklusivangeboten. Dies ist speziell bei Reisebüroketten interessant, die über eine gute Verkaufssteuerung ihrer Büros verfügen. Als zusätzlicher Service wäre die Einrichtung einer eigenen Reservierungshotline für diese Vertriebspartner denkbar, um die telephonische Erreichbarkeit des Veranstalters zu verbessern. Der Reiseveranstalter schafft sich dadurch einen in gewissen Grenzen zusätzlich steuerbaren Vertrieb (vgl. dazu Kapitel 7.5).

- o Eine Möglichkeit, den Verkauf einzelner schlecht gebuchter Flugkontingente in allen Reisebüros steigern zu können, ist die **Provisionssteuerung**. Hierbei werden den Reisemittlern schlecht ausgelastete Termine mitgeteilt, für deren Buchung es für einen bestimmten Zeitraum eine höhere Provision gibt. Vorteil dieser Maßnahme ist die hohe Flexibilität, da die Provisions-Incentives jederzeit angepaßt werden können. Nachteil ist der damit verbundene hohe Abrechnungs- und Systemaufwand. Solche Zusatzprovisionen sorgen durch die eigene Steuerung der Verkäufe in den Reisebüros dafür, daß ein gewisser Anteil der Nachfrage weg von der Konkurrenz, hin zu eigenen Angeboten gelenkt wird.
- o Damit diese wöchentlichen Informationen von den Reisebüros stärker beachtet und umgesetzt werden, wäre unter Umständen eine Incentive-Aktion über die ganze Saison hinweg hilfreich. Dabei könnten die Reisebüros mit besonders vielen Buchungen solcher speziell angebotenen Flüge mit speziellen Incentives belohnt werden.

- Zeichnen sich kaum verkaufbare Fixkapazitäten ab, könnte zu diesem Reisetermin eine **Informationsreise für Expedienten** durchgeführt werden, um noch einen Nutzen aus den freien Plätzen zu ziehen. Ein solches Projekt erfordert allerdings ein frühzeitiges Erkennen der fehlenden Nachfrage, da eine längerfristige Planung nötig ist, um die Inforeise vernünftig durchführen zu können.
- Ein wichtiger Aspekt bei Optimierungsmaßnahmen zur Nachfragebelebung sind **mittel- bis langfristige Preisänderungen**. Viele große Reiseveranstalter verfügen heute über verschieden positionierte Marken und nutzen diese für eine nachfrageorientierte Steuerung der Kontingente. Im Lang- bis Mittelfristbereich werden problematische Termine häufig verstärkt über die günstigeren Veranstaltermarken im eigenen Konzern angeboten.
- Eine ähnliche Funktion erfüllen auch **Gruppenreisen**, die oft als eine eigene Marke gesteuert werden. Das Revenue Management liefert der Abteilung, die Anfragen größerer Gruppen bearbeitet, die notwendigen Informationen, ob eine Buchung angenommen werden soll oder nicht bzw. gibt zusätzliche Hinweise, zu welchem Preis das Angebot erfolgen soll. Gerade in dieser Abteilung kommt aber einer guten Informationsbasis und Nachfrageprognose eine große Bedeutung zu, da hier im Gegensatz zum individuellen Verkauf, der an die Katalogpreise gebunden ist, nachfrageorientierte Preise je nach Verfügbarkeit frei festgelegt werden können. Während heute viele Gruppenabteilungen immer noch reaktive arbeiten (d.h., erst bei Gruppenanfragen aktiv werden), könnten Revenue Management-Erkenntnisse über schlechte Termine frühzeitig genutzt werden, um Reisebüros oder Reisegruppen direkt mit attraktiven Angeboten anzusprechen, bei denen ein Interesse aufgrund früherer Buchungen vermutet werden kann. Die Gruppenabteilung könnte hierzu eigene Pakete schnüren, möglicherweise mit der Organisation spezieller Events oder kostenloser Zusatzleistungen, wie Ausflüge oder Mietwagen.

- Eine andere Möglichkeit, vor allem im Kurzfristbereich, ist die **Abgabe freier Kapazitäten an Last-Minute-Anbieter**, wie L'Tur oder Bucher Reisen. Dabei werden bestimmte Kontingente an diese Last Minute-Spezialisten zu günstigen Preisen weitergegeben. Hierbei ist zu unterscheiden, ob der Last Minute-Anbieter eine eigene Marke im Portfolio des Reiseveranstalters ist, oder ob es sich um einen Fremdveranstalter handelt. Bei der Abgabe von Kontingenten an externe Kurzfristspezialisten muß besonders genau geprüft werden, ob der Veranstalter die freien Kapazitäten selbst nicht mehr vollständig verkaufen kann. Der Weiterverkauf ist meist mit erheblichen Verlusten verbunden, da die Last-Minute-Anbieter trotz niedriger Preise gewinnbringend kalkulieren müssen. Außerdem verliert der Reiseveranstalter die Kunden, die die Reise sonst bei ihm gebucht hätten. Innerhalb eines Konzerns spielen solche Überlegungen natürlich nur eine untergeordnete Rolle. So gibt beispielsweise die TUI erhebliche Kontingente an ihre Mehrheitsbeteiligung L'Tur ab, die eine höhere Marktdurchdringung im Kurzfristbereich besitzt. Außerdem wird der Name TUI nicht direkt mit Billigofferten in Verbindung gebracht, was der Positionierung als Qualitätsanbieter schaden könnte.

- Eine Variante der Weitergabe von Kontingenten ist der Verkauf als **„Weiße Ware"**. Hierbei ist für den Kunden in der Regel nicht mehr ersichtlich, welcher Konzern für die Bündelung der touristischen Leistungen zuständig ist, da die Waren über einen Spezialisten in diesem Bereich unter anderem Namen angeboten werden. Berge & Meer (ebenfalls eine TUI-Beteiligung) ist einer der Anbieter, der sich in diesem Markt etabliert hat und Flug- und Hotelangebote vieler großer deutscher Reiseveranstalter unter eigenem Namen direkt oder über weitere Vertriebspartner anbietet. Reiseangebote von Tankstellen (Aral), Discountern (Aldi, Lidl, Penny etc.) oder TV-Reiseshows (Sonnenklar TV, Berge und Meer Reiseshop etc.) sind einige Beispiele, wie touristische Leistungen als „Weiße Ware" verkauft werden.

- **Kurzfristige Preisänderungen** sollen dagegen lediglich die letzte Möglichkeit sein, falls ein Verkauf der Kontingente anders nicht mehr möglich ist. Oft werden sie bei vielen Reiseveranstaltern mit Revenue Management gleichgesetzt und als bei weitem wichtigste Maßnahme zur Auslastungssteigerung verwendet. Diese **Last Minute-Angebote** sind teilweise mit erheblichen negativen Deckungsbeiträgen verbunden, zum Teil gestatten aber Sonderpreise von Fluggesellschaften oder Hotels, die in die Kalkulation mit einbezogen werden, diese preissenkenden Maßnahmen ertragsneutral für den Reiseveranstalter zu gestalten. Auch wenn auf Basis eines funktionierenden Revenue Management-Modells zunächst andere Maßnahmen eingesetzt werden sollten, werden Sonderangebote im Kurzfristbereich als *ultima ratio* auch weiterhin ihre (große) Bedeutung behalten. Erfolgsentscheidend ist es hierbei, eine möglichst fundierte Nachfragekenntnis schnell und in die richtigen Preisgestaltungmaßnahmen zu überführen. Eine effektive Nutzung der Revenue Management Systeme und die Preisgestaltungskompetenz der Mitarbeiter müssen hierbei Hand in Hand gehen.

14.5 Implementierung des Revenue Management-Systems im Unternehmen

Vor der Einführung von Revenue Management muß zunächst überprüft werden, ob es für das Unternehmen überhaupt sinnvoll ist. Bei den meisten Veranstaltern läßt sich diese Frage mit ‚ja' beantworten. Erst danach folgt die Entscheidung, wie das konkrete Revenue Management-System überhaupt aussehen soll, indem man abschätzt, welche Zusatzerträge dadurch generiert werden können. Nur so läßt sich der genaue Umfang, inklusive der zu erwartenden Investitionen, ermitteln, der für das Unternehmen sinnvoll ist. Damit Revenue Management erfolgreich ist, genügt es allerdings nicht, das im vorangegangenen Abschnitt vorgestellte Modell mit seinen Instrumenten und Techniken eins zu eins im Unternehmen zu implementieren. Statt dessen muß einerseits das Revenue Management-System auf den jeweiligen Veranstalter angepaßt werden, andererseits müssen aber auch möglicherweise einige Bereiche des Unternehmens selbst in Teilbereichen umstrukturiert werden Vor der Entscheidung über Systeme muß die spätere Nutzung geplant und abgestimmt sein. Gewohnte Ziele, Strukturen und Arbeitsabläufe müssen dabei möglicherweise aufgegeben werden, was nicht selten zu Widerstand bei den Mitarbeitern führt. Deshalb ist es wichtig, die verantwortlichen Manager der betroffenen Abteilungen von Beginn an am Projekt zu beteiligen und sie das Revenue Management Modell aktiv mitgestalten zu lassen. Generell ist zu empfehlen, daß zunächst ein möglichst einfaches System eingeführt wird, das einerseits den Entwicklungs- und Einführungsaufwand möglichst gering hält und andererseits von den Mitarbeitern leicht zu verstehen ist.

Wenn das Modell erarbeitet ist, geht es an die Umsetzung. Es wird allerdings einige Zeit vergehen, bis das EDV-System gebaut und mit allen Daten „gefüttert" ist, damit es die Revenue Management-Aktivitäten unterstützen kann. Die Sammlung von historischen Buchungsdaten kann, je nach Detaillierungsgrad des Prognosesystems, ein bis drei Jahre dauern. Diese Zeit kann man sinnvoll nutzen, indem man alle betroffenen Mitarbeiter über die Veränderungen informiert und sie schult. Sie müssen mit dem Gedankengut vertraut gemacht werden, damit sie es später richtig einsetzen können. Hierbei ist es entscheidend, die Denkweise zum Beispiel weg von einem rein auslastungsorientierten Verkaufssteuerungsdenken hin zu einem Streben nach Ertragsoptimierung zu verändern. Neben den objektiven Informationen über die Funktionsweise von Revenue Management müssen im Sinne des Change Management bei den Mitarbeitern bestehende Befürchtungen ausgeräumt werden. Sie entstehen durch jede Art von Veränderungen und können zu offenem oder verdecktem Widerstand führen, wenn sie nicht ausreichend beachtet werden. Ein häufig vorgebrachter Einwand ist, daß das Revenue

Management-System dem Mitarbeiter seine Entscheidungsfreiheit raubt und ihn schließlich gänzlich überflüssig werden läßt (Lieberman o.J., S. 3 f.). In der Praxis ist dies nicht der Fall, da das Ertragspotential von Revenue Management die Einsparung eines Mitarbeiters in der Regel weit übersteigt. Das gesamte System ist lediglich als Hilfsmittel konzipiert, nicht als Ersatz für den Mitarbeiter (Kimes 1989, S. 19). Wenn es komplexer wird, nimmt es ihm sogar einen immer größeren Teil an lästigen Routineentscheidungen ab, so daß er sich auf die unterschiedlichen Steuerungsalternativen konzentrieren kann. Die Arbeit wird dadurch nicht weniger oder langweiliger, sondern vielseitiger. Allerdings werden andere Fähigkeiten von den Mitarbeitern verlangt, so daß die Zeit genutzt werden muß für intensives Training oder auch die Suche nach neuen Mitarbeitern, die besser in das Anforderungsprofil eines modernen Revenue Management passen.

Wichtig ist in dieser Phase, wie auch während der Implementierung, daß das Management das neue System unterstützt und von den Vorteilen überzeugt ist (Friege 1996, S. 621). Zusätzlich muß es „Vorkämpfer" geben, die sich allen Widerständen entgegenstellen. Diese Personen sollten nicht nur dem Management angehören, benötigen aber in jedem Fall Rückendeckung von oben. Nur so läßt sich eine positive Grundeinstellung bei den Mitarbeitern erzeugen. Da bei vielen Reiseveranstaltern Revenue Management-Ideen zumindest teilweise bereits verwendet werden, sollten die Widerstände bei Einführung des Konzepts kein unüberwindliches Hindernis darstellen.

Sind die technischen Voraussetzungen geschaffen und wurde in den Köpfen der Mitarbeiter die Grundlage für eine *„yield culture"* (Jones & Hamilton 1992, S. 91) gelegt, kann das System implementiert werden. Man sollte hier nach dem Prinzip *„don't bite off more than you can chew and chew slowly"* (Lieberman o.J., S. 3) vorgehen und das System in kleinen, wohldosierten Schritten einführen. Je einfacher es am Anfang ist, desto leichter kann es von den Mitarbeitern verstanden werden. Und nur dann wird es von der Belegschaft auch akzeptiert werden. Als nächstes müssen quantifizierte Ertragsziele vorgegeben werden, die realistisch und erreichbar sind. Ein solches ‚*Management by Objectives*' hat in der Regel eine hohe Motivationswirkung auf die beteiligten Mitarbeiter. Diese kann noch durch Prämien bei Zielerreichung für den Einzelnen unterstützt werden. Wichtig ist hierbei die Fähigkeit zur exakten Ergebniskontrolle, denn nur dann läßt sich der Erfolg auch messen. Man muß zudem sehr genau darauf achten, daß die vorgegebenen Individualziele nicht mit den Unternehmenszielen konkurrieren. So darf beispielsweise der Auslastungsgrad nicht mehr als Hauptvorgabe für die Mitarbeiter verwendet werden, insbesondere nicht als wichtigste Grundlage einer Prämienregelung. Zudem muß in dieser Phase ein fortlaufendes *coaching* durch Vorgesetzte und Revenue Management Spezialisten durchgeführt werden, am besten mit der Darstellung konkreter Handlungen und ihrer Folgen, so daß die Mitarbeiter ihre Maßnahmen besser einschätzen und gegebenenfalls aus den gemachten Fehlern lernen können.

14.6 Zukunft

Es ist wichtig, daß sich die Beteiligten bei der Implementierung mit der Tatsache zufrieden geben, daß sie mit einem halbfertigen System arbeiten. Denn Revenue Management entwickelt sich ständig weiter. Damit ist einerseits eine ständige Marktanpassung gemeint, andererseits aber auch eine langfristige Weiterentwicklung. Wenn das eingeführte Grundsystem zufriedenstellend arbeitet, kann als nächster Schritt die Steuerung kombinierter Kontingente eingeführt werden, die bei Nachfrageüberhängen eine Ertragsoptimierung ermöglicht. Mit der Zeit gewinnt das System immer mehr an Komplexität und Automation. Die Vorteile sind dabei, daß die Steuerungsmöglichkeiten immer feiner werden, Systeme sehr viel mehr Daten evaluieren können und die EDV im Gegensatz zum Menschen in ihren Entscheidungsempfehlungen nicht von Wünschen oder Bedenken (fehl)geleitet wird, sondern ausschließlich rational entscheidet (Cross 1997, S. 104). Betrachtete man am Anfang nur ein Kontingent (meist im Flugbereich), können (zusätzlich zu einer verbesserten Steuerung der Reisedauer) der Hotelsektor, Zusatzleistungen wie Mietwagen, Rundreisen und Ausflüge oder auch die Bevorzugung von Stammkunden Berücksichtigung finden.

Bereits heute konkurriert das klassische Pauschalreiseprodukt der Reiseveranstalter im touristischen Markt mit Fluggesellschaften und Hotels, die ihre Produkte direkt anbieten. Mit Hilfe des Internets ist es für den Kunden sehr viel leichter geworden, sich eine Reise entweder völlig eigenständig, mit der Unterstützung von Internet-Reiseportalen oder über die derzeit boomenden Bausteinprodukte vieler Anbieter zusammenzustellen. Viele Reiseveranstalter haben erheblich in Systeme investiert, die ein *dynamic packaging* einzelner Reiseleistungen erlauben, wie dies auch von Bausteinanbietern gehandhabt wird. Dies ist zweifellos eine wichtige Ergänzung zum bestehenden Angebot. Allerdings verlieren die Reisekonzerne gleichzeitig immer weiter ihren Wettbewerbsvorteil, der sie in der Vergangenheit groß gemacht hat.

Nur wenn sie es statt dessen schaffen, mit Hilfe von Revenue Management zum einen Nachfrage früher und besser zu verstehen als die Konkurrenz und zum anderen die Komplexität ihres Geschäftsmodells besser zu bewältigen und Optimierungsmaßnahmen schneller umzusetzen, können Sie sich diesen Vorteil zurückerobern. Die konsequente Einführung eines Revenue Management Modells wie eben beschrieben, kann hierzu von entscheidender Bedeutung sein.

Als ein Ziel wird häufig das sogenannte *fluid pricing* aufgeführt, bei dem sich die Preise ständig der schwankenden Nachfrage anpassen, ähnlich den Aktienkursen an der Börse. Nur bei konsequenter Umsetzung des eben vorgestellten Revenue Management-Modells können sich die Veranstalter Schritt für Schritt auf dieses Ziel zubewegen. Fluggesellschaften praktizieren *fluid pricing* weitgehend bereits heute, in Großbritannien wird es in etwas abgewandelter Form von einigen Reiseveranstaltern angewandt.

Dies ist aber nur einer der möglichen Trends für die Zukunft. Viel entscheidender ist es allerdings, bei der Weiterentwicklung des Unternehmens im allgemeinen und des Revenue Management im speziellen ständig den Kundennutzen im Auge zu haben, um langfristigen Erfolg sicherstellen zu können. Man muß Revenue Management als Weg verstehen, nicht als Destination, und darf deshalb nie zufrieden sein mit dem bestehenden Revenue Management-System. In diesem dynamischen Bereich bedeutet Stillstand Rückschritt. Charles Gurassa, ehemaliger Vorstandsvorsitzender des größten britischen Reiseveranstalters, Thomson Travel, bezeichnete Revenue Management treffend als „Reise, bei der man niemals ankommt" (*fvw*, H. 1. v. 3. Januar 2000, S. 20).

Literaturverzeichnis

Aderhold, P. 1992: Von der Marktforschung zum Marketing-Konzept. In: Studienkreis für Tourismus (Hrsg.), S. 37–53

Amann, S.; Illing, P.; Sinning, M. 1995: Die Tourismusbranche – Eine segmentspezifische Strukturanalyse: Charakteristika – Erfolgsfaktoren – strategische Herausforderungen. Trier.

Bagemihl, J. 1994: Die strategische Bedeutung von Yield Management im Hotelgewerbe. Trier.

Bartl, H. 1981²: Reise- und Freizeitrecht. München

Bastian. H.; K. Born (Hrsg.) 2004: Der integrierte Touristikkonzern. München, Wien

Baumann-Bourla, R. 1992: US-Kreuzfahrten weiter im Trend. In: *Fremdenverkehrswirtschaft International* Nr. 18, S. 61

Becker, J.: Marketing-Konzeption. Grundlagen des strategischen Marketing-Managements. München 2001 (7.Auflage)

Belobaba, P. P. 1987: Air Travel Demand and Airline Seat Inventory Management. Cambidge.

Berchtenbreiter, R. 2010: IT-gestütztes Kundenbeziehungsmanagement. In: Schulz, Weithöner & Goecke (Hrsg.), S. 197–219

Berekoven, L.; W. Eckert; P. Ellenrieder 2009: Marktforschung. Methodische Grundlagen und praktische Anwendung. Wiesbaden (12. Aufl.)

Bernkopf, G. 1983: Marktbild Touristikbranche. In: *Absatzwirtschaft*, Sonderausgabe Nr. 10, S. 63

Bertsimas, D.; J. Popescu 2003: Revenue Management in a Dynamic Network Environment. In: *Transportation Science*, 37 (3), S. 257–277

Bidinger, H. 1980 ff: Kommentar zum Personenbeförderungsgesetz. Loseblattsammlung. Berlin-Bielefeld-München

Bidlingmaier, J. 1973: Marketing. Reinbek bei Hamburg

Birgkit, K., Stadler, M. M. 1992: Corporate Identity, Landsberg/Lech (3. Auflage)

Birkenfeld, Wolfram 2003: Mehrwertsteuer der EU. Die 6., 8. und 13. USt-Richtlinie. Berlin (5. überarbeitete und erweiterte Auflage)

Birkenfeld Wolfram 2004: Das große Umsatzsteuer Handbuch. Köln

Bitner, M. J.; B. H. Booms 1983: Marketing Strategies and Organisation Structures for Service Firms. Proceedings of the 1981 Conference in Services Marketing. Chicago: American Marketing Association

Böhler, H. 2004: Marktforschung. Stuttgart (3., überarbeitete und erweiterte Auflage)

Böttcher, V. 2004: Die Preis- und Mengenpolitik im integrierten Touristikkonzern im Spannungsfeld drohender Überkapazitäten und vorzeitigem Ausverkauf. In: Bastian & Born (Hrsg.), S. 127–137

Bohli, E. 1980: Marketing-Planung der Schweizer Reiseveranstalter. Zürich

Born, K. 2004: Strategische Vorgaben zur Konzernsteuerung. In: Bastian & Born (Hrsg.), S. 81–99

Born, K. 2008: Dynamic Packaging. In: Fuchs, W.; Mundt, J. W.; Zollondz, H.-D. (Hrsg.): Lexikon Tourismus. München, S. 205–206

Bosold, J. 1988: Gästebefragungen. Starnberg (Studienkreis für Tourismus)

Bray, R. 2001 a: The Pre-history of Tourism. In: Bray & Raitz, S. 21–33

— 2001 b: The 1950s. In: Bray & Raitz, S. 34–54

—; V. Raitz 2001: Flight to the Sun. The Story of the Holiday Revolution. London, New York

Brendon, P. 1991: Thomas Cook. 150 Years of Popular Tourism. London

Brinken, Ch. van den 1998: Marktforschung im Tourismus: Der Single-Source-Ansatz als innovatives Instrument zur Messung von Marktdaten im Tourismus. In: Haedrich *et al.* (Hrsg.), S. 169–185

Briskorn, G.v. 1987: Gedanken an die Grenzen des Marketing. In: *Innovation*, Nr. 5/6

Buchin, St. I. 1987: U.S. Market for Cruises 1990–1995. Präsentation auf der Cruise + Ferry 1987 in London. Temple, Barker & Sloane Inc., Lexington/Mass.

Calder, S. 2003: No Frills. The Truth Behind The Low Cost Revolution in the Skies. London.

Casson, L. 1974: Travel in the Ancient World. London (deutsche Ausg.: Reisen in der Alten Welt. München 1976)

Chaffey, D.; Ellis-Chadwick, F., Mayer, R., Johnston, K. 2006: Internet Marketing. Harlow (3. Auflage)

Chiang, W.-Ch.; J. C. H. Chen & X. Xu 2007: An Overview of Research on Revenue Management: Current Issues and Future Research. In: *International Journal of Revenue Management*, 1 (1), S. 97–128

Conrady, R. 2010: Web 2.0 und soziale Netzwerke im Tourismus. In: Schulz, A.; Weithöner, U.; Goecke, R. (Hrsg.): Informationsmanagement im Tourismus. München, S. 371–385

Corsten, H. 1990: Betriebswirtschaftslehre der Dienstleistungsunternehmen. München und Wien (2. Aufl.)

Cowell, D. 1989: The Marketing of Services. Oxford

Cross, R. 1997: Revenue Management: Das richtige Produkt für den richtigen Kunden zum richtigen Zeitpunkt zum richtigen Preis; weg vom Downsizing hin zu Real Growth. Wien.

Crouch, G. I. 1991: The Effect of Income and Price on International Tourism Demand. Melbourne (Australia). (Monash University Graduate School of Management. Management Paper No. 38)

Crouch, G. I. ; R. N. Shaw 1991: International Tourism Demand: A Meta-Analytical Integration of Research Findings. Melbourne (Australia). (Monash University Graduate School of Management. Management Paper No. 36)

Daudel, S.; Vialle, G. 1992: Yield Management – Erträge optimieren durch nachfrageorientierte Angebotssteuerung. Frankfurt am Main, New York.

Decrop, Alain 2006: Vacation Decision Making. Wallingford

Deutsche Lufthansa (Hrsg.) 1997: Netzsteuerung. Frankfurt am Main

Dickinson, B.; A. Vladimir 2008: Selling the Sea. An Inside Look at the Cruise Industry. Hoboken (New Jersey): John Wiley & Sons (2nd ed.)

Douglas, Norman; Ngaire Douglas 2004: The Cruise Experience. Global and Regional Issues in Cruising. Frenchs Forest (Australia)

Drieseberg, Th. 1992: Lebensstile in der Marktforschung – eine empirische Bestandsaufnahme. In: Planung und Analyse, H. 5, S. 18–26

Dundler, F.; R. Keipinger 1992: Urlaubsreisen 1954–1991. Dokumentation soziologischer Stichprobenerhebungen zum touristischen Verhalten der Bundesdeutschen. Starnberg (Studienkreis für Tourismus)

Eder, G. 1990: Haftung des Busreiseveranstalters, Schriftenreihe: Aktuelles Reiserecht, Band 3, (Hrsg. Prof. Dr. Führich), Wiesbaden

Eisner, V. 1987: Reiserecht Entscheidungen, Wiesbaden

Elvia Reiseversicherung 2006: Umfrage 2005 Buchungs- und Reiseverhalten der Schweizer. Zürich

Enzweiler, T. 1990: Wo die Preise laufen lernen. In: *Manager Magazin*, Ausgabe 3, S. 246–253

Europäische Kommission (Hrsg.) 1997: Yield Management in kleinen und mittelständischen Unternehmen der Tourismuswirtschaft – Zusammenfassung. Luxemburg.

Feldman, J. 1987: Keeping it in the black; managing revenue for fun and profit. In: *Air Transportation World*, Vol. 8.

Fey, G. 1990: Bustouristik. In: Recht der Touristik (RTour), Loseblattsammlung. Neuwied und Darmstadt

Finger, K. 1997: Qualitätsmanagement in der Animation. In: Pompl & Lieb (Hrsg.), S. 323–334

—; B. Gayler 2003: Animation im Urlaub – Studie für Planer und Praktiker. München, Wien (3., vollständig überarbeitete und aktualisierte Auflage)

Fink, Ch. 1970: Der Massentourismus. Soziologische und wirtschaftliche Aspekte unter besonderer Berücksichtigung schweizerischer Verhältnisse. Bern und Stuttgart

Fischer, P. 1990: Haftung des Reiseveranstalters bei Flugbeförderung. Schriftenreihe Aktuelles Reiserecht, Band 2 (Hrsg. Prof. Dr. Führich), Wiesbaden

Fischer, R. 2000: Dienstleistungs-Controlling – Grundlagen und Anwendungen. Wiesbaden 2000

Franck, Ch. 1988: Kurssicherung mit Gewinnchance, in: *touristik management*, Heft 1, S. 79–80

Freitag, R. D. 2008: World Travel Monitor (WTM). In: Fuchs, Mundt & Zollondz (Hrsg.), S. 774–775

Frenzel, M. 2006: Rede auf der Hauptversammlung der TUI AG am 10. Mai in Hannover (zitiert nach dem Manuskript)

Freyer, W. 1991: Tourismus 2000. Von Boomfaktoren zu Megatrends und Zukunftsszenarien. Bonn-Beuel

— 1992: Umfeldanalyse als Teil der Marketingforschung. In: Studienkreis für Tourismus (Hrsg.), S. 9–25

— 1995: Tourismus. Einführung in die Fremdenverkehrsökonomie. München und Wien (5. Aufl.)

—; Pompl., W. (Hrsg.) 2009: Reisebüro-Management. München und Wien (2. Auflage)

— ; Pompl, W. 2009: (K)ein Reisebüro an der Ecke. Economag.de. URL: www.economag.de/pdf/185_economag_Freyer_Pompl_Feb_2009.pdf (27. 07. 2010)

Friege, C. 1995: Preispolitik für Leistungsverbunde im Business-to-Business-Marketing. Wiesbaden.

— 1996: Yield Management. In: Wirtschaftswissenschaftliches Studium, Heft 12.

Fritz, W. 2004: Internet-Marketing und Electronic Commerce. Wiesbaden (3. Auflage)

Fromme, J.; W. Nahrstedt (Hrsg.): Baden gehen. Dokumentation der 6. Bielefelder Winterakademie. Bielefeld: Institut für Freizeitwirtschaft und Kulturarbeit

FU Berlin (Institut für Tourismus) & Kienbaum Unternehmensberatung 1991: Strategische Situation bundesdeutscher Reiseveranstalter. Berlin

Fuchs, W.; J. W. Mundt & H.-D. Zollondz (Hrsg.) 2008: Lexikon Tourismus. Destinationen, Gastronomie, Hotellerie, Reisemittler, Reiseveranstalter, Verkehrsträger. München, Wien

Führich, E. 1988: Die Rechtsprechung des Bundesgerichtshofs zum neuen Reisevertragsrecht. In: *Der Betrieb* (DB), S. 2137 ff.

— 1990 a Die Verkehrssicherungspflicht des Reiseveranstalters, In: Der Betrieb (DB), S. 1501

— 1990 b: Rechtsfragen der Bewirtung des Gastes. In: *Touristik & Verkehr*, H. 3, S. 16

— 1991 a Die Risikoverteilung bei höherer Gewalt im Reisevertragsrecht, In: Betriebs-Berater (BB), S. 493 ff

— 1991 b Umwelteinflüsse bei Pauschalreisen und ihre Konfliktlösungen im Reisevertragsrecht, In: Neue Juristische Wochenschrift (NJW), S. 2192 ff

— 1991 b Wirtschaftsgesetze im Gastgewerbe und Tourismus, München

— 1993 a: Zur Umsetzung der EG-Pauschalreise-Richtlinie in deutsches Reisevertragsrecht. In: EuZW, 347;

— 1993 b: Gemeinschaftsrechtliche Staatshaftung wegen verspäteter Umsetzung der EG-Pauschalreiserichtlinie. In: *Europ. Entw.*, S. 725

— 1994: Das neue Reiserecht nach der Umsetzung der EG-Pauschalreise-Richtlinie. In: *NJW*, 2446

— 1995: Der neue Insolvenzschutz des Pauschalreisenden. In: *VersR*, 1138

— 2003: BGH: Preiserhöhungsklausel beim Reisevertrag unwirksam. In: *Reiserecht aktuell (Rra)*, 11 (1), S. 4–7

— 2006: Reiserecht von A-Z. Beck-Rechtsberater im dtv. München (3. Aufl.)

— 2010: Handbuch Reiserecht. Reisevertrags-, Reiseversicherungs- und Individualreiserecht, Rechtsstand. München (6., völlig neubearbeitete Aufl.)

— 2011: Basiswissen Reiserecht. Grundriß des Reisevertrags- und Individualreiserechts. München (3. Auflage)

Gauf, D; H. Hughes 1998: Diversification and German Tour Operators. The Case of TUI and Coach Tourism. In: *Tourism Economics*, 4 (4), S. 325–337

Gay, R.; Charlesworth, A.; Esen, R. 2007: Online Marketing – A Customer-led Approach. Oxford

Gerken, G. 1990: Abschied vom Marketing. Düsseldorf

Gilbrich, M. 1992: Urlaubsreisen 1991. Kurzfassung der Reiseanalyse 1991. Starnberg (Studienkreis für Tourismus)

Glaser, H. 1991: Redemanuskript zur DER-Tagung, Berlin

Goecke, R. 2010: Yield-Management-Systeme. In: Schulz, A.; Weithöner, U.; Goecke, R. (Hrsg.): Informationsmanagement im Tourismus. München, S. 146–166

Goodall, B.; Ashworth, G. 1988: Marketing the Tourism Industry. New York

Gräfer, H.; G. A. Scheld & R. Beike: 2001 Finanzierung. Berlin (5. Auflage)

Günter, W. 1991 a: Handbuch für Studienreiseleiter. Pädagogischer, psychologischer und organisatorischer Leitfaden für Exkursionen und Studienreisen. Starnberg. (Studienkreis für Tourismus; 2., überarbeitete und ergänzte Auflage)

— 1991 b: Der moderne Bildungstourismus. Formen, Merkmale und Beteiligte. In: Günter (Hrsg.) 1991 a, S. 26–49

Gunkel, K.; Brocks, S. 2003: Der Omnibusverkehr in der Europäischen Union, (hrsg. v. d. Vereinigung Europäischer Verkehrsunternehmen e.V.), Bielefeld

Haas – Bacher – Scheuer Wirtschaftsprüfungs-Gesellschaft (Hrsg.): 1998: Formeln für die Steuer- und Wirtschaftspraxis. Berlin (3. neubearbeitete und erweiterte Auflage)

Hader, A.; M. Hockmann 1992: ISL World Cruise Fleet 1992/93. Institute of Shipping Economics and Logistics. Bremen

Hader, A. 1985: Die Kreuzfahrtflotte in den achtziger Jahren. In: SPKD, S. 59–67

Haedrich, G. et al. (Hrsg.) 1998: Tourismus-Management. Berlin/New York (3. Aufl.)

Haehling von Lanzenauer, Ch.; K. Klemm (Hrsg.) 2007: Demographischer Wandel und Tourismus. Zukünftige Grundlagen und Chancen für touristische Märkte. Berlin (= *Schriften zu Tourismus und Freizeit*, Bd. 7)

Hänssler, K. H. (Hrsg.) 2008: Management in der Hotellerie und Gastronomie: Betriebswirtschaftliche Grundlagen. München, Wien (7. Aufl.)

Hässel, G.; J. Rummel 2008: Besteuerung, Buchführung und Vertragsrecht der Reisebüros. Hinweise – Empfehlungen – Erfahrungen. München (4. neu bearb. Auflage)

Hahn, H. 1989: Die Studienreisenden sind anders als Sie denken... Das Potential für Studienreisen in der Bundesrepublik Deutschland. In: *Fremdenverkehrswirtschaft International*, Heft 1 vom 3. Januar

Hamburg.de: Zur Geschichte der Kreuzfahrt. www.hamburg.de/artikel.do?ok= 15898&teasrId=465625&uk=21462&cid=6373313 (8. Juli 2006)

Hamele, H.; D. v. Laßberg 1990: Mehr Wissen – Mehr Handeln. Bausteine für eine umweltverträgliche Tourismusentwicklung. Eine Planungs- und Orientierungshilfe für Anbieter im Tourismus. München: ADAC

Hammann, P.; W. Lohrberg 1985: Beschaffungsmarketing. Stuttgart

Hammer, M.; J. Champy 1994: Reengineering. Stuttgart

Hanrieder, M. 1995: Checkliste zur Situationsanalyse im Touristik-Marketing. In: Roth & Schrand (Hrsg.)

Hansen, U.; E. Leitherer 1984: Produktpolitik. Stuttgart (2. Aufl.)

Harris, F. H. deB. 2007: Large Scale Entry Deterrence of a Low-Cost Competitor: An Early Success of Airline Revenue Management. In: *International Journal of Revenue Management*, 1 (1) S. 5–27

Hartmann, K. D. 1978: Erwartungen und Verhalten der Teilnehmer an Studienreisen. In: Studienkreis für Tourismus (Hrsg.) 1978

Hässel, G. 1994: Die Besteuerung und Buchführung der Reisebüros. Hinweise, Empfehlungen, Erfahrungen. München (2. Auflage)

Helbing, J. 2001: Revenue Management im Tourismus. In: *Tourismus Jahrbuch*, 5 (1), S. 5–44

Helmke, S.; Uebel, M. F.; Dangelmaier, W. 2008: Grundsätze des CRM-Ansatzes. In: Helmke, S.; Uebel, M. F.; Dangelmaier, W. (Hrsg.): Effektives Customer Relationship Management. Wiesbaden, S. 3–24 (4. Auflage)

Hodgson, P. 1995: Travelling so fast they can't stop for research? In: *researchplus* (The supplement to the magazine of the Market Research Society), June, S. 5 f.

Hofmann, N. 1992: Die Crux mit den Prognosen, Finanzplanung per Computer. In: Top-Business, Nr. 5, S. 172–167

Holloway, J. C. 1998: The Business of Tourism. London (5. Auflage)

— ; V. Plant 1992: Marketing for Tourism. London (2. Auflage)

Holtmeier, T. 2010: Praxisbeispiel: Webbasierte Kundenbindung am Beispiel des Thomas Cook Travelguides. In: Schulz, Weithöner & Goecke (Hrsg.), S. 220–227

Hüttner, M. 1977: Grundzüge der Marktforschung. Ein Leitfaden für Studium und Praxis mit 107 Beispielen. Wiesbaden

Hüttner, M.; U. Schwarting 2002: Grundzüge der Marktforschung. München, Wien (7. überarbeitete Auflage)

INSEAD (European Institute of Business Administration) 1987 a: UK Travel and Tourism Industry: Tour Operations. Fontainebleau, November 13

— 1987 b: UK Travel and Tourism Industry: Industry Note. Fontainebleau, November 13

Isermann, E. 1991: Reisevertragsrecht, München (2. Aufl.)

Jaeschke, A. M.; Fuchs, W. (2008): Zusammenarbeit in der Hotellerie – Funktionelle Entkoppelung, Betreiberformen und Kooperationen, in: Hänssler (Hrsg.), S. 71–86

Jobst, P. 1993 a: Cash Management – Kurze Wege für „Gestreßte". Die Kontenverwaltung mit dem Heimcomputer, in: *Süddeutsche Zeitung* Nr. 68 vom 23. März, S. XIII

— 1993 b: Am sinkenden Zins verdienen, Umkehr-Floater gefragt, Alternativen zur Festgeldanlage. In: *Süddeutsche Zeitung* Nr. 45 vom 24. Februar, S. 29

Jockwer, A. 2010: Kundenbewertungen im Tourismusmarketing. In: Schulz, Weithöner & Goecke (Hrsg.), S. 440–450

Jones, P.; Hamilton, D. 1992: Yield Management: Putting People in the Big Picture. In: Cornell Hotel & Restaurant Administration Quarterly. Vol. 1, S. 89–95

Kagerbauer, A. 1991: Triumph des Individuums. In: *touristik management*, Heft 7

Kalmus, M. 1998: Praxis der internen Kommunikation. Vom Schwarzen Brett zum Internet. Essen

Kaspar, C. 1991: Die Tourismuslehre im Grundriß. Bern und Stuttgart (4,, überarbeitete und ergänzte Auflage)

Kimes, S. 1989: The Basics of Yield Management. In: *Cornell Hotel & Restaurant Administration Quarterly*, 4, S. 14–19

Kirstges, T. 1992 a: Sanfter Tourismus. Chancen und Probleme der Realisierung eines ökologieorientierten und sozialverträglichen Tourismus durch deutsche Reiseveranstalter. München und Wien

— 1992 b: Expansionsstrategien im Tourismus. Wiesbaden

— 1992 c: Yield Management bei Reiseveranstaltern: Wunderwaffe für Vordenker. In: Touristik Management, H. 10 (Oktober), S. 18–24

— 1994 a: Management von Tourismusunternehmen, München und Wien

— 1994 b: Nadelstiche für die Großen: Die Struktur des deutschen Veranstaltermarktes ist nach wie vor mittelständisch geprägt! Wilhelmshaven (verv. Typoskript)

— 2002: Strukturanalyse des deutschen Reiseveranstaltermarktes 2000. Konsequenzen der Marktkonzentration für den Mittelstand. In: *Tourismus Jahrbuch*, 6 (1), S. 27–70

— 2010: Expansionsstrategien im Tourismus. Marktanalyse und Strategiebausteine, unter besonderer Berücksichtigung mittelständischer Reiseveranstalter. Wilhelmshaven (4., vollständig überarbeitete Auflage)

— ; Seidl, D. 1989: Basisstrategien im Internationalen Marketing von Reiseveranstaltern. Mannheim

Kleinert, H.: Kommunikationspolitik, in: Haedrich *et al.* (Hrsg.): Tourismus-Management. Berlin 1983

Kludas, A. 1985: Kreuzfahrtschiffe unter deutscher Flagge – gestern, heute, morgen? In: SPKD, S. 43–49

Knebel, H. J. 1960: Soziologische Strukturwandlungen im modernen Tourismus. Stuttgart

Koch, M. 2008: Erfolgsfaktoren im Keyword-Advertising, In: Schwarz, T. (Hrsg.): Leitfaden Online Marketing. Waghäusel, S. 331–337 (2. Auflage)

Köllgen, R. 1991: Strategisches Marketing – Ansatzpunkte für Reiseveranstalter. In: Marketing im Tourismus, Tagungsbericht vom 7. März 1990, Studienkreis für Tourismus, Starnberg

Kotler, Ph. 1989: Marketing-Management. Stuttgart (4. Auflage)

Krämer, H. M. 1995: Schnäppchenjagd wird zunehmend gesellschaftsfähig. In: Fremdenverkehrswirtschaft International Nr. 22 vom 10. Oktober, S. 59 f.

Krause, R. 1991: Cluburlaub: Kommunikation ist das Geheimnis. In: *Fremdenverkehrswirtschaft International*, Nr. 10 vom 23. April, S. 75

Kreikebaum, H. 1981: Strategische Unternehmensplanung. Stuttgart etc.

Kroeber-Riel, W. 1990: Strategie und Technik der Werbung. Stuttgart/Berlin (2. Auflage)

Kubsch, W. 1991: Planung, Vorbereitung und Durchführung von Studienreisen. In: Günter (Hrsg.) 1991 a , S. 417–433

— ; M. Schaake 1991: Abrechnungs- und Verrechnungssysteme. In: Günter (Hrsg.) 1991 a, S. 527–532

Lammenett, E. 2009: Praxiswissen Online-Marketing. Wiesbaden (2. Auflage)

Lanz, I. 1992: Zweistellige Wachstumsraten im Reisegeschäft. In: Fremdenverkehrswirtschaft International, Heft 14, S. 29–30

Lehmann, A. 1993: Qualitätsstrategien für Dienstleistungen? In: Seghezzi & Hansen (Hrsg.), S. 109–128

Levitt, Th. 1986: The Marketing Imagination. New York: The Free Press (new, expanded edition)

Lieberman, W. o. J.: Making Yield Management Work for You: Ten Steps to Enhanced Revenues. Online im Internet: http://www.veritecsolutions.com (heruntergeladen am 08.06.1999).

Linde, F. 2005: Ökonomie der Information, Göttingen

Lippman, B. W. 2003: Retail Revenue Management – Competitive Strategy for Grocery Retailers. In: *Journal of Revenue & Pricing Management*, 2 (4), S. 229–233

Lohmann, Martin 1988: Junge Senioren sind reisefreudig. In: Studienkreis für Tourismus e.V. (Hrsg.) 1988: Festschrift zum 60. Geburtstag von Paul Rieger. Starnberg: Studienkreis für Tourismus, S. 86–92

— 1998: Die Reiseanalyse. Sozialwissenschaftliche (Markt-)Forschung zum Urlaubstourismus der Deutschen. In: Haedrich *et al.* (Hrsg.), S. 145–157

—; D. v. Laßberg (Hrsg). 1989: Tourismus in Europa/Tourism in Europe. Starnberg (Studienkreis für Tourismus)

— 1992: Forschung ist doch überflüssig! In: Studienkreis für Tourismus (Hrsg.), S. 89–103

— ; J. W. Mundt 2000: Changing Markets for Cultural Tourism. In: Voase (Ed.)

—; J. Danielsson 2001: Predicting Travel Patterns of Senior Citizens: How the Past May Provide a Key to the Future. In: *Journal of Vacation Marketing*, 7 (4), S. 357–366

— ; P. Aderhold 2009 Urlaubsreisetrends 2020. Die RA-Trendstudie – Entwicklung der touristischen Nachfrage der Deutschen. Kiel: F.U.R

Lohmann, S. 1999: Kundenzufriedenheit und Kundenbindungsmanagement. In: *Tourismus Jahrbuch*, 3 (2), S. 73–105

Meffert, H.: 1986: Marketing. Wiesbaden (7. Auflage)

— 1994: Was kann der Motor Marketing leisten? In: *Absatzwirtschaft*, September/Oktober

Menichetti, M. J. 1992: Betriebliches Währungsmanagement: Optionen versus Futures. In: *Die Unternehmung*, Heft 3, S. 165–182

Meyer, A. 1993: Abschied vom Marketing. In: *Absatzwirtschaft*, September/Oktober

Middleton, V. T. C.; Fyall, A.; Morgen, M.; Ranchhod, A. 2009: Marketing in Travel and Tourism. Amsterdam, Heidelberg, u.a. (4. Auflage)

Mundt, J.W. 2002: Internationale Strategien von Tourismusunternehmen. In: Pompl & Lieb (Hrsg.), S. 127–151

— 2006: Tourismus. München und Wien (3. Aufl.)

Murdock, R. G.; B. Render; R. S. Russel, 1990: Service Operations Management. Boston

Nieschlag, R; Dichtl, E; Hörschgen, H.: Marketing. Berlin 1997 (18.Aufl.)

o.V. 1993: Eine Flut von neuen Umkehr-Floatern, in: *Süddeutsche Zeitung* Nr. 57 vom 10. März, S. 33

o.V. 1994 Wie Reiseunternehmen ihren Devisenbedarf absichern können: Sometimes we win, sometimes we lose. In: *touristik management*, Heft 1–2, S. 21–24

o.V. 2006: Online holt kräftig auf. In: *Fremdenverkehrswirtschaft International*, Nr. 5 vom 03.03.2006, S.28

o.V. 2006: TUI ganz direkt. In: *Fremdenverkehrswirtschaft International*, Nr.3 vom 06.02.2006, S.20

Papathanassis, Alexis (Ed.) 2009: Cruise Sector Growth. Managing Emerging Markets, Human Resources, Processes and Systems. Wiesbaden: Gabler Research

Pausenberger, E.; Glaum, M. 1993: Electronic-Banking-Systeme und ihre Einsatzmöglichkeiten in internationalen Unternehmungen. In: *Zeitschrift für betriebswirtschaftliche Forschung (zfbf)*, 45. Jg., Nr. 1, S. 41–68

Pichler, St.; Th. Kloubert 2004: Expansion und Integration – Erfolgsrezepte eines internationalen Touristik-Konzerns. In: Bastian & Born (Hrsg.), S. 69–80

Pompl, W. 1992: Aspekte des modernen Tourismus. Frankfurt (2. erweiterte Auflage)

— 1996: Touristikmanagement 2, Berlin, Heidelberg, New York

— 1997: Touristikmanagement 1, Berlin, Heidelberg, New York (2. Aufl.)

— 2007: Luftverkehr. Eine ökonomische und politische Einführung. Berlin

—; Lieb, M. G. (Hrsg.) 1997: Qualitätsmanagement im Tourismus. München und Wien

—;— (Hrsg.) 2002: Internationales Tourismus-Management. Herausforderungen, Strategien, Instrumente. München

Porter, Michael E. 1980: Competitive Strategy. Glencoe (cit. n. d. dtsch. Ausgabe: Wettbewerbsstrategie. Frankfurt am Main 1992^7)

Prahl, H. W.; A. Steinecke 1979: Der Millionen-Urlaub. Von der Bildungsreise zur totalen Freizeit. Darmstadt und Neuwied

Preißner, A. 2003: Praxiswissen Controlling – Grundagen, Werkzeuge, Anwendungen. München, Wien (3. Auflage)

Pümpin, C. 1986: Management strategischer Erfolgspositionen. Bern/Stuttgart (3. Aufl.)

Raab, G.; A. Unger & F. Unger 2009: Methoden der Marketing-Forschung. Grundlagen und Praxisbeispiele. Wiesbaden (2., überarbeitete Auflage)

Raitz, Vladimir 2001: The Birth of Horizon. In: Bray & Raitz, S. 1–20

Reibnitz, U. v. 1992: Szenario-Technik. Instrumente für die unternehmerische und persönliche Erfolgsplanung. Wiesbaden (2. Aufl.)

Ries, A.; J. Trout 1981: Positioning the Battle for your Mind. New York (deutsch Hamburg 1986)

Rigby, St. 1989: British Tourism Surveys: Past, Presence, Future. In: M. Lohmann & D. v. Laßberg (Hrsg.): Tourismus in Europa / Tourism in Europe. Starnberg, S. 75–87

Roth, P. 1981: Werbeplanung. In: Die Werbung – Handbuch der Kommunikations- und Werbewirtschaft. Landsberg

— 1989: Kultursponsoring. Landsberg

— 1995: Grundlagen des Touristik-Marketing. In: Roth & Schrand (Hrsg.)

— ; A. Schrand (Hrsg.) 1995: Touristik-Marketing. Das Marketing der Tourismus-Organisationen, Verkehrsträger, Reiseveranstalter und Reisebüros. München (2. Auflage)

Roos, L.-M. 2006: Bausteintourismus auf der Überholspur? Konsequenzen für das Pricing und Yield Management des traditionellen Pauschalreiseveranstalters. Ravensburg (unveröff. Diplomarbeit)

Rudolph, T.; Emrich, O.; Meise, J. N. 2007: Einsatzmöglichkeiten von Web 2.0-Instrumenten im Online-Handel und ihre Nutzung durch Konsumenten. In: Bauer, H. H.; Große-Leege, D.; Rösger, J. (Hrsg.): Interactive Marketing im Web 2.0+. München, S. 183–196

Schaefer, W. 1992: Copy-Tests und Copy Testing. In: *Planung und Analyse*, Heft 3, S. 31–32

Schätzing, E. 1996: Checklisten für das Hotel- und Restaurantmanagement. Landsberg am Lech (4. Aufl.)

Scherer, B. 1991 a: Eine Branche sucht ihr Gesicht. In: Frankfurter Allgemeine Zeitung vom 28. Februar

— 1991b: Urlaubsglück im Reiche der Unersättlichen. In: Frankfurter Allgemeine Zeitung vom 26. September

Scheuch, E. K. 1983: Tourismus. In: F. Stoll (Hrsg.): Arbeit und Beruf, Bd. 2. Weinheim und Basel (= Einzelausgabe von Kindlers „Psychologie des 20. Jahrhunderts)

Schleuning, C.; T. Kirstges 1993: Direktmarketing. Karlsruhe

Schmeer-Sturm, M.-L., unter Mitarbeit von W. Müller, M. Schmidt, S. Schuster und G. Ude 1990: Theorie und Praxis der Reiseleitung. Einführung in ein interessantes und anspruchsvolles Berufsfeld. Darmstadt

Schneider, Otto 2000: Die Ferien-Macher. Eine gründliche und grundsätzliche Betrachtung über das Jahrhundert des Tourismus. Hamburg

Schoen, Harald 2004: Online-Umfragen – schnell, billig, aber auch valide? Ein Vergleich zweier Internetbefragungen mit persönlichen Interviews zur Bundestagswahl 2002. In: ZA-Information 54, S. 27–52

Schub von Bossiazky, G. 1992: Psychologische Marktforschung. Qualitative Methoden und ihre Anwendung in der Markt-, Produkt- und Kommunikationsforschung. München

Schuckert, M.; C. Möller, 2004: Low Cost Carrier und Charter-Modus: Grundprinzipien und Geschäftsmodelle. In: *Tourismus Journal*, 7 (4), S. 469–481

Schüßler, O. 2010: Der Kreuzfahrtenmarkt Deutschland 2009. Eine Studie des Deutschen ReiseVerbandes (DRV). Frankfurt/Main

Schulz, A.; J. Auer 2010: Kreuzfahrten und Schiffsverkehr im Tourismus. München, Wien

Schulz, A., Weithöner, U., Goecke, R. (Hrsg.) 2010: Informationsmanagement im Tourismus. E-Tourismus: Prozesse und Systeme. München

Schwarz, T. 2008: Permission Marketing. In: Schwarz, T. (Hrsg.): Leitfaden Online Marketing. Waghäusel, S. 423–429 (2. Auflage)

Seghezzi, H. D.; J. R. Hansen (Hrsg.) 1993: Qualitätsstrategien – Anforderungen an das Management der Zukunft. Stuttgart

Seitz, E. 1991: Database-gestütztes Marketing als Instrument der Kommunikationspolitik, In: Wolf & Seitz (Hrsg.), S. 407–420

— ; W. Meyer 2006: Tourismusmarktforschung. Ein praxisorientierter Leitfaden für Touristik und Fremdenverkehr. München (2., vollständig überarbeitete Auflage)

Statistisches Bundesamt 2009: Wirtschaft und Statistik 6/2009

Stoll, F. (Hrsg.) 1983: Arbeit und Beruf. Bd. 2. Weinheim und Basel (=Einzelausgabe von Kindlers „Psychologie des 20. Jahrhunderts")

Studienkreis für Tourismus (Hrsg.) 1978: Studienreisen zwischen Bildungsanspruch und Vermarktung. Bericht über ein Expertengespräch der Evangelischen Akademie Tutzing und des Studienkreises für Tourismus 1977 in Nürnberg. Starnberg

— (Hrsg.) 1991: Marketing im Tourismus. Konzepte und Strategien für heute und morgen. Bericht über eine Fachtagung des Studienkreises für Tourismus am 7. März 1990 im Rahmen der Internationalen Tourismusbörse in Berlin. Starnberg

— (Hrsg.) 1992: Marketing und Forschung im Tourismus. Bericht über eine Fachtagung des Studienkreises für Tourismus am 5. März 1991 im Rahmen der Internationalen Tourismusbörse in Berlin. Starnberg

Tewes, J. 1993: Yield Management – Eine innovative Methode zur Ertragssteuerung bei Autovermietungen. München.

Tocquer, G.; M. Zins 1987: Marketing du tourisme. Montreal

TUI 2009: Annual Report & Accounts for the Year ended 30 September 2009. URL: http://www.tuitravelplc.com/tui/uploads/dlibrary/documents/TUI_Annual_20091.pdf (Stand 03.08.2010)

Ujma, D.; P. Grabowski 2000: The Travel Industry in the United Kingdom – an Overview. In: *Tourismus Jahrbuch*, 4 (2), S. 49–61

Unger, F. 1997: Marktforschung. Grundlagen, Methoden und praktische Anwendungen. Heidelberg (2., neubearbeitete und erweiterte Auflage)

UN & WTO (United Nations and World Tourism Organization) 1994: Recommendations on Tourism Statistics. New York

UN & UNWTO 2008: International Recommendations for Tourism Statistics: Madrid and New York: UNWTO and UN

Vetter, K. 1992: Studiosus. Durch Qualität zum Marktführer für Studienreisen. In: Roth & Schrand (Hrsg.), S. 297–307

V-I-R (Verband Internet-Reisevertrieb) 2010: Daten & Fakten zum Online-Reisemarkt. URL: http://www.v-i-r.de (5. Ausgabe)

Voase, R. (Ed.) 2000: European Experiences of Tourism Destination Development: A Collection of Case Histories. London and New York

Vogel, M. P. 2009: Onboard Revenue: The Secret oft he Cruise Industry's Success? In: Papathanassis (Ed.), S. 9–15

Weinhold, H. 1988: Marketing in 20 Lektionen, St. Gallen

Weithöner, U. 2007: Grundlagen des E-Commerce in der Tourismuswirtschaft. WiWi-Online.de. URL: http://www.odww.net/artikel.php?id=345 (Stand: 27. 07. 2010)

Weithöner, U.; Goecke, R. 2010: Informationsmanagement bei Reiseveranstaltern. In: Schulz, Weithöner & Goecke (Hrsg.), S. 118–141

Wöhler, K. 1992: Marktforschung als Voraussetzung für die Produktgestaltung. Zur Anwendung multivariater Analyseverfahren. In: Studienkreis für Tourismus (Hrsg.), S. 105–142

Wölfer, J. 1995: Deutsche Passagier-Luftfahrt von 1955 bis heute. Hamburg etc.:

Wolf, J. 1988: Marktforschung. Praktische Anwendung mit zahlreichen Arbeitsblättern, Checklisten und Fallbeispielen. Landsberg/Lech

— 1991: Struktur der Marktforschung im Tourismus. In: Wolf & Seitz (Hrsg.), S. 223–239

— ; E. Seitz (Hrsg.) 1991: Tourismus-Management und -marketing. Landsberg am Lech

Wollinsky, M. 1998: Nichts von der Stange. In: *tm Das Tourismus Magazin*, Ausgabe 7–8.

Wolter, H.-J.; K. Wolff & W. Freund 1998: Das virtuelle Unternehmen. Eine Organisationsform für den Mittelstand. Wiesbaden

Yale, P. 1995: The Business of Tour Operations. Harlow

Zehle, K. O. 1991: Yield-Management - Eine Methode zur Umsatzsteigerung für Unternehmen der Tourismusindustrie. In: Wolf & Seitz (Hrsg.), S. 483–504

Personenregister

A

Aderhold, P. 336, 567, 576
Amman, S. 539, 567
Anderson, A. 373
Ashworth, G. 572
Auer, J. 375, 579

B

Bacher, Ph. 233
Bagemihl, J. 532, 567
Ballin, A. 374
Bastian, H. 567, 568, 577
Bauer, H. H. 578
Baumann-Bourla, R. 567
Becker, J. 466, 471–474, 478, 480, 482–484, 499, 567
Beike, R. 572
Belobaba, P. P. 536, 552, 567
Berchtenbreiter, R. 457, 567
Berekoven, L. 458, 567
Bernkopf, G. 567
Bertsimas, D. 552, 567
Bidinger, H. 567
Bidlingmaier, J. 567
Birgkit, K. 464, 567
Birkenfeld, W. 567
Bitner, M. J. 112, 567
Blitz, G. 355
Böhler, H. 568
Bohli, E. 568
Booms, H. 112, 567
Born, K. 494, 567, 568, 577
Bosold, J. 459, 568
Böttcher, V. 41, 568
Bray, R. 568, 578
Brendon, P. 1, 3, 4, 377, 568
Brinken, Ch. van den 568
Briskorn, G. v. 568
Brocks, S. 88, 572
Buchin, St. I. 385, 568

C

Calder, S. 3, 568
Casson, L. 323, 568
Chaffey, D. 499, 568
Champy, J. 573
Charlesworth, A. 517, 572
Chen, J. C. H. 568
Chiang, W.-Ch. 531, 568
Clemens, S.L. 374
Conrady, R. 493, 568
Cook, Th. 1, 2, 323, 373, 374, 377, 381
Corsten, H. 73, 569
Cowell, D. 112, 569
Crandall, B. 531
Cross, R. 531, 532, 546, 548, 554, 564, 569
Crouch, G. I. 11, 569

D

Dampf, H. 280
Dangelmaier, W. 528, 573
Danielsson, J. 576
Daudel, S. 532, 546, 548, 552, 569
Decrop, A. 453, 569
Dichtl, E. 78, 459, 472, 474, 485, 577
Dickinson, B. 374, 375, 569
Douglas, Ngaire 373, 569
Douglas, Norman 373, 569
Drieseberg, Th. 446, 569
Duncan, Ch. C. 373
Dundler, F. 12, 569

E

Eckert, W. 458, 567
Eder, G. 569
Eisner, V. 569
Ellenrieder, P. 458, 567
Ellis-Chadwick, F. 568
Emrich, O. 493, 578
Enzweiler, T. 545, 569
Esen, R. 517, 572

F

Feldman, J. 570
Fey, G. 570
Finger, C. 104, 105, 570

Fink, Ch. 10, 570
Fischer, P. 570
Fischer, R. 166, 570
Franck, Ch. 185, 570
Freitag, R. 439
Freitag, R. D. 570
Frenzel, M. 40, 570
Freund, W. 17, 581
Freyer, W. 432, 454, 455, 526, 570
Friege, C. 535, 547, 551, 563, 570
Fritz, W. 502, 571
Fromme, J. W. 571
Fuchs, W. 31, 568, 570, 571, 574
Führich, E. 237, 238, 240, 243, 248, 255, 259–263, 266, 267, 271, 273, 275, 276, 280, 283, 289, 290, 293, 569, 570, 571
Fyall, A. 518, 576

G

Gauf, D. 571
Gay, R. 517, 572
Gayler, B. 104, 570
Gerken, G. 572
Gilbrich, M. 572
Glaser, H. 572
Glaum, M. 187, 577
Goecke, R. 428, 500, 567, 568, 572, 573, 574, 579, 580
Goethe, J. W. v. 330
Goecke, R.
Goodall, B. 572
Grabowski, P. 24, 580
Gräfer, H. 572
Große-Leege, D. 578
Gunkel, K. 88, 572
Günter, W. 326, 572, 575
Gunz, D. 7, 57
Gurassa, Ch. 565

H

Hader, A. 572
Haedrich, G. 499, 568, 572, 575, 576
Haehling von Lanzenauer, Ch. 450, 572

Hahn, H. 336, 573
Hamele, H. 573
Hamilton, D. 563, 574
Hammann, P. 573
Hammer, M. 573
Hanrieder, M. 467, 573
Hansen, J. R.. 575
Hansen, U. 97, 573, 579
Hänssler, K. H. 572, 574
Harris, F.H.deB. 533, 573
Hartmann, K. D. 326, 573
Hässel, G. 232, 233, 572, 573
Helbing, J. 542, 553, 573
Helmke, S. 528, 573
Hockmann, M. 572
Hodgson, P. 573
Hofmann, N. 173, 573
Holloway, J. C. 3, 373, 392, 452, 463, 573
Holtmeier, T. 457, 573
Hörschgen, H. 78, 459, 472, 474, 485, 577
Hughes, H. 571
Humboldt, A. v. 330
Hüttner, M. 457, 458, 573, 574

I

Illing, P. 539, 567
Isermann, E. 574
Jaeschke, A. M. 31, 574

J

Jobst, P. 574
Jockwer, A. 100, 574
Johnston, R. 568
Jones, P. 563, 574
Juan, A.M. 7

K

Kalmus, M. 514
Kaspar, C. 447
Keipinger, R. 12
Kimes, S. 563
Kirstges, T. 35, 56, 186, 430, 513, 546, 553

Kirstges, T. 165
Kagerbauer, A. 574
Kalmus, M. 574
Kaspar, C. 574
Keipinger, F. 569
Kimes, S. 574
Kirstges, T. 574, 575, 579
Kleinert, H. 508, 575
Klemm, K. 450, 572
Kloubert, Ch. 20
Kloubert, Th. 577
Kludas, A. 374, 375, 575
Knebel, H. J. 10, 575
Koch, M. 520, 575
Kögel, K.-H. 48
Köllgen, R. 575
Kotler, Ph. 575
Krämer, H. M. 47, 575
Krause, R. 575
Kreikebaum, H. 472, 575
Kroeber-Riel, W. 508, 575
Kubsch, W. 337, 339, 575
Kutscher, A. 323, 324

L

Laker, F. 5
Lammenett, E. 517, 518, 521, 575
Lanz, I. 575
Laßberg, D. v. 573, 576, 578
Lehmann, A. 491, 492, 575
Leitherer, E. 97, 573
Levitt, Th. 72, 576
Lieb, M. G. 570, 576, 577
Lieberman, W. 563, 576
Linde, F. 492, 576
Lippman, B. W. 554, 576
Littmann, C. 395
Lohmann, M. 336, 439, 453, 576
Lohmann, S. 576
Lohrberg, W. 573

M

Maslow, A. 412, 413
Mayer, R. 568
McGhie Wilcox, B. 373

Meffert, H. 463, 485, 576
Meise, J. N. 493, 578
Menichetti, M. J. 184, 576
Meyer, A. 463, 576
Meyer, W. 439, 460, 579
Middleton, V.T.C. 518, 576
Möller, C. 82, 579
Morgan, M. 518, 576
Müller, W. 579
Murdock, R. G. 76, 577

N

Nahrstedt, W. 571
Nieschlag, R. 78, 459, 472, 474, 485, 577

O

O'Reilly, T. 492
Öger, V. 6

P

Papathanassis, A. 577, 580
Pareto, V. 309
Pausenberger, E. 187, 577
Pichler, St. 20, 577
Plant, V. 392, 452, 463, 573
Pompl, W. 63, 64, 71, 75, 81, 110, 112, 463, 526, 570, 576, 577
Popescu, J. 567
Porter, M. 26, 28, 577
Pospescu, J. 552
Prahl, H. W. 376, 377, 577
Preißner, A. 166, 577
Pümpin, C. 469, 470, 578

R

Raab, G. 458, 578
Raitz, V. 3, 568, 578
Ranchhod, A. 518, 576
Ratlos, R. 285, 291
Reibnitz, U. v. 453, 578
Render, B. 76, 577
Rieger, Paul 576
Ries, A. 507, 578
Rigby, St. 12, 578

Roos, L. M. 44, 578
Rösger, J. 578
Roth, P. 461, 462, 502, 515, 573, 578, 580
Rudolph, T. 493, 578
Rummel, J. 193, 232, 233, 572
Russel, R. S. 76, 577

S

Schaake, M. 575
Schaefer, W. 457, 578
Schätzing, E. 98, 578
Scheld, G. A. 572
Scherer, B. 367, 477, 479, 578
Schertler-Rock, M. 461
Scheuch, E. K. 11, 578
Schleuning, C. 513, 579
Schmeer-Sturm, M.-L. 333, 335, 579
Schmidt, M. 579
Schneider, O. 24, 579
Schoen, H. 436, 579
Schrand, A. 573, 578, 580
Schrödel, Stefan 299
Schub von Bossiazky, G. 456, 579
Schuckert, M. 82, 579
Schulz, A. 375, 567, 568, 572–574, 579, 580
Schüßler, O. 376, 380, 381, 384, 579
Schuster, S. 579
Schwarting, U. 574
Schwarz, T. 519, 575, 579
Seghezzi, H. D. 579
Seidl, D. 186, 575
Seitz, E. 439, 460, 525, 579, 581
Selzner, C. 10
Shaw, R. N. 569
Sinning, M. 539, 567
Smith, A. 150
Stadler, M. M. 464, 567
Steinecke, A. 376, 377, 577^
Stoll, F. 578, 579

T

Tewes, J. 533, 580
Thomson, R. 4

Tigges, H. 323
Tocquer, G. 76, 580
Trigano, G. 355
Trout, J. 507, 578
Twain, M. 323, 374

U

Ude, G. 579
Uebel, M.F. 528, 573
Ujma, D. 24, 580
Unger, A. 458, 578
Unger, F. 454, 458, 578, 580

V

Vetter, K. 479, 580
Vialle, G. 532, 546, 548, 552, 569
Vladimir, A. 374, 375, 569, 578
Voase, R. 576, 580
Vogel, M. P. 402, 580

W

Weinhold, M. 486, 580
Weithöner, U. 101, 428, 495, 520, 526, 567, 568, 572–574, 579, 580
Wiegand, G. 317
Wöhler, K. 431, 581
Wolf, J. 458, 579, 581
Wölfer, J. 24, 581
Wolff, K. 17, 581
Wollinsky, M. 546, 581
Wolter, H.-J. 17, 581

X

Xu, X. 568
Yale, P. 1, 3–5, 25, 581

Z

Zehle, K. O. 430, 532, 548, 581
Zollondz, H.-D. 568, 570, 571

Sachregister

1

100 Prozent-Plus-X-System 416
10-Prozent-Spitze-System 416
1-2-Fly 151, 480, 496
1A Vista Reisen 390

A

ab in den urlaub.de 301
Abfahrthäfen 392
Abfindung 295
Abgabeordnung 196
Abhilfe 258, 274, 278, 280–284
   Rechtsfolgen 281
Abhilfeanspruch 274
Abhilfefrist 282
Abhilfemaßnahmen 281, 295
Abhilfeverlangen 280, 281
Abhilfeverweigerung 280
Abmahnung 263
Absage der Reise 264, 267, 273
Absatzmärkte 77
Absatzmarktforschung 427
Absatzmittler
   branchenfremde 522
   branchenspezifische 522
Abschneidegrenze 435
ABTA (Association of British Travel Agents) 5
Abzugsverbot 203
acid test 167
ActiSun 39
ADAC Reisen 39, 57, 496, 498
adbutler.de 518
Adria 30
AER 303, 304
affiliate-marketing 517–519
affilinet.de 518
Afrika 448
AGB-Gesetz 239
AGB-Klauseln 268, 291
Agent-Tour 352
Agenturreiseleiter 149
Agenturvertrag 17, 50, 241, 301, 310

Ägypten 8, 30, 31, 117, 121, 123, 323–325, 330, 336, 339, 340, 373, 377, 379, 381, 395, 448
Aida 386, 387, 389, 394, 395
AIDA Cruises 56, 58, 309, 312, 386, 389, 390
Air Berlin 38, 85, 127, 300
Air Europa 25
Air Marin 497, 498
Air Travel Organisers' Licence (ATOL) 5, 82
Airbus 33
   A 321 129
Airtours (D) 498
Airtours (TUI) 477, 497, 498
Airtours (UK) 385
Airtours Sun Cruises 385
Akademische Studienreisen 324
Aktie 182
Aktionsstory 410, 411, 413, 418
Aktivreisen 329
Alcudia 355
Aldi 68, 561
Aldiana 108, 356, 359, 361–363, 366, 368, 370–372, 496, 498
Algen 279
All Inclusive 16, 60, 140, 261, 278, 363, 366, 369, 371
All Inclusive tour (AIT) 72
Alleinstellung 27
Allgemeine Geschäftsbedingungen (AGB) 239, 240, 243, 244, 248–252, 254, 255, 259, 260, 262, 264, 266, 268, 269, 271, 282, 290, 291, 294, 296
Allgemeine Vertragsbedingungen 142
allgemeines Lebensrisiko 271, 278, 279, 287
Alliance Internationale de Tourisme (AIT) 99
Allotmentvertrag 142, 144
Allsun Turistika S.A. 39
Alltours 39, 52, 55–57, 151, 172, 305, 309, 313, 480, 482, 496, 498, 508

Alltours Reisecenter 305
Alpetour 52, 60
Alpha-Reisebüropartner 51, 305
Alternative Distributionssysteme
 (ADS) 526, 527
Amadeus 101
Amazon 518
Amazonas 379, 381, 388
American Airlines 531
Ameropa 52, 59
Amt für Reisen, Wandern und
 Urlaub 10
Amtsgericht 297
Änderungserklärung 255
Änderungsvorbehalt 255, 266
Angebotsdifferenzierung 14, 16
Angebotsentwicklung 121, 123
Angebotspolitik 477, 487
Animateur 340, 360, 367
Animation 104, 140, 356, 357, 359,
 366, 369, 394
 Ziele 105
Animationsbereiche 106
Animationsprogramm
 Kosten 105
Ankauf von Kapazitäten 396
Anlageformen 178, 180
Anlagestrategien 176
Anmeldefrist 294, 295, 296
Anmelderhaftung 249
Anmeldung von Ansprüchen 293
Anspruchsanmeldung 259, 295
Anspruchssicherung
 durch den Reisenden 293
Antalya 76, 119, 120, 135, 161
Antarktis 379, 383, 388
Antigua 399
Anzahlung 44
Apps 311
Aquarius 368
Aral 561
Arbeitsgemeinschaft Studienreisen 326
Arosa 390
Association of British Travel Agents
 (ABTA) 5

Atlantik 381
Atlantikverkehr 376
Atlas Reisen 39, 57, 305
Aufenthaltsreisen 329
Aufgabe 429
Aufgeld 148
Aufteilung des Reisepreises 209
Aufzeichnungspflicht 228, 229
Ausflüge 76, 89, 102
Auslandsreisen
 Trend 14, 15
Australien 379, 388
Auswärtiges Amt 271
Auto 391
Autoreisezüge 93

B

B2B-Geschäft 218, 226, 227, 235
B2C-Geschäft 218, 226, 235
Baby Club 362
Bahamas 398
Bahnanreise 391
Bahnen
 ausländische 93
Balearen 8, 9
Balkan 30
Balkonsturz-Fall 253, 275, 291
Bangkok 30
Bank Identifier Code (BIC) 189, 190,
 191
Bankleitzahl 189
Barbados 399
Barcelona 435
Bare boat charter 396
Barliquidität 167
Barmittel 180
Barrierefreiheit 98
Baukasten 244
Baukastenprinzip 72, 76
Baukastensystem 365
Baulärm 256, 265, 285
Bausteine 77, 483, 484
Bausteinreisen 41, 300
Bayern 125
Bearbeitungsentgelt 268

Bedarfsflugverkehr 80, 82
Bedürfnisse
  latente 430
Beförderungsklasse 83, 85, 93
Beförderungsmittel 66, 79, 82, 87
Beförderungspflicht 81
Beförderungvertrag 91
Begrenzungskurven 548
Beherbergungsstatistik 435
Beherbergungsvertrag 238, 243
Beirut 374
Belegungsgarantie 144
Bemessungsgrundlage 200, 202, 209, 211–213, 215, 224, 225, 229–231
Berge&Meer 68, 561
Berufung 297
Beschaffungsmanagement 109
Beschaffungsmarketing 110, 111
Beschaffungsmärkte 77
Beschaffungsmarktforschung 427
Beschaffungswesen
  passives 110
Beschwerdeannahme 112
Beschwerdeauswertung 112
Beschwerdebearbeitung 112
Beschwerdemanagement 111, 112, 528
Beschwerdestimulierung 112
besondere Reiseerfordernisse 267
Best-RMG 304, 305
Beteiligungsuntersuchungen 441, 445
Betriebsanalyse 444
Betriebspflicht 80
Betriebsrat 413
Bettenbedarf 131
Bettenplan 131
Bettenplanung 130
Beweislast 297
Beweismittel 297
Beweisprobleme 297
Beweissicherung 293
Bewirtungsvertrag 243
Beziehungsmarketing 302, 308

BGB-InfoV 237, 239, 248–250, 252–256, 258–260, 265, 266, 271, 273, 276, 280, 282, 283, 287, 294
bid price 552
Big X-Tra 301
Bildungsexpansion 336, 449
Bildungsreise 326
Billigfluggesellschaften 23, 40, 42, 44, 53, 54, 534, 542
biotische Experimente 457
Blaues Band 375
Blogs 492, 517
Bodensee 88
Boeing 33
  757 85
  757-300 129
  B 737 129
Bonunsmeilen 537
Bonus 50, 52, 313
Bootschartverträge 247
Bordprogramm 394
Borneo 279
Branchenumfrage 444
Brasilien 279, 509
break even 46, 126
Britannia Airways 4
Bruttomarge 202, 348
Bucher Reisen 46, 151, 497, 498, 561
Buchführung 165, 228, 232, 233, 236
Buchungsfreigabe 117
Buchungsort 431
Buchungszeitpunkt 431
Bundesbahn 8
Bundesfinanzhof (BFH) 201, 222
Bundesminister für Verkehr 82
Bundesschatzbriefe 181
Bundesverband der Deutschen Tourismuswirtschaft (BTW) 342
Bungalow-Parks 430
Bungalowparkurlaub 55, 59
Bürgerkrieg 271
Bus 79, 85–87, 90, 325, 391
  Image 86
  Qualitätsklassen 90
  Sterne 90

Mietvertrag 91
Werkvertrag 91
Kalkulation 92
Tagessatz 92
Verbrauchskosten 92
Busbeförderungsvertrag 243
Busbetrieb
　Genehmigungsvoraussetzungen 88
Büsingen 197
Buspauschalreisen 87
Busreisen 494
Bußgeld 254, 263
Busunternehmer 87, 88, 90–92, 243

C

CAA 434
Calimera 39
Call Center 21, 23, 40, 49, 51, 68, 77, 301, 302, 319, 470, 522, 524, 526, 529, 559
captain's dinner 394, 406
Caribbean Carousel 382, 385, 402
Carnival Cruise Lines 385, 386, 389, 390, 402
Cash Entwicklung 169
Cash Management 187
Cash-Analyse 173
Cash-flow 165, 166, 168–174, 177, 178
Cash-Illusion 165, 169, 170, 173, 174
Cash-Management 165, 173, 177, 187
Casinos 403
catering-Gesellschaften 396
Celebrity Cruises 390
Central Reservation Offices (CRO) 101
Chancen-Mix-System 416
Charterflug 2, 3, 17, 84, 85
　Positionierung des Fluggeräts 127
　Stationierung von Fluggerät 127
　Umläufe 127
Charterflüge 392
Charterfluggesellschaft 4, 5, 8, 23, 24, 38, 40
　Streik 287

Charterflugkette 80, 82
　Abholer 126
　Mittelstück 128
Charterflug-Modus 83
Charterrate 400, 401
Charterverkehr 82, 83
chef de village 360
chief mate 406
China 31, 132, 256, 369, 381, 390, 448
Clarkson's Holidays 4, 5, 25
click stream-Analyse 457
Club Alltoura 39
Club Méditerranée (Club Med) 355, 356, 359–366, 368, 369, 370–372, 387, 394
Clubdorf 355, 357–360, 364, 365, 368–371, 459
Clubschiff 382, 386, 387, 389, 391, 394
Cluburlaub 16, 59, 104, 334, 355–359, 362–368, 370, 372, 394, 430
　Zielgruppe 363
Cluburlauber 363, 364, 372
Cluburlaubsanbieter 365
co-branding 108
Comfort Class 85
Communities 517
Computerreservierungssysteme (CRS) 81, 101, 493
Comvel 54
Concorde 455
Condor 8, 24, 38, 85, 127, 300
consolidator 46
copy test 457
corporate behaviour 465
corporate communication 465
corporate design 465, 503
corporate identity 308, 409, 464, 465, 503
Costa Brava 9, 87, 435
Costa Crociere 309, 386, 390
Costa Rica 398
Côte d'Azur 31, 336
COTIF/CIV 93, 243, 292

Sachregister

counter 511
Court Line 4, 25
crew bonus 400, 401
CR-Marketing 527
cross elasticity of demand 452
cruise director 102, 405
Cruise Line International
  Association (CLIA) 384, 403
CTS Gruppen- und Studienreisen
  344
Customer Relations Management
  (CRM) 518, 527–529
  analytisches 529
  kollaboratives 529
  operatives 528, 529

D

Dachmarke 368, 464, 496–498
Dachmarkenkonzept 497
Dachmarkenstrategie 496, 498
Dalmatien 480
Dan Air 4
Data Warehouse 528, 546
data-base-management 524
database-marketing 513, 525
data-mining 528
Datenbank 41, 42, 45, 46
Datenträgeraustausch (DTA) 188
dba 38
DDR 11
Deckungsbeitrag 79, 92, 115, 116,
  131, 155–158, 161, 163, 170–172,
  535, 553, 557
Deckungsbeitragsstruktur 77, 78
Deilmann Reederei 387, 388, 390
DEKRA 90
Deliktsansprüche 294
Delikthaftung 275
demographischer Wandel 449
demoskopische Daten 434
DER 59, 305, 464
Deregulierung 531
Derpart 305
Dertour 39, 57, 368, 479, 496, 498
desk research 458

Deutsche Arbeitsfront 10, 376
Deutsche Bahn (DB) 25, 39, 72, 79,
  82, 92, 93, 95, 102, 209, 238, 243
  Gruppenermäßigungen 94
Deutsche Landwirtschafts-
  Gesellschaft (DLG) 99
Deutscher Flugdienst (DFD) 8
Deutscher Hotel- und Gaststätten-
  verband (DEHOGA) 95, 99
Deutscher Reisemonitor 439, 440
Deutscher Reisepreis-Sicherungs-
  verein VVaG (DRS) 261
Deutscher Reisering 51
Deutscher Reiseverband (DRV)
  113, 239
Deutscher Tourismusverband
  (DTV) 99
Devisenbedarf 183–185
Devisenbeschränkung 4, 8, 32
Devisenoptionen 184
Devisenoptionsgeschäft 185, 186
Devisentermingeschäft 151, 152,
  184–186, 347
Devisentermingeschäfte 347
Dienstleistung 64, 98, 113, 196, 239,
  427, 462, 463, 491
Dienstleistungselemente 64, 492
Dienstleistungsfreiheit 262
Dienstleistungsmarketing 113
Dienstleistungsprodukt 462
Dienstleistungsqualität 109, 491
Dienstreisen 215, 225
direkte Distribution 522
Direktinkasso 162, 182, 183, 558
Direktmailings 558
Direktmarketing 427, 487, 512, 513,
  524, 525, 528
Direktvertrieb 51, 300, 349–351, 470,
  524, 559
Direktwerbung 502, 512, 513
Disagio 108
Discount Travel 305
Discount-Reisen 73
Disney World 471
Disposition 179

Distributionspolitik 483, 485–487, 522, 524
Distributionssysteme 523, 524
Diversifikation 474–476, 497
　horizontale 475
　laterale 37, 475
　vertikale 475
DIVO-Institut 12
Dominikanische Republik 143, 398
Donau 379, 380, 381
Doppelumlauf 127
double opt-in 519
Douro 381
Dr. Tigges 6, 24, 323, 324, 344, 346, 497
Dresden 238
Drittland 204, 205
Drittlandsgebiet 203–206, 212
DSR Rostock 386
DTA-Verfahren 188
dynamic bundling 42, 44, 495, 527
dynamic packaging 41, 42, 44, 46, 63, 66, 67, 72, 77, 240, 428, 476, 480, 494, 500, 517, 526, 527, 539, 564
dynamic-pre-packaging 476
dynamic-pricing 477, 500

E

Easyjet 23
Ebay 499
E-Bookers Deutschland 54
Eifel 323
Eigenleistung 207, 209, 211
Eigenvertrieb 51, 310, 522, 559
Einbuchen 396
Einkauf 76, 78, 110, 111, 195, 224, 300, 308, 475, 478, 480, 504
Einkaufskooperationen 101
Einkaufspolitik 110
Einkaufssaison 153, 160
Einkommen 11
Einkommen
　aus Vermögen 121
　verfügbare 120
Einkommensentwicklung 120, 451, 452

Einkommensgruppen 13
Einkommensteuer 193, 196, 228, 232
Einkommensteuergesetz 196
einstweilige Verfügung 263
Einzelagenturvertrag 319, 320
Einzelmarke 498
Einzelmarkenstrategie 496, 498
Einzelverträge 242
Eisenbahnbeförderungsvertrag 243
Eisenbahnverkehrsordnung 243
Eisklasse 388
Elbe 379, 381
electronic banking 188
elektronische Unterschrift 189
E-Mail-Marketing 518
Emirate 132
Endpreis 240, 257
Entschädigung 268, 271, 272, 285, 286, 288, 289, 295
　Höhe 289
Entschädigungsumfang 289
Erfüllungsgehilfe 241, 242, 252, 274, 286–288
Erheblichkeitsgrenze 289
Erholungsaufenthalt 87
Erinnerungsverlust 438
Erklärungsirrtum 248
Ersatzreise 264–267, 273, 289
Ersatzreisender 267
Ersetzungsbefugnis 267
Ertragsmanagement 46, 430
Ertragsoptimierung 317
EU 7, 14, 81, 82, 84, 88–90, 104, 189–191, 197, 203, 206–208, 213, 219, 222, 226, 235, 237, 254, 259, 262, 291, 292, 342, 348
EU-Fahrgastrechte 243
EU-Fluggastrechte 242
Eurolines Germany-Deutsche Touring 87
Europa 81, 186
Europäischer Gerichtshof (EuGH) 104, 201, 222, 244, 245, 261, 262, 289, 341
Europcar 518

Sachregister

European Payments Council (EPC) 189
Eurowings 25
Eurozone 122
EU-Standardüberweisung 189, 191
EU-Umsatzsteuer Richtlinie (MwStSystRL) 196, 203, 207, 222, 226, 233
EWR 81, 82, 89, 189, 262, 342
exit poll 436
Expedia 42, 44, 54, 301, 310, 541, 558
Expedienten 316, 504, 511
Expeditionsschiffe 388

F

F&B (food & beverage) 146
Facebook 311, 447, 492, 558
face-to-face-Befragung 436, 438, 440
Fahrgebiete 378–380, 397
Fahrlässigkeit des Veranstalters 291
Fährschiffreedereien 382
Fahrtenring 324
Fälligkeitsregelung 260
Familienmarke 498
Familienzyklus 445
Faro 119, 120
Färöer Inseln 373
Ferienclub 95, 108
Feriendorf 95, 355, 364, 368
Ferienfluggesellschaft 22, 25, 35, 81, 84, 85
Ferienhausanbieter 456
Ferienhausverträge 245
Feriensupermarkt-TV 301
Ferienwohnungen 16, 59, 82, 95, 430
Ferienzielreise 87, 88
Fernabsatzverträge 248
FernExpress 93
Fernreisen 102, 115, 257
    Trend 14
ferry flight 127
Festanmietung 146
Festgeld 178, 179, 180

Festgeldkonditionen 179
Feuerland 326
Finanzamt 194, 195, 199, 216, 226
Finanzierungsformen 188
Finanzierungsschätze des Bundes 181
Finanzplan 173, 174, 176
First Choice 6
First Reisebüro 524
Fischer Reisen 24
Fixkosten 92
Fixum 148
Flipper Club 362
Floater 181, 182
Florida 398, 403, 471
Flug-/Schiffsreise (air/sea) 382, 391
Flugauslastung 125, 126, 152, 156
Flugbedarf 126
Flugbörse 305, 524
Flugdarstellung 126
Flugeinkauf 125
Fluggesellschaft 1, 2, 4–8, 17, 19, 23–25, 29, 33, 35, 37–39, 42, 44, 46, 48, 49, 54, 57, 59
Flughafen 30, 34, 42, 44, 48
Flughafengebühren 44, 257, 266, 347
Flugkontingente 17, 35, 235, 540, 543, 560
Flugleiste 157
Fluglotsenstreik 288
Flugpauschalreise 3–5, 8, 9, 20, 21, 23, 36, 41, 82, 83, 211, 212, 260, 269, 296
Flugplanung 125
Flugpreiskalkulation 129
Flugzeugumlauf 34, 129
fluid pricing 565
Flußkreuzfahrt 377, 379, 380, 390
flyloco 42, 54
Folgeschaden 286
Forschungsgemeinschaft Urlaub und Reisen (F.U.R) 12, 336, 372, 439
Franchise 22, 29, 57
Franchisebüros 303–305, 308, 313, 321

Franchisesysteme 18, 35, 50, 51, 163, 305, 306, 313, 320, 444
Franchisevertrag 32, 51
Frankfurter Tabelle 279, 283, 284
Frankreich 89, 323, 336, 341, 368
Fremdkosten 346
Fremdleistungsklausel 251
Fremdvertrieb 17, 22, 50–53, 522, 559
Fristsetzung 259, 266, 281, 282, 284
Frosch Touristik 7, 57
Frühbucher 348, 500
Frühbucherrabatt 46
FTI 7, 52, 55, 57, 131, 151, 158, 159, 161, 301, 305, 309, 316, 498
Fuerteventura 369
fun ship 385, 388, 402
Fürsorgepflicht 279, 287

G

G.O. (gentils organisateurs) 359, 360
Galileo 101
Garantie
 kumulative 145
 tägliche 145
Garantieperiode 144
Garantievertrag 144, 145
Gästebefragungen 441, 442, 529
Gästebetreuung 101, 103, 405, 406
Gästeinformation 102
Gästezufriedenheit 442
Gasthof 95
Gastschulaufenthalte 253
Gaststättenrecht 91
Gay Tours 4
gbk (Gütegemeinschaft Buskomfort) 90
Gebeco 344
Gehälter 452
Geldanlage 178
 magisches Dreieck 178
Geldmarktfonds 182
Geldmarktkonten 178
Gelegenheitsveranstalter 253, 262, 263

Gelegenheitsverkehr 82, 87–90
Gemeinkosten 347, 401
Gemeinschaftsgebiet 204–206, 212, 213
gemischte Distribution 524
Genios 460
Gepäck
 Fehlleitung 287
Gepäckverlust 285
Gerichtsprobleme 296
Germanwings 85
Gesamtpreis 238, 244, 249, 250, 283
Gesamtverband der Deutschen Versicherungswirtschaft (GDV) 243
Geschäftsbesorgungsvertrag 240, 263
Gesetz gegen unlauteren Wettbewerb (UWG) 238, 239, 254, 257, 263, 412, 413, 420
Gesundheitsreisen 59
Gewährleistungsanspruch 274
Gewährleistungsrechte 265, 274
Gewerbeertrag 195
Gewerbeordnung 82, 91
Gewerbesteuer 193, 195, 228, 232
Gewerbesteuergesetz 195
Gewinnermittlung 196, 228, 233
Gewinnmarge 171, 186
Gewinnreisen 227, 228
GfK 450
Girokonto 177, 178, 180
Gizeh 323, 395
Globale Distributionssysteme (GDS) 101, 526, 527
Globalmarke 497, 498
Globalmarkenkonzept 497
Globalmarkenstrategie 497, 498
Goldene Bilanzregel 167
Goldener-Bezirk-System 416
Golfkrieg, zweiter 123, 353
Google 519, 521
Google Adsense 519
go-shows 538
Gran Canaria 119, 127
grand tour 326

Sachregister

Griechenland 9, 55, 102, 117, 122, 184, 323–325, 329, 330, 336, 341, 355, 368, 373, 450, 498
Grobplanung 119, 122, 124, 135
Großbritannien 1, 3–9, 12, 57, 312, 378, 385, 434
Großvaterrechte 34
Großveranstalter 171, 318, 496
Grundgesamtheit 436
Grundprovision 350
Grupo Santana Cazorla 371
Gruppendiskussion 428, 457
Gruppenermäßigungen 401
Gruppenklima 103
Gruppenprovision 402
Gruppenreisen 1, 16, 77, 87, 89, 94, 100, 196, 249, 250, 273, 283, 294, 327, 560
Gruppen-Tarife 81
GTI Travel 55, 59
Guadeloupe 399
Guam 434
Gütezeichen Buskomfort 90, 91

H

Hafengebühren 44
Hafenkosten 400, 401
Haftpflichtgesetz für Eisenbahnen 243
Haftpflichtversicherung 107, 295
Haftung 234, 351
    verschuldenunabhängige 274
Haftungsbegrenzung 262, 291, 292
Haftungsbeschränkung 290
Haftungsbeschränkungen
    für Leistungsträger 292
    gesetzliche 292
Haftungserklärung 249, 250
Haftungsvoraussetzungen 288
Hamburg 245, 269
Hamburg School of Entertainment 395
Hamburg-Amerika-Linie 374
Handelsgesetzbuch (HGB) 243, 299
Handelsherr 50, 299, 310
Handelsmakler 241
Handelsvertreter 162, 215, 225, 241, 299, 310, 312, 314

Handelsvertreterstatus 50
Händler 299
handling fee 148
Hapag 374, 375
Hapag Touristik Union (HTU) 6
Hapag-Lloyd 6, 7, 18, 25, 37, 57, 305, 387–390
Hapag-Lloyd Reisebüro 524
Havel 381
Hedge-Instrumente 184
Hedge-Maßnahmen 186
Heilbehandlungskosten 288
Helgoland 197
Heraklion 136, 161, 435
HERTIE-Reisen 498
Hirsch Reisen 344
HIT 72
Hochseekreuzfahrt 373, 376, 379–381, 384, 389, 390
Höchstteilnehmerzahl 328
Höhe der Anzahlung 254, 260
höhere Gewalt 271–273, 285
Holiday Club 39
Holiday Land 305, 524
Holidaycheck 54, 69, 100, 301, 493
Honkong 434
Horizon Holidays 3
Horizon Travel 4
horizontale Konzentration 18, 19
Hotel 2, 4, 6, 17, 19, 20–23, 25, 26, 29–36, 38–42, 44–46, 49, 53, 57, 59, 97
    corporate rates 101
    Sterne 99
Hotel garni 95
Hoteldiebstahl 287
Hoteleinkauf 100, 137
Hotelgesellschaft 7, 26, 32, 39
Hotelkatalog 100
Hotelklassifikation 97–99
Hotelkontingente 101, 235
Hotelkritiken.de 100
Hotellerie
    eigentliche 95
    Sonderformen 95
Hotelopia (TUI) 518

Hotelrepräsentant 101
Hotelstreik 265, 287
Hoteltypen 95
Hotelvermittler 101
Hotelvertrag 137
Hotelvertragsformen 142
Hotelzimmer
   Differenzierung nach Ausstattung 138
   Differenzierung nach Belegung 138
   Differenzierung nach Lage 138
HOTREC (Hotels, Restaurants & Cafés in Europe) 99
HRS 54, 101
human relations 111
Hummel 6, 497
Hurghada 121
Hurrikan 253, 271, 272, 279, 285, 287
Hurtig Ruten 390
Hypothesen 454

I

Iberostar 26
Iberotel 156
Ibiza 117, 238, 240
Identität der Fluggesellschaft 254, 259
Ikarus Tours 60, 344
ILG (International Leisure Group) 4, 5
Incentive-Aktion 409–418, 420–423
   Etat 422
Incentive-Reise 59, 214, 223, 224, 249, 263, 409–413, 415, 417, 418, 420–422, 475, 510
   Ablauf 423
   Besteuerung 200, 224
   Kalkulation 423
   Szenario 424
Incentives 409, 410, 412, 421
   Aktionsdach 413
   Aktionsziele 417
   Bewertungssysteme 416
   Erfolgskontrolle 417
   follow-ups 413, 415, 421
   follow-ups 411

Incentive-Tarif 81
inclusive tour (IT) 72, 81
indirekte Distribution 522
Indischer Ozean 31, 386
Individualisierung 76, 77, 363, 489, 513
Individualreise 102, 328, 333, 334
Individualreiserecht 242
Indonesien 31, 331
Industrie- und Handelskammer (IHK) 88, 91
Informationspflicht 248, 250, 253, 254, 265, 268, 272, 279
   des Reiseveranstalters 265
Infox 559
Inhaltsirrtum 248
Inkasso 17
Innovation
   echte 79
Innovation
   partielle 79
Insolvenz 260, 261
Insolvenzabsicherung 107, 245
Insolvenzschutz 42, 261
Insolvenzsicherung 260–262
Insolvenzsicherungspflicht 107, 262, 263
Insolvenzverwalter 261
in-sourcing 21
Integrationsgrad 27
Integrationsmodelle 27
Interbus-Übereinkommen 90
Interchalet 52, 60
Intercity 93
   Expreß (ICE) 93, 94
International Accounting Standards (IAS) 165
International Air Transport Association (IATA) 1, 2, 23, 54, 81, 107, 113
International Banking Account Number (IBAN) 189–191
International Civil Aviation Organisation (ICAO) 2
International Leisure Group (ILG) 25

Internationaler Bustouristikverband (RDA) 342
Internet 23, 40, 41, 44, 49, 52–54, 66, 77, 98, 115, 124, 132, 238–240, 247, 248, 300–302, 318, 319, 361, 364, 460–462, 476, 492, 494, 498, 499, 502, 509, 517, 522, 524, 525, 527, 534, 539, 540, 557–559, 564
Internet Booking Engine (IBE) 300, 494, 527
Internetagenturen 163
Internetportale 44, 45, 54, 301, 310, 319, 320
Internetreisebüro 42, 51–53, 301, 527
Internetvertrieb 310, 317
InterRegio 93
Intro 38
Investmentfonds 182
Investment-Zertifikate 182
IPK 439
Irak 271
Irak-Krieg 30, 123, 353
Irapetra 136
Irrtumsvorbehalte 266
Island 190, 373, 379, 386
Israel 8, 30, 353
Italien 8, 78, 117, 193, 221, 279, 323, 324, 329, 330, 336, 341, 379, 380, 397, 450
ITS 39, 56, 57, 97, 117, 175, 176, 496, 498
IT-Tarif 81

J

Jaffa 374
Jahn Reisen 156, 157, 496–498, 508
Jamaika 375, 398
Jangtsekiang 379, 381
Jet Tours 368
Jokerreisen 75
Jugendpauschalreisen 73
Jugendreisen 73, 75, 102, 104
Jugoslawien 30, 78, 123, 448

K

Kabinen 392
Kaffeefahrten 227
Kairo 395, 422–425
Kaiserreich 10
Kalabirien 135
Kalabrien 125, 130, 137
Kalkulation 105, 117, 129, 143–146, 149, 152, 153, 155, 156, 158, 159, 162, 186, 215, 334, 346–348, 423, 449
   Einfluß der Gruppengröße 348
   gewichtete Methode 156
   lineare Methode 155
   Vergleichsmethode 155
Kalkulationsbeispiel 346, 347
Kalkulationsflugpreis 130, 152, 153, 157, 159
Kalkulationsirrtum 266
Kanada 4, 24, 31, 186
Kanarische Inseln 9, 117, 371, 386, 397, 435
Kapitalgesellschaft 196
Karawane Studienreisen 324
Karibik 122, 204, 375, 378–380, 382, 386, 388, 397, 398, 448
Karstadt 6, 7, 25, 38, 524
Karstadt-Quelle 6, 25
Katalog 14, 43, 53, 63–65, 67, 70, 76, 77, 79, 91, 97, 100, 101, 167, 186, 240, 245, 248, 250, 254–256, 265, 276, 310, 314, 321, 327, 338, 351, 353, 361, 367, 428, 434, 455–457, 465, 511, 522, 524
   Seitenspiegel 135
Katalogaufmachung 351
Katalogbeschreibung 252
Katalogdarstellung 134
Katalogfloskeln 258
Katalogherstellung 43, 117
Katalogplanung 134
Katalogpräsentation 34
Katalogverteilung 351
Katalogvorstellungen 315

Käufermarkt 123
Käuferverhalten 124
Kaufhausreisebüro 51
Kaufhof-Reisen 498
Kautionsversicherung 107
Kemptener Reisemängeltabelle 279, 283
Kenia 287, 370
Kernleistung 70
Kerosinzuschlag 266
Kettengeschäft 204, 221, 224, 225, 234
Kettenlänge 125, 126, 130
keyword-advertising 517, 519, 520, 521
Kinderbetreuung 357, 359, 360, 362, 366, 367
Kinderlärm 279
Kippung 157
Klingenstein-Kultur auf Reisen 334
Kolumbien 397, 398
Kommunikation 463–465, 479, 487, 492, 501, 503–506, 508, 516, 525
Kommunikationsinstrumente 474, 501, 503, 514
Kommunikationsplanung 503, 505
Kommunikationspolitik 76, 465, 467, 477–479, 485–487, 501–503, 515
Ziele 503
Konditionenpolitik 499
Konfidenzintervall 436
Konkurrenzanalyse 427
Konkurrenzfähigkeit 110
Konkurs 165
Konstantinopel 374
Konsumentenschutz 14
Konsumklima 150
Konsumverhalten 446
Kontingent 45, 46, 48, 49, 61, 100, 199
Kontingentvertrag 142
Kontrahierungspolitik 111
Kontrollpflichten
  des Veranstalters 275
Kooperationen 29, 32, 46, 303–305, 308, 320, 349, 444

Kooperationssysteme 163
Koordination der Einzelleistungen
  rechtliche Verpflichtung 253
Kopfgeld 148
Körperschäden 288, 290, 291
Körperschaftsteuer 196, 228, 232
Körperverletzung 285, 292
Korsika 3, 31, 286, 448
Kraft durch Freude (KdF) 10, 376
Kreativ-Strategie 509
Kreditkarten 108, 356
Kreditkartendisagio 401–403
Kreta 119, 127, 128, 135, 136, 141, 204
Kreutzer Touristik 25
Kreuzfahrt 55, 59, 101, 102, 206, 212, 224, 244, 264, 271, 292, 296, 325, 328, 334, 369, 373, 374, 376–378, 381, 383–387, 389, 390, 394, 404, 405, 430, 494
  Expeditionsreisen 383
  Kalkulation 399
  klassische 381
  Schmetterlingskurse 382, 386
  See-/Badereise 382
  Turnusreise 382
  Vollcharter 396, 399
  Weltreisen 378, 379, 381
  Windjammerreisen 383
Kreuzfahrtdirektor 406, 407
Kreuzfahrtleiter 400, 406, 407
Krieg 271
Krisengebiet 272
Kritische Programmbereiche 78
Kroatien 30
Kuba 398
Kulturreise 326
Kultursponsoring 502, 514, 515
Kundenanzahlungen 165, 167, 168, 170, 171, 182
Kundenberatung 162
Kundenbetreuung 293
Kundenbindung 108, 474, 475, 512, 525, 527
Kundengeldabsicherer 261
Kundengelder 107, 168, 180, 182, 183

Kundeninkasso 162
Kundenkarten 108
Kundenzahlungen 165, 168
Kündigung 258, 265, 271–275, 282, 284–286, 289, 290
 Rechtsfolgen 285
 wegen höherer Gewalt 271
 wegen Reisemangels 284
Kündigungserklärung 273
Kündigungsrecht 284
Kuoni 37, 240
Kurzkreuzfahrten 386, 430
Kurzreisen 87
Kurzurlaub 475

L

L'Tur 42, 46, 49, 54, 527, 561
Landausflüge 395, 402, 405, 406
Landesüblichkeit 252
Landesverkehrsbehörde 88
Landgericht 297
Las Vegas 403
Last Minute 46–48, 75, 249, 316, 403, 404, 430, 468, 476, 526, 527, 540, 544, 557, 561
law of tourism harmony 392
Lebensrisiko 279, 297
Lebensstil 446
Lebensstiltypen 447
Leerflüge 126
Leistungsänderungen 264
 geringfügige 264
 unzulässige 265
Leistungsbeschreibung 252, 257
Leistungsbündel 63, 64, 488
Leistungserbringung 252
Leistungserstellung 109
Leistungserstellungskonzept 492
Leistungskette 22
Leistungskontrolle 102, 111
Leistungskonzept 492
Leistungsmängel 109
Leistungspflichten 255

Leistungspolitik 478, 485–489, 495, 499, 501
Leistungsprogramm 251, 255, 257, 275
Leistungsstörungen 274
Leistungsträger 14, 17, 19, 29, 34, 38–40, 42, 44–46, 49, 63, 65, 67, 76, 78, 102, 110, 111, 165, 167–170, 174, 184, 210, 217–219, 238–240, 245, 251, 252, 261, 271, 274–276, 278, 285, 286, 290–292, 295, 297, 299, 306, 317, 522, 524
 Auswahl 110
 Überwachung 252
Leistungsumfang 72, 78
Leistungsversprechen 112
Leitveranstalter 311
Lektoren 400, 406
Lernidee Erlebnisreisen 344
Libanon-Krieg 30
Liberalisierung 81, 88, 90
Lichtbildervortrag 353
Lidl 68, 69, 561
Liechtenstein 190
Liegewagen 93
Limousinentransfer 76
Lindner Hotels 68
Linienflug 80, 392
Linienfluggesellschaft 1, 3, 23, 33, 46, 80, 85
Linienflugverkehr 83
Linienverkehr 82–84, 92
Liquidität 142, 165, 167–169, 172, 177, 179–183
Liquiditätsplan 173, 174
Lloret de Mar 90
local guides 104
Löhne 452
Lohnsteuer 343
low cost carrier 80, 81, 537
LTI International 39
LTU 5, 7, 8, 18, 24, 37, 39, 57, 59, 127, 476, 497
LTU Touristik 476
Luftbeförderungsvertrag 242

Luftfahrtbehörden 33
Luftfrachtführer 242
Lufthansa 6–8, 24, 38, 81, 187, 376
Luftverkehrsgesetz 83
Luftverkehrsstatistik 435
Lunn Poly 4
Luxitours 4

M

Macau 434
Madeira 397
Magic Life 366, 368, 371, 372
mailing 512, 513
Main 380, 391
Makler 299
Malaysia 31
Malediven 265, 287, 289, 290, 358, 370
Mallorca 8, 39, 57, 76, 79, 81, 119, 120, 122, 128, 129, 135, 161, 285, 355, 435, 539, 540, 554
Malus 50, 315
Managementvertrag 29, 31, 371
Mängel
 Beweismittel 278
Mängelanzeige 245, 249, 259, 280, 281, 283, 284, 286, 288, 293–295
Mängelbehebung 109
Mängelprotokoll 278, 293, 295
Manifeste 400
Marco Polo Reisen 324
Marge 202–204, 208–216, 225, 228, 235, 299, 347, 348, 401, 402, 449
 Gruppenmarge 216
 negative 215
Margenbesteuerung 199, 201–203, 208, 209, 216, 223–227, 233, 235, 348
Maritime Leisure Group 395, 397
Marke 74, 308, 321, 368, 370, 471, 477, 479, 480, 482, 488, 495–497, 506–508, 511, 515
Markenfamilienstrategie 496, 498
Markenimage 75, 478
Markenpolitik 495–499

Markenpositionierung 495, 496
Markenstrategien 496–498
Marketing 109
Marketingforschung 427
Marketinginstrumente 79, 109, 112, 430, 466, 477, 485, 487, 501
Marketingkonzeption 466, 467, 472, 473, 485
Marketing-Mix 72, 109, 409, 466, 467, 472, 478, 485–487
Marketingstrategie 465, 471–473, 483, 499, 506, 507, 516, 524
Marketing-Submix 485
Marketingziele 464, 466, 467, 471, 472, 489, 503, 505, 506, 522, 524
Marktanalyse 444
Marktanteile 312, 433, 441
Marktattraktivität 469
Marktbearbeitung 101, 423, 474, 482, 483, 529
Marktbeobachtung 459
Marktchancen 468, 469
Marktdurchdringung 474, 475
Marktentwicklung 429, 453, 474
Marktfeldstrategien 474
Marktforschung 65, 427–432, 434–436, 442, 444–447, 452–456, 458, 459, 506
 deskriptive 432
 kausalanalytische 454
 Methoden 428
Marktforschungsinstitute 428, 441, 450
Marktgebietsstrategien 483
Marktimpulsstrategien 476
Marktorientierung 430
Marktposition 478
Marktprognosen 453, 454
Marktrisiken 468
Marktsegmentierung 444, 445, 447, 470, 484, 534, 536, 539, 545
Marktsegmentierungsstrategien 482
Markttransparenz 99
Marktwachstum 433

Marktwirtschaft 427
Marokko 90, 117, 122, 330
Martinique 399
Massenmarktstrategie 482
Massenverkehrsmittel 79
Mediaauswahl 509
Mediaplan 509
Mediaplanung 505, 509
Mediastreuung 505
Mediplus 68
Megaallianzen 303, 304
Meier's Weltreisen 57, 496–498
Meldepflichten 226
Mengenpolitik 111
Mengensteuerung 534, 542, 550
Menorca 117
me-too Produkte 79, 110, 508
Mexiko 120, 186, 331, 370, 379, 397, 398
Michelin 99
Micro-Blogging 493
Mietfahrzeuge 107
Mietomnibusverkehr 87, 88
Mietvertrag 91, 242, 243, 247
Mietwagengeschäft 29
Minderleistung 276
Minderungsquote 284, 289
Mindestteilnehmerzahl 254, 259, 262, 273, 327, 429
  Nichterreichen 273
Mindesturlaubsgesetz 10
Mini-Club 362
Mini-Gruppe 328
Mini-Kreuzfahrt 382
Mississippi 373, 379, 381
Missouri 381
Mitarbeiterkommunikation 492, 501, 504, 505
Mitsubishi 99
Mittellage 480, 481
Mittelmeer 1, 30, 42, 115, 378–382, 388, 397
Mittelmeerländer
  außereuropäische 9
mittlerer Rückzahlungstermin 143

Mitverschulden 288
Moldau 381
Monastir 135, 158, 161
Mondial Assistance 518
Montenegro 30
Montrealer Übereinkommen 242, 292
Montserrat 399
Mosel 380
Motel 95
Mountainbike-Touren 329
MSC Kreuzfahrten 52, 309, 390
multi-channel-Strategie 499, 524–527, 529
Museumsbahnen 93
Museumsreisen 329
MyTravel 6, 7, 57, 385

N

Nachfrageanalyse 432
Nachfrageelastizität 452
Nachfrageentwicklung
monetäre 120
Nachtflugverbot 127
Nachweispflicht 268
Natur- und Umweltkatastrophen 30
NE-Bahnen (Privatbahnen) 92
Nebenausgaben 71, 105
Nebenleistungen 251, 259
Nebenpflichten 260
Nebenvereinbarungen 252
Neckar 380
Neckermann 6, 17, 304, 305, 464, 478–480, 482, 496–498, 524
Neckermann Reisen Team 51
nesting 551, 552
Nettoflugpreise 82
Nettotarife 81
Nettoumlaufvermögen 168
Nettoumsatz 194
Netzfluggesellschaften 83
Neue Medien 124
Neuguinea 326
Nevada Gaming Control Board 403

New York 30, 73, 123, 373, 377
Nichterfüllung 273, 286
Nichtkörperschäden 290, 291
Nicko Tours 390
Nil 377, 381, 424
non traditional outlets (NTO) 301
Norddeutscher Lloyd 375
Nordlandfahrten 378, 391
Normaltarif 81
Norwegen 190
Nostalgiefahrten 93
Nouvelles Frontières 26
NTO Regelung 319
NTO-Vertrag 301, 318
NUR 366, 370, 497
NUR Touristic 7, 25, 73, 172, 366, 370
Nur-Flug 242

O

Oberägypten 377
Oberzahlmeister 406
Obhuts- und Betreuungspflichten 253
Oetker 375
Offenbarungspflicht 256
Öffentlichkeitsarbeit 465, 502–504, 513–515
   innengerichtete 514
OffSite-Optimierung 521
OFT 54
Öger Tours 6
ökoskopische Daten 432
Ökosponsoring 502, 515
Oligopol 238
Olimar 496, 498
Ombudsman der Schweizer Reisebranche 14
one-to-one-Marketing 513, 528
Online-Banking 189
Online-Befragungen 436, 441
online-Branding 498
Online-Buchung 248
online-Datenbanken 460

Online-Hotelbeurteilung 443
online-marketing 461, 462, 502, 515, 516, 518, 521, 529
Onlineportal 302
online-Produktionsprozesse 493
online-Vertrieb 493
online-Werbung 509, 517, 518
OnSite-Optimierung 521
Opodo 42, 44, 54, 310, 541, 558
Österreich 371, 441
Ostsee 378–380, 386
outsourcing 21, 61
overheads 347, 401
over-reporting 440

P

Pachtbetrieb 32
Pachtvertrag 29, 31
Paketer 49
Paketreisen 221
Paketveranstalter 49, 100, 204, 221
Palladien Hotels 26
Panama 397, 398
Parahotellerie 95, 96
Park and Rail 93
Pauschalflugreise-Bestimmungen 82
Pauschalpreis 64, 94, 95, 105, 204, 205, 257
Pauschalreise 1, 3, 4, 9, 14–16, 18, 20, 22, 23, 34–36, 40–43, 55, 56, 59, 64, 66, 68, 71, 80, 81, 84, 88–90, 94, 100, 105, 109, 201, 202, 204, 221, 223, 225, 237–240, 242, 244, 245, 247, 251, 257, 262, 263, 271–274, 296
   Discounter 68
   individuelle 72
   klassische 63
   kundenspezifische 72
   Marktanteil 14
   mit Linienflügen 81
Pauschalreise-Richtlinie 245, 253, 259, 262, 272, 273, 287

Pay-per-Click 518, 520, 521
Pay-per-Sale 518
Pedelec 329
Pendelverkehr 87, 89
Peninsular and Oriental Steam
    Navigation Company (P&O) 373
Penny 561
Pension 95, 97
permission-marketing 519
Persischer Golf 386
Personalisierung 63, 76, 77
Personenbeförderungsgesetz (PBefG)
    87, 88, 243
Personenhandelsgesellschaft 196
Personenschaden 291, 292, Siehe
    Körperschäden
Peru 331
Pflichten
    des Reisenden 260
Phoenix 56, 59
Phoenix Kreuzfahrten 390
Physical evidence 113
Planteilnehmer 125
Plantours & Partner 390
Planungszyklus 117
politische Situation 123, 448, 451
Pop up survey 457
Pop-up-Blocker 517
Portfolio 78, 187, 469
Portfolio-Analyse 78
Portugal 31, 381, 497
Positionierung 456, 478, 506–509
Positionierungsfahrten 378, 397
post-test 510
Präferenzstrategie 476–479, 482,
    486, 488, 489, 499, 500, 529
Preis-/Leistungsverhältnis 71, 74,
    75, 99, 132
Preisänderungen 264
Preisänderungsvorbehalt 259, 266
Preisangaben 255, 257
Preisangabenverordnung (PAngV)
    64, 238, 239, 257
Preisanpassungen 255
Preisbindung 299

Preisdifferenzierung 79, 83, 430,
    463, 500, 534–537, 539, 543, 545,
    550
Preiselemente 141
Preisentwicklung 123
Preiserhöhungen 266
Preis-Mengen-Steuerung 550, 551
Preis-Mengen-Strategie 476, 477–
    480, 484, 486, 487, 499, 511, 529
Preisminderung 229, 258, 261, 272,
    290
Preispolitik 110, 306, 421, 463, 478,
    479, 485, 487, 499
Preisrecht 238
Preisteil 43, 44
Preisvergleichssystem 316
Preiswahrnehmung 47
Premium-Produkte 109
Pressemitteilung 353
pre-test 510
Preussag 6, 24, 37
Prima Sol 39
private Unterkünfte 95
Privatrecht
    internationales 239
Problem 429
Process 113
Produktdifferenzierung 78
Produkte
    innovative 430
Produktelemente 48, 63, 66–68, 70,
    71, 73, 76, 78, 79, 106, 109, 110
Produktelimination 78, 79
Produktentwicklung 134, 474
Produktinnovation 78, 79
Produktkonzeption 430
Produktplazierung 74, 75
Produktpolitik 111
produktpolitische Instrumente 78
Produktpositionierung 76
Produktqualität 71, 105, 109, 361
Produkt-Schwerpunkt-System 416
Produktvariation 78
Programm-Mix 77
Programmstruktur 77

Prospektangaben 254, 255, 257, 287
Prospektklarheit 255
Prospektwahrheit 255, 257
Protours 52, 304
Provision 17, 50, 52, 82, 101, 108,
    171, 182, 183, 210, 216–219, 232,
    234, 235, 299, 302, 307, 309, 312,
    314, 315, 317–320, 348–350, 524
    Einzelagentur 319
    NTO 319
    umsatzabhängige 50
Provisionserlös 21
Provisionsregelung 162, 163
Provisionsstaffel 163
Provisionssteuerung 560
Public relations (PR) 352, 502, 513
Puerto Plata 143
Pull Marketing 525
Pull Strategie 309, 511
Pullmanbett 393
Push Strategie 309, 511, 512

Q

QTA 303–305
Quelle 6, 13, 25, 52, 55, 60
Quellmarkt 24, 39, 186, 449

R

R.O.B.Y 362
Rabattgewährung 350
Rail and Fly 69, 94
Rail and Road 93
RCE 304
recall 458, 510
recapture 554
Rechnungswesen 196
rechtliche Situation 448, 449, 451
Rechtsberatung 295
recognition 458, 510
Reederei Hamburg-Süd 375
Regelzüge 93
Regionalveranstalter 450
Registrierungspflichten 226
Regreßmöglichkeiten 295
Reiseabbruch 243, 261, 272

Reiseabbruchversicherung 245
Reiseanalyse 12, 85, 326, 333, 335,
    336, 372, 439, 441, 451, 459
Reiseanmeldung 245, 250, 252, 258
Reisebausteine 16
Reisebedingungen 250
Reisebegleitung 102, 432
Reisebestätigung 245, 248–250, 252,
    253, 259, 262, 266, 276
Reisebüro 4, 6, 16–19, 21–25, 29, 34, 35,
    37, 39, 40, 44, 47–54, 57, 59, 132, 162,
    163, 171, 182, 183, 193, 197, 201, 203,
    216–221, 232–235, 238–242, 244, 247,
    249, 251, 252, 261–263, 267, 268, 294,
    299–304, 306–318, 320, 444, 464, 468,
    487, 496, 503, 511, 512, 522, 524, 526,
    527, 529
    konkursresistentes 302
    Nettorendite 108
Reisebüro Service Gesellschaft
    (RSG) 51
Reisebürofachkräfte 345
Reisebürofranchise 51
Reisebüroinkasso 183
Reisebüroketten 4, 34, 39, 50, 51,
    303–305, 307, 313, 320, 321, 474,
    512, 524, 559
Reisebürokooperationen 50, 51, 241,
    305
Reisebüromarkt 304, 306
Reisebüroprovision 23, 115, 116,
    155, 157, 158, 161–163, 347, 348,
    350, 401, 402
Reisebürovertrieb 7, 21, 22, 39, 52,
    299, 303–306, 308, 312, 316, 321,
    349, 350, 524
Reisecenter Alltours 39, 57
Reisedauer 76, 82, 90, 93, 432, 441
Reiseelemente 34
Reisefalke 68
Reisefernsehen 49
Reisegepäckversicherung 106, 243
Reisegutschein 295
Reisehaftpflichtversicherung 107
Reisehaftpflichtversicherung
    für Veranstalter 243

Sachregister

Reisehindernisse 253
Reiseintensität 11–13
   Deutschland 449
   Großbritannien 12
   Westdeutschland 12
Reisekomfort 91
Reisekonzern
   vertikal integriert 4
Reisekrankenversicherung 107
Reiseleistungen 40–42, 60, 169, 173, 174, 198–201, 203–206, 208, 209, 212, 213, 215–218, 224, 225, 227–231, 238, 240, 245, 251, 253, 261, 264, 271, 272, 275, 280, 282, 283, 285, 299, 300
   Aufzeichnungspflicht 229
Reiseleiter 86, 101–104, 136, 147, 148, 198, 297, 326, 337–345, 347, 348, 353, 400, 448, 449, 470
   Ausbildung 341
   -berichte 448
   Berufsbild 343
   Betreuung 345
   fachliche Qualifikation 327
   -honorare 343
   lokale 340
   Schulung 104
   sozialer Status 342
   Verträge 104
   -zertifikat 342
Reiseleitung 70–74, 87, 100–104, 108, 115, 116, 119, 137, 147, 148, 157, 159, 237, 251, 253, 276, 278, 280, 283, 284, 286, 293–396, 400, 405, 406, 451, 479
   Arten 102
   Aufgabengebiete 102
   Sonderformen 102
Reisemängel 239, 241, 258, 265, 266, 272, 274–276, 278–281, 283–288, 292–294, 297, 407
   Abhilfeanspruch 280
   Anspruch auf Abhilfe 280
   Begriff 275
   berechtigte Selbstabhilfe 281
   Fristen für Abhilfe 282

Reisemittler 310
Reisepreis 44, 47, 50, 55, 70–72, 79, 106, 107, 115, 202, 209–212, 216, 224, 232, 250, 253, 254, 259, 261, 263, 264, 266, 268, 272, 273, 282, 284, 285, 290–293, 307, 363
Reisepreisminderung 274, 282, 290
   Berechnung 283
   Höhe 283
   Voraussetzungen 283
Reiserecht 14
Reiseroute 254, 255, 259
Reise-Rücktrittskosten-Versicherung 106, 243, 259, 271, 401–403
Reiseunfallversicherung 106
Reiseunterlagen 249, 255, 280, 491
Reiseveranstalter
   juristische Definition 244
   klassisch 4, 5, 7, 14, 16, 17, 19–22, 25, 32, 35, 37, 38, 46, 52
Reiseveranstalterhaftung 272
Reiseveranstaltung 237, 238, 240, 242, 267, 299, 476
   rechtliche Definition 237
Reiseveranstaltung
   juristische Definition 238
Reiseverhalten 436, 439, 441, 445, 446, 447, 449, 450, 455
Reiseverkehrsmittel 80
Reisevermittler 216, 228, 231–235, 238, 240, 258
   steuerliche Definition 216
Reisevermittlung 237, 240, 268
Reiseversicherungen 74, 106, 317
Reiseversicherungsrecht 243
Reisevertrag 233, 237, 238, 240, 244, 245, 247–250, 252, 258, 260, 266–268, 272–274, 280, 287, 294
   Aufhebung 267
Reisevertragsrecht 237, 245, 247, 251, 293, 295
Reisevertrieb 19, 35, 39
Reisevorbereitung 252
Reisevorleistungen 109, 170, 174, 196, 198–216, 224, 228–231, 233, 235

Reisewarnung 271
Reisezeitpunkt 432
Reiseziele 9
Reklamationen 103, 111, 488
Reklamationsbearbeitung 293, 296
relativer Preis 133
release-periode 141
Rendite 20, 21, 35, 172, 182
Rennlisten 413, 422
Rentabilität 177, 180–182, 360
Republik Südafrika 332
Reservierungssysteme 44–46, 83, 175
Restaurationsleistung 222, 223
Restplätze 48
Restplatzvermarktung 46, 47
Restplatzversteigerung 559
Restzahlung 260, 273
revenue management 531–538, 540–547, 549, 550, 553–557, 559–565
Reverse Charge 206, 207, 226, 227
Reverse-Charge-Verfahren 206
Revision 297
Rewe 37, 39, 51, 52, 54, 55, 57, 162, 304, 305, 309, 319, 476, 496, 497, 498, 508
RFG 25
Rhein 377, 379, 380, 391
Rhône 379, 380
Richtlinie über Pauschalreisen 5, 14, 237
Risiken
  versicherte 271
Risikoausgewogenheit 78
Risikopersonen 271
Risikoübernahme 64, 65
RIT (Rail Inclusive Tours) 94
Riu 7, 26, 32, 156
Riviera Holidays 4
Robin (Animateur) 359
Robinson 26, 32, 156, 356, 358, 359, 361–366, 368–372, 477, 497, 498
Roby Club 362
Rohertrag 115, 116, 157, 161
rollierende Planung 174
Rollstuhlfahrer 253

ROPO Studie 318
Rotels 96
Roulette-Reisen 75
Royal Caribbean (RCL) 402
Royal Caribbean Cruises (RCC) 390
revenue management 546
RSG 303, 304
RTF Flughafen Service 305
RTK 51, 54, 303
RT-Reisen 303–305
Rückbeförderung 74, 285
Rücklaufquoten 442
Rücktransfer von Gewinnen 32
Rücktritt
  des Reisenden 268
  durch Veranstalter 273
Rücktrittsfrist 273
Rücktrittsrecht 248, 264, 267, 268
  kostenfreies 267
Rückvergütungen 307
RUF Jugendreisen 52
Ruhpolding 8
run of the house 138
Rundreise 41, 67, 72, 76, 77, 82, 87, 101–103, 147, 193, 253, 264, 334, 338, 356, 365, 381, 435, 445, 564
Rundreisetarife 81
Rußland 90, 132, 390
Ryanair 23, 48

S

Sabre 101
Sachschäden 107, 288, 292
Sachstandsmitteilung 295
SAir 37
Saisonverlängerung 105
Saisonzeiten 500, 539, 540, 543, 550, 555
Saisonzeitenregelung 153
Sakkara 323
Saloniki 127
Sammelreiseleiter 148, 149
Saône 381
SARS (severe acute respiratory syndrome) 31

Sachregister

Schadenersatz 242, 247, 252, 258, 265, 268, 273, 275, 282, 285, 286, 288, 290, 292
Schadenersatzanspruch 254, 263, 272, 275, 281, 286, 290, 291
Schadensersatzhaftung 290, 291
Schadensumfang 288
Scharnow 6, 24, 497
Schauinsland Reisen 52, 55, 56, 59, 309
Schiffsbeförderungsvertrag 243
Schiffskategorie 393
Schlafwagen 93
Schmerzensgeld 286, 288, 291
Schmetterling Reisen 303, 304
Schmiergelder 400, 401
Schnellzug 93
Schnittreisepreis 115
Schnupperreise 385
Schönfärberei 256
Schonfrist 266
Schreibtischanalyse 458
Schuldner 241
Schuldrechtsreform 286, 291
Schwarzes Meer 381
Schweinegrippe 120
Schweiz 12, 14, 90, 190, 204, 323
Second Life 462
SeeLive Tivoli Entertainment and Consulting 395
Seenotrettungsübung 406
Seepassagekomitee Deutschland (SPKD) 376, 386
Seerechtsänderungsgesetz 292
Segmentierung 474, 482, 483, 525, 528
Selbstabhilfe 281, 282, 290
Selbstselektion 436
Senegal 370
Seniorenreisen 104
SEPA 189–191
 -Lastschrift 190
 -Überweisung 190, 191
Serbien 30
Service cards 108, 356
service perfomance 71
Service-Entgelt 240, 241, 257

Servicemanagement 109, 112, 114
Service-Politik 478
SE-Tours 390
Shetlands 373
Sibirien 381
Sicherheitsgebühr 257
Sicherheitsmängel 253
 des Hotels 274
Sicherungsgeber 261, 262
Sicherungsschein 245, 253, 260, 262, 263
Situationsanalyse 466–470, 473, 506
Sitzladefaktor 126
Sitzplatzreservierung 76, 84, 85, 108
Sitzung 393
Skytrain 5
Skytrain Holidays 5
slots 34
Smartphone 311
social media 311, 558
Sofabett 393
SOLAS 406
Sommerperiode 116
Sonderfahrten 87
Sonderverkehr
 bestellter 95
Sonderwunsch 249
Sonderzüge 93
Sonnenklar TV 301, 561
Sonnenklar TV Reisebüro 301, 305
Sorgfaltspflichten
 des Reiseveranstalters 252
Sorgfaltspflichtverstöße
 von Reisemittlern 241
Southampton 377
Soziale Situation 123
sozialer Wandel 449
Spanien 9, 25, 55, 87, 316, 435, 450, 497, 498
Sparbriefe 180
Spareinlagen 180
special event-Tarif 81
Speisen und Getränke 222
Splitcharter 129
Sponsoring 502, 514

Sportreise 59, 279
Sprachreisen 59
Sri Lanka 370, 448
St. Barthélemy 399
St. Kitts u. Nevis 399
St. Lawrence River 381
St. Maarten 399
St. Martin 368
Städtereise 55, 59, 73, 87, 250, 329, 334, 475
Staffelprovision 50, 52, 307, 314, 317, 350
Standardisierung 76
Standardreise 72
Standortreisen 329
stationärer Vertrieb 51
Statistik
   amtliche 428
Statistische Landesämter 450
Statistisches Bundesamt 435, 450, 452
Steigenberger 26, 101, 365, 369, 370
steuerbarer Vertrieb 22
Steuerbefreiungen 203
   von Vermittlungsleistungen 217
Steuerung 312–316
Stichprobe 436
Stichprobenerhebungen 436, 442
Stichprobenfehler 436
Stichprobengröße 436
Stichprobenqualität 436
Stornierungsgebühren 81
Stornogebühr 272, 555
Stornoklausel 269
Stornokosten 250, 268, 272
Stornopauschale 269
Stornoprovision 221
Straßenverkehrsgesetz 243
Strategie 472
Strategieentscheidung 479
Strategie-Mix 484
Strategische Erfolgspositionen 469, 470
strategische Preisbildung 499
Streitwert 297
Strukturvertrieb 301, 302, 319

Studienfahrten Deutscher Akademiker 323
Studienkreis für Tourismus 12
Studienkreuzfahrt 325, 329
Studienreise 278
Studienreiseleiter 102, 103, 339–341, 343, 352
   Berufsbild 341
   Tageshonorar 343
Studienreisen 55, 59, 87, 90, 102, 104, 115, 234, 255, 279, 323–336, 338–341, 343, 344, 346–348, 350–354, 429, 475, 479, 487, 498, 513
   betreute 334
   Definition 327
   Einzelreise 328
   Fachstudienreise 328
   Fahrradreise 329
   geführte 327
   klassische Rundreise 328
   klassische Ziele 330
   klassische Zielgebiete 336
   Reisethema 327
   thematische Reisen 330
   Wanderstudienreise 329
   Zielgruppen 331, 335
Studienreiseveranstalter 317, 475, 479, 489
   Organisation 345
Studiosus 52, 60, 186, 317, 324, 334, 339, 344, 475, 477, 479, 496, 498, 508, 529
Subcharter 129
Substitutionsalternativen 79
Substitutionseffekte 186
Substitutionsgüter 452
Substitutionsmärkte 451
Suchmaschinen 465, 470, 517, 519–521
Suchmaschinen-Optimierung 502, 517, 521
Südafrika 93, 448
Südamerika 375, 379, 381, 388
Südflug 24
Südostasien 30, 31

Sachregister

Südsee 379, 388
sunk costs 33
Superprovision 303, 320, 350
Swap-Satz 185
SWIFT-Code 189
Swissair 37, 57
Szenariotechniken 453

T

Tabellenkalkulationsprogramm 175
Table d'hôte 140
Tagesgeldkonto 178, 180
Tagessätze 290
Taktik 472
taktische Preisbildung 500
Tarifpflicht 81
Technischer Überwachungsverein (TÜV) 90
Teilcharter 129
Teilpauschalreise 72
Telephonbefragungen 436, 439
Telephonbuchungen 250
Teneriffa 8, 155, 156, 368
Terramar 478
Thailand 30
Thomas Cook 1, 4, 5, 20, 25, 38, 50–52, 55–57, 59, 85, 133, 151, 162, 172, 186, 304, 305, 309, 319, 371, 385, 479, 496–498, 539, 540, 542
Thomas Cook Reisebüro 305
Thomson Travel 4, 6, 565
THR Jet und Bett 72
THR Tours 497
Tjæreborg 151, 496, 497, 498
TMCV 303, 304
Tour Contact 52, 304
Tourismus-Monitor Austria (T-Mona) 441
Tourist-Informationen 240
touristische Kosten 346
Touropa 6, 8, 24, 497
Touropa-Bahnreisen 8
TourVers (Aachener-Münchner) 261
Transair 497

Transavia 24
Transeuropa 497
Transfer 17, 29, 42–44, 74, 86, 101, 102, 115, 116, 136, 137, 147, 151, 155, 157–159, 221, 237, 424, 428, 434, 459, 462
Transferzeit 136
Transocean Tours 390
Travel Star 51
travelan.de 518
Traveltainment 442
Treibstoffkostenzuschläge 66
Trekking 276
Trendexpolationen 454
Trends 120
Tripadvisor 100, 493
Trümmertourismus 326
TSS 303, 304
Tsunami 285
TUI 6, 7, 16, 18, 24–26, 29, 32, 37, 40, 48, 50–52, 54–57, 59, 61, 72, 108, 133, 147, 150, 151, 156, 162, 163, 172, 304, 305, 309, 313, 319, 346, 365, 366, 369–371, 389, 442, 464, 466, 477, 482, 496, 497, 498, 524, 527, 542, 546, 561
TUI Cruises 390
TUI Leisure Travel 305, 313, 524
TUI Reise Center 305
TUI Reisecenter 524
TUI Stars 482
TUI Travel Star 304, 305
TUI Vital 482
TUIfly 25, 33, 127
TUI-Stammkundenkarte 108
TUI-Submarken 497
Tunesien 82, 117, 122, 279, 368, 547
Türkei 9, 30, 31, 40, 55, 59, 122, 123, 153, 184, 329, 371, 448, 475, 558
turn around time 127
Turnus-Sonderzüge 93
TV-Reiseshows 561
TV-Vertrieb 301
Twitter 311, 447, 493, 558

U

Überbuchung 555
 der Reise 290
 des Hotels 274, 283, 287, 289
Überfallgefahr 253, 271, 279
Überkapazitäten 430
Überschneidung 501
überschnittene Angebote 134
Umbuchungen 269
Umbuchungsentgelt 269
Umfeldanalyse 444, 447
Umkehr der Beweislast 287
Umkehr-Floater 181
Umläufe 127
Umsatz
 pro Teilnehmer 55
Umsatzrealisierung 165
Umsatzrendite 20, 21, 27, 172, 346
Umsatzsteuer 91, 193–196, 198–200, 202, 203, 209–212, 214–216, 224, 225, 229, 230, 232–235
Umsatzsteuer-Voranmeldung 215
Umsatzsteuer-Anwendungserlaß (UStAE) 198
Umsatzsteuergesetz 194, 195, 197, 198
Umsatzsteuer-Identifikationsnummer 194, 227
Umsatzsteuerpflicht 208, 232, 235
Umsatzsteuerrichtlinien 199
Umsatzsteuer-Richtlinien (UStR) 198
Umsatzsteuersatz 195
Umsatzsteuerschuld 199
Umsatzsteuer-Voranmeldung 215
Umsatzverdrängung 536, 549, 550
Umweltbewußtsein 365, 451
Umweltprobleme 449
Umweltsituation 124, 447
Unannehmlichkeit 276, 278, 283, 297
unentgeltliche Reiseleistungen 200
unentgeltliche Wertabgabe 200, 214, 215, 224, 225
unique preference proposition 76, 110
unique selling proposition (USP) 105
Universal Skytours 4

Unklarheitenregel 256
Unternehmensphilosophie 464, 465
Unternehmenswerbung 502
Unterwegsbedienungsverbot 88
unvollständige Angaben 256
Unwirtschaftlichkeit der Reise 271
Up-Sell 537
Urlaub 63, 71, 73, 79, 96, 103, 193, 289, 297, 355, 357, 370, 372, 441, 444, 513
Urlaubsanspruch 10
Urlaubsregelung 10, 11
 Deutschland 11
 Niederlande 11
Urlaubsreisen 12
Urlaubstage 10
Urlaubszeit
 nutzlos aufgewendete 240, 247, 265, 274, 275, 284, 288
Urlaubszufriedenheit 64
USA 77, 184, 186, 203–205, 234, 235, 312, 331, 353, 397, 430, 471

V

variable Kosten 92
Varta 99
Venezuela 397
Veranstalterreise 373, 374
Veranstaltersortiment 307, 309, 317, 319
Verbandsklage 251
Verbraucherschutz 41, 42
Verfallsfrist 141
Verjährung 296
Verkäufermarkt 123
Verkaufsförderung 409, 465, 474, 478, 487, 502, 504, 510–512
Verkaufsgespräch 314, 316
Verkaufsreise 258
Verkaufssaison 153, 159, 160
Verkehrssicherungspflichten 275, 279, 287, 291
Verletzung des Vermittlervertrages 252
Verlustminderung 403
Vermittlerklausel 251
Vermittlung
 verunglückte 234

Vermittlungsleistung 216, 217, 219
  steuerliche Bewertung 216
Vermögenseinkommen 452
Vermögensschäden 107, 288, 289
Verpflegungsleistung 140, 222, 223
Versandhandel 17
Versicherungen 106–108
Versicherungsbedingungen 243, 261, 271, 295
Versicherungskosten 400
Versicherungsvertragsgesetz 243
vertikale Integration 5, 18, 19, 21, 24, 26, 28, 35, 37–40, 109
  selektive 40
vertikale Teilintegration 35
Vertikalisierung 464
Vertragsabschluß 247
Vertragsbeziehungen 242
Vertragspflichten
  des Veranstalters 251
Vertragsverletzung 274
Vertrauensreisen 75
Vertrauensschadenversicherung 107
Vertriebsformen 349
Vertriebsstruktur 522
Vertriebswege 23, 49, 51, 299, 302, 310, 312, 319
Viajes Allsun S.A. 40
Vielfliegerprogramme 85
Vier-Monatsgrenze 267
Viking River Cruises 390
Villas 369
Virgin Islands 399
VISA 108
Visit Britain 99
Vollcharter 129, 396, 405, 459
Vollkosten 92
Vollkostendeckung 92
Vollpension 393
Vollzahler 404
Vorabend-Check in 76
Vorleistungen 110
Vorsteuer 195, 199, 200, 203, 215, 216, 225, 232, 348
  des Reisevermittlers 216

Vorsteuerabzug 195, 198, 199, 200, 203, 215, 217, 232
Voucher 82

W

Wagenart 93
Wagenausstattung 93
Währungsanlagekonto 179
Währungsmanagement 184
Währungsrisiko 184
walk-ins 539
Washington D.C. 30, 123
web 2.0 463, 465, 492–494, 517
Wechselkursänderungen 186, 266, 449
Wechselkurse 122, 450
weg.de 301
Weimarer Republik 10
Wellness 369
Weltreise 251, 487, 496–498
Welttourismusorganisation (UNWTO) 434
Werbeanzeigen 352
Werbeerfolgskontrolle 509
Werbeerfolgsprognose 509
Werbemittel 351
Werbeziele 505, 506
Werbung 65, 79, 83, 84, 91, 174, 244, 251, 308, 310, 321, 427, 465, 474, 478, 487, 501, 502, 504–513, 515
  irreführende 257
Werkvertrag 237, 242, 243
Wertewandel 364, 370
Wertschöpfungskette 21, 28, 35, 36, 40
Wertschöpfungsstufe 24
Wertschöpfungsstufen 4, 18–21, 24, 26–29, 34–37, 40
WestLB (Westdeutsche Landesbank) 5–7, 18, 25, 37
Wettbewerb
  unzureichender 238
Wettbewerbsrecht 238
Widerrufsrecht 248
Wiederholungsbucher 74
Wien 250
Wikinger Reisen 52

Wikipedia 492
Wikis 492, 517
Windjammer 387
Windrose 344
Windstar Cruises 387, 388
Winterperiode 116
Wissenstransfer 26, 28
Wohnmobilverträge 247
Wolga 381
World Tourism Organisation (UNWTO) 99
World Travel Monitor 440

X

Xing 492

Y

yield management 22, 34, 45, 46, 430, 500, 531, 532, 535, 546
You Tube 558

Z

Zentraler Kreditausschuß für inländische Transaktionen 188
Ziele
   ganzjährige 117
   saisonale 117
Zielgebietsagentur 17, 19, 21, 29, 34, 36, 40, 57, 59, 100, 101, 104, 115, 116, 147, 149, 151, 158
Zielgebietsaufgaben 147
Zielgebietsaufwand 346
Zielgebietsbetreuung 29, 42
Zielgebietsdarstellung 136
Zielgebietseinkauf 125
Zielgebietsorganisation 147
Zielgruppen 504
   Bestimmung 445
   soziodemographische 72
Zielgruppenorientierung 75
Zielortreiseleitung 102
Zins 76
Zinsertrag 178
Zufallsstichprobe 436
zugesagte Fluggesellschaft 265, 276
zugesicherte Eigenschaften 274, 276
Zuggattung 93
Zukunftsszenarien 455
zumutbare Änderung 264
Zürich-Versicherung 261
Zusatzleistung 70, 79, 140
Zusatznutzen 477, 501
Zusatzprovisionen 560
Zusicherung 276
Zustiegspunkt 88
Zweitreisen 334
Zwischenbescheid 295

Photonachweis

Erstes Kapitel:
S. 2: Thomas Cook AG
S. 9: LTU
S. 33: TUIfly
S. 58: J.W. Mundt

Zweites Kapitel:
S. 65: Dertour
S. 85: Condor
S. 89: Gütegemeinschaft
   Buskomfort (gbk)
S. 94: Deutsche Bahn AG
S. 103: Studiosus

Drittes Kapitel:
S. 121: J.W. Mundt
S. 128: J.W. Mundt
S. 133: J.W. Mundt
S. 139: J.W. Mundt

Sechstes Kapitel:
S. 273: J.W. Mundt

Siebtes Kapitel
S. 311: Alltours
S. 315: Alltours

Achtes Kapitel:
S. 325: Studiosus
S. 330: J.W. Mundt
S. 332: Studiosus

Neuntes Kapitel
S. 358: Robinson
S. 360: Robinson
S. 365: Magic Life

Zehntes Kapitel
S. 383: J.W. Mundt
S. 392: J.W. Mundt
S. 394: J.W. Mundt
S. 405: J.W. Mundt

Elftes Kapitel
S. 414: J.W. Mundt

Zwölftes Kapitel:
S. 433: Thomas Cook AG
S. 440: GfK

Dreizehntes Kapitel
S. 480: J.W. Mundt

Vierzehntes Kapitel
S. 555: J.W. Mundt

Anspruchsvoll und unterhaltsam

Albrecht Steinecke
Populäre Irrtümer über Reisen und Tourismus

2010 | XI, 282 Seiten | Broschur | € 29,80
ISBN 978-3-486-59209-2

Der Tourismus scheint ein Allerweltsthema zu sein, bei dem jeder mitreden kann. Doch mit den schönsten Wochen des Jahres sind nicht nur persönliche Erinnerungen verbunden, sondern auch zahlreiche falsche Vorstellungen. Sind die Deutschen wirklich Reiseweltmeister? Ist Spanien tatsächlich das beliebteste Reiseland der Bundesbürger? Interessieren sich die Urlauber ausschließlich für Strand, Sonne und Meer? Das Buch setzt sich auf anschauliche und unterhaltsame Weise mit verbreiteten Irrtümern über Reisen und Tourismus auseinander. In dem Band gibt der Autor, Professor an der Universität Paderborn und einer „der renommiertesten Tourismusforscher Deutschlands" (Frankfurter Rundschau), zugleich einen umfassenden Überblick über aktuelle Ergebnisse der Tourismusforschung. Mit seinen vielen Literatur- und Internet-Tipps erweist sich das Buch außerdem als nützliches Nachschlagewerk.

Ein aufschlussreiches und zugleich unterhaltsames Lesebuch für Tourismusexperten von heute und morgen.

Univ.-Prof. Dr. Albrecht Steinecke lehrt an der Universität Paderborn.

Bestellen Sie in Ihrer Fachbuchhandlung oder direkt bei uns: Tel: 089/45051-248, Fax: 089/45051-333
verkauf@oldenbourg.de

Oldenbourg

Rhetorik ist erlernbar

Gustav Vogt
Erfolgreiche Rhetorik
Faire und unfaire Verhaltensweisen
in Rede und Gespräch
3., vollständig überarbeitete Auflage 2010
XII, 299 Seiten | Broschur | € 29,80
ISBN 978-3-486-59737-0

Das Notwendige im richtigen Augenblick wirkungsvoll sagen. Das ist eine Kunst, die erlernbar ist. Alles Wissenswerte zu Sprechstil und -technik sowie zur Körpersprache stellt der Autor in diesem Buch fundiert dar. Er gibt hilfreiche Tipps, die beim Steckenbleiben oder einem totalen Blackout während einer Rede helfen und zeigt auf, wie mit Lampenfieber und Redeangst richtig umzugehen ist. Zahlreiche Übungen runden dieses Buch ab und helfen dabei, das Gelernte schnell zu vertiefen.

Ein wertvoller Ratgeber für alle, die im Studium oder im Beruf rhetorisch glänzen möchten.

 Prof. Dr. Gustav Vogt lehrt im Fachbereich Betriebswirtschaft an der Hochschule für Technik und Wirtschaft des Saarlandes.

Oldenbourg

Bestellen Sie in Ihrer Fachbuchhandlung oder
direkt bei uns: Tel: 089/45051-248, Fax: 089/45051-333
verkauf@oldenbourg.de